U0144448

第一屆國際暨第三屆全國訓詁學

學術研討會論文集

訓詁論叢

第三輯

饒 宗 頤 等 著

中山大學中國文學系
中國訓詁學會 主編

文史哲出版社
印 行

國家圖書館出版品預行編目資料

訓詁論叢. 第三輯 / 饒宗頤等著. -- 初版. --
臺北市：中國訓詁學會出版：文史哲發行，
民 86
　　面；　公分
ISBN 957-549-074-6 (平裝)

1. 訓詁 - 論文，講詞等

802.107　　　　　　　　　　　　　86005172

訓詁論叢 第三輯

著　者：饒　宗　頤
出版者：文史哲出版社
登記證字號：行政院新聞局局版臺業字五三三七號
發行人：彭　正　雄
發行所：文史哲出版社
印刷者：文史哲出版社
　　台北市羅斯福路一段七十二巷四號
　　郵政劃撥帳戶一六一八○一七五號
　　電話：八八六─二─二三五二○二八

中華民國八十六年五月初版

定價新臺幣一○○○元

究必印翻 · 有所權版
ISBN　957-549-074-6

訓 詁 論 叢
第 三 輯
目 錄

第一屆國際訓詁學研討會論文集
編輯小組

召　集　人：孔仲溫
總　編　輯：徐信義
副總編輯：劉幼嫻
編　　　輯：吳智雄
　　　　　　李瑋娟
　　　　　　林雅婷
　　　　　　陳梅香
　　　　　　戴俊芬
　　　　　　謝佩慈

弁言

陳新雄

本會成立之初，搜集發表論文，出版《訓詁論叢》，余嘗指出，訓詁學會之成立，有二項任務。一爲綜合研究文字之形、音、義，使三者合而爲一體，蓋文字、聲韻之研究，所以爲訓詁之用者，建港泊舟，築路行車，文字、聲韻既各有專門學會，以爲專門之研究，則港已闢矣，而路已修矣。訓詁學會之成立，則欲使泊舟與行車，連爲一氣，而達到網路交通，貨暢其流之境地；使文字與聲韻緊密結合，而使中國文字之形音義，皆能明白曉暢，而無所躓礙。

另爲增進兩岸學術交流，文字、聲韻兩學會皆成績卓著；惟於訓詁，則尚猶有待。故訓詁學會之成立，亦欲彌縫此憾，以增進兩岸訓詁學人之學術交流。本人亦願策駕馬之力，以竟其功。

今觀論文篇目之富，多達五十篇，發表論文學人，遍及美、日、韓、新、港、澳，以及兩岸各大學及研究機構之學者。論文作者，既有耄耋鴻儒，亦有青年俊秀。更聚海外博彥，大會國內碩學，共聚一堂，論述經義，考其正詁；則余前所揭示之目標，亦庶幾近之矣。

四年任期，瞬將屆滿。港已建安，路已修竣，要如何操作，發揮更大效用，則將來本會同仁努力以赴者也。

最後，不能已於言者，本會能有今日之成效，秘書長李添富君襄助之功，最不可沒。本次大會有此規模，中山大學文學院中文系之熱心學術，幹事著效，有以致之。而於該校師生之熱心，特別是徐漢昌院長、王金凌主任、孔仲溫教授、徐信義教授之辛勞，尤爲可感；謹代表本會致最大之謝意。

第一屆國際訓詁學研討會論文
1997.04.19-20

在開拓中的訓詁學

———從楚簡易經談到新編《經典釋文》的建議———

饒宗頤

香港新亞書院

　　近時出土文獻的豐富，包括銅器、簡帛等等，令人目不暇給，益以大量敦煌寫卷出現的新詞語，對訓詁學提供史無前例的嶄新資料，經典中通假字的亟待處理，異文的意外收穫，清代學人夢想不到的多類型的文物記錄，我們躬逢其盛，應該如何急起直追去整理、探究，纔不會辜負時代的賜與。大家都是從事這方面工作的專家，必有同感，不待我來饒舌。

　　記得前些時候，潘重規先生提出六祖《壇經》中"獦獠"一詞的新解，由於敦煌寫本的俗字每每以獦爲獵，故說爲從事弋獵之獠家，引起許多人的討論。其實武威簡儀禮已有獦字，《魏書·僚傳》"言僚人自漢中以連于邛笮川洞之間，所在皆有，依樹積木以居名曰干蘭"。《新唐書·南蠻傳》"戎瀘間有葛僚，居依谷林箐"。字但作"葛"是「葛獠」一名，不必別尋新解。按《蠻書》名類，第四記"裸形蠻作撗欄舍屋，一丈夫盡日持弓不下撗欄""裸形蠻作撗欄舍屋，一丈夫盡日持弓不下撗欄"。《集韻》：撗音膅，"架也"。蓋干欄原作「撗欄」，似乎"獦獠"亦可指居于撗蘭的僚人。

　　民族學的材料對訓詁學亦有很大裨益，試再舉一例。《後漢書》有板楯蠻。《釋名》七釋兵，盾下云："隆者曰滇盾，本出於蜀，蜀滇所持也。或曰羌盾，言出於羌也。"對盾字引證及描寫甚爲詳盡，下文又云："彭排，彭，旁也；在旁排敵禦攻也。"「彭排」亦即是楯。《急就章》顏注："盾即旁排也。"孫恩使用的武器即爲彭排，（見《齊安帝紀》，詳《御覽》357兵部「彭排」項。）賨人之地在巴郡宕渠，渠字取義于使用蜀楯。《國語·吳語》有一段記吳王出師前振旅情況云："建肥胡（指幡）奉文犀之渠。"韋

昭注：“渠謂楯也。文犀，犀之有文理者。”（此鄧少琴說，是。）器物有地域性及其特殊的歷史意義，訓詁家非博聞多識不易取得正解。

連雲港新出土東海縣尹灣漢墓簡牘永始四年武庫《集簿》簡，現已公布（《文物》1996.8.10）。兵器類有「涇路匕首」一名，《概述》及《初探》二文皆未提及，余謂即輕呂之劍，《佚周書·克殷解記》殺紂“擊之以輕呂。”《漢書·地理志》左馮翊雲陽下有“徑路神祠之所。”又《匈奴傳》云：“單于以徑路刀。”應劭曰：“徑路，匈奴寶刀也。”又《郊祀志》云：“宣帝時有，徑路神祠，祭休屠王也。”顏注：“徑路神本匈奴之祠也。”涇路與輕呂、徑路皆同音。知涇路匕首即匈奴寶刀，《集簿》中又有「郅支單于兵」，亦匈奴之物。

石鼓文吾字作𧻷，增走旁與午聲為繁體，鳳翔出秦公一號大墓，其磬銘云：“高陽有𩆚，三方以𪔣平。”𩆚、平協韻，而靈字增益龍旁，《集韻》十五青、靈字重文無之，而有𪓊字，從龍霝聲，視此為省。此作𩆚形尤繁縟，與石鼓文可相比擬，恰是一個新字。

金門楚簡出大量古書，老子其一也，至今尚未整理公布。其流落海外墜簡，殘膏剩馥，沾溉來學者亦多，馬王堆周易與易傳為漢初之物。楚人習用占卜，見於《左傳》、《國語》，不一而足。包山簡祭禱部份記卦名者多處，如簡201、210、229、239、248諸條，今不具論，中文大學文物館收藏有一簡，文云：（參附圖）

這是《周易·睽卦》 離上兌下之六之爻辭：

〔見輿曳，其〕牛𢪛（掣）丌（其）人天且〔劓〕。匕（无）初又有）冬（終）。九〔四：睽孤……〕

檢馬王堆本，睽卦之名殘泐，于豪亮定睽為「乖」，這一爻解作：

……六三，見車恝，亓牛謘，亓（下缺）

…終。九四：乖苽。愚（遇）元夫。

「其人」以下六字悉缺，可以是簡補足之。其中「攼」字最值得研究。今本「牛掣」句，諸家文字異寫特多，表列如次：

攼	楚簡此本
誋（悊）	馬王堆本
觭	荀爽，同《爾雅》
犑	鄭玄
契	子夏傳
觢	《說文》
牛掣	今本，虞翻同。

馬王堆本乖（睽）在羅（離）宮第五卦，奪（兌）下羅（離）上。此六三爻辭，疑本應作"見車誋，丌牛悊"，寫本誋、悊二字誤倒置，誋即批與曳通，悊即《說文》之觢，鄭玄作犑，子夏作契，諸字均從韧聲，鄧球柏《帛書周易校釋》引《孟子·萬章》"不若是悊"，趙岐注"悊，无愁貌"說之。于豪亮謂"悊疑假作折"。恐皆未妥。楚簡此本作「攼」者，因諸觢、犑、契均從韧爲聲，《說文》四下："韧，巧韧也，從刀丰聲。"又丰字云："艸蔡也，象艸生之散亂，讀若介。"攼字從介爲聲，與韧之丰聲讀若介正同音，可借用。《說文》角部："觢，一角仰也，從角韧聲，易曰其牛觢"。今本《易經》觢作掣。《集韻》去聲十三祭：掣字下同音字共二十，掣又作挈，與觢、犑爲一字。足見楚簡之「攼」，乃丰、韧之音借。此字與各家易不同，最爲特出而可貴。

楚簡讀虞字爲且，丌即亓、其之古文，至于𠄌，形多殘泐，不可遽定爲何字，《易·睽》爻辭原文云「其人天且劓」。天讀爲顛，《說文》："天，顛也"。《說文》刀部：劓字下「刑鼻也。」引《易》曰「天且劓，劓，或從臬。」殷契文有𠜷字。慧琳《音義》引《說文》：作「決鼻」。《太平御覽》天部引《詩緯·推度灾》曰"穴鼻始萌。"宋均注："穴，決也。"（據沈濤《說文古本考》）按決字從𠕁，𠕁，分決也，從又丨，見

《說文》又部。彐疑是彗，借爲決鼻之決，因字形殘泐過甚，不敢肯定，聊備一說。

阜陽詩簡雖極殘缺，然異文滋多，極有研究的價値，如〈召南·甘棠〉：〔勿〕羧勿擇。即今本之勿翦勿拜。羧讀爲翦，擇與拜一字，《說文》："拜，揚雄說擇从兩手下。"毛詩鄭箋："拜之言拔也。"擇可借爲拔。卜辭習見祭名之米，如釋爲擇，當與「祓」相通，祓之爲言拔，所以祓去不祥。阜簡以擇爲拜可證卜辭，又如《采蘋》："〔宗〕室牖下。"《說文》牖字下引譚長說云："譚長以爲甫上日也，非戶也，牖所以見日也。"胡平生謂阜陽簡倉頡篇「牖」字亦作牖，知譚說實有所本。

我曾設想出土文字與經典互勘，異文異體，每含新義，清人曉得利用漢碑，撰《漢碑徵經》一類著述，我提議，宜疏理出土文獻，重譔新的《經典釋文》。若干簡帛上的已佚舊書，正須作綜合性的異文異訓的結集，大可補陸德明之不逮，並以考證舊訓，以求改進之方。惟茲事體大，宜集體爲之，發凡起例，有待高明，謹趁此次機會，提出私見，以供大家參考。

記得1980年，在武漢召開首次規模盛大的訓詁學會議時有緣參加，當時我提出《尼盧致論（Ninukta）與劉熙釋名》，介紹印度最古老的訓詁書以供比較研究，該文已收入拙著《梵學集》。忽忽十餘年，學問毫無增進，承貴會謬朵虛聲，錫以榮銜，深感愧悚，無以獻替，僅介紹一點有關楚簡新資料，提出新編《經典釋文》之建議，尙望方聞君子，惠加指正，無任幸甚。

1997年4月

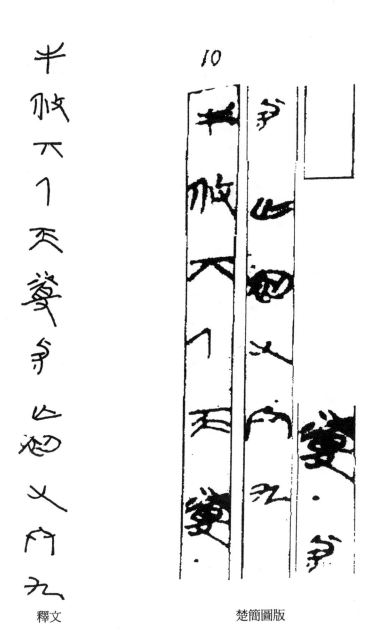

釋文   楚簡圖版

第一屆國際訓詁學研討會論文
1997.04.19-20

有關古書假借的幾點淺見

龍宇純

東海大學

　　古書中有時出現假借字，應如何處理，討論的人很多，區區竊不自揆，對此亦有若干淺見，希望藉機提出，得到　方家的指正。

　　講訓詁的人，通常將古書假借與六書假借分別看待，而稱古書假借為通假，以與六書假借有所區分。《說文》說六書假借為「本無其字，依聲託事」，背景是無字可用，於是藉音同音近字以行，等於將漢字化作音標使用，創造了表音文字。所以拙著《中國文字學》視六書為四造二化，所謂二化，轉注其一，另一即是假借。許君用令長二字為假借之例，以致形成與界說的矛盾。這是因為漢儒的觀念，將語義的引申含攝在假借之中，清儒如戴震仍是這樣想法；換在今天，當然要改用如「苟且、然而」的例。所謂通假，則並非無字可用。譬如端本是端正的端，以為玄端之端，而《說文》實有褍字；無本是歌舞的舞，（案許君據小篆从林，釋其本義為豐。）以為有無的無，而《說文》實有橆字。所以這只是通假，與六書假借不同；也所以講訓詁的人，都要教人如何根據《說文》，以求其原本應該書寫的字，謂之「求本字」。相對簡要而言，六書假借為無本字假借，古書假借則為有本字假借。

　　這裏可能發生一個問題，究竟這些「本字」是否為本來所有？以《說文》而言，其書收九千三百餘字，字字有小篆，相對於隸書以下的文字，似乎都可以「本字」視之。問題是小篆的根據為秦篆，秦《三倉》卻僅有三千三百字；換句話說，從秦《三倉》到《說文》，字數增加了六千，幾乎是秦文字的兩倍。這不一定表示所增的六千字，都為秦以前所無，必然有許多是

先秦所沒有的。因為一方面，任何一個時代通行文字，不過三至四千，秦
《三倉》理應囊括了當時通行文字在內；而另一方面，《說文》中許多形聲
字又固為經傳所不見用，其字所代表的語言，通常即由其聲符字兼行。顯然
秦《三倉》與《說文》字數的懸殊，不表示先秦與漢代語彙的多寡有此絕對
差異。只不過其先往往由一字兼攝多種用途，其後增改偏旁，一字化身為數
字，於是字數愈後愈多。如前舉褍𢃇二字，便是由端無二字變化以出。所以
𢃇字從不見用於古籍，褍字亦僅出現於墨子書。前者係由於語義繁衍而分
化，後者正因為文字假借而形成，都是拙著《中國文字學》所說的轉注字。
這種字，正其名當謂之「專字」；謂之「本字」，則擬於本來所有，而與事
實不符。以無為𢃇，本質固與六書假借略無不同；即如以端為褍，依許君舉
令長為假借例，仍可屬之六書假借。則所謂古書通假，便與六書假借並無異
行。至於《說文》九千餘字都有小篆的問題，我以為這是許君根據他對文字
形體的了解，將不見於秦《三倉》的隸書文字，改寫成了小篆形式，並非都
為秦篆所本有。在前述拙著中，曾經效顰「隸定」的說法，杜撰了「篆定」
一詞，說的便是這一現象。則所謂「本字」的名稱，即使是以隸書相對於小
篆而言，也仍然並不妥當。

　　然而這並不是說，「通假」的觀念絕不成立。由於古代書本及知識的傳
授，主要以口耳為憑，循音紀錄的文字，偶有書甲為乙的現象出現，自然是
可能的。只是一切依《說文》求本字的作法，有時恐怕沒有什麼意義。

　　以上便是我要提出來的淺見第一點。

　　無論為六書假借，為通假，自然都離不開音的同近。所謂音的同近，聲
調方面，可從諧聲字窺其端倪，應沒有同調的要求；聲母與韻母兩方面，則
須同時兼顧，而不是單方面只管聲母，或者只管韻母。但在文字尚少的初
期，平日經常使用的語彙，有的因為形聲之法未形成不易造字，又適巧沒有
聲韻兩方面同近的字可以借用，於是帶有相當程度的制約性質，以條件並不

十分適合的字兼代，也是有的。如千字用人 [1]，萬字用董，丑字用叉，午字
用杵，毋字用母等等，都是這樣的例子。先民於五以上的數字，不滿意更用
積畫的方式製造，於是採取絕對制約的手法，創爲╳、╱、十、╱、乇、｜
的指事文字，[2] 則早先有這種具有部分聲音關係的假借字出現，原是不足爲
怪的。但這種文字有其客觀限制，數量不可以多，又必須爲罕見。多則不利
記憶，罕見則不易忘，所以僅見於六書假借中。至於古書通假，既是循音所
記，理不當去音過遠；後世文字已多，不再有讀音同近字匱乏問題，故意使
用片面聲母或韻母同近之字的情況，論理又不當發生，兩字間音韻關係必是
聲母與韻母雙方面的，可想而知。這便等於說，僅具聲母或韻母的同近關係
條件，必不可任意以通假爲說。名家如王念孫之言假借，因其處處講求例
證，兩字間不致發生音韻關係薄弱現象不待言。即如段玉裁偶於《說文注》
談到假借，語常簡短，表面上只說二字古音同部，實際聲母亦密切相關。如
啻下云：「啻亦作翅，支聲帝聲同部也。」詩下云：「〈特牲禮〉『詩懷
之』注：『詩猶承也，謂奉納之懷中。』〈內則〉『詩負之』注：『詩之言
承也。』一部六部合音最近也。」並其例。今人言假借，可能受段玉裁等表
面上但言古韻同部的影響，往往僅著眼於聲母或韻母的片面同近。以高亨
《詩經今注》爲例：〈維清〉〈我將〉「文王之典」，說「典讀爲德」；
〈株林〉「乘我乘駒」，說「駒借爲驕」，便是只顧聲母，不顧韻母，（依
一般見解，駒借爲驕，可視爲宵侯旁轉。有關旁轉問題，說見下。）明顯破
壞了〈維清〉典與禮，及〈株林〉駒與株的叶韻，居然不能察覺。又如
〈氓〉及〈園有桃〉「士也罔極」，說「極借爲則」；〈載芟〉「侯彊侯
以」，說「彊讀爲臧」，便是只顧韻部相同，而忽其聲不相及。這些當然都
是無法假借的。至於〈出車〉「執訊獲醜」，說「訊借爲奚」；〈酌〉「是

1　千本是一千的合書，所以較人字多一畫。

2　拙著《中國文字學》將傳統上下、一二等字形有道理可說的指事字，合併於會意中，
　　別依《莊子》《荀子》《公孫龍子》指字用爲約定的意思，視 ╱、╳至｜等字爲全無
　　道理可言，以爲即是六書指事一名所指稱之字。

用大介」，說「介借爲捷」，聲韻兩方竟全無所關，更是自鄶以下，不知從何說起！如此這般講假借，自是不足爲訓。這是我要提出來的淺見第二點。

　　然而，《詩經》似乎有一種特別的雙聲假借法，固定出現於韻字上。我曾作過小文〈試說詩經的雙聲轉韻〉，指出如〈風雨〉二章「雞鳴膠膠」的膠膠，便是首章「雞鳴喈喈」的喈喈，保持其聲母，改換韻字瀟和瘳的韻母，成爲「膠膠」的聲音，於是用膠字來書寫。同樣〈蓼莪〉二章的「南山律律，飄風弗弗」，也是保持首章「南山烈烈，飄風發發」烈烈、發發的聲母，改換韻字「卒」的韻母而轉成的。全文共收八首詩十三個詞例，除〈出其東門〉二章的且字爲動詞，其餘並爲狀聲、狀態或狀情的重言、疊韻詞或單詞。毛《傳》或鄭《箋》對於這些詞的解釋，只說某猶前章的某，如〈風雨〉的「雞鳴喈喈」，毛《傳》說「雞守時而鳴喈喈」，「雞鳴膠膠」則只說「膠膠猶喈喈也」；或者只解釋前章的某詞，後章位置及聲母相當的詞，則不更作說明，如〈月出〉詩共三章，僚、懰、燎與窈糾、憂受、夭紹，及悄、慅、懆分別相當，毛《傳》只於第一章說「僚，好貌；窈糾，舒姿也；悄，憂也」，其餘各詞全無解釋，鄭《箋》也沒有任何補充，似乎都表示，他們的理解各詞間具轉成關係。〈出其東門〉的且字，應取魚部從母一等音，以與闍及荼字叶韻，相當於徂字的音讀。《經典釋文》云「音徂」，大概只用徂字標音，更無其他意義。文意上，如將且字換作徂字，「匪我思且」可以直接講成「非我思所嚮往」；鄭《箋》卻是說「匪我思且，猶匪我思存也」。所以我將且字收爲雙聲轉韻例，認爲便是前章存字的化身。不僅如此，在小文的最後，又指出〈蒹葭〉的「道阻且右」，毛《傳》說：「右，出其右也。」似乎相當勉強。鄭《箋》改說，「右者，言其迂迴也」，可能也只是就右字的意思加以引申，卻比毛《傳》好出許多。我從這裏想到迂字一讀羽俱切，義與憶俱切同爲迴曲，而與右字適爲雙聲，疑心右字實際便是迂字，只爲與采、已、涘、沚等之部上聲字叶韻，而寫作右字。右字除通常讀去聲，還有上聲云久切一讀。換句話說，右便是迂字的通假。

只是迂字並不見於此詩，又沒有其他例子互證，當時不敢直接說右是迂的借字，結尾只是這樣的說：

> 就這一句詩而言，我希望用迂的轉語去解釋，不用左右的意思去傅會。我更希望藉此機會請大家討論，[3]在讀其他古書的時候，如果遇有類似情形，這個觀念能否容許稍稍推廣？

後來，我發現〈蓼蕭〉二章的「令德壽豈」，豈字取樂易義，既與上句「孔燕豈弟」的豈字意義重複，就本句而言，令德與壽豈四字三義，結構也極不尋常，比對上章的「其德不爽，壽考不忘」，疑壽豈即是壽考的「雙聲轉韻」，曾將此意寫入另一小文〈讀詩管窺〉[4]之中。豈字除去不是狀聲、狀態和狀情的虛詞，可與「匪我思且」相結合，說明《詩經》實詞也可以出現「雙聲轉韻」，對於「道阻且右」的想法，仍然沒有幫助，因其前章明有壽考一詞在。

在同一小文中，我又提出〈雲漢〉的「黽勉畏去」，去字與故、莫、虞、怒為韻，以來去的去字說解，則義不可通；分析句法，應與畏字為同義複詞。高亨《今注》說「去借為怯」，《說文》說怯的意思為多畏，極為貼切；許君且說怯从去聲，[5]兩者正具讀音關音。但怯字古韻屬葉部，不能入韻終不合用。為了調和這音義不能兩全的困窘，當時我用「轉語」的觀念，說此去字代表的是怯字的轉語，其義同怯而音與故、莫相諧；也仍不敢說是

3　〈試說詩經的雙聲轉韻〉原本為臺大中文系學術講論會演講詞，由楊秀芳君紀錄，後刊載於《幼獅月刊》四十卷六期〈紀念董同龢先生中國語言學研究特輯〉，六十三年十二月。其後更以〈中國語言學論集〉名義發行。

4　見中央研究院《歷史語言研究所集刊》第五十五本第二分，一九八四。

5　大陸學者傾向說魚葉二部各有一去字，音義不同，怯字所從，非魚部來去的去。我因鑒於嘩䜁二字與華字為轉語的關係，更加其他原因，仍主《說文》以來的傳統說法。詳拙著〈上古陰聲字具輔音韻尾說檢討〉，《歷史語言研究所集刊》第五十本第四分；及〈再論上古音-b尾說〉，《臺大中文學報》創刊號，民國七十四年。

詩人爲叶韻臨時將怯字轉讀爲「去」的。然而，這情形顯然與「道阻且右」可說已是如出一轍。

今天，我要再提出兩處新的發現，其一可以說便是毛公所說。〈唐風‧鴇羽〉：

> 肅肅鴇羽，集于苞栩。王事靡盬，不能蓺稷黍，父母何怙？悠悠蒼天，曷其有所？　　肅肅鴇翼，集于苞棘。王事靡盬，不能蓺黍稷，父母何食？悠悠蒼天，曷其有極？　　肅肅鴇行，集于苞桑。王事靡盬，不能蓺稻粱，父母曷嘗？悠悠蒼天，曷其有常？

末章的鴇行，最容易講成雁陣，實際上自朱熹以來，如此講詩的人很多。意想不到毛公偏偏捨易就難，說「行，翮也」，鄭氏居然也不改其意。對照前兩章的羽字翼字，這個訓詁應該是正確的；不然，停在桑樹上的雁群，豈能仍然保持飛行時的整齊行列？行字卻沒有講成羽字翼字的例證。《正義》說：「以鳥羽之毛有行列，故稱行也。」只是強不知以爲知。適巧行翮二字雙聲，尤其可以注意的是，毛公放著現成的羽字翼字不用，也不用翅字作說明，必說「行，翮也」，其欲轉化行字爲翮字的心意，不啻躍然紙上。

另一處，見〈鄭風‧大叔于田〉，亦錄其必要文句如下：

> 大叔于田，乘乘馬。執轡如組，兩驂如舞。叔在藪，火烈具舉。
> 　叔于田，乘乘黃。兩服上襄，兩驂鴈行。叔在藪，火烈具揚。
> 　叔于田，乘乘鴇。兩服齊首，兩驂如手。叔在藪，火烈具阜。

毛《傳》說：「驪白雜毛曰鴇。」《爾雅‧釋畜》說同，但鴇字作駂。此本借用鴇字，易鳥爲馬，而成轉注的專字。駂字不見於《說文》，可能許君之時，《爾雅》字尚未改。驪爲深黑色馬名，「驪白雜毛」等於說黑白雜毛，也就是毛色不純。《說文》：「駁，馬色不純也。」北角切，與鴇音博抱切雙聲。此詩二章云黃，三章云鴇，黃與鴇疑即〈東山〉的皇與駁，因駁字不能與首、手、阜相叶，所以書作鴇字。《漢書‧梅福傳》云：「一色成體謂之醇，白黑雜合謂之駁。」正與「驪白雜毛曰鴇」相合。駁字古訓雖然又有

赤白雜毛及黃白雜毛二說，自是因為駁本毛色不純的通稱，不妨礙其字也可有「驋白雜毛」之訓。

我不知道《詩經》韻字有雙聲假借的說法是否可以成立，但這是我要提出來的淺見第三點。

除上述《詩經》中可能的特殊假借外，凡言通假，必須著眼於聲與韻雙方面的同近。聲母的同近，大體單一聲母以發音部位同近為範圍。具體而言，脣、舌、齒、牙、喉五音，脣音獨為類，舌音及絕對多數的三等照、穿、床為一類，齒頭音、二等正齒音及少部分三等照、穿、床（案此類與前類所說，可憑諧聲偏旁判別）又為一類，牙音與喉音共為一類（案喻四字性質特殊，不含在此類之中）。凡屬同類，可視為聲母相關；但鼻音聲母與同類塞音聲母其間仍有分際，原則上宜分別看待。此外，合口曉母字多與明母字相交通。[6] 至於韻母的同近，同韻部者自然相關。此外，凡正對轉部可視為同部。旁轉，觀念上一般與對轉等量齊觀；我卻認為，即使為「近旁轉」，兩部之間若非元音不同，便是韻尾相異，不得其音可以轉換。凡主旁轉之說，不外《詩經》有相叶之韻，《說文》有相諧之聲。《詩經》是否絕不得有不謹嚴的叶韻，是個根本問題。《說文》中不同韻部的諧聲，則分明多由誤解，少數也可以別有解釋。以之幽兩部而言，其通諧之例，一為裘求同字，一為柩匛同字。根據金文，裘本作(象形字)，以(字)象形，加又為聲，與求本作(字)或(字)原不相涉。其後誤書象形(字)的兩側毛形於(字)旁作(字)，小篆沿其誤，於是有許君裘求同字之說。鄭玄較許君稍晚，其說〈大東〉「熊羆是裘」，破裘為求，而云「裘，當作求，聲相近故也」，兩者不同字，可為明證。至於柩字籀文以舊為聲，則可能為六書假借，本以鵂鶹之舊為故舊字，與以母為毋同一例，匛以故舊字為聲，並不得謂之之幽通諧。又如幽宵兩部間的諧聲，臀字从肉聲的說法，因其聲母亦不同類（案參下說喻四），自無可取；

6　詳拙著〈上古清脣鼻音聲母說檢討〉，載《屈萬里先生七秩榮慶論文集》，民國六十七年聯經公司。

其義既爲徒歌，當取从肉从言會意，从肉猶从口。所以不逕以口字表義，或爲別於唱字；何以不从音?或又因別有喑字在。但古文字音與言往往不分，其始似不無从音之可能。朝字小篆从舟，許君以舟聲爲說，是宵幽通諧的另一例。金文朝字多見，無从舟者，本是潮字，小篆曾經李斯等所改，隸楷的寫法正直接上承金文的𣶼字。兩個例子都不可據。再就蒸侵兩部間的諧聲字說，凭字許君說从任爲聲，凭凴同字，通常則借用憑字。此字與任亦不僅韻不同部，聲亦遠不相及。其字本作𠆥，象人凭隱之形，因壬字原亦作𤯔，而誤𠆥爲「任」，於是下加几字作凭，以與任字區別，[7] 是其字本不以任爲聲。許君又據小篆鷹字从广的寫法，說鷹从瘖省聲，爲侵部蒸部通諧的另一例。但瘖字本从音聲，其字不直取音字爲聲作「䧹」，已爲可怪；金文鷹字作𤷾，十餘見相同，是其字又本不从广，益證許說絕不可從。見於《說文》的籀文从广，既與金文不合，必然也不是原來的樣子。總之，此一旁轉之例，也是不足信的。此外，《說文》古文鳳字作𥙆（另一古文從鳥，即後來的鵬字），許君以爲便是後來的朋字，並且解釋兩者間的關係說：「鳳飛，從者以萬數，故以爲朋黨字。」不僅如此，《說文》中後世入蒸韻的倗、棚、崩、漰、掤、弸、塴、輣等字，小篆並从古文鳳字爲聲。鳳朋古韻分屬侵或蒸部，這一現象，似乎可以爲旁轉說屹立不拔之鐵證。但早在乾隆六十年代，孔廣居作《說文疑疑》，便曾說鳳朋鵬三字音義各異，經傳俱不相通，《說文》以爲一字可疑。今天我們不僅知道甲骨文金文朋是貝朋字，其先作𨌏，與鳳字了不相干；又知倗字作𦩎，原是貝朋字的轉注字，鵬則是以貝朋字爲聲的形聲字。既證實了孔氏的懷疑，也證實了我的「篆定」說，自倗至輣等字的小篆，都是許君翻寫的結果。後者，徐灝也早說過「世儒誤朋即𦨶之變體，許君未之深考，以古文鳳爲朋，而凡偏旁从朋之字皆書作𥙆」的話。壁中諸經無鵬字，《說文》「亦古文鳳」之說，疑是後人改之，其字亦當出許君之「篆定」。

---

[7] 詳拙著《中國文字學》第三章〈論位置的經營〉。

　　然而，儘管如上所說，《說文》中諧聲字涉及兩個韻部的，如芨或作
茇，輗或作輨，琨或作瑻，瓊或作璚，並不能一一予以否定。更有如帥字的
現象，其字本从巾在門右會意，[8] 與帨同字，古韻屬祭部。通常則用爲帥
領、將帥義，讀與率同，又分明古韻屬於微部。所以《說文》䢞字或體作
䏿，而䯝也便是《詩經》的蟀字。前面所說的，六書假借以鳥名的舊爲故舊
字，也同樣是同一字兼跨兩個韻部的行徑。但是也儘管如此，我以爲這仍不
是不同元音或不同韻尾的兩部字可以旁轉的說法。因爲漢語的歷史悠久，自
原始漢語發展到周代，中間由於不同時空因素的影響，周代的漢語音，絕不
可能任何一字都只有一個讀法，其彼此間的差異，且必然不都是同一韻部所
能範圍得了的。所以我主張，講論周秦古韻，只須有憑證，可以容許一字重
複出現於不同韻部。這一淺見，我於六十七年所作〈有關古韻分部內容的兩
點意見〉[9] 小文中提到。上述芨茇同字及帥字等的例子，所涉及的自然都是
個別字的現象，其背景不外周秦語音不必皆一字一音。是故，只以旁轉之說
爲憑講假借，而不問有無其他充分理由或證據，應該是不可靠的。這是我要
提出來的淺見第四點。

　　講訓詁，必須熟悉古音；古音則只是寄生在古書、古注及出土的資料
裏。自顧炎武以來，經過三百多年的開發，雖然成績輝煌，究竟不過規模已
具；細微的地方，甚至大的環節，都還有精益求精的空間。譬如說，過去運
用過的資料，是否已經徹底理解？新出土資料，是否又含蘊了某些古音訊
息？當然都是值得探討的。然而今天治古音的學者，往往都是邃於西學，對
古漢語原始資料少有直接接觸機會。其工作重點，只是根據清代以來的成
果，以及《說文》中的諧聲，爲古韻古聲擬其音值。古音學術的穩健邁進，
情勢上似非有賴於對原始資料熟悉的學者參與研究不可。這便是說，埋首於
故紙文物堆中的文字訓詁工作者，必須貢其所長，與古音學者共同投注心

8　詳拙著〈說帥〉，《歷史語言研究所集刊三十周年紀念專號》，一九六〇。
9　刊《中華文化復興月刊》十一卷四期，一九七八。

力，繼續創造古音學術的高峰。對於文字訓詁的學者而言，在自己的學術天地裏，成長的古音學，原也是十分需要和急切期待的。試舉一例以爲說明。

中古一個喻母，上古原有喻三喻四之分，兩者絕不相同，這是近人曾運乾的發現。前此，大家的觀念，只視喻母爲同音。所以如王念孫之於《詩·清廟》「對越在天」，引《爾雅》「越，揚也」說：「揚越一聲之轉。」換在今天，王氏可能不是這樣說法。[10] 但是甲骨文的 𦏧 字，義謂明日，相當於《尚書·召誥》「若翼日乙卯」、〈金縢〉「王翼日乃瘳」等的翼字。唐蘭說：「𦏧 當釋羽，象羽翼之形，翼之本字也。羽古讀與異近，羽及異皆喻母字，聲得相轉。《春秋·隱五年經》初獻六羽，《左傳》釋之曰：初獻六羽，始用六佾也。羽佾亦同爲喻母（宇純案：羽佾義不同，此語無義），可以爲證。」又說：「《尚書》作翼字，羽翼聲相近，故得通用也。」唐氏因爲主張研究甲骨文，應該暫時將周秦古音摒諸思慮之外，所以混喻三喻四爲一談，也不管韻部之魚是否有關。李孝定先生作《甲骨文字集釋》，竟也附和唐說，說「唐氏釋此爲羽，假爲昱，說不可易」，不能不說是一時失察。此字固當以葉玉森釋翼象形爲是，借以言昱，爲六書假借，與借母爲毋同例。唐氏引葉說，說自己原先也有同樣的想法，後來卻竟自改變了主意，實在可惜！

但喻四字上古的讀音，至今並沒有徹底清楚。「喻三古歸匣」的意思，等於說中古的喻三，上古讀同匣母。「喻四古歸定」的說法，卻不等於說喻四上古讀與定母相同。這不單純是因爲喻四與定母找不出分化條件。譬如王念孫發現與舉二字相互通假，[11] 例證充分，無可置疑。但學者對於喻四字

---

[10] 喻三喻四依拙見雖非全不相干（說見下），從諧聲字看，戈聲易聲各成系統，此疆彼界，沒有相涉的跡象；歲從戈聲，只表示歲爲sk-複母，故劌以爲聲，看不出越揚可能爲語轉。

[11] 《左傳·昭公三年》：「寡君舉群臣，實受其賜，其自唐叔以下，實寵嘉之。」《經義述聞》云：家大人曰：舉讀爲與（舉與古字通，《周官·師氏》「王舉則從」，故書舉爲與。〈禮運〉「選賢與能」，即《大戴·王言篇》「選賢舉能」也。《楚辭·七諫》「與世皆然兮」，王逸注曰「與，舉也」。……），言不唯寡君與群臣受賜而

的擬音，無論爲高本漢的z-，爲先師董同龢先生的d-，爲李方桂先生的r-，或如新近學者倡言改r-爲l-，都無以解釋此一假借現象。近來我作〈上古音芻言〉（待刊），因爲考慮到喻四字除與定母的關係外，又與邪母及見、影兩系聲母密切交往，如與薳舉、欲俗谷、羊祥羗、勻旬均、臣湎姬，以及榮營、炎剡、盍豔、穴鴥等諧聲字的平行成組現象，擬喻四上古爲複聲母zɦ-，z與ɦ分別爲我所擬邪匣二母之音，於是與舉之間的通假行爲，可得而說。喻四與定母及其餘舌音之間的關係，則擬定母等爲帶z詞頭的複聲母如zdh-、zt-等。自以爲各方面都可兼顧，是否即是如此，自有待學界的評定。於此只是用以說明古音學對於訓詁的重要性。從事訓詁的學者，千萬不可自外於古音的研究工作，至少也當熟悉古音，不要鬧出如高亨所說訊字介字的假借笑話。這是我所要提出來的淺見第五點。

王引之在《經傳釋詞・自序》中，揭示「釋詞」的標準：「揆之本文而協，驗之他卷而通。」這兩句話，也可以借用做爲言假借的必要條件。意思是說，言假借，音的條件之外，尚須有例證；只是具備了音的條件，再好的說法，不過爲一假設而已，不到證實的階段。此外，似乎還應加一限制：即使有充分例證，終不可與其字常用義相違牴。不然，恐仍是問題。舉三例說明如下：

其一是王念孫對《荀子・王制》「析愿禁悍」的理解，王氏先後有二說。其先王氏說：

> 析愿二字義不可通，當從《韓詩外傳》作折暴，字之誤也；折暴與禁悍對文。下文曰：「如是而可以誅暴禁悍矣。」〈富國篇〉曰：「不足以禁暴勝悍。」皆以暴悍對文，則此亦當作折暴禁悍，明矣。又下文：「抃急禁悍，防淫除邪。」抃急二字語意不倫，當亦是折暴之

已，先君之靈，亦寵嘉之。〈魯語〉曰：「豈寡君與二三臣實受君賜，其周公太公及百辟神祇，實永饗而賴之。」（〈成公四年傳〉「寡君與其二三臣」，〈昭十九年傳〉「寡君與其二三老」）是也。

誤。下文：「暴悍以變，姦邪不作。」正承此文而言，則當作折暴禁悍，又明矣。

後來王氏改說：

> 析當為折，折之言制也。（〈呂刑〉「制以刑」，《墨子‧尚同篇》引作「折則刑」。《論語‧顏淵篇》「片言可以折獄者」，鄭注「魯讀折為制」。）愿讀為傆。《說文》：「傆（音與愿同），黠也。」言制桀黠之民，使畏刑也。作愿者，借字耳。余前說改愿為暴，未確。（《韓詩外傳》作折暴，恐是以意改，未可援以為據。下文之「誅暴禁悍」，〈富國篇〉之「禁暴勝悍」，文各不同，皆未可據彼以改此。）又下文「抃急禁悍，防淫除邪」，抃亦當為折，急即愿之譌。前改急為暴，亦未確。（急與暴形聲皆不相似，若本是暴字，無緣譌而為急。）

王先謙《荀子集解》引王氏二說，未有抉擇。張文彬兄作〈高郵王氏父子斠讎之態度〉[12]，曾舉此為例，以見王氏之銳意精進，不自為蔽。愚見則以為仍當以其前說為是。因為荀子書中常用愿字為愿愨義，如〈王霸〉的「其民愿，其俗美」，與愿字常用義相合；又常以愿字與悍字為對文，如〈富國〉的「悍者皆化而愿」，〈議兵〉的「暴悍勇力之屬為之化而愿」，〈王霸〉的「無國而不有愿民，無國而不有悍民」。都是同一意義，與悍義相反。如果把「折愿禁悍」的愿字破讀為傆，等於愿又與悍字為同義，教人如何掌握其意？至於王氏所考慮的字形問題，《說文》古文暴字作麃，從日麃聲。古文為戰國東土文字，與荀子的時代地域皆合，我曾疑此原作麃，因日字殘泐，而誤麃為愿為急，說見拙著〈讀荀卿札記〉[13]。現在來看，也可能本借麃為暴，所以兩處都發生錯誤。

---

[12] 國立師範大學《國文學報》第七期，民國六十七年六月。
[13] 見拙著《荀子論集》，民國七十六年學生書局.

其二是《荀子·王制》的「分均則不偏」，王念孫讀偏爲徧。其說云：

> 偏讀爲徧，言分既均，則所求於民者亦均，而物不足以給之，故不徧也。下文曰：「埶位齊而欲惡同，物不能澹（古贍字）。」正所謂不徧也。徧偏古字通，説見《墨子·非攻篇》。（宇純案：楊倞《注》云：「分均，謂貴賤敵也。分，扶問切。」王氏從楊説。）

王氏此說，雖有《墨子·非攻、非儒、公孟》「讀偏爲徧」及他書偏徧異文之例，徧與偏兩概念相反，字形不得不別，不然如《荀子·君道》的「均徧而不偏」，假如前後同字，如何了解？其字形既近，一切例證亦不過爲譌誤而已。《墨子·非攻》「偏具此物而致從事焉」，畢沅謂「偏當爲徧」，王氏辯之，以爲「未達假借之旨」。假借之說，雖有萬能，終以合理爲是。

其三是王引之說《墨子·天志下》「天之愛百姓厚矣，天之愛百姓別矣」，以別爲徧的假借，其說云：

> 別讀爲徧，言天徧愛百姓也。古或以別爲徧：〈樂記〉「其治辯者其禮具」，鄭注「辯，徧也」。《史記·樂書》辯作辨，《集解》「一作別」，其證也。

墨子言兼愛，反對別愛。本篇下文云：「順天之意者，兼也；反天之意者，別也。」〈天志中〉云：「堯舜禹湯文武焉所從事？曰：從事兼，不從事別。」又云：「桀紂幽厲焉所從事？曰：從事別，不從事兼。」是墨子用別字，義取與兼字相對，豈得此處別字義與兼字相同？王說雖可通，我寧信別是辨或徧的音誤，甚至原來便是兼字，因墨書兼別對言聯想而誤書。

以上便是我所要提出來的淺見第六點。

第一屆國際訓詁學研討會論文
1997.04.19-20

臺灣閩南話幾個常用虛詞的來源

梅祖麟

中央研究院院士

一、引言

　　這次應臺灣訓詁學會的邀請，前來演講，內心感到十分惶恐。[1] 我一直在研究漢語史，但因為是半路出家，沒上過訓詁學的課。既然硬著頭皮來了，要在各位先進面前獻醜，只好事前作點臨時抱佛腳的工作，於是去讀《中國大百科全書》語言文字篇裡周祖謨先生寫的〈漢語訓詁學〉。周先生是我的老師，我1983年在北大上過周先生講清代《說文》學的課。現在抄錄幾段周先生的文章，作爲我的開場白：

> 漢語訓詁學是「中國語言文字學中一門傳統的解釋語詞和研究語義的學科」。（167頁）

> 訓詁學既然是研究詞義的學問，其研究的對象主體即是古代書面上的語言材料，而現代方言的口語資料也在參考之列。（168頁）

> 漢代的訓詁學就是依靠經學而發展起來的，而且漢代已有專門解釋詞語的訓詁書。主要的訓詁書有《爾雅》、《方言》、《說文解字》、《釋名》4種。這4種書各有特點，是中國訓詁學的基石。（169頁）

---

[1]　本文在加州大學柏克萊分校趙元任漢語研究中心1995年3月舉辦的研討會上宣讀過。寫作期間得到羅杰瑞、丁邦新、何大安、楊秀芳、洪惟仁、鄭良偉等先生的批評指教，在此表示衷心的感謝。

郭璞是東晉河東人，爲弘農太守著作郎，博學多識，精通訓詁，所作古書注釋最重要的有《爾雅注》和《方言注》。《爾雅》在漢代已有好幾家注本，郭璞別爲新注，超越前人所作，他既能以今語釋古語，又能以方言釋雅言……。他所作的《方言注》能貫通古今，以晉代方言解釋古代方言，……。（169頁）

我們引了幾段周祖謨先生的話，無非是爲了說明方言研究很早就是訓詁學的一部份。漢代四部最重要的訓詁書，一部是揚雄的《方言》。晉代又有郭璞的《爾雅注》、《方言注》。一直到二十世紀初年，章太炎先生的《新方言》、黃季剛先生的《蘄春語》、連雅堂先生的《臺灣語典》還是那個傳統。

國際訓詁學會今年在高雄開盛會，臺灣說的是閩南話，是一種方言。在座有好幾位臺灣話的專家，我想借機會談一下臺灣閩南話幾個常用虛詞的來源，向各位先進請教。

中國自己有一套方言學，從揚雄的《方言》到章太炎先生的《新方言》，源源不絕。二十世紀初年高本漢、趙元任等又傳入一套西洋研究方言的方法。我們不禁要問：這兩種方法有什麼不同？現代語言學研究方言的方法有什麼地方是值得借鏡的？

西歐十九世紀興起的歷史語言學，基本信念是語音演變的規律性，也就是「語音演變沒有例外。如果有例外一定是因爲另外有一套規律」。按照這條原則，有親屬關係的一系列方言，它們之間共同詞彙的音韻會有一套對當關係。比較研究的目的就是要尋求這種對當關係。這些歷史聲韻學的觀念，何大安《聲韻學中的觀念和方法》（1987），97-137頁已經作過詳細清晰的解釋，這裡不贅。

經過差不多五十年的積累，閩語的比較研究已經頗有成績。最早的是董同龢先生的〈四個閩南方言〉（1959），然後有羅杰瑞（1969,1981,1983,1991）的博士論文和一系列文章，最近還有陳章太、李如龍《閩語研究》（1991）。而且，在比較研究的過程中，前人發現閩語的

共同詞彙在次方言之間不僅有一套音韻對當關係。這就是所謂的文白異讀現象。更準確的說法是說閩語有三個時代層次，每個層次有它一套音韻對當規律。羅杰瑞〈閩語詞彙的時代層次〉（1979）說得最清楚。楊秀芳的博士論文（1982）專門研究閩南語的時代層次。

本文討論台灣閩南話幾個常用虛詞的來源：(1)複數詞尾 -n，(2)第一身複數包括式代詞 lan 3（咱們），(3)第二身單數代詞 li 3（你），(4)詢問數量、程度的 lua 6,dzua 6（那麼，多），(5)助動詞 e 6（能、會），(6)小稱詞尾 a 3（～兒，～子），(7)遠指詞 hit 7（那）、 hia 1（那裡）、he 1（那個），(8)方位介詞 ti 6（在）。

這些虛詞的來源，大多數前人已經說過了。這裡轉述其他學者的結論，同時還想說明三點。第一、台灣話若干語源的問題，要參照其他閩方言的資料才能解決，也就是說，需要利用比較閩語研究的成果。第二、考訂本字要注意時代層次。時代層次和音韻演變規律是一個觀念的兩面。正因爲看到閩語次方言之間不僅有一套音韻對當關係，於是需要假設兩個或兩個以上的時代層次。另一方面，找對了一個語詞的時代層次，才能用這個層次裡的音韻演變規律來推求本字。第三、需要書證。這倒是傳統訓詁學的方法，以今語釋古語，以古語證方言虛詞的本字。

本文標調方式是：

　　　陰平 1　陰上 3　陰去 5　陰入 7
　　　陽平 2　陽上 4　陽去 6　陽入 8

這種標調式跟閩語區流行的「八音」式次序不同，請注意。台灣閩南話沒有陽上，所以沒有第4調。

二、虛詞來源

(1)人稱代詞複數詞尾 -n

台灣閩南話的人稱代詞，單數和複數差一個 -n 詞尾：

	第一人稱	第二人稱	第三人稱
單數	我　gua 3	汝　li 3	伊　i 1
複數	阮　guan 3（漳）	恁　lin 3	in 1
	gun 3　（泉）		

閩語有個表示「人」的「儂」字。「儂」字失落了韻母，就變成 -n 尾。下面是陳章太、李如龍（1991：114-115）、蔡明俊（1991：867-868）、羅杰瑞（1983：208）的資料：

	我們	你們	他們
福州	儂家 naŋ 2　ŋa 2	汝各儂 ny 3　ko 7　nøyn 2	伊各儂 i 1　ko 7　nøyŋ 2 伊儂　　i 1　nøyŋ 2
福鼎	我儂 uɛ 3　nen 2	汝儂　ni 3　nɛŋ 2	伊儂　i 1　nɛŋ 2
龍岩	我儂 gua 3　laŋ 2	汝儂　li 3　laŋ 2	伊儂　i 1　laŋ 2
潮州	uaŋ 3	nen 3	伊儂　i 1　naŋ 2

福州、福鼎是閩東方言。龍岩、潮州是閩南方言。龍岩話最像台灣閩南話。「儂」字掉了韻母，剩下 n-，就成為閩南話的複聲詞尾。這種縮讀演變發生在「儂」的聲母在部份閩南話 n->l- 之前。

　　「汝儂」出現於《祖堂集》3.108.13：

　　又述示學偈曰：

　　　瞎眼善解通，聾耳卻獲功。

　　　一體歸無性，六處本來同。

> 我今齊舉唱，方便示汝儂。

> 祖傳佛祖印，繼續老胡宗。

太田辰夫先生《祖堂集口語語彙索引》（京都，1962，油印本）「汝儂」條下註「儂，原誤濃」。「汝儂」的意思是「你們」。這首偈的作者是睡龍和尚，《祖堂集》3.106：

> 睡龍和尚嗣雪峰，在泉州。師號道溥，姓鄭，福唐縣人也。出家於寶林院，依年具戒，便參見雪峰，密契玄關，更無它住。

福唐縣在今福建福清縣東南。雪峰義存禪師（822-908）是九世紀的人，《祖堂集》序作於952年。書中只有「汝儂」，僅一見，沒有「我儂」、「伊儂」，但我們有理由相信三身代詞的複聲詞尾都用「儂」字。「汝儂」反映九、十世紀的閩語，可能是這個語詞最早的記錄。

　　羅杰瑞（1983：208）指出複數 -n 尾的來源是「儂」。黃丁華（1959）已經看出來 -n 尾的來源是閩南話的 laŋ 2 （人），但他不知道 laŋ 2 的來源是「儂」。

（2）lan 3 （咱們）

「儂」字在南朝樂府裡有兩種用法，一種指「人」：

> 赫赫盛陽月，無儂不握扇。（夏歌，《樂府詩集》卷44，頁7右）

> 憶我懷中儂，單情何時雙？（梁包明月〈前溪歌〉，45.5右）

> 詐我不出門，冥就他儂宿。（讀曲歌，46.6右）

另一種指「我」：

> 督護初征時，儂亦惡聞許。（宋武帝丁督護歌，45.6左）

> 寒衣尚未了，郎喚儂底為？（子夜秋歌，44.7左）

　　夜聞家中論，不得儂與汝。（懊儂歌，46.2右）

五代刊本《切韻》：「儂，奴冬反，吳人云我」。所說的就是這個指「我」的「儂」。

　　《寒山詩》：「儂家暫下山，入到城隍裡」。《景德傳燈錄》卷17〈湖南龍牙居遁禪師〉章：「曰：如何是隱身處？師曰：還見儂家麼？」這兩個「儂家」都是指「我」。龍牙和尚是撫州南城人，卒於龍德三年（923）。

　　指「我」的「儂」字還保存在福州話。福州話「儂家」現在是指「我們」；在十九世紀的福州話還指「我」、「我自己」（Maclay and Baldwin 1870：578）。還有莆田話，kom 1 mue 5（我們）是「我輩」，naŋ 8 mue 5（咱們）是「儂輩」，「儂」指「我」（陳章太、李如龍 1991：114，中島幹起 1979：261）。[2]

　　台灣話的 lan 3，俗寫作「咱」。指「我」的「儂 laŋ 2」加上複數 -n尾，就變成 lan 3。潮州揭陽話的 naŋ 3（咱們）可以用同樣的方法解釋：

$$*naŋ\ 2\quad 儂\quad +\quad -n\quad -\quad *nan\ \begin{cases} 台灣\quad lan \\ 潮州\quad naŋ \end{cases}$$

　　至於為什麼台灣 lan 3 是陰上調，這可能是受了 guan 3（gun 3）「阮」的感染。漢語方言有代詞互相感染而變成同一聲調的現象（李榮 1980：140）。第三人稱「渠」是平聲群母；廣州話「渠」說陽上，是受了廣州話「我」「你」這兩個陽上字的感染。豫北、冀南、魯西「我」「你」「他」都說上聲；「他」本來是平聲。

　　上面的說法也是羅杰瑞（1983：208）提出來的。黃丁華（1959：572）認為閩南話 lan 3（咱們）是「汝我儂」三合一變成的，張振興（1989：143）認為是「你我儂」三合一變成的，黃宣範（1988：121）認為是 li 3（你）和 guan 3（我們）的合音詞。潮州話說 la 3「汝」（你）、ua 3

2　中島先生（1979：261）把包括式和排除式顛倒了，今更正。

「我」、uŋ 3、ŋ 3（我們）、naŋ 2「儂」（人）。他們三位假設的縮讀演變在台灣話可能行不通，用來解釋潮州話的 naŋ 3（咱們）更有困難。

（3）li 3（你）

這個字的來源可能是「汝」，也可能是「女」或「你」。我們認為是「汝」。現在先說問題的來由。

閩南方言的第二人稱是（董同龢　1959：965）：

	廈門	晉江（泉州）	龍溪（漳州）	揭陽（潮州）
第二人稱	li 3	lə 3	li 3	lə 3

董先生同頁加了個注（注（4））：

> 按廈門音說，這個字可能是「你」，也可能是「汝」。按晉江音說，只可能是「汝」。龍溪只可能是「你」。揭陽兩個字都有問題；從聲母說，「汝」不可能；從韻母說，「你」不可能。

「汝」字日母魚韻（以平聲賅上去，下做此），「你」字泥母之韻。董同龢（1959：976-977）列舉上列四個閩南方言六個日母字的語音：「二、熱、入、仁、日、然」。從例字可以歸納出條規律：日母在龍溪、陽揭說 dz-，晉江說 l-，廈門 dz-、l-兩種說法都有。下面轉引「二」字以見一般：

	廈門	晉江	龍溪	揭陽
二	dzi 6，li 6	li 4	dzi 6	dzi 6

董先生之所以說龍溪只可能是「你」、揭陽聲母說「汝」不可能，就是因為他以為日母在龍溪、揭陽只能變成 dz-。

台灣的閩南話主要有泉腔、漳腔兩種，一般的情形是泉腔泥日不分，都說 l- ；漳腔泥日有別，泥母說 l- ，日母說 dz- 。第二人稱泉腔說 lə 3 ，漳腔說 li 3。有些人的想法跟董先生一樣，認為漳腔的 li 3 是「你」（張振興1989：142；鄭良偉（1989：458；1993：175）
董先生研究比較閩語的五十年代，還沒有明確的時代層次的觀念，因此以為日母在閩語裡只有一套對當關係，現在我們知道日母在閩語裡至少有兩套對當關係，例如：

	福州	廈門	泉州	漳州	潮州	台灣
忍甲	yŋ 3	lim 3	（lim 3）	（dzim 3）	dzim 3	dzim 3
忍乙	nuŋ 3	lun 3	（lun 3）	（lun 3）	luŋ 3	lun 3
染甲	——	liam 3	liam 3	dziam 3	dziam 3	dziam 3
染乙	nieŋ 3	nĩ 3	nĩ 3	nĩ 3	nĩ 3	nĩ 3

資料來源是：（1）《漢語方音字匯》（第二版）236，281頁：福州、廈門、潮州「忍」「染」的文白異讀，（2）楊秀芳1982：58，294，332，342：廈門、泉州、漳州「染」字的文白異讀；58，427，486：廈門、潮州「忍」的文白異讀，（3）蔡俊明1991：381，350，651，653：潮州揭陽話「忍」「染」的文白異讀。318頁「lun 3 忍」項有「忍唔去」（忍不住）、「忍氣留財」、「忍牌」（把將遮蓋著的紙牌一部分一部分慢慢露出來，希望出現所求的牌）。

台灣項是根據王育德《台灣語常用語彙》。王先生是台南人，書中日母字聲母記作 r-，相當於本文的 dz-，如「人、熱、然、日」等。由此可見所記的是漳腔台灣話。224，230，250，250頁分別記「忍」「染」的文白異讀。224頁「lun 3 忍」字項有「忍痛」「我無忍伊」等例。因此，我們在文獻上雖然沒有看到漳州話的文白兩音，但漳腔「忍」字的兩種語音來自漳

州話，而且漳州話日母的演變跟潮州話一致，所以可以用漳腔台灣話來補出漳州話「忍」字的兩種語音。表裡的圓括弧是表示未見漳州話「忍」字兩個音的記錄。此外王先生書中224頁記「閏」 lun 6 ，也是日母在漳腔台灣話裡讀 1- 的實例。

同樣的，泉州話「忍」字兩種語音也是用廈門話的記錄補出來的，所以也放在圓括弧裡。

上面的閩語比較字表說明兩點：（1）日母在乙層鼻化韻前面說 n- ，（2）日母在乙層非鼻化韻前面，閩南次方言一律說 1- 。

因此，如果「汝」屬於閩語的乙層，漳州龍溪 li 3 和潮州揭陽 lə 3 都可能是「汝」。

現在來看韻母。「你」字泥母之韻，「爾」字日母支韻，都是止攝的字。「汝」日母魚韻，「女」泥母魚韻，都是魚韻字。下面找支、之、脂、魚四種韻類的字來做比較。

	福州	廈門	泉州	漳州	潮州
豬魚	ty 1	ti 1	tə 1	ti 1	tə 1
魚魚	ny 2	hi 2	hə 2	hi 2	hə 2
箸魚	ty 6	ti 6	tə 6	ti 6	tə 6
第二人稱	ny 3	li 3	lə 3	li 3	lə 3
李之	li 3	li 3	li 3	li 3	li 3
離支	lie 6	li 6	li 2	li 2	li 2
梨脂	lai 2	lai 2	lai 2	lai 2	lai 2

資料的來源是：「豬、魚、箸、李」陳章太、李如龍 1991：25、60、63、89；蔡俊明 1991：70、297、509、510。「離、梨」羅杰瑞 1988；董同龢 1959：827，877；《漢語方音字匯》（第二版）80。"離別"的"離"

是平聲字，「離開」的「離」是去聲字，上面表裡記錄了兩種「離」字，所以聲調不盡相同。

羅杰瑞（1988）收集了支脂之三韻閩語方音的比較資料，13個支韻字，18個脂韻字，24個之韻字，列舉福安、福州、廈門、揭陽、建甌、建陽、政和七個方言點的語音。所列的55個字，沒有一個韻母是福州 y 、廈門 i ，潮州（揭陽）ɔ。上面的表只是抄錄羅氏資料的一小部分。很清楚的，閩東、閩南的第二人稱是個泥母魚韻字，或是個日母魚韻字。這個字不是「女」就是「汝」。

有人認為「女」字（洪惟仁 1986：115；陳章太、李如龍 1991：93），這可能是因為他們以為日母在漳州、潮州只能變成 dz- 。據上所述，日母在乙層也能變 1- 。因此本文認為閩語的第二人稱代詞本字是「汝」。

最後想說一下兩件相關的事實。第一，何大安（1993：90）指出，六朝的江東方言第二人稱只用「汝」不用「爾」。何先生提出的證據，最有意思的是王羲之（321?-379）寫給朋友和家人的尺牘，所使用的是淺近的口語，其中所有的第二人稱都是「汝」。第二，王建設（1992：83）指出，《世說新語》反映口語最常用的三身代詞是「我、汝、伊」，跟現在的閩語一樣。《世說新語》作於劉宋時代的江東，所反映的口語是當時的江東方言。

漢語的大方言中，只有閩語的三身代詞是「我、汝、伊」。下面還會舉其他證據來說明閩語的主要層次導源於六朝的江東方言。

（4）lua 6，dzua 6（多麼，多）、
　　　dzua 6，tse 6（多少）

台灣話詢問程度，數量用 dzua 6 或 lua 6 ，俗寫作「偌」，意思相當於北京話「多麼高？」「多高？」的「多麼」、「多」。例如「偌懸？」就是「多高？」，「偌重？」就是「有多麼重？」。「偌」也可以用於陳述句，指某種程度，「有偌長就牽偌遠」。

　　dzua 6　tse 6、 lua 6　tse 6表示「多少」，俗寫作「偌濟」、「若齊」。例如「三加二等於偌濟?」，「汝（有）偌濟晬?」（你（有）幾歲?）。

閩南方言表示「多少」的語詞如下（陳章太、李如龍1991：93）：

廈門	泉州	漳州	潮州
lua 6　tsue 6	lua 4　tsue 6	gua 6　tse 6	dzio 8　tsoi 6

　　潮州話的資料是根據蔡俊明（1991：654-655）補上的，潮州話還用「若」 dzio? 8來表示「多麼」，例如「若大若好用，我未用過唔知」（多麼大多麼好用，我沒用過不知道。）王育德（1957：252）記錄 dzua 6（多、多麼）， dzua 6　tse6 （多少）這兩個虛詞，所記的是漳腔台灣話。tse 6 ， tsue 6 ， gua 6 的語源不明，下面只討論 dzua 6 ， lua 6 ， lua 4 的來源。

羅杰瑞（1983：204）說明（1）上古歌部字在閩語裡的演變：

	籮	麻	我	破	大
福安	lo 2	mo 2	ŋo 3	pho 5	to 6
福州	lai 2	muai 2	ŋuai 3	phuai 5	tuai 6
廈門	lua 2	muã 2	gua 3	phua 5	tua 6
建甌	suɛ 5	muɛ 5	uɛ 4	phuɛ 5	tuɛ 6
永安	suo 2	muo 2	ŋuo 1	phuo 5	

（2）《方言》「凡物盛多謂之寇，齊宋之郊，楚魏之際曰夥」。《廣韻》「夥，胡果切，楚人云多也」。「夥」是歌部字。閩方言表示「多」「多少」的語詞有些含有「夥」字：

福安	niʔ 8 o 6（多少）「若夥」
福州	nioʔ 8 uai 6 「若夥」
廈門	bo 2 ua 6（不多，少許）「毛夥」[3]
邵武	uai 3（多）「夥」

「若」字在上古只有跟「何」同用，形成「若何」、「何若」、「若之何」、「若....何」，才有詢問意義（周法高 1959：186）。「若」字本身表示詢問是新興的用法，起源於南北朝末葉或唐初(志村良治 1995：42，85；魏培泉 1990：290－291)：

若為(怎麼)：

何為猶若為也(《論語.憲問》「何為其莫知子也」皇侃(488－545)疏)。

居士若為相對(《齊書•明僧紹傳》)。

若為秋月聽猿聲(王維〈送楊少府貶彬州〉)。

若箇(哪個)：

若箇遊人不競樊(盧照鄰〈行路難〉)。

若箇動君心(遊仙窟)。

---

3 閩南話的否定詞 bo 2 ，一般以為是「無」字。董同龢先生（1959:957）已經指出「無」古屬遇攝，遇攝的韻母，不變成閩南話的 -o 韻。《後漢書•馮衍傳》「飢者毛食」。王先謙集解引錢大昕曰：「古音無如模，聲轉為毛，今荊楚猶有此音」。羅杰瑞（1995:32）說明（i）「毛」是「無有」的合音詞。（ii）廈門 bo 2 ，建甌 mau 3 ，建陽 mau 9 ，梅縣 mo 2 這些字表示「沒有」的否定詞，本字都是「毛（無有）」。本文把廈門話 bo 2 寫作「毛」是按照《後漢書》的寫法。

這個「若」是入聲字。福州、福安「若夥」的「若」（福州 nioʔ 8，福安 niʔ 8)就是這個「若」。潮洲 dzioʔ 8（多麼？)也是這個入聲的「若」。

廈門、漳州、泉州俗寫的「偌」都是「若夥」的合音詞：

	廈門	漳州	泉州	潮州
若夥	*lioʔ 8 ua 6	*dzioʔ 8 ua 6	*lioʔ 8 ua 4	*dzioʔ 8 ua 4
(多_？)	lua 6	dzua 6	lua 4	(dzioʔ 8)

(甲)閩南話「大」說 tua 6，「我」說 gua 6（潮州 ua 6），「夥」字匣母歌部，韻母變 ua，匣母變成零聲母。（乙）「夥」字匣母上聲，廈門、漳洲濁上變去，所以廈門 lua 6，漳州 dzua 6 是陽去調。泉州濁上不變去，所以泉州 lua4 是陽上調。（丙）「若」是日母字，在閩語較晚層次裡的演變是廈門、泉州 l－，漳州、潮州 dz－。

（5）e 6（能，會）

台灣話的助動詞 e 6，意思是「能會」。be 6 是 e 6 的反面，意思是「不能，不會」。一般寫作「會」、「嬒」。但是 e 6 的來源是「解」，《廣韻》上聲蟹韻：「解，胡買切，曉也。」胡買切的「解」字就是 e 6 的來源。

	街	鞋	（能）	（不能）	外
福州	ke 1	e 2	e 6	me 6	ŋie 6
廈門	kue 1	ue 2	ue 6	bue 6	gud 6
泉州	kue 1	ue 2	e 4	bue 4	gua 6
漳州	ke 1	e 2	ue 6	be 6	gua 6
臺灣	ke 1（kue 1）	e 2（ue 2）	e 6	be 6	gua 6
潮州	koi 1	oi 2	oi 4	boi 4	gua 6
建甌	kai 1	di 9	（o 7）	mai 5	ŋye 6
建陽	kai 1	ai 3	di 5	mai 4	ŋye 6

「解」佳韻開口。「會」泰韻合口，。上面「街」，古膎切，「鞋」戶佳切是佳韻開口。「外」五會切是泰韻合口。資料來源：羅杰瑞(1969：264，270)，陳章太、李如龍(1991：11，16，37，70)。

表中有兩點值得注意：

第一、閩語表示「能」、「會」的助動詞是個佳韻字。

第二、這個虛詞在大多數的閩方言是陽去調，但在泉州、潮州是陽上調。何大安（1988：127）說明大多數閩方言濁上變去，但是潮陽話的中古濁上今讀陽上。陳章太、李如龍(1991：80)說明泉州話中古濁上今讀陽上。這正好解釋爲什麼中古匣母上聲的「解」字在潮州、泉州說陽上調。

「解」字至晚在唐代已變成助動詞了。張相《詩詞曲語辭匯釋》引了不少用例：

> 月既不解飲，影徒隨我身。（李白〈月下獨酌〉）

> 世人解聽不解賞，長飆空中自來往（李頎〈聽安萬善吹觱篥歌〉）

> 入春解作千般語，拂曙能先百舌鳥鳴（王維〈聽百舌鳥〉）

> 隱士休歌紫芝曲，詞人解撰河清頌。（杜甫〈洗兵馬〉）

「不解飲」就是「不會飲」，「解聽不解賞」就是「會聽不會賞」。更早，東晉南朝的用例有（王建設 1990：461）：

> 酒能祛百慮，菊解制頹齡。（陶淵明〈九日閒居〉）

> 晉明帝解占冢宅，聞郭璞爲人葬，帝微服往看。（《世說·術解》，第六則）

> 即喚木匠而問言：解作彼家端正舍不？（南齊·求那毗地譯《百喻經》，《大正藏》卷四，544中）

風生解刺浪，水深能捉船。（蕭綱〈櫂歌行〉）

但是陶詩有異文，一作「酒能袪百慮，菊爲制頹齡」。這樣看來，「解」字用作助動詞，最早可能是南朝。

（6）表示小稱的名詞詞尾 a3（～兒，～子）

台灣話的詞尾a3，廈門話的 a3，來源是「囝」。例如北京話的「小刀儿」，福州話說「刀 iaŋ3（kiaŋ3）」、潮州話說「刀 kiã3」，廈門、漳州、台灣說「刀 a3」、泉州話說「刀 kã3」。女婿泉州叫「囝婿 kã3 sai5」、潮州叫「囝婿 kiã3 sai5」，泉州、潮州的詞尾 kã3、kiã3 和本方言「囝婿」的「囝」同音。

董同龢先生（1959：992）註（1）討論表示「～兒、～子」的閩南話詞尾：「揭陽的 kiã3 和當『子女』講的 kiã3 完全是一個字」。後來洪惟仁（1986：28）、楊秀芳（1991：166）也曾說明台灣話 a3 的來源是「囝」。

《全唐詩》顧況詩上古之什十三章有〈囝一章〉，自注：「囝音蹇，閩俗呼子爲囝」。《集韻》獮韻九件切亦曰：「閩人呼兒曰囝」。再往上推，這個語詞*kiɑn3 借自南亞語（Norman and Mei 1976：297-298；Norman 1991：335-336），原因是「囝」在上古、中古漢語找不到語源，南亞語系卻有不少同源詞，例如越南語con、高棉語koun、孟語kon、卡西語khuːn，意思都是「孩子、子女」。

張振興（1989：130-131）、楊秀芳（1991：165-166）兩位指出，台灣閩南話詞尾「囝」所起的基本作用，是使它前面的詞具有「小、少」的意義，形體本來就大的普通名詞就不能加這種詞尾，例如不說「*虎囝」、「*象囝」、「*火車囝」、「*海囝」。有些東西因爲細小，表示這種東西的名詞都要附加「囝」尾，如「秧囝」、「痱囝」、「燕囝」、「麥囝」、「橘囝」、「梨囝」。

周法高先生（1963：158）指出，魏晉南北朝的「甌子」（小盆）、「圓子」（丸子）、「珠子」的詞尾「子」字還有「小」的意思。到了唐代，「子」就幾乎成爲所有名詞的詞尾，「子」字前面的名詞也能表示大的東西，如「車子」、「船子」、「亭子」、「閣子」、「宅子」、「案子」等（太田辰夫 1987：85-86）。詞尾「兒」晚起，在唐代還很少放在一般名詞後面。

我們推測閩南語用「囝」作爲小稱詞尾可能是受了中原漢語的影響。據上所述，中原漢語在魏晉南北朝用「～子」作小稱詞尾。閩語的「囝」意思上和中原漢語的「子」相當，於是用「～囝」來作小稱詞尾。

這樣看來，台灣話小稱詞尾的歷史要分幾個階段來講。第一、從南亞語借入共同閩語的 *kian 3，在唐代寫作「囝」。第二、這個語詞在共同閩語中漢化而表示「子」以後，又受了中原漢語的影響，在閩語中用作小稱詞尾。第三、在台灣閩南話、廈門話裡，詞尾弱化變成 a 3。

(7)遠指詞 hit 7（那）、hia 1（那裡）、he 1（那個）

南朝樂府出現「許」字單用表示，「那」的用例：

> 風吹冬簾起，許時寒薄飛。（〈子夜歌〉，《樂府詩集》44.5右）

> 督護初征時，儂亦惡聞許。（宋武帝〈丁督護歌〉，45.6左）

> 團扇復團扇，持許自遮面。（〈團扇郎〉，45.6左）

閩南話用「許」表示「那」，如廈門話 khūã 5 tsi 3 khūã 5 hi 3「看只看許」（看這看那）（《普通話閩南方言字典》880頁）；潮州話 hə 3 tsho ʔ 7「許撮」（那些），hə 3 dzik 8「許日」（那天）。

泉州話、漳州話的 hit 7（那）、hik 7（那）是「許一」的合音詞，「一」在泉州、漳州分別說 it 7、ik 7（董同龢 1959：994）。

楊秀芳（1991：166）指出，「囝」a3 加在某些名詞後面使成爲地方詞，如「街囝」（街上，常用指商業繁榮地區），「菜架囝」（賣菜攤子）、「麵擔囝」等。我們猜想 hia 1（那裡）可能是「許 hi3＋囝 a 3」的合音詞，但不知道爲什麼 hia 1 是陰平調。

he 1（那個）可能是「許 hi 3」和「其 e 2」的合音詞，但是我們不知道爲什麼 he 1 是陰平調。

(8)方位介詞 ti 6（在）

「他坐在椅子上」這句話，台灣話說「伊坐 ti 6 椅囝頂」。ti 6 的本字是「著」。《世說‧德行》「長文尚小，載著車中。……文若亦小，坐著膝前。」六朝已經把「著」用作方位介詞，台灣閩南話承繼這種用法。

王育德先生（1969）曾指出閩南話方位介詞 ti 6 的本字是六朝的介詞「著」。以後筆者（梅祖麟 1989）、楊秀芳（1992）都曾專門撰文討論。但是《普通話閩南方言字典》認爲本字是「佇」，台灣也有人把方位介詞 ti 6 寫作「佇」。這裡想說一點：寫本字不能只憑一己之見，要有文獻上的證據才能算數。

三、結語

本文主要想說明，探索台灣閩南話虛詞的本字，需要參照其他閩方言。

第一、複數人稱代詞，福鼎、龍岩都有「我儂、汝儂、伊儂」，台灣話只剩下「儂」字聲母的 -n 尾。表示「多少」福安、福州用「若夥」，是雙音節的語詞，台灣話用的是合音詞 lua 6、dzua 6。小稱詞尾泉州、潮州用 kã 3、kiã 3，還聽得出來跟本方言的「囝」字同音，台灣話用 a 3。碰到弱化語詞、合音詞，如果不參照其他閩方言，探索本字會相當困難的。

第二、上面論證 li 3（你）、e 6（能、會）的本字，用了比較閩語的音韻資料。簡單地說，台灣話 li 3 在漳腔本字還可能是「你」字，在泉腔已經說不通－－因爲泉腔第二身代詞是 lə3。同樣地，從比較閩語的觀點

來看，表示「能、會」的助動詞只能是匣母上聲佳韻的字，不可能是泰韻合口字。

上面說明《祖堂集》有「汝儂」（你們）的用例，台灣話 lua 6、dzua 6（多少，多＿）是「若夥」的合音詞。這兩項是比較新的看法。其他大部份都是轉述前人的研究成果。這裡最值得一提的，是王育德先生早在1969年已經看到台灣話方位介詞 ti 6 的本字就是《世說‧德行》「坐著膝前」的「著」字（參看梅祖麟 1990）。

閩語是怎樣形成的？羅杰瑞（1979;1991）認爲閩語的詞彙可以分成四個時間層次。最早的是作爲底層的南亞語。吳閩地區本來是南亞民族的居住地。漢人來到江南以後，就把一部份南亞語的語詞吸收進來，而閩語中保留的南亞語的借語最多。漢人遷入閩地先後有三波：秦漢、六朝、晚唐。所以閩語中的漢語詞彙可以分成三個時代層次。例如廈門話的「石」字就有 tsioʔ 8、siaʔ 8、sik 8 三種語音，分別屬於三個時間層次。

上面討論的虛詞也分別屬於三個時間層次，可以算作閩語史的縮影。

（甲）南亞語的底層。小稱詞尾 a 3 的來源是「囝」，是從南亞語借來的。

（乙）秦漢層次。lua 6 是「若夥」的合音詞。廈門「夥」ua 6、「我」gua 3 是上古歌部的語音，共同閩語 uɑi 韻，是秦漢音的遺跡。

（丙）六朝的江東層次。「江東」指六朝江南的吳越地區。(1)《世說》口語最常用的三身代詞是「我、汝、伊」，漢語諸大方言中只有閩語三身代詞是「我、汝、伊」，與江東寫成的《世說》完全一樣。(2)「人」義的「儂」字是江東方言的特殊詞彙，保留在台灣話複數詞尾 -n。(3)「我」義的「儂」字也是，保留在台灣話 lan 3（咱們）。(4)「許」字單用指「那」最常見的早期出處是南朝樂府，這個語詞以合音詞的身份保留在台灣的 hit 7（那）。

指代詞一般最保守，本文只討論了八個台灣話的虛詞，其中四個導源於六朝的江東方言。或許可以說，閩語和六朝的江東方言關係特別密切。

引用書目

王育德　1957　《台灣語常用語彙》　東京　永和語學社。

　　　　1969　〈福建語における「著」の語法について〉，《中國語學》，192（1969），1-5。

王建設　1990　〈《世說新語》語詞小札〉，《中國語文》，1990.6，457-462。

　　　　1992　〈從口語代詞系統的比較看《世說新語》與閩南話的一致性〉，收入梁東漢、林倫倫、朱永楷編《第二屆閩方言學術研討會論文集》（暨南大學出版社），82-89。

太田辰夫　1962　《祖堂集口語語彙索引》　京都　油印本。

　　　　1987　（蔣紹愚　徐昌華譯）《中國語歷史文法》　北京大學出版社。

中島幹起　1976　《福建漢語基本語彙集》。

北京大學　1989　《漢語方音字匯》第二版。

　　　　1995　《漢語方言詞匯》第二版。

李　榮　1980　〈吳語本字舉例〉，《方言》，137-140。

何大安　1987　《聲韻學中的觀念和方法》。

　　　　1988　〈「濁上歸去」與現代方言〉，《史語所集刊》59.1，115-140。

　　　　1993　〈語詞的脈絡、階級與體式－－中古代詞爾、汝、卿的用法與異同〉，《王叔岷先生八十壽慶論文集》，901-910。

志村良治　1995　（江藍生　白維國譯）《中國中世語法史研究》　北京中華書局。

周法高　1963　《中國語文論叢》。150-160頁是〈幾個常用詞的來源〉。

周祖謨　1988　〈漢語訓詁學〉，《中國大百科全書》（語言　文字），167-173。

洪惟仁　1986　《台灣禮俗語典》。

陳章太　李如龍　1991　《閩語研究》　北京　語文出版社。

梅祖麟　1989　〈漢語方言裡虛詞「著」字三種用法的來源〉，《中國語言學報》3，193-216。

　　　　1990　〈紀念台灣話研究的前驅者王育德先生〉，《台灣風物》，40.1，139-146。

黃丁華　1959　〈閩南方言裡的人稱代詞〉，《中國語文》1959.12，571-574。

黃典誠等　1982　《普通話閩南方言詞典》。

黃宣範　1988　〈台灣話構詞論〉，收入鄭良偉，黃宣範編《現代台灣話研究論文集》，121-146。

張振興　1989　《台灣閩南方言記略》　台北　文史哲出版社。（福建版，人民出版社　1983）。

董同龢　1959　〈四個閩南方言〉，《史語所集刊》，30，729-1042。

楊秀芳　1983　《閩南語文白系統的研究》　台灣大學中國文學研究所博士論文。

　　　　1991　《台灣閩南語語法稿》。

　　　　1992　〈從歷史語法的觀點論閩南語「著」及持續貌〉，《漢學研究》，10.1，349-394。

鄭良偉　1989　《國語常用虛詞及其台語對應詞釋例》。

　　　　1993　〈《華日台古今字音對照表》的編寫和用途〉，《台灣風物》，43.2，168-190。

鄭良偉　黃宣範編　1988　《現代台灣話研究論文集》。

蔡俊明　1991　《潮州方言詞匯》　香港中文大學　吳多泰中國語文研究中心。

魏培泉　　1990　《漢魏六朝稱代詞研究》　台灣大學中國文學研究所博士論文。

羅杰瑞　　1969　Norman,Jerry.The Kienyang dialect of Fukien. Ph.D. dissertation,University of California at Berkeley.

　　　　　1979　"Chronological strata in the Min dialect",《方言》，268-273。梅祖麟譯〈閩語詞彙的時代層次〉，《大陸雜誌》88，2(1994)，1-4。

　　　　　1981　"The Proto-Min finals",《中央研究院國際漢學會議論文集》語言文字組，35-74。

　　　　　1983　"Some ancient Chinese dialect words in the Min dialect",《方言》，202-210。

　　　　　1988　〈福建政和話的支脂之三韻〉，《中國語文》,1988，1，40-43。

　　　　　1991　"The Min dialects in historical perspective",in William S.Y.Wang ed.,Languages and Dialects of China,325-360。

　　　　　1995　〈建陽方言否定詞探源〉，《方言》，31-32。

Norman,Jerry and Tsu-Lin Mei　1976　"Austroasiatics in ancient South China： some lexical evidence",Monumenta Serica 32.274-301。

Maclay,R.S. and Baldwin,C.C.　1870　An alphabetic dictionary of the Chinese language in the Foochow dialect. Foochow： Methodist Episcopal Mission Press.

第一屆國際訓詁學學術研討會論文
1997.04.19-20

大陸語言學發展之現狀與展望

許嘉璐

北京師範大學中文系

大陸語言學（包括文字學）之研究，於近二十年中已有長足進步。現正醞釀一重要飛躍，今後數年或可於研究領域、研究方法出現重要突破。故爾大陸學者於未來之發展，多有思考議論者。1995年，璐與同道有感於此，編撰《中國語言學現狀與展望》一書，分別論列語言文字各個分支狀況及問題。璐所撰僅爲一隅，語言文字學總體則未及略據淺見。今謹略陳鄙陋，以供方家同道參考，尚望不吝賜教。

一、本世紀以來中國語言學之簡單回顧

中國語言文字之學向以歷史悠久、博大精深著稱。試觀先秦至漢，「小學」形成，文字、聲韻、訓詁、方言，靡不具備。爾後二千餘年，延綿起伏，經唐宋而有清，若循山徑，盤桓而升，遂成顯學。自西學東漸，印歐語之語言學理論方法如歷史比較法、結構主義輸入，引發語音學、語法學之巨變，且產生修辭學。西方之語義學向不發達，且屬哲學門，故中國久未形成運用西方理論方法之語義學，而訓詁學遂長久獨立，然亦以其「舊」而屢遭排擯。

語音學，引進歷史比較法及現代工具國際音標，遂以全新面貌記錄語音、調查方言、研究古音。爲其先者，如瑞典高本漢氏及趙元任、李方桂諸前輩。語言法學，上世紀之末首由丹徒馬氏以希臘文法爲楷模研究文言語法，繼有湘潭黎氏仿英語語法研究白話文法，此後劉復、陳承澤、金兆梓、呂叔湘、王力諸家復分別效英語法語法而創建語法體系。

學人謂此一時期爲模仿階段。然前賢於西法並非亦步亦趨，以其熟於故籍時語，力求方法與語言事實相合。是以現代語音學之於《切韻》音系及方言，語法之於詞類、句法，盛得碩果。研究既已深入，逐覺理論方法與事實尙有難合之處。蓋他山之石可用則用，其初始固轉引進模仿，難免圓枘方鑿；繼之，則將逐步消化吸收，自研究中生發根植於民族語言文字之理論方法。50、60年代囿於學習蘇聯，此一消化過程遂致中斷。改革開放以來，新一輪之引進開始，西方語言學大量傳入。結構主義固已先聲奪人，五十年代僅有簡略介紹或少數語言學家之實際運用，至八十年，則索緒爾、布龍菲爾德等人的著作譯本紛紛出版；喬姆斯基創始之生成語法，幾乎同時而入，其發展各階段之代表論著皆相繼翻譯出版，相關之生成語音學亦有詳細紹介；歐洲語言學之主流學派系統功能語法學以及認知學派、格語法、配價語法亦有所評介。以上理論均迅速用於實際研究，並獲可觀成績，北京大學、北京語言文化大學中文系及北京大學、復旦大學、黑龍江大學、天津師範大學英語系已成介紹研究西方不同學派之基地。此外，20世紀西方已冷落之歷史語言學，在中國始終未曾衰敗，漢語史研究、方言研究、少數民族語言究領域仍均通用；而葉斯柏森、房德里耶斯等結構主義語言學前夕之語言學大家，此時亦得到全面介紹。

璐於理論與實際研究之關係有感如下：

1·西學以細密見長，且善於理性思維，概括理論，與中國傳統學說之具體實用差異顯然。西學重語法及語音，國學重語義，此乃不同語種特點使然。是以取西學者易棄國學、重語法而輕訓詁學。此其大勢。

2·自本世紀之前五十年，西方語言學理論之引進者，大多即爲漢語研究者，且國學功底深厚。趙元任、李方桂先生固如是，王力、羅常培、呂叔湘、高高名凱諸先生亦莫不然。此後，紹介西方語言學者，則多爲外語界學人或理論語言學專門家。於是引進者與使用者顯呈兩途。雖有漢語學者及時吸收西方理論，終覺與前輩之融會貫通有別。理論與實際研究有

異，乃至潛存歧見，研究漢語者謂弄理論者故作玄虛，理論家謂研究者唯見樹木不見森林。故兩者相互取長補短，以期融爲一體至爲重要。

3．近數十年有一現象甚爲有趣。引進之西方理論方法僅運用於現代漢語，其於古語，僅成古音學主流，而訓詁學竟未嘗染之。其故何在，當深思之。蓋西方理論根植印歐語系，難用於漢語者已多，則於古語尤難相合。近時言訓詁者或有仿西方理論模式論述者，惜尚未能近於人意。當務之務，爲深研語料，力求詳盡，細致深入，勤於歸納，古今聯手，中外互補，若干年後或可形成基於漢語之堙理論語言學。

二、近年來之主要成績

（一）基礎研究逐步加強

所謂基礎研究，包括：語言學理論，語法學，語音學，詞匯學，方言學，文字學，音韻學，訓詁學，等等。語言學史及各分科研究史亦在其中。

語言學理論已如上述。

現代漢語語法學中，詞類劃分、動詞形容詞、句式和結構成份、複句等方面均有創獲。要而言之，語法研究引進西法較多，而近年復有舊話重提之趨向，如詞類問題，「依句辨品」說獲重新認識，語義特徵作用幾與語法功能等。相較而言，句式及結構成份研究較爲充分，複句研究最爲薄弱，而詞類問題則受原則理論多、定量窮盡研究少之囿，未愜人意。

語音學中，音系學、聲調語調、協同發音、北京話輕聲與兒化等方面進展較大。其中語音識別，已進入非特定人語音識別階段；語音合成，已由基於語音規則之合成進展爲基於語音特徵而合成。科學院聲學研究所、語言研究所之研究與技術處於先進。

詞匯學中，詞之構造、詞之意義及通用詞語、新詞新語、港台詞語、外來詞語均成績不菲。此一時期詞匯學之特點有三。1．與社會學、文化

學、計算機科學結合較密，蓋詞匯乃語言中社會變遷最爲敏感、演變最爲迅速之部分，故隨後之研究亦較及時。2‧研究分散，未能集中研討一二問題，故深度亦不理想。3‧尙未形成較爲系統之研究方法。

方言學中，方言分區、方言比較、重點調查、詞典編纂成績較大。漢語方言自餘杭章氏分爲九種，至李榮等《中國語言地圖集（漢語方言分區圖）》分爲十種，其間後出轉精之跡顯然。方言區分標準之確定爲其間一大收獲。李氏等之標準爲：1‧古入聲之演變，據以劃分官話與非官話；復據古清音入聲之演變分官話爲八區，2‧古濁聲母之演變，據以分非官話爲九區。如此，漢語方言可分爲五級：大區、區、片、小片、點。異於前人或較前人爲密者：官話一分爲八，晉語獨立，立徽語、平話，區分客家話與贛語。依據《地圖集》所作方言十二代表點之調查研究及《現代漢語方言音庫》（四十點）之編錄等均相繼完成。

文字學中，關於漢字之性質與起源等理論問題，古文字之考釋、甲骨文分期斷代、秦系文字、戰國文字、金甲文語法等均爲研究熱點，且成果頗豐。尤可道者，秦漢簡帛文字之大量發現，以其中多用古隸書寫，故世人始見早期秦隸，且知非秦統一六國後創制。再者，近年窖藏青銅器之屢屢出土，學者得比較同群異群各器，以助研究青銅器之斷代。至現代漢字研究，則多與應用結合。

音韻學，近年甚爲活躍。韻書研究，《切韻》、《廣韻》、《中原雅音》、《中原音韻》均有可觀之成果；整理出版古代韻書，論著間亦有整理者之見解，如周祖謨氏之《唐五代韻書集成》、李新魁氏之《韻鏡校正》，羅那斯圖與楊耐思氏之《蒙古字韻校本》，爲其佼佼者。就上古有無複音輔，曾討論熱烈，雖難一致，然研究角度方法亦所有進展。中古、近古音系研究似強於上古，蓋以中古近古材料有新發現，而詞語考釋繁盛帶動故耳，然亦僅限具體問題，如對音、重紐，反切材料之運用、詩人用韻考察等。

訓詁學，成績最著者為古籍專書詞語之考釋（廣而言之，近代漢語詞語之考釋亦屬訓詁範圍）。單篇論文固夥矣，古籍專書詞語字典、匯釋、例說出版之多，亦此一成績之檢閱。關於訓詁學運用於詞書編纂之研討，論文及專書不少，標誌訓詁學之運用已較自覺。訓詁學之性質、方法、原理與諸如同源字詞、反訓等問題之討論，亦嘗熱烈，雖無結論，然於學人思考之深入頗為有益。

在此，應特別說明少數民族語文研究狀況。

現已查明，大陸少數民族語言達120種之多，並已基本認清其分布、結構特點及譜系關係。隨少數民族經濟文化之發展及民族間交流之頻繁，語言接觸與借用日多，雙語現象亦已引起學界注意。

近年少數民族語言研究領域拓寬，學科結構充實調整，相繼完成《中國少數民族語言簡志叢書》（共含59種語言）、《中國語言地圖集》中民族語言部分、《世界各國語言的構成（中國部分）》及《少數民族語言使用情況和文字問題調查研究》、《新創和改進的少數民族文字試用工作經驗總結和理論研究》。《少數民族語言方言研究》及《少數民族空白語言調查研究》亦即將完成。少數民族語言詞典出版160多部，少數民族古文獻研究（如東巴文、契丹文、八思巴文、西夏文、古藏文等）成果亦多。

少數民族語言研究，除語言調查、描寫、識別及方言劃分外，語言系屬分類及相應之確定民族語言間同源與借用界限，亦為研究熱點。雖迄無定論，但方法理論較之歷史比較法已有所改進，語言接觸與變異已受到格外重視。

少數民族語言研究曾以描寫語言學之影響，重實地調查，隨後則漢語方法理論影響甚大，建成描寫方法之基本框架，近年則加強語言「本色研究」（深層結構之隱性特徵及規則），而仍以結構主義理論方法為主。少數民族社會語言學之興起，乃近十餘年事，且宏觀研究與微觀研究均有長足之進。後者如社會方言學、語言與文化關係等均有較好論著發表。少數民族計算語言學亦有進展。蒙、藏、維、哈、朝、彝、傣等已有技術標準

及多文種混合處理系統，大型蒙文語料庫已建成，朝文機器譯已進入試用階段。

預計今後數年內「空白語言」調查研究，大語種語言「本色研究」、漢藏語系、阿爾泰語系與南亞語系之歷史變革，少數民族社會語言學研究及計算語言學將爲少數民族語言學界研究之重點。

少數民族語言研究，以其語言種類、譜系關係、語言變異之豐富複雜而堪稱語言學研究之寶庫，單一語種研究範圍相對漢語爲狹，故其研究方法理論探討所得，於漢語研究必有甚大之參考價值。

（二）應用研究迅速興起

應用研究向爲薄弱。近年所以蓬勃者，以社會及科學發展迅速，於語言要求日高，遂引發眾多學者之興味。再者，語言文字學於基礎研究中亦發現如不適當備鑒運用自然科學方法且與應用相結合，則難以深入。而實際應用者，如計機界、語文教學界，亦主動參與，遂令語言文字學眾多分支迅速面對應用展開研究。就其成績顯著者而言，約有數端：

1·面向計算機之語言研究

中文信息處理已進入詞語處理階段，唯尙處初級，大體以詞語高頻優先爲基本方法，效率不高，且沿此以進則難以達到眞實文本自動處理。漢語詞語自動處理之難，在於詞無標記，句法自由，計算機無從識得。爲此，需先解決如何界定詞、判明詞性、標注詞義，歸納句式、解決句義分析及語句模糊、語言環境影響等複雜問題。多年語法研究皆以教學爲目的，以母語爲漢語者爲對象，故定性論述、舉例說明尙可。而計算機既無思維感情，僅告之以定義及例證，無法計算、類推。往昔適用於人際之語法不適用於人與機、機與機之間。故近年計算機學者與語言學家時有聯手研究者。如詞之自動切分（含歧義字段切分）、動詞詞義、句式研究，近年之遂展幾乎皆爲兩界合作之結果。

計算機所需之語音技術，基於前文所述之基礎研究，已有相當進展。迄今語音識別與合成付諸實用之產品，如自動報站、服務應答，乃編輯合成者，無需語音高深研究成果，然調語受限，且機器味道難免。基於語音規則或特徵而合成之系統（文－語轉換系統）則需分析音素（或音節）之聲學參數，其音色、音高、音強、音長將以語音規則修改調節，合成與人之實際發音極似之連續語句。就璐所見，今之合成實驗品已較成熟，唯以軟件智能水平制約，與實用尚有相當距離。而計算機智能之獲得，則亦皆賴語法、語義、語用之研究。

計算機之語言知識（智能），多需通過定量研究獲得。而手工操作，窮年難得百一，故大型、學之語料庫爲當今不可暫缺。十餘年間，數家語料庫相繼建成，大者二千萬字，小者數百萬字，然以取料欠精，分布欠勻，用途遂受侷限。現國家語言文字工作委員會所建語料庫，基礎語料爲七千萬字，至明年可至近九千萬字。建成後，將動態保持一億字規模。其核心庫爲二千萬字，即將開始標注。此庫建成，將爲海內外學界提供良好服務，而據以研究之成果，復將反諸計算機技術，語言研究與計算機發展將於較高層次相互促進，形成良性循環。

要之，今之中文信息處理已遇巨大瓶頸，即語言學之研究，此乃計算機界與語言學界之共識。

2．語言文字教學

語言文字教學研究近年相當活躍，較突出者爲：

（1）兒童識字教學研究

蘇軾云：「人生識字憂患始，姓名粗記可以休。」蓋慨言識見既增憂患隨至。借以言識字之難，兒童之厭學，亦甚貼切。爲使兒童識字快速而輕鬆，眾多識字法相繼而生。迄今約二十餘種實驗已進行有年。其中較著名者，爲集中識字、分散識字、注音識字、字理識字、字族文識字，觀其要性，皆以貫通漢字之系統性、啓發兒童舉一反三爲宗旨。其所據者，或

爲字義之相繫，或爲字形之相近，或爲字音之相同。就璐所知，多數實驗
方案效果較之普通教學方皆有相當幅度之提高。

然猶有可慮者，主持各項實驗者，鮮有語言文字學家，而中小學教師
以其用於研究之時間精力及工作範圍之限，把握語言文字及兒童認知心理
固有之規律欠深欠細，是以實驗至一定階段即難以深入提高。故鼓勵吸引
語言文字學及心理學家積極參與此一於國計民生至要之事業，爲當務之
急。

（2）弱智兒童語言習得

關注殘疾兒童之成長，乃文明社會之義務。往昔大陸於聾啞殘肢兒童
之教育研究較多，改革開放以來弱智兒童教育事業逐漸加強，多個省份弱
智兒童（經測定可教者）入學率爲80％左右。然以弱智類型多，等級難以
確定，觀察困難、可資參考之經驗不足等諸因，故研究難度甚大，成就亦
微，致實際教學水平尚低。華中師大、華東師大、遼寧教育學院等校，弱
智兒邁認知心理、認知規律研究均有較好成績。

（3）對外漢語教學（含相應之漢字教學）

對母語非漢語者教學漢語之研究，爲邊緣交叉學科，直至七十年代始
得重視。研究之重點爲怎樣教－－教學理論研究、教什麼－－語言教學與
文化介紹間之關係、怎樣學－－漢語習得規律。三者以教學理論研究成績
爲大。

直至七十年代，對外漢語教學尚較爲盲目；八十年代功能教學理論傳
入，「結構－情景－功能」教學理論盛行一時，且用於教學；未過十年，
文化學熱興起，於是「結構－功能－文化」理論探討熱烈，然其中尚多假
設，有待實踐驗證。

此一領域研究之應用目的明確，而其成果於基礎研究啓發頗大。例
如，爲探索「教什麼」問題，對外漢語教學界率先作較大規模詞頻統計，
其實用價值及理論意義超越本領域；又如現代漢語基本語法現象之全面描

寫與分析，亦對外漢語教學界爲之在先，且有異常建樹；關於「語用」之研究，對語言學界啓發不小。

對外漢語教學畢竟爲新學科，草創未周，有待開拓者甚多。例如學習者對漢語之需要尙若明若暗；習得規律研究不足，影響學習效果之諸因素尙未注意；課堂教學之觀察實驗不多；漢語教學中漢字教學之地位及規律尙未掌握。

3，社會應用

廣義而言，上述計算機及對外漢語教學亦爲社會應用，然二者均有「行業」色彩，今所言社會應用，則爲不限行業、全社會所需者。

（1）法律語言學

近十年，大陸立法加速，法律於社會生活中之地日益顯著，法律語言問題亦顯突出。參與研究者除語言學家，尙有司法界人。研討重點爲法律對語言之要求、法律語言之特徵及法律名詞之規範與界定等。研究範圍則廣及立法語言、訴訟文書語言（書面語）、審訊語言辯護語言（口頭語言）、口供與筆錄（由口語轉化爲書面語）。就中，立法語言論述最爲薄弱，蓋從事立法者爲人民代表大會常委會與法律專家，而法律語言研究者難以參與其全過程，二者隔膜。就法律研究研究總體而言，尙處於起步階段，欲形成一獨立學科尙需時日。

（2）術語學

世界公認，術語之統一與規範水平爲科技文化發展水平之標誌。科學技術迅速發展，全民語言詞彙中專業術語急劇增加，術語之確定、規範，至關重要。術語學屬經濟建設、科學技術及社會發展之重要基礎學科。其於科技知識傳播、科技成果之推廣、技術發展、信息傳遞、國際溝通，作用甚大。

至今大陸術語研究側重於科技術語之實用，理論研究則尙薄弱。

實用研究，例如分科審定術語、研制術語數據庫、研究確立術語之一般原則及方法、術語翻譯等，均有顯著成績。術語審定及制定標准，分別由全國科學技術名詞審定委員會（璐忝列副主任之列）及其下屬之分委員會（52個）、全國術語標準化技術委員會及其下屬之分委員會（4個）、國家技術監督局下屬之專業標準化技術委員會（300多）負責審定、公布、制定相應標準等工作。迄今，已審定41個學科名詞術語，發布術語標準800餘項。數據庫已建立機電工程、廢棄物管理、百科全書、科技詞語知識、農業敘詞、計算機輔助術語、計算語言學、應用語言學等單語種及多語種術語數據庫。

理論研究之薄弱，主要原因爲語言學界不甚了解關心此一學科，自語言學角度研究不足；其次爲術語學涉及邏輯學、分類學、哲學、情報學及自然科學各分支，從其事者需廣博知識，費力多而成果少，故易爲學人視爲畏途。

海峽兩岸術語不一（如計算機術語之80％，物理學之20％不同）已嚴重影響交流與共同進步。協調與統一兩岸術語工作勢在必行。兩岸學者正就此頻頻接觸，而天文學家已成先驅。璐以爲兩岸語言學界同道，亦應盡早聯手研究語言學術語之協調與統一，並以此爲起點，加強攜手開展語言學專題研究。

（3）廣告語言學

大陸廣告風起於八十年代，從業者猛增，語言學界及時介入，廣告語言學遂有良好開端。專著、論文漸多，自探討語言文字如何爲廣告服務，延伸至聯繫社會學、心理學、民俗學、交際學、傳播學思考廣告語言創作規律。但至今此學科尚未受到商界及廣告界之注意，仍在語言學界少數學者中盤旋。究其原因，蓋研究者未嘗深入商業廣告業實踐，終有隔靴搔癢之感。廣告語言學既爲應用而生，則必須突破語言學狹小範圍，深曉廣告自創意至促

銷結果之全過程，方可歸納規律，總結理論，實用有效。是以欲該學科確立，尚需努力。

4・文化語言學之興起

　　語言文字爲文化之載體，亦爲特殊形態之文化。研究文化者需借助語言學之成果，語言學之深入亦需文化學之營養，於是文化語言學應運而生，且呈蓬勃之勢，風格、角度亦多。隨各國各民族文化交流加速，該學科之發展難以限量。綜覽此類論著，言語言（尤其詞匯）體現文化觀念者多，而自文化言影響語言者少；言詞匯與文化者多，言語音、語法、修辭與文化者少；舉例性多，基於定量、全面、系統論述者少。此乃需研究者繼續深入，擴大視角者。

　　文化語言學爲交叉學科，然其定位，並無定論。何爲「文化」迄尚多歧，則文化語言學理論框架之構建亦需時日。相較而言，少數民族語言學界言語言與文化者，因調查深入細致，範圍相對較狹，故所論較實。總之，該學科乃新生事物，尚處開山階段。欲其成熟，借鑒西方理論及方法爲次要，關鍵在於研究者需牢築文化（文獻及民俗、田野調查）與語言兩面基礎，且善於抽象概括。

三、值得思考之問題

（一）學科之分化與綜合

　　自文藝復興至上一世紀，現代科學擺脫混沌籠統，趨向分析，學科日益細，研究日益專。此既爲科學發展之必然，亦學術深入之需要。然自本世紀中葉，科技高速發展，事物之系統性漸爲人所關注，學科界限因而愈益模糊，彼此靠攏、相互吸收愈益普遍，學科遂有「分析」與「綜合」雙向之變化。近年眾多交叉學科、邊緣學科及新興學科，即此趨勢之表現。自然科學如此，社會人文科學亦然。

大陸語言文字學自五十年代即漸趨分化。餘杭章氏所言語言文字之學，至今已演變爲數十門類。學術進矣，而弊端亦現：1·有悖語言組成部分間、語言與外部世界間關係複雜之現實，難以深入；2·傳遞薪火，難得前人之一體，專而欠深，泛而欠博，刻求過細，往不知復；3·學科林立，難以交流，啓而不發。要之，綜合不足、功底欠實，已成學術發展之障礙。

數年前，學科分類已作調整（見附表），意在引導知識之綜合。然研究院所、高等學校學位之設依舊。去歲，學位始作微調。此即適應學術發展之大勢者。爲此，語言學界需作何種準備？

（二）語言研究與社會、科技發展

社會與科技之發展，需語言學解決之問題甚多，應用研究迄仍嫩稚，尙需提倡。然基礎研究爲學術之本，亦不可削弱。二者之度如何把握？今之學術，非僅社會人文學科間滲透交叉，文理之間亦常互融互用，所需學者，當應具備二科知識。今之學制，文則文，理則理，兩岸略同。如何改造學科結構，使後學適應將來？

（三）務論與務實

凡學術，皆需理論及本學科外之知識，然其根本則在本學科所研究之事實。語言學乃實證學科，尤需深研語言資料，據實事以求其是。故語言學之發展處於微妙矛盾之中：既需理論，尤需自材料始；既需其他學科之資養，又需以語言爲根本；既需引進方法，然需與漢語相合；既需強調研究應用，復應發展傳統基礎學科；既需思辨，更需務實。紮實非保守，浮躁非開拓，理論不應玄虛，務實亦非拒絕理論。關鍵在把握其「度」，恰到好處者爲大家。璐所以言及此者，以大陸語言學有浮泛之病在故耳。

結語

璐於前文嘗言大陸語言學現正醞釀重要飛躍，或可預期數年之內有所突破，何以發此議論？1．所謂飛躍、突破者有兩義，一指方法與理論之漢語化，即由漢語漢字事實中生，而復切合漢語漢字實際，一指重要實際研究成果，如《漢語方言大詞典》、面向計算機之詞匯研究、實驗語音學、古文字及訓詁學研究、民族語言學、社會語言學等，將有佳制問世。2．作此預測之根據爲近年之積累已較厚，類似本自世紀初至三、四十年代，且已進入「集成」期。3．社會需求，而以信息技術之需求及計算機技術之及發展促動之力最巨。此及璐私懷所感所望，既需未來實踐證明，亦望在座同道批評。

1997.4.5－6

本文主要參考文獻

1．中國語言學現狀與展望，許嘉璐等主編，外國教學與研究出版社，1996。

2．歷史語言學，徐通鏘著，商務印書館，1996。

3．四十年音韻研究的回顧，唐作藩，中國語文研究四十年紀念文集，北京語言學院出版社，1993。

4．四十年來的古漢語語法研究，唐鈺明，出處同上。

5．語法問題發掘集，邢福義著，湖北教育出版社，1992。

6．詞類問題考察，胡明揚著，北京語言學院出版社，1996。

7．中國語法史稿，龔千炎著，語文出版社，1993。

8．八十年代中國語法研究，陸儉明著，商務印書館，1993。

9·漢語詞匯研究史綱，周薦著，語文出版社，1995。

10·漢語詞義學，賈彥德著，北京大學出版社，1992。

11·語義學，石安石著，語文出版社，1994。

12·文化語言學在中國，邵敬敏主編，語文出版社，1995。

13·社會語言學教程，戴慶廈著，中央民族大學出版社，

14·計算語言學文集，俞士汶、朱學鋒編，北京大學計算機系，1996。

15·計算機時代的漢語和漢字研究，羅振聲、袁毓林主編，清華大學出版社，1996。

16·計算語言學研究與應用，陳力為主編，北京語言學院出版社，1994。

17·計算語言學進展與應用，陳力為主編，清華大學出版社，1995。

18·二十世紀的中國語言應用研究，于根元著，書海出版社，1996。

19·中文信息處理的現狀和發展方向，許嘉璐，《前沿與展望》第二輯，科學出版社，1996。

20·漢字結構的規律性與小學識字教學－－兼評幾種小學識字法，許嘉璐，小學語文教學研討會論文集，台東師範大學，1995。

附表

　　學科分類（摘自GB－T13745－92《學科分類與代碼》，見《學科分類研究與應用》，丁雅嫻主編，中國標準出版社，1994）

740		語言學
740·10		普通語言學
740·1010		語音學
	1015	語法學
	1020	語義學

1025　詞匯學
1030　語用學
1035　方言學
1040　修辭學
1045　文字學
1050　語源學
1099　普通語言學其他學科

15　　比較語言學
1510　歷史比較語言學
1520　類型比較語言學
1530　雙語比較語言學
1599　比較語言學其他學科

20　　語言地理學

25　　社會語言學

30　　心理語言學

35　　應用語言學
3510　語言教學
3520　話語語言學
3530　實驗語言學
3540　數理語言學
3550　計算語言學
3560　翻譯學

3599　應用語言學其他學科

40　漢語研究
4010　普通話
4015　漢語方言
4020　漢語語音
4025　漢語音韻
4030　漢語語法
4035　漢語詞匯
4040　漢語訓詁
4045　漢語修辭
4050　漢語規範
4055　漢語史
4099　漢語研究其他學科

45　中國少數民族語言文字
（下分蒙古文、藏文、維文等及其他學科，凡14項。略）

50　外國語言
（下設英語、德語瑞典語等及其他學科，凡27學科。略）

99　語言學其他學科

第一屆國際訓詁學研討會論文
1997.04.19~20

訓詁學中的假借說

周何
臺灣師範大學國文學系‧退休

壹、前言

　　題爲「訓詁學中的假借」，目的是要與文字學中的假借有所區別。文字學中的假借，主要是說造字時的一種特殊現象。而訓詁學中的假借，則是說文字在運用時所產生的假借現象，所以也可以稱之爲運用假借。

　　比如說要問「罷」字是那個字的假借，根本無從回答，必須當它與另一字組合使用後，如「罷弊」被使用組合成詞之後，我們才能考慮說這個「罷」字可能是「疲」字的假借。又如「昆」字，必須當它組合成「昆弟」或是「昆蟲」的成詞之後，才可以說它是「晜」或「蟲」的假借。這就是說這是文字在被使用當時所產生的假借情形，所以可以稱之爲運用假借。

貳、假借的成因

段玉裁《說文解字注》有所謂假借三變說：

> 大氐假借之始，始於本無其字；及其後也既有其字矣而多爲假借；又其後也，且至後代訛字亦得自冒爲假惜，博綜古今，有此三變。
> （p.764）

　　段氏所說似乎只說明了假借的三種現象，至於成因只說了兩點：一是本無其字，一是後代訛字逐漸變成假借。所謂既有其字，何以還會多爲假借，段氏並未說清楚。其實這就是雖有本字，但使用者未必都是文字學家，也會有一時不知本字如何寫的情況。結果不知本字和本無其字是一樣的，都需要

臨時找一個同音字來代替本字，以記錄語言，於是形成了假借。另外還有一種原因，那就是求簡便。求簡便可以用簡體字，或用同音而筆劃較簡單的字來代替。如以現代的假借字爲例，豆腐乾可以寫做豆付干，襯衣有人寫做寸衣，以付代腐，以干代乾，以寸代襯，都是爲求簡便而形成的假借字。現代如此，推想古代應該也會有這種爲求簡便而形成假借的情形，不過不容易尋證而已。

參、假借的條件

豆腐乾寫作豆甫甘就不可以，而豆付干就可以，其關鍵則在於現在的人能不能認同接受，通行成爲習慣與否。大家都能接受，通行成爲習慣，就是假借字。否則就還是偶而寫錯的錯別字。又如交代，有人寫作交待，這可能是一個正在形成中的假借字。國文老師一定認爲作待是錯別字，等到大家都認同，通行成爲習慣之後，那也就是現代的假借字了。

漢儒注經有兩種特殊的訓詁用語：一是讀爲，一是當爲。他們常說某讀爲某，此假借字也；或者說某當爲某，字之誤也。前者說的是假借，而後者說的是訛誤。其實訛誤有兩種：一是形近之誤，一是音近之誤。有時漢儒會很清楚地分別說明爲：某當爲某，字之誤也；或是某當爲某，音之誤也。字之誤就是錯字，音之誤相當於現在所謂的別字。音之誤的別字和假借字，同樣都是具有音相近同的關係，然而判斷的結果卻截然不同：一是可以接受的假借字，一則認定是訛誤。

所謂的假借字，最初大概是一時不知本字怎麼寫，找個同音字臨時代替一下，後來通行成爲習慣，大家也都能接受了，於是就成爲假借字了。而音近之誤的別字則始終未被大家接受，所以永遠還是訛誤，無法成爲假借字。所以這兩者之間，條件是完全相同的，而區別的關鍵就在當時是否已通行成爲習慣，及是否能被大家所接受，所承認而已。

漢儒作注所據以判斷假借或訛誤的，可能就是憑著記憶，印象中以某字代替某字，過去有此習慣，曾爲大家所承認，於是就判定爲假借，而注曰某

讀爲某。如果記憶中無此印象，自然就注曰某當爲某，判定爲音之誤了。人的記憶並非絕對可靠，所以漢儒的讀爲、當爲之間也有混淆的地方，唐以後混淆更多，段玉裁曾謂已不能辨。

所謂過去通行成爲習慣，已被大家接受的判斷，仍須要有證據的支持。漢儒的證據是憑藉他們的記憶，但前面已說過記憶不盡可認。如今找尋證據，可以利用《經籍纂詁》，這部書應該是很可信的。驗證的方向大致可分成兩點來說：

一、必需條件：聲音檢驗

由上述假借的四種成因來看，無論任何一種原因，都離不了聲音關係。具備聲音關係者未必即是假借，而假借既然是以同音來記錄語言，則彼此之間必然有音相近同的關係存在，所以聲音關係是重要條件之一。聲音條件的證明很簡單，一般都是利用現代的聲韻知識來測量即可，同音當然是第一等，其次是疊韻，再其次是雙聲，再其次則是聲類或是韻部的通轉，能找到的聲音關係，都可以盡量用來說明，又兩者之間如果聲符字根相同得視爲古音相同。因爲根據凡形聲字往往以其聲符爲初文的理論，可以推知聲符相同之字，古代語言也相同。

二、必備條件：文獻證明

（一）證諸典籍異文

如《詩》有三家，《春秋》有三傳等，一部書有多種傳本，而彼此文字有不同者謂之異文。這些文字所以會有異同者，大概都是由於傳鈔者有人使用假借字所致，因此這些異文應該是當時通行假借字的最好證明。又其間如有音近而誤者，經過那麼多年早就被人發現給改正過來了；那麼多年、那麼多人都接受了，應該就是通行的假借字了。如：

《毛詩·關雎》：「君子好逑」，《韓詩》作「君子好仇」。

《書‧金縢》：「是有丕子之責于於天。」《史記‧魯世家》引作「是有負子之責于於天。」張守節《正義》云：「負，保育也。」是「丕」為「負」之假借字。丕字滂母，負字奉母，兩字古音皆屬段氏十七部之第一部，古音可能相同。

（二）證諸音義相同

聲音相同，自是必須，而文義相同者，實即二字的用法也相同的意思。又或是該用某字以表某義時，卻往往出現以另字代替者，如《荀子‧非相》：「伊尹之狀而無須麋。」《詩經》中常見「眉壽」一詞，而〈漢北海相景君銘〉中作「麋壽」，是皆以麋代眉，足以證麋為眉的假借字。

《詩‧江漢》：「肇敏戎公」，《後漢書‧宋閔傳》引作「肇俟戎功」；《史記‧孝武紀》：「申公」，《史記‧封禪書》作「申功」。前者公是功的假借，後者功是公的假借。

《儀禮‧喪禮傳》：「小工者兄弟之服也。」，〈喪服記〉：「大工八升若九升，小工十升若十一升。」，工皆功之假借。

《廣雅‧釋詁二》：「桐，痛也。」

《白虎通‧喪服》：「桐者，痛也。」是以桐為痛之假借。

《漢史‧晨後碑》：「桐車馬於瀆上。」《漢書‧禮樂志》引作「通車馬於瀆上。」是以桐為通之假借。

工與公、桐與通古音皆同。桐為梧桐，是一種樹木的名稱，不可能有通或痛的意思，若非假借，則無法理解。

（三）證諸漢唐校記

兩漢儒者注經態度非常嚴謹，對於假借字通常都用「讀為」或「讀曰」來作說明。此外還有一些校記的文字也值得注意，當他們發現各種鈔本文字彼此有出入者，有時也會特別予以校對記錄下來。如鄭玄注《周禮》，看到以前的鈔本有不同時，就會用「故書某作某」的方式來作記錄；注《儀禮》時就用「古文某作某」或「今文某作某」的方式來表示；注《禮記》時就用

「某或作某」來表示當時有一種本子某字寫作某。這些校記文字，或即有的意思，也就是說有一種實則等同於前文所說的異文，有可能是鈔者習慣常用的假借字，也有可能是一時不慎寫的同音錯別字。但如果是錯別字，應該早就被人挑出來加以改正了，保留至今的應該就是假借字的資料了。如：

> 《周禮・地官・太宰》注：「故書連作聯。」
>
> 《周禮・地官・載師》注：「故書廛作壇。」
>
> 《儀禮・士昏禮》注：「古文舅作咎。」
>
> 《儀禮・士昏禮》注：「今文枋作柄。」
>
> 《禮記・曲禮下》注：「幕或作帬。」

唐人所見古人鈔本很多，遇有文字不同者往往也會校記下來，現以《經典釋文》爲代表：

> 《輸、君奭、釋文》：「終，馬本作崇。」《文選》陸士衡《樂府詩》注引《國語》賈注：「崇，終也。」是崇爲終之假借。
>
> 《禮記・大傳・釋文》：「移，本作施。」

（四）證諸音訓文字

訓詁家常喜歡用同音字來做訓詁，謂之音訓。音訓方式自有其特殊作用，音訓文字相互之間必是同音，而假借字與本字之間也是具有同音關係。訓詁方式中也有以本字來解釋假借字的情形，於是音訓文字裏經常會有本字與假借字的關係隱藏其中，所以要找尋假借的證明，音訓文字也是一項重要的線索。不過爲求保險起見，最好能有兩條以上的證據足以證明是通行的習慣較好。如：

> 《易・繫辭》：「離，麗也。」
>
> 《國策・燕策》、《史記・刺客列傳》：「高漸離」，《論衡・書虛》作「高漸麗」。

《詩經‧小雅‧漸漸之石》：「月離於畢。」《論衡‧說日》、《淮南子‧原道》注均引作「月麗於畢。」

《易繫辭》：「晉者進也。」

《說文》：「晉，進也。」

《爾雅‧釋詁》：「晉，進也。」。

（五）證諸聲符之變

《說文》所載重文，其實就是異體字。如本文與重文都是形聲字，而只是符有變，兩者的聲符多爲假借關係，如：

《說文》穭重文作櫓，《莊子‧則陽》：「君爲政焉勿鹵莽。」鹵莽即魯莽，是鹵與魯古多通用。又今大滷麵有作大魯麵者亦同。《說文》：「匕，重文作麓。」

又「淥，重文作漉，是鹿與彔常相假借也。」

肆、餘論

總之，凡云假借必有驗證可求，求之於文獻資料，以證明這兩個字在過去曾經通用成爲習慣，已爲當時一般人所接受的假借字。如無驗證可求，古籍淹沒，也許那些證據正好就在那些亡逸的書裏面，如今已無法找尋，爲求態度嚴謹起見，只好一概視爲音近之誤，而不認作假借字。因爲同音字太多，真正成爲假借的畢竟有限，不希望把錯別字誤認爲假借，擾亂了典籍的正解，於是只好割愛了。

也曾有人認爲意義的關連也是假借的條件，假借的必須條件既是聲音關係，而凡同音往往意義相近，故同音假借字之間會帶有意義的關連是很自然的事。但這種意義的關連，不過是假借形成之後的自然結果，我們似乎不能倒果爲因，也就是說不能認同意義的關連是形成假借的原因之一。

第一屆國際訓詁學研討會論文
1997.04.19-20

反訓界說及其類型之商榷

姚榮松

臺灣師範大學國文學系

壹、反訓研究的里程與訓詁學

反訓原是訓詁學中一個不起眼的術語，它的近義詞卻有一籮筐。根據王寧（1989）〈「反訓」析疑〉[1] 一文，「反訓」一詞的著作權人是錢大昕，《錢研堂答問》：「窒本塞，反訓爲空。」，但是首先提出「反訓」現象的爲晉代的郭璞，而把一大堆「不是同類現象的語例」用「反訓」一詞來概括，則出於近代訓詁學者的移花接木，最後連郭璞都被疑似有誤導蒼生之責，我們且聽王寧教授的「起訴書」：

> 這個不準確的術語是誰提出來的呢？大家公認頭一個談「反訓」的是晉代的郭璞。這個說法與事實不符：郭璞從來沒有用過「反訓」這個詞兒，「反訓」是後來的人從他那兒發展出來的。後來說「反訓」的人所指的現象也並不都跟郭璞一樣。這個問題後來亂了套郭璞有一定的責任，他的責任在於舉出的語例不是同類現象，而用語上還沒有荒謬到把「反」跟「訓」搭配到一塊兒去。他的用語是「義相反而兼通」、「義有反覆旁通，美惡不嫌同名。」……在郭璞論及的語例中，最典型的是「亂」可以訓「治」「亂」和「治」是一絕對不可相容的矛盾概念，後來的人論反訓，實際上是以這個例子為出發點，把「美惡同辭」（按這也是經過移花接木的詞兒）認定是「正反義同

---

[1] 北京師大中文系主編《學術之聲(3)》（1990）頁78-97，文末有「1989年元月修改」自署。

詞」的。[2]

從宋朝起，研究這個問題的人就多了，王寧舉十一家作例子，也錄出其用語，或說「（五經）字義相反」（洪邁）、或說「無美無惡」「報致之辭」（元、李治），或說「（古文多）倒語」，或曰「相反相成」（朱駿聲）、「（義）有相反而實相因者」（段玉裁）、「美惡同辭」（俞樾）「相反爲訓」（陳玉樹）。[3] 有了這些個〝共犯結構〞，郭璞老先生似可以安啦。筆者推測錢大昕先生的「反訓」一詞所以能脫穎而出，成爲此一現象的標籤，大概是因爲簡短易瞭，合乎訓詁家的口胃，而且大凡名詞，愈是籠統而內涵少者，其指涉即愈大愈廣，其結果是術語不科學，有人避之唯恐不及，有人卻愈掘愈深。

五十年代以前對這個訓詁現象下過功夫的大約只有兩人，一爲董璠，撰〈反訓纂例〉；[4] 一爲齊佩瑢，撰〈相反爲訓辨〉，擇錄入所著《訓詁學概論》。[5] 董氏對反訓持肯定的態度，並綜其大別爲兩類，又細分條目爲十。齊氏則持反對態度，以爲反訓只是語義變遷之現象而非訓詁之法則，名稱根本不能成立。仍依其性質分爲五類，並述其誤認反訓之五種理由。正反兩家，旗幟鮮明。對訓詁學的影響也明顯分爲兩派。齊著爲三十年代作者在北大中文系的講義，四十年代臺灣的中文系，只有這本比較適用的訓詁學教本，因此對臺灣的影響較深，影響所及，龍宇純（1963）〈論反訓〉一文，針對郭璞所舉的六例作了抽絲剝繭的疏理，結論是這六條完全不能成立，「反訓」完全是一場誤解，他並指出語言中由於義的引申或一事兩面而有向對立面轉變的例子，如亂有「去亂」（治也），皮有「剝皮」等義，也不足

2　同註 1，頁80-81。

3　詳註 1，頁82-84列表。

4　發表於《燕京學報》第22期，頁119-173，民國26年12月，北平：燕京大學。又收在徐世榮《古漢語反訓集釋》，頁205-258，安徽教育出版社，1989。

5　見京文文化事業公司1985年版頁145-162，該書初版於1943年8月，北平，國立華北編譯館。

以證成反訓。此說也完全爲胡楚生（1975）《訓詁學大綱》（頁103-122）一書所接受。

　　1972年林景伊師董理其訓詁學講稿，因成《訓詁學概要》一書，將「反訓」作爲「義訓條例」中第一項「詮釋一詞之例」的第六小項：「相反爲訓」例。歸納眾說，提出反訓起因爲四項，即（1）義本相因，引申之始相反者；（2）假借關係；（3）音轉關係；（4）語變關係。是承認反訓之實例，並列爲訓詁的重要條例，此說使「反訓」現象合理化，可說承襲舊說加以張皇幽眇，林師是自董璠纂例以來，第一位再度肯定「反訓」的訓詁學者，1994年陳伯元師《訓詁學》（上冊）問世，將「反訓」移至「訓詁之方式」中「互訓」一節來討論，作爲互訓的諸多手段之一「以正義釋反義」一法的具體內容，陳師不但繼承林師論反訓的四種原因，並引述否定反訓對立的齊、龍二著，指出：「反訓」是否成立，今人爭論尚多，由於陳師基本上是贊成派，故進一步引用董氏高足徐世榮先生〈反訓釋例〉一文，列舉反訓十三個類例，並介紹王寧的〈反訓析疑〉一文之主張：把「反訓」當成「正反兩義共詞」的代稱來用，並提出「反義共詞」的三個存在的條件。對於頗受爭議的「反訓」一詞，陳師也賦予新的界說：「就是一個字的常用詞義，用了一個相反的常用詞義去解釋，就稱它爲反訓。」[6]

　　大陸方面，八十年代以前訓詁並不獨立講授，所以沒有訓詁學的書出版。六十年代談反訓的也只有張永綿一篇，八十年代隨著陸宗達《訓詁簡論》一書（1980）的出版，訓詁教程編得又快又多，「反訓」初亦不爲訓詁學者重視，隨著徐世榮（1980）〈反訓探原〉，徐朝華（1981）〈反訓成因初探〉二文的出現，討論者竟如雨後春筍，王寧（1990）就指出1983－1986盛談「反訓」最熱，筆者據吉林省圖書館學會（1986·12）出版的《中國語言學論文索引（1981－1985）》「訓詁」類統計，五年之間有關「反訓」論文多達二十篇，證實它是訓詁學的熱門話題，這種熱度八六年以後漸退。即

6　陳新雄，《訓詁學（上）》頁195，臺灣學生書局。

使在八〇年代，這種熱度也沒有充分反映到訓詁學的教科書上。比較早的有白兆麟（1984）以「反義相訓」作爲「直陳詞義」的方式之一；[7] 張永言（1985）以「反訓」作爲訓詁方式中「義訓」體例之一，[8] 卻僅用三行帶過。郭在貽（1986）更把「互訓」放在「訓詁術語」中的「其它術語」，作爲一個小類，也以五行帶過。[9] 楊端志（1985）把「反訓」作爲訓詁方法（上）義訓之（一）「同義詞訓釋法」的一個小類，與直訓、反訓、同訓並列，並認爲「一詞具有正反兩方面的意義，訓詁家只是指出了它的反面意義。指出反面意義同指出正面意一樣，也是同義詞相訓，所謂反訓，只是錯覺罷了。」[10]

這種低調處理「反訓」的情形，到了1987年略有改變，許漢威（1987）在「訓詁方式」第五項「其他」，列了「關於反訓」一個小項，用四頁篇幅介紹，仍總結出「反訓」一詞的不夠科學，語言中意義相反相對的，不必籠統地用「反訓」來概括。[11] 比較正面肯定「反訓」的可能是趙振鐸（1987），他把「反訓」作爲「訓釋語義的一種手段」，立爲專章來討論，並探討了它的類型和原因。[12]

徐世榮（1989）《古漢語反訓集釋》一書的出現，蔣紹愚（1989）《古漢語詞匯綱要》把「反訓」納入「反義詞」一章討論，似乎標幟了「反訓」研究的新里程，反訓研究開展了類型研究，並進入詞彙學領域，似乎也從「訓詁學」走出來了。

貳、反訓界說之商榷

---

[7] 《簡明訓詁學》頁89-90， 浙江教育出版社。

[8] 《訓詁學簡編》頁137，華中工學院出版社。

[9] 《訓詁學》頁78，湖南人民出版社。

[10] 《訓詁學（上）》頁 143-144，山東文藝出版社。

[11] 《訓詁學導論》頁114-118，上海教育出版社。

[12] 《訓詁學綱要》第十章，頁176-192，陝西人民出版社。

一、現代學者對反訓的承襲與修正

　　反訓研究之所以像滾雪球一樣，愈滾愈大，正表示它的界說模糊，正如許多跨學科的整合學科，它擁有更大的思考空間，所以有不斷發展的可能。「反訓」作為一種語言現象（而非訓詁手段），它的內容是豐富的，所以人們可以把這些現象歸納為若干類型，這些類型有時正反映其不同來源或成因，所以要釐清「反訓」界說，似乎不能忽略前人對反訓所作的分類。暫且從「名稱」入手。我們先列出董璠以下的論者有明顯不同的一些界說：

　　1．董璠（1937）〈反訓纂例〉說：

　　　　古人訓解文字之例，以形義為訓，以聲讀為訓，以聲義相近譬況為訓，以蘊義相反對待為訓，其例咸自《爾雅》、《說文》發之。

按：「以蘊義相反、對待為訓」作為「古人訓解文字之例」，這是董氏對「反訓」所下的界說。由於訓解的對象是「文字」，故有「字同義反」、「聲同義反」兩大類。這是文字本位的反訓，大抵由於意義引申、音變或假借。

　　2．徐世榮〈反訓探源〉（1984）說：[13]

　　　　古漢語訓詁學中有一種「反訓」，是比較特殊的字義訓解現象。所謂反訓，其實是義兼正反。……

　　　　郭璞所見及俞樾、吳曾祺所見的舉例，可以說是這個反訓現象的兩大類：前者為一字兩義，絕對相反，後者是靈活地反用。但都屬于這一問題，值得研究。

按：徐氏把反訓定位為「特殊的字義訓解現象」，主要集中在「義兼正反」的現象上，可以是絕對的正反兩義，也可以是相對的正義反用，仍然不是統一的單一現象，也沒有擺脫字本位，但是刪去了董氏的「從聲」「變

---

[13] 原刊于《中國語文》1980年4號為刪節稿，本文根據《古漢反訓集釋》（1989）的代序（頁1-22），作者說明此文為全稿，收在所著《語文淺論集稿》，安徽教育出版社，1984。

形」「增字」「疊詞」等不屬於一字本身的字義訓解現象,較董氏義例加嚴。其類型凡十三,仍嫌駁雜。[14]

3・陸宗達・王寧(1983)《訓詁方法論》說:

在漢族早期的哲學思想裡,相反相成的理性認識就很普遍,訓詁上也很早就發現了一種詞義互訓的規律,叫作相反為訓,也稱反訓。反訓表現為兩種情況:一種是反義詞互訓,如:「亂,治也」、「落,始也」。另一種是同一個詞可以用一對反義詞分別訓釋。如《廣雅・釋詁》既有「藐,廣也」的訓釋,又有「藐,小也」的訓釋。這兩種訓釋都表明,相反或相對立的兩個意義可以在同一個詞形上互相引申出來。這種例子很多:如:〝特〞,既有〝獨特〞--即〝無偶〞、〝無雙〞、〝傑出〞的意思,如《詩經・秦風・黃鳥》:「唯此奄息,百夫之特。」同時又有〝配偶〞--即〝成雙〞之義,如《詩經・鄘風・柏舟》:「髧彼兩髦,實維我特。」……

「美惡不嫌同名」尚不足以說明相反為訓的現象,相反為訓是由反正的引申造成的,它反映了古人對事物發展過程的一種哲理性的認識。以〝落〞為例,《說文・一下・艸部》:「木曰落」,木由發枝、生葉、開花、成熟到熟落,為生長過程的終了,所以〝落〞有〝終〞義、〝成〞義。但事物的發展是螺旋式上升的,前過程的終結是後一過程的開始,始與終是相依的。建築物竣工叫〝落成〞,取〝終〞義,但《左傳・昭公七年》:「楚子成章華之台,願與諸侯落之。」這個〝落〞又取〝始〞義。……其他諸如:鈍和銳,輕和重,椎和錐、生和死……都是反義而同源,都是正反引申又分化的結果。

按:陸、王二氏是八○年代大陸訓詁學理論建設的舵手,此文從認識論上把「正反引申」作為「相反為訓」的理論基礎,說明這是詞義運動的一個規律,並表現為兩種形式的互訓規律。最後也呼應了章太炎「相對相反者,

---

[14] 《訓詁方法論》頁151-153,「反正的引申」,中國社會科學出版社。

亦以一音轉變」的反義詞音轉孳乳的同源關係。

4‧余心樂（1988）〈反訓例釋〉一文說：[15]

> 古代漢語中有的字具有相反或相對的兩個意義，這是漢語語義辯證發
> 展的結果。如《爾雅‧釋詁》以〝故〞為〝今〞，以〝亂〞為〝
> 治〞，以〝徂〞為〝存〞。又《爾雅‧釋詁》：「曩，久也」，
> 「曩，向也」。《爾雅》、《說文》對〝曩、向〞的訓釋恰恰相反。
> ……五經中這種一字兼具正反二義的屢見不鮮。

按：余文把「一字兼正反二義」落實為「具有相反或相對的兩個意
義」，看起來和徐世榮的「絕對相反」與「靈活地反用」兩類相似，其實是
更加嚴格，他在下文把這種「反義為訓」限制為三種情形：

（1）正反義同字，包括美惡同字。例字有：置、廢、除、祝、息、匹、
仇、和、原、景、曩、向（嚮）、介、臭、祥、尤、攘、賓（擯）、面、
夫。（2）施受取予同字。例字有：學、受、奉、稟、賦、價、賈（沽、
酤）、丐、乞、假／借、貸、享／饗、羅、被、蒙、從。（3）假借反訓。
例字有：亂、汩、逆、去、徂、苦、擾、御、艾、離、慊、暨、潰。這三種
類型十分精簡，前二類皆〝同字〞而具相反或相對義。第三類別由於假借義
相反所構成，不稱〝同字〞，但言反訓。依此，郭璞的六組反訓中，「以曩
為嚮」「以臭為香」屬第一類；「以亂為治」「以徂為存」「以苦為快」屬
第三類。至於「以故為今」則據《詩‧綿》《詩‧思齊》毛傳：「肆，故今
也。」以為「故今」二字連文，表示承上啟下，只有一個概括義，而排除了
《爾雅‧釋詁》：「肆，故，今也」這條「以故為今」的〝反訓〞。余氏對
反訓的界說十分嚴謹，仍然沒有跨出字義引申與假借兩個基本類型。

5‧蔣紹愚（1985）〈從〝反訓〞看古漢語詞彙的研究〉說：[16]

---

15 見《古漢語論集》（第二輯）46-62，湖南教育出版社。
16 收在《蔣紹愚自選集》（1994）頁19-34，河南教育出版社。原載《語文導報》1985年
　　第7、8期。大部分內容又見於蔣紹愚（1989）《古漢語詞彙綱要》第五章第二節反
　　訓。蔣氏把「反訓」納入「反義詞」一章來討論。本文所引的文字是1985一文的結論

反訓，簡單地說，就是一個詞具有兩種相反的意義。這種特殊的詞彙現象，很早就引起了人們的注意。……我們據以分析的基本觀點有三個：

（1）字和詞是兩個相關而又不相同的概念。

（2）不同歷史時期的詞義不應該看作一個平面。

（3）詞的〝反義〞，又可區分為不同的幾類。

蔣氏把歷來所舉「反訓」的例子分為七類。即：

（一）有的實際上並非「反訓」，把它看成反訓，是沒有區分字和詞而形成的一種錯覺。

（二）有的是一字兼相反兩義，而不是一詞兼相反兩義。

（三）有的是一個詞在不同時期中褒貶意義的變化。

（四）有的是一個詞有兩個相對立的下位義，在不同的語境中分別顯示出來。

（五）有的是修辭上的反用。

（六）有的是一個詞有兩種〝反向〞的意義。

（七）有的是一個詞的詞義從不同角度引申而形成反義。

他認為第（五）（六）（七）三類確是〝反訓〞，第（一）（二）（三）類不是〝反訓〞，第（四）類更確切地說應該是褒貶意義的歷史變化。[17]

蔣氏的結論是：

（1）反訓應該指的是：在同一個歷史平面上的同一個詞具有兩個相反的意義。

（2）根據這一概念，把一些似是而非的情況排除在外，那麼〝反訓〞主要是某些動詞同時具有〝反向〞的兩個意義。還有少數因詞義從不同角度引申也會產生相反的兩義。

部分，不見於1989的《綱要》一書內。

[17] 蔣紹愚（1989）頁156。

（3）把〝反訓〞作爲詞義發展規律，認爲一個詞有甲義，就可能根據〝事物向對立面轉化〞的法則而產生與之相反的乙義，這種看法不符合語言事實，也不合乎語言作爲交際工具的本質。[18]

按：這是用現代語言學的方法，從詞匯學的角度對「反訓」一詞所作的科學的定義。檢驗一下郭璞的六個例子，「以故爲今」「苦而爲快」屬第（一）類；「以亂爲治」屬第（二）類；「以臭爲香」屬第（四）類；其他二例（以徂爲存，以曩爲曏）可能都是被排除的「似是而非」者。如此看來，郭璞的六例都不屬於結論（1）的〝反訓〞。這種建立在詞彙學基礎上的詞本位的反訓界說，確實把反訓的適用對象大大縮小，除了〝反向〞、〝引申反義〞之外，把「作爲一種修辭手段」的「反用」也視爲〝反訓〞，（如：冤家→仇人→自己的情人）是一項特色。

6．王寧（1990）〈〝反訓〞析疑〉說：[19]

兩個意義絕然相反的詞，沒有重合部分；論其用，不可能發生置換關係，怎麼能夠互相訓釋？就訓釋的實質來說，反義，則不能成訓；成訓者，必不取反值。因此〝反訓〞這個名稱本身就不科學，把〝相反爲訓〞說成是訓釋方法或訓釋原則就更不恰當。

近、現代人沿用〝反訓〞這個術語，……他們不過是把〝反訓〞當成「正反兩義共詞」的代稱來用，名稱雖不夠恰當，內容卻相當清楚。

運用訓釋材料來觀察反義詞現象……必須明瞭訓詁原理，以下幾個原則是應當遵循的：

（一）古代訓釋以字爲單位，但字與詞往往不是一對一的整齊關係，兩個意義同一書寫形式，並不一定共詞。（如〝介〞大小反義，是〝夰〞、〝芥〞兩詞共用〝介〞字書寫，但非共詞。）

（二）訓釋的單位是義項，但是書寫訓釋的卻是無法區分義項的字，

---

18 蔣紹愚（1994）頁33-34。

19 同註 1，頁85-89。

在理解訓釋時，必須防止偷換義項的錯誤。

（三）古代訓釋相當一部分是文意訓釋，也就是説，是對離不開具體文句的言語意義的表述。如果把它當成詞意訓釋來理解，也就是把詞的具體意義當概括意義來理解，往往會發生一系列的錯誤。

（四）共時的直訓不適合表述詞的貯存義，因為缺乏義值差這個要素。運用直訓材料時要把義值差補出來。（如在時間問題上〝來〞和〝往〞可以置換，作成直訓，便誤以為在任何地方，〝來〞都可以訓〝往〞。）

（五）異時的直訓訓詞與被訓詞從未共時存在過，因而他們所標示的義項不可能共詞。

按這五項只是討論〝反義共詞〞的消極原則，王寧繼續提出四個〝反義共詞〞的存在條件：[20]

（一）主要條件是兩義雖然反向，但一定得相因。（或具體過程相接，或詞意特點相同，或聚於同一事物。）

（二）反義只能是反向引申的結果。在意義上，雖反向而不能絕然矛盾；在邏輯上，絕對對立的意義不可能共詞；在感情色彩上，絕然相反的意義不可能共詞。

（三）共詞的兩個反向意義，在使用上必定有較明顯的差別。包括不共境；使用頻不平衡；反義共詞在使用上往往與另一同義詞連用，以示區別（如藐有〝小〞〝遠〞二義，常作〝藐小〞藐遠〞。）

（四）反義共詞的內容具有民族性。

按：王寧反對把〝反訓〞作為訓釋方法或原則，贊成把它當成「正反兩義共詞」的代稱。並且把問題的討論集中在正反兩個意義能否共詞、如何共詞的問題上。通過以上原理與條件的檢驗，「反義共詞」首先不包括：

一、施受同詞（這是漢語的雙向動詞顯示的特點）。

---

20 同註 1，頁90-93。

二、褒貶義共中性詞（這時褒貶義算不得兩個義項，只是中性詞
　　的具體化）。

三、修辭的倒反格（修辭的特點是語言使用上的反常，它的表達效果
　　是規律以外的）。

四、反問句的句面義與實際意義的相反（那是語法問題）。[21]

這樣對〝反義共詞〞的限定，和蔣紹愚〝同一詞具有兩個相反意義〞的主張
有些異曲同工：第一、兩家都縮小了〝反訓〞一詞的指涉內容。第二、兩家
都以詞為本位，嚴格區別字與詞。第三、反義必須在共時的平面上，才能是
同一個詞。但是，兩家也有認知的差異，以下比較其異同。

　　左列的訓釋材料是否合乎〝反訓〞界說？是作〇，非作×：

內　　　容	蔣	王
1.一個詞的反向意義	〇	〇
2.由引申而形成的反義	〇	〇
3.一個詞的褒貶義	×	×
4.修辭上的反用／倒反格	〇	×
5.因假借而形成反義	×	×
6.施受同詞	〇	×
7.美惡同辭（以亂為治）	×	〇
8.以臭為香	×	×
9.以苦為快	×	×

蔣氏對4、6兩項採取接納態度，王氏則加以剔除，理由已見上。8、9兩條雖
然皆不合「反訓」要件，但兩家的理由不同，如「臭之為香」，蔣是以為
「臭氣」和「香味」皆為「臭」的下位義，在不同語境中分別顯示，不得為

---

21 同註 1，頁90。

「反訓」。[22] 王氏則謂臭當氣味是中性名詞，已分化出動詞鼻（聞）與貶義之殠（惡臭義），沒有分化出「香味」的「臭」（褒義詞），臭用爲香，不能視作褒貶義共詞。整體來說，王寧從訓詁原則上注意了訓釋單位「義項」在「反義共詞」中的決定作用，比單純從詞的共時反義與否，來得更加有效。例如9.蔣氏認爲苦$_2$（快急）可訓快$_2$（快急），是同義相訓，以爲反訓是以苦$_2$爲快$_1$（快意），是沒有區分字詞而形成的錯覺。[23] 王寧則更從通感的引申說明「苦」的強急義和「快」的疾急義的對當，如以「苦」的痛苦義與「快」的歡喜義對當，便偷換了義項而有了反義。[24] 至於以亂爲治，王寧認爲這是由因果而相因，是漢語的經驗性相關。蔣紹愚則引用孫德宣（1983）的意見，認爲𤔔（治）𤰒（亂）字別形近，後來形混音訛，故亂有治、亂二義，形成「美惡同字」，而非「美惡同辭」，由此可見，在個別類例的認定上，還有主觀的地方，例如蔣氏把修辭手段的反用，也認爲是反義，是因爲「冤家指情人，可憎表可愛等，已經成爲一種固定的詞義了。」如果是固定的義項，那就是一詞多義，何來反用呢？

二、反訓的否定派及其成因解

葉鍵得（1994）曾列舉古今學者對反訓的贊成、質疑與反對三派，指出宋‧賈昌期、清‧桂馥、朱駿聲，及近代章太炎都表示懷疑的態度，郭沫若、齊佩瑢、龍宇純、胡楚生、郭錫良等人則爲反對派的代表。[25]

華學誠（1986）〈五十年來〝反訓〞研究情況述評〉[26] 介紹了1937到1985年有關反訓的論著，獨缺少台港的研究。本文則綜考兩岸六十年來的相關文獻，略爲補苴，由於大陸期刊搜尋匪易，只能就直接及間接所見，擇其

---

[22] 同註18，頁147。

[23] 同註18，頁143-144。

[24] 同註 1，頁87。

[25] 葉鍵得，〈論郭璞的「反訓」觀念及其舉例----兼論反訓是否存在〉，《陳伯元先生六秩壽慶論文集》，頁653。

[26] 華學誠，《潛齋語文叢稿》（1991），8-24。原載《昭通師專學報》1986：3。

最具代表性之論述來討論。

　　1. 齊佩瑢（1943）說：

　　　　嚴格地講，「反訓」這個名詞根本就不能成立，訓詁是解釋古字古
　　　　言，基於相反的原則去訓釋古語，才可以叫做反訓；現在既知這些例
　　　　子，不過是語意演變現象的一小部分，那麼就不該再名為反訓而認為
　　　　訓詁原則了。…至於本非義變而誤認為反訓的也很不少，這裡再附帶
　　　　舉正如下：

　　　　（1）不曉同音假借而誤以為反訓者。

　　　　（2）不達反訓原理而強以為反訓者。

　　　　（3）不識古字而誤以為反訓者。

　　　　（4）不知句調為表義方法之一而誤以為反訓者。

　　　　（5）不明詞類活用而誤以為反訓者。[27]

按：齊氏把「反訓」看作「語意的變遷現象而非訓詁法則」，因此，他所反
對的是把「相反為訓」當做訓詁之原則或方法的流弊，也就是「凡相反者皆
可相訓矣」，因此，他並不否定有語義變遷而恰成相反的現象，仍將「反訓
之類別」區分為五種：（一）授受同詞之例；（二）古今同詞之例；（三）
廢置同詞之例；（四）美惡同詞之例；（五）虛實同詞之例。他並反對章太
炎〈轉注假借說〉論相反為義，所謂「語言之始，義相同、相近或相對相反
者，多從一聲而變」之說，說是「似是而非，於語言緣起多所未了」，「蓋
語義本為流動變化而漸形成多面，因其語境之不同，自可含有相反兩義，正
不必一一分別為之造字，或旁求其通借。」[28]

　　2. 龍宇純（1963）〈論反訓〉說：[29]

　　　　一個字具有正反面的意義，通常稱之為反訓。……然而在邏輯上，
　　　　這樣毫無道理的正便是反，實在是不可思議的事。……果然一個字具

27　齊佩瑢，《訓詁學概論》（漢京，1985）頁156-161。

28　同前註，頁162。

29　《華國》第4期，頁32-33。

有正反兩面的意義，必然有道理可說，有途徑可循；絕不是隨便反覆其義而用之的。……首先應當就郭璞所提出諸例作一檢討。

郭璞所舉六條例證，經龍氏逐條疏理的結果，除了「以亂爲治」的亂字具有正反之義是不容否認外，其餘五條都不存在什麼正反之義，我們以前文較少提及的「以徂爲存」爲例，龍氏云：

> 古書裏徂作存解者沒有見到，《爾雅·邢疏》以爲即《詩·鄭風·出其東門》「匪我思且」之且。按鄭箋云：「匪我思且」猶「匪我思存」也，《經典釋文》云：「且音徂，《爾雅》云存也」。顯然《爾雅》的徂字即是《毛詩》的且字；……不過在《詩經》來講，徂字並非得作「存」字解不可，往義仍然可通，依我來講，上章的「匪我思存」是非我思念之所在，下章的「匪我思徂」是非我思念之所往。拿現在話說，往便是嚮往。兩句話並非完全相等的。但是話雖不相等，意思卻可通。……說文雜下段氏注云：「凡漢人作注云猶者，皆義隔而通之。」鄭箋說猶，分明不以爲徂即是存。……郭氏於此未加深究，以爲反訓，豈其然乎![30]

至於「以曩爲曏」一例，《爾雅·釋詁》：「曩、塵，……久也。」〈釋言〉：「曩，曏也」，而《說文》：「曏，不久也。」郭氏援以證成反訓之說。龍氏引〈邢疏〉：「在今而既言往，或曰曩，或曰曏。」並謂：「這是（曩）字的真正意義，等於今人說以前或過去一樣，反正是過去，時間的久暫只是相對。……並無所謂正反，不知郭氏何以有此隔膜。」[31]

龍氏又考察了皮、髕、耳與刵、茇與拔、釁、勞、糞等六字，都和「亂」字的具有正反二義相當的，「即是說，在語言裏，往往除去某事某物的語言即緣某事某物之名而產生，也就是說：某事某物謂之某，除去某事某物亦謂之某；……如果了解亂與治的對立本是亂與去亂的轉變，便不會有此

---

30 同前註，頁36。
31 同前註，頁37。

誤解。」[32] 按龍氏之主張,即使由於義之引申或因本是一事之二面,而產生一字有正反面的意義,也不足以證成反訓之說。

　3. 呂慶業(1985)〈論反訓〉一文說:[33]

　　訓詁學上所說的反訓是指一個詞含有相反的兩種意義,而用反義詞解釋詞義的方法。……有些訓詁學家就把這種正反義共存一詞中的現象稱作反訓。

　　承認這樣的說法存在,將會擾亂語言的明確性。事實上,任何語言中都不會存在這種現象,一個詞在同時同地不可能同時具有正反兩個意思,不會用一個詞的相反概念去解釋它。……如果正反兩個對立的概念使用同一個詞來表示,誤解岐義就難以避免,交際效果必受影響。

　　反訓說出現一千多年來為什麼久盛不衰呢?那是因為有些人只從詞彙的總體來考察,而忽視了使用中的詞義的單一性;只從異時語言中考察到「美惡不嫌同名」而忽視了共時語言中不存在「一字兩訓」;只考察了單字字形,而忽視了音近義通的假借;……一言以蔽之,只考察了文字的現象,而沒有分析實質。只考察了事物的結果,而沒有探其源頭。

　按:呂文之前,郭錫良也有一篇〈反訓不可信〉[34] 的文章,基本觀點跟呂文相似,他認為「一般來說,在共時的語言詞彙系統中,具有正反兩個對立意義的詞是不可能存在的。」並主張不再沿用反訓這種不確切、不科學、不足為信的說法。張凡(1986)〈反訓辨〉提出全面反駁,尤其指出歷史事實證明在共時的語言詞匯系統中,具有兩個對立意義的詞,「實際上是存在的」。並指出反訓詞是古代人民對事物樸素的辯證認識在語言中一種反

---

[32] 同前註,頁41。

[33] 呂文原載《長春師院學報:哲社版》1985:1,頁43-53;又收於中國人民大學《語言文字學》1985:6,頁35-45。

[34] 原文刊於《遼寧電大》(1984),筆者未見,僅由張凡(1986)〈反訓辨〉一文知其大略。

映，這種義兼正反的詞不僅漢語有，其他國家的古語也有。[35]

呂慶業繼續了郭錫良的砲火，提出以下八點「給反訓說涉及的各種語言現象以正確的解釋」，要「正本清源」「撥反訓說之亂」：

一、所謂詞有正反兩訓，是把一個詞的共性和個性混在一起考察的結果。如：臭、祥。

二、所謂詞有正反兩訓，是把一個詞的古義和今義混在一起考察的結果。如：亂、仇。

三、所謂詞有正反兩訓，是把一個詞的本義和引申義放在一起考察的結果。如：去、落。

四、所謂詞有正反兩訓，是把一個本義引申出來的兩個相反的詞義看成反訓詞。如：息、憐。

五、所謂詞有正反兩訓，是把一個詞的本義和假借義放在一起考察的結果。又分為五種情況：

1.本義或常用義和借義相反而構成兩個相反的詞義。如：淫、娉。

2.本義和借字的引申義為相反的構成。如：愉、逆。

3.一個詞的兩個假借義構成了一對反對詞，即兩種相反的假借義都與本字無關。如：離、緜／陶。

4.本字的引申義和借字的引申義構成反義詞。如：徂、戾。

5.兩個字的本義或常用義構成反義詞，而它們的假借義根本沒有反義關係。如：今、故。

六、所謂詞有正反兩訓，是把一個詞可能有的兩種程度的差別，看成反訓。如頗（很：略微）；曩、向（久：不久）。

七、所謂詞有正反兩訓，是把一個詞的不同語法作用所產生的兩種看似相反的意義，定為反訓。如：售、敗。

八、所謂詞有正反兩訓，是由於一個詞原來包含雙方活動、後來化為

　　　　單指一方，造成兩義相反，被誤認爲施受同辭，處理成反訓。
　　　　如：賈、市、受。[36]

按：呂文歸納出來的八種正反兩訓發生在同一詞的原因，除了沒有「修辭上
的反用」以外，幾乎囊括了傳統反訓說的大部分類例，其中以古今義、引申
義、假借義三者爲核心，古今義不共時，假借義不共詞，語法作用也不是詞
彙內部的詞義對立，都是應該被排除在「反義共詞」的界說之外，其正本清
源的作用與修正派的蔣、王二說殊無二致，筆者提出下列三項比較耐人尋味
的課題：

　　（一）一個詞的共時引申是產生「正反同詞」現象的主機制。
　　（二）一個詞的共性（即概念義或中性義）與個性（包括：美善、褒
　　　　　貶、吉凶、虛實、動靜、剛柔、進退、向背、久暫……等）之間
　　　　　應有自動體現爲對立詞義的機制。
　　（三）一個動詞的格位關係（如：施受、取予、買賣、出納……）也能
　　　　　在用詞時體現爲「正反同詞」。

筆者認爲以上三者的共同作用才是形成反訓詞的主要原因，其它的來源只是
配角，由於主從關係的不明朗，許多贊成或反對的學者很容易做出以片面帶
動全面的結論，呂文對以上三點似乎完全採取否定態度。

否定反訓者反而要替不能接受的「反訓現象」找原因，從齊佩瑢到呂慶業都
是一個思想模式，這正反映贊成與反對兩派學者所對治的這個現象有共通的
理據，只是切入的方向正好相反，也只有人類的語言現象，才有這種詭譎的
辯證關係。

三、反訓界說的基本命題

　　經過上文討論，筆者歸結出以下基本命題，作爲評騭各家界說的標準。
那就是：

---

36 同註34，頁35-45。

（一）反訓是客觀存在的語言現象，它的形成不完全是語言交際的結果，還有文字表述法的因素。

（二）反訓並不是訓詁家精心設計的名詞，也並不指涉詞彙系統中的反義詞問題，而是從訓詁材料體現的「反義同詞」----更表面的事實是「反義共字」。

（三）當代語言學者對反訓詞提出三個必備條件：（1）具有相反的兩義；（2）曾經共時使用；（3）詞形只有一個。

（四）傳統的訓詁學者傾向於用「反訓」一詞來概括訓詁材料中的反義詞相釋現象，此現象是訓詁家從共時與歷時兩種材料中歸納的，儘管有些材料並不合原始文獻的脈絡義，但因還原上的困難，往往以訛傳訛。

（五）把兩千年來的訓詁材料用現代詞彙學的角度進行分析，會有一定限制，如何重建古文獻的共時詞彙體系，找出反訓詞例的共時義項，是突破反訓研究的一條可行道路。

（六）反訓一名的存廢不是問題的焦點，關鍵在利用現代詞彙如「反義同詞」「反向意義」「反訓詞」「施受同詞」等是否能準確傳達文獻材料所內蘊的全部語言事實，例如：拋開文字載詞的功能特性，能否準確掌握「反訓」的形成原因。

參、由反訓材料類型看反訓的多層次意義

由於各家對待反訓材料的寬嚴有別，掌握材料的多寡不同，影響反訓現象的概括程度，我們從上節正反兩派的界說，已能體驗「反訓」一名是以多層次的定義存在訓詁學者或古漢語學界。所以本節是由果溯因，想從各種分類法窺探反訓的界定及其範疇。

一、郭璞的「訓義反覆」之類型

《爾雅·釋詁》：「徂，在、存也。」

郭《注》：「以徂為存，猶以亂為治，以曩為曏，以故為今，此皆詁

訓義有反覆旁通，美惡不嫌同名。」[37]　（釋詁又云：「如、適、之、嫁、徂、逝，往也。」當為郭氏「反覆旁通」之依據。）

《方言》卷二：「遥、苦、了，快也。自山而東或曰遥，或曰苦，秦曰了。」

郭《注》：「苦而為快者，猶以臭為香、亂為治、徂為存，此訓義之反覆用之也。」[38]

以上是郭璞注《爾雅》《方言》所提出的「訓義反覆」說的內容，說它「旁通」，是因為〈釋詁〉內又有「徂，往也」之條，說明「徂」有兩個義項：1.往也，2.存也、在也。由於兩義相反，故云「反覆」。若以「存往」為「生死」之對待義，即猶「亂」之有治、亂二義，二者皆有美惡之價值判斷，故曰「美惡不嫌同名」。至於「以曩為曏」「以故為今」，皆承「反覆旁通」一語而列舉，皆中性義，不必四例皆有美惡義。

錢繹《方言箋疏》於「遥苦了快也」條下云：

按此條有三義，遥為快意之快，苦為快急之快，了為明快之快，而其義又相通。……卷三云：「遥、苦，快也。江淮陳楚之間曰苦，自關而西曰快。」復申釋此條之義也。[39]

按：快是通語，也是關西的方言用語。依錢氏箋疏，快意之遥、快急之苦、明快之了，具有共通的義項「快」，所以同義；苦字的通行義為「痛苦」，構成「苦」的另一義項，兩義並未相反，除非曲解方言的「苦」字為快意或痛快，才能和通行的痛苦義形成「反義共詞」，因此郭注把它拿來和「以臭為香、亂為治、徂為存」類比，也用「訓義之反覆用之」說明，顯然是弄錯了。如果取《方言》的苦（快急義）項，作為苦$_{(2)}$，常用義「痛苦」作苦$_{(1)}$，來和快的兩個義項（快$_2$為快急，快$_1$為快意），「則以苦$_{(2)}$為快$_{(2)}$」並不構成反義，換成「以苦$_{(1)}$為快$_{(1)}$」就是反義了。這就是王寧

---

[37] 《宋本爾雅》郭璞注（藝文印書館，1988），頁14。

[38] 錢繹《方言箋疏》（上海古籍出版社，1984），頁144-145。

[39] 同前註，頁145。

所謂的「偷換義項」。這條「訓義反覆」本來是不能成立的。但朱駿聲說：「苦快一聲之轉，取聲不取義」意思是說：快急之「快」聲轉爲「苦」，只取苦之音不取苦之義。說穿了就是假借字，從詞彙上說就是同形異義詞。郭璞似乎把同形異義詞拿來類比，經由移花接木，把不是「訓義反覆」的「苦(2)快(2)」看成其同形詞「苦(1)快(1)」的化身才完成的。

根據以上討論，我們把郭璞的「義訓反覆」分爲六型：

　（一）徂存徂在型：用兩個反義詞同訓一詞。

　（二）以亂爲治型：相因型反義。

　（三）以臭爲香型：以共詞釋個義詞（或中性義釋褒貶義）。

　（四）以曩爲曏型：相對型反義。

　（五）以故爲今型：語詞型反義（虛化型反義）。

　（六）以苦爲快型：顚覆型反義。

二、董璠的反訓十類

董氏《反訓纂例》云：「反訓唯以轉注假藉迤變相生，綜其大別，約得兩類：曰字同義反；曰聲同義反二者而已。雖然，審其條目，猶有十焉。」[40]以下列出十類名稱及例詞。

　一曰同字同聲反訓

　　如：亂（治、亂二義）、廢（舍、置）、舍（止息，釋而不爲）、離（附著、分別）、曩（久、曏）、肆（故、今）、讇（謾、信）、落（始、死）等。

　二曰同字異讀反訓

　　如：毒（厚、害）、養（供親、畜牲）、仇（匹，佳偶曰逑，怨偶曰仇）、貸（施、予）、假（取于人、與之，前者古雅切、後者古訝切）。

40　同註4，徐世榮（1989），頁212。

三曰從聲反訓

如：載（取物終更始）哉（始）在（終）。攘（推；攘奪）、讓（推讓）。憸（疑，又同愜，快也）。疑（定也）（不定）。鞠（盈）鞠（窮）。

四曰變形反訓

　　如：⊥丅（兩形相反、察而見意）；丨（引而上行讀若進、引而下行讀若退）；正（反正爲乏）；彳（反彳爲亍，步止也）；可（反可爲叵；言不可也）。

五曰表德反訓

如：介（大也，纖也）夰（大也）芥（小草）艾（美詞，老少兼稱）、媞㚢（母，婦姼）㜷（南楚謂婦姼曰母㚢，稱婦考曰父㜷）。

六曰彰用反訓

　　如：苦（苦艸、快急）。按：董氏曰：苦快雙聲，猶今言痛快，痛而稱快，是反訓之以其作用顯義者也。貢（賜，獻工）、懷（來，回）、毛（去毛）、釁（罅隙、涂釁）、汙（穢，澣汙）。

七曰省語反訓

如：古人語急省文，以「如」爲「不如」，「敢」爲「不敢」。又如《毛詩》以「不寧」爲「豈不寧」，以「不康」爲「豈不康」。

八曰增字反訓

　　句首句中，添增語助。如：不警，警也；不盈，盈也（車攻篇毛傳）；不顯，顯也；不時，時也（生民篇「有周不顯，帝命不時」毛傳）

九曰謔諱反訓

　　又分二門：一曰嘲謔反訓，如敏（語言便給，又訥鈍者亦謂之敏），辟（君、法、罪、商人之醜稱）。二曰禁忌反訓，病曰無恙、溢逝曰不諱，不在，長往。食箸曰筷子，船帆曰船篷。《說文》：圂，廁也，圂，清也（至溷須常修治，使清潔也）。

十曰疊詞反訓

如：（一）同聲反訓疊詞（《說文》：囂，聲也；《爾雅·釋言》：囂閒也。）（二）比義反訓疊詞（消息即消長；安擾邦國，擾訓順；荒度土功，荒訓定。又得失，失也；利害，害也；緩急，急也。）

按以上十例，大大超出郭璞「義訓反覆」的六個類型，直接相關者只有一、二、三、五、六類，七至十類皆屬語言應用問題，兼及構詞，第四類則正反兩「文」因形見義，既非同字，亦無反訓之問題。相關五類之中，屬於文字孳乳問題有三種，「同義異讀反訓」，即一字破讀，有些是六朝以後經生的異音別義，有些則已分化爲兩字，亦不再是同詞的反義。至於「從聲反訓」實即形聲字兼義同根，同一聲符或相反爲義，未必同一語根，沈兼士論右文已詳析其理，且形符各異，恐非同詞反義甚明。至於「表德反訓」，先引老子「貴人必以賤爲號」，如孤、寡、不穀、不祿等。又《爾雅·釋詁》「后，君也」，《易》：「后以施命誥四方。」而《禮記·曲禮》：「天下之妃曰后。」此又字義相反而表德者。又如《方言》：「穆，信也。」穆通繆，蔡邕《獨斷》曰：「名實相反爲繆。」是誠信謂之穆，而不誠亦謂之繆；又介字兼有大小義，以「夰，大也」、「珓圭爲大圭」、「介，觸小石聲」、「芥，小草」爲證，則其中或含假借或由於不同語根之孳乳分化，與「從聲反訓」無別。

我們可以把董氏的「反訓纂例」看作「古今漢語的反義相生」類型。再粗分爲「訓詁反訓」與「語用反訓」兩類，訓詁反訓可取者不出三類：（甲）同字反訓：含董例之（一）、（二）、（五）、（六）；（乙）同源反訓：含董例之（三）、（四）、（五）；（丙）引申反訓：含董例（二）、（三）、（五），其中（二）爲異音分化式，（三）爲形聲分化式，（五）爲語意孳乳分化式。也可以把（六）「彰用反訓」稱爲（丁）「綜合反訓」作爲第四類，因其不僅賅括一字之因果始末，亦有假借（如苦快）、引申（如顛末），不能專歸一項（按本文兼入同字反訓，只是從形式分類）。甲類形式上都只有一個詞形（或說字形）。由於董例每種例證駁雜，因此，在本文建議的四種訓詁反訓中，只讓個別例詞自行決定歸屬。

三、徐世榮的十三類說

徐氏（1980）〈反訓探源〉一文，[41] 對董氏的分類進行調整，將「從聲」「變形」「增字」「疊詞」四類刪除，並重新建立十三種類例，分別是：

（一）內含反訓：一字本身即有正、反兩概念，其後雖可分化爲異字別詞，但最初爲正反兩義同詞。如：率（遵循；又，領導）、等（齊同；又，差異）。

（二）破讀反訓：相當於董例「同字異讀反訓」。如：見（觀看；又，顯示）、仰（下托上也；又，上委下也）。

（三）互換反訓：本爲兩字，字義一正一反，後世交互爲用，或用一字兼代另一字，於是兩字都有正反義了。如：攘（讓）、逆（迎）。

（四）引申反訓：正反兩訓，或指事物的相對兩方，或由一事發展爲他事。反義是由正義引申而成。如：蝪（不生；又，茂長也）、釁（填隙也；又，裂隙也）。

（五）適應反訓：一字活用，用指某事即生某義。正義與反義皆與此字本義有關。如：臺（貴官；又，賤役）、艾（老叟；又，小婦）。

（六）省語反訓：如：遑（暇也；又，急也）、敢（勇于作爲；又，怯于作爲）。

（七）隱諱反例：如：廁（溷也；又，清也）、考（延年；又，終命也）。

（八）混同反訓：本是形近兩字，字義恰反，後混同爲一字；或某字本有專指，與相對的另一字混淆了，又產生反訓。如：苟（輕率貌；又，誠敬貌）、宄（內奸；又，外奸）。

（九）否定反訓：如：堊（塗飾；又，不塗飾）、左（助；又，不

---

41 同註4，徐世榮（1989），頁1-22。

助）。

（十）殊方反訓：如：郎（尊稱；又，賤稱）、互（差，別；又，交，和）。

（十一）異俗反訓：如：墓（葬而成丘者；又，葬而無墳者）。

（十二）假借反訓：正反兩訓，其實出於假借字，所借之字後世漸漸不用，於是該字產生反訓。如：乖（背戾；又，和順也）、義（宜，善；又，邪也，不善也）。

（十三）訛誤反訓：引書錯誤而形成反訓。以訛傳訛，容易誤解古書。如：既（小食；又，食盡）、訐（信也；又，詭也）。

按，徐氏稱：「這十三類也就是反訓的各種成因，是由五百多條反訓中歸納出來。這五百多條是我用了八年業餘時間，翻檢了多種字書而匯輯的。大約名物類八十餘條，動作類二百五十條，性狀類一百三十餘條，虛助類四十條。」根據這段話，筆者提出以下的淺見：

1..徐氏這十三類的提法，若僅僅作為反訓的原因，自然是無可厚非，儘管他排除了董氏的四類非關一字的反訓，也承襲了其餘合理的部分，踵事增華，重新釐為十三類，可以說是對反訓類例分析最完備的一家。

2..徐氏對「反訓」的界說保持較傳統訓詁家的看法：也就是「義兼正反的字義訓解現象」，這是文字本位的反訓說，前文已經指出，由於不能區別字、詞的概念，才使得「反訓」一詞界說模糊，指涉無限擴大，許多不是詞義的現象，也混進來，頭緒更加紛繁，其中問題較大的是下面幾類反訓：

(1)有些類仍然牽涉兩字兩詞，如：「破讀反訓」，如「見」訓觀看和顯示兩義，後者即「現」字，見、現為古今字。觀看與顯示並非反義，只是視覺活動的主動與被動而已，不是意義的相反或相對。又如「互換反訓」、「混同反訓」完全是兩個字形之間的問題。「假借反訓」是共字不共詞，只能看做「同形異義詞」的關係，它們只在用「字」時交集，無法體現為一個詞的正反義關係。「訛誤反訓」更是無中生有。

(2)有些類成為文獻異說的集合，無助於詞意關係的理解。例如「殊方

反訓」「異俗反訓」皆涉及語言的時空變化,「與一個平面上的共時意義」完全背道而馳,所列詞意也往往不是相反。如:互字《廣韻》《集韻》皆訓為差互,是由本義「凡祭祀供其牛牲的懸肉格」(見《周禮・地官・牛人》鄭注)所引申,徐氏但據《越諺》謂攪和曰互,即認為「交也、和也」和「差也、別也」構成反訓,恐怕有點兒問題,因為《越諺》的語言背景我們並不清楚。

(3)省語反訓、隱諱反訓,也都無關乎一字的反義,而是與語言輕重緩急或修辭的作用有關,也應該和董例一樣排除在反訓之外。至於「否定反訓」所舉例證僅「堊」「左」二字,其中「堊」訓塗飾,乃據《說文》「堊,白塗也。」又訓為「不塗視也」,則據《禮記・雜記》「廬堊室之中。」陳澔《集說》:「堊室,堊墍為之,不塗墍也。」又《說文》:「墍,仰塗也。」徐氏據此斷曰:「可見堊為別于塗飾,又解為不塗飾。」松按:《說文》墍下段注:「以草蓋屋曰茨,塗墍茨者,塗其茨之下也,故必仰塗。」《漢語大字典》(頁468)引《漢書・谷永傳》「凶年不墍塗」顏師古注:「墍,如今仰泥屋也。」解曰:「墍」為「塗抹屋頂」,則陳氏《集說》中「堊室...不塗墍」當指不塗屋頂,非可訓為「不塗飾」,亦非堊室可分塗飾與不塗飾兩種,徐氏誤解《集說》,無中生有,強為「否定反訓」造例,有待商榷。

3..徐氏的反訓觀念建立在一個字只要文獻上有兩個對立的釋義,完全不顧材料的共時性,因此,他的五百零五個反訓例,只是古今辭書中的一些反義的摭拾配對,尚未經過科學分類的檢驗。

四、張舜徽(1945)《字義反訓集證》[42] 四十例說

張氏云:「今綜合群書舊詁,拈出一字兼含正反二義之實例,以明其變化。姑就通常易見之敵對義,概括為四十類例。」今姑列其目於下,每類只

---

42 張舜徽《舊學輯存》(齊魯書社,1988),頁1065-1110。

舉一、二例字，置於（　）內。

1..善與惡同辭（省、類）　　2..治與亂同辭（營、汩）

3..分與合同辭（離、維）　　4..大與小同辭（薉、介）

5..取與與同辭（資、乞）　　6..偶與敵同辭（偶、匹）

7..勝與敗同辭（犯、毅）　　8..問與答同辭（問、答）

9..棄與留同辭（遺、去）　　10..去與就同辭（除、復）

11..受與授同辭（龕、取）　　12..吉與凶同辭（氛、祥）

13..獨與群同辭（介、特　）　14..進與退同辭（晉、出）

15..喜與憂同辭（陶、苦）　　16..盈與虛同辭（匡、嗛）

17..剛與柔同辭（楛、韌）　　18..買與賣同辭（沽、市）

19..敬與慢同辭（虔、讓）　　20..向與背同辭（面、顧）

21..存與亡同辭（徂、谷）　　22..高與卑同辭（皋、陛）

23..絕與續同辭（更、祝）　　24..誠與僞同辭（允、苟）

25..動與靜同辭（澹、佚）　　26..始與終同辭（朔、落）

27..定與移同辭（定、移）　　28..上與下同辭（顛、貢）

29..緩與急同辭（肆、乃）　　30..俯與仰同辭（偃、抑）

31..多與少同辭（腆、鮮）　　32..依與違同辭（負、賴）

33..立與廢同辭（置、措）　　34..強與弱同辭（務、羨）

35..久與暫同辭（宿、皇）　　36..明與暗同辭（昭）

37..毀與譽同辭（頌）　　　　38..出與入同辭（使）

39..古與今同辭（故）　　　　40..老與少同辭（艾）

　　按張氏四十類例，凡收一百數十字，其中36至40例各得一字，其餘各例少則二字多至十一字不等。張氏乃針對相反兩義的語意對立關係分類，標準單一，問題較少，只是分類過於苛細，還可以按照詞性如動、狀、形、名等做進一步歸納。唯就意義關係而論，他的分類是最完備的。

五、類型論與反訓的多層次界說

　　既然反訓一名的界說至今莫衷一是，因此從各家對材料所做的分類，就可以透視其分類標準，這些標準正是各家界定反訓的主要依據。我們認為這些異說及不同標準是具有層次性的。試析如下：

（一）依反訓稱述法作為分類依據

按郭璞用語：「以徂為存」「以亂為治」「以故為今」，這是「徂」為被訓字，「存」為反訓字。因〈釋詁〉有兩條「徂」字的訓釋，即：「徂，往也。」和「徂，存也。」存與往是反義詞，因而「以徂為存」之所以被認為「訓義反覆」，顯然是以「徂，往也」為前設（presupposition），後者必定為常用義。同理：以亂為治，以臭為香，亂和臭都有常用的第一義（雜亂和臭味），它的第二義的治和香，成為被用來稱述的反訓詞。由此可知反訓應以一個常用義為前提。

（二）按相反兩義之間的關係為分類的標準

　　齊佩瑢把它概括為五類，即：

　　(1)授受同詞例（又叫施受同詞）：主要是針對牽涉兩造的行為動詞。

　　(2)古今同詞例：主要指時間關係。

　　(3)廢置同詞例：主要是因果的引申關係。

　　(4)美惡同詞例：主要指褒貶義對中性義的關係。

　　(5)虛實同詞例：針對意義的虛實引申關係。

　　和張舜徽比較，齊氏這五種類例只能概括極小部分的反訓詞。劉慶諤（1986）《反訓辨疑》用的四分法：1.施受同辭；2.正反同辭；3.美惡同辭；4.褒貶同辭。看不出3、4兩類如何區別。按這些分法，反訓之條件應具有可以類型化的反義關係而又屬同一詞。

（三）以反訓產生的原因或來源作依據

　　董、徐兩家的分類都過於蕪雜，經過前文之討論，筆者重新分類如下：

1. 引申反訓：凡正反兩義可以引申說之者。包括同字異讀反訓、表德反訓、彰用反訓（以上董氏）、引申反訓、適應反訓（以上徐氏）等。

2. 正反同詞：凡詞義本身包含相對待之人、事、物，在用字時隨語境而呈現正反兩義者。即徐氏之「內含反訓」。也有人用「施受同辭」來概括。

3. 假借反訓：有些反訓雖是共字不共詞，然可以在共時平面上交錯出現，此類反訓是漢字和漢語的矛盾統一，仍爲傳統反訓的一部份，如郭璞的「以苦爲快」「以故爲今」都是此類，不宜排除在傳統反訓之外。

4. 同源反訓：兩個同源詞具有語義相反而相通的關係，從後代看其形、音、義，已分化爲不同詞，如買賣、糴糶、授受、面偭、反返、之止、罹離等，在未分化之前，求其原始詞根只有一個。

這類相當於徐氏的破讀反訓，董氏的從聲、表德、彰用三類反訓中的一部分例證。由同源反義分化出來的同源詞，從原因上可以併入第四類。

按照以上四種反訓來源的類型，我們的反訓界說可以修訂如下：由於古漢語部分詞義的內在對立關係、反向引申關係，以及同源詞反義孳乳形成一種「反義共詞」的詞彙訓詁現象。這些現象還可以包括一些由於文字假借所形成的「同形異義詞」在內，也以「假借反訓」的形式作爲反訓的一分子，它和以上三種關係是絕然不相隸屬的。

肆、結論

本文通考民國以來有關反訓的界說及訓例的歸類，不僅羅列舊說，提出商榷，並討論了正反兩派反訓界說的異同，且試圖通過對反訓材料的歸類標準的差異，觀察各家對反訓的認知存在著層次的區別。最後，筆者折衷成四個廣義的反訓類型，目的在涵蓋不同層次的訓詁資料，提出切合語言事實的訓詁模式。

在反訓的界說方面，筆者詳細比較了蔣紹愚和王寧兩家比較嚴謹的界定，他們的基本觀點都是共時的反義同詞。誠如王寧所指出的：「因爲條件

難得，所以它的存在，不可能大量。」兩家較大的差異如下：

1．王寧排除了「施受同詞」，認爲這是漢語雙向動詞顯著的特點。蔣紹愚則特別指出：「反訓主要是某些動詞同時具有"反向"的兩個意義，還有少數詞因詞義從不同角度引申，也會產生相反的兩義。」蔣氏所舉出的這些含有反向意義的動詞，如：乞、丐、貸、稟、受、沽、售、假等字，正好多半是其他學者所謂的「施受同辭」（如劉慶諤1986），儘管這種反義只是雙向動詞的特點，但是它們已被多數討論反訓的學者所認同，王寧可能認爲這些特點不屬於詞義引申規律的一環，所以主張排除，因爲陸、王（1983）是把「相反爲訓」視爲「反正引申」的結果。蔣紹愚則把反訓的主流，歸於這類雙向動詞的反向意義，反而認爲引申只是反訓的少數來源。筆者主張保留「施受同詞」，至於它包括哪些具體的動詞，暫不討論。

2．蔣紹愚把「以亂訓治」當成「美惡同字」，但不是「美惡同詞」，筆者認爲，那只是一個角度的理解，它還是「反義共詞」，王寧把它視爲帶有民族色彩的核心反訓詞例，較爲可取。

3．爲了保持反訓爲單純的詞彙現象，「帶有很濃的修辭色彩」的「修辭上的反用」，筆者也主張剔除。

在通盤考察了董璠等三家的反訓類型之後，本文發現類型可以反映不同層次的界說，目前理想的反訓分類法尚未提出，筆者暫時歸結爲四個廣義的反訓原因類型：一、引申反訓，二、正反同詞，三假借反訓，四同源反訓。其中三、四兩類不合「反義共詞」的科學界說，卻合乎本文在第三節末所修訂過的「反訓新界說」。

參考書目

王　寧（1990）　　〈反訓析疑〉，《學術之聲3》，北師大中文系主編，北京師大學報增刊。

白兆麟（1984）　　《簡明訓詁學》，浙江教育出版社。

呂慶業（1985）　　〈論反訓〉，《長春師院學報：哲社版》1985:1；又見

《語言文字學》1985:6。

李萬福（1987） 〈反訓即反義成詞嗎？〉，《四川師範大學學報》
1987:1；又見《語言文字學》1987:7。

李先耕（1990） 〈漢語同源反義動詞試論〉，《學術交流》（哈爾濱），
1990:8；又見《語言文字學》1990:7。

李國正（1993） 〈反訓芻議〉，《廈門大學學報：哲社版》1993:2。

余大光（1994） 〈反訓研究述評〉，《黔南民族師專學報：哲社版》
1994:1；又見《語言文字學》1994:8。

余心樂（1988） 〈反訓釋例〉，《古漢語論集》第二輯。

林　尹（1972） 《訓詁學概說》，台北，正中書局。

周　何（1993） 〈論相反為訓〉，《林尹教授逝世十週年學術論文集》，
台北，文史哲出版社。

胡楚生（1980） 《訓詁學大綱》，蘭台書局（按楊福綿1985目錄載該書初
版為1975）。

張永言（1985） 《訓詁學簡論》，華中工學院出版社。

張　凡（1986） 〈反訓辨〉，《北京師院學報》1986:4；又見《語言文字
學》1987:2。

張舜徽（1945） 〈字義反訓集證〉，《舊學輯存》（中），齊魯書社，
1988。

孫德宣（1983） 〈美惡同辭例釋〉，《中國語文》1983:2，北京。

孫景濤（1986） 〈美惡同辭質疑〉，《語文研究》1986:1，太原。

郭在貽（1985） 〈唐詩中的反訓詞〉，《訓詁叢稿》，上海古籍出版社。

郭在貽（1986） 《訓詁學》，湖南人民出版社。

徐世榮（1980） 〈反訓探源〉，《中國語文》1980:4；又見徐世榮
（1989）1-22頁（代序）。

徐世榮（1989） 《古漢語反訓集釋》，安徽教育出版社。

徐朝華（1981） 〈反訓成因初探〉，《南開學報》1981:2；又見《語言文

字學》1981:5。

夏　涤（1988）　　〈古文字的一字對偶義〉，《武漢大學學報》1988:3；又
　　　　　　　　　見《語言文字學》1988:6。

陸宗達、王寧（1983）　《訓詁方法論》，北京，中國社會科學出版社。

陸宗達、王寧（1994）　《訓詁與訓詁學》，山西教育出版社。

陳新雄（1994）　　《訓詁學》（上），台灣學生書局。

許漢威（1987）　　《訓詁學》，山東文藝出版社。

許嘉璐、朱小健（1995）　　〈漢語史研究的現狀與展望〉，許嘉璐等《中
　　　　　　　　　國語言學現狀與展望》，北京，外語教學與研究出版
　　　　　　　　　社。

馮浩菲（1995）　　《訓詁學》，山東大學出版社。

華學誠（1986）　　〈反訓研究三題〉，收在華學誠（1991）。

華學誠（1986）　　〈五十年來反訓研究情況述評〉，收在華學誠（1991）。

華學誠（1987）　　〈繼承和借鑑都要實事求是----讀「從反訓看古漢語詞匯
　　　　　　　　　的研究」〉，收在華學誠（1991）。

華學誠（1991）　　《潛齋語文叢稿》，南京大學出版社。

董　璠（1937）　　〈訓詁纂例〉，《燕京學報》22期；又見徐世榮
　　　　　　　　　（1989）。

葉鍵得（1994）　　〈論郭璞的反訓觀念及其舉例----兼論反訓是否存在〉，
　　　　　　　　　《陳伯元先生六秩壽慶論文集》，台北，文史哲出版
　　　　　　　　　社。

楊端志（1985）　　《訓詁學》，山東文藝出版社。

楊秀君等（1986）　《中國語文學論文索引,1981-1985》,吉林省圖書館學
　　　　　　　　　會。

楊福綿（1985）　　《中國詞彙學及詞典學分類參考書目》,香港中文大學出
　　　　　　　　　版社。

趙振鐸（1987）　　《訓詁學綱要》,陝西人民出版社。

齊佩瑢（1943）　《訓詁學概論》，北平，國立華北編譯館；台灣有廣文書
　　　　　　　　　局影印本（1968）及漢京文化公司（1985）重排本。

蔡如岩（1985）　〈反訓內部的詞義引申規律初探〉，《遼寧大學學報》
　　　　　　　　　1985:3；又見《語言文字學》1985:7。

蔣紹愚（1985）　〈從反訓看古漢語詞匯研究〉，收在《蔣紹愚自選集》
　　　　　　　　　（1994），河南教育出版社。

蔣紹愚（1989）　《古漢語詞匯綱要》，北京大學出版社。

劉慶諤（1986）　〈反訓辨疑〉，《語文研究》1986:1，太原。

龍宇純（1963）　〈論反訓〉，《華國》第4期，香港。

註　釋

17　此條據蔣（1989　）文。1985作：「二、有的可以說是〝美惡
　　　同字〞，但不是〝美惡同詞〞」，似不如1989的說法具有概括
性。

第一屆國際訓詁學研討會論文
1997.04.19–20

"進退維谷"解

劉玉國

台北技術學院

一、前言

"進退維谷"乃吾人耳熟能詳之成語，語見《詩·大雅·桑柔》；[1] 除眾所習知之"進退皆窮"之意外，尚有"進退皆善"以及"進退維欲"之異解。本文之作，擬從"語境"[2] 之探析著眼，並參佐相關資料，以判析三說，俾能揀擇出較爲允妥之說解。

二、釋"谷"爲"窮"

將"進退維谷"之"谷"釋義爲"窮"，首見《毛傳》；[3] 其後鄭玄 (127—200)與孔穎達(574—648)先後作出補詮，《鄭箋》曰：

> 前無明君，卻迫罪役，故窮也。[4]

《正義》云：

1　清阮元刊：《十三經註疏·毛詩正義》（臺北：藝文印書館，1955年，影印武英殿刻本），卷18，頁656下。

2　〝語境由客觀因素與主觀因素組成，客觀因素包括大至社會環境、自然環境，小至時間、地點、場合、對象以及文章中的上下文等；主觀因素包括語言使用者的目的、身分、思想、性格、職業、經歷、修養、愛好、性別、處境、心情等。〞常敬宇：〈語境對語體的選擇〉，《語境研究論文集》（北京：北京語言學院出版社，1992年11月），頁228–234。

3　同註。

4　同前註。

> 谷謂山谷，墜谷是窮困之義，故云谷窮。[5]

案：鄭氏之說，僅說明了"窮"之所以為"窮"的原因；孔氏雖然補充了"谷"何以訓為"窮"，卻不免"增字為注"之嫌。揆諸小篆、甲文，"谷"象"泉出通川"，義指"兩山之間的夾道或流水道"，[6]與"窮"義無涉；且先秦典籍亦無見訓"谷"為"窮"之其他用例。[7]此或即段玉裁（1735-1815）之所以舍二說不由，而另闢蹊徑為《毛傳》索解：

> 《詩》"進退維谷"假"谷"為"鞠"，《毛傳》曰："谷，窮也。"即《邶風·傳》之"鞠，窮也。"[8]

谷，上古見母魚部，[9]鞠，上古見母覺部，[10]二者古音相近，具有通假條件；《詩經》又有訓"鞠"為"窮"之例，[11]相較於《鄭箋》、《孔疏》"望文生義"之說解，[12]段氏之詁較能建構《毛傳》"谷，窮也"之穩妥性。

三、釋"谷"為"善"

首先對毛、鄭之說提出翻案者，為乾嘉學者阮元（1764-1849）。其言曰：

> 《毛詩·大雅·桑柔》曰："朋友已譖，不胥以穀。人亦有言，進退維谷。"《傳》、《箋》皆訓"谷"為"窮"。考"谷"無"窮"訓，此望文生義也。案："谷"乃"穀"之假借字，本字為"穀"。

---

5 同前註，頁657上。

6 方述鑫等：《甲骨金文字典》（成都：巴蜀書社，1993年11月），頁865。

7 可參見先秦典籍各該《索引》中〝谷〞字條之用義。

8 漢許慎（58-148？）撰、清段玉裁注《說文解字注》（上海：古籍出版社，1981年10月，影印經韻樓原刻本），篇11，頁570上。

9 郭錫良：《漢字古音手冊》（北京：北京大學出版社，1986年11月），頁92。

10 同前註，頁114。

11 《詩·大雅·雲漢》：〝鞠哉庶正。〞《鄭箋》：〝鞠，窮也。〞同註1，頁662下。

12 于省吾曰：〝阮元謂：〝谷無窮訓，《傳》、《箋》望文生訓。〞是也。〞于省吾：《詩經楚辭新證》修訂本（臺北木鐸出版社，1982年11月），頁69-70。

《爾雅‧釋天》："東風謂之谷風。"郭《注》："谷之言穀。"《書‧堯典》"昧谷"，《周禮‧縫人注》作"柳穀"。進退維穀，穀，善也。此乃古語。詩人用之，近在"不胥以穀"之下，嫌其二穀相並為韻，即改一假借之"谷"字當之，此詩人"義同字變"之例也。此例三百篇中往往有之，元始稱之，前人無言之者。即如《小雅》"褒姒威之"，近在"寧或滅之"之下，嫌其二滅相並，即改"滅"而書為"威"。或曰毛公訓《詩》古矣，今訓為"善"，有據耶？元曰：漢人訓《詩》，究不如周人訓《詩》之為有據也。《晏子春秋》叔向問晏子曰："齊國之德衰矣，今子何若？"晏子對曰："嬰聞事明君者，竭心力沒其身，行不逮則退，不以誣持祿；事惰君者，優游其身以沒其世，力不能則去，不以諛持危。且嬰聞君子之事君也，進不失忠，退不失行。不苟合以隱忠，可謂不失忠；不持利以傷廉，可謂不失行。"叔向曰："善哉！《詩》有之曰：'進退維谷。'其此之謂歟！"《韓詩外傳》：田常弒簡公，乃盟于國人曰："不盟者，死及家。"石他曰："古之事君者，死其君之事。舍君以全親，非忠也。舍親以死君之事，非孝也。他則不能。然不盟，是殺吾親也。從人而盟，是背吾君也。嗚呼！生亂世不得正行，劫暴人不得全義，悲夫！"乃進盟，以免父母。退，伏劍以死其君。聞之者曰："君子哉！安之命矣！《詩》曰：'人亦有言，進退維谷。'石先生之謂也。"此二書，一則叔向之言，一則魯哀公時齊人之言。曲體二人引《詩》之意，皆謂處兩難善全之事而處之皆善也，歟其善，非嗟其窮也。且叔向曰"善哉"，"善"字即明訓"谷"字也。段氏《說文解字》謂《詩》"進退維谷"之"谷"字為"鞫"字之同音假借。《爾雅》曰："鞫，窮也。"元謂鞫、谷同部，聲相近，究非如谷、穀之同聲。或曰《左傳》"深山窮谷"，則"谷"亦有"窮"義。元謂"谷"皆通川之名，義近于"通"，不近于"窮"。其曰"窮谷"者，言谷之有窮也，乃變義，非常義也。《爾

雅）：〝窘讀，氾。〞亦言讀有窘者，非讀訓窘也。[13]

　　歸納阮元〝谷〞爲〝穀〞借字之說，其主要論據有三：(1)谷、穀同音，可相通假。(2)《詩》有〝義同字變〞之例，故改穀爲谷。(3)《晏子春秋》、《韓詩外傳》引《詩》〝進退維谷〞，皆解爲〝進退維穀(善)〞。

　　案〝谷〞、〝穀〞相假，訓〝穀〞爲〝善〞，古例甚夥，[14] 足證阮說不誣。〝義同字變〞義例，有清馬瑞辰(1782—1853)嘗撰〈詩人義同字變例〉之文證成之，[15] 亦可支持改〝穀〞爲〝谷〞之可能。《晏子春秋》引《詩》，視〝谷〞爲〝善〞，其義顯豁，無可究詰；唯於《韓詩外傳》之例，清胡承珙(1776—1832)則有駁見。胡氏以爲石他一事中，〝生亂世不得正行，劫暴人不得全義〞之嘆，正係〝進退皆窮〞之意。他更指出同書中另有一則：

> 楚有士曰申鳴，治園以養父母，孝聞於楚，王召之，申鳴辭不往。……其父曰：〝……我欲汝之仕也。〞申鳴曰：〝諾。〞……王以爲大司馬。其年，遇白公之亂，……申鳴因以兵之衛。白公……使人謂申鳴曰：〝子與我，則與子楚國；不與我，則殺乃父。〞申鳴流涙而應之曰：〝始則父之子，今則君之臣。已不得爲孝子，安得不爲忠臣乎！〞援桴鼓之，遂殺白公，其父亦死焉。王歸，賞之。申鳴曰：〝受君之祿，避君之難，非忠臣也；正君之法，以殺其父，又非孝子也。行不兩全，名不兩立，悲夫！若此而生，亦何以示天下之士

---

[13] 清阮元撰：《揅經室集》上冊（北京：中華書局，1993年5，涵芬樓影印四部叢刊本），集1卷4，頁104—105。

[14] 如《爾雅·釋詁》：〝穀，善也。〞（清阮元刻：《十三經注疏·爾雅注疏》〔同註1〕，卷1，頁8上。）《詩·陳風·東門之枌》：〝穀旦于差。〞《毛傳》：〝穀，善也。〞（同註1，卷7，頁251上。）《尚書·洪範》：〝既富方穀。〞僞《孔傳》釋〝穀〞爲〝善道〞。（清阮元刻：《十三經注疏·尚書正義》〔同註1〕，卷12，173上。）

[15] 清馬瑞辰（1782—1853）撰：《毛詩傳箋通釋》上冊（北京：中華書局，廣雅書局本，1989年3月），卷1，頁19—20。

哉！”遂自刎而死。《詩》曰：“進退維谷。”

其事跡與石他之際遇相類，並謂“既云‘行不兩全，名不兩立’，則所引‘進退維谷’，必是謂‘進退兩窮’，未可謂‘進退皆善’也。”故仍主張當以“谷”訓爲“窮”爲正。[16]

　　細繹石他之事，胡氏之說實難成立。蓋全文章旨實非著力於“兩難困境”之強調，而重在“處兩難困境之道”的探討。田常已弒簡公，且明言“不盟者死及家”，石他如不盟而從君之死，一則無益於既成之事實，且將殃及父母；故進盟先免父母之厄，再退伏劍以死其君。此乃行權而合乎義，雖處兩難，而處之得宜，故聞之者曰：“君子哉！安之命矣！”復引《詩》“人亦有言，進退維谷”以證之。吾人若進而比對，並推敲叔向之言：“善哉！《詩》有之曰：‘進退維谷’，其此之謂歟！”與聞之者之言：“君子哉！《詩》曰：‘人亦有言，進退維谷。’石先生之謂也！”觀其句式與語意，將不難發現，“君子哉”實等同“善哉”。則“進退維谷”一語，顯如阮元所云，乃“歎其善，非嗟其窮也”。而申鳴之處境與石他同，所異者，申鳴以“爲君除逆、爲民除暴”爲急，故先全忠而舍私；退則卻君之賞，自刎從父以求孝。事雖有別，其處忠孝難兩全時，進退取舍皆能衡之以義，擇善而行則一。故述者雖未如記“石他事”，加“君子哉”之歎，僅以“《詩》曰：‘進退維谷’”作結，然讚其“進退皆善”之意，亦了然可喻。王先謙(1842－1917)曰：“夫二人事處極難，但求全義，不必全身，此即聖人殺身成仁之旨，其終同歸於善。”[17] 意即在此。

　　《韓詩外傳》中另有一些例子，可以輔助說明“進退維谷”之引《詩》，係出於對當事人行事合宜之讚歎，而非援以證其兩難之困窘。茲引列如下：

---

[16]　清胡承珙（1776－1832）撰：《毛詩後箋》（清王先謙編：《皇清經解續編》冊8（臺北：藝文印書館，1965年10月），卷25，頁5659－5660。）

[17]　清王先謙撰，吳格點校：《詩三家義集疏》下冊（臺北：明文書局，虛受堂家刻本，1988年10月），卷23，頁949。

外寬而內直，自設於隱括之中，直己而不直人，善廢而不悁悁，蘧伯玉之行也。故為人父者則願以為子，為人子者則願以為父，為人君者則願以為臣，為人臣者則願以為君，名昭諸侯，天下願焉。《詩》曰："彼巳之子，邦之彥兮。"此君子之行也。[18]

楚昭王有士曰石奢，其為人也，公正而好直。王使為理。於是道有殺人者，石奢追之，則其父也。還返於廷曰："殺人者，臣之父也。以父成政，非孝也。不行君法，非忠也。弛罪廢法，而伏其辜，臣之所守也。"遂伏斧鑕，曰："命在君。"君曰："追而不及，庸有罪乎？子其治事矣。"石奢曰："不然，不私其父，非孝也。不行君法，非忠也。以死罪生，不廉也。君欲赦之，上之惠也。臣不能失法，下之義也。"遂不去鈇鑕，刎頸而死乎廷。君子聞之曰："貞乎法哉，石先生乎！"孔子曰："子為父隱，父為子隱，直在其中矣。"《詩》曰："彼巳之子，邦之司直。"石先生之謂也。[19]

商容嘗執羽籥，馮於馬徒，欲以化紂而不能。遂去，伏於太行。及武王克殷，立為太子，欲以為三公。商容辭曰："吾常馮於馬徒，欲以化紂而不能，愚也。不爭而隱，無勇也。愚且無勇，不足以備乎三公。"遂固辭不受命。君子聞之曰："商容可謂內省不誣能矣。君子哉！去素餐遠矣。"《詩》曰："彼君子兮，不素餐兮。"商先生之謂也。[20]

晉文公使李離為理，過聽殺人，自拘於廷，請死於君。君曰："官有貴賤，罰有輕重。下吏有罪，非子之罪也。"李離對曰："臣居官為長，不與下吏讓位；受祿為多，不與下吏分利。今過聽殺人而下吏蒙其死，非所聞也。"不受命。君曰："子必自以有罪，則寡人亦有罪

---

18 漢韓嬰（？－？）撰，許維遹（1905－1951）校釋：《韓詩外傳校釋》（北京：中華書局，1980年6月），卷2，頁49。
19 同前註，頁48。
20 同前註，頁53－54。

矣。"李離曰："法，失刑則刑，失死則死。君以臣為能聽獄決疑，故使臣為理。今過聽殺人，臣之罪當死。"君曰："棄位委官，伏法亡國，非所望也。趣出！無憂寡人之心。"李離對曰："政亂國危，君之憂也。軍敗卒亂，將之憂也。夫無能以事君，闇行以臨官，是無功以食祿也。臣不能以虛自誣。"遂伏劍而死。君子聞之曰："忠矣乎！"《詩》曰："彼君子兮，不素餐兮。"李先生之謂也。[21]

以上所引，第一則直接論述君子之德，末引《詩》證斷之；其餘三則則從人物言行之中顯其持操有節，不類凡俗，然後引《詩》以美之。雖手法有別，其引《詩》目的則一，皆對君子懿義之行加以稱許。且後三則行文體式與〈石他〉、〈申鳴〉同轍，足證二文文末之引《詩》，亦當具相同之作用。故"進退維谷"乙語，確係"嘆其善"，而非"嗟其窮"。

胡承珙之說，失於未能如實掌握引例全文，僅措意於文例前半段中主人翁"生亂世不得正行，劫暴人不得全義"，"行不兩全，名不兩立"之悲嗟，而忽略後半段"乃進盟以免父母，退伏劍以死其君"與"聞之者曰："君子哉！安之命矣！"《詩》曰："人亦有言，進退維谷。"石先生之謂也。"之文脈關係，以及"若此而生，亦何以示天下哉！"所透顯出的強烈"求善"以示天下之決心，遂將原屬"行為判斷"之引《詩》"進退維谷"，誤作"困境描繪"之用。

四、釋"谷"為"欲"

繼阮元之後，為"進退維谷"再出新解者為古文字學者于省吾氏。于氏謂：

按師詢毀"谷女弗以乃辟函于囏"，"谷"即"欲"。毛公鼎作"俗"。"進退維欲"；謂"進退維其所欲"。《老子》"谷神不死"，"谷"應讀為"欲"，詳《老子新證》。上言"朋友已譜，不

---

21 同前註，頁54-56。

胥以榖"，謂朋友僭差乖違，不能相與為善。故曰：人亦有言，進退
維欲，不以禮法自持，恣意所為。與上文相適應也。古讀欲如獨，與
榖韻。阮元謂"谷無窮訓，《傳》、《箋》望文生義。"是也。然阮
氏讀谷為榖，既與上複，於義亦未允也。[22]

于氏之說，係運用出土材料與書面材料，所謂二重證據法索解。而谷字上古
見母屋韻，欲字上古餘母屋韻，[23] 故單就二者具有通借條件而言，說"進
退維谷"即"進退維欲"基本上亦可以成立。

五、"進退維谷"析辨

　　若單就論證過程中所提供證據之數量觀之，阮元之解顯較其他二說為
優。惟因後者有其可以成立之理據，復加上《韓詩外傳》、《晏子春秋》引
《詩》"進退維谷"有可能屬於"斷章取義"，因此難以遽斷孰為達詁，而
不能不轉從〈桑柔〉之語境以及《詩經》內證求索之。

　　案〈桑柔〉之為詩，蓋屬傷時諷諫之作。其於前七章極寫喪亂之痛，自
第八章起，筆鋒為之一轉：

> 維此惠君，民人所瞻，秉心宜猶，考慎其相。維彼不順，自獨俾臧，
> 自有肺腸，俾民卒狂。(以上章八)瞻彼中林，甡甡其鹿，朋友已譖，不
> 胥以榖。人亦有言：進退維谷。(以上章九)維此聖人，瞻言百里。維彼
> 愚人，覆狂以喜。匪言不能，胡斯畏忌。(以上章十)維此良人，弗求弗
> 迪。維彼忍心，是顧是復。民之貪亂，寧為荼毒。(以上章十一)大風有
> 隧，有空大谷。維此良人，作為式榖。維彼不順，征以中垢。(以上章
> 十二)[24]……

上段內容，正所以彰顯諫正君昏臣邪之旨，為通篇結穴之所在。蓋詩人忠

---

[22] 同註12。
[23] 同註9，頁92及113。
[24] 同註1，頁656－657。

骾,蒿目時艱,於深省變亂之所以生後,必倡言義之所當爲,以爲振弊救亡之資。故發爲歌詩,實然與應然共舉,正途與逆施並列。而此語境,正足提供吾人判斷〝谷〞訓之階。先就〝維谷〞句中〝進退〞一詞所指涉者觀之,既然〝進退維谷〞與〝朋友已譖,不胥以穀〞、〝秉心宜猶,考愼其相,……〞、〝維此聖人,瞻言百里……〞、〝維此良人,弗求弗迪,……〞等共列,而彼等所指稱之內涵皆爲在位者之〝行止舉措〞,則〝進退〞亦當指〝行爲〞,亦即章十二〝維此良人,作爲式穀〞之〝作爲〞,而非〝處境〞。既指〝作爲〞,則以〝窮〞義詁之,寧非不詞?而此正可與前所析《韓詩外傳》之引《詩》相應。復觀第八、十、十一、十二章,皆出以正反鮮明對比之筆法,則〝進退維谷〞所屬之第九章,既與之並列,就文脈章法觀之,相較於〝朋友已譖,不胥以穀〞,〝進退維谷〞之〝谷〞當解爲〝窮〞、〝欲〞,抑或訓爲〝善〞,實不言可喻。

　　或以爲〝朋友已譖,不相爲穀〞當與〝瞻彼林中,甡甡其鹿〞爲正反,是以〝進退維谷〞非必然解作〝善〞。此言似若不差,實難成立。蓋細繹章九上下文意,之所以〝人鹿相比〞,正欲藉人之行徑竟獸不如之〝驚嗟〞,逼出人之所當爲之〝警醒〞。此義可取《詩經》他例比觀之。《小雅·伐木》:

　　　相彼鳥矣,猶求友聲;矧伊人矣,不求友生?神之聽之,終和且平。[25]

《鄘風·相鼠》:

　　　相鼠有體,人而無禮;人而無禮,胡不遄死![26]

以上詩例,皆緊接於禽獸與人對比之後,示以當爲之道。前者從正面陳述,指出人於友朋,當愼擇之且從其善言;[27] 而後者則於文末出以過激之語,強力要求人須守禮(否則不如快死),尤能彰顯〝人獸相比〞此種筆法之旨

---

[25] 同前註,卷9,頁327下。

[26] 同前註,卷3,頁123上。

[27] 〝神之聽之〞,馬瑞辰從上下文意及相關佐證,以爲〝神之〞即〝愼之〞;〝聽之〞即〝能聽從是言〞。同註15,中冊,卷17,頁507。

意。"人亦有言：進退維谷"續於"人鹿相較"之後，其語境與上述者相類，故仍以訓"谷"爲"穀（善）"爲宜；若解爲"窮"或"欲"，則難與"人獸相較"之目的契合。

又"人亦有言：'進退維谷。'"係詩人援引成說；因此，比對《詩》中引用前人故語之其他篇章之相關語句，亦可幫助吾人對"谷"之達詁做出判分。《大雅·烝民》：

> 人亦有言："柔則茹之，剛則吐之。"維仲山甫，柔亦不茹，剛亦不吐，不侮矜寡，不畏彊禦。[28]

> 人亦有言："德輶如毛，民鮮克舉之。"我儀圖之，維仲山甫舉之。[29]

《大雅·抑》：

> 抑抑威儀，維德之隅。人亦有言："靡哲不愚。"庶人之愚，亦職維疾；哲人之愚，亦維斯戾。[30]

《大雅·板》：

> 我雖異事，及爾同寮。我即爾謀，聽我囂囂。我言維服，勿以為笑。先民有言："詢于芻蕘。"[31]

由上引"人亦有言"或"先民有言"之援用，吾人不難發現其間有一共性，即是各該成語之文義，皆分別與其上言或下語相反；而其目的則在藉此對比，凸顯各該章中所欲傳達的訊息或章旨。如〈抑〉詩中"抑抑威儀，維德之隅"與"人亦有言：'靡哲不愚'"對反，[32] 藉以強調"威儀"之重要。〈板〉詩"先民有言：'詢于芻蕘'"與"我即爾謀，聽我囂囂"對

---

28 同註1，卷18，頁676上。
29 同前註。
30 同前註，頁644下。
31 同前註，卷17，頁633下。
32 朱熹曰："言抑抑威儀，乃德之隅，則有哲人之德者，固必有哲人威儀矣。而今之所謂哲者，未嘗有其威儀，則是無哲而不愚矣。"宋朱熹撰：《詩集傳》（臺北：藝文印書館，1974年4月，司禮監刊本），卷18，頁830－831。

反，[33] 旨在批駁"師心妄爲，不從善言"之失當。〈烝民〉"人亦有言：'柔則茹之，剛則吐之'"與"維仲山甫，柔亦不茹，剛亦不吐，不侮矜寡、不畏彊禦"對反；"人亦有言：'德輶如毛，民鮮克舉之'"與"維仲山甫舉之"對反，藉以彰顯仲山甫德性之美。而〈桑柔〉與彼等同出《大雅》，作者同爲系出同一教育體系之士大夫，因此吾人有理由相信，"人亦有言：'進退維谷'"之作用，亦當與上述者相同；即"谷"當爲"穀"之借字，方能與上句"不穀"對反，凸顯"針砭臣邪"之功。特別是〈板〉詩"我即爾謀，聽我囂囂；……先民有言：'詢于芻蕘'"之於〈桑柔〉"朋友已譖，不相以穀；人亦有言：'進退維谷'"，不僅內容上同爲諷誡朝臣，[34] 句式及情境上亦頗彷彿，尤足佐證"進退維谷"宜即"進退維善"，而非"進退皆窮"、或"進退維欲"。

六、結論

　　由以上論述，阮元之於"進退維谷"之詁解，實較訓"谷"爲"窮"、訓"谷"爲"欲"允當。因此單用斯則成語，吾人雖不必將行之已久之"進退皆窮"義更正；然當授讀〈桑柔〉詩時，實應復其"進退維穀（善）"之本義，庶幾無復湮沒詩人援引是語"諄諄責善"之苦心與忠悃。

　　對於吾輩從事訓詁工作者來說，阮氏在這則釋例中所展現的訓詁態度和方法，包括"勇於啓疑，實事求是"、"重視較早相關材料"，以及"修辭考量與因聲求義雙管齊下"等，皆饒富啓發性；而于氏以古文字研究成果輔濟古書訓解，亦頗堪借鑑。此外，兼顧上下文勢，重視類似語境材料之搜尋比對，則可避免疏解時見樹不見林之缺失，而爲達詁之判繹，提供較爲平允之理據。

---

[33] 《正義》曰："我今就汝謀慮，告以善道，而汝聽我言，反囂囂然不肯受用。……先世上古之民，賢者有善言云：我有疑事，當詣謀於芻蕘薪朵者。以樵朵之賤者，猶當與之謀，況我與汝之同寮，得棄其言也？"同註1，頁633下、634上。

[34] 〈桑柔〉"朋友已譖"之"朋友"，指的亦是"朝廷群臣"（同註1），與〈板〉詩"同寮"所指相同。

第一屆國際訓詁學研討會論文
1997.04.19-20

〈洪範〉「凡厥庶民無有淫朋」義疏

黃復山

淡江大學中文系

　　余讀〈洪範〉，於「凡厥庶民，無有淫朋；人無有比德；惟皇作極」一句，輒有疑焉。衡諸全篇文意，此句之「庶民」、「人」、「皇」當指稱三類人，而「淫朋」、「比德」、「作極」，乃三類人各自當行之事。僞《孔傳》合三類人、三等事皆歸諸於「庶民」，解曰：

> 民有安中之善，則無淫過朋黨之惡，比周之德，惟天下皆大為中正也。[1]

按：僞《孔傳》視「庶民」與「人」爲一類，以「淫過朋黨」訓「淫朋」，與〈洪範〉全篇文意不符；又以「比周朋黨」爲「民」之行止，證諸〈洪範〉成書時代之思想，實不相符，其說難以從信。

　　歷來研究〈洪範〉之專著、短文甚夥，惟於此一詞義之詁訓，多從僞《孔傳》之誤。實則〈洪範〉既爲政治理念而作，故此句自當以政理視之，並證諸當時政治實況，不必牽附後世之義理也。今已不見僞孔以前之此句訓釋，故本文擬就「庶民」及「淫朋」情事，比聚先秦迄漢之相關文獻，試爲義疏，以明其本真。至若〈洪範〉撰成之時代，則以學者公認之墨子卒年（前三八三）前後爲準。[2] 義疏步驟有三：

---

[1] 唐孔穎達：《尚書正義》（臺北：藝文印書館，影刻嘉慶二十年江西本），卷12，頁11。又見《史記・宋微子世家》（北京：中華書局），卷38，頁1613，裴駰《集解》引「孔安國曰」。

[2] 依據許錟輝《先秦典籍引尚書考》（59年師大博士論文）所言，引用〈洪範〉文句或文意之先秦古籍有：《詩經》、《左傳》、《墨子》、《荀子》、《呂氏春秋》、《韓非子》，凡十一條，並考論曰：孔子刪《詩》之時，〈洪範〉之思想已具雛型，

(1)「人、庶民」字義疏證。類分秦、漢以降，學者對此「二類人」之解釋，並證諸《尚書》，以作定奪。

(2)「淫朋」之探討。檢蒐《尚書》及先秦典籍中，有關「淫朋」之載記，以說明〈洪範〉著成之時代，有無「庶民淫朋」觀念？

(3)「朋」、「風」之混用。由文字之流衍推論「淫風」、「淫朋」之訛誤。

一、「人」、「庶民」義疏

欲釐清「凡厥庶民無有淫朋」句之本意，當先確定其字義，始可進而論述其涵蘊之思想。

析論〈洪範〉中之人稱，稱君王者有「王、皇、辟、天子、天下王」五種，以及自稱、稱代詞「予、汝、而」三種；稱官員者有「人、正人、臣、卜筮人、卿士、師尹」六種；稱眾民者有「下民、庶民、庶人、俊民」四種，其中，「庶人」為「庶民」之　　，俊民與庶民有異，詳於後述。

至於「皇」、「人」、「庶民」並見者，有：

(1)「凡厥庶民，無有淫朋；人無有比德；惟皇作極」，「庶民、人、皇」三者次列。

(2)「凡厥庶民，有猷有為有守，汝則念之。……人之有能有為，（汝）使羞其行」，二句以「汝」、「人」、「庶民」為對文。

(3)「（庶民）不協于極，不罹于咎；皇則受之，而康而色曰：『予攸好德。』汝則錫之福，時人斯其惟皇之極。……凡厥正人，既富方穀，汝弗能使有好于而家，時人斯其辜」，以「皇、予、汝、而」、「正人」、「庶民」等三類並見。

而在《墨子》、《左傳》成書之時，〈洪範〉之文句始見定型。蔣善國綜考顧頡剛、郭沫若、陳夢家等九家，論及〈洪範〉成書時代者，斷曰：「〈鴻範〉的成書當在墨子卒年（公元前三八三年）前后。」（《尚書綜述》頁227，上海古籍出版社。）證以古籍引〈洪範〉情形，此說可信。

(4)「惟辟作福，惟辟作威，惟辟玉食。臣無有作福、作威、玉食。
臣之有作福、作威、玉食，其害于而家，凶于而國。人用側頗
僻，民用僭忒」，以「辟、而」、「臣、人」、「民」並見。

(5)「王省惟歲，卿士惟月，師尹惟日，……庶民惟星」，以
「王」、「卿士、師尹」、「庶民」爲對文。

由此可知〈洪範〉中「皇」、「人」、「庶民」對文並見之例實夥，爲身份
不同之三類階層。「皇」即「君王」之義，吾嘗撰〈洪範「皇極」義訓流衍
考〉以證其實。[3] 至於「人」與「庶民」之區別，則兩漢經師概未申言，
晉、唐學者更或混爲一類，遲至北宋，疑經風氣大開，始於此略作區分，惟
敘述簡要，又未作明確之論證。

歷代注家於「庶民」之解釋，多以「眾民」、「在下之人」爲說，歧異
不大；僅宋夏僎解爲「群不逞之徒」，清胡渭指稱「庶民之有才德而終罹于
咎者」，近於「士」，並非原義。

至若「人」之異訓，則有三種：（1）「人」與「民」同義（僞《孔
傳》、孔穎達）。（2）學士大夫（曾鞏、錢時）。（3）有位之人（蔡沈、
黃度）。

然則「人」與「庶民」究竟有何分別？近人趙光賢嘗以《春秋》經文所
稱之「齊人」、「晉人」、「宋人」、「楚人」等稱謂，比對《左傳》紀
事，確證經文所謂「人」者，乃指稱「諸侯、卿大夫、小國之君或大夫」，
絕無「平民」之意。[4] 《春秋》如此，《尚書》當亦如是。今欲平議諸家訓
解，當先釐清《尚書》及先秦典籍中，「人」、「民」之用法，始可獲此句
之義疏。

（一）「人」為官吏之稱

3　刊於《輔大中研所學刊》民國83年6月，第三集，頁3-19。

4　趙光賢：〈《春秋》稱人釋義〉，《古史考辨》（北京師範大學出版）頁127-135。

　　檢索今文《尚書》二十八篇，言及「民」、「人」之文句，由上下文意可知「人」與「民」實爲二種不同階層。其中，「人」之稱謂，計有：予一人、家人、宗人、王人、正人、政人、訓人、任人、準人、考成人、舊人、舊有位人、藝人、謀人、吉人、哲人、小人、庶人，凡十六種。「予一人」爲君侯或周公之自稱；「家人、宗人、王人」又與「王家、我家」相類，皆屬王親宗族；「正人、政人」又稱「有正、有政」，乃從政主事之人；「訓人」鄭注以爲「師長」；「任人、準人」與「牧夫」，實即《詩・雨無正》之「三事大夫」；[5]「考成人、舊人、舊有位人」爲元老大臣；「藝人」爲執御之人；[6]「謀人、吉人、哲人」乃在位者之美稱。至若「庶人」，則多見於《左傳》、《孟子》中，而《尚書》僅<洪範>「謀及庶人」一見，依<洪範>下文概稱「庶民」之例，則此處當爲傳鈔之脰誤，且熹平石經正作「謀及庶民」，洪适校曰：「孔作『人』。」[7]足證「庶人」乃後出之僞孔本所改。

　　<皋陶謨>載，禹所拜之昌言爲「在知人、在安民」一句，禹自爲解義曰：「知人則哲，能官人；安民則惠，黎民懷之。」是「人」與「民」有別。而《詩・假樂》「宜民宜人」，毛《傳》曰：「宜安民，宜官人。」[8]

---

[5]　參見馬瑞辰《毛詩傳箋通釋》（北京中華書局本）卷20，頁624；王貴民《商周制度考信》（明文書局本）頁141。

[6]　于省吾：《雙劍誃尚書新證》（崧高書社本）卷4，頁16。

[7]　洪适：《隸釋》（臺灣：商務印書館，《四部叢刊》本）卷14，頁2。

[8]　「宜民宜人」之解釋，歷來有二派，一爲「民、人」皆言人民，如董仲舒<賢良對策>引此句，解曰「爲政而宜于民」（《漢書》卷56，頁2505）；一爲「民」指人民，「人」指官員或賢人，如鄭玄《箋》云：「成王之官人也，群臣保右而舉之，乃後用之。」陳奐亦謂此句乃「言成王能官人，……又帶及安民之意，而與凡泛言民人者不同」（《詩毛氏傳疏》卷24，頁12，學生書局）。更可證知「民」「人」實爲二類，職分各異也。近人袁梅從其說，釋曰：「安民，指安撫庶民；官人，指以官職任人。」（《詩經譯注》頁796，齊魯書社）餘則王先謙《詩三家義疏》（卷22，頁895，北京中華書局）、江聲《尚書集注音疏》（《皇清經解》卷394，頁29）訓此句，皆從鄭《箋》之義。可知以「人」爲官，以「民」爲庶民，當爲經解家之常事矣。

與禹所言同義，元陳櫟因謂：「《書》之『知人安民』，《詩》之『宜民宜人』，皆以『人』爲有位者，『民』爲下民。」[9] 可知「人」、「民」本屬二類，職分亦異也。

以此觀之，「人無比德」亦當指「官吏」而言，是以曾鞏〈洪範傳〉曰：「人謂學士大夫，別於民者。」蔡沈、黃度解〈洪範〉亦以爲「人，有位之君子也」，[10] 蓋與古籍略合而顯現史實之本義也。

（二）「庶民」指稱無官職之眾民

至於《尚書》中「民」之稱謂，則有：黎民、庶民、烝民、萬民、兆民、下民、憸民、小民、平民、俊民、我民、友民、播民、殷民、讎民、義民、四方民、四國民、中國民，凡十九種，雖有地域、國別、統稱、專指之異，惟以出處之文意觀之，皆爲國中無治權之眾民，與「人」自是不同。

再考「庶民」一詞，除〈洪範〉之外，又見於〈梓材〉、〈無逸〉、〈呂刑〉三篇。〈梓材〉中與「厥臣」、「王」並見，詞意當與〈洪範〉所指相同；〈無逸〉中與「小人」對舉，當與篇中所言之「萬民」、「小民」同意，皆稱「平民」而已。〈呂刑〉中僅一見，覈以上下文意，亦當與「平民」、「兆民」、「下民」之意相同。

後世或將「民」、「人」混而不分，考其故，實因「庶民」之中，尙有「俊民」一類，指稱「才過千人」者，[11] 與作泛稱之「庶民」不同。故《尚書》中「明我俊民」（〈君奭〉）、「俊民甸四方」（〈多士〉），皆訓爲「賢才」之意。是則「民」若增以「俊」字，必與「庶民」不同，此意先秦諸子已有所言，稱之曰「士」（惟諸子中所稱之「士」，多爲泛稱，異

9　元陳櫟：《詩集傳纂疏》（漢京文化事業有限公司，通志堂經解本）卷4，頁21。

10　曾說見《曾鞏集‧洪範傳》（北京：中華書局本）卷10，頁162。蔡說見《書集傳》（通志堂經解本）卷4，頁24。黃說見《尚書說》（（通志堂經解本）卷4，頁11。

11　《淮南子‧泰族篇》：「智過萬人者謂之英，千人者謂之俊，百人者謂之豪，十人者謂之傑。」（卷20，頁682，北京：中華書局本。）又見漢董仲舒：《春秋繁露‧爵祿》（臺灣商務印書館）卷8，頁131。

於《尙書》中作爲官稱之「士」[12]）。然則＜洪範＞所言之「庶民」，究爲一般「眾民」，抑爲如「士」之「俊民」？二者區別與「淫朋」之訓解有直接關連，故下文詳其考辨。

先秦時代「士」與「庶民」之別，如：《荀子》分「國人」爲農、賈、工、士大夫四類，各有所職；《穀梁傳》則別爲士、商、農、工四民。[13]《墨子‧天志下》言士、民之職分曰：

> 民不得次（恣）己而為正，有士正之；士不得次己而為正，有大夫正之。

「士」可糾正庶民之行事，是「士」之職權高於「民」也。若《國語》、《荀子》亦有三則記載，皆明言「士」、「庶人」之別：

> （1）公食貢，大夫食邑，士食田，庶人食力，工商食官，皂隸食。（＜晉語四＞）
>
> （2）士食魚炙，祀以特牲；庶人食菜，祀以魚。（＜楚語下＞）
>
> （3）（天子出巡，）庶士介而夾道，庶人隱竄，莫敢觀望。（《荀子‧正論》）

首則爲晉文公元年（前六三五）載事，次則爲觀射父答楚昭王（約當前五一〇）之語，可知春秋之際，「士、民」之階層觀念劃分清楚；末則爲荀卿護儒之言（約當前二五五），[14] 仍謂「庶士」、「庶人」有別。

（三）「庶民」與「士」混用

---

[12] 《尙書》中有「士」類職官，名曰「卿士、王士、庶士、吉士」，或作「卿事」，皆有職守。

[13] 分見《春秋穀梁傳》成公元年、《荀子‧王霸》。

[14] 按：王先謙《荀子集解‧考證下》（世界書局）以爲荀卿於趙孝成王十一年（前255，約五十歲）爲蘭陵令，＜正論＞或亦在此前後撰成。

　　然而諸子亦有視「士、庶人」爲一詞，用以指稱無官職之俊民者，又別以「士大夫」指稱官吏。如《孟子》除以「王、大夫、士庶人」三階層並稱外，[15] ＜萬章下＞又混「士、庶人」爲一，未作區分，嘗謂：

　　(1)在國曰「市井之臣」，在野曰「草莽之臣」，皆謂「庶人」。
　　(2)「下士」與「庶人」在官者同祿，祿足以代耕。

按，《尚書》中「人」多作「官員」解，並無「庶人」一詞，而《孟子》則以「庶人」稱庶民，又別之曰「市井之臣」、「草莽之臣」，且「在官」之庶人與「下士」同祿，可知孟子未區別「士」、「庶人」之異。所以如此，殆因其自身亦爲無官職之「俊民（士）」，故自視非一般耕稼之「庶民」可比，是其所謂「士庶人」，當指稱「士」或「俊民」，而非俗稱之「齊民」，亦非《尚書》之「庶民」也。言者於此若未細繹，輒易混爲一談，乃誤以諸子泛稱之「人」，與《尚書》官稱之「人」等類。

　　「士」與「庶民」既有分別，「庶民」何以與「士」混用？此或與「庶民」可晉昇爲「士」有關。顧炎武以爲：「三代之時，民之秀者乃收之鄉序，升之司徒，而謂之士。」[16] 子張以「魯之鄙家」，[17] 學於孔子，其後立爲儒家八派之一，亦嘗標舉「學而優則仕，仕而優則學」[18] 之理念。可知民欲晉昇爲士，「學」爲方法之一。故《墨子》、《荀子》皆言：

　　(1)雖在農與工肆之人，有能則舉之。（《墨子·尚賢上》）
　　(2)雖庶人之子孫也，積文學，正身行，能屬於禮義，則歸之卿相士大夫。（《荀子·王制》）

---

[15] 如＜梁惠王上＞「王不遠千里而來」章，＜離婁上＞「以仁得天下」章。
[16] 明顧炎武：《原抄本日知錄》（文史哲出版）卷10，頁215。
[17] 秦呂不韋：《呂氏春秋·尊師》（臺灣：商務印書館《四部叢刊》本）卷4，頁6。
[18] 「子張」爲儒學八派之一，見《韓非子·顯學》。「學而優」一句，見《論語·子張》。

若《呂氏春秋‧搏志篇》載鄙人寧越事，可爲實證：

> 寧越，中年之鄙人也。苦耕稼之勞，謂其友曰：「何爲而可免此苦
> 也。」其友曰：「莫如學。學三十歲，則可以達矣。」寧越曰：「請
> 以十五歲。人將休，吾不敢休；人將臥，吾不敢臥。」學十五歲而周
> 成公事之。

寧越以耕稼之鄙人而爲學，十五載即晉昇爲西周國君（成公，前四一四年即
位）[19] 之師，當爲有志之庶民所歆羨也。《韓非子‧外儲說左上》亦載：

> 中章、胥己任，而中牟之民弃田圃而隨文學者，邑之半。

胥己昇任，而庶民棄農務學者過半。此事又見《呂氏春秋‧知度》，蓋言趙
襄子（前474-前425在位）納中牟令任登之薦，以膽胥己爲中大夫。以此觀
之，庶民因學而晉昇爲士、爲大夫者，確有其實矣。

　　然而能升爲士者，實爲「民之秀者」，而非普通之「庶民」，且晉昇之
例，「固千百之中不得一焉」，[20] 是以＜洪範＞之「庶民」，仍爲指稱
「俊民」以外無治權之眾民也。惟因社會變動，偶有「士」因故降爲與
「民」地位無異之境況，即所謂「布衣之士」、「匹夫之士」，或與「庶
民」共業「農務」。[21] 是以《孟子》中，累稱士民、士庶人，蓋反映
「士」與「民」交融之情況也。由此可知，「庶民」與「俊民」及「士」之
分野，實不易釐清。

　　歷代學者於先秦之「士」與「俊民」、「庶民」之觀念未作釐清，是以
多將「俊民」、「士」所爲之事，賦諸「庶民」之身，如宋夏僎《尚書詳
解》釋＜洪範＞之「庶民」，以漢之南北部、唐之牛李黨等「群不逞之徒」
說之，[22] 清胡渭《洪範正論》承之，而以丹朱、田巴等「庶民之有才德而

---

[19] 年代之考定，見余英時《士與中國文化》頁16，上海人民出版社。

[20] 顧炎武考先秦庶民晉昇爲「士」者之評議，見《原抄本日知錄》卷10，頁215。

[21] 按：劉澤華《士人與社會》（天津人民出版社）頁119，亦言此意。

[22] 見卷17，頁42，四庫本。又見清胡渭：《洪範正論》（四庫本）卷4，頁7引。

終罹于咎者」，說解「淫朋」之「庶民」，又指稱「淫朋」乃「士」及「處士」之戒，而「非謂閭巷之小人」。其言曰：

> 大禹言丹朱之惡，曰：「朋淫于家。」此所謂「淫朋」，乃庶民之有才德而終罹于咎者；非謂閭巷之小人，三三五五，鬥雞走狗，六博蹋鞠，以酒食相徵逐者也。凡士之群居終日，言不及義，好行小慧者，乃「淫朋」也。不但此也，街談巷議，彈射臧否，剖析毫釐，擘肌分理，所好生毛羽，所惡成創痏者，皆「淫朋」也。處士橫議，如田巴毀五帝、罪三王、呰五霸於稷下，一旦而服千人者，亦「淫朋」也。天下而無事也，天下而有事，此輩即以所長為寇盜之嚆矢矣。《孟子》曰：「上無禮，下無學，賊民興。」此日之賊民，即平日之「淫朋」也。人主可不戒哉？[23]

其說視「街談巷議」、「好行小慧」之橫議「處士」，為「平日之淫朋」而亂世之「賊民」，並類舉名人為例，惟所言並非「朋黨」之事，人物亦為智過千百人之「俊民」，而非耕稼或從事勞力之「庶民」，實違《尚書》「庶民」之本意也。

　　然則〈洪範〉所言之「庶民」，為泛指國中所有從事耕稼或勞力事務之廣大民眾，抑專稱「俊民」一輩？詳考全篇文意及《尚書》其餘諸篇言及「庶民」之詞義，當以前說為是，蓋以後者言之，實與基層官吏難作區別，範圍亦嫌狹隘也。

二、「淫朋」義疏

　　解經家對於「淫朋」之解釋，頗為歧異，大致可分為兩類：一類以偽《孔傳》為準，大意不離「淫過朋黨」之意，如「以淫為朋」（曾鞏）、「邪黨」（蔡沈、曾運乾、屈萬里）；而將二字分釋者亦不離此意，如釋

---

[23] 清胡渭：《洪範正論》卷4，頁7。

「淫」字爲「沈浸爲惡」（吳澄）、「放縱、淫蕩，甚（過分、非常、很大）」（高本漢），釋「朋」字爲「朋黨、徒眾」（高本漢）、「類」（吳澄）。另一類釋「淫」字爲「遊」（孫星衍）；釋「朋」字爲「風，放（放蕩、好色）」（孫星衍、王闓運）、爲「侈」（吳汝綸）。

此二類解釋，一作「淫朋」，謂「淫過朋黨」；一作「淫風」，謂「放蕩行樂」，二者指稱不同，究以何者爲宜，當可藉史實作一論證。

（一）「朋黨」字義考原

欲論證「淫朋」與庶民「淫過朋黨」有無關係，應先考述＜洪範＞寫成之時代——墨子卒年（前三八三）前後——有無「庶民朋黨」之觀念？以下檢索《尙書》中類似「朋黨」之說辭，並旁及與＜洪範＞成書時代相近之《詩》、《易》、《論語》、《左傳》、《國語》、《墨子》、《孟子》、《莊子》、《荀子》、《管子》，凡十一書所言，以爲佐證。

析論諸書所言「朋」、「黨」字，略有四類：一作「鄉黨」，二爲注家說爲「朋黨」者，三爲「朋黨」之稱，四爲其他解釋。分述如下。

1、「黨」作「所居之鄉里」解

《論語》、《孟子》偶見「鄉黨」、「黨人」之辭，皆作所居之鄉里而言，[24]《莊子・外物》言及「黨人」者亦同。是與「朋黨」無關。

2、注疏説為「朋黨」

先秦經籍於《荀子》以前，絕無「朋黨」一詞，而注疏家以「朋黨」解此句經義者甚多。《尙書》如僞《孔傳》之「淫過朋黨」（＜洪範＞），與孔穎達疏文二句：「驩兜之朋黨惡物」（＜堯典＞）、「少子慎其朋黨」

---

[24] 《論語》如：「孔子於鄉黨」（＜鄉黨＞）、「鄰里鄉黨」（＜雍也＞）、「達巷黨人」（＜子罕＞）、「吾黨有直躬者」（＜子路＞）。《孟子》如：「要譽於鄉黨朋友」（＜公孫丑上＞）、「鄉黨莫如齒」（＜公孫丑下＞）、「鄉黨自好者」（＜萬章上＞）、「吾黨之小子狂簡」（＜盡心下＞），皆作「所居之鄉里」解。

（〈洛誥〉）[25] 是其例。僞孔傳之非，下文當逐層闡明；二條孔疏之誤，解經家亦多有辯駁，顧頡剛更謂：釋「孺子其朋」爲「朋黨」者，「萬不可通」。[26] 類晉、唐詁訓，當非〈洪範〉之本誼也。

《詩・十月之交》「皇父卿士」句，孔穎達疏云：「此七人朋黨于朝，言王政所以亂也。」爲以漢、唐熟語說西周之事，當非《詩經》本誼。況且〈十月之交〉果若有「朋黨」之意，亦爲指稱「官員」，而非「庶民」。

《易・損卦》六五爻辭「十朋之龜」，王弼注：「朋，黨也；龜者，決疑之物也。」曲解貨幣單位之「朋貝」爲「朋黨」，實屬附會。又孔穎達疏〈泰卦〉九二之「朋亡」作「无私于朋黨之事」，與原義不合。蓋此句爻辭云「不遐遺，朋亡，得尙于中行」，以不遺、不朋、得中爲義，「朋亡」爲「亡朋」之倒文，其意與《莊子・大宗師》「不朋」相近。〈大宗師〉言：「古之眞人，其狀義而不朋，若不足而不承。」俞樾論曰：「義當讀爲峩，……朋讀爲崩，其狀峩而不崩者，言其高大而不崩壞也。」[27] 證之〈復・彖辭〉「朋來，无咎」，《京房易傳》作「崩來，无咎」，解曰「自上下者爲崩」。[28] 是以「崩來」（崩壞）與「朋亡」（不崩壞）當爲對語，原無「朋黨」之義也。

3、經籍所言「朋黨」之義

《論語》雖言「君子不黨」、「各於其黨」，[29] 蓋指「君子」而非「庶民」，其中「不黨」與《墨子・尙賢中》誡古聖王「不黨父兄」者相

---

[25] 分見於《尙書正義》卷12，頁11「淫朋」《傳》；卷2，頁22「驩兜」《正義》；卷15，頁17「孺子其朋」《傳》。

[26] 顧頡剛：《顧頡剛讀書筆記》（聯經出版社）卷8下，頁6551。

[27] 清郭慶藩《莊子集釋》（河洛圖書公司）頁234引。按：同卷、頁又引「義而不朋」之郭象注云：「與物同宜而非朋黨。」俞樾非之，曰：「此言其狀，豈言其德乎？」俞說較郭注得「眞人」之誼。

[28] 漢班固：《漢書・五行志》（北京：中華書局）卷27中之上，頁1400引。

[29] 如：「人之過也，各於其黨。」（〈里仁〉）、「吾聞君子不黨。君子亦黨乎？」（〈述而〉）、「群而不黨。」（〈衛靈公〉）

似，爲「偏袒」之意，與「庶民」無關。《國語》偶言「不黨」之戒，如「比而不黨」、「引黨以封己」，[30] 亦僅限於官吏而已。

《左傳》襄公三十一年載「子產不毀鄉校」一則，後人多以證庶民藉鄉校行「朋黨」之實。惟劉澤華謂：「參加鄉校議論的都是貴族，議論的問題在原則上可能無多大分歧。」[31] 是鄉校並非「庶民朋黨」之場所也。

《荀子》言及「朋黨」者，僅限於士大夫之流。[32] 惟＜宥坐＞言及子產誅鄧析、孔子誅少正卯事，且斥少正卯爲「聚徒成群，小人之桀雄」，鄧析爲「異世同心，不可不誅」。後世或以此證春秋「朋黨」之禁，亦及於「士庶人」。然而鄧析實爲鄭大夫，因政爭死於駟歂之手，去子產之卒已二十一載。而卯既稱「少正」，以春秋時代因官爲名之例，絕非「庶民」之比，且此事或屬子虛，首見《荀子》所言，殆因「齊魯諸儒憤聖人失職，故爲此說，以誇其數耳」，[33] 前人考之甚詳。是則此二事皆非春秋史實，荀子時亦未嘗見有「庶民朋黨」之事例也。

《莊子・天下》云：「公而不當，易而无私，……慎到聞其風而悅之。」陸德明《釋文》云：「不當，丁浪反，崔本作黨，云：至公無黨也。」成玄英《疏》：「公正而不阿黨，平易而無偏私，依理斷決，無的主宰。」[34] 然則此「不黨」之風能令智過千人之「慎到聞其風而悅之」，則其非「庶民」之風無疑。僅有＜馬蹄＞「一而不黨，命曰天放」[35] 一則，

---

30 如「吾聞事君者，比而不黨」（＜晉語＞五）、「引黨以封己，利己而忘君，別也」（＜晉語＞八），皆以官吏爲誠言對象。

31 劉澤華：《士人與社會》（先秦卷）（天津人民出版社）頁43。

32 如：「出於其門，入於公門；出於公門，歸於其家；無有私事也。不比周，不朋黨，倜然莫不明通而公也。古之士大夫也。」（＜彊國＞）又如：「上不忠乎君，下善取譽乎民，不卹公道通義，朋黨比周，以環主圖爲私務，是篡臣者也。」（＜臣道＞）所言之「朋黨」，皆非「庶民」之行事。

33 鄧析、少正卯事跡之考論，見錢穆：《先秦諸子繫年》（三民書局）卷1，頁18、26。

34 仝註27頁1086引。

35 仝註27頁334。

言及庶民（或俊民）之「不黨」，而是篇之寫成年代亦爲秦漢之間，[36] 去
＜洪範＞之成篇遲約百年矣，實難證爲＜洪範＞時之思想。

　　成書於戰國末年以後之《管子》，[37] 以法家爲意，故最常言「官朋
黨」、「臣朋黨」等語，[38] 而「民朋黨」僅＜君臣上＞一見，其說曰「治
國無法，則民朋黨而下比」，既言「民」以「下比」爲辭，是此「民」乃高
於「平民」之「俊民」，非如＜洪範＞之「庶民」也。且此篇撰於戰國末
年，晚於＜洪範＞百餘年，故難爲＜洪範＞「庶民朋黨」之證也。

4、「朋」字其他解釋

　　《易經》之「朋」字多作「朋友」、「貨幣單位」解，[39] 而《詩經》
則略分四類：＜閟宮＞「三壽作朋」，爲「朋友」之意；＜菁菁者莪＞「錫
我百朋」，爲貨幣單位；＜椒聊＞「碩大無朋」，爲並齊之意；＜七月＞
「朋酒斯饗」，爲兩樽之意：皆非「朋黨」之稱。

　　由上所考，可知「朋黨」一詞，應肇始於《荀子》以後，而頻見於戰國
末年成書之《管子》中，迄秦、漢時已爲習見名詞。惟其施用之對象，多爲
朝臣官吏，甚少涉及智過衆人之「俊民」，至若「庶民朋黨」則更未見及。
或謂＜洪範＞中「俊民」凡兩見，則戒之勿「朋黨」者，殆指此類「俊民」
而言。惟前文已考知：＜洪範＞撰成之時代，經籍實無「俊民朋黨」之載
錄，今忽謂＜洪範＞獨有之，亦何獨斷違實之有！是則「庶民淫朋」之意，
必非「庶民朋黨」無疑！

---

[36] 葉國慶：《莊子研究》（臺灣：商務印書館）頁39。

[37] 《管子》各篇之撰作時代，羅根澤《管子探源》（中華書局，民國20年出版）、婁良樂
《管子評議》（師大66年博士論文）皆有考論。

[38] 如＜法禁＞、＜參患＞、＜君臣下＞、＜明法＞、＜明法解＞、＜立政九敗解＞皆有
「朋黨」「比周」之辭。

[39] 「朋友」義如：＜坤・彖辭＞「西南得朋」、＜兌・象辭＞「君子以朋友講習」。「貨
幣」義如：＜損・六五＞「十朋之龜」。

然則，「庶民淫朋」既非朋黨之禁，又當作何解釋？曰當與庶民之「風習」有關也。試就上引先秦諸書中，檢蒐與「淫」字相關之論述，乃豁然可知：先秦政治中，對於禁止人民「淫僻邪行」之說辭甚多，與「庶民無有淫朋」句意義最爲相近。以下即析論「庶民淫僻」之觀念。

（二）「淫朋」爲「庶民淫僻」說

據上述與<洪範>撰成年代相近諸書所言之「淫」字名詞，作一綜合類分，與本文「庶民淫朋」有關者，約可分爲二項：(1)庶民多有淫僻之行、(2)政令禁止庶民淫僻。

1、庶民多有淫僻之行

成書於<洪範>前後之先秦諸子如《孟子》、《墨子》等，皆以好淫僻者屬之「庶民」，而有禁其淫僻之辭，蓋以爲「庶民」乃受統治者，若不禁止其淫心，輒生邪僻淫暴之行，此可旁證<洪範>「淫朋」之義：

> (1)民則無恆產，因無恆心。苟無恆心，放僻邪侈，無所不爲已。（《孟子·梁惠王上》）
>
> (2)民之爲淫暴、寇亂、盜賊，以兵刃、毒藥、水火，迓無罪人乎道路率徑。（《墨子·明鬼下》）
>
> (3)僻淫邪行之民，……並爲淫暴而不可禁矣。（《墨子·節葬下》）
>
> (4)奢侈之君，御好淫僻之民，欲國無亂，不可得也。（《墨子·辭過》）

以爲庶民若無恆產、恆心，則放僻邪侈，無不爲矣；又稱民爲「好淫僻」，並以「邪侈、淫暴、淫邪、淫僻」等相類名詞，加諸其身。可知墨子、孟子等學者，皆已認爲當時之庶民，輒有近於僻淫邪亂之行止矣。

2、政令禁止庶民淫僻

　　先秦典籍中，規諫君王淫逸，禁止官吏、庶民淫僻之說辭甚多。其中，庶民之禁最具強制性，如：「扈民無淫者也」（《左傳》昭公十七年）、「庶人、工、商各守其業以共其上，……而可以淫僻其身乎」（《國語‧周語上》）；又因為禁止民淫，故「淫僻之民」將受重罰，如「民有淫行邪性……其刑死、流」（《管子‧五輔》）、「防淫除邪，戮之以五刑，使暴悍以變，姦邪不作」（《荀子‧王制》）。皆以彊力逼令庶民，使不為淫邪之行，以安天下。由此可知，「庶民」與「淫僻」有直接關係，而與「朋黨」則並無牽聯。再觀《荀子》所言，更顯「庶民」行事為己，一從俗風而無「朋黨」之實況，其言曰：

(1)以從俗為善，以貨財為寶，以養生為己至道，是民德也。（〈儒效〉）

(2)其百姓樸，其聲樂不流汙，其服不挑，甚畏有司而順，古之民也。（〈彊國〉）

(3)聖王以為法，士大夫以為道，官人以為守，百姓以為成俗，萬世不能易也。（〈正論〉）

意指「古之民」當以「從俗、養生、順畏」為「民德」，未言庶民有「朋黨」之禁。雖為荀子之政治理想，當亦有所依據而發也。其中第三例，言及「聖王之法、官士之道守、百姓之俗」，庶幾乎可視作〈洪範〉「凡厥庶民，無有淫朋；人無有比德；惟皇作極」一句之詁義也。

　　推究《尚書》所言之「朋黨」與「民淫」，亦與上述《墨子》前後諸書之觀念相同，未見規誡官吏或庶民「朋黨」之言，而有禁止「庶民淫僻」之意，如「其惟王勿以小民淫用非彝，亦敢殄戮」（〈召誥〉）。惟又因《尚書》以告誡官員、宗室為主，故於禁止「淫僻」，或增對官員宗室之規誡。

⁴⁰ 由此可知，＜洪範＞「淫朋」句之原意，據先秦文獻載錄，當以禁止「庶民淫僻」為意，著重於「風俗淫僻」之上。

（三）「淫朋」為「淫風」之譌衍

「淫僻」為庶民所當禁，「朋黨」則肇見於戰國末葉之官吏行止，是以「庶民淫朋」非言「朋黨」而為「淫僻」之義。然而「淫朋」之詮解又何以與「淫僻」相關？今試以諸家「淫朋」詁訓繹之，可知除作「朋黨」解外，尚有兩類，一則以為「淫侈」之譌，如吳汝綸、吳闓生父子；一則以為「淫風」之譌，如王闓運。

解「淫朋」為「淫侈」者，吳汝綸云：

> 「淫朋」者，「淫侈」也。《史記‧甘茂傳》「公仲侈」，〈韓策〉作「朋」，是朋、侈通借也。古「多」字與「朋」相混，《史記‧五帝紀》「與為多焉」，《集解》作「朋」；《莊子‧徐无鬼》「諂冔」，《釋文》作「朋」；《漢書‧衛霍傳》「校尉僕多」，＜功臣表＞作「朋」。⁴¹

以「朋」、「多」形近易混，並舉古籍為證，惟僅就後世之《史記》、《漢書》、《釋文》等隸書文字斟酌，未必合於古字衍譌之實情，且所推論之結果，於文法上之詞性則衍生不對稱之弊病，是以程師元敏評之曰：

> 吳氏力證朋、侈古通者，在釋「淫朋」為「淫侈」耳。顧淫侈合義，為況形詞，繫「有」下，不合文法，且與下「比德」——上字形況、下字名詞不稱。不如從舊說為安。⁴²

---

⁴⁰ 《尚書》中的「淫僻」之例，如「丹朱…朋淫于家」（益稷）、「夏弗克庸帝，大淫泆，有辭。……誕淫厥泆，罔顧于天顯、民祗。惟時上帝不保，降若茲大喪。」（＜多士＞）、「有夏誕厥逸，不肯感言于民，乃大淫昏，…乃大降罰，崇亂有夏。」（〈多方〉）「誕惟厥縱淫泆于非彝，用燕喪威儀，民罔不盡傷心」（〈酒誥〉）。

⁴¹ 吳汝綸：《尚書故‧經說》（臺灣：藝文印書館）卷2之2，頁53。

⁴² 程師元敏＜尚書洪範皇極章義證＞，《幼獅學誌》14卷，第2期。

至於釋作「淫風」者有王闓運，惟高本漢不以為然，評之曰：

> 《尚書・洪範》：「凡厥庶民，無有淫朋。」王闓運與吳闓生都說「朋」是「風」的假借，在此訓為「放」（放蕩、好色）。所以這句話就是說：「在所有的人民中，不會有一個人淫亂。」（——這是因為統治者的關係）。案：此說是不能成立的。「朋」應該如字講，意思是「朋黨」、「徒眾」。所以這句話是說：「在所有的人民中、不會有淫亂的（那一類）群。」（郭沫若《金文叢考》釋「國差𦉜」銘文，曾把文中的一個「朋」字假借為「風」。但從最近發表的論文看，他已放棄了這一說。）[43]

按：吳闓生《尚書大義》從父說，解「朋」為「佸」字，高氏或誤記之。但高氏解「朋」為「徒眾」、「朋黨」，則顯然不合先秦典籍所載之「庶民淫僻」風習。而王闓運改「朋」作「風」，以「淫亂放蕩」為說，雖偶合文獻所載庶民之禁，其解「風」為「放」，誤說名詞為動詞，亦違經文本意。惟以「朋」為「風」字假借，則「民無淫朋」當解作「庶民毋有淫僻之風習」無疑。

然則「朋」字何以又當解作「風習」之「風」？此可由文獻資料及文字學繹之。

1、文獻上與「淫朋」有關之載錄

戰國中葉尙無「朋黨」一詞，考諸先秦經史文獻，亦無「庶民朋黨」之說。迄至東漢末葉，蔡邕〈正交論〉始有「君子以朋友講習，而正人無有淫朋」[44] 之語，雖與〈洪範〉「庶民淫朋」云云相類，究其實乃鑒於黨禍而作之感言，並非〈洪範〉經文本意。然而「淫朋」一詞，已不見偽《孔傳》

---

[43] 瑞典高本漢：《先秦文獻假借字例》（國立編譯館，中華叢書編審委員會）頁654。
[44] 漢蔡邕撰：《蔡中郎集・外集・正交論》（臺北：臺灣中華書局），卷2，頁8。

以前之解釋,唯有蒐羅文意相類之文獻,作爲解義上之旁證,以試顯原訓之真貌。

與「淫朋」相似者,《尚書‧益稷篇》載帝舜於朝臣前責堯子丹朱「朋淫」,曰:

> 無若丹朱傲,惟漫遊是好,傲虐是作,罔晝夜頟頟,罔水行舟,朋淫于家,用殄厥世。予創若時。

「朋淫于家」,僞《孔傳》以爲:「朋,群也。……群淫于家,妻妾亂,用是絕其世。」孔穎達衍其義而疏曰:「群淫于家,言群聚妻妾,恣意淫之,無男女之別,故言妻妾亂也。」[45] 然而丹朱之荒誕竟至「群聚妻妾,恣意淫之」乎?且以帝舜之仁德,乃于即位之初而在朝廷眾賢之前,直斥丹朱之隱惡,實不合常情。是以「朋淫」本訓,當先稽考古字衍,斠覈相關載錄,並作深入之析論,始可爲下斷定。

考甲骨、金文並無「朋」字,多借「風」爲通假,則此「朋淫」字,當爲「風淫」之音假也。是以後世引用此句,亦有不作「朋」字者,如《說文》引「《虞書》曰:堋淫于家」;《後漢書》載安帝詔責樂成靖王驕淫,則作「風淫于家」。[46] 比覈「朋」、「堋」、「風」之古音,或近或同,可作通假,[47] 而《史記》、《說文》、安帝〈詔書〉載錄此事,皆未說爲「朋黨」或「群聚」之義。實則「朋淫」原作「風淫」,王紹蘭言之頗詳,曰:

> 「風淫于家」,孔壁古文《尚書》本科斗文字,孔安國以今文讀爲「朋」,劉向所校中古文歐陽、大小夏侯三家經文,文字異者七百有

---

[45] 《尚書正義》卷5,頁11。

[46] 許說見《說文詁林》(臺灣商務印書館)13下,頁6160。詔書見劉宋《後漢書》(北京:中華書局)卷50,頁1673。

[47] 許慎引「堋、封、窆」三字,以說「朋」、「堋」之通假,段玉裁《注》同。(《說文解字注》卷13下,頁37)鄭玄注《周禮‧遂人》之「窆」亦引此三字,以「皆葬下棺也,聲相似」爲說。(《周禮注疏》卷15,頁18引「鄭司農曰」。)

餘，「朋」之異文，當有此「風」字在内。安帝時猶及見之，因用其
字為「風淫」也。司馬遷嘗從安國問故，遷書述〈夏本紀〉作「朋淫
于家」，由此《書》家皆用「朋」字，許所見〈虞書〉亦是「朋」，
其實正字作「風」，「風」之言「放」。……今借作「朋」，若直解
為「朋群」之「朋」，丹朱雖不肖，固非有「堋淫」之事，亦不致引
朋群而淫門内，但自放淫于家耳。故知「朋」是「風」之假借也。[48]

王氏以《尚書》今古文異字之流衍為說，合於先秦文獻及古字流衍之結果，
證諸一九六二年出土之熹平石經作「風淫於家」，亦可信其說無誤也。以此
可知：《尚書・益稷》之「風淫」，《史記・夏本紀》及偽古文改作「朋
淫」，《說文》則作「堋淫」，而安帝〈詔書〉及熹平石經皆取原文作「風
淫」。「風、朋、堋」三者之字形由通假而誤用，以致積非成是，用誤解之
借義，視為經文本義，其流衍經過，與誤解〈洪範〉之「淫風」為「淫朋」
一事相近，惟僅「風淫」之風為動詞，「淫風」之風為名詞而已。

　　查《國語・周語下》亦有與「淫風」相似之載錄，云：伯禹「疏川導
滯，鍾水豐物」，是以「民無淫心，物無害生」。韋昭注曰：「陰陽調，財
用足，故無淫濫之心也。」[49] 所言「民無淫心」，蓋與〈洪範〉「庶民無
淫朋（風）」及《孟子》「無恆產無恆心」之意相類，皆言生活適泰，始能
令庶民不生「淫心」。

　　實則「淫風」一詞早見於偽《孔傳》造生以前，西漢文獻亦輒見「淫
風」一詞，如《淮南子・泰族篇》有「防淫辟之風」一說，可為「淫風」之
注解；劉向《五行傳》解蜚蟲之災，曰：「南越盛暑，男女同川澤，淫風所
生，為蟲惡臭。」[50] 荀悅《申鑒》亦謂：君子正俗，則「俗無姦怪，民無
淫風，百姓上下觀利害之存乎己也。」[51] 皆以「淫風」為庶民之弊習也。

48　清王紹蘭：《說文段注訂補》，《說文詁林》卷13下，頁6160引。
49　卷3，頁104、106。
50　仝註28，卷27中之下，頁1432。
51　宋范曄《後漢書・荀悅傳》，卷62，頁2060。

而《詩序》更多言「淫風」一詞:

(1)〈召南・野有死麕・序〉:「天下大亂,彊暴相陵,遂成淫風,被文王之化,雖當亂世,猶惡無禮也。」

(2)〈鄭風・溱洧・序〉:「兵革不息,男女相棄,淫風大行,莫之能救焉。」

(3)〈衛風・氓・序〉:「宣公之時,禮義消亡,淫風大行,男女無別,遂相奔誘。」

(4)〈邶風・凱風・序〉:「衛之淫風流行,雖有七子之母,猶不能安其室。」

蓋以社會亂象陋習、男女相奔誘、婦人不安於室,稱為「淫風」。與〈洪範〉所言雖不盡相同,卻可知此一名詞,於漢代經師中的然存在。

再查偽古文＜伊訓＞「三風十愆」中,亦有訓解「淫風」之詞義者,曰:

敢有殉于貨色,恆于遊畋,時謂「淫風」。[52]

偽古文〈伊訓〉為梅頤編造先秦典籍所引〈伊訓〉殘文而成者,後世多能尋見根源。然於「淫風」一句,古今學者概未言其出處,而段玉裁解「朋淫」亦取此句為意,曰:

「朋淫」即群居終日,言不及義,酣歌于宮,絢于貨色也。[53]

段氏以＜伊訓＞「絢于貨色謂之淫風」解釋「朋淫」之義,雖不能證明「淫風」、「朋淫」相同,惟可藉此點明學者之共識:兩漢以來之經師,嘗以「放逸、凶暴、淫奔、貨色、遊畋」等關涉男女之事、個人之德者,解釋「淫風」、「朋淫」之義,而偽《孔傳》以「庶民朋黨」訓解「淫朋」以

---

[52] 《尚書正義》卷13,頁345。

[53] 清段玉裁:《說文解字注》(漢京文化出版公司)卷13下,頁37。

前，「淫風」一詞已確然存在。其訓義與「個人私德」有關，原無「朋友」、「聚集」之義。至於「朋」字爲「風」字之譌，稽以文字之流衍，則脈絡更見清晰，述之如下。

2、「鳳」「風」、「朋」「風」古字通假説

先秦無「風」之專屬字，殷商時假借同音之「鳳」（甲文作「鳳」，象戴冠、華羽、長尾形）爲「風」，[54] 是以「殷商甲骨文中的鳳字，都不作鳳講，叚借爲風」，[55] 如「又大鳳」、「大疾鳳」、「今日山大鳳」，意即「有大風」、「大疾風」、「今日無大風」。羅振玉亦言此意曰：

> 考卜辭中，諸「鳳」字誼均為「風」，古金文不見「風」字，《周禮》之「飌」乃卜辭中「鳳」字之傳譌，……據此知古者假「鳳」為「風」矣。[56]

既以「鳳」（鳳）假爲「風」，「鳳」之字當亦有「風」意。考甲文卜辭有曰「無雨，其寧鳳」，「鳳」字 戉 鳳，證諸韻書，與「風」義有關之「颰、颭」二字，[57] 實即「鳳」字之隸定及 字。然則二字何以有「戉」、 「戊」之異？謝信一考之曰：

> 颭與颰既然同表達「小風」的意念，由同一個甲骨文字形演變而來，為何讀音不同，宛然是兩個個別的字呢？我們的解釋是：把鳳所從的聲符認作戊，便讀作颭，認作戊，便讀作颰。……由此可知契文鳳，即是小篆颭、颰……的初文。至於鳳字的字音，則讀同颭、颰，……皆無不可。[58]

---

[54] 詳見李孝定：《甲骨文集釋》（中研院史語所出版）第4，頁1361-1368所述。

[55] 金師祥恆 〈釋鳳〉，《金祥恆 先生全集》（藝文印書館）頁890。

[56] 清羅振玉：《殷墟書契考釋中》，頁32。

[57] 按：《集韻》有「颰，風也，一曰小風謂之颭」、「颭，風也」二字，亦見於《廣韻》：「颭，風也」、「颰，小風貌」，可見二字訓義均與「風」有關。

[58] 謝信一：〈甲骨文中之鳳、颭、颰說〉，《中國文字》第17期，頁1。

謝氏以爲：🐦、🐦皆有「小風」之義，雖有偏旁「戉、戌」之別，而概由甲文「🐦」衍化而來無疑。作「🐦」者，乃「🐦」之　變。由此而言，則從甲文以迄唐、宋，　「🐦」（鳳）而來之字，仍與「風」字有密切關聯。然則「風」、「鳳」讀音如何假借？考段玉裁《說文解字注》，「鳳」字爲「馮貢切」，「風」字爲「孚音切」，古韻皆在七部，而「孚」（「敷」母）、「馮」（「奉」母）古聲皆讀重唇音，是二字古音相近而混用。高本漢《中國中古上古音摘要》擬定此二字之上古音值爲：

鳳：$*b'i\underset{\smile}{u}m$

風：$*pi\underset{\smile}{u}m$

顯見二字除唇音部位稍異，古音極爲相似。惟讀音或隨時代轉移而有異讀，故謝信一又以甲骨文字分期說字形之衍變，曰：

> 鳳之借爲風，無涉於義，純爲音借，亦即所謂許氏〈說文解字序〉「本無其字」之假借。……當鳳的聲音，甚近於風時，鳳的圖象被借用來標示風的聲音，因風無所取象；但由於語音演變的結果，大約在殷墟卜辭第二期以後，鳳字的音與風字的音有了更大的差異，而這時凡字的音恰巧較鳳更接近於風，比鳳字更能代替風的聲音，因而爲了明白起見，第二期以後的卜辭，便在原來就代表風的鳳字旁邊加上一個偏旁凡，作爲聲符，所以無形中，🐦中的🐦失去了標音的功效，而轉變成一個意符。[59]

謝氏除強調「鳳」借爲「風」純爲音聲上之通假外，更考論因爲時間流轉，語音變遷，故「鳳」之甲骨文字形「🐦」，於卜辭第二期中加上「凡」聲，以標明與「風」讀音之相近，於是象形之「風」（🐦）字，遂變爲形聲之「🐦」，此乃小篆「从 鳥凡聲」之「鳳」字由來。

---

[59] 仝註58，頁1、4。

　　周代金文中罕見「鳳」（🐦、🐦）字，偶或有之，亦減省筆畫作「🐦」形，「🐦」與作爲「朋友」字之「🐦」，音、形皆相近，故「🐦」或　爲「🐦」，而「🐦」形又易與作爲貨幣單位之「拜」（賏、朋）相混淆，[60]故金文中或以「🐦」、「拜」借爲「風」字。至秦、漢小篆、隸書代興，乃將甲文、金文取象形圖繪之「🐦、🐦、🐦」，定爲「从鳥凡聲」之「鳳」，作爲「鳳鳥」之專字；而借爲「風」字之「🐦、拜」二形，各依文獻之文意，隸定爲「風」字、爲「朋」字、甚或誤爲「🐦」（鳳），如許慎《說文解字》未收「朋」字，而誤將「🐦」形擬定爲「朋」，曰：

> 🐦，古文鳳，象形。鳳鳥群飛，從以萬數，故以為「朋黨」字。

以爲「🐦」字本爲古文「鳳」，因群群鳥朝鳳，故造字者借爲「朋黨」之義。實則先秦自有「朋」之專字作「拜」，何須假「🐦」爲之？且「朋黨」一詞始見於戰國末期，早於戰國前之「古文」，何得涵蘊其義？「🐦」實爲「🐦」字省形，先秦借爲「風」者。是以清徐灝《說文解字注箋》即云：

> 古文「鳳」下云：「鳳飛，鳥群從以萬數，故以為朋黨字。」說近迂曲。「朋黨」之名起於漢世，固非造字時所有。且經傳「朋」字甚多，與「鳳」字了不相涉，亦絕無通用者。蓋「朋」字隸書作「朋」，與古文「🐦」形近，世儒誤「朋」即「🐦」之變體，遂牽合傳會而為是說，實非其義也。……許君未之深考，誤承舊說，以古文「鳳」為「朋」，而凡偏旁從「朋」之字，皆書作「🐦」，相沿既久，遂不可復正矣。[61]

　　其言以爲「朋黨」字起於漢世，非造字時已有之觀念。殆因「🐦」、「朋」形近，世儒乃誤會牽合，以爲「朋黨」字。而許氏不察，凡《說文》

60　此意取自金師〈釋鳳〉所言：金文中鳳字，「僅繪其身，省其華冠，而茲乳爲『朋（🐦）』者，與金文 从 人 从 朋之『🐦』及甲文朋貝之『朋』作『拜』相混」。引書全55，頁897。

61　《說文詁林》卷4上，頁1587引。

從「朋」爲偏旁之字，悉作「⿰⿱⿱」，以致積非成是，遂使後世誤「⿰」乃「朋」之古字。[62]

孫詒讓更列舉金文以證「拜」、「角」、「⿰」之不同，曰：

> 金文「朋友」字，如多父盤作「⿰」……，其「貝朋」字則遽白還彝作「　」……，二形絕異。竊疑古自有「角」、「拜」兩字，與「鳳」字並不同。「貝朋」字象連貝形，……「朋」之爲「拜」，即彼省，與王象三玉相連形同例。「朋友」字上從「勹」「勹」，疑即「角」形之變；下從「拜」，即「拜」之省。（原注：蓋从角拜聲，「朋黨」字亦此字叚借。）「⿰」字與古文「鳳」形　相類，故古書多譌掍，……許君不案，既昧鳳鳥之形，復失拜角之字，小學專家有斯巨謬，良足異已。[63]

蓋言「鳳」字古文作「⿰」，字形與金文雙貝相連作貨幣稱謂之「拜」（賵），及朋友稱謂之「角」（朋）相似，許慎擬定小篆時，不審「拜」、「角」、「⿰」爲三字，乃誤以「⿰」爲「角」（朋）字，訓爲「朋黨」，是以《說文》中不見「朋、賵」二字小篆。實則「角」亦爲「拜」之譌變，與「⿰」字毫無牽涉，許慎既誤「⿰」爲「朋」，後世乃視「⿰」爲「朋」之本字，而「⿰」爲古文「鳳」，殷、周本意實爲「風」者，遂無人知矣。

由上所述，可知甲文之「風」假「鳳」（⿱）爲之，屬通假字，金文省作「⿰」形，與「角」形近而混用，又因「角」與二貝相連形、作爲貨幣單位之「拜」（賵）相似，或又譌爲「拜」。許慎《說文》視「⿰」爲古文「鳳」，誤定爲「朋」字，遂使後世沿襲，皆說「⿰」（風）爲「朋」，而不知「⿰」實乃「風」字。推諸〈洪範〉「淫朋」其初必作「無有淫⿰」，意爲「淫風」，其後　爲「無有淫角（拜）」，於漢代解讀之際，因誤讀爲「淫朋」，遂衍生日後之「朋黨」詁訓，大悖〈洪範〉成篇時之史實。

---

62 李孝定亦言此意，見《甲骨文字集釋》卷第4，頁1367、1376。
63 孫詒讓撰：《名原》上，頁11-12。

是以「無有淫風」之字詞流衍，略如下述：

淫風(1)字形原作「淫𡘋、淫𤑆、淫𩙿」，訓義原作「淫僻之風習」

(2)字形 爲「淫𩙿→淫𦫳→淫朋」→訓義 爲「淫過朋黨」

結　語

由上述考證，可知＜洪範＞「凡厥庶民無有淫風」句之「皇」、「人」、「民」乃分別指稱三種階層之人，其中，「比德」、「淫風」，分說「人」與「庶民」等二類人之行事所當鑒戒者。「德」、「風」皆言所行，「比」、「淫」是惡行，故以「無」禁之。

再則，＜洪範＞撰成之時代（墨子卒年前後），經籍文獻中絕無「朋黨」之用辭，而禁止「庶民淫風」之觀念，則爲當時社會生活之常事。

再以字形之訛變而言，「無有淫風」之原文，成稿之初當作「無有淫 」或「無有淫 」，此蓋因東周尚無「風」字，遂借「鳳」字之古形通假爲用，惟字形又與「 」（朋友）音形相近，故二字輒相通假，而「 」又與「 」（朋貝）字古音相同，三字乃多混用。至漢初隸定經文，凡作「 、 、 」三形者，多據上下文意隸定其本誼，而「淫 （風）」或循秦、漢朋黨觀念誤讀爲「淫朋」，致生異訓。

今考《淮南子》、劉向《五行傳》、《詩》小序及僞古文中，皆留有「淫風」一詞，其義純爲指稱個人之私德而已。惟經師家法各異，字形訛舛，魏、晉異說迭出，因附會秦、漢以來之體認，解「淫朋」爲「過惡朋黨」，絕然悖於先秦「朋黨」限於官吏之觀念。是持今人之有，說古人所無，惟其說解深切後世政治之弊端，學者因未衡諸先秦史實，就經文原義深作考量，即率爾受授此一誤說，以爲庶民亦有「朋黨」。

以經典「經世致用」之意義而言，此類郢書燕說之衍義，亦自有其教化厲俗之功用價值；然而以經文原義而言，此句絕未言及「朋黨」，僅作爲一般之訓誡砥礪，當釋曰：

所有的平民都沒有淫僻的風習，　----------（凡厥庶民無有淫風）

官員們都沒有阿私偏袒的德行，　----------（人無有比德）

因為君王建立了準則（讓他們有所依循）。--（惟皇作極）

第一屆國際訓詁學研討會論文
1997.04.19-20

《詩經》動詞前附語--"言（薄言）、爰、聿、遹、曰、于"析論

王松木
中正大學中文所博士班

一、問題與方法

　　中國傳統的學術思想體系中，"小學"本是經學的附庸，以詮解經義為終極目的，學科本身缺乏獨立研究的價值。[清]戴震（1723-1777）嘗云：「經之至者，道也；所以明道者，詞也；所以成詞者，未也外小學文字者也。由文字以通乎語言，由語言以通乎古聖賢之心志，譬之適壇堂之必循其階，而不可躐等也」。（《戴震文集・古經史鉤沉序》）即如戴氏所言，經典中所含藏的至道才是傳統學術思想的核心；相較之下，語言文字之學則只不過是通達經義所憑藉的津梁與階梯。在此種封閉的語文觀念制約下，歷代經師只求能夠通讀經書，故注疏典籍便多採"隨文釋義"的方式，且明顯地側重實詞的考釋，至於詞彙意義趨於失落的虛詞，則或將之誤訓為實詞，或以"某，辭也"的含糊方式一筆帶過，鮮能深入剖析虛詞的分布環境與語法功用，更遑論探察其歷時演化的規律。因此，如何能掙脫傳統語文研究的局限？如何恰切地詮解虛詞的詞彙意義與語法功能？如何考察詞語漸次虛化的動態過程？如何尋繹虛詞歷時演化的規律？乃是今後古漢語研究首當面對的重要課題。

（一）幾個有待探討的問題

　　在先秦的經籍文獻中，《詩經》的虛詞系統尤為繁雜，全書總計約有五十多種虛詞。前人對《詩經》虛詞的注解原本就語焉不詳，後世箋疏更是說解不一，致使紛繁的虛詞儼然成為今人解讀《詩經》的一大障礙。然而，其

中特別值得留意的是：《詩經》中某些虛詞經常與特定的詞類並列共現，因其出現的次數多、頻率高、且黏附性強，從而形成疑似〔虛化成分＋實詞〕方式所組合成的雙音單純詞。此種特殊的組合類型深受學者矚目，並且對此展開熱烈的討論。

周法高（1972）曾考察這些"虛化成分"在實詞之前分布的情形，且將其歸納成以下三種類型：

1.名詞前附語--"有"、"阿"。

2.狀詞前附語--"有"、"其"、"斯"、"思"。

3.動詞前附語--"爰"、"曰（越）"、"言"、"聿"、"遹"、"于"、"薄/薄言"。

此種疑似綴加在實詞之前的"虛化成分"，究竟傳達何種語法功能？兩個語素之間又存在著何種語法關係？近代學者對此意見頗為分歧，大抵上可將其歸納為以下兩類：

1. 以實詞前之"虛化成分"為構詞前綴

以王力（1981、1990）、周法高（1972）為代表。此派學者認為實詞前面所附加的成分，其詞彙意義已趨向虛化，從而與後接的實詞結合成一個表達完整概念的語言單位，故主張實詞之前的附著成分具有派生新詞的語法功能，可將其歸為構詞"前綴"（prefixes）。然而，此種見解卻有以下幾項疑點，有待進一步釐清：

（1）"虛化成分"與後接實詞並未緊密結合

白兆麟（1991：139）認為王力、周法高所主張之"前綴說"並不可信，指出：「所謂"詞綴"應當緊緊依附於詞根（stem），是構成某類詞的必要語素，就是說表示某種語法意義時必須用它，不能時用而時不用。……"有"字用作名詞的詞頭或前附語，是上述一類著作談論得最多的。然而，古籍中也有更大量的、與上述著作引例相反的材料，即在同一專有名詞之前

不用"有"字的」。顯然《詩經》中所呈現〔虛化成分＋實詞〕[1] 的組合模式，實詞與前接的虛化成分並非完全緊密結合，有許多反例證明，實詞不必附加前綴即可表達整體詞義。由於某些虛化成分在不同的語境之中可有可無，其是否等同於"前綴"呢？仍值得懷疑。

（2）[虛化成分+動詞、形容詞]的構詞類型後世罕見

　　語言是人類交際、思維的主要工具，是故語言系統的推移應當是漸進發展而非絕然分裂，否則便無法達到「前人所以垂後，後人所以識古」（許慎《說文解字·序》）的傳承作用。縱觀漢語構詞法的歷時發展，自《詩經》以下，名詞可添加前綴"阿"、"老"…等詞綴以派生新詞，但卻罕見形容詞、動詞以添加前綴的方式來孳生新詞。[2] 若採王力、周法高的主張，則無法迴避以下的問題：爲何此種派生類型會突然失落不見呢？導致此種構詞類型消失的原因呢？

（3）無法明確地闡述各個前綴所具有的語法功能

　　考察古代漢語雙音節詞的結構方式，可知：藉由附加前綴所派生的詞語，比例並不高；且附加的前綴類型亦相當有限，以名詞前綴"有"、"阿"最多。若是《詩經》所反映的語言系統有如此多樣的前綴共存並置，各前綴分別擔負著何種語法功能呢？則是必須再加以深入解說的。

2. 以實詞前之"虛化成分"爲補音助詞

---

[1]　查考《詩經》的詁傳資料，可知若干黏附於實詞之前的詞語，詞彙意義已趨於虛化，但其語法功能爲何則有待深入探察，諸如："有"、"阿"、"于"、"言"……等。在這些詞語性質尙未確定之前，暫時統稱爲"虛化成分"。

[2]　就文獻語料而言，太田辰夫（1987：175）曾指出：置於動詞之前的"打"字，至唐五代時語義逐漸虛化，進而轉化成動詞前的"接頭詞（前綴）"，此種接頭詞"打"在宋代特別發達，諸如"打聽"（聽）、"打算"（計算）、打扮（裝扮）…。筆者認爲"打"字前綴乃"語法化"所造成的，是種後起語法的現象；且附加前綴"打"僅止於標誌動詞詞性，與《詩經》中的動詞前附語並無直接的關係。此外，根據漢語方言調查的結果（參見黃伯榮,1996），晉語方言中，雖仍存有動詞前綴""、"不"、"忽"…等；形容前綴"日"…等，但卻無法看出與《詩經》語言之間的相承關係。

以朱廣祁（1985）、白兆麟（1991）、楊合鳴（1993）爲代表。此派學者多著眼於《詩經》的文體風格與"虛化成分"的語用（pragmatics）功能，認爲《詩經》本質上是合樂可歌的樂曲，爲求調音協律，舒緩語氣，因而常在句中贅加無義的音節，故將實詞前的附加成分歸屬於"補音助詞"。[3]

詩歌爲達到句式整齊、音調和美的目的而贅加無義的音節，去除掉這些無義的補音詞後，並不妨害整體語義的理解。然而，《詩經》中某些"虛化成分"似乎仍具有某些詞彙意義與語法功能，若未經仔細辨析而將其一概視爲補音助詞，漠視其在句中所擔負的意義與功能，則無法恰切地通讀詩義。因此，若將"虛化成分"統歸爲補音助詞則仍不免要受人質疑！

筆者認爲：儘管上述兩派的意見有所不同，但皆是從個別的詞義著眼，因未能全面地觀照整體句法環境，故無法確切判定各個"虛化成分"的性質與功能。因此，若一味地循著前人的進路，顯然無法對上述的問題求得合理的解釋，故在本文中筆者擬從不同的角度觀察，並參酌現代語言學的理論，冀能求得較爲完滿的詮釋。

（二）研究方法概說

"虛化成分"是由實詞所演變而來的，傳統語文學家對於詞義虛化的現象早已有所體認，[元]周伯琦（1298-1369）《六書正 》曾明確地指出：「大抵古人制字，多自事物上起。今之虛字，皆古之實字」。然而，古人對於詞義虛化的感性認知，卻始終未能演繹成一套有系統的理論。

"語法化"（grammaticalization）[4] 主要目的在於探索詞義演變的動態過程。這術語最早是由[法]梅耶（Antoine Meillet, 1866-1936）於1912年所提

---

[3] 白兆麟（1991：139）論述"補音助詞"的性質與功用，認爲：「上古漢語裏的"有、其、言、于、斯、思"等字，並非緊緊地依附於詞根，而是若即若離地運用於實詞前後，其使用也並非整齊劃一，而是靈活多樣的。不僅不能跟西方語言的詞綴相比，也不能跟現代漢語的一些詞頭、詞尾相比。其獨立性很強，應當看成助詞。其作用是增足音節，調諧節奏，舒緩語氣。…將上述一類詞劃入"補音助詞"。」

[4] 關於"語法化"（grammaticalization）的中英文名稱，在不同論著中稍有差異。孫朝奮（1994）稱爲"虛化"，偏重於詞義虛化的過程；沈家煊（1994）稱爲"語法化"則是

出的，通常是指原本意義實在的詞語，遵循著由實到虛的"單向原則"
（unidirectionality），漸次地減弱原有的詞彙意義，終而成爲缺乏詞彙意義
僅能傳達語法功能的成分。"語法化"原本屬於歷史語言學的研究範疇，但
自70年代以來，學者已將研究重心從歷時轉向共時，試圖藉由"語法化"的
現象來解釋共時平面所呈現的差異。

　　正因共時與歷時常是相互依存、不可分割的，故詞義由實在趨向虛化的
動態歷程，常會具體地映射在平面的句法結構上，造成語句結構的模稜性，
進而導致語法結構的"重新分析"（reanalysis）。[5] 周法高（1972：202）
對此有深入體察：「附加語（affixes）和所謂"助詞"（partictes）都是
"附著語形"（bound forms），有時二者不容易作明顯的區分。」而上文
所引述兩種分歧的意見，當是學者對於《詩經》語法結構的模稜性有不同的
認知所造成的。

　　詞義虛化的動態歷程通常無法實際感知，此種歷時過程一旦投映在共時
平面的句法結構上，則具體顯現出語法化程度的高低，故藉由判定語法化程
度高低則可重新構擬出詞義虛化的規律。然而，應如何判斷語法化的程度？
沈家　（1994：21）歸納出幾條客觀的評判標準，可供作本文論證時參考，
茲將其摘錄於下：

　　1.與人有關的低於與人無關的。

　　2.表空間的語法成分是語法成分中虛化程度最低的。

　　3.三維（空間）低於一維，一維低於零維（原因、方式…等）。

　　4.特殊低於一般，如"工具"（特殊）低於"方式"（一般）。

　　5.與名詞有關的低於與小句有關的，如介詞低於連詞。

偏重於語法範疇和語法成分的產生和形成。可見"語法化"所含括的範疇似乎要比
　"虛化"廣，故本文採用此種名稱。

[5]　孫朝奮（1994：23）引述Langacker的說法：「"重新分析"的定義是：沒有改變表層
　表達形式的結構變化。一個可分析爲（A，B），C的結構，經過重新分析後，變成了
　A，（B，C）。」

本文以《詩經》中的"動詞前附語"[6]--"言"、"薄言"、"薄"、"爰"、"曰（越）"、"于"、"聿"、"遹"作爲考察對象,在"語法化"的理論基礎上,首先觀察詞語"語義環境"、"語法環境"[7]的分布模式;其次,參考上列的判定標準,客觀地比較各個義項（lexical item）語法化程度的高低;最後,構擬出詞義虛化的歷時軌跡,冀能對《詩經》動詞前"虛化成分"的性質與功用提出合理的解釋。

二、"言"、"薄"、"薄言"的語法功能

[東漢]許慎（58-148）《說文解字》:「直言曰言,論難曰語」。可知:"言"字的本義乃是"主動說話",轉化爲名詞則是指"所說的話"。

據吳世昌（1933）的統計:《詩經》中"言"字共計出現177次,用作本義而爲動詞者有22次;用作本義而爲名詞者有62次;用作專有名詞及兩字重疊爲狀語者,各有1次,以上各類用例計86次,約佔"言"字全部用例的48%。然而,"言"其餘52%的用例皆置於動詞之前,其語義似乎與本義--"主動說話"無甚相關。或可假定:《詩經》動詞前附加的"言"可能是上古"依聲託字"的借音詞。

傳統訓詁學家對於《詩經》動詞前"言"字的訓解,意見頗爲分歧,大致可分爲兩派:

1.主張"言"字當解作"我":

《爾雅》、《毛傳》、《鄭箋》均作"言,我也。"

---

[6] 本文旨在探討動詞前虛化成分的詞彙意義和語法功能,此類虛化成分與動詞關係密切,且分布於動詞之前,故暫依周法高（1972）的說法,將其稱爲"動詞前附語"。

[7] 王寧（1994:224）指出:「在言語作品的語句中,不論以哪一個詞作爲測量中心,都可以在句中找到這兩個詞的兩種環境—1、語義環境:由和它發生關係的詞的意義範疇來定;2、語法環境:由它在句子結構中所處的地位來確定。從推理上說,這兩種環境應當同時制約著這個被測查詞語的義位與詞類。如果能夠把這兩種環境模式化,便可以利用兩個緯度的因素,同時確立義位和詞類這兩種屬性。」

2.將"言"字訓為"語助"：

> [清]王引之（1766-1834）《經傳釋詞》：「毛、鄭釋詩，悉用
> 《爾雅》"言，我也"之訓；或解為言語之言。揆之文義，多所未
> 安，則施之不得其當也」。[清]馬瑞辰（1782-1853）《毛傳傳箋通
> 釋》（卷二）則認為："言"字即是《爾雅》中所謂"言，間
> 也。"，故云：「間謂間廁言詞之中，猶今人云語助也。……凡詞之
> 在句中者為間，詞之在句首在句末者亦為間。」

近人援用歷史比較法，藉由親屬語言的對比來重構上古漢語虛詞的原始
形式，從而獲致許多突破性的新見解。俞敏（1982）、陳士林（1989）均主
張"言"乃是上古漢語中的"合音字"，俞氏根據後漢時翻譯佛經的梵漢對
音語料，認為"言"nyan是"我＋焉"nal＋yan所壓縮成的；陳氏則將
"言"、"薄"、"薄言"與涼山彝語動詞的使動範疇相對比，認為"言"
是"我＋命"的簡縮形式。

諸家訓解大多只就個別詞義著眼，易陷於望文生義而流於主觀臆測。由
於詞義與語法環境有密切關聯，故在本文中先全面觀察"言"在《詩經》中
分布的規律，再依據語法環境所展現的客觀規律，將"言"字區分為四個義
項：

（一）."言₁"置於兩個動詞之間。

（1）駕言出遊，以寫我憂。《邶風・泉水》

（2）彤弓弨兮，受言藏之。《小雅・彤弓》

（3）君子有酒，酌言嘗之。《小雅・瓠葉》

（4）念彼共人，興言出宿。《小雅・小明》

（5）弋言加之，與子宜之。

（6）宜言飲酒，與子偕老。《鄭風・女曰雞鳴》

（7）鼓咽咽，醉言舞。《魯頌・有駜》

　　戴浩一（1988）考察漢語語法結構的象似性（iconicity），提出“時間順序原則”（The principle of temporal sequence），認爲：漢語兩個句法單位的相對語序決定於它們所表示的觀念裏的狀態或事件的時間順序。若是根據戴氏所提出的原則，《詩經》在一個大的節奏單位（通常是四言）中，常以動詞連用的方式來表示事件或狀態的先後次序，甚至有三個動詞共現的現象，如例（1）、（4）所示。“言₁”置於兩個“動詞—謂語”之間，在句中起著承接、遞進的作用，其語義相當於連詞“而”。

（二）. “言₂”置於形容詞（靜態動詞）與動詞之間。

　　（8）睠言顧之，潸焉出涕。《小雅·大東》

　　（9）靜言思之，寤辟有摽。《邶風·柏舟》

　　（10）星言夙駕，說于桑田。《鄘風·定之方中》

　　（11）永言配命，自求多福。《大雅·文王》

　　（12）永言孝思，服哉嗣服。《大雅·下武》

　　（13）以介眉壽，永言保之。《周頌·載見》

　　（14）采采芣苢，薄言采之。《周南·芣苢》

　　（15）被之祁祁，薄言還歸。《召南·采蘩》

　　（16）薄言往愬，逢彼之怒。《邶風·柏舟》

　　“言₂”與“言₁”處在相同的句法位置上，但前後所銜接的語法成分略有差異。“言₂”銜接的兩個謂語成分，其詞性或爲形容詞或爲靜態動詞，因所連接詞語的動作性較弱，已難以確切表達事件或狀態的先後次序，雖仍具有順承、遞進的語法功能，但詞彙意義已較“言₁”虛化。

　　詞義虛化過程常會投映在共時的句法結構上，從而產生“重新分析”的現象。“薄言₂”（19次）、“永言₂”出現的次數較爲頻繁，語素間的黏附性相對較強；且漢語詩歌多是以兩個音節爲一個基本的節律單位--音步（foot），故若從韻律節奏的角度分析，“言₂”傾向與前一個音節聯結，導致“薄”“言”逐漸凝固成獨立的語言單位，因而形成句法結構的“重新分

析"。以例（16）而言，可將"重新分析"過程表述爲：薄] 言 [往愬 → 薄言][往愬。

句法結構的"重新分析"的結果，造成"言2"與副詞詞尾"然"、"焉"語法功用相互重疊。至於形成此種結構調整的時代上限爲何？則尚待深入探究，但可知最遲至魏晉南北朝時已告完成。[梁]庾肩吾（478-553）《奉使北徐州參承御》詩：「<u>依然</u>對白水，<u>眷言</u>懷赤松。」將"依然"與"眷言"對舉，顯現此時"言2"應當已與"然"相對等。至於《詩經》"言2"是否已和前面的形容詞謂語凝固成雙音節詞了呢？換言之，"言2"可否代換成副詞詞尾"然"？以下擇取用例最多的"薄言"爲例，進行細部的考察。

"薄言"當作何解？意見亦是相當分歧，略舉數例如下：

1.《毛傳》：「薄，辭也。言，我也。」

2.《鄭箋》：「薄言，我薄也。」

3.王引之《經傳釋詞》：「薄言，皆語詞。」

4.胡適（1953）：「言字又作乃字解，凡薄言之薄，皆作甫字解。《鄭箋》，甫也，始也。」

5.田樹生（1981）：「"薄"字集中出現在西周時期的周人詩中，以及爾後周人聚居的地方，。"薄"字很可能是周人的方言詞。《漢書‧地理志》記載西周人的活動區域－秦地……"薄"就是秦地方言。揚雄《方言》："薄、釗，勉也。秦晉曰釗，或曰薄"。故其鄙語曰：'薄努'，猶'勉努'也。郭璞注云："如今人言努力也。""努力"就是"薄言"之"薄"的基本意義。"言"是它的詞尾。"薄言"在句中作狀語。」

6.萬仕國（1985）：「"言"字處於次字位，前面有一個形容詞或可表狀態的動詞，後面往往是個動詞短語，我們稱之為"A言VP"式結構，我們認為這種"言"字用如"然"，作貌狀助詞，"A言"在句中作狀語，修飾動詞短語VP。」

7.陳士林（1989）：「"薄"代表動詞"迫"的虛化，其義為"命令、致使"，"薄言"則是為了弦歌吟詠的需要而將同義詞"薄"、"言"組合成並列複合詞。」

早期訓詁學家多主觀地認定"薄"為語助詞，然則"薄"是否真為虛詞？若觀察"言₁"、"言₂"在語句中的分布規律，可知前置於"言₁"、"言₂"的語言成分如："駕""受""靜""睠""永"…等，皆為實詞，依語言成分的分布規律可類推出--"薄"字當為實詞。至於"薄"字的詞義為何？考量上下文的語義，筆者贊同田、陳二氏的意見，即"薄"字乃是"迫"的引申、虛化，有"急迫、奮勉"之義。

《詩經》中"薄言"共現的次數不少，似已凝固成雙音節詞。因此，學者或緣文生義，或援引後起例證，主張"言"的語法功能當與狀貌詞尾"然"相同。然而，語素經常並存共現，僅是凝固成詞的必要條件，並非充份條件；況且"薄"字雖然經常與"言"字合用，但亦不乏獨用之例：

（17）<u>薄</u>汙我私，<u>薄</u>澣我衣。《周南·葛覃》

（18）<u>薄</u>伐玁狁，以奏膚公。《小雅·六月》

（19）不遠伊邇，<u>薄</u>送我畿。《邶風·古風》

（20）思樂泮水，<u>薄</u>采其茆。《魯頌·泮水》

《詩經》中"薄"字是能單獨表義的詞，並非必與"言"字組合的黏著語素（bound morpheme）。筆者認為：《詩經》中與"薄"字相聯結的"言₂"並非副詞詞尾而是"言₁"的進一層虛化，因其在語句中銜接兩個謂語，故仍含有順承的語法功能。是故"言₂"因經過句法結構的"重新分析"，逐漸與前面原本表示狀貌的謂語緊密聯結，終而轉化成狀貌詞尾，此種轉化歷程直至後世方才完成，"薄"、"言"兩語素在先秦時期應當尚未完全融合。

（三）．"言₃"置於分句之間。

（21）翹翹錯薪，<u>言</u>刈其楚。《周南・漢廣》

（22）陟彼南山，<u>言</u>采其蕨。《召南・艸蟲》

（23）我行其野，<u>言</u>采其蓫。《小雅・我行其野》

（24）之子于歸，<u>言</u>秣其馬。《周南・漢廣》

（25）焉得諼草？<u>言</u>樹之背。《衛風・伯兮》

在以上諸例中，從韻律節奏角度著眼，"言₃"連接兩個大的節奏單位[8]，置於後一節奏單位之首。若就語法環境而言，"言₃"所銜接的語言單位不再是兩個謂語，通常是兩個分句。

查考兩分句間的語義聯繫，"言₃"後接的分句類型常是"言"＋動詞＋〔代詞－定語〕＋賓語"，其中代詞作爲定語，複指前一分句的主語或賓語，用以限定後一分句的賓語。兩個分句共組成一個複句，表達完足的語義，故"言₃"在此語義環境中仍存有些許順承語句的語法功能，但因"言₃"句法位置改變，遠離句子結構的核心成分（動詞），語法化的程度明顯地較"言₁"、"言₂"爲高。

（四）."言₄"置於複句之首。

（26）<u>言</u>告師氏，言告言歸。《周南・葛覃》

（27）此邦之人，不可與明。

　　<u>言</u>旋言歸，復我邦族。《小雅・黃鳥》

（28）二之日其同，載纘武功。

　　<u>言</u>私其豵，獻豣于公。《豳風・七月》

（29）文茵暢轂，駕我騏馵。

　　<u>言</u>念君子，溫其如玉。《秦風・小戎》

---

[8]今本《詩經》斷句是以合於詩歌的韻律節奏單位爲主要考量，而與完整表義的語句結構不甚相合。向熹（1987：263）：「《詩經》裏的詩是入樂的。詩句主要根據音節來劃分，要求音韻和諧，音節勻稱，結構大體整齊，字數大體一致，但不一定表達一個完整的意思。」

（30）夙興夜寐，靡有朝矣。

　　言既遂已，至于暴矣。《衛風‧氓》

　　"言₄"置於複句之首，不僅詞彙意義已經失落，幾乎也已失去語法功能。筆者認爲："言₄"主要的語用功能只在於補足音節、諧調韻律，宜將其歸入"補音助詞"。

　　《毛傳》、《鄭箋》都將"言₃"、"言₄"訓解爲實詞--"我"，朱熹（1130-1200）《詩集傳》方才將其歸入虛詞。直至現代，學者對於"言₃"、"言₄"的確解爲何？仍是懸而未決。這問題何以如此棘手？周法高（1972：242）指出了癥結所在：

　　　（"言"字）特別是在句首，是不是如王力所説，類似動詞的詞頭，還是如胡適之先生所説，相當於"而"或"乃"那就是聯詞呢？現在還不能決定。不過有一點要説明的：用"言"的時候正好都不用主語，而"言"或"我"又是雙聲（聲母同爲ng-），所以《毛傳》和《鄭箋》都把言解作"我"。

　　近代學者或將"言₃"、"言₄"解作"我"，其主要證據不外有二：一是就句法結構而言，"言₃"、"言₄"置於分句或複句之首，恰巧居於主語的語法空格（slot）中；一是就語音關係而言，"言"（元部疑母）、"我"（歌部疑母）兩字聲母相同，主要元音相同或相近，韻尾有別但可陰陽對轉。筆者認爲：將"言₃"、"言₄"解作"我"，表面看來似乎證據充分、言之成理，事實上卻禁不起仔細地琢磨、推敲。

　　"詩言志，歌詠言"，詩歌本以抒發己身情感爲主，故多以第一人稱自述的口吻寫成，主語早已隱含在具體語境中，不必另外寫出。再者，"言"、"我"上古分屬不同韻部，僅憑"一聲通轉"的模糊概念，逐將兩個原本不同的詞語隨意牽合，則論據過於薄弱。其次，若《詩經》中的"言"字均解作實詞"我"，有很多詞句便難以通讀，實在不合乎"揆之本文而協，驗之他卷而通"（王引之《經傳釋詞‧序》）的總體原則。此外，語言

系統的推移有其規律性可尋，訓解詞語必當顧及語言的規律性，但若將"言$_3$"、"言$_4$"訓爲實詞"我"，則非但無法窮其源，[9] 亦且未能竟其委，有如憑空迸出一般，難以尋繹其演化的規律，著實無法令人信服。

語言系統具有縱向、橫向二維的軸面。前人訓詁"言"字的方法，或根據上下文語義而緣文生訓，或援引結構相同而語義近似的語句爲證，均是著眼於語言的橫向軸面，一旦橫向軸面的考察無法提供確切的答案時，便陷入"人各一義，莫衷一是"的局面。現代語言的研究趨向於同時兼顧橫向、縱向兩軸面，因此筆者認爲對於《詩經》"言"字的訓釋，除客觀分析"言"字橫向平面的分布規律外，更不可忽視"言"字縱向演化的軌跡。如何從不同的分布規律中，尋繹出"言"的演化軌跡呢？語法化程度的高低當可作爲客觀的依據。

就多數情況而言，語法化首先是由某一實詞句法位置改變而誘發的，《詩經》動詞前的"言"字因其所處的語法位置不同，展現出不同程度的語法化。茲將"言"字四個義項所處的語法環境概括如下，以便於觀察：

"言$_1$"：主語＋動詞＋"言$_1$"＋動詞＋賓語

"言$_2$"：主語＋形/靜動＋"言$_2$"＋動詞＋賓語

"言$_3$"：【分句a】＋"言$_3$"＋【分句b】

"言$_4$"：【複句a】＋"言$_4$"＋【複句b】

由上文論述可知："言"字語法化程度由低至高依次爲"言$_1$"、"言$_2$"、"言$_3$"、"言$_4$"，與"言"字到語義核心（動詞）的距離恰成反比。詞義虛化的軌跡形成一條明晰的"虛化鏈"（grammaticalization chain），顯示詞義虛化的動態歷程，可將其表述爲："言$_1$" → "言$_2$" → "言$_3$" → "言$_4$"。

9　胡適（1953）對於將"言"字解作"我"亦感到懷疑，指出：「今按以言作我，他無所聞，惟《爾雅·釋詁》："卬、吾、台、予、朕、身、甫、余、言，我也。"……似《爾雅》成於說經之家，非說經之家引據《爾雅》也。鄙意以爲《爾雅》既不足據，則研經者宜從經入手…」

因此，筆者認爲：將"言₃"、"言₄"視爲具有連接功用的虛詞，則不僅能順釋文義，且合於"言"字虛化的歷時軌跡。

三、"爰"的語法功能

王引之《經傳釋詞》已列出《詩經》中"爰"的三個義項--"于"、"曰"和"於是"：

> 《爾雅》曰：「爰，于也。」又曰：「爰，於也」于與於同義。…《詩‧擊鼓》曰：「爰居爰處？爰喪其馬？于以求之？」"于"亦"爰"也，互文耳。

> 《爾雅》曰：「爰，曰也。」"曰"與"欥"同，字或作"聿"。"聿""爰"一聲之轉。"爰有寒泉" 凱風，聿有寒泉也。"爰伐琴瑟"…"爰得我所"…"爰及矜人"…"爰有樹檀"…"爰其適歸"…"爰方啓行"…"爰眾爰有"…。"聿""曰"古今通。以上七詩，鄭《箋》皆用《爾雅》「爰，曰也」之訓…"曰"亦"爰"也"，互文耳。…"爰"與"聿"亦互文耳。

> 張衡《思玄賦》舊注曰：「爰，於是也。」《詩‧斯干》曰：「爰居爰處，爰笑爰語。」《公劉》曰：「于時處處，于時廬旅，于時言言，于時語語。」"爰"即"于時"也，"于時"即"於是"也。

王引之《經傳釋詞》博引先秦古籍例證爲訓，借助客觀語言材料中的互文、對文、異文等來進行正訓、反訓、互訓；運用修辭表達中折射的語法現象來訓解虛詞，具有一定程度的合理性。然而，修辭所注重的是工整、諧調並非嚴格要求符合句法規律，若不區別修辭與語法之間的根本差異，誤將折射的虛影與本有的實體等同，必是膠柱鼓瑟而強解虛詞。例如：以"互文"爲證，將"爰"、"曰"、"聿"混同一起，未能從具體的語句結構中探究各字所擔負的語法功能，無形中泯滅各字的差異而未得正解。

　　《詩經》爲求音節整齊、韻律協和，有時將兩個音節急讀成一個音節，如《豳風‧七月》："七月斷壼"，一曰"壼"爲"葫蘆"二音的急讀。《詩經》"爰"字可訓爲"於是"，俞敏（1985）認爲此乃是"于焉"急讀的結果；張歸璧（1992）修改俞敏的意見，[10]主張"爰"當是"于安"的合音，且依照李方桂的擬音系統，將音變程式寫成：$*g^wjag + *an > *g^wjan$。

　　《詩經》動詞前附的"爰"字應是"于安"的合音。根據其在語句中的分布規律，考察其所指稱的對象，可將"爰"細分出以下三個義項：

（一）．"爰₁"表或遠或近的處所。

> （31）築室百堵，西南其戶。爰居爰處，爰笑爰語。《小雅‧斯干》
>
> （32）遵彼微行，爰求柔桑。《豳風‧七月》
>
> （33）率西水滸，至于岐下。爰及姜女，聿來胥宇。《大雅‧緜》
>
> （34）篤公劉，于豳斯館，涉渭爲亂，取厲取鍛。止基迺理，爰眾爰有。
>
> 《大雅‧公劉》

　　"爰₁"置於動詞之前，居於"主語"的語法空格中，前一分句有表處所的名詞相應，如例（31）、（32）、（33）（34）所示，呈現"（于）＋處所…，爰₁＋動詞…"的句法結構類型。"爰₁"複指"于＋處所"的成分，用以表示或遠或近的處所，詞彙意義爲"（在）這裏"或"（在）那裏"。

（二）．"爰₂"表對處所的詢問。

> （35）爰居爰處？爰喪其馬？于以求之？于林之下。《邶風‧擊鼓》
>
> （36）爰采麥矣？沬之北矣。《鄘風‧桑中》

10　張歸璧（1992：57）：「春秋以前，"焉"一般不單獨用於謂語前，單獨用於謂語前而詞義與以後用於謂語前之"焉"相當的是"安"。因此，我們似乎可以說"爰"是"于安"壓縮成的。」

（37）爰有寒泉？在浚之下。《邶風‧凱風》

（38）瞻烏爰止？于誰之屋？《小雅‧正月》

（39）樂土樂土，爰得我所？《魏風‧碩鼠》

"爰₁"複指前一分句的處所詞；"爰₂"則爲不定代詞，用以表達對處所的詢問，詞彙意義爲"（在）哪裏？"，其後分句常是"（介詞）＋處所詞"的類型，如例（36）、（37）所示。

"爰₁"所指對象爲具體的處所，"爰₂"所指對象不定，由所指對象性質所呈現的差異，不難看出"爰₂"語義較"爰₁"虛泛。

（三）．"爰₃"表或近或遠的時間。

（40）樹之榛栗、椅桐梓漆，爰伐琴瑟。《鄘風‧定之方中》

（41）王赫斯怒，爰整其旅。《大雅‧皇矣》

（42）賦政於外，四方爰發。《大雅‧烝民》

（43）自西徂東，周爰執事。《大雅‧綿》

"爰₁"、"爰₂"所指稱的對象是屬於"空間"的概念範疇；"爰₃"所指稱的對象則是屬於"時間"的概念範疇。如例（41）可譯爲：「文王勃然大怒，那時就整飭軍隊…」，"爰₃"表示或遠或近的時間，詞彙意義爲"（在）那時"或"（在）這時"。"然而，漢語語序的先後通常已隱含了時間前後次序，如此則"爰₃"幾已成爲羨餘成分（redundancy），或許可將之歸入於"補音助詞"。

Heine et al.（1991b：157）主張語法化可視爲認知範疇之間的轉移過程，[11]並將各認知範疇由具體到抽象排列出等級序列，即如下所示：

---

[11] Heime et al.（1991a）用法認爲虛化發生的原因與人類心理認知的因素有關。在認知心理學上，舊的用法所代表意義被稱爲原始概念（source concept），新的用法所代表的意義則爲目標概念（target concept）。一般而言，原始概念較目標概念具體，故由原始概念轉移到目標概念的內在心理歷程，投映在語言層面上即顯現出語義虛化的過程。

人（person）>物（object）>過程（process）>空間（space）>時間（time）>
性質（quality）

由上可知，空間範疇較時間範疇具體，其語法化的程度相對較低。故
"爰"字語法化的程度由低至高依序當爲："爰₁"、"爰₂"、"爰₃"，
《詩經》中"爰"字歷時演化的軌跡則可概括爲："爰₁"→"爰₂"→"爰
₃"。

四. "聿"、"遹"、"曰"的語法功能

王引之《經傳釋詞》卷二"吹、聿、遹、曰"條，引用許慎《說文解
字》與戴震《毛鄭詩考正》的說法：

> 《説文》曰：「吹，詮詞也。」字或作聿，或作遹，或作曰。其實一
> 字也。《毛鄭詩考正》曰：「《文選》注江賦引《韓詩‧薛君》章句
> 云：聿，詞也。《春秋傳》引《詩》"聿懷多福"左傳昭三十六年，杜注
> 云：聿，惟也。皆以爲辭助。詩中聿曰遹三字互用。……今考之，皆
> 承明上文之辭耳。非空爲辭助，亦非發語辭。而爲"遂"爲"述"爲
> "自"，緣詞生訓，皆非也。…」引之案：《考正》說是也。

"吹、聿、遹、曰"密切相關，[12]或同出一源，或音同借用，在句中多
用以表示語氣的虛詞，非由實詞虛化而來。然而，儘管聿、遹、曰的語義虛
泛，但在具體的語言環境中，仍擔負某種特定的語法功能，即如戴震所言：
「皆承明上文之辭耳」。然則何謂"承明上文之辭"？有待從實際語料中去
探求。

（44）無念爾祖，聿脩爾德。《大雅‧文王》

---

[12] 《說文解字》：「吹，詮詞也。從欠曰，曰亦聲。詩曰："吹求厥寧"。」"吹"從
"曰"得聲，且兩字皆有"自口出氣"之義，"吹""曰"兩字音義相同，當同出一
源。又《說文》引詩「吹求厥寧」，《文選》、《韓詩》皆作「聿求厥寧」，"聿"
爲"吹"之異文，"聿""遹"同音（質部喻母）。因此，"吹"、"曰"、"聿"
"遹"密切相關。

（45）昭事上帝，聿懷多福。《大雅‧大明》

（46）鼓鐘送尸，神保聿歸。《小雅‧楚茨》

（47）洒埽穹室，我征聿至。《豳風‧東山》

（48）文王有聲，遹駿有聲，遹求厥寧，遹觀厥成。文王烝哉。

　　《大雅‧文王有聲》

（49）匪棘其欲，遹追來孝。王后烝哉。《大雅‧文王有聲》

（50）我送舅氏，曰至渭陽。《秦風‧渭陽》

（51）朋酒斯饗，曰殺羔羊。《豳風‧七月》

（52）我東曰歸，我心西悲。《豳風‧東山》

（56）雨雪浮浮，見晛曰流。《小雅‧角弓》

（52）天方艱難，曰喪厥國。《大雅‧抑》

（53）載見辟王，曰求厥章。《周頌‧載見》

（54）來嫁于周，曰嬪于京。《大雅‧大明》

　　就句法結構上觀察。"聿、遹、曰"置於兩個分句或兩個謂語之間，而不出現在複句之首。此種獨特的分布規律，證明了戴東原的看法：「非空為辭助，亦非發語辭。」

　　就語義結構上著眼，觀察情狀的發展階段。"聿、遹、曰"在句中連接兩個事件或狀態，前一個事件、狀態已完成或正在進行，後一事件、狀態則是將要發生但尚未發生，如例（50）所示："我送舅氏（已然態），曰至渭陽（未然態）"。"聿、遹、曰"具有承接兩個不同時態的語法功能，其詞彙意義可訓解為"即將"或"將要"。

　　"聿、遹、曰"三者具有同等的語法功能，何以在《詩經》中能共存並現呢？其中是否還隱含著某種細微的功能分化？比較負動詞前附語--"聿、遹、曰"在《詩經》中的分布狀況，可知"聿"（9次）、遹（4次）的分布範圍有限，僅見於《唐風》、《豳風》、《大雅》、《小雅》，"聿、遹"或許是具有某種地域色彩或文體風格的標記，此仍有待深入探察。

五、"于"的語法功能

許慎《說文解字》：「于，於也。象氣之舒 」"于"字的本義即是一種無義的發語詞。

據許世瑛（1974）統計：《詩經》"于"字共計出現334次，主要是用作介詞，與名詞組成介賓結構，引介時間、地點、方位…等來補充說明動詞謂語，計有251次，約佔全部用例的70％；用作語氣助詞則有27次，約佔7％；其餘則見於主語和動詞謂語之間，且與動詞謂語結合緊密，雖然"于"字此種用例僅有13％，但卻是歷來訓詁學者意見分歧所在。歷來對動詞前"于"字的功用有不同看法，主要有二：

1.將"于"解作動詞"往"

將"于"解作"往"當起自《毛傳》。《周南・桃夭》：「之子于歸，宜室宜家」，《毛傳》：「于，往也。」此種說法爲《鄭箋》、《孔疏》所採用而加以推擴。

2.將"于"解作"感嘆詞"或"結構助詞"。

王引之《經傳釋詞》：『《爾雅》：「于，曰也。」"曰"古讀若"聿"。字本作"欥"，或作"曰"，或作"聿"，"聿""于"一聲之轉也。』又曰：『"于"猶"是"也。《詩・出車》曰：「玁狁于襄」「玁狁于夷」。言「玁狁是襄」、「玁狁是夷」。_{猶言「戎狄是膺」「荊舒是懲」」}

觀察《詩經》動詞前附"于"字的句法位置，可知"于"大多出現在主語與謂語之間，表面上似無堅強的理由將其分立出兩個以上的義項。究竟動詞前"于"字是否具有詞彙意義？語法功能爲何？有待從下列的用例中來細加探尋。

（55）君子于役，不之其期。《王風・君子于役》

（56）周王于邁，六師及之。《大雅・棫樸》

（57）王于興師，修我戈矛。《秦風・無衣》

（58）王于出征，以匡四國。《小雅・六月》

（59）之子<u>于</u>歸，宜室宜家。《周南・桃夭》

（60）之子<u>于</u>征，無聞有聲。《小雅・車攻》

（61）之子<u>于</u>狩，言韔其弓；

（62）之子<u>于</u>釣，言綸其繩。《小雅・采綠》

（63）黃鳥<u>于</u>飛，集于灌木。《周南・葛覃》

（64）燕燕<u>于</u>飛，差池其羽。《邶風・燕燕》

（65）鴻雁<u>于</u>飛，哀鳴嗷嗷。《小雅・鴻雁》

（66）振振鷺，鷺<u>于</u>下。《周頌・振鷺》

以上各個用例，若遵從《毛傳》、《鄭箋》之說，將“于”解作“往”，語句往往難以通讀，如例（63）、（64）、（65）。再者，觀察先秦文獻中“于”字用法，除《詩經》之外，罕見能將“于”訓解爲“往”的情形。[13]因此，若將“于”解作“往”，非但無法通讀各例，且亦無法溯其根源、明其流變，不禁令人對此說法感到懷疑。

據《說文解字》所載，“于”字本爲“語氣發舒”之詞。《詩經》中有“于”字置於句首，用以表示感嘆語氣，如以下各例：

（67）麟之趾，振振公子。<u>于</u>嗟麟兮！《周南・麟之趾》

（68）<u>于</u>嗟鳩兮，無食桑葚。《衛風・氓》

（69）篤公劉，<u>于</u>胥斯原。《大雅・公劉》

（70）鼓咽咽，醉言舞，<u>于</u>胥樂兮。《魯頌・有駜》

一般而言，“于”若爲感嘆詞，其獨立性較強。“于”置於動詞之前則與動詞結合較爲緊密，展現出語素由自由（free）趨向黏著（bound）的虛化

13　張歸璧（1984）指出：甲骨文、金文、《尚書》中有部份“于”字似乎可解作“往”，作爲助動詞置於主要動詞之前，用法與《詩經》“于”字類似，如「卿事于僚北宗，不遘大雨」（前四・二一・七）、「隹王于伐楚白」（令簋）、「民獻有十夫于翼，以于敉寧武圖功。」（《周書・大誥》）若依憑上述用例便逕將“于”字解作“往”，純粹是“緣文生訓”，主觀臆測的成分頗高，非能令人盡信，尚待深入探究。

傾向。動詞前的"于"字又具有何種語法功能呢？日常口語的交際過程中，常可透過改變語句音調、加強邏輯重音的方式來突顯信息的焦點所在。"于"本爲語氣詞，又具有與動詞緊密結合的特性，基於"于"字所顯現的語法特徵，不妨大膽假設：《詩經》所收錄的民間俚俗歌謠，亦存有以"綴加語氣"的方式來突顯"動詞狀貌"的功能，則"于"附加於動詞前的語氣詞，或可將其視爲標示"動詞狀貌"的標記（marker）。

六、結語

漢語缺乏豐富的形態變化，語法關係主要經由虛詞與語序的變換來傳達。虛詞在漢語中擔負著表達語法關係的重大功能，若欲精確掌握文義，必當先對虛詞的語法功能有確切的認知。傳統訓詁學家在注疏古籍過程中，雖已自覺到詞義虛化的現象，但因自身爲"通經致用"的實用目的所囿；加上時代背景的侷限，缺乏科學的語法知識，因而對於虛詞的訓解，或以"某，詞也"含糊方式搪塞，或憑其主觀的臆測而緣文生訓，疏漏不足之處不言而明，即如王引之《經傳釋詞・序》所言：「自漢以來，說經者尚雅訓。凡實義所在，既明著之矣，而語詞之例，則略而不究，或即以實義釋之，遂使其文扞格，而意亦不明」。

《詩經》動詞前附加的虛化成分—"言、薄/薄言、爰、聿、遹、曰、于"擔負何種語法功能？歷來學者對於這問題見解不一，至今仍聚訟不已、莫衷一是。何以如此呢？關鍵在於：未能在現代語言學的理論基礎上提煉出客觀的判斷標準。蓋因緣文生訓，易流於主觀猜測；以例爲訓，則有混同"修辭表達"與"語法規律"之虞；因聲求訓，若不嚴守音義近似的原則，片面濫用"一聲之轉"，則常陷於妄加牽合的迷亂[14]而不自知。如何能夠判

---

[14] 傳統訓詁學家考察語源，或見詞語聲紐或韻部相同，而以"一聲之轉"加以囊括，因而常自陷於妄加牽合的迷亂中。對於"因聲求訓"所滋生的流弊，王力（1956）指出：「雙聲疊韻只能作爲次要的證據…，我們不能再認爲雙聲疊韻是萬能的。它們好比事實的影子，當我們看見某一個影子很象事實的時後，自然可以進一步而求窺見事實的

定虛詞的詞彙意義和語法功能？語法化的理論無疑提供了一條新的研究進
路。

"語法化"是語言發展過程中普遍存在的現象。實詞表述客觀、具體的
概念，承載著特定的詞彙意義，但語言在言談交際的過程中，不斷孳生出新
的意義，致使詞語的使用範圍逐漸擴大，概念外延漸次擴充，內涵則相對地
減少，最後實詞終將失去原有的詞彙意義，成爲僅具語法功能的虛詞。然
而，語言發展若只遵循由實到虛的單向原則，則語言終將會因過度虛泛而無
法表情達意，於是學者開始留意到語法化的循環性。如Givon 即提出一套語
法化的單向循環模式（參見Traugott and Heine,1991：3）：

篇章成分（discourse）→ 句法成分（syntax）→ 詞法成分
（morphology）→ 形態音位成分（morphophonemics）→ 零形式
（zero）

儘管語法化會因語言內部結構的制約[15]而有所差異，但上列的單向循環
原則對於漢語虛詞的研究仍是具有重要的參考價值。蓋實詞過渡到虛詞的漸
變過程，經常是映射在句法位置的改變上，故詞語在句法結構中的變異現
象，自然就成爲窺探語義虛化的絕佳窗口。誠如李潤（1995：50）所言：
「實詞虛化是詞的性質變化。詞的性質變化與句法結構有直接的、根本的關
係。換言之，即句法結構的改變是導致實詞虛化的根本原因。」

本文嘗試藉由詞語的歷時演變來闡釋虛化成分在《詩經》句法結構中所
呈現的共時差異。筆者首先考察虛化成分的分布規律，據此將虛詞細分成幾

真面目；如果只憑那影子去證明事實，那就等於"捕風捉影"了。」俞敏（1985：
25）亦打趣地說：「"一聲之轉"用濫了就攔不住人偬讓"鄭板橋"轉"豬八戒"，
那就天下大亂了」。

[15] 就語言類型而言，漢語因缺乏豐富的形態變化而被歸屬於孤立語。在語言內部結構的制
約下，實詞虛化到一定程度後即停止作用，無法像屈折語那般虛化成詞綴或形態音
位。

個義項，依憑義項呈現語法化程度的高低，構擬出詞義虛化的軌跡，冀能爲虛詞的詮解提供較爲客觀的判定標準。茲將上文討論的結果表列如下：

	句法位置、語義環境	詞彙意義	語法功能
言1	〔動-謂〕‧言1‧〔動-謂〕	而	連接謂語
言2	〔形/靜動-謂〕‧言2‧〔動-謂〕	而	連接謂語
言3	【分句】‧言3‧【分句】	（而）	連接分句
言4	【複句】‧言1‧【複句】	（而）	（補音助詞）
爰1	〔處所〕‧爰1‧〔動謂〕	在那/這裏	指示處所
爰2	爰2‧〔動謂〕，…〔處所〕	在哪裏	詢問處所
爰3	【分句】‧爰3‧〔動謂〕	在那/這時	指示時間
聿遹曰	（之前）‧〔聿遹曰〕‧（將來）	即將、將要	承接不同時態
于	〔主語〕‧于‧〔謂語〕		強調動詞狀貌

如上表所示，虛詞分布在不同的句法結構中，顯現出不同的虛化層級，必當「剖析毫釐、分別黍累」（陸法言《切韻‧序》）。若爲字形所障蔽，誤將不同的義項混同齊觀，則無論將其視爲"構詞詞綴"，或解作"補音助詞"，終究是偏執一端而未能完備。

訓詁學是一門既陳舊又新穎的學科。歷代經籍傳疏中含藏著無數的珍寶，同時也夾雜著不少的糟粕。今人不僅要懷持著敏銳眼光，去蕪存菁，捨棄不合時宜的糟粕；更要結合現代語言學的理論，刮垢磨光，讓塵封已久的瑰寶重新煥發時代的光彩。筆者自忖才疏學淺，但仍願朝著這個方向踽踽前行。

參考書目

周伯琦撰，《六書正譌》，（台北：臺灣商務印書館，四庫全書影本經部小
　　學類第222冊）

馬瑞辰撰，《毛詩傳箋通釋》，濟南：山東友誼出版社，1992

劉淇等撰，《助字辨略等六種》，台北：世界，1991（三版）

[日]太田辰夫 1987 《中國語歷史文法》，北京：北京大學（蔣紹愚、徐昌
　　華譯）

王 力 1956 〈雙聲疊韻的應用及其流弊〉，《龍蟲並雕齋文集》第三冊：1-
　　5 北京：中華 1982

　　　1981 《古代漢語》第二冊，北京：中華（第二版）

　　　1990 《王力文集》第十一卷，濟南：山東教育

王 寧 1994 〈先秦漢語實詞的詞彙意義與語法分類〉，《第一屆國際先秦漢
　　語語法研討會論文集》：223-243 長沙：岳麓書社

白兆麟 1991 〈補音助詞再論〉，《中國語文》2：139-142

田樹生 1981 〈《詩經》"言"字研究〉，《語言學論叢》7：59-81 北京：
　　北京大學

向 熹 1987 《詩經語言研究》，成都：四川人民

朱廣祁 1985 《〈詩經〉雙音詞論稿》，河南：河南人民

肖 旭 1992 〈《詩經》"言""薄""薄言"釋義探討〉，《古漢語研究》
　　3：83-84，24

李 潤 1995 〈試論實詞虛化與句法結構的關係〉，《四川師院學報》4：50-
　　57

沈家煊 1994 〈"語法化"研究綜觀〉，《外語教學與研究》4：17-24

吳世昌 1933 〈詩三百篇"言"字新解〉，《燕京學報》13：153-169

　　　1937 〈釋《詩經》之于〉，《燕京學報》21：231-280

周法高 1972 《中國古代語法‧構詞編》，台北：台聯國風

屈萬里 1983 《詩經詮釋》，台北：聯經

林歸思 1990 〈古漢語虛詞的研究傳統及其變革〉，《古漢語研究》4：47-
　　54,42

胡　適 1987 〈詩三百篇言字解〉，《詩經研究論集》（二）：325-328，台
　　北：學生

俞　敏 1982 〈《詩》"薄言"解平議〉，《中國語言學報》1：160-166
　　1985 〈《尚書·洪範》"土爰稼穡"〉，《中國語文》1：21-28

姚冠群 1983 〈《詩經》"于"字的用法分析〉，《西北師院學報》1：41-
　　49

孫朝奮 1994 〈《虛化論》評介〉，《國外語言學》4：19-25，18

許世瑛 1974 〈《詩經》"與、於、于"三字用法探究〉，《許世瑛先生論
　　文集》（三）：527-565

黃伯榮 1996 《漢語方言語法類編》，青島：青島出版社

黃瑞云 1983 〈"爰，於也"—讀詩札記〉，《安徽師大學報》3：112-
　　114，56

張歸璧 1984 〈《詩經》中動詞前之"于"字〉，《中國語文》5：378-380
　　1992 〈"爰""焉"用法演變的語音根據〉，《古漢語研究》4：
　　57-58

陳士林 1982 〈訓詁札記—漢語"曰、云"與彝語di、di的比較〉，《民族
　　語文研究文集》：70-89 西寧：青海民族
　　1989 〈《詩經》的"薄""言"和"薄言"〉，《中國語文》6：
　　472-477

陳建初 1986 〈《詩經》"于"字用法辯析〉，《湖南師大學報》3：87-92

陳夢韶 1980 〈《詩經》虛字"言"的語法作用〉，《廈門大學學報》3：
　　70-84

楊合鳴 1993 《詩經句法研究》，武昌：武漢大學

解惠全 1987 〈談實詞的虛化〉，《語言研究論叢》4：208-227，天津：南
　　開大學

萬仕國 1985 〈《詩經》"A言VP"式試說〉，《南京師大學報》1：40-42

錢小云 1979 〈詩經助詞〉，《南京師院學報》1：63-76，56

鄭奠、麥梅翹 1964 《古漢語語法學資料彙編》，台北：文海，1972

劉堅、曹廣順、吳福祥 1995 〈論誘發漢語語法化的若干因素〉，《中國語
文》3：161-169

薛鳳生 1991 〈試論連詞"而"字的語意與語法功能〉《語言研究》1：55-
61

戴浩一 1988 〈時間順序和漢語的語序〉，《國外語言學》1：10-20（黃河
譯）

戴璉璋 1976 〈詩經語法研究〉，《中國學術年刊》1：3-106

藍 鷹 1989 〈傳統虛詞研究方法侷限之檢討〉，《中國語言學發展方向》：
128-135，北京：光明日報

Heine, Bernd, Ulrike Claudi, and Friederike Funnemeyet.1991a.
Grammaticalization ： A Conceptual Framework. Chicago ： The
University of Chicago Press.

　　1991b. From Cognition to Grammar--Evidence from African Language. In
Elizabeth Traugott Closs and Bernd Heine （eds.），*Approaches to
grammaticalization*, Vol.I：Focus on the theoretical and methodological
issues, 149-187. Amsterdam：Jhon Benjamins.

Traugott, Elizabeth Closs and Bernd Heine. 1991. Introduction. In Elizabeth
Traugott Closs and Bernd Heine （eds.）, *Approaches to
grammaticalization*, Vol.I：Focus on the theoretical and methodological
issues, 1-14. Amsterdam：Jhon Benjamins.

第一屆國際訓詁學研討會論文
1997.04.19–20

說「飲」——論飲義「喝」的語源

平山久雄

早稻田大學

一

1.1 古代漢語的「食」、「飲」兩個動詞，到唐代口語就被「喫」取代了。這「喫」兼管食、飲二義，其中飲義的「喫」至明代以後又逐漸被「喝」取代了。現代標準語中，飲義基本上都用「喝」ㄏㄜ來表達，「喫」則一般只用於食義。關於這一交替史，可以參看王力《漢語史稿·下冊》、[1]《漢語詞彙史》等。[2]

　　表示飲義的ㄏㄜ以漢字「喝」表示，這不過是後起的假借，「喝」字並不代表飲義ㄏㄜ的語源。「喝」在《廣韻》是「許葛切」，曷韻一等曉母，為「嘅」的異體字，[3]「嘅」訓「訶也」，「訶」則訓"責也，怒也"。這些訓詁似與飲義無關。因此我們要另外尋找飲義「喝」的來源。

1.2 　其實，趙元任先生對此問題早已提出了精確的答案。他認為飲義「喝」的語源就在「飲」。趙元任、丁樹聲等著《湖北方言調查報告·[4]調查用字表》咸攝一等合韻曉組一欄、盍韻曉組一欄均列「喝」，注云：

---

[1]　北京：商務印書館，1958年，頁579-581。《王力文集》第九卷（濟南：山東教育出版社，1988年4月）頁753-756。

[2]　北京：商務印書館，1993年11月，頁108-111。《王力文集》第十一卷（濟南：山東教育出版社，1990年3月）頁639-643。

[3]　「喝」亦見於《說文解字》，訓「㵃也」（大徐音「於介切」），段注云：「疑當作㵃音也」，參看段玉裁《說文解字注》（臺北：漢京文化事業有限公司，1980年3月，影印經韻樓原刊本）二篇上，頁61。此亦與飲義「喝」無關。

「喝」字在今官話區有「吆喝」和「喝水」兩義。用作第二種義時原
當寫作合韻（亦見盍韻）的「欰」字。這次調查中，惜未問清'喝'
字的用法。好在湖北不分合韻（或盍韻）的 -p 尾與曷韻的 -t 尾，無
大礙。

較此更早，趙元任《鍾祥方言記・[5] 同音字彙》xo一欄「喝」下注云：

「古作『頜』」。按，「頜」在《廣韻》是合韻見母「古沓切」，訓
為「頜頜，頤傍」，音、義皆與飲義「喝」乖舛，「頜」應該是
「欰」的錯字。

「欰」，在《廣韻》合韻「呼合切」，訓爲「大歠也」（《唐韻》同，
《切三》、《王二》「小歠」，[6]《王三》「歠」）。[7]「歠」，《廣韻》
薛韻「昌悅切」訓爲「大飲」。「欰」讀成ㄏㄜ，完全符合中古音和現代標
準音的對應規律，[8] 字義也和「飲」相近。因此，趙說可謂有充分的說服
力。

後來的學者做歷史比較時大多無論直接或間接采用趙說。中國科學院語
言研究所編輯《方言調查字表》，[9] 咸攝開口一等合韻曉母列「喝
（欰）」，注「喝酒」。丁聲樹撰文、李榮製表《漢語音韻講義・古今韻母

---

[4] 國立中央研究院歷史語言研究所專刊，商務印書館，1948年，，頁18。

[5] 國立中央研究院歷史語言研究所單刊甲種之十五，1939年，，頁18。

[6] 國立北京大學研究院文史部編：《十韻彙編》（北京：北京大學文史叢刊之一，1935
年；臺北：臺灣學生書局複印，1963年10月），頁306。

[7] 龍宇純：《唐寫全本王仁昫刊謬補缺切韻校箋》（香港：香港中文大學，1968年9月）
原書摹本，合韻第9行。

[8] 參看古今聲韻母對應表，如董同龢：《中國音韻學》（臺北：王守京，1961年7月3
版）頁211〈表四〉，頁217〈表五〉；丁聲樹撰、李榮製表《漢語音韻講義》（上
海：教育出版社，1984年2月）頁8-9〈表二〉，頁22-23〈表五〉。

[9] 北京：科學出版社，1955年7月，頁30。

比較表》，[10] 把「喝」作爲「咸攝入聲開口一等見系」的例字。丁聲樹編錄、李榮參訂《古今字音對照手冊》，[11] 把陰平 he 下云：「喝（欽）喝酒」。同樣的寫法亦見於唐作藩編著《上古音手冊》、[12] 郭錫良《漢語古音手冊》。[13]《新華字典》、[14]《現代漢語詞典》，[15] 則把「欽」作爲「喝」的異體字看待。

上引《湖北方言調查報告》云：「欽」亦見於盍韻。其實《廣韻》盍韻並無「欽」字，而有「歃」字。「歃」在盍韻曉母「呼盍切」，訓爲「大啜」（《切三》、《王一》、《王二》、《王三》「大㗨」，《唐韻》「大嗽」），[16] 音、義也與後代的飲義「喝」相合。「欽」和「歃」原來當是同一個語詞，因方言等關係讀音稍有分歧而產生了不同的寫法。

1.3 王力《漢語詞彙史》認爲飲義「喝」的語源在「呷」。即：

> 「喝」的前身是「呷」。《説文》：「呷，吸呷也。」「吸呷」是象聲字，還不是吸飲的意思。吸飲的「呷」大約起源南北朝。唐代以後沿用。（下面有舉例，今略。）

---

[10] 看注8。這書是把著者於1956年至57年所做的講義付印的。

[11] 北京：科學出版社，1958年8月，頁17。

[12] 南京：江蘇人民出版社，1982年9月，頁47。

[13] 北京：北京大學出版社，1986年11月，頁17。

[14] 北京：商務印書館，1971年修訂重排本，1975年10月第7次印刷。以「欽」作爲飲義「喝」的異體字，似從71年修訂本開始。1954年2月第4次印刷本、54年11月新一版本「喝」下均無「欽」字。

[15] 北京：商務印書館，1973年5月（試用本）；北京：商務印書館，1978年12月修訂第2版。

[16]《十韻彙編》〔同注6〕頁308，《唐寫全本王仁昫刊謬補缺切韻校箋》〔同注7〕原書摹本，盍韻第3-4行。

「呷」，呼甲切，是入聲字。今吳方言仍讀入聲，表示吸飲。宋元以
後，北方話入聲消失，音變為「喝」。[17]

這看法值得商榷。《廣韻》「呼甲切」是狎韻二等曉母，按中古音和現代標
準音的對應規律，它讀ㄒㄧㄚ才是。飲義「喝」如果是「呷」的後身的話，
它為什成為對應規律的例外，而「音變為ㄏㄜ」了呢？這是難以說明的。與
趙說相比，王說不能令人信服。[18]

1.4　「歙」字最早見於漢賦，《說文解字》亦有收錄。多種字書、韻書以
及對《說文》的注釋均有記載，近年出版的若干字典、辭典之類還引錄唐代
至清代的一些用例，此外本人還搜集了漢譯佛經和其他一些文獻中的用例若
干條。本文擬將前人引錄者與本人搜集者一併按時代列出，以分析「歙」由
「歠」等特殊飲義轉化為一般飲義的過程。至于「歂」字，似不見於小學書
以外的文獻，[19] 故無法觀察其具體用法。

---

[17] 《漢語詞彙史》〔同注2〕頁110-111（《王力文集》第十一卷〔同注2〕），頁643）。
飲義「喝」來自「呷」之說原見於《漢語史稿‧下冊》〔同注1〕581頁（《王力文
集》第九卷〔同注1〕），頁756，《漢語詞彙史》對論述稍加改訂。

[18] 「歙」字另有一音，即《廣韻》洽韻「呼洽切」，咸攝二等開口曉母，訓為「歙，嘗」
（《切三》、《王一》、《王二》、《唐韻》、《王三》均作「小嘗」，看《十韻彙
編》〔同注6〕頁312，《唐寫全本王仁昫刊謬補缺切韻校箋》〔同注7〕原書摹本，洽
韻第5行。上引王文云：「呷」字「今吳方言仍讀入聲，表示吸飲」。這應該是「歙」
字這一讀音的後身。據《漢語方言詞彙》第二版（北京：語文出版社，1995年6月）頁
335，表示飲義的詞，蘇州除「吃」外也用「呷」haʔ（陰入），溫州用「喝」ha（陰
入），各與「歙」字洽韻一讀和現代蘇州音、溫州音的對應規律符合，參看趙元任：
《現代吳語的研究》（北京：清華學校研究院，1928年6月）〈第三表2〉。

[19] 大島吉郎：《‘喝’に關する若干の的問題－－早期資料と〈紅樓夢〉を中心に－
－》（《中國語研究》1989年3月第30號），頁28-39）頁35指出，《紅樓夢》庚辰本偶
用「歂」來當作飲義「喝」。這可能是抄寫者根據傳統韻書做過一種「正字工作」的
結果。

二

2.1　「欱」作爲文字，最早出現於馬王堆帛書《老子》乙本，[20] 即「聖人之在天下也欱欱焉」。[21] 此「欱」與飲義無關，本文不擬作爲分析對象。再如原本《玉篇》所引《淮南子‧詮言訓》「一謂張之，一謂欱之」、[22]《太玄經‧太玄告》「下欱上欱，出入九虛」的「欱」，[23] 注家向來釋爲「合」義，亦與本文無關。至於《淮南子‧氾論訓》「奰兒、易牙，淄澠之水合者，嘗一哈水，如甘苦知矣」，[24] 許慎注曰：「哈，口也」；朱駿聲《說文通訓定聲》於「欱」下云：「字亦作『哈』」，引載此句。[25] 朱氏似以此「哈」爲量詞，認「一哈水」等于「一啜水」。但究竟是否如此，難以確定，故不算飲義「欱」的最早用例。

2.2　「欱」於漢代的文獻中共四見，三見于東漢賦，另一在《說文解字》，即：

1.　班固《東都賦》：「吐焰生風，欱野歕山」。[26]

　　李善注：「《說文》曰：欱，啜也，火合切。歕，吹氣也，敷悶切」。

2.　張衡《西京賦》：「抱杜含鄠，欱灃吐鎬」。[27]

---

[20]　《漢語大字典》（縮印本，四川辭書出版社、湖北辭書出版社，1993年11月）頁896。據《馬王堆漢墓帛書》整理小組編：《馬王堆漢墓帛書》（上海：文物出版社，1974年7月）〈老子乙本及卷前古佚書〉頁12所載照片（第185行），原字像從「又」，不像從「欠」。

[21]　今本無作「欱欱」者，王弼本作「歙歙」。

[22]　今本作「歙」。《淮南鴻烈解》（臺北：藝文印書館影鈔宋本，1968年2月再版），頁414。許慎注云：持舟楫者謂近岸爲歙，遠岸爲張也。

[23]　《太玄經》（《四部叢刊初編》影印明萬玉堂翻宋本），縮印本（臺北：臺灣商務印書館，1965年）第23冊，頁106上。

[24]　《淮南鴻烈解》〔同注22〕頁397。

[25]　《索引本說文通訓定聲》（臺北：京華書局，1970年10月）頁78上。

[26]　蕭統《文選》（香港：商務印書館，1960年8月重印）卷一，頁18。班固，扶風安陵人，32-92年。

　　　　李善注：「《說文》曰：澧、鎬，二水名也……欱，歇也，呼合切。歇，昌悦切」。

3. 張衡《南都賦》：「總括趨欱，箭趨風疾」。[28]

　　　　李善注：「言江海欱受諸水，故總括而趨之。《說文》曰：欱，歇也」。

4. 許慎《說文解字·欠部》：「欱，歇也，从欠合聲」。[29]

　　　　段玉裁注：「欱與吸意相近，與歍為反對。〈東都賦〉曰：欱野歍山」。

　　古代字書中，我們還可參看原本《玉篇》對「欱」字的解釋，即：

5. 顧野王《玉篇·欠部》：「呼合反。《淮南》『一謂張之，一謂欱之』，許叔重曰『持船楫者謂近岸為欱，遠欱（按當為岸）為張也』。《太玄經》『下欱出入九虛』，宋忠曰『欱，合也』。《說文》『欱，楫也』。野王案：〈西京賦〉『欱灃吐鄗』是也」。[30]

　　　　空海《篆隸萬象名義》：「欱，呼合反，合也，歇也」。[31]

　　《篆隸萬象名義》系據顧野王《玉篇》而作，[32] 反切多與現存《玉篇》零卷相合，義注亦為《玉篇》釋義的節錄。《玉篇》零卷所引《說文》「欱，楫也」，「楫」應訂為「歇」，是涉上文「楫」而誤者。《玉篇》及《萬象名義》之可貴，在其注音「呼合反」，因為這為「欱」讀合韻曉母提供了最早的確證。

27　蕭統《文選》〔同前注〕卷二，頁27。張衡，南陽西鄂人，78-139年。

28　蕭統《文選》〔同前注〕卷四，75頁。

29　《說文解字注》〔同注3〕八篇下，頁417下。許慎，汝南召陵人，58?-148?年。

30　《玉篇零卷（全）》（臺北：大通書局，1972年12月）頁74。顧野王，吳郡吳人，519-581年。

31　高山寺典籍文書綜合調查團編：《高山寺古辭書資料　第一（高山寺資料叢書第六冊）》（東京：東京大學出版會，1977年3月，影印京都高山寺藏1114年鈔本）頁120下。空海，日本讚岐人，774-835年。

32　參看周祖謨：〈萬象名義中之原本玉篇音系〉，周祖謨：《問學集·上冊》（北京：中華書局，1996年1月）頁271-272。

以上漢賦的用例，李善都引《說文解字》的訓義「歠（啜）也」來釋「歠」。由此可知，「歠」本表示一種「吸取」的動作，如段玉裁說「歠與吸義相近」。「歠」與「吸」（《廣韻》「許及切」，緝韻曉母）同屬上古緝部，當是同源動詞；「歠」與「吸」形成洪、細的對立，正與「鋪」（普胡切，模韻滂母）和「敷」（芳無切，虞韻滂母）同屬上古魚部而洪、細不同的關係一樣。「歠」可能是由「吸」脫落了介音而產生的，而後隨著時間的推移，詞義也有所改變。

漢賦的用例中，「歠」的賓語非河流即原野，都是龐然大物。如果假定當時「歠」的一個詞義特徵已是「繼續的動作」，如我們在下文據唐代的訓義所推測的那樣，那麼用「歠」來表示吸取巨大的自然物體，可謂很爲恰當，富於形象了。

後代的詩賦、文章中偶爾也有用「歠」的，例如王安石《韓持國從富并州辟詩》：[33]「矧今名主人，氣力足呵歠」，此等用法無非是襲自漢賦，對我們追蹤「歠」詞義變遷之跡並無作用，因此不再列舉，作爲分析對象。

2.3　漢譯佛經多含比較通俗的語言，故能一定程度上顯示當時的口語狀況。本人試就《玄應音義》、《慧琳音義》搜尋佛經中「歠」的用例，[34]結果查到了下面幾條：

6.　沙門法炬共法立譯《法句譬喻經》卷一：「于時旱熱，泉水枯竭。二人飢渴熱喝。呼吸故泉之中。有升餘水，而有細蟲，不可得飲」。[35]

---

[33] 王安石：《臨川先生文集》卷七（《四部叢刊初編》影印上海涵芬樓藏明刊本），縮印本第51冊，頁91。

[34] 用山田孝雄編：《一切經音義索引》（東京：西東書房，1925年7月；補訂版，東京：鈴木學術財團，1963年11月）。此索引以玄應、慧琳兩部《一切經音義》以及慧苑《華嚴經音義》、希麟《續一切經音義》的被注字爲對象。

[35] 《大正新修大藏經》（東京：大正一切經刊行會，1924年4月）4卷，頁578上。校異云：《呼吸》正藏院聖語藏本作「呼哈」。此經爲西晉惠帝時（290-306年）所譯。

「吸」，《慧琳音義》卷七十六作「欰」云：「呼鴿反。《説文》云：嚧歠也，從欠合聲。經文作哈，雖俗用，音吐合反，非經義也」。[36]

7. 佛陀耶舍共竺佛念譯《長阿含經》卷二十一：「海水鹹苦有三因緣，何等為三。……二者，昔有大仙人，禁呪海水，長使鹹苦，人不得飲。三者，彼大海水，雜眾生居，其身長大，或百由旬，二百由旬，至七百由旬，呼哈吐納，大小便中，故海水鹹」。[37]

《玄應音義》卷十二「呼哈」下云：「古欰、齡二形同，呼合反。《説文》欰歠也」。[38]

8. 失譯《毗尼母經》卷六：「食粥法，不得張口哈作聲。粥冷已，徐徐密哈之。是名食粥法」。[39]

「哈作聲」之「哈」，《玄應音義》卷十六作「欰」云：

「呼合反，《説文》：欰歠也，欰合也。文中作哈，土合反，哈然失所也。字書此與唅字同徒濫反，並非此義」。[40] 按「徐徐密哈之」之「哈」，玄應當亦訂作「欰」讀。

9. 佛跋陀羅、法顯譯《摩訶僧祇律》卷三十五：「如是一切作薰鉢、浣衣……時，含咽、著眼藥、讀經、誦經、寫經、經下行、下閣、上閣時，上廁時，不著衣時，著一泥洹僧時，盡不應禮」。[41]

---

[36] 《大正新修大藏經》54卷，頁800中。

[37] 《大正新修大藏經》1卷，頁139下，校異云：「哈」，宋、元、明三本作「嚧」。此經為413年所譯成。

[38] 《玄應一切經音義》（臺北：中央研究院歷史語言研究所專刊之四十七《玄應一切經音義反切考》附冊，1962年7月，據日本弘教書院縮刷藏經所收高麗藏本影印）頁49b。

[39] 《大正新修大藏經》24卷，頁838上。校異云：「哈」，宋、元、明三本與圖書寮本作「吸」。此經被擬為三秦時代（即公元4世紀下半至5世紀上半）所譯。

[40] 《玄應一切經音義》〔同注38〕頁67b。

[41] 《大正新修大藏經》卷22，頁510中。此經為東晉418年譯成。

《玄應音義》卷十五「含咽」作「歠烟」云：「呼匝反，歠猶飲取也。《説文》歠、歡也。歡音昌悦反」。[42]

10. 阿地瞿多譯《陀羅尼集經》卷一：「若狐魅病、山精鬼魅壓蠱病等，呪白芥子二十一遍，以打病人頭面胸心，燒安悉香，遶身薰鼻，及嚕取香烟二十一咽」。[43]

「嚕」，《慧琳音義》卷三十七作「歠」云" 「呼恰反。[44] 張衡〈西都賦〉云：歠灃吐㴜也。《説文》云：歠、歡也，從欠合聲。經從口作哈，非也」。[45]

11. 義淨譯《根本薩婆多部律攝》卷十二：「若食脆鞕餅果，不應作聲。應須潤濕。薄粥歡歠，不得作聲」。[46]

《慧琳音義》卷六十三：「憨合反。《太玄經》云：下歠上歠也。宋忠注云：歠合也。〈西京賦〉云：歠灃吐鄙也。《説文》：歠亦歡也，從欠合聲」。[47]

12. 義淨譯《根本説一切有部毗奈耶雜事》卷三十四：「歠粥作呼呼聲。嚼乾餅者作百百聲」。[48]

《慧琳音義》卷六十二：「訶閤反。考聲云，大歡也。或作哈，俗字也」。[49]

---

[42] 《玄應一切經音義》〔同注38〕頁65a。

[43] 《大正新修大藏經》18卷，頁792中。校異云：「嚕」，宋、元、明三本與甲本作「哈」。此經爲唐654年譯成。

[44] 「恰」字當從上田正《慧琳反切總覽》（東京：汲古書院，1987年2月）訂爲「蛤」，按合韻除「蛤」以外無與「恰」形似而適合於用作反切下字（需要易識、且無又音）的字。

[45] 《大正新修大藏經》54卷，頁551下。

[46] 《大正新修大藏經》24卷，頁586下。此經爲唐700年所譯。義淨：范陽人，635-713年。

[47] 《大正新修大藏經》54卷，頁727上。

[48] 《大正新修大藏經》24卷，頁375中。此經爲唐710年所譯。

[49] 《大正新修大藏經》54卷，頁724下。

13. 義淨譯《根本説一切有部毗奈耶頌》卷四:「不以飯覆羹,亦不菜蓋飯。更作希望意,由此益貪心。不欲不嚌噍,不呵不吹氣。不以飯置唇,不應毀呲食」。[50]

　　《慧琳音義》卷六十三:「訶鴿反。前薩婆多律第十一卷中已具釋」。[51]

此外《慧琳音義》有下面一條,因藏經未收此經,[52] 無由查出「吸欱」的上下文。

14. 《一切如來白毫水生觀自在菩薩真言經》「吸欱」。

　　《慧琳音義》卷四十:「呼蛤反。《説文》云:欱、歠也,從欠合聲。經本作哈,通俗字」。[53]

15. 僧伽跋陀羅譯《善見律》卷五:「於是老比丘即坐木上歠糜」。[54]

　　《玄應音義》卷十六:「《説文》歠、飲也,歙、欱也。欱呼答反」。[55]

　　希麟《續一切經音義》下面一條,是《切韻》對「歙」字的訓義中用「欱」。

16. 《續一切經音義》卷第十:〈琳法師別傳·卷中〉「歙醶」。注云:「上川劣反,《切韻》大欱也,音呼合反。」[56]

---

[50] 《大正新修大藏經》24卷,頁644下。

[51] 《大正新修大藏經》54卷,頁729下。

[52] 《慧琳音義》云:亦名《電光熾盛可畏形羅剎斯法》。京都府古文書等緊急調查報告:《東寺觀智院金剛藏聖教目錄　二》(京都:京都府教育委員會,1975年5月油印)頁59-60載《電光熾盛可畏形羅剎斯金剛最勝明經》一帖,日本康安二年(1362年)鈔本,當是此經,惜不能查閱。此系辛島靜志博士見教。

[53] 《大正新修大藏經》54卷,頁574上。

[54] 《大正新修大藏經》24卷,頁704中。

[55] 《玄應一切經音義》〔同注38〕頁66a。

[56] 《大正新修大藏經》54卷,頁977中。《龍龕手鏡》(北京:中華書局,1985年影印本)「歙」下亦云:大欱也。

從6至10，現在能看到的經文作「吸」、「哈」、「噏」、「含」等，這些用例只不過玄應、慧琳所據本子作「欱」，或他們把那些字當「欱」來解釋。因此，經文確鑿本來用「欱」的，是從例11至14而已，其中三條均系義淨所譯。不過，我們可以據這些漢譯佛經以及音義情況推測：在唐初以至中唐時期，「欱」字所代表的動詞是口語中比較常用的，只因為是鄙俗的詞彙，很少用文字寫出，所以玄應、慧琳以為讀佛經的人也許不認得「欱」字，才加注說明讀音和詞義了。

「欱」在佛經裏面也表示一種「吸取」義。那麼，「欱」與「啜（歠）」、[57]「吸」的區別在哪裏呢？「啜」似是只能以液體為對象，且總要帶點聲音（由「啜泣」可知）。上面諸例中「欱」的對象或是水（6,7），或是烟（9,10），或是粥（8,11,12），或是飯（13），液體、氣體、固體均有，並與是否帶聲無關。這方面「欱」與「吸」相近。不過，「吸」的動作似乎都是很順溜的，沒有受阻礙的感覺。「欱」則沒有那麼順溜，多少帶有用點力，或排除阻礙的感覺，在這一點上「欱」卻與「啜」相近。這裏說「用力」，並不是用大力氣，稍微著點力即可，例如喝粥的動作，因為粥又粘又熱，又有米粒，不能像「吸水」、「吸氣」那樣順溜。

在唐代韻書裏，「欱」往往用「大」來形容，即《廣韻》、《唐韻》以及例12《慧琳音義》所引《考聲切韻》皆將「欱」訓為「大歠」。[58]《切三》、《王二》卻訓「小歠」，當是誤抄。各本切韻系韻書對「㰦」字的訓義都有「大」，可作印證。這個「大」從字面上來講，是「較有氣勢」吧，

---

[57] 《說文解字·口部》〔同注3〕「啜，嘗也」，欠部「歠，㰦也」。段玉裁「歠」下注云：與口部「啜」義異。然而在唐代，讀音既無別，義亦相近，我們不妨把「啜」做「歠」的異體字或簡體字看待。李善、玄應、慧琳所引《說文》「欱」字的訓義，多將「歠」作「啜」，可以證此。

[58] 《慧琳音義》景審序（《大正新修大藏經》54卷，頁311下）云：「近有元廷堅《韻英》、張戩《考聲切韻》，今之所音，取則於此。參看王國維：《觀堂集林》（北京：中華書局，1959年6月）卷八〈天寶韻英陳廷堅韻英張戩考聲切韻武玄之韻銓分部考〉（頁385-390）。

我以爲這一特點主要表現在時間方面，即「欱」表示的動作是繼續性的；「吸」、「啜」表示的動作可以是一曒就結束的，「欱」則總要把吸引的動作繼續一會。如此解釋，就可讓「大」字和佛經中使用「欱」的情況相協調。自然「用力」的因素也會包含在「大」裏面。

2.4　唐代以至明代佛經以外「欱」的用例如下。文獻中亦有作「哈」者，形旁「欠」與形旁「口」相通，上引《慧琳音義》即以「哈」爲「欱」的俗字，《集韻》亦爲「欱」的異體字。

17. 段成式《酉陽雜俎》前集卷之五〈怪術〉：「術士……乃合彩色於一器中，……徐祝數十言，方欱水一作飲，再三噀壁上，成維摩問疾變相，五色相宣如新寫」。[59]

18. 莊綽《雞肋編》卷上：「游師雄景叔，長安人。范丞相得新沙魚皮，煮熟剪以爲羹，一縷可作一甌。食既，范問游：味新覺勝平常否？答云：將謂是飦飩，已哈了。蓋西人食麵幾不嚼也」。[60]

19. 趙彥衛《雲麓漫鈔》卷一：「許翁翁，亳人。……乾道間來臨安，已年九十餘矣。……嘗得其三詩。……耳無風雨眼無花，九十餘年鬢始華，世味審知嚼素蠟，人情全似哈清茶」。[61]

20. 《朴通事》下：「你來欱汁熱著」。[62]

---

[59] 《酉陽雜俎》（《四部叢刊初編》影印上海涵芬樓藏明刊本，縮印本第27冊），頁34-35上。「欱」下注曰：一作「飲」。作「飲」於文義不甚切合，當是訛誤。《漢語大詞典》第6卷，頁1441、《漢語大字典》縮印本，頁896俱引。段成式，臨淄人，約803-863年。

[60] 《景印文淵閣四庫全書》（臺北：臺灣商務印書館，1986年3月）第1039冊，頁153下。《漢語大詞典》第3卷，頁331引。莊綽，清源人，北宋、南宋之間在世。

[61] 《雲麓漫鈔》（《叢書集成初編》影印涉聞梓舊本）頁23。《近代漢語詞典》（北京：知識出版社，1992年3月）頁291引。趙彥衛，籍貫、生卒年月未詳，《雲麓漫鈔》有南宋開禧二年（1204）序。

[62] 《朴通事諺解》（漢城”京城大學法文學部，1943年3月，奎章閣叢書第八）頁326。《朴通事》爲朝鮮王朝所用漢語課本，原本成立於元代末年，於15世紀末曾由兩個漢人改訂，崔世珍（16世紀上半葉人）爲它作「諺解」。奎章閣本《朴通事諺解》是

《朴通事諺解》「欰汁」下云：「詳見老乞大集覽這湯下」。崔
世珍《老乞大集覽》「這湯」下云：「即粉羹也。凡人買燒餅饅
頭而食者，必有湯并欰之，用以解渴。亦曰欰汁，如本國所云床
花羹」。[63]

21. 張岱《陶庵夢憶》卷六〈曹山〉：「舟人急起視，見大魚如舟，口欰
西瓜，掉尾而下」。[64]

22. 張岱《陶庵夢憶》卷七〈龍山雪〉：「大雪深三尺許，晚霽，余登龍
山，坐城隍廟山門……坐久清冽，蒼頭送酒至，余勉強舉大觥敵寒，
酒氣冉冉，積雪欰之，竟不得醉」。[65]

在這些例中的「欰」似乎大多包含一種「含在嘴裏」的意思，如例17中
的「欰」，與其解作單純的「啜取」，毋寧作「吸取而含於口中」，如此解
釋更為合適。被「大啜」的東西一般暫時含在嘴裏，然後再咽下去（或吐出
來），因此，「欰」帶起「含」義是很自然的。例19中的「欰」（作
「哈」）可能也帶有「含」義，因為清茶只是啜取，大概還不甚苦，等把它
含在嘴中體味才會感到有充足的苦味。20「欰汁」的「欰」，雖然崔世珍解
作一般的飲義（「用以解渴」可證），但也可能本帶「含」義，因為燒餅、
饅頭缺乏水分，若有一點湯汁一起含到嘴裏，就便于咀嚼，味道也會好一
些。崔世珍在注釋裏也用「欰」，則是一般的飲義，與現在的「喝」相同。
例21,22的「欰」都是《陶庵夢憶》的，可能反映當時的南方方言，或已成
為一種文言。21裏的「欰」，是把西瓜含在嘴裏，而未至吞下；22裏的

1677年輯本，其中漢語文章與崔氏原本（只存上卷）並無大異。參看《中國語學事
典》（東京：光生館，1969年10月）頁295-296〈老乞大諺解‧朴通事諺解〉條。

[63] 奎章閣叢書《朴通事諺解》〔同前注〕頁388。《老乞大輯覽》是對《老乞大》中詞語
的注解，現附於奎章閣《朴通事諺解》後。

[64] 《陶庵夢憶》（《叢書集成初編》第2949冊 據粵雅堂叢書排印）頁54。《漢語大詞
典》6卷，1441頁引。張岱，紹興人，1597-1689年。

[65] 《陶庵夢憶》頁61。《漢語大字典》縮印本，頁896引。

「欱」，則酒氣都被積雪吸了進去，因而不能醉人，雖然「吸取」的因素較強，但也不無「蓄含於中」的意思。

上引六例中，18一例反「欱」的詞義再有了進一步的發展，即詞義的重點從「含」移到了「吞下」，與後代飲義「喝」基本相同。18裏「哈了」就等於現代的「統統喝掉了」。這一句是會話中的答句，更能切實地反映口語。可見在13世紀前半葉已有此現象，也許在口語中發生得更早。

2.5　以下是清代的用例，這些都是一般的飲義，與現在的「喝」相同。

23. 蒲松齡《磨難曲》第六回：「_{鄧天軍說}您頭哩先行。那地方去打水去了，俺哈些就走。_{方相公說}不可呀。您從頭裏急如火星，吃水不耽誤工夫麼？……_都說天哪天，這纔是一口水也沒撈著哈。_{方相公說}我待打水給您吃，您等不的，怎麼這一霎，就這樣從容呢？」[66]

24. 胡文英《吳下方言考》卷十二：「欱，音赫。張平子〈西京賦〉：欱漿吐鎬。案：欱，吸飲也。吳中謂無事露坐曰，欱西風。北方稱飲茶為欱茶」。[67]

25. 桂馥《札樸》卷九〈鄉里舊聞・鄉言正字・雜言〉：「飲酒曰欱」。[68]

26. 王筠《說文解字句讀》「欱，歠也」下：「一作嚍也，非。此吾鄉語也。〈東都賦〉：欱野歕山」。[69]

---

[66] 路大荒整理《蒲松齡集》（上海：上海古籍出版社，1986年4月新一版）頁1395-1396。《近代漢語詞典》頁291引。蒲松齡，山東淄川人，1640-1715年。

[67] 《吳下方言考》（北京：中國書店影印1783年刊本，刊年未詳）卷12，頁4b。胡文英，生卒年月未詳。

[68] 《札樸》（北京：商務印書館，1958年12月，據蔣氏心矩齋校刊本排印）頁329。《漢語大字典》縮印本，頁896引。桂馥，山東曲阜人，1736-1805年。

[69] 《說文解字句讀》（北京：中華書局，1988年7月，影印1865年涵芬樓刊本）頁327下。桂馥，山東安丘人，1784-1854年。

27. 唐訓方《里語徵實》卷中：「飲水曰哈水。《淮南子》：嘗一哈水，如甘苦知矣」。[70]

28. 劉鶚《老殘游記續集遺稿》第五回：「德夫人笑道：別讓他一個人進桃園洞，我們也得分點仙酒欰欰」。[71]

2.6 如果上面所論沒有大錯，「欰」從「吸取」義到一般飲義的過程可概括如下：

(1)繼續的性的「吸取」動作。

(2)「吸取而含於口中」。

(3)「將液體吸取，含於口中」。

(4)「將液體吸取，含於口中，再咽下」，即「飲」。

繼續性吸取的對象一般要暫且含於口中，所以(1)能變爲(2)。「欰」的對象本來不以液體爲限，但如漢譯佛經的例子裏，其對象雖然液體、氣體、固體都有，但「粥」可算是一種液體，還是以液體居多，所以(2)能變爲(3)。固體、氣體含到嘴裏往往不咽而吐出，液體則一般是咽下的17可謂是特殊情況），所以(3)又變爲(4)。至於例21,22的「欰」似還保存(2)的階段，那可以理解爲方言性或文言性的保守現象。

三

3.1 以上討論了「欰」的詞義由「吸取」變到一般「飲」義的過程。那麼「喝」字從什麼時候開始假借爲「欰」，表示飲義？

王力《漢語史稿・下冊》云：

---

[70] 《里語徵實》（東京：汲古書院，1974年12月，影印唐氏歸吾盧刊本，《明清俗語辭書集成》第三輯）頁322下。唐訓方，湖南常寧人，1810-1891年，

[71] 《老殘遊記》（北京：人民文學出版社，1957年10月，據良友復興圖書印刷公司單行本排印）頁248。《漢語大詞典》6卷，頁1441引。劉鶚，江蘇丹徒人，1857-1909年。

用「喝」來表示飲的概念，那是明代以後的事。《西游記》一般仍用「喫」字，只有少數地方用「喝」字。……《紅樓夢》裏也有「喝」字……。[72]

文中舉了《西游記》裏的用例二條，《紅樓夢》裏的用例一條，今從略。

3.2　《西游記》世德堂本爲1592年所刊。大島吉郎《‘喝’に關する若干の的問題――早期資料と〈紅樓夢〉を中心に》再往上尋找「喝」用做飲義的更早的例。[73] 他找到了《永樂大典戲文三種》嘉靖抄本《張協狀元》與《元刊雜劇三十種》中的用例各二條，作爲最早的例子，即：

《張協狀元》：（相揖）（丑白）請坐。（淨丑虛坐，末喝茶，淨應。末）又來。[74]

《張協狀元》：（丑）這个也踢一腳。（淨丑）相踢倒。（末）不尚庄身打扮。喝湯。[75]（淨應）[76]

《單刀會》：〔倘秀才〕林泉下酒生爽口，御宴上堂食葱手，留的殘生喝下酒。[77]

《七里灘》：〔鵲踏枝〕富漢每喝菜湯，穿粗衣樸裳。[78]

---

[72] 該書980頁（《王力文集》第9卷〔同注1〕，頁756）。《漢語詞彙史》（《王力文集》第11卷〔同注2〕）頁642。

[73] 見注19。

[74] 《永樂大典》（北京：中華書局，1986年6月）第6冊，頁6068下，第4-5行。

[75] 錢南揚校注：《永樂大典戲文三種》（北京：中華書局，1979年10月）頁202，注36 "喝湯"下引《萍州可談》卷一"今世俗客至則啜茶，去則啜湯"云：這裏末端上湯來，蓋有逐客之意。

[76] 《永樂大典》〔同注74〕第6冊，頁6068下，第9-10行。

[77] 《古本戲曲叢刊》第四集《元刊雜劇三十種》（北京：中華書局影印北京圖書館藏本，1958年12月）上冊。

[78] 《古本戲曲叢刊》第四集《元刊雜劇三十種》下冊。

　　大島氏說：如果《戲文三種》系宋、元間之作，如錢南揚先生的看法，[79] 那麼「喝」字飲義的用法在宋、元間之已經有了，但從原作至《永樂大典》原本，再至嘉靖抄本之間，也難保字句未經改動，因此，據《戲文三種》來確定飲義「喝」字出現的時代，不能不令人猶豫；《元刊雜劇》中的用例也太零碎，但由此可推知，飲義「喝」很可能元代已存在。

　　大島氏還查了《熊龍逢小說四種》、《清平山堂話本》、《劉知遠諸宮調》、《董西廂》、《華夷譯語》、《元代白話碑集錄》、《景德傳燈錄》、《敦煌變文》以及《宣德抄本金釵記》、《老乞大諺解》、《朴通事諺解》等，都沒有發現飲義「喝」的用例。

雖然大島氏采取慎重的態度，但我們不妨認為飲義「喝」元代已有了。當時北方方言入聲即使還存在，但也已失去了 -p、-t、-k 三種韻尾的區別。雖然《中原音韻》未收「歠」，但《蒙古字韻》「喝」與「歠」同音，是 ho 的入聲。[80] 「喝」假借為「歠」，在元代以前可能也有，因為即使 -p、-t、-k 三種韻未至合併為 -ʔ（促音），只要 -p 併入 -t（或相反）的話，「歠」、「喝」二字也就變得同音。但這只是可能性而已，尚未發現證據。[81]

---

[79] 錢南揚校注：《永樂大典戲文三種》，前言頁1。

[80] 照那斯圖、楊耐思編著：《蒙古字韻校本》（北京：民族出版社，1987年10月）頁131。《中原音韻》未收「歠」也許是因為用「喝」來表示「歠」的習慣已相當普遍的緣故。

[81] 《漢語大詞典》第3卷，頁417“喝盞”條云：

　　金代以後至明朝宴的一種儀式。明陶宗儀《輟耕錄·喝盞》：〔天子凡宴饗〕眾樂皆作，然後進酒詣上前。上飲畢，授觴，眾樂皆止；別奏曲以飲陪位之官，謂之喝盞。

　　由此引文看，“喝盞”起自金代，而其中「喝」字似乎表示飲義，其實不然，《輟耕錄·喝盞》（卷21）全文如下（上引部分用……代之）：

　　　　天子凡宴饗，一人執酒觴，立於右階，一人執柏板，立於左階。執板者抑揚其聲，贊曰「斡脫」。執觴者如其聲和之，曰：「打弼」。則執板者節一拍，從而王侯卿相合坐者坐，合立者立。於是…。蓋沿襲亡金舊禮，至今不廢，諸王大臣非有賜命不敢用焉。斡脫、打弼，彼中方言，未暇考來其義。（據《四部叢刊·三編》影印吳縣潘氏滂熹齋藏元刊本）

　　由此可知，“喝盞”的“喝”還是“吆喝”，原謂喊“斡脫”“打弼”二語。

大島氏指出，[82]《金瓶梅詞話》偶用「呵」來表示飲義，如：

金蓮吩咐：「叫你姐夫尋了衣裳，來這裏呵瓶子酒去」。[83]

《漢語大詞典》「呵」下亦云：「猶喝，飲」，[84]舉《金瓶梅詞話》一例。在《金瓶梅詞話》的基礎方言裏，入聲應該已經消失了，因此非入聲的「呵」字才可以假借爲「飲」。

3.3 「喝」字用做飲義以後，表示飲義仍舊多用「喫（吃）」字。參看23中「哈」、「吃」並用。《紅樓夢》前八十回「吃」比「喝」用得多，後四十回則相反，特別在會話中。[85]我們可想像：「飲」變爲飲義以後，「喫」在口語裏也仍然表示飲義，正如現在表示「視」義「瞧」、「看」並用那樣，只是因爲「飲」多少還帶一點飲取動作（啜取而吞下）的具體形象，給人以更生動的印象，所以口語中用得越來越多，終於把「喫」驅逐了。23中「吃」表示的動作是概念化的，「哈」則更具體、形象。缺少形象的詞被富於形象的詞代替，是詞彙交替的一個類型，例如「目」被「眼」代替，[86]「行」被「走」代替等，[87]而隨著交替的完成，本來形象的詞也就變成沒有形象的一般的詞，這是勝利者的命運。

此文的內容曾與魯國堯教授通信討論，得以改正一些錯誤，對此謹表謝忱。

---

[82] 《'喝' に關する若干の的問題－－早期資料と〈紅樓夢〉を中心に－－》〔同注19〕頁30。

[83] 《金瓶梅詞話》（東京：大安，1963年2月，影印日本日光慈眼堂藏本）三十三回，頁312。

[84] 卷3，頁254。

[85] 參看劉鈞傑《紅樓夢前八十回與後四十回言語差異考察》（《語言研究》1986年第1期），頁176-177，頁179-181。

[86] 參看王力《漢語史稿・下冊》〔同注1〕，頁499（《王力文集》第9卷〔同注1〕，頁645-646。）

[87] 參看王力《漢語史稿・下冊》〔同注1〕，頁574-575（《王力文集》第9卷〔同注1〕，頁747）。《漢語詞彙史》（《王力文集》第11卷〔同注12〕，頁633）。

外字一覽

01 欱　02 喫　03 噭　04 讚　05 歠　06 款　07 異　08 歕　09 歆　10 遾
11 噏　12 [illegible]　13 喋　14 啗　15 盡　16 ?　17 昫　18 龢　19 呪　20 喝
21 [illegible]　22 滈　23 噀　24 觥　25 鄗　26 頜　27 歙　28 戳　29 飫　30 飥
31 涑　32 嗽　33 傑　34 醨　35 鞕　36 漱　37 燗　38 鄂　39 嚽　40 並

第一屆國際訓詁學研討會論文
1997.04.19-20

《爾雅》與古書異文

宗靜航
香港浸會大學中文系

　　《爾雅》是訓詁學的重要典籍，所以研究者代不乏人。不過，對於《爾雅》的性質、訓釋的來源等問題，學術界還沒有一致的意見。趙振鐸教授在他的《訓詁學史略》中根據《四庫全書總目提要》的看法，認為「《爾雅》是先秦詞語的匯編」，[1]並認為《爾雅》所收的訓釋，有些是解釋古書中的異文。趙教授說：

> 先秦時期，學問都是口授，傳聞異辭，在所難免。經傳異文，也是常見。《春秋》三傳的異文多到幾百，更是明證。從《爾雅》的前三篇可以看到，有些條目解釋的正是這種異文。如前一章舉過的《詩經‧大雅‧皇矣》的「貊其德音」，《左傳‧昭公二十八年》引作「莫其德音」。《爾雅‧釋詁》：「貊、嗼，定也。」「莫」、「嗼」可以通用，看來就是解釋這種異文的。

> 又如前一章所舉《詩經‧周頌‧昊天有成命》的「夙夜基命宥密。」賈誼《新書‧禮容篇》引作「夙夜其命宥謐。」「密」和「謐」的意思一樣。《爾雅‧釋詁》的：「謐、密，靜也。」正是匯集了這條故訓。下面再舉幾個例子：

> 《釋詁》：「嘏、假，大也。」

> 按：《詩經‧商頌‧烈祖》：「鬷假無言，時靡有爭」。《左傳‧昭公二十年》引作「鬷嘏無言」。「假」和「嘏」古音相同，都表示大的意思。

---

[1] 趙振鐸：《訓詁學史略》，中州古籍出版社，1988，頁31。

又：「來、庲，至也。」

按：《公羊傳・隱公五年》：「公曷為遠而觀魚，登來之也」。鄭玄
注《禮記・大學》引此文作「登庲之」。「來」和「庲」古字
通。

又：「伊、維，侯也。」

這幾個是虛詞。《詩經・大雅・抑》：「無競維人，四方其訓之」。
蔡邕的《祖德頌》、《楊公碑》、《胡公碑》都作「無競伊
人」。看來蔡邕讀的《詩經》字作「伊」，和《毛詩》的傳本不
同。

《釋訓》：「薆、謁，忘也。」郭璞注：「義見《伯兮》、《考槃》
經。」

其實這是《衛風・伯兮》的異文。現在《毛詩》作「謁」，陸德明
《爾雅釋文》引《毛詩》經傳都作「薆」，可以為證。[2]

從趙教授所舉的例子，《爾雅》這些訓釋確是解釋古書的異文。不過，
如果翻檢趙教授所引各條《爾雅》與有關典籍的原文，會發現問題並非如此
簡單。現在先抄錄有關資料的原文如下：

一　1《詩・大雅・皇矣》：貊其德音。[3]

　　2《左・昭・二十八年》：莫其德音。[4]

　　3《爾雅・釋詁》：貉、嗼、安，定也。[5]

二　1《詩・周頌・昊天有成命》：夙夜基命宥密。[6]

　　2《賈誼・新書・禮容》：夙夜其命宥諡。[7]

---

[2] 同上，頁31-31。

[3] 《毛詩正義》，阮刻《十三經注疏》，藝文印書館，頁570。

[4] 《左傳正義》，阮刻《十三經注疏》，藝文印書館，頁913。

[5] 《爾雅正義》，阮刻《十三經注疏》，藝文印書館，頁29。

[6] 同註3，頁716。

[7] 賈誼：《新書》，上海古籍出版社，1989，頁73。

3《爾雅‧釋詁》：忥、謐、溢、蟄、慎、貉、謐、顗、頠、密、寧，靜也。[8]

三　1《商頌‧烈祖》：鞗假無言。[9]

　　2《左‧昭‧二十年》：鞗嘏無言。[10]

　　3《爾雅‧釋詁》：弘、廓、宏、溥、介、純、夏、幠、墳、嘏、丕、弈、洪、誕、戎、駿、假、京、碩、濯、訏、宇、穹、壬、路、淫、甫、景、廢、壯、冢、簡、箌、昄、晊、將、業、席，大也。[11]

四　1《大雅‧抑》：無競維人。[12]

　　2蔡邕《祖德頌》、《楊公碑》《胡公碑》：無競伊人。[13]

　　3《爾雅‧釋詁》：伊，維也。伊、維，侯也。[14]

五　1《公羊‧隱‧五年》：登來之也。[15]

　　2《禮記‧大學‧鄭注》：登庅之。[16]

　　3《爾雅‧釋詁》：迄、臻、極、到、赴、來、弔、艐、格、庅、懷、摧、詹，至也。[17]

六　1《衛風‧伯兮》：焉得諼草。[18]

---

[8] 同註5，頁10。
[9] 同註3，頁791。
[10] 同註4，頁859。
[11] 同註5，頁7。
[12] 同註3，頁645。
[13] 《祖德頌》見《全上古三代秦漢三國六朝文》，中文出版社，1981，第11，頁875。
　　《楊公碑》、《胡公碑》見《蔡中郎集》（四部集要），新興出書局，1959，頁37，頁60。
[14] 同註5，頁29。
[15] 《公羊正義》，阮刻《十三經注疏》，藝文印書館，頁34。
[16] 《禮記正義》，阮刻《十三經注疏》，藝文印書館，頁986。
[17] 同註5，頁7。
[18] 同註3，頁140。

2 陸德明《釋文》：焉得菱草。[19]

3《爾雅‧釋訓》：菱、諼，忘也。[20]

　　上引各條，除第四和第六條外，每條所釋字詞，都超過兩個。第一條有
三個，第二條十一個，第三條四十個，第五條十三個。而且在趙教授所舉認
爲是同一句古書的兩個異文中間，往往有其他字詞加插其間，例如，在
「密」與「靜」中間有「顗」、「顜」（見第二條）；在「虩」與「假」中
間有「丕」、「弈」、「洪」等六個字（見第三條）；在「來」與「戾」中
間有「弔」、「艐」、「格」等三個字（見第五條）。如果這幾條《爾雅》
真的如趙教授所說是解釋《詩經》和《左傳》等書的異文，則每條中的其餘
字詞又是否同一句古書的異文。這個說法似乎並不能成立，因爲一句古書不
可能有這麼多的異文。然則這些字詞又應如何解釋。再者，《爾雅》的編者
又爲了甚麼原因不把兩個異文編在一起或者獨立成一條。

　　至於上引第一條《爾雅》「貃、嘆、安，定也」，趙教授認爲是解釋異
文的「貃」、「嘆」二字確是編在一起，但「安」字，趙教授沒有交待。其
實「貃」、「嘆」、「安」三字都見於《皇矣》，只是「貃」字今本《皇
矣》作「貊」，（《皇矣釋文》則作「貃」。[21]《皇矣》：「貊其德音」，
《毛傳》：「貊，靜也。」[22] 郭璞於此條《爾雅》下注云：「皆靜定。」郝
懿行也說：「靜亦定也。」[23]）；「嘆」字今本《皇矣》作「莫」（《皇
矣》：「求民之莫」，《毛傳》：「莫，定也。」[24]）；而「安」字今本

---

[19] 黃師坤堯教授、鄧師仕樑教授：《（新校索引）經典釋文》，上冊，學海出版社，1988，
　　頁414。

[20] 同註5，頁59。

[21] 同註3，頁570。

[22] 同註3，頁570。

[23] 郝懿行：《爾雅義疏》（清人四疏合刊），上海古籍，1989，頁87下。

[24] 同註3，頁567。

《皇矣》作「安安」，並非單詞，解作「從容、舒緩的樣子」，[25]不解作「定」或「靜」（《皇矣》：「攸馘安安」，《毛傳》無解，《鄭箋》：「及獻所馘皆徐徐以禮爲之，不尙促速也。」[26]）否則，說整條《爾雅》是解《皇矣》的也可以。另外，《左‧昭‧二十八》：「德正應和曰莫」，[27]《皇矣》鄭箋作「德正雍和曰貊」。[28]據趙教授的說法，說這條《爾雅》是解釋《左傳》這句異文也可以。

現在再說第四條。「無競維人，四方其訓之」句，今本《毛詩》除見於《抑》外，也見於《周頌‧烈文》。蔡邕的《祖德頌》、《楊公碑》、《胡公碑》都有「無競伊人」句，現在先把原文抄錄如下：

《祖德頌》：「無競伊人，巖巖我考。」[29]

《楊公碑》：「無競伊人，謀無不忠，言無不信。」[30]

《胡公碑》：「可謂無競伊人，溫恭淑慎者也。」[31]

上引蔡氏三篇文章雖然都有「無競伊人」句，但是並沒明言是引《詩》，也沒有引下句「四方其訓之」，所以，是否引《詩》就很難證明。另外，熹平石經乃蔡邕所書，[32]而熹平石經所用的是《魯詩》。[33]蔡氏《獨斷》所載《周頌‧清廟》至《般》三十一章《詩序》是《魯詩》的序，[34]王先謙就據蔡氏所引認爲《魯詩》作「伊」。[35]因此，蔡氏所用的《詩》經可能是《魯詩》，而《爾雅》所解釋的就並不是《毛詩》的異文。至於是否解

---

[25] 向熹：《詩經詞典》，四川人民，1986，頁3。

[26] 同註3，頁574。

[27] 同註4，頁914。

[28] 同註3，頁570。

[29] 同註13。

[30] 同註13。

[31] 同註13。

[32] 《後漢書‧蔡邕傳》，中華書局（標點本）1965，頁1990。

[33] 王國維：《魏石經考‧三》，《觀堂集林》卷20，《王國維遺書》，第3冊，上海古籍出版社，1983，頁5。

[34] 王禮卿：《詩序辨》，《詩經研究論集》，黎明文化，1981，頁423-446。

[35] 王先謙：《詩三家義集疏》，中華書局，1987，頁930。

釋《毛詩》與《魯詩》用字的不同，在沒有充足證據之前，不能妄下結論。
另外，如果趙教授的說法成立，則《爾雅》只需要一條「伊、維，侯也」，
或「伊，維也」也就夠了，現在兩條並存，不知道應該如何解釋。

上述第六條《爾雅》：「蔶、諼，忘也」，趙教授說「現在《毛詩》作
『諼』，陸德明《爾雅釋文》引《毛詩》經傳都作『蔶』」。在討論趙教授
的意見之前，先研究「諼」、「蔶」二字的有關資料。「諼」字，今本《詩
經》共四見，[36]《經典釋文》共十見，[37] 現抄錄有關的資料如下：

1、《詩・衛・淇奧》：「終不可諼兮。」毛傳：「諼，忘也。」[38]
　　《釋文》：「況元反又況遠反。」[39]

2、《詩・衛・伯兮》：「焉得諼草。」毛傳：「諼草，令人忘憂。」
　　[40] 王先謙：「諼」，《魯詩》作「蔶」，《韓詩》作「諠」[41]
　　《釋文》：「本又作萱。況袁反，《說文》作藼云令人忘憂也。或
　　作蔍。」[42]

3、《禮記・少儀》：「軍旅思險，隱情以虞。」《鄭註》：「險阻出
　　奇覆諼之處也。」[43]

　　《釋文》：「況煩反。諼、詐也，或云諼、譁。」[44]

4、《禮記・表記》：「其民之敝：惷而愚，喬而野，朴而不文。」

[36] 劉師殿爵教授等編：《毛詩逐字索引》，商務，1995，頁385。
[37] 同註19，上冊，頁407。
[38] 同註3，頁127。
[39] 同註19，上冊，頁61。
[40] 同註3，頁140。
[41] 同註35，頁309。
[42] 同註19，上冊，頁62。
[43] 同註16，頁635。
[44] 同註19，上冊，頁194。

《鄭註》：「以本不困於刑罰少詐諼也。」[45]

《釋文》：「況袁反。詐也、忘也。」[46]

5、《公·僖·二十一》：「楚人果伏兵車執宋公以伐宋。」何休注：
「詐諼劫質諸侯，求其國當絕，故貶。」[47]

《釋文》：「諼音許元反。詐也，又音援。」[48]

6、《公·文·三》：「此伐楚也，其言救江何？為諼也。」[49]

《釋文》：「許元反。」[50]

7、《公·襄·二十五》：「諼君以弒也。」[51]

《釋文》：「況元反。」[52]

8、《公·昭·八》：「葬陳哀公。」何休注：「日者疾詐諼滅人
也。」[53]

《釋文》：「況元反。」[54]

9、《公·哀·六》：「此其為諼奈何。」[55]

《釋文》：「況元反。」[56]

---

[45] 同註16，頁915。
[46] 同註19，上冊，頁210。
[47] 同註15，頁143。
[48] 同註19，上冊，頁314。
[49] 同註15，頁167。
[50] 同註19，上冊，頁315。
[51] 同註15，頁262。
[52] 同註19，上冊，頁319。
[53] 同註15，頁279。
[54] 同註19，上冊，頁320。
[55] 同註15，頁345。
[56] 同註19，上冊，頁323。

10、《爾雅·釋訓》:「藼、諼,忘也。」[57]

《釋文》:「(諼),許爰反。」[58]

至於「藼」字,今本《詩經》不見,[59]《經典釋文》只一見,[60] 即上引「諼」字第十條資料。

《爾雅·釋訓》:「藼、諼,忘也。」郭璞注:「義見《伯兮》《考槃》詩。」[61]

《釋文》:「郭云義見《伯兮》詩云焉得藼草。《毛傳》云藼草令人善忘。」[62]

從以上所引資料,可以知道:

1·「諼」字的十條《釋文》,只有第一和第二條與《詩經》有關,第一條《釋文》陸氏並沒有引《詩經》與《毛傳》的別本;

2·《說文》所引《伯兮》「諼」字並不作「藼」;[63]

3·陸氏《詩經釋文》所見《伯兮》別本,「諼」字作「萱」,也不作「藼」;

4·《伯兮》「諼」字或作「藼」,可能是《魯詩》本;

5·今本《伯兮》經文作「焉得諼草」,今本《毛傳》作「諼草令人忘憂」,而《爾雅釋文》所引經文作「焉得藼草」,所引《毛傳》作「藼草令人善忘」;

6·趙教授定《爾雅》「藼、諼,忘也」條爲解釋《伯兮》異文,只據陸氏所見《伯兮》的其中一種別本,並沒有考慮其他資料。

根據以上的分析,《爾雅·釋訓》:「藼、諼,忘也」,是解釋《毛

---

[57] 同註5,頁59。

[58] 同註19,上冊,頁414。

[59] 同註36。

[60] 同註19,下冊,頁352。

[61] 同註5,頁59。

[62] 同註19,上冊,頁414。

[63] 參段玉裁:《說文解字注》,藝文印書館,頁25。

詩》不同傳本之異文，還是《毛詩》與《魯詩》之異文，按趙教授的意見，
應該都可以。不過，陸德明生活的年代距離《爾雅》成書年代久遠，如果只
憑陸氏所見的其中一種別就下判斷，證據似乎不夠充分。

　　上文的用意並不是否定趙教授認爲《爾雅》所收的訓釋，有些是解釋古
書中的異文這個說法，只是想指出，要證明《爾雅》的訓釋是解釋哪些典
籍，其實是很困難的。《爾雅》成書年代久遠，又成於眾手，代有損益外，
是造成這個困難的其中一個原因。另外，《爾雅》編者蒐集訓釋資料所用的
方法，也是重要的因素之一。我們現在當然無法知道《爾雅》編者所用的是
甚麼方法，但按常理推想，決不能閉門造車，應該是根據所見的經傳訓釋來
編成的。[64]在編訂過程中，收錄了古書的異文資料，按理是不能避免的。但
是，現在又不知道《爾雅》編者用了所蒐經傳的何種版本。其實，趙教授也
知道要確定《爾雅》的詁訓來源是很困難的。趙教授說：

　　由於文獻不足，《爾雅》裏面有不少解釋還不知道它的確切來源。[65]

---

[64] 劉師殿爵教授嘗說陳奐《毛詩傳義類》的編撰方法，與《爾雅》編者所用的應該相類。
[65] 同註1，頁32。

第一屆國際訓詁學研討會論文
1997.04.19–20

西晉佛經中仁字的詞義與第二人稱研究

竺家寧

中正大學

壹、佛經中取品德義的"仁"字

在儒家的用法裡，"仁"字是一個代表德行的字。孔子對這項德形特別重視，在論語裡就提到了 46 次"仁"字。孟子也提到了 68 次"仁"字。其中沒有一個作人稱代詞用。

中文大辭典"仁"字收有 22 個解釋，沒有一個作第二人稱用。 敦煌變文字義通釋也沒收這個意義。 丁福保佛學大詞典云：仁者，又單稱"仁"，呼人之敬稱。漢語大詞典"仁"字，義項八：佛教徒對佛、羅漢的尊稱。

西晉佛經作德行義的"仁"字，例如：

11：君常所歎，聰慧弟子，柔仁貞潔，履行無闕。

14：奉劍而退，垂淚言曰：淨修梵行，則梵志法；孝養父母，則梵志法；修為眾善，則梵志法；不邪正歸，則梵志法；柔和仁惠，則梵志法。

30：佛言：大王！莫恐莫懅！今以仁賢，無復逆意。

214：有大尊者。多財饒寶。勢富無量。佯現仁賢。

227：此人還至王舍城。與婬女俱飲食。此博掩子。非是長者。非仁賢人。

1235：爾時世者具以聞王。國人咸知普感慈信。鹿之仁行有喻於義。莫不肅歎。

1847：慎法眞陀羅王。大法眞陀羅王。仁和眞陀羅王。持法眞陀羅
　　　王。

2223：於彼世時有大國城名曰仁賢。

2226：未久時有比丘名曰為法。行來周旋遠他鄉來在仁賢城。奉持方
　　　等千餘經卷。

2228：在仁賢城。惟但宣散一品法教。

3265：應時化作七寶蓮花。其葉有千。持詣能仁如來至眞等正覺。稽
　　　首奉上。

3926：何謂至眞仁和道心。曰以發道心不行諸法。

4015：有四事法具足所願。何謂為四。一曰志性仁和。二曰愍哀眾
　　　生。

4086：五曰閡於人間穀米踊貴弊惡加害而興慈仁。六曰

4127：文殊師利。仁尊。久如當成無上正眞之道逮最正覺。文殊師利
　　　答曰。當作是問。

4367：四千十六正士發仁慈心。性弱和雅所願具足。

4649：學志問姐何所求米。答曰慕仁。學志報言。吾不樂欲。

4910：歡豫志性安隱仁和未曾卒暴。

4958：大千世界。於其光明出一音聲。今釋種子能仁之尊。棄國捐
　　　家。

5222：捨六十佉梨金寶好物及千具犁牛。捐仁賢妻天下第一光顏微妙
　　　面色為最。

5317：龍施菩薩曰。普弘等心調和其志。溫潤其性。柔軟其意。而心
　　　仁厚。

5464：軟首尋於其處化作如來。其體形像如能仁佛。

這些用法多半是受文言的影響，因此見於偈中的特別多。例如：

46：　　　應受凶暴名　　　自調成仁賢

154：	若干種供養	爾乃與仁俱
334：	不欲得餘人	唯意樂在仁
1152：	無熱佛 性空辟	天王佛 金仁佛
1232：	天仁重愛物	復蒙放捨原
1258：	彼迦葉仁佛弟子	譬如師子歷深山
1363：	唯仁此第一	福田無有上
1458：	唯仁我識念	削所作惡行
1496：	能仁除鬢髮	因是見道跡
1637：	唯仁我二夜	證通三達智
1759：	心歡喜踊躍	往詣仁世尊
1776：	唯仁我追念	身本所作惡
2072：	斯經典已 能仁至尊	處於法床
2116：	階已滅度 其法師者	超光仁人
2163：	安住滅度 仁順其教	於彼世時
2166：	如是之類 安住之仁	變動若茲
3836：	能仁無所著	心寂善調和
3948：	至仁今所笑	願為分別義
4737：	皆和心解眷屬俱	同時往詣能仁佛
4746：	最勝所言仁無異	阿難聽我之所語

貳、西晉佛經作第二人稱用的"仁"字：

作為第二人稱用，是佛經中"仁"字的主要用法。又可分為單用"仁"字和 "仁者"二字連用。

單用的稱代詞 ＂仁＂字， 在西晉佛經裡可以是主語，也可以是賓語，甚至可以作定語。

作主語的例如：

138：請入就座。又問：比丘！仁從何來？

496：仁不枉屈，詣我家門。今欲相請，到舍小食。

498：獼猴便從。負到中道。謂獼猴言。仁欲知不。所以相請。吾婦病困。

2199：爾時世尊告於彌勒菩薩大士。阿逸。仁識知之。正覺不久當取滅度。

2321：爾時世尊告文殊師利。仁且觀此如來聖慧無量。

4128：仁為志學無上正真道乎。

4129：又問。仁不以眾生求最正覺乎。答曰不也。

4131：又問。仁不求佛慕佛法乎。答曰不也。

4140：所以者何。仁之名號一切導首。為眾重任而今造證。為諸菩薩頌宣諸法。

4211：　　若修諸正行　　仁亦當成佛

4422：問文殊師利曰。仁當久如成最正覺。文殊師利答曰。虛空有形乃成正覺。

4287：問文殊師利曰。仁成佛時國土何類。文殊師利答曰。族姓子。若仁好樂佛道者。

4550：諸法不可計數亦無所住。而仁問我住於何法。仁作是問不如不問。

5277：欲行取水。諸比丘見尋時問之。仁為耆年。不以貢高。亦不憂感。

5281：白世尊曰。我行取水。見諸弟子及諸比丘。問我曰。仁為耆年。

2205：又仁彌勒。宜當專精思惟是門。（仁彌勒的仁字看起來像是修飾語，正如”彼迦葉仁佛弟子”、”往詣仁世尊”、”能仁至尊”、”仁和真陀羅王”、”能仁如來”、”仁尊”、”能仁佛”一般。但是這句

的上下文顯然"仁"和"彌勒"是同位語，共作主語。意義是：你彌
勒應當要....）

從上下文觀之，"仁"作爲第二人稱，未必是尊稱，也未必是對佛、
羅漢的用語。例如上面有用於一般眾人，甚至還用於彌猴的。

作賓語的例如：

368：　　眾共稽首仁　　如梵志事火

4293：告曰。文殊師利。宜用時說成己佛土功勳嚴淨。以何志願如來
　　　聽之。或有從仁（介詞的賓語）聞說所願餘菩薩。緣是發意
　　　具足斯業。

4867：所有妻婦群從眷屬。相敬重故各共發願。世世與仁（介詞的賓
　　　語）俱，生生相侍隨。

作定語的例如：

31：王又問曰：仁姓爲何？曰：奇角氏。（仁姓即你的姓）

395：　　又當洗仁足　　為其梳頭髻（仁足即你的腳）

519：設如仁言。當重念恩。不敢自憍。梵志言畢。尋逃遁走。出之
　　　他國。（仁言即你的話）

1217：　　感仁恩難忘　　不敢違命旨（仁恩即你的恩惠）

4133：解了爾此逮一切法。又如仁（主語）問逮立佛法。隨仁（定語）意
　　　答。誰求志者。（仁意即你的意思）

4345：善哉誠如仁言。如來通慧三達無礙。（仁言即你的話）

4864：昔錠光佛瞿夷有誓。後世為仁妻殖其德本。（仁妻即你的妻子）

有些作定語的人稱代詞"仁"字出現在"之"、"所"的前面。例如：

4291：又如向者仁之所言。國土何類說其本末。（仁之所言，定語和中
　　　心詞之間加結構助詞"之"）

4554：如仁所說合會是事為能得佛不。須摩提報言。云何仁者謂癡黠
　　　行三事異乎。（仁所說，即你所說的話）

4555：須摩提報言。 如仁（定語）所說致為大快。一切法處亦不
　　　有。亦不不有。至於如來無合無散。文殊師利聞彼所說甚悅□
　　　善。文殊師利白佛言。甚善須摩提所說微妙大可怪也。及能深
　　　入逮得法忍。發意已來為幾何乎。佛語文殊師利。是須摩提。
　　　發無上平等度意等住已來。積不可計。先仁（定語）之前三十億
　　　劫。仁（主語）乃於彼發無上正等度意。（仁所說，即你所說的
　　　話。仁之前，即你的世代之前）

4556：適甫乃入無所從生法忍。是仁（主語）本造發意時師。文殊師利
　　　聞佛所說則前作禮。
　　　....所以者何。法無男無女。今者我當斷仁（定語）所疑。文殊
　　　師利言。善哉樂欲聞之。（仁所疑，即你的疑惑）

4557：須摩提言。如仁之國我之剎土。亦當如是。（仁之國即你的國土）

4775：曰。常往隨仁所湊。吾等如是薄福之人。聞此聲已不信不樂。
　　　（仁所湊即你之所湊）

4782：欲見城者。謂聲聞緣覺也。應曰當往隨仁所湊則菩薩也。（仁所
　　　湊即你之所湊）

　　這個第二人稱的仁字，還可以有複數形式。 就是在後面加 ” 等 ”
字，或在前面加 ” 諸 ” 字。例如：

4261：又問。云何具足諸色。答曰。仁等見色。色有常乎。

5452：通慧者無眼耳鼻口身心識。所以者何。度諸界故。諸仁。欲知
　　　諸通慧者。

參、"仁者"二字連用

這和儒家經典裡的"仁者"二字連用完全不同。例如論語：

子曰：「不仁者，不可以久處約，不可以長處樂。仁者安仁，知者利仁。」（論 語 里仁第四）

子曰：「唯仁者能好人、能惡人。」（論 語 里仁第四）

子曰：「我未見好仁者，惡不仁者。好仁者，無以尚之；惡不仁者，其為仁矣，不使不仁者加乎其身。有能一日用其力於仁矣乎？我未見力不足者。蓋有之矣，我未之見也。」（論 語 里仁第四）

樊遲問知。子曰：「務民之義，敬鬼神而遠之，可謂知矣。」問仁。曰：「仁者先難而後獲，可謂仁矣。」（論 語 雍也第六）

子曰：「知者樂水，仁者樂山；知者動，仁者靜；知者樂，仁者壽。」（論語雍也第六）

宰我問曰：「仁者，雖告之曰：『井有仁焉。』其從之也？」子曰：「何為其然也？君子可逝也，不可陷也；可欺也，不可罔也。」（論 語 雍也第六）

子貢曰：「如有博施於民而能濟眾，何如？可謂仁乎？」子曰：「何事於仁，必也聖乎！堯、舜其猶病諸！夫仁者，己欲立而立人，己欲達而達人。能近取譬，可謂仁之方也已。」（論 語 雍也第六）

子曰：「知者不惑，仁者不憂，勇者不懼。」（論 語 子罕第九）

司馬牛問仁。子曰：「仁者，其言也訒。」曰：「其言也訒，斯謂之仁已乎？」子曰：「為之難，言之得無訒乎？」（論 語 顏淵第十二）

樊遲問仁。子曰：「愛人。」問知。子曰：「知人。」樊遲未達。子曰：「舉直錯諸枉，能使枉者直。」樊遲退，見子夏，曰：「鄉也吾見於夫子而問知，子曰：『舉直錯諸枉，能使枉者直』，何謂也？」子夏曰：「富哉言乎！舜有天下，選於眾，舉皋陶，不仁者遠矣。湯有天下，選於眾，舉伊尹，不仁者遠矣。」（論 語 顏淵第十二）

子曰：「有德者必有言，有言者不必有德；仁者必有勇，勇者不必有仁。」（論 語 憲問第十四）

子曰:「君子而不仁者有矣夫,未有小人而仁者也。」(論　語　憲問第十四)

子貢曰:「管仲非仁者與? 桓公殺公子糾,不能死,又相之。」子曰:「管仲相桓公,霸諸侯,一匡天下,民到於今受其賜。微管仲,吾其被髮左衽矣!豈若匹夫匹婦之為諒也,自經於溝瀆而莫之知也。」(論　語　憲問第十四)

子曰:「君子道者三,我無能焉:仁者不憂,知者不惑,勇者不懼。」子貢曰:「夫子自道也!」(論　語　憲問第十四)

子貢問為仁。子曰:「工欲善其事,必先利其器。居是邦也,事其大夫之賢者,友其士之仁者。」(論　語　衛靈公第十五)

上面這些例子都指 ″ 有仁德的人 ″,屬偏正結構的名詞。我們試較下列西晉佛經的資料:

330:　　仁者有四腳　　我身有兩足

654:諄那沙彌白阿難曰。唯然。仁者欲得。

659:為我說言。仁者欲知。賢者舍利弗已取滅度。

719:賢者阿難所說辯慧。猶師子吼。今問離越。仁者睹此。音聲叢樹為快樂不。

1102:德光太子語父母及諸眷屬。今願仁者。勸助城郭莊飾瓔珞以奉如來。

1491:　　仁者善來此　　便來坐此座

1523:　　吾於是仁者　　神足無有漏

1561:　　我時逼迫是　　仁者我捨去

1701:　　仁者識念是　　作罪薄少耳

1705:　　仁者吾於是　　有神足自在

1871:仁者稚說。今何因緣有此瑞應。

1902:　　歌詠佛德　　仁者薄首　　彼所言說

2006: 　　渴仰仁者　　兼見瞻察　　今日安住

4165: 吾由是故不發道心。又問仁者。以無所見。今何以故宣此章
　　　句。文殊答

4195: 　　仁者慎莫得　　勸助下劣心

4256: 問文殊師利。仁者在往古佛。具一切法如來十力。

4267: 於是師子步雷音菩薩。問文殊師利。又察仁者。逮得法忍以來
　　　久遠懸絕□邈巍巍。如是不一發心吾當得道。仁者。云何勸化
　　　眾生使發道心。

4287: 又問文殊師利。仁者。不樂佛國土乎。答曰不也。

4424: 又問。仁者為不志求道。

5312: 如是之儔，迭相謂曰。仁者。欲知佛之智慧弘普無限不可思議
　　　不可稱量。

5330: 持地菩薩曰。譬如仁者地之所載。一切眾果百穀藥木因地而
　　　生。

5334: 寶掌菩薩曰。仁者當知。被上德鎧乃至佛慧。無能沮敗令釋大
　　　乘。

5344: 師子意菩薩曰。仁者當知。被無畏鎧是為無懼。

5348: 師子步雷音菩薩曰。仁者當知。其斯事者非下才行。

5385: 大山菩薩曰。仁者當知。其此乘者。普超諸世則謂佛慧。其行
　　　所入不可限量。

5412: 無憂施菩薩曰。仁者當知。其犯惡者後懷湯火。其為善業後無
　　　憂慼。

5429: 常進法行天子曰。仁者當知。其精進者無懈怠心。是故菩薩修
　　　諸德本而不厭惓。

5433: 於是軟首。語諸正士及天子曰。仁者。欲知菩薩精進若不精進
　　　至諸通慧。

5447: 又次仁者。而不得至於諸通慧。何故不至。

5471:軟首答曰。仁者。不聞一切諸法化自然乎。

佛經中的 ”仁者” 都是用為第二人稱代詞。”者” 字是一個虛化的後綴。詞義重心在詞根 ”仁” 字上。

肆、〔n-〕聲母字系列的第二人稱

那麼，這樣一個特殊的稱代詞的 ”仁” 字是如何產生的呢？王力漢語語法史指出，由語音看，古代的第二人稱只有一個系統。都唸舌尖鼻音聲母 n-。例如 ”汝、女、爾、若、乃、而、戎” 等字都是 n- 聲母字。”仁” 字是日母字，依據章太炎娘日歸泥的理論，以及現代古音學者的擬音，正是〔n-〕聲母字。因此，它和其它表第二人稱的〔n-〕聲母字，實為同源詞。今天通用的 ”你、您” 二字也是 n- 母字。吳方言另有 ”耐” 字作第二人稱，例如：

耐阿是搭錢大人一淘（一淘，一道也）格？（負曝閑談十六）

耐坐一歇，等我幹出點小事體，搭耐一淘北頭去。（海上花列傳一）
其中的耐字也是n- 母。

一、您字和恁字源於"仁"字

有些學者認為，今天的您字由 ”你們” 的合音構成。例如高名凱漢語語法論一書就是這樣主張的。這個 ”您” 字最早見於金代的諸宮調。劉知遠諸宮調共用"您"字19次，其中用於單數6次，複數13次。董解元西廂記共用"您"字15次，其中用於單數5次，複數10次。由這樣的比例看來，"您"字兼用於單複數，很難說是由"你們"的合音變來。例如：

金裝袍凱，與您精兵五百。（劉知遠諸宮調第十二）

您兩個也不是平善底，若您兄弟送他，我卻官中共您理會。（劉知遠諸宮調）

您妻子交來打聽消息，你卻這裡又做女婿。（劉知遠諸宮調）

您那門親事議論的如何?(董解元西廂記卷二)

第二句的"您"作複數用。其他是單數。"您"又寫作"恁"。例如:

記得恁打考千千遍。(劉知遠諸宮調)

相國夫人,恁但去,把鶯鶯留下勝如湯藥。(董解元西廂記)

管是恁姐姐使來沙?(董解元西廂記)

這些用法不必然是複數。而第二人稱複數在宋代往往用 " 你門、你滿 (下加心字)" 表示。元代則在後面加 " 每 " 字表複數。" 您 " 既不完全表複數,是否真由 " 你們 " 二字合音構成? 就值得商榷了。在其它語言中,倒是有以複數形式表尊敬之意, 例如法文第二人稱單數是 tu, 尊敬用語則變爲複數形式 vous。 古漢語是否也如此呢? 然而, 從宋代一直到清末,各種語料都不見 " 您 " 字帶尊敬之意。元代,這個 " 您 " 字用得十分普遍。也不見有尊敬的含義。用作尊稱形式是清末民初的事。例如〔元雜劇〕《倩女離魂》:

63:母親,喚您孩兒有何事?

87:母親,休打掃書房,您孩兒便索長行,往京師應舉去也。

這兩句用"您",和下面用"你"並無任何區別。

39:孩兒一向有失探望,母親請坐,受你孩兒幾拜。

45:母親,你孩兒此來,一者拜候岳母,二者上朝進取去。

177:母親,今日是吉日良辰,你孩兒便索長行,往京師進取去也。

191:母親,你孩兒今日臨行,有一言動問:當初先父母曾與母親指

　　腹成親 ...

267:你孩兒則今日拜別了母親,便索長行也。

705:母親,望饒恕你孩兒罪犯則個!

明清小說中，醒世姻緣傳用"您"76次，其中，單數7次，複數69次。用"您們"四次，"你們"161次。由這樣的分布看，絲毫沒有用"您"表複數的說服力。例如：

> 您都混帳！叫人看看敢說這是誰家沒家教的種子！(44回)
>
> 您們好不識羞，娘的幾件衣衫，是你哪一個做給他的呀！(92回)

由這兩句看，"您"完全沒有尊敬之意。

1902年的小說二十年目睹之怪現狀，在72回中有一段"您"字問題的記述：

> 你寧，京師土語，尊稱人也。發音時唯用一寧字，你字之音蓋藏而不露者。

在此書中，"你寧"共出現32次，全作單數用，且已成為尊稱形式。這是"您"字專表敬意的最早記載。在此以前，"您"和"你"並沒有區別。清初的五方元音"人韻"下云：您，你也。康熙字典備考中收入"您"字，注云：俗你字。都說明了"您、你"二字沒有分別。

我們認為"您"字的前身就是佛經中的仁字。並不表複數，也沒有尊敬之含義。因此這個詞可以上推到西晉。佛經的第二人稱不是用口語的"仁"，就是用文言的"汝"。至於"爾"字通常是構成"爾時"用較多，用作第二人稱往往是文言的影響，因此較常出現於偈中。當時還不用"你"字，也沒有"您"和"恁"字。

二、佛經常見的另一個〔ｎ－〕系第二人稱代詞"汝"

竺法護佛經中的第二人稱代詞"汝"可以作主語用，也可以作賓語和定語（所有格）用。還可以加上"等、曹"形成複數。

作主語用的例如：

> 17：佛告逆賊。吾止已來其日久矣。但汝未止。時騫掘摩遙以偈頌曰

24:　　　汝走無智想　　吾定爾不止

26:　　　汝獨驅癡想　　懷害今未止

32:見有女人臨月欲產。產難恐懼求見就護。佛告指鬘。汝便速往
謂女人曰。

356:　　　汝欲遠牽挽　　凶弊如蛇虺

555:於時梵志。問奴子曰。汝前實屐。木何從得。奴子俱行。示得
屐處。

659:為我說言。仁者欲知。賢者舍利弗已取滅度。汝意諄那念舍利
弗比丘。

662:佛所現信。汝於今見舍利弗比丘又般泥洹。而反愁慼。涕泣悲
哀。

697:往詣佛所。默然立前。佛問其人。汝何以故。本制其心。

761:善哉善哉。迦旃延。爾之所說。所以者何。汝見四諦。無復狐
疑。

821:王語太子。不可不可。汝為智者當原不及。共還入國舉位與
汝。我自避退。

923:　　　汝當聽是好音聲　　所鼓伎樂相和悲

1105:佛告賴吒和羅。汝知爾時國王□真無不。答言不及。佛言。則
無量壽如來是。

1193:　　　念汝求研來　　今當還就死

1197:無得母子併命俱死。吾沒甘心傷汝未識。世間無常皆有別離。

1238:其國王者舍利弗是。時射獵者汝身是。我之所入興隆道化。

2463:於是世尊。告等目曰。當察此菩薩大會。吾告□汝。汝當請普
賢。

3955:佛告凸難。汝乃見此棄呼菩薩住空中不。對曰已見。佛言阿
難。是棄惡菩薩。

4121:佛告舍利弗。汝寧見此諸族姓子帥子吼不。

4126：今當久如成最正覺。佛言。汝自以是問文殊師利。

4286：佛告之曰。汝以是語問於文殊師利。

4483：善哉大快乃如是乎。汝若欲聞諦聽諦受勤思念之。吾當解說。

4690：神足無礙自由自在。在賢者阿難曰。汝見愛敬飛遊進止如鴈王乎。

4946：汝於方來當得成為佛。號離垢如來至眞等正覺。

5104：阿難汝今往　告○釋須檀

5256：　佛告迦葉。假使我受柔軟絳衣。汝服何等。迦葉白佛。往古諸世尊讚譽。

5258：多所研愍。多所安隱。著弊納衣。往古諸佛。所稱歎者。迦葉汝起促取水來..

竺法護佛經中的第二人稱代詞"汝"---作賓語和所有格用

　　3：是時佛告諸比丘。聽諸比丘。唯諾受教佛言。當為汝說聖法印。

328：　　從樹來下地　　當為汝作妻

372：　　天當與汝願　　以梵杖擊卿

475：又從請求。復不肯與汝毀辱我。在在所生。當報汝怨。所在毀辱。

629：往詣佛所。　稽首足下。卻住一面者。於時世尊告梵志長者。假使有人來問汝者..

636：假使有人來問汝者。當供事奉敬尊重何所沙門。梵志當云何乎。

850：乃為當來諸菩薩施令得護行。賴吒和羅。諦聽善思念之。當為汝說。

918：　誰嬈汝者今語我　　吾當重罪誅罰之

932：　欄楯邊施用汝故　　眾千采女鼓吹音

1168：固不放汝不須多方。鹿復垂淚以偈報言

1194：　　憐汝小早孤　　努力自活已

1739：　　彼天帝謂我　　我當為汝伴

2434：佛從汝意。當為發遣。令汝歡喜。於時等目。尋白佛言。云何世尊。

3273：諦聽善思念之。吾當為汝具說普門內藏不可思議祕寶中心之事。

3587：佛告難陀及諸比丘。當為汝說經..

3588：中語亦善。竟語亦善。分別其義。微妙具足淨修梵行。當為汝說..

4109：成就功勳不可究盡。而譬喻之。粗為汝略舉之耳。

4176：唯佛今當為汝解說本初發心。

4477：如來今當為汝具解說之。事事分別。令汝歡喜。

4482：是時佛語須摩提。如汝所問如來義..

4541：此四十事。大士所行菩薩所為甚亦難。當如汝小女何能辦之。

4570：世尊告曰。恣所欲問。佛當為汝開解結滯。慧上白佛。所云善權為何謂乎。

4572：開闡佛法獲微妙慧。乃問闓士善權方便。佛言諦聽善思念之。吾當為汝申暢..

5262：自問大聖。悉當為汝分別說之。於時賢者大迦葉。即取水來。往奉上佛。

　696：願來見我。當於何所得睹汝形。於時是人隨其門路。出舍衛城。

4959：無上正真之道。已過汝界多度人民不可貲量空汝國境。

竺法護佛經中的第二人稱複數形式---汝等、汝曹

5261：欲入無所處。何因為沙門欲受具戒今所至。迦葉報曰。汝等詣
　　　佛。以持此事。

4978：王不離宿罪。汝等之類安得離殃。由斯有言如來永無餘殃。

5094：　　汝等勿愁憂　　所夢無有異

2454：佛告等目。如是如是。汝等不見普賢菩薩。所以者何。已學菩
　　　薩行無盡地。

912：王告諸采女曰汝等捨諸因緣晝夜作諸伎樂以樂太子。

638：正當供事如此之輩。沙門梵志佛告城裏聚落梵志長者。汝等何
　　　故說此言乎。

16：爾時世尊告諸比丘。汝等且止。吾往救之。佛從坐起尋到其
　　　所。

67：於是世尊問諸力士。汝等。何故體疲身□。答曰。今此大石方
　　　六十丈高百二十丈。

69：佛告諸力士。汝等當知。是為如來乳哺之力也。諸力士白世尊
　　　曰。

181：　　不當貪求不可獲　　當為汝致眾□果

297：汝等勿取。吾心不欲令人採之。睢叫喚呼。眾人續取。不聽其
　　　聲。

770：佛告諸比丘。　汝等各說所知。皆快順法。無所違錯。復聽吾
　　　言。云何比丘。

1120：　　汝等勿得捐善場　　當墮五道如癡人

3980：我本土佛而見難曰。汝曹何為詣忍世界。忍士五逆剛強弊惡。

三、佛經的"爾"通常以"爾時"結構出現

　　西晉佛經中的"爾"字通常組成"爾時"用，功能上屬定語，例子如下：

16：爾時世尊告諸比丘。汝等且止。吾往救之。

32：爾時賢者指鬘。處於閑居服五納衣。明旦持缽入舍衛城普行分
衛。

34：爾時指鬘入舍衛城。群小童皆見之分衛。或瓦石執或以箭射。

89：聞如是。一時佛遊舍衛國祇樹給孤獨園。與大比丘眾千二百五
十人俱。爾時有..

133：方□王者。則此比丘是。那賴仙人者則我身是。爾時相遭。今
亦相遇。

182：爾時獼猴以偈報曰

185：佛告諸比丘。爾時獼猴。今婬蕩女人是。□者分衛比丘是。彼
時放逸。

193：都不受諫。值得見人。□下鬚髮。爾時之世。有兇惡人博掩之
子。

240：佛告諸比丘。爾時尊者。今和難比丘身是落度欺者。

277：佛告諸比丘。 欲知爾時常以衣食諸饌說法。不論道者今和難釋
子是也。

283：聞如是。一時佛遊舍衛祇樹給孤獨園。與大比丘眾千二百五十
人俱。爾時有..

318：佛告諸比丘。欲知爾時我所鳥者。則今此尊長者是。是故比丘
當修學此。

322：聞如是。一時佛遊舍衛祇樹給孤獨園。與大比丘眾千二百五十
人俱。爾時佛..

401：佛告諸比丘欲知爾時野貓。今栴遮比丘是也。時難者。我身是
也。

405：聞如是。一時佛遊舍衛祇樹給孤獨園。與大比丘眾俱。爾時調
達心念毒害。

426：行慈心。彼獨懷害。佛告諸比丘。爾時年尊梵志今調達是。

455：寶。以供天下。莫不安隱。爾時導師則我身是。五百賈客。諸
　　弟子者是。

460：聞如是。一時佛遊舍衛祇樹給孤獨園與大比丘眾千二百五十人
　　俱。爾時國王..

503：爾時鼈婦則暴志是。鼈者則調達是。獼猴王者則我身是。

565：佛告諸比丘。爾時王者則吾身是。四仙人者。拘留秦佛。拘那
　　含文尼佛。

566：伽葉佛。彌勒佛是也。其梵志者。調達是也。佛說爾時莫不歡
　　喜。

616：佛告諸比丘。欲知爾時。甥者則吾身是。女父王者舍利弗是
　　也。

651：聞如是。 一時佛遊王舍城迦蘭陀竹園中。爾時賢者舍利弗。在
　　那羅聚落。

694：聞如是。 一時佛舍衛祇樹給孤獨園。爾時舍衛城中。有一異
　　人。息男命過。

701：啼泣悲哀。 憂惱之患。合會有離。適有所愛。必致惱患。爾時
　　其人。聞佛所語。

708：賢者牛齝。賢者羅云。賢者阿難。如是之比。大比丘眾五百
　　人。爾時賢者..

743：則現奇雅。爾時目連問舍利弗曰。卿意云何。在音聲叢樹。

752：爾時賢者舍利弗謂目揵連。賢者已說。吾等之類。

909：佛告賴吒和羅。乃往過去無央數劫。長遠不可計無量不可思
　　議。爾時有佛。

936：爾時德光太子。以偈答王言

1021：佛告賴吒和羅。爾時德光太子於講堂上。與諸放意者俱其心穢
　　厭之時。

1026：佛告賴吒和羅。爾時諸天為王太子德光說偈言

1081：佛告賴吒和羅。爾時國王太子德光文嗟歎佛功德及法比丘僧。
踊躍歡喜。

1084：佛告賴吒和羅。爾時國王太子德光向彼吉義如來無所著等正
覺。

1101：佛告賴吒和羅。爾時吉義如來知德光太子心所念。方廣為解說
諸菩薩行。

1102：和羅。爾時吉義如來知國王○眞無意。即為如應說法。

1105：佛告賴吒和羅。汝知爾時國王□眞無不。答言不及。

1106：了之棄惡知識。莫與無行者相隨。棄諸貪欲。佛爾時說偈語..

1179：爾時獵者重聞鹿言。心益悚然。乃卻歎曰。惟我○世得生為
人。

1235：爾時世者具以聞王。國人咸知普感慈信。鹿之仁行有喻於義。
莫不肅歎。

1237：佛語阿難。昔吾所更勤苦如是。爾時鹿者我身是。

1611：　　我爾時適生　　其家即興熾

1843：爾時天帝釋與二萬天子俱。日天子與無數眷屬俱。

1853：莫不歸命奉敬侍坐。爾時世尊與四部眾眷屬圍繞而為說經。

1585：　　爾時王所作　　有最大太子

2058：爾時比岳法師號超光者。則吾是也。其名聞菩薩大士而懈怠
者。

2138：　　尊安住教　　爾時比丘　　為法師者

2150：　　則吾身是　　爾時侍從　　志懈怠者

2164：　　比像如是　　我身爾時　　則為法師

2195：爾時世尊安然庠序從三昧起。三返觀察諸來眾會。三返觀已。

2199：爾時世尊告於彌勒菩薩大士。阿逸。仁識知之。正覺不久當取
滅度。

2219：佛告阿逸。過去久遠不可計劫。爾時有佛號離垢□成就功稱如
　　　來至眞等正覺。

2240：佛告阿逸。欲知爾時淨命比丘。豈異人乎莫作斯觀。所以者
　　　何。

2291：爾時佛告賢者須菩提。般若波羅蜜其原為一無二行乎。須菩提
　　　白曰。

2321：爾時世尊告文殊師利。仁且觀此如來聖慧無量。

2397：爾時會場。有一菩薩。名曰普賢。承佛聖旨。而自念曰。今日
　　　如來。

2412：爾時於是來會菩薩。各隨行立字。其名曰剛意菩薩。過意菩
　　　薩。

2432：爾時等目菩薩。承佛威神。忽從坐起。偏袒右肩。右膝著地。
　　　向佛叉手。

2444：爾時等目菩薩。前白佛言。普賢菩薩。今所遊在佛告之曰。普
　　　賢菩薩。

2470：爾時等目及菩薩眾。見是變化。咸悅歡喜。率禮普賢。

2473：登時悉解普賢菩薩諸德之行。爾時等目。而白佛言。此普賢菩
　　　薩之德。

2480：爾時佛告普賢菩薩。當為發遣等目菩薩所欲。并諸菩薩暢諸菩
　　　薩場。

3160：爾時等目菩薩。而謂普賢菩薩。若此族姓子。其菩薩。以此像
　　　法。

3198：於其天堂。乘此一象。而至妙樹園。悅樂盡歡。在意馳遊。爾
　　　時帝釋天..

3200：極意歡喜。快相娛樂。爾時悅樂龍王。現其威神。在忉利天。

3202：爾時悅樂龍。娛樂已極。與諸天人。皆共交錯。皆與悅樂。

3254：內外明徹無不通達。爾時大士溥首僮眞菩薩。即於大眾會中。

3269：爾時溥首僮眞。便於大眾會中。起更整衣服。偏袒右肩前長跪
叉手。

3274：溥首菩薩并其大眾。咸共答曰。唯世尊。願樂欲聞。爾時溥首
僮眞與諸菩薩..

3532：爾時溥首僮眞。復白世尊曰。唯願大聖。演是三昧號。

3561：爾時世尊。□溥首曰。善哉善哉。快說此言。誠如之意。

3567：爾時是離垢藏菩薩。前白佛言。滅度後。其有受持諷誦講說斯
經法者。

3592：或母爾時藏所究竟鉚不受胎。如是究竟或有成寒。或時聲近有
滅其精。

3828：爾時國王太子。大臣百官。長者居士。民眾大小。天龍鬼王。

3962：爾時王阿□世。長跪白佛。唯然世尊。瞋恨厭嫉從何所生。

3976：爾時世尊心念是法微妙殊特。乃是菩薩大士之業。今當基宣不
宜小會。

4125：爾時師子步雷音菩薩即從坐起偏袒右肩。長跪白佛言。文殊師
利童眞。

4179：名曰安拔號為法王。治以文法王四天四。王有七寶聖王。爾時
往詣..

4246：佛語師子步雷音菩薩。欲知爾時安拔王乎。答曰不及也。

4325：於時師子步雷音菩薩。前白佛言。爾時彼土無名號字。

4379：聞是正士名號之稱。速轉女身疾解正覺。爾時世尊斂復威神。

4436：佛說是時十千眾人發大道心。爾時世尊。告師子步雷音菩薩。

4459：當堅持之。爾時十方諸來菩薩。皆散天華供養是法。

4473：爾時羅閱城大國。有長者號曰郁迦。郁迦有女。名須摩提。厥
年八歲。

4539：爾時須摩提白佛言。唯世尊。所說四十事。我當奉行令不缺
減。

4567：應病授藥為師子孔。救濟十方眾生百千莫不蒙度。爾時世尊。

4610：爾時慧上菩薩白世尊曰。何謂菩薩而有罪殃。

4640：爾時重勝王菩薩。隨欲化女使發無上正眞道意。即從坐起而出其室。

4654：佛言。族姓子。欲知爾時焰光學志。豈異人乎。莫造此觀。

4662：其五仙士墮大地獄。爾時無垢比丘則慈氏菩薩也。

4683：爾時有菩薩名曰愛敬。入舍衛大城普次行乞至貴姓家。貴姓有女名曰執祥。

4761：爾時賢者阿難白佛言。猶如有人近須彌山。皆隨山光炤為金色。

4795：口説斯言。用為觀是剃頭沙門。安能有道佛道難得。世尊爾時何緣説此..

4841：告三千大千世界。其諸天子未有來者應聲便至。爾時異學梵志及諸天子。

4870：假使菩薩化於所化顏姿容貌由若己身。爾時婇女與化人..

4907：乘馬車侶五親友。從弟子遊行講經。爾時歡豫承佛威神欲化彼師從。

4949：吾俱戰決之。爾時具足入諸通慧故使魔試。其魔兵師八萬四千憶。

5060：爾時阿難以偈答佛言

5087：爾時淨居天子。釋梵四天王魔子導師。各與八十那術之眾。

5112：爾時阿難。以偈答世尊言

5130：爾時賢者阿那律於須彌山頂。為忉利諸天廣講法語。見諸大尊神妙天子。

5268：爾時世尊。遊於王舍城。我時在竹樹間迦蘭。明旦著衣。

5274：今諸比丘。故來問我。爾時世尊。告迦葉曰。多有比丘。

5288：爾時軟首童菩薩。在山一面異處梁上。與二十五正俱而講論
　　　法。

　　竺法護佛經〝爾〞字作第二人稱用的例子較少，一般用於主語位置，
偶而也出現在賓語位置，或作定語（所有格）用，表示〝你的〞之義：

　　4：自然清淨而得解脫。是名曰空。尚未得捨憍慢自大。禪定清淨
　　　　所見業也。雖爾得致柔順之定。即時輒見除諸色想聲想香想以
　　　　故謂言至於無想。故曰無欲。

　516：梵志命曰。爾有王相。不宜懊惱遊於眾內。童子答曰。吾凶咒
　　　　子。可有王相。

　517：梵志又曰。如吾經典。儀容形體。與識書符合。爾則應之。深
　　　　思吾語。

　518：斯國之王。當月某日某時薨殞。心禪爾位。童子答曰。唯勿廣
　　　　之。

　614：百五十騎在後。甥在其中。躬執甥出。爾為是非前後方便。捕
　　　　何叵得。

　615：曰。實爾是也。王曰。卿之聰哲。天下無雙。隨卿所願。以女
　　　　配之。得為夫婦。

　760：善哉。阿那律。爾之所說。所以者何。今卿天眼睹見三千大千
　　　　佛國。如於高樓。

　761：上察見在下。哉善哉。迦旃延。爾之所說。所以者何。汝見四
　　　　諦。無復狐疑。

　762：善哉善哉。須菩提。能解說空法。以空為本。善哉善哉。牛
　　　　齝。爾之所說。

1198：命爾生薄祐。何為悲憐徒益憂患。但當建行畢罪。於是母復為
　　　　子。

3608：因緣盛酪或為生蘇。假使獨爾不成為蘇。不從酪出蘇亦不離酪。

4114：佛告舍利弗。如是如是。如爾所云。如來作佛積行所致。不以飾辭巧言成道。

4279：曰隨等時也。爾逮正見。等於平等達於諸法。都無所獲則不造計。

4764：如是淨不淨心。婬怒癡心觀菩薩者悉為除愈。時佛讚曰。善哉阿難。誠如爾言。

4176：唯佛今當為汝解説本初發心。乃往過去七千阿僧祇江河沙報。乃爾世時。

5203：聞如是。一時佛遊王舍城靈鷲山。爾晟城中有勢富梵志。名曰尼拘類財富無數。

4445：文殊師利成佛久遠乃爾志同。文殊師利等亦如是。

24：	汝走無智想	吾定爾不止
394：	起舞歌聲音	及爾愛敬我
399：	其與爾相親	終不得壽長
1541：	彼爾我如是	計本皆虛無
1186：	今我為爾母	恒恐不自保
1118：	念已審爾一心住	當得無礙安隱道

竺法護佛經"爾"字另外還可以作指示代詞用，例子如下：

2244：成佛道時若宣經法亦嬈亂之。當爾之時諸來眾會。咸皆郁咿流淚于面。

3899：飛鳥走歌相和悲鳴。當爾之時生慈心無婬怒癡。滅除高猗志恨疑。

"當爾之時"就是"在這個時候"的意思。

4133：解了爾此逮一切法。又如仁問逮立佛法。隨仁意答。誰求志者。色志佛道乎。

"解了爾此"就是"了解那個和這個"。

2679：如是亦入一一國土種姓。如一一國土。於無限樂塵數之國。亦爾。

3512：癡已不起闇冥何類。如癡無處佛道亦爾。了無崖底諸法無二。

256：令眾供養。前世亦爾。乃往過去無數世時。於異閑居。多有神仙。處在其中

310：　　不能好飲食　　床臥具亦爾

838：　　淨其佛國眷屬具　　光明壽命眾亦爾

4519：　　如所念言亦爾　　於善友有至誠

"亦爾"就是"也是這樣"的意思。

4828：何故菩薩母攀樹枝然後而生。設不爾者眾人當謂。皇后雖生菩薩必有惱患。

"不爾者"就是"不這樣的話"。

4912：佛則為說前世所興道德之本。心即喜踊。讚焰花曰。世尊道德權慧乃爾。

410：何重嫌。懷結乃爾。佛告諸比丘。調達不但今世。世世如是。

1223：　　為天是神祇　　信義妙乃爾

"乃爾"就是"竟是這樣"的意思。

此外，竺法護佛經"爾"字還可以作語氣詞用，例子如下：

4336：但逮得聞文殊師利成佛名德。巍巍乃爾何況目見。時佛告是諸菩薩曰。

4345：善哉誠如仁言。如來通慧三達無礙。真爾真爾豎無有異。

2309：興作佛事不可限量。日中晡時亦復如是。如來至眞常爾不廢。
目無蔽礙。

118：　　不以為滿足　　所愛不厭爾

673：應當滅盡壞敗。欲使不爾。安得如意。應當終沒歸于無常。離
別之法。

4302：故爾續立不成正覺。假使所願若具足者乃成佛耳。

4368：不能若斯。雖爾緣是功德福。疾成無上正眞之道為最正覺。

5210：必有療王。大雄師子。若有天神及大神通神足大變。必爾不
疑。我當往觀。時

這些＂爾＂字有的發展成為詞尾（後綴），如上面的＂真爾、常
爾、不爾、故爾、雖爾、必爾＂。

至於竺法護佛經＂爾＂字作複合虛詞＂爾乃＂用的例子有：

4423：我身爾乃無著漏盡成最正覺。若呼有形而響有影。月能豈明日
而夜照。

4280：爾乃名曰隨等時也。若身證明一切諸法。諸所相者皆為法相。

4281：是故有心著。若無有相則無所倚。爾乃名曰等隨時矣。又問。
何謂為逮。

4278：不增不損。永不起想亦無所滅。爾乃名曰隨其等時。

4264：曰何以具足。答曰。備諸法慧不所解亦如如慧不轉。爾乃不知
諸妄想處。

4265：妄想不造具損。其不具損乃曰平等。是故族姓子。等見諸包爾
乃等見一切諸法。

3931：菩薩行不捨眾生。所以者何。能自調已暢達諸法。爾乃習新為
諸法眾生。

154：　　若干種供養　　爾乃與仁俱

213:驅出其家。去更求財。爾乃來還。求財不得。用求財故。到□
　　單國。雖

357:　　接彼皮柔軟　　　爾乃得申敍

1330:　　彼所做餘殃　　　爾乃滅盡耳

1455:　　還入坎窟中　　　爾乃得食耳

4774:曰。吾等不行於此不動。欲睹城像城自然現。爾乃往耳。

伍、結論

　　由上面的討論觀之，＂您＂字應該不是＂你們＂的合音，而是＂仁＂字演化而來，其前身正是＂仁＂字。只不過在字形上西晉流行用＂仁＂字，後世換了一個音相通的＂您＂和＂恁＂字罷了。因爲＂仁＂字在西晉時代念的就是＂您＂的音，後來＂仁＂字和＂恁＂字音變了，口語中便只好用後起的＂您＂字表示。

第一屆國際訓詁學研討會論文
1997.04.19-20

《說文》「从某某，某亦聲」之商兌

蔡信發
中央大學中文系

一·前言

　　《說文》解釋形聲字的術語，以「从某某聲」最普遍顯著，又另一「从某某，某亦聲」之字，因帶聲符，按理應歸形聲，而清儒段玉裁卻注以「會意兼形聲」。由於他是《說文》名家，此說一出，自然影響深遠，因此至今仍有不少學者專家在其樊籬中打轉，跳脫不出。茲特就段注《說文》本，摘錄帶聲的「於形得義」之字，做一比較分析，以證「从某某，某亦聲」原本等同「从某某聲」，只是《說文》解形術語不同而已。

二·列舉《說文》帶聲的「於形得義」之字，以明「从某某，某亦聲」之本眞

　　我想用《說文》帶聲的「於形得義」之字來證明「从某某，某亦聲」原本等同「从某某聲」，應最便捷而得實。因兩者聲符示義明顯，無庸思索，即可一清二楚。換言之，只要做客觀的比對，平實的論列，即可知彼此無別，多年的爭論似可由此而弭。

《說文》「於形得義」形聲字一覽表

字　首	釋　　　　　　義	解　　　　形	備　　　註
琥	發兵瑞玉，爲虎文。	从王虎聲	見頁一二
瓏	禱旱玉也，爲龍文。	从王龍聲	見同上

芬	艸初生，其香分布也。	从屮分聲	見頁二二
苷	甘艸也	从艸甘聲	見頁二六
	案：屮是艸之初文。		
藂	艸叢生炋	从艸叢聲	見頁四七
莽	南昌謂犬善逐兔艸中爲莽	从犬艸，艸亦聲	見頁四八
叛	半反也	从半反，半亦聲	見頁五一
犙	三歲牛	从牛參聲	見同上
牭	四歲牛	从牛四，四亦聲	見同上
犓	吕芻䒷養圈牛也	从牛芻，芻亦聲	見頁五二
齨	老人齒如臼也	从齒臼，臼亦聲	見頁八一
茻	艸之相丩者	从艸丩，丩亦聲	見頁八九
	案：艸與艸義相成。		
齅	吕鼻就臭也	从鼻臭，臭亦聲	見頁一三九
腥	星見食豕，令肉中生小息肉也。	从肉星，星亦聲	見頁一七七
劃	錐刀畫曰劃	从刀畫，畫亦聲	見頁一八二
睍	日見也	从日見，見亦聲	見頁三〇七
窣	從穴中卒出	从穴卒聲	見頁三四九
	案：「從」上當補「犬」字，又卒是猝之假借。		
袒	日日所常衣	从衣从日，日亦聲	見頁三九九
靦	面見人也	从面見，見亦聲	見頁四二七
馷	馬八歲也	从馬八，八亦聲	見頁四六五
驂	駕三馬也	从馬參聲	見頁四六九
駟	一乘也	从馬四聲	見頁四七〇
馺	馬行相及也	从馬及，及亦聲	見同上
谾	望山谷千千青也	从谷千聲	見頁五七六

娶	取婦也	从女取聲	見頁六一九
婢	女之卑者也	从女卑，卑亦聲	見頁六二二
螟	蟲食穀心者。吏冥冥犯法即生螟。	从虫冥，冥亦聲	見頁六七一
蟘	蟲食苗葉者。吏气貸則生蟘。	从虫貸，貸亦聲	見同上
坖	地平也	从土平，平亦聲	見頁六八九
釦	金飾器口	从金口，口亦聲	見頁七一二

以上三十個例子，其聲符示義，十分彰著，毫不勉強，可謂一目了然，全無隔閡，只是《說文》解釋它們形構的術語，有的用「从某某聲」，有的用「从某某，某亦聲」；唯理當全屬形聲，並無二致，實在看不出有什麼不同，而段玉裁卻持異見。如他注「禎」字「从示真聲」說：「此亦當云：从示从真，真亦聲。不言者，省也。」[1] 注「禷」字「从示類聲」說：「此當曰：从示類，類亦聲。省文也。」[2] 由此類推，可知他認為「从某某聲」和「从某某，某亦聲」是有差別的。

　　再看段玉裁是如何改易這些解形術語的？如「叛」字原做「从半反聲」，而他改做「从半反，半亦聲」，注說：「轉寫者多奪字耳。」[3]「婢」字原做「从女卑」，核以聲韻，是誤以形聲為會意，而他竟捨增「聲」字，補以「卑亦聲」。[4]「坖」字原做「从土平聲」，而他改做「从土平，平亦聲」，注說：「小徐無平亦二字。」[5] 由此可知，他確認「从某某聲」和「从某某，某亦聲」是有差異的；否則，何必做此改動！

---

[1] 段玉裁：《說文解字注》（臺北：書銘出版事業有限公司，1994年10月），頁2。

[2] 同前註，頁4。

[3] 同前註，頁51。

[4] 同前註，頁622。

[5] 同前註，頁689。

　　段玉裁之所以有此異見，基本上，他對「从某某，某亦聲」有個認定，而這以他的注解來說明應最客觀。他注「吏」字「从一从史，史亦聲」說：「凡言亦聲者，會意兼形聲也。」[6] 又注「鉤」字「从金句，句亦聲」說：「按句之屬三字（指拘、笱、鉤），皆會意兼形聲。不入手、竹、金部者，會意合二字為一字，必以所重為主，三字皆重句，故入句部。」[7] 可明顯看出他將「从某某，某亦聲」歸屬「會意兼形聲」，然而問題是會意是無聲字，形聲是有聲字，稱之「會意兼形聲」，則到底該算會意還是形聲？不是亂了兩者的垠堮和類別嗎？

　　接著，看段玉裁注解上列「从某某聲」於形得義的例子又是怎樣？他解「甘」字是「此以形聲包會意」，「蘸」字是「此形聲包會意」，「娶」字是「說形聲包會意也」，這個說法基本上沒問題。因所謂「形聲包會意」，是說形聲字的聲符有示義的作用和功能，不是說它的類別是「形聲包會意」；再說：還有一種形聲字是聲不示義的，則段氏所謂「形聲包會意」，是指聲符示義的形聲字，和另一種聲符不示義的形聲字不同。基於上述，所以我認為他這個說法基本上沒問題，是可成立的。換言之，有聲字可含無聲字，無聲字不可含有聲字，他說形聲包會意，以六書歸類言，仍屬形聲，只是聲符示義明顯而已，和其形符結合，有會意的作用與功能，實際和六書會意類別無關，不致糾纏不清。

　　經以上分析，可知段玉裁認為「从某某，某亦聲」是會意兼形聲，「从某某聲」是形聲包會意，好像楚河漢界，彼此分明，而殊不知只要摘取上列同性質的例子，略加比對析論，即可知其相互牴觸，難圓其說。如《說文》訓「三歲牛」的「犙」字，釋語做「从牛參聲」，而「四歲牛」的「牭」字，做「从牛四，四亦聲」，「馬八歲」的「馱」字，做「从馬八，八亦聲」，不是形構相同而釋語不一嗎？釋語既不一，若據段注，自然影響它們

的歸類，而須分別隸屬會意或形聲。茲如試將牭、馭二字釋語分別改做「从牛四聲」、「从馬八聲」，與㺔字相同，不是一樣可以嗎？反之，如將㺔字的釋語改做「从牛參，參亦聲」，與牭、馭二字一致，又有什麼不可？所以近人胡韞玉說得好：

「以形定其義，以聲諧其音。聲不兼義者為正例，聲兼義者為變例。……許君之說聲也，有亦聲之例，說者謂聲兼義者為聲，徵之許書，亦不盡然。許書所收形聲諸字，聲不兼義者極少，段氏所謂江河之類，例之最純者也，故形聲諸字，許君所言亦聲者，固聲兼義；即不言亦聲者，亦大半聲兼義。……形聲諸字，十之七八，義即寓於聲中。至言亦聲者，更為聲義相兼之字。」[8]

再看段氏注「寷」字「从宀豐聲」說：「此以形聲包會意。當云：从宀豐，豐亦聲也。」[9] 又注「歕」字「从欠鍼聲」說：「當云：从欠鍼，鍼亦聲。此舉形聲包會意耳。」[10] 他又將「从某某，某亦聲」看做「形聲包會意」，與上說「會意兼形聲」相矛盾。總之，跟著他的注解走，必然是同樣的類例，可有不同的歸屬：一下是「會意兼形聲」，一下是「形聲包會意」，模稜兩可，漫無準則！宜乎近人鄒伯奇要說：

「段氏注《說文》數十年，隨時修改，未經點勘，其遂多不能畫一。」[11]

三・釋「从某某，某亦聲」之疑，不可與會意相渾

又有人說：許慎的亦聲字與段氏的「會意兼形聲」絕大多數是以本義為主。[12] 茲按上列於形得義的例子分析，該說恐未必然。如「叛」字「从半

8　胡韞玉：〈六書淺說〉（臺北：臺灣商務印書館，《說文解字詁林》第一冊、前編中、六書總論），頁153。

9　同註1，頁342。

10　同註1，頁417。

11　同註8，鄒伯奇：〈讀段注《說文》札記〉（前編上、敘跋類三），頁33。

12　金鐘讚：《許慎說文會意字與形聲字歸類之原則研究》（臺北：國立臺灣師範大學國文研究所博士論文，1992年），頁176。

反，半亦聲」的半聲，示的是識音；「齨」字「从齒臼，臼亦聲」的臼聲，示的是比擬義；「馲」字「从馬八，八亦聲」的八聲，示的是假借義；「螟」字「从虫冥，冥亦聲」的冥聲和「蟘」字「从虫貣，貣亦聲」的貣聲，示的是以聲命名；「坙」字「从土平，平亦聲」的平聲和「釦」字「从金口，口亦聲」的口聲，示的是引伸義，並非全屬本義；反之，上列「从某某聲」的形聲字，其聲符顯示的意義未必都非本義，如岕、苷、蘘、駟等即是。進言之，還有根本不成字而《說文》誤以爲亦聲的。據甲文，「單」字做有鈴之旗解，[13] 獨體象形，而《說文》解以「單，大也。从吅甲，甲亦聲。」[14] 「甲」不成字，和本義有什麼關係？不要說和本義無關，即使和引伸義、假借義乃至比擬義也都搭不上任何關係，根本就是解錯了！總之，該說並未提出具體數據，而我按上列字例分別比較論析，即可知其說難以成立。

又有人以「暮」字爲例，認爲其聲符「莫」曾具以形表義的功能；但，在出現「暮」的戰國秦漢時代，「莫」字幾乎已失去形體上的表義功能，只是以聲符身分出現在現在一般人的心目中。又以「娶」字爲例，認爲它原本寫做「取」，「从又从耳」以構形，象徵獲取敵人的耳馘，就字形言，並沒「娶妻」的意思；但，從它具有的詞義來看，則「取」有獲取的意義，而這種意義也可用在表獲取妻子上，所以把它歸入聲符以表義的形聲字。[15] 檢段注《說文》本，「暮」、「娶」二字，前者屬「从某某，某亦聲」，後者屬「从某某聲」，[16] 而他以「暮」、「娶」是「莫」、「取」的後起形聲字，視同「从某某聲」，將它們歸爲形聲，而不涉「會意兼形聲」，應很正確。至於又舉「受」字爲例，說它「从𠬪从舟」，𠬪和舟是按會意字的原則

---

[13] 先師魯實先先生：《文字析義》（臺北：魯實先編輯委員會印行，1993年6月），頁19、釋單。

[14] 同註1，頁63。

[15] 詹鄞鑫：《漢字說略》（遼寧：遼寧教育出版社，1995年6月），頁189。

[16] 同註1，頁48、619。

組合，如缺掉一方，另一方就構不成授受物品的意義，因此認爲「受」字只能是會意字，而由於「舟」兼表音，才稱之爲「會意兼形聲」。[17] 這個說法很有問題，因六書的名稱和類別，遠在造字之後，而字之歸類，是就已造之字來區別的，「受」字既已造成，且經分析，知其既有形符，又有聲符，則歸之形聲，有什麼問題？怎可將它和無聲字的會意糾纏在一起？再者，據卜辭，受從之舟，是「凡」之形譌，而「凡」做「凵」形，像盤子的形狀，獨體象形，[18] 跟「𠬝」相合，用示以盤授受的意思，形義契合。這樣說來，「受」應是個會意字，跟形聲無關，而究其所以誤「受」爲會意兼形聲，無它，還是誤以會意字可帶聲符，而殊不知竟擾亂了會意和形聲的分際，其謬和段氏如出一轍，實不足取。

四·以狀聲之字證「从某某，某亦聲」即「从某某聲」

《說文》中的狀聲之字，照理是聲不示義的；但，有少數在構字的過程中是很奇特的。如《說文》說：「齰，齧骨聲。从齒骨，骨亦聲。」[19] 它以齒爲形，表示「齧」義；以骨爲形兼表音，表示「被齧之骨」，二者相合，以示「齧骨」之義，甚爲契合；唯狀「齧骨」發出的聲響，則是只取其聲，不取其義。又《說文》說：「猎，竇中犬聲。从犬音，音亦聲。」[20] 它以犬爲形，表示「竇中犬」義；以音爲聲，表示犬「聲」，二者相合，以示「竇中犬聲」，甚爲契合；唯狀「竇中犬」發出的聲響，則是只取其聲，不取其義。換言之，齰、猎二字的聲符，在構字的過程中是示義的，然而當它們分別和齒、犬二文相結合，分別以狀其聲響，則並不示義，然而齰、猎二字，若依段氏的分類，勢必歸入「會意兼形聲」，實際是有問題的。抑有

---

[17] 同註15，頁190。
[18] 同註13，頁1169，釋旁。
[19] 同註1，頁18。
[20] 同前註，頁478。

進者，另有一個「唘」字，《說文》解做「厚怒聲。从后口，后亦聲」，[21] 而據《說文》訓「后」做「繼體君」解，[22] 根本沒有厚義；退一步說，即以聲義同源來論，從后之聲有厚義，[23] 則其顯示的既不是本義，也不是引伸義和比擬義，而若以假借造字來論，后、厚同音，后是厚之假借，則其顯示的是假借義，已拐了一個大彎，且以之狀「厚怒」之聲，仍是只取其聲，不取其義，怎麼能將唘字和其他一些表義明顯的亦聲字等同看待，解做「會意兼形聲」？反之，若依拙見，將它們都看做「从某某聲」，即齰是「从齒骨聲」，猯是「从犬音聲」，唘是「从口后聲」，同歸形聲，不與會意相牽涉，不是既簡明又合理嗎？所以我說段氏對「从某某，某亦聲」的注解是很有問題的。

五・以方國之名證《說文》「从某某，某亦聲」即「从某某聲」

凡方國之名，起初都是用字假借，到了後世才有一些為它們增「邑」造專字，這在文字學上是個很普遍的通例。如費之做鄪，豐之做酆，烏之做鄔，告之做郜，樊之做鄭，庸之做鄘，所在多見，不一而足，檢視《說文》邑部中的字也都無不如此，且其除了一個「鄯」字，全都用「从某某聲」來解形。現在我們來看它對「鄯」字的解釋：「鄯，鄯善，西胡國也。从邑善，善亦聲。」[24] 據《說文》，善是譱之重文，做「吉」解，[25] 當它和邑相合成鄯，做國名，一看即知以善為聲，不但和「善」之本義無關，甚至和它的引伸義、假借義乃至比擬義也都風馬牛不相及，只是據原先的假借字增邑造一後起方名而已，應屬方國之名，聲不示義。若按段注，「凡言亦聲

---

[21] 同前註，頁434。
[22] 同前註。
[23] 同前註。
[24] 同前註，頁287。
[25] 同前註，頁102。

者，會意兼形聲也」，用來解釋「从邑从善，善亦聲」的鄯字是絕對說不通的。再者，《說文》邑部中解形的術語，采的是「从某某聲」，按理沒錯，而鄯字卻例外，實在沒道理。究其因，不是許慎用語欠一致，就是出自後人的竄改。這樣說來，為求全書用語一致，將鄯字解形的術語改做「从邑善聲」，倒是有其必要！因這樣做，對許慎來說，是求其一律；對竄改者來說，是復其原貌。

六・「从某某，某亦聲」應是「同文形聲」，與「从某某聲」有別

問題說到這裡，該怎麼解決？在我看來，上列《說文》於形得義例子中的「从某某，某亦聲」和「从某某聲」應無不同，可畫上等號。設若不信，試將上列三十一字中所有「从某某，某亦聲」的字例全都改做「从某某聲」，實無不可，然而到底該采那個解形的術語呢？我認為應采「从某某聲」，因「从某某聲」比「从某某，某亦聲」簡單明瞭，且不會發生誤解，所以可采；反之，「从某某，某亦聲」，據李氏國英的看法，應別有所指，即「凡从二形相同之文字，而即以所从之文字為聲符者屬此類。」[26] 也就是我說的「同文形聲」，[27] 因與「从某某聲」有所不同，所以不采。

茲為說明「从某某，某亦聲」即「同文形聲」，特轉錄李氏國英的「亦聲」二例於下，以知其梗概。

珏，二玉相合為一珏。凡之屬皆从珏（見說文、頁一九）。

案：二玉相合為一　，形在義中，故不贅言　二玉。玨在聲屬見紐，玉屬疑紐，同為牙聲；在韻又同屬謳攝入聲，二字古音同，故珏當从二玉，玉亦聲。[28]

---

26 李國英：《說文類釋》（臺北：書銘出版事業有限公司，修訂五版，1989年9月），頁268、亦聲。

27 蔡信發：《說文部首類釋》，1997年。

28 同註26。

> 㼌，本不勝末，微弱也。从二瓜。讀若庾（見說文、頁三四一）。
>
> 　案：段注云：「本者蔓也，末著瓜也，蔓一而瓜多，則本微弱
> 　　矣」，故㼌从二瓜以構字。孜㼌、瓜二字古音同屬烏攝，
> 　　㼌當从一瓜，瓜亦聲。[29]

以上二例，經李氏查孜，得知《說文》是誤以形聲爲會意。復經檢視，其構形特徵是形、聲同一形體，應屬「从某某，某亦聲」，而與「从某某聲」不同，所以李氏將它們歸屬「亦聲」，而我稱之爲「同文形聲」。基於此，我認爲《說文》中的「从某某，某亦聲」和「从某某聲」有其相同也有其相異之處：同的是都屬形聲，異的是一個屬同文形聲，一個屬異文形聲，這種情形好比會意有同文會意和異文會意之別。有了以上的認識，我想兩者也就不易相渾不別了。

七・結語（釐清「會意兼形聲」之誤，兼論不可以聲入部）

我對《說文》中會意、形聲的界定，全看它解形的術語中有無「聲」字。有，即形聲；無，即會意；即使「从某某，某亦聲」這一類的字，其聲符示義的功能彰著，作用明顯，也不該例外，而須一概歸形聲。因段氏將它注爲「會意兼形聲」，模糊了會意和形聲的町畦，實不足取。總之，《說文》原所謂的「从某某，某亦聲」和「从某某聲」應無別，可一併以「異文形聲」視之，只是其解形術語欠統一罷了，而這個歧異到底是原著者許慎的失察，還是出自後人的竄改，因年代久遠，文獻不足，已無從查孜了。

抑有進者，《說文》所謂「从某某，某亦聲」正確的類別，應采李氏國英主張的「亦聲」，也就是我說的「同文形聲」，而《說文》所謂的「从某某聲」，實是「異文會意」，與它仍有差別，業已申論如上，此不贅述。

---

[29] 同前註，頁274。

　　拙說如棄之不遠，則《說文》以聲入部的矛盾也可由此一併解決，斷非段氏說的「會意兼形聲」，其中有輕重之分，就依其所重爲主入部。[30] 因其所謂的「輕重」，了無標準，全屬主觀，又夷攷其所謂的「重」，竟是聲符，無一例外，顯然有背《說文》以形分部的體例，自屬非是，所以本文雖針對段注「　某某，某亦聲」的缺失而落筆，實際已同時指正它另一個以聲入部的錯誤，大可不必爲賢者諱。

---

[30] 同註7。

第一屆國際訓詁學研討會論文
1997.04.19~20

從《說文解字》推尋文字孳乳方法芻議

何添
香港新亞文商書院

壹‧前言

許慎《說文解字‧序》討論文字孳乳的方式，有這樣一句話：

> 「倉頡之初作書，蓋依類象形，故謂之文；其後形聲相益，即謂之字。文者，物象之本，字者，言孳乳而寖多也。」[1]

後人論文字孳乳，大都本著這句話，以爲文就是指事和象形，字就是形聲和會意。而孳乳的方式是：形與形相益爲會意，形與聲相益而爲形聲。這種說法，在《說文》中可以找到很多例證來證明。但是自從北宋王子韶的右文說起，[2] 討論文字孳乳方式的學者都了解到，以「義」爲經，以「聲」爲緯，才是文字孳乳的主要途徑。到了黃季剛先生，更提出了聲兼意才是造字的「正例」，即「本有的訓詁」。[3]

「以義爲經，以聲爲緯」的孳乳，究竟有多少方式？黃季剛先生的《黃侃手批說文解字》提供了很多消息，可供參考。[4] 簡單來說，孳乳的方式，除了在「義」方面有關聯外，從聲音方面來論，可以是聲與韻相同或相近，可以只是疊韻，也可以只是雙聲。而王力在《同源字典》中，則主張除了

---

[1] 《詁林》頁2。《說文解字詁林》，丁福保臺主編，台灣商務印書館一九七零年版。以下簡稱《詁林》。

[2] 王子韶，宋人《宣和書譜》卷六曾加稱引，《宋史》有傳。王氏的右文說，見北宋沈括《夢溪筆談》。（《夢溪筆談》，宋沈括撰，台灣商務書局初版，1956年）。

[3] 《文字聲韻訓詁筆記》頁23。《文字聲韻訓詁筆記》黃侃撰，上海古籍出版社一九八三年版。

[4] 《黃侃手批說文解字》，黃侃撰，一九八七年上海古籍出版社版，以下簡稱《黃批》。

「義」要密合之外,「聲」也必須密合,即是說,只有聲與韻同樣密合,才可以判定這些字是「同源」;單從聲母相同或相近,或韻母相同或相近,都不能說是「同源」。[5]

這篇論文,嘗試以《說文》中的無聲字為聲首,利用今日學者考訂甲骨文金文的成果,來考察由這個聲首孳乳的形聲字群,從字義和字音上去分析,董理其中「聲」與「義」的關係,以求確定文字孳的方式,進一步推尋《說文》語源。至於本文所提及的甲骨文和金文,已見於《甲骨文詁林》[6]、《甲骨文字典》[7]、《金文詁林》[8]及《金文詁林補》[9]等書,不再迻錄。

限於篇幅,本文只討論「一」、「王」和「分」三組形聲字。由於目的在查察形聲字聲子與聲母的孳乳關係,因此在字音方面,採用了黃季剛先生的古音系統,即二十八韻和十九紐的說法;字義方面,則採用今日諸家「信而有徵」的成說,不再作繁瑣的考證。

貳·論《說文》從「一」得聲之字

《說文》中從「一」得聲的有十九字,[10]從孳乳的關係來考察:

5　王力《同源字典》有《古音略說》一篇,於韻立對轉、旁轉、旁對轉、通轉諸名,於聲則有雙聲、準雙聲、旁紐、準旁紐、鄰紐之目,以此釋同源字。本篇言聲與韻之轉變,皆取其說。《同源字典》,王力撰,一九八二年北京商務印書館版。

6　《甲骨文詁林》,姚孝遂主編,一九九六年北京中華書局版。

7　《甲骨文字典》,徐中舒主編,一九八八年四川辭書出版社版,以下簡稱《字典》。

8　《金文詁林》,全十六冊,周法高主編,一九七四年香港中文大學出版。以下簡稱《金詁》。

9　《金文詁林補》周法高主編,中研院史語所專刊之七十七,一九八二年版。

10　黃侃《黃侃手批說文解字》頁1以為又有唇音「冂」及齒音「戌」。但是諸家說「冂」,或者以為是「從冂一會意」(段玉裁、王筠),或者為是以「一為指事(朱駿聲、章炳麟),或者以為是象形(饒炯),只有汪憲《繫傳考異》說:「從冂一聲。《說文》無聲字。」說見《詁林》頁3360-3361。黃氏在手批本頁477「冂字說解下補「聲」字,又從小徐本「戌、從戌一亦聲」。本文從大徐本的說法。

一・是「一」的直接聲子：聿、寽。

二・是「一」的二級聲子：律、聿、捋、脟、杼、捋、蛶、埒、鋝、

酹。

三・是「一」的三級聲子：葎、賷、盡、虢、滱。

四・是「一」的四級聲子：璶、藎。

從字音上來考察，「一」字古音屬影紐屑部，聲母與聲子的語音關係是聲韻完全不同：

一・古屬見紐鐸部者二字：虢、滱。

二、古屬定紐先部者四字：聿、賷、璶、藎。

三・古屬從紐先部者一字：盡。

四・古屬定紐沒部者一字：聿。

五・古屬來紐沒部者二字：律、葎。

六・古屬來紐曷末部者九字：寽、捋、脟、杼、捋、蛶、埒、鋝、

酹。

按古音沒、曷末與屑爲旁轉，鐸與屑爲通轉；[11] 又先是屑之陽聲；從音理上說，這十九字可以互相諧協。

從字義上來考察，可以推知「一」字的本義並不是《說文》所言的「惟初太始，道立於一，造分天地，化成萬物。」這不過是漢代陰陽五行之說，並不是造字本意。《詁林》諸家所論，應該以徐灝的說法最爲合理，徐氏《說文段注箋》說：

> 造字之初，先有數而後有文，一、二、三、亖畫如其數，是為指事，亦謂之象事也。[12]

「一」本來就是積畫以紀數，以代結繩而備記憶。所以趙誠亦以爲甲骨文的「一」字是一橫畫，用作指事，是最普遍的記數方法。[13]

---

11 「鐸與屑爲通轉」，是取王力論通轉的原理：「通轉是元音相同，但韻尾發音部位不同。」見《同源字典》頁16。

12 《詁林》頁5b。

從衍義方面來考察，「聿」是「一」的直接聲子，依照《說文》所論，「聿」的本義是：

> 所以書也。楚謂之聿，吳謂之不律，燕謂之弗。从聿一聲。[14]

甲骨文和金文都有「聿」字。甲骨文的「聿」字是字從又持ⅰ或ⅱ，金文略同。ⅰ、ⅱ都是「筆」的象形，「聿」應該是會意字。本義是執筆寫字，應該是筆的初文，後人或者加上竹頭而成「筆」，而「聿」字在文獻中便專用爲發語辭了。許慎說：「從聿一聲」，段玉裁改爲「從聿一」[15] 則以爲不是從「一」得聲。朱駿聲以爲是「從聿、一指事，一者、牘也。」[16] 但是從甲骨文、金文來考察，則ⅱ寫作作ⅰ，原本是筆畫增飾的結果，並不是從「一聲」，或者以「一」來指事。所以饒炯說：

> 聿篆不从中，當云從又，象形。即聿、筆之最初文。古者篆書用漆，以竹梃為筆。ⅰ即象竹梃上勁直下柔歧之形，而加又著其所以書也。
> 其義當如聿下云「所以書也」，此言手之建巧，乃申釋從又之意。聿則從聿加聲，筆更從聿加意。[17]

以爲「聿」、「聿」、「筆」三者，上古同爲一字，饒氏的說法可以取信；至於以爲「聿」加「一」聲而成「聿」，則不可從。「聿」的聲義，應該與「一」無涉。

由「聿」孳乳的，有「律」字。「律」從「聿」聲，「律」、「聿」古同舌音，又同沒部，可以相諧。《說文》說「律」的字義是：

> 均布也，从彳聿聲。[18]

自從徐鍇解釋「律」字說：

---

[13] 《甲骨文簡明字典》頁253。《甲骨文簡明字典》，趙誠撰，一九八八年北京中華書局版。

[14] 《詁林》頁1271。

[15] 《詁林》頁1272a–b。

[16] 同注15。

[17] 《詁林》頁1268b。

[18] 《詁林》頁829。

十二律均布節氣，故有六律六均。[19]

後來學者，多宗徐氏的說法，以「候氣定聲」的律管功能解釋「均布」的意義，例如：楊樹達有《釋律》篇，說「以竹管候氣定聲謂之律」。[20] 古時疇人雖然或者有用律管候氣驗正曆法之術，但是其事出於戰國以後，殷商天文曆法之學，似乎尚未有這樣的成就。所以徐氏的說法，未必確當。甲骨文有「聿」字，諸家無說，《甲骨文字典》也僅說是：

　　甲骨文字形與《說文》篆文同。[21]

如果根據字形來考察字義，由甲骨文推論「聿」字的本意。可以推知「聿」是象手執小之形，小象管下有束毫。手所執之小固然可以表示「所以書」之物，也可以見到是「執小以為書」之事。後世規範文字，就隸定作「聿」。《說文》釋「聿」為「筆」，而未有涉及書寫之事，與「聿」的初形初義不甚相符。又殷墟出土的甲骨刻辭中，有先墨書而後契刻的，也有僅有墨書而不加契刻的，可以證明殷人書寫，已有用筆，故知以「筆」釋「聿」的說法，可以取信。筆所書者所以記錄語言，希望使人知曉而通行，可以垂於久遠。《爾雅》有言：

　　律、法也。[22]

用筆來記錄，使人述之循之，即是文字均布之義。段玉裁說：

　　律者、所以笵天下之不一而歸於一，故曰均布也。[23]

應該是最能得到造字的本意。

　　「葎」由「律」孳乳而從「律」聲，二字古聲韻俱同。《說文》釋「葎」字是：

---

[19] 《詁林》頁829。

[20] 楊樹達：《積微居小學述林》（北京中華書局版，1983年，頁34-35）。以下簡稱《述林》。

[21] 《字典》頁166。

[22] 郝懿行：《爾雅義述》（北京中國書店版，1982年，頁22b）

[23] 《詁林》頁829。

　　　　茻也,从茻聿聲。[24]
段玉裁說:

　　　　《唐本艸》曰䓞葎蔓,《宋本艸》曰䓞勒蔓,似䓞有刺。[25]
張舜徽以為「葎與勒」,是「語之轉耳。」[26] 則是僅取其聲,與「律」的字
義無關。

　　　「燼」也是從「聿」得聲,《說文》釋「燼」是:

　　　　火餘也,从火聿聲。[27]
「燼」、「聿」二字雖然同屬舌音,但是在韻來說,相去頗遠,字義也不相
近,未必由「聿」孳乳而來。所以徐鉉以為「聿」非聲,懷疑其字是從
「聿」省。[28] 段、王注《說文》,都引用徐氏的說法,顯然是不肯認同「从
火聿聲」之說。[29] 朱駿聲則改為:「从火、聿省聲。」[30] 今檢甲骨文,中有
「燼」字,羅振玉釋:

　　　　《說文解字》:「燼、火餘也,从火聿聲。」徐鉉曰:「聿非聲,疑
　　　　从聿省。」此从又持屮以撥火餘,象形,非形聲也。[31]
李孝定也說:

　　　　契文象以手持箸撥火之形,箸之下端與火焰相交作屮,與聿形混,篆
　　　　體遂訛聿。許君不得其解,因謬謂聿聲,字實不從聿也。[32]

---

[24] 《詁林》頁317。

[25] 《詁林》頁317。

[26] 張舜徽:《說文約注》(中州書畫社版,1983年,卷二頁31)。以下簡稱《約注》。

[27] 《詁林》頁4404。

[28] 《詁林》頁4485。

[29] 《詁林》頁4485。

[30] 《詁林》頁4485。

[31] 羅振玉:《羅雪堂先生全集三編》(台灣文華書局版,1990年,冊二頁545)。以下簡
稱《雪堂集三》。

[32] 李孝定,《甲骨文字集釋》(臺灣中央研究院史語所專刊之五十,1982年四版,頁
3169)。

按「聿」的本義是「聿飾」，並沒有「火餘」的意思，羅、李之說的確能得造字的本意。應當別立「聿」爲聲首，以統屬「瑻」、「蓋」、「盡」、「賮」等從「聿」得聲之字。

　「盡」從「聿」聲，應該是從「聿」字得義。所以《說文》釋「盡」字是：

　　　器中空也，从皿聿聲。[33]

聲中有義。又《說文》釋「賮」字是：

　　　會禮也，从貝聿聲。[34]

段玉裁注：

　　　以財貨爲會合之禮也。[35]

考其得義之源，應該是出於「齎」。本書「齎」字訓：「持遺也。」持以遺人，所以有「以貨財爲禮」之義。按「齎」字古音精紐灰部，與「賮」雙聲，所以字義可通。

　《說文》釋「瑻」字是：

　　　石之似玉者，从玉盡聲。[36]

《詁林》諸家無說。許慎說是「石之似玉者」，顯然不是真正的玉；或者是因爲石色灰白，有似餘燼，所以名爲「瑻」，其義已不可知了。

　《說文》釋「蓋」字是：

　　　艸也，从艸盡聲。[37]

是取「盡」爲聲，聲中不兼義。

　再論「寽」字。《說文》釋「寽」字是：

　　　五指持也，從受一聲。[38]

33　《詁林》頁2129。
34　《詁林》頁2750。
35　《詁林》頁2750。
36　《詁林》頁181b。
37　《詁林》頁270b。

段玉裁注：

> 聲疑衍，一謂所𢎝也。[38]

林義光《文源》：

> 按一非聲，𢎝、捋之古文，取也。從𢎝從寸，寸亦又也（篆從寸之字古多從又），蓋與受同形而聲義異，故變又為寸以別之耳。[40]

段、林都以為「一」並不是聲符。金文有𢎝字，郭沫若《兩周金文辭大系圖錄考釋・禽設》說「𢎝」：

> 《說文》受部云：「五指持也，從受一聲，讀若律。」按金文均作一手盛一物，別以一手抓之，乃象意字，說為「五指持」甚是，然非從受一聲也。[41]

從金文字形來看，圓點是象手持之物，後來演變而成「一」，而「𢎝」的字音又近於「一」，所以許慎以為是從「一聲」。郭氏的說法，可說是得到造字本旨。圓點既演變成「一」，與「爰」字古文同形，於是又有「𢎝」古通「爰」之說，而「鋝」變成了量名，這也是形近而誤的一例。是知「𢎝」字聲義，並非有受於「一」。應該另立「𢎝」為聲首，以統率《說文》從「𢎝」得聲的字。

「捋」、「𦙶」、「㭚」、「埒」、「蜦」、「埒」、「鋝」、「酹」都是同從「捋」得聲，古音都屬來紐曷末部，可知這八個字，聲和韻都有受於「𢎝」。今考知「𢎝」字應該是「從受一」，而「一」就是所「𢎝」之物。「捋」、「酹」兩字，都有「持」的意思。《說文》釋「捋」字是：

> 取易也，從手𢎝聲。[42]

---

[38] 《詁林》頁1694。

[39] 《詁林》頁1694b。

[40] 林義光《文源》，收入《詁林》。此條見《詁林》頁1695b。

[41] 郭沫若：《兩周金文辭大系圖錄考釋》（北京科學出版社版，1958年，頁13）

[42] 《詁林》頁5404。

許慎以「寽」訓「捋」，可知「捋」是「寽」的後起增偏旁體。又說「酹」字是：

> 餟祭也，從酉寽聲。[43]

段玉裁注：

> 食部餟下曰「酹祭也。」……《廣韻》云：「以酒沃地。」《史記》：「其下四方地為餟食。」蓋餟、酹皆於地。餟謂肉，故《漢書》作腏。酹謂酒，故從酉。[44]

可知「酹」有「以手指取酒而揮灑於地」的意思，是受聲義於「寽」。

金文「寽」字，其中手持之物爲圓點，變而爲「一」，不免與「爰」的古文相混，所以《說文》別出「鋝」字，而解釋爲：

> 十銖二十五分之十三也。從金寽聲。《周禮》曰：「重三鋝。」北方以二十兩為鋝。[45]

「鋝」應當是後出字，以別於「爰」，字義應該不是由「寽」而來。

「捋」、「将」、「将」、「蜂」、「埒」五字，雖然都是從「寽」得聲，但是字義並不是由「寽」而來。《說文》釋「将」字是：

> 牛白脊也，從牛寽聲。[46]

張文虎說：

> 犥、将皆牛白脊。又同部聲近，疑本一字。[47]

按本書「犥」字訓：「牛白脊也。」徐灝在「厲」字下箋：

> 《呂氏春秋・恃君覽》：「厲人主之節。」高注：「厲、高也。」厲與高同義。[48]

---

[43] 《詁林》頁6691b。
[44] 《詁林》頁6691b。
[45] 《詁林》頁6299。
[46] 《詁林》頁525。
[47] 見張光虎《舒藝堂隨筆》，《詁林》頁526。
[48] 《詁林》頁4162。

說是「高」則可以引申有「大」義，「厲」古音是來母曷末部，與「寽」聲韻全同，可知是借「寽」爲「厲」，所以有「牛白脊」之義。

《說文》釋「胉」字是：

脅肉也，從肉寽聲。一曰：臘也。[49]

段玉裁注：

脅者、統言之；胉，其肉也。[50]

許愼訓「胉」是「脅肉」，字義應該是有受於「脅」。又訓「脅」是「兩膀也」，考「脅」字古音屬曉紐帖部；而曷末部與帖部，旁轉相通，[51]所以黃季剛先生以爲「胉」由「脅」來。[52]

《說文》釋「柊」字是：

木也，從木寽聲。[53]

張舜徽注：

柊與欚雙聲，亦一語之轉耳。[54]

又於「欚」字下注：

欚與李雙聲，蓋即李之小者。[55]

再於「李」字下注：

李之本義爲果名，種類甚多。[56]

可知「柊」、「欚」都是「李」之一種。「李」字古音屬來紐咍部，「欚」、來紐沒部，「柊」、「欚」雙聲通假，而得義於「李」。

---

[49] 《詁林》頁1755。

[50] 《詁林》頁1756。

[51] 曷末部與帖部旁轉之例，見陳新雄著《古音學發微》頁1085。《古音學發微》，陳新雄著，一九八三年台灣文史哲出版社三版。

[52] 《黃批》頁268。

[53] 《詁林》頁2492。

[54] 《約注》卷十一頁18b。

[55] 《約注》卷十一頁18b。

[56] 《約注》卷十一頁11b。

《說文》釋「蛚」字是：

> 商何也，從虫寽聲。[57]

這是昆蟲之名，應該是以聲命物，聲不兼義。

《說文》釋「埒」字是：

> 卑垣也，從土寽聲。[58]

黃季剛先生說：

> 壖、埒相次。壖由了、繚來。[59]

按許訓「了」為「尥也」，段玉裁注：

> 尥、行脛相交也。牛行脚相交為尥。凡物二股或一股相糾繚縛不直伸
> 者曰了戾。[60]

又許訓「繚」為「纏也」，可知「了」、「繚」都有糾纏的意思。而本書
「壖」字訓曰：「周垣也」，是說垣牆相交，有如相互糾纏般。《說文》
「壖」、「埒」相次，字義相近；「壖」古音屬來母豪部，與「埒」雙聲。
所以馬敘倫說：

> 埒為壖之音同來紐轉注字，高卑後人別之。[61]

可知「埒」訓「卑垣」，其義有受於「了」。

《說文》從「寽」得聲的，又有「虨」字，釋為：

> 虎所攫畫明文也，從虎寽聲。[62]

段氏改為「從虎寽」，注說：

> 虎所攫畫，故從虎寽會意。[63]

---

[57] 《詁林》頁5993。

[58] 《詁林》頁6111。

[59] 《黃批》頁860。

[60] 《詁林》頁6611b。

[61] 《說文解字六書疏證》頁3379。《說文解字六書疏證》，馬敘倫撰，一九八二年臺灣鼎
文書局印行。

[62] 《詁林》頁2114。

[63] 《詁林》頁2114b。

苗夔《說文聲訂》：

夔按「寽」非聲，當從建首字作聲例，作「從虎寽、虎亦聲。」[64]

甲骨文有「虢」字，徐中舒解釋：

從虎從寽，象以手張虎革之形。所從之虎作，乃象張口露齒、有頭足尾之虎革，會意。《詩》作「鞹」，從革郭聲，形聲。[65]

林義光《文源》：

「虢」為「虎攫」，無他證。當為「鞹」之古文，取毛皮也。......從虎，象手有所持，以取皮毛。凡「朱鞹」諸彝器以「虢」為之。[66]

現依從諸家的說法，定「虢」爲會意字，而不是從「寽」得聲的。

「虢」字古音屬見紐鐸部，《說文》從之得聲的只有一個「滮」字，古音亦屬見紐鐸部，與「虢」聲韻全同，而且是受義於「虢」。《說文》釋「滮」字是：

水裂去也，從水虢聲。[67]

「虢」訓「取皮毛」，「滮」訓「水裂去」，都有「去取」的意思。黃季剛先生說：

滮由虢來，出於釆、攫。[68]

可知這兩個字的語源相同。

今考《說文》從「一」得聲的凡衍十九字，其實都不是從「一」得聲，而且亦與「一」的本義是紀數字無關。又以爲「𦘔」、「賮」、「盡」、「璶」、「藎」五字是「一」的之二、三、四級聲子，都不正確。當該別立「聿」、「𦘔」、「寽」爲聲首，來統屬從之得聲的字群。其間文字孳乳的關係如下：

---

[64]《詁林》頁2114b。《說文聲訂》二卷，苗夔撰，收入《詁林》。

[65]《字典》頁528。

[66]《詁林》頁2114b。

[67]《詁林》頁5050。

[68]《黃批》頁710。

甲‧許慎說「聿」從「一」聲,而「聿」字其實是象形,應該另立「聿」
　　爲聲首,本義是「執筆寫字」。《說文》從「聿」得聲的凡衍二字,
　　孳乳的方式當如下述:
　　　一‧用本義:律。
　　　二‧聲不兼意:葎。
乙‧「聿」字並不是從「聿」得聲,其實是無聲字,應該另立爲聲首,本
　　義是「持箸撥火」。《說文》從「聿」得聲的凡衍四字;孳乳的方式
　　當如下述:
　　　　一‧用本義:盡。
　　　　二‧疑由本義而引申:璶。
　　　　三‧用假借義:
　　　　　　1‧借「齎」:賮。雙聲通假。
　　　　四‧聲中無義:藎。
丙‧「尋」本來是全體象形,並不是從「一」聲,應該另立爲聲首,本義
　　是「以手持物」。孳乳的方式當如下述:
　　　一‧用本義:捋、酹。
　　　二‧用假借義:
　　　　　1‧借「厲」:挧。聲同韻同。
　　　　　2‧借「脅」:脟。旁轉相通。
　　　　　3‧借「李」:桍。雙聲通假。
　　　　　4‧借「了」:埒。雙聲通假。
　　　三‧聲不兼意:埒。
　　　四‧因與「爰」的古文相混而別出的:鋝。
丁‧《說文》復有「虦」字,許慎說是從「尋」聲;而其實是「從虎尋」
　　會意,亦當另立爲聲首,本義是「去皮毛」。「瀺」字從之得聲,而
　　訓爲「水裂」,是用其引申義。

參、論《說文》從「王」得聲之字

「王」字古音屬匣紐唐部，《說文》從「王」得聲的，許慎以爲有
「迋」、「㞷」二字。但是如果從古文來考察，其實應該有三十字。因爲
「皇」、「㞷」二字，應該都是從「王」得聲。

《說文》釋「皇」字是：

> 大也，從自王。自、始也；始王者，三王大君也。自讀若鼻，今俗以
> 作始生子爲鼻子是。[69]

「皇」字從「自王」，依照《說文》大例，應該是無聲字，可以立爲聲首。
但從金文來看，「皇」字有多種不同寫法，吳大澂、林義光、高鴻縉、劉心
源、汪榮寶、徐中舒、郭沫若、于省吾等，根據金文的字形來解說，意見各
有不同。單周堯先生著《說皇》篇，平議眾說，以爲：

> 金文「皇」字上半可能象用羽毛做的頭飾或有羽飾的冠冕，下半的
> 「王」字則可能是個一聲符。[70]

所以定「皇」爲形聲字，從「王」得聲。

「㞷」字也應該是從「王」得聲。《說文》釋「㞷」字是：

> 艸木妄生也，从㞷在土上。讀若皇。[71]

「妄生」即是不擇地而生。張舜徽以爲：

> 今俗稱興旺、旺盛，皆當以㞷爲本字。[72]

以爲象艸木得土即生，所以有「興旺」、「旺盛」的意思。又以爲「𤯎」、
「暀」二字，都是由「㞷」而來。「㞷」字見於甲骨文和金文，都是從
「止」而不從「㞷」；甲骨文或有從「止」從「土」會意的，或有從
「止」、「王」聲的。又按卜辭用例，「㞷」字多次出現，都是用作「往

---

[69] 《詁林》頁109。

[70] 《古文字研究》第十輯頁70－77。《古文字研究》第一輯至第十七輯，一九七九年至一
九八九年北京中華書局版。

[71] 《詁林》頁2673。

[72] 《約注》卷十二頁2。

也」；[73] 而金文亦有用爲「去也」之義，[74] 與「艸木妄生」無關。所以羅振玉說：

> 《說文解字》：「坒、艸木妄生也，从之在土上。」又：「往、之也，从彳坒聲。」卜辭从止从土，知坒爲往來之本字。故訓「坒」艸木妄生，而別以往爲往來字，非也。[75]

按羅振玉的說法可從。徐中舒更有進一步的說明：

> 從之從（王），王爲聲符，爲往來之往本字。……艸木妄生顯非坒之朔義。《說文》謂坒從土亦誤。[76]

卜辭「坒」字所以從「王」，是用來紀音的，則「坒」應該是形聲字，而非從「止」從「土」會意。因爲如果是從「土」、則不可以見到「往來」的意思，所以取徐氏的說法，此即楊樹達所稱的加旁字。[77] 今定「坒」爲形聲字，從「止」、「王」聲。《說文》釋「坒」字，形與義都不確當。

「皇」古音屬匣紐唐部，《說文》中從「坒」得聲的有十文。「坒」字古音也是匣紐唐部，凡衍十六文。但是「皇」、「坒」都從「王」聲，則《說文》從「王」得聲的，應該有三十字。從孳乳關係來考察，其間的關係如下：

一・是「王」的直接聲子：迋、翌、皇、坒。

二・是「王」的二級聲子：瑝、喤、篁、穜、煌、惶、湟、蝗、鎤、隍、汪、往、敜、韹、枉、匡、狂、軭。

三・是「王」的三級聲子：誆、偓、眶、懬、邼、洭、恇、軭。

從字音上來考察，其間的關係是：

---

[73] 《字典》頁679-680。

[74] 《金文常用字典》頁639。《金文常用字典》，陳初生撰，一九八七年四月陝西人民出版社第一版。

[75] 《雪堂集三》冊二頁573

[76] 《字典》頁679。

[77] 《述林》頁192。

一・與「王」聲韻完全相同的十九字：迋、埕、皇、瑝、喤、篁、程、煌、惶、湟、蝗、鍠、隍、㞷、往、敜、鼪、枉、眐。

二・與「王」韻同聲異的十一字：

    1・影紐一字：汪。

    2・見紐三字：誑、俇、㤮。

    3・溪紐七字：匡、狂、軠、邼、洭、輄、恇。

按影與匡是旁紐雙聲，見、溪與匡是鄰紐雙聲，可知這三十字，與「王」或為同音，為或鄰紐、旁紐雙聲而疊韻，都可以相諧。

論「王」的字義，《說文》釋「王」字是：

> 天下所歸往也，董仲舒曰：「古之造文者，三畫而連其中謂之王。三者，天地、人也，而參通之者王也。」孔子曰：「一貫三為王。」。[78]

許慎說字，是引用了《易乾鑿》的說法，以疊韻為訓，是漢時公羊家及《緯書》的言論，並非「王」的本義。《詁林》諸家，既宗許說，也多數是穿鑿之言，附會之論，並不能道出造字本意，不必詳引。甲骨文和金文都有「王」字，吳大澂根據金文字形來說「王」字：

> 王、大也，盛也，从二从虞。虞、古火字。地中有火，其氣盛也，火盛曰王，故德盛亦曰王。[79]

徐中舒根據甲骨文，以為「王」字象帝王端拱而坐之形。[80] 李孝定則辨正吳說的錯誤，而以為徐中舒的說法可從。[81] 但是徐說卻不能解釋西周早期金文「王」字下畫多作虞形的原因。吳其昌則以為：

> 「王」之本義為斧，用之可以征服天下，故引伸為「王」。[82]

---

[78] 《詁林》頁103。

[79] 《說文古籀補》卷一頁2b。《說文古籀補》，吳大澂撰，全八冊，線裝，臺灣藝文書局版，不著年月。

[80] 徐說見《中研院史語所集刊》第四本第四分頁441－446：《士、王、皇三字探原》。

[81] 《集釋》頁126。

林澐贊同這個說法：

> 王字確實是象斧鉞之鋒刃向下者。……王字的讀音也和斧鉞之古名有
> 關。《詩‧大雅‧公劉》：「弓矢斯張，干戈戚揚。」《毛傳》云：
> 「揚、越也。」……則王字之得聲，當由鉞之本名揚，揚之音轉而為
> 王。可見王字之本象斧鉞形，可以無疑。……而斧鉞本為軍事統率權
> 之象徵物，……中國古代世襲而握有最高行政權力的王，也是以軍事
> 首長為其前身的。[83]

則是兼用古音，來證明「王」的本義是「斧鉞」。所以徐中舒在《甲骨文字
典》中，也捨棄自己之舊說，而從吳、林之新說，而釋「王」字是：

> 象刃部下向之斧形，以主刑殺之斧鉞，象徵王者之權威。[84]

本文從吳、林之說，定「王」為象形字。許慎以「一貫三為王」來說「王」
字，未必確當。

從衍義方面來考察，「迋」從「王」得聲，《說文》釋「迋」字是：

> 往也，從辵王聲。[85]

「迋」與「往」應該同字，古文從「彳」從「辵」，往往相通。「迋」從
「王」聲，而義同於「㞷」，是因為「㞷」亦從「王」得聲，因為聲近，所
以義通。「翌」也是從「王」得聲，《說文》釋「翌」字：

> 樂舞。以羽翿自翳其首，以祀星辰也。從羽王聲，讀若皇。[86]

按《周禮‧舞師》：

> 教皇舞，率而舞旱暵之事。

《注》：

---

[82] 說見吳著《金文名象疏證》，原刊《武大文哲季刊》五卷三期頁498－509。

[83] 《考古》一九六五年第五期頁311－312《說王》。

[84] 《字典》頁32。

[85] 《詁林》頁740b。

[86] 《詁林》頁1503b。

鄭司農云：「皇舞、蒙羽舞。書或為翌，或為義。」玄云：「皇、析
五采羽為之，亦如翌。」[87]

章太炎先生本唐陽對轉之例，以為「翌」的語源應該出於「兩」。[88]「兩」
固然是有「覆冒」的意思，但是「覆冒」的未必一定是羽，始終不能明瞭鄭
玄釋「翌」為「皇舞」的原因；現在既知「皇」是「冠冕」，則「翌」應該
說是由「皇」衍生，因此有「皇舞」之義。

「皇」的本義是「冠冕」，可以引申有「輝煌，壯美、崇高、偉大、尊
嚴、嚴正、閑暇」等意思，[89]所以《說文》從「皇」得聲之字多有「大」
義。「瑝」從「皇」得聲，許慎釋「瑝」字是：

玉聲，從玉皇聲。[90]

段注：

謂玉之大聲也。[91]

又《說文》釋「喤」字是：

小兒聲，從口皇聲。《詩》曰：「其泣喤喤。」[92]

段注：

啾謂小兒小聲，喤謂小兒大聲也。[93]

又釋「程」字是：

程榜也，從禾皇聲。[94]

---

87 《周禮注疏》冊一卷十二頁13。
88 《文始》頁121。
89 見郭沫若著《長安張家坡銅器群》頁5。原載《文物》，一九六五年北京文物出版社
版。
90 《詁林》頁173。
91 《詁林》頁173。
92 《詁林》頁559。
93 《詁林》頁559。
94 《詁林》頁3118b。

按《說文》「穤」字訓:「穤稑也,穀名。」「穤」、「稑」相次,兩字轉注,字義相同。《廣雅》:

> 稑、穤也。[95]

徐灝箋:

> 此祭祀所用穀名,稷為五穀之長,故張禋讓以穤當之,穤即稷也。[96]

「稑」是五穀之長,所以從「皇」聲以表示有「大」的意思。又《說文》釋「蝗」字是:

> 螽也,從虫皇聲。[97]

段注:

> 蚰部:「螽、蝗也。」《漢書‧五行志》云:「介蟲之孽者,謂小蟲有甲非揚之類,陽氣所生也。於春秋為螽,今謂之蝗。」螽、蝗古今語也。[98]

張舜徽說:

> 蝗與螽同類而有不同。蓋小者曰螽,大者曰蝗,此析言有別耳。[99]

可知「螽」之「大」者是「蝗」。又《說文》釋「鍠」字是:

> 鐘聲也,從金皇聲。《詩》曰:「鐘鼓鍠鍠。」[100]

段注:

> 皇、大也,故聲之大,字多從皇。《詩》云:「其泣喤喤。」「喤喤厥聲。」玉部云:「瑝、玉聲也。」《執競》以鼓統於鐘,總言鍠鍠。[101]

可知鐘聲之「大」者是「鍠」。所以章太炎先生說:

---

[95] 《廣雅疏證》頁1262。
[96] 《詁林》頁3118b。
[97] 《詁林》頁5987。
[98] 《詁林》頁5987。
[99] 《約注》卷二十五頁64b。
[100] 《詁林》頁6312b。
[101] 《詁林》頁6312b。

　　喤、瑝、鍠皆大聲也。[102]

這幾個字都從「皇」聲而有「大」義，由此可以見到聲義同源之旨。

　　「篁」從「皇」聲，而得義取於「汪」。《說文》釋「篁」字是：

　　竹田也，從竹皇聲。[103]

水部「汪」字訓：「深廣也」，竹生茂密，望去一片汪汪，正符合「竹田」
的意義。「汪」從「㞷」聲，也等於是從「王」聲，所以有「大」的意思。

　　《說文》釋「煌」字是：

　　煇也，從火皇聲。[104]

所從的「皇」聲應該是「光」之借。同部「光」字訓：「明也，從火在人
上，光明意也。」古音屬匣紐唐部，「皇」聲韻俱同，所以能夠通轉。

　　「惶」也是從「皇」聲，而得義於「懼」。《說文》釋「惶」字是：

　　恐也，從心皇聲。[105]

黃季剛先生以爲：

　　「惶」同「懼」，由瞿來。[106]

按「懼」古音溪紐模部，匣、溪旁紐，模、唐對轉；而本書訓「懼」字是：
「恐也」，與「惶」同義，所以能夠相通。

　　《說文》釋「湟」字是：

　　（湟）水，出金城臨羌塞外，東入河，從水皇聲。[107]

應該是以聲命物，聲不取義。

　　《說文》釋「隍」字是：

[102]《章氏叢書》頁134。
[103]《詁林》頁1919b。
[104]《詁林》頁4500。
[105]《詁林》頁4778。
[106]《黃批》頁678。
[107]《詁林》頁4833。

城池也。有水曰池，無水曰隍。從𨸏皇聲。《易》曰：「城復于
隍。」[108]

黃季剛先生說：

同鑿，近湖、潢、汗、汪，由下來。[109]

按「下」字古音是匣紐模部，模、唐對轉，可知「隍」字的語源，是出於
「下」。而「湖」、「潢」、「汗」、「汪」等字，都有寬廣水滿之義。所
以張舜徽加以辨析說：

有水無水之辨，乃析言之耳。若渾言之，「湟」亦有水之通名，猶大
水謂之「沆」，積水謂之「潢」，溝行謂之「洐」，實一語也。
「潢」訓「無水」，又義通於「阬」，深喉淺喉之分耳。[110]

張氏的說解得，可以解釋《說文》所說的「有水無水」的分別。如果一定要
取「無水」的意思，則「皇」聲可以說是「阬」之借。「阬」字古音屬見紐
唐部，與「隍」疊韻；而訓曰「閬」，有「空虛」的意思，可以與「湟」相
通。

「㞷」的本義應該是「往來」，可知「往」是「㞷」的後起加偏旁字。
《說文》釋「往」字是：

之也，從彳㞷聲。古文從辵。[111]

楊樹達說：

往為加旁字，乃據㞷之初義往來義而有之，非甲文，此字終古沈淪不
可知矣。[112]

又《說文》釋「征」字是：

遠行也，從人狂聲。[113]

[108]《詁林》頁6519。
[109]《黃批》頁915。
[110]《約注》卷二十八頁17。
[111]《詁林》頁812b。
[112]《述林》頁192。

段玉裁注：

> 《楚辭》：「魂佂佂而南征。」注云：「佂佂、遑遽兒。」王《注》
> 是也。……佂訓遠行，亦未確。[114]

張舜徽也說：

> 佂乃後出俗字也。訓遠行者，當以辵部之迋，彳部之往為正字。訓惶
> 遽兒者，當以皇皇為正字。……今俗語稱遊行曰佂，則字變作逛矣。
> [115]

字雖然是後出俗體，但可知字義是由「坴」來。

《說文》釋「狂」字是：

> 狾犬也，从犬坴聲。[116]

「狂」字見於甲骨文，李孝定說：

> 契文（字形）與篆文同，……影本原片雖略漫漶，字仍作（狂）。辭
> 云：「王狂田湄日不遘口大風。」狂似當讀為往。[117]

甲骨文用「狂」為「往」，應該是用假借義。而《說文》訓「狂」為「狾
犬」的原因，是因為「狾」字訓曰「狂犬」而來。「狾」是「迣也」，是說
「遮迣之也」。狂犬之義，即由此而生。而張舜徽說：

> 狂之言彊也，謂有彊力異於平日也。乃病發於內，以至如此。本以言
> 犬，故從犬。人之因病發狂者，亦气力彊大，旁人不敢近也。狂之古
> 文從心，與恒之或體從心，皆謂生於中而發於外耳。[118]

張氏從語源來說，以為「狂」所從之「坴」聲應該是「彊」之借，二字古音
同屬溪紐唐部，所以能夠相通。

---

[113] 《詁林》頁3625。
[114] 《詁林》頁3625b。
[115] 《約注》卷十五頁47
[116] 《詁林》頁4415。
[117] 《集釋》頁3107。
[118] 《約注》卷十九頁43b。

　　「坒」的本義是「往來也」，可以引申而有「動」義。《說文》釋「軖」字是：

　　　　紡車也。一曰：一輪車。从車坒聲，讀若狂。[119]

段玉裁注：

　　　　紡者、紡絲也。凡絲必紡之而後可織，紡車曰軖。[120]

紡車往來，可以見到「織」的意思，所以其字從「坒」。而紡車只有一輪，因此可以引申而有「一輪車」的通名。可知「軖」字二訓，可以互相補足。

　　「坒」、「皇」都是從「王」聲，所以意義可以互通。《說文》從「皇」得聲的字多數有「大」的意思，「鸇」、「晄」、「汪」三字都從「坒」聲而有「大」義。《說文》釋「鸇」字是：

　　　　華榮也，从舜坒聲，讀若皇。《爾雅》曰：「鸇、華也。」。[121]

因爲「鸇」生長得茂盛，所以有「大」義。又釋「晄」字是：

　　　　光美也，从日往聲。[122]

日出則盛大，所以從「坒」聲而義得於「皇」，來譬喻日出盛大的意思。又釋「汪」字是：

　　　　深廣也，从水坒聲。一曰：汪、池也。[123]

訓曰「深廣」，所以也有「大」義。至於「一曰」的取義，則通於「潢」，《說文》「潢」訓「積水池」，也有「大」義。

　　「誑」、「悹」二字所從的「狂」聲則是借「罔」。《說文》釋「誑」字是：

　　　　欺也，从言狂聲。[124]

---

[119] 《詁林》頁6463b。

[120] 《詁林》頁6464。

[121] 《詁林》頁2333。

[122] 《詁林》頁2927b。

[123] 《詁林》頁4953。

[124] 《詁林》頁1032。

張舜徽說：

> 誑之為言罔也，謂蒙蔽之也。[125]

按「罔」是捕魚器具，蒙覆來取魚，所以引申有蒙蔽之意。「罔」字古音屬明紐唐部，與「誑」疊韻，故可通假。

《說文》釋「恇」字是：

> 誤也，从心狂聲。[126]

徐灝箋：

> 言部：「誑、欺也。」即誤人之義。[127]

可知「誑」、「恇」同義。

「敳」字所從的「坒」聲應該是借「放」。《說文》釋「敳」字是：

> 放也，从攴坒聲。[128]

本書「放」字訓：「逐也」，古音屬幫紐唐部，與「敳」疊韻，在喉爲「敳」，轉唇則爲「放」，在語言上本來就是相同。

「枉」、「輇」二字所從的「坒」聲應該是當借「尢」。《說文》釋「枉」字是：

> 衺曲也，从木坒聲。[129]

本書「尢」字訓：「㾬曲脛也，从大，象偏曲之形。」曲脛謂之「尢」，就等於曲木謂之「枉」，語源相同。《說文》釋「輇」字是：

> 車戾也，从車匚聲。[130]

本書「戾」字訓：「曲也」，車戾謂之「輇」，也是等於曲木謂之「枉」，語源都是由「尢」而來。

---

[125] 《約注》卷五頁42。
[126] 《詁林》頁4734b。
[127] 《詁林》頁4734b。
[128] 《詁林》頁1365。
[129] 《詁林》頁2471b。
[130] 《詁林》頁6453。

《說文》釋「匡」字是：

> 飯器，笥也，从匸𡉉聲。[131]

本書「匸」字訓：「受物之器。」「匡」本來也是「受物之器」，可知所從的「𡉉」是聲符，即楊樹達所稱的加旁字。又《說文》釋「恇」字是：

> 怯也，从心匡，匡亦聲。[132]

《說文》正文不見「怯」字，而附在「㹬」字之下，以為是「㹬」的重文。而「㹬」字訓：「多畏也。」本來是指駑犬之性，因此引申為有「怯懦」的意思。「匡」內中空，也可以引申而有「虛怯」意，所以許君以為「恇」字是「从匡、匡亦聲」，表示聲中有義。

《說文》釋「郔」字是：

> 河東聞喜鄉，从邑匡聲。[133]

這是方國之名，聲不兼義。又釋「洭」字是：

> （洭）水，出桂陽縣盧聚，山洭浦關為桂水，从水匡聲。[134]

這是水流之名，也是聲不兼義。

由此可以得到這樣的結論：

「王」的本義是「斧」，引申而有「統率號令」的意思。《說文》從「王」得聲的有三十個字，沒有一個字是用本義的。

一‧引申而有「冠冕」義：皇。

1‧用「皇」的引申義：𡑏。

2‧由「皇」義引申而有「大」義：瑝、喤、篁、徨、蝗、鍠、韹、睳、汪。

二‧雖從「王」聲，而只用為聲符，聲不兼意：𡉉。

1‧「𡉉」本的義是「往來」，用其本義：迁、往、徎。

[131]《詁林》頁5731。

[132]《詁林》頁4774。

[133]《詁林》頁2823。

[134]《詁林》頁4859。

2・由「㞷」引申而有「動」義：軠。

三・雖從「王」聲亦只用爲聲符，聲不兼意：匡。

1・由「匡」引申而有「虛怯」義：恇。

四・用假借義：

1・借「光」：煌。聲韻俱同。

2・借「懼」：惶。旁紐對轉。

3・借「阬」或「下」：隍。對轉。

4・借「彊」：狂。聲韻俱同。

5・借「罔」：誑、迋。疊韻。

6・借「放」：𡉚。疊韻。

7・借「尢」：枉、軠。

五・聲中無義：湟、郋、洭。

肆・論《說文》從「分」得聲之字

《說文》中從「分」得聲的共有二十八字，從孳乳關係來考察，直接聲子有二十五個，二級聲子只有三個：

一・直接聲子：攽、鳻、邠、頒、粉、黺、份、岎、盼、帉、枌、䫵、忿、紛、氛、羒、盆、棻、棼、汾、魵、扮、坋、貧、䬟。

二・二級聲子：彬、橉、䕘。

從語音上來看，「分」字古音屬幫紐魂痕部，從「分」得聲的二十八字與「分」的聲音關係是：

一‧與「分」聲韻全同的有八字：攽、鴛、邠、頒、粉、黺、[135]
份、彬。

二‧與「分」韻同聲異的二十字：

　　1‧曉紐一字：馨。

　　2‧滂紐八字：岕、盼、岔、衯、颰、忿、紛、棻。

　　3‧並紐十字：氛、粉、盆、枌、棼、貧、汾、魵、扮、坋。

　　4‧明紐一字：虋。

這二十八字，除「虋」字與「分」是疊韻相諧外，其餘二十七字，或者與
「分」聲韻全同，或者是旁紐雙聲而疊韻，從語音上來考察，這二十八字都
可以相諧。

　　再從字義來看，《說文》釋「分」字是：

　　　分、別也，從八刀，刀以分別物也。[136]

林義光和張舜徽說「八」字的字義相當合理。林義光以為「八」、「分」雙
聲對轉，本來就是同一個字。[137] 高鴻縉讚同林氏的說法：

　　　林說是也。八之本義為分，取假象分背之形，指事字，動詞。後世
　　　（殷代已然）借用為數目八、九之八，久而不反，乃加刀為意符（言
　　　以刀所以分也）作分，以還其原。自殷以來，鮮知其本為一字矣。[138]

以為「分」是「八」的後起字。而張舜徽則說：

　　　分字得義之源，蓋起於遠古漁獵時之分割獸肉。本書「半」字下云：
　　　「物中分也，從八牛；牛為物大，可以分也。」八牛非刀不可，半字
　　　雖不從刀，而刀意在其中；分字從刀，乃就一切分割言之。《禮記‧

---

[135] 大徐本作「從辡從粉省」，小徐本作「從辡從粉省聲」，許慎以「畫粉」來解釋
　　「黺」，則小徐的說法應該比較合理，所以本文採取小徐的說法。見《詁林》頁
　　3461b。

[136] 《詁林》頁492。

[137] 《詁林》頁492。

[138] 《字例》三篇頁69。

月令》：「死生分。」鄭注云：「分猶半也。」莊公四年《公羊
傳》：「師喪分焉。」何注：「分、半也。」是分、半義通。[139]

按「八」象「分別相背之形」，物中分後各散處一方，所以是有相背之義；林、張的說法並不相悖，可以並存。

從衍義來考察，「攽」、「盼」二字都從「分」得聲，而用「分」的本義。《說文》釋「攽」字是：

分也，从攴分聲。《周書》曰：「乃惟孺子攽。」亦讀與彬同。[140]

以「分」來訓「攽」，可知「攽」有「分」義。又釋「盼」字是：

《詩》曰：「美目盼兮。」从目分聲。[141]

這是《衛風・碩人》之句，《毛傳》：

盼、白黑分。[142]

是說眼目白黑分明，所以有「分」義。

因為要「分」，所得的會比原來少，可以引申而有「少」義。《說文》釋「貧」字是：

財分少也。从貝从分，分亦聲。[143]

段玉裁注：

謂財分而少也。合則見多，分則見少。[144]

可知「貧」是由「分」所孳乳。又《說文》釋「粉」字是：

傅面者也，从米分聲。[145]

桂馥說：

古以米粉傅面，後易以鉛粉，曹植《洛神賦》：「鉛華弗御。」[146]

---

[139] 《約注》卷三頁2。
[140] 《詁林》頁1334b。
[141] 《詁林》頁1411b。
[142] 《毛詩正義》卷三頁10。
[143] 《詁林》頁2772。
[144] 《詁林》頁2772。
[145] 《詁林》頁3170。

段玉裁注：

> 傅人面者，固胡粉也。許所云傅面者，凡外曰面，《周禮》：「傅於
> 餌餈之上」是也，引申為細末之稱。[147]

但《釋名・釋首飾》說：

> 粉、分也；研末使分散也。[148]

可知以米粉傅面，是古人常用的方法，「粉」的本義應該是「細末也」，不
必用引申來說。是「粉」亦由「分」所孳乳。

「粉」訓「細末」，「氛」字雖然從「分」得聲，而實際是由「粉」得
義。《說文》釋「氛」字是：

> 祥气也，从气分聲。[149]

《釋名》：

> 氛、粉也。潤氣著艸木，因凍則凝，色白若粉之形也。[150]

是說寒氣之凍凝，色白如粉，細碎亦如粉。又《說文》釋「黺」字是：

> 袞衣山龍華蟲。黺、畫粉也，从黹从粉省聲，衛宏說。[151]

段玉裁注：

> 《尚書》「山龍華蟲」，不與粉相屬，許書恐傳寫有奪誤。[152]

徐灝箋：

> 黺既從黹，則非畫也；畫字疑衍。[153]

張舜徽則說：

---

[146] 《詁林》頁3170b。
[147] 《詁林》頁3170b。
[148] 《釋名疏證補》頁242。
[149] 《詁林》頁211b。
[150] 《釋名疏證補》頁47。
[151] 從小徐本補聲字，見注（8）。
[152] 《詁林》頁3462。
[153] 《詁林》頁3462。

> 黺與繡、黼並雙聲義近,皆但狀其采耳。或畫或繡,古人亦無定說也。[154]

今按《詁林》諸家所爭議的,只不過是「黺」究竟是「畫」抑或是「繡」而已,張舜徽以爲古人亦無定論,則應當遵從許慎的說法,因爲比較近古。以「粉」來釋「黺」,是說用粉畫「山龍華蟲」在黼黻之上,可知「黺」是得義於「粉」,字義亦應該是由「分」所孳乳。又《說文》釋「坋」字是:

> 塵也,从土分聲。一曰:大防也。[155]

「坋」之言「粉也」,是說塵土細如粉末,可知也是由「分」所孳乳的。至於另一訓「大防」,見《詩·周南》:「遵彼汝墳」句,《毛傳》:

> 墳、大防也。[156]

是「坋」也可以有「大」義。因爲「墳」古音屬並紐魂痕部,與「坋」同音,前人借「坋」以爲「墳」,以表示「大」的意思。因此可以推知「坋」兼有「大」、「小」二義。

「粉」、「棼」、「衯」、「袳」、「頒」五字雖從「分」得聲,而都是從「坋」得義。《說文》釋「粉」字是:

> 牂羊也,从羊分聲。[157]

嚴可均:

> 牂當作牡。《初學記》卷廿九、《御覽》卷九百二引作「牡羊也。」
> 《釋畜》:「羊、牡羒。」[158]

張舜徽:

---

[154] 《約注》卷十四頁77b。

[155] 《詁林》頁6153。

[156] 《毛詩正義》卷一之三頁5。

[157] 《詁林》頁1564b。

[158] 《詁林》頁1564b。

牝牡二字，形近易訛。此篆説解本作「牡羊」，初訛「牡」為「牝」，又改為「牂」耳。牡羊為羒，羒之為言墳也，謂其軀幹高起也。[159]

可知是「羒」是「大」羊。又釋「棼」字是：

複屋棟也，从林分聲。[160]

朱駿聲：

从林者，从二木也。複屋、故从二木為意。[161]

屋複則必「大」，所以有「大」義。又釋「帉」字是：

楚謂大巾曰帉，从巾分聲。[162]

既曰「大巾」，則一定是有「大」義了。又釋「衯」字是：

長衣兒，从衣分聲。[163]

按「長」與「大」義實相成。又釋「頒」字是：

大頭也，从頁分聲。一曰：鬢也。《詩》曰：「有頒其首。」[164]

既云「大頭」，則必有「大」義。至於「一曰」之義，則是借「頒」為「鬢」，古讀「頒」與「份」同，以音近相借。

「坋」的本義是「塵也」，則凡與塵土之義相通而音亦與「坋」相近的字，可以說是從「坋」引申。《說文》釋「鼢」字是：

地行鼠，伯勞所作也。一曰：偃鼠，从鼠分聲。[165]

張舜徽：

鼢之言坋也，謂其常居地中，身與塵土同色也。[166]

---

[159]《約注》卷七頁55。
[160]《詁林》頁2662b。
[161]《詁林》頁2663。
[162]《詁林》頁3402。
[163]《詁林》頁3721。
[164]《詁林》頁3924。
[165]《詁林》頁4432b。
[166]《約注》卷十九頁48b。

是說顏色同於塵土，可知字義是由「坋」而來。

「分」的本義是「分別物也」，引申可以有「分開」的意思；既「分」當然可以復聚，因此也有「聚合」之意。《說文》釋「鴛」字是：

　　鳥聚皃；一曰飛皃；从鳥分聲。[167]

這個字應該以「一曰」為本義，飛則必「分」，所以字從「分」聲；又訓「鳥聚」，是說鳥之飛，多數是分而復聚，兩義相反，而其實是相成。又釋「紛」字是：

　　馬尾韜也，从糸分聲。[168]

張舜徽：

　　馬尾毛長而多，古人馳馬，恐其尾散亂飄蕩，過山谷時結繫荆棘，不　　利於行，故必為韜以包藏之。亦有編其尾成辮者，皆所以收聚之也。

　　紛以馬尾韜為本義。[169]

這是說因「分」而復「聚」了。

「分」可以引申為「分開」，亦可以引申為「分布」。《說文》釋「岕」字是：

　　艸初生，其香分布，从屮从分，分亦聲。[170]

又釋「棻」字是：

　　香木也，从木岕聲。[171]

段玉裁注：

　　岕為艸香，故棻為香木；此形聲包會意也。[172]

又釋「份」字是：

---

[167]《詁林》頁1651b。

[168]《詁林》頁5892b。

[169]《約注》卷二十五頁37。

[170]《詁林》頁231b。

[171]《詁林》頁2421。

[172]《詁林》頁2421。

> 文質備也，从人分聲。《論語》曰：「文質份份。」古文份从彡林。
> 林者、从焚省聲。[173]

徐鍇說：

> 文質相半也。[174]

既是從「分」聲，而又說「相半」，所以有「分布」的意思。又釋「彪」字
是：

> 虎文彪也，从虍彬聲。[175]

「彬」是「份」的古文，說是從「彬」也即是從「份」；而「份」有「分
布」的意思，「彪」是說虎文斑駁。「斑」古音幫紐寒桓部，與「份」雙聲
旁轉，故知字義也可以通於「斑」。又釋「魵」字是：

> 魚名，出薉邪頭國，从魚分聲。[176]

錢坫說：

> 《魏略》：「濊國出斑魚皮，漢時恒獻之。」斑即魵字。[177]

字從「分」聲，知「分」的字義可通於「斑」。因為這種魚身上有斑文，所
以有這個名稱。

「分」又可以引申為「分裂」。《說文》釋「釁」字下是：

> 血祭也，象祭竈也。从爨省，从酉。酉所以祭也。从分、分亦聲。[178]

張舜徽說：

> 此字古音讀曰門，俗書有衅、舋、衁諸體，皆隸變也。《周禮‧太卜
> 注》：「釁、玉之坼也。」《方言》亦云：「器破而未離謂之璺。」
> 玉中破未有不赤者，故釁為以血塗物之間隙。音轉為盟，盟誓亦塗血

---

[173] 《詁林》頁3496b。

[174] 《詁林》頁3496b。

[175] 《詁林》頁2104。

[176] 《詁林》頁5235b。

[177] 《詁林》頁5235b。

[178] 《詁林》頁1154。

也。由是推之，《爾雅》虋為赤苗，許書璊為赤玉，璊為赤虋，皆此音此義，並以焚為語报；焚之色赤也。[179]

可知「虋」所從的「𥝢」聲，是取它的引申義，再由此引申而有「赤」義。所以《說文》釋「虋」字是：

赤苗嘉穀也，从艸虋聲。[180]

這個字從「虋」得聲得義，從語源來說，則正如張氏所言，是出於「焚」。

「盆」字所從的「分」聲是「㲾」之借。《說文》釋「盆」字是：

盎也，从皿分聲。[181]

黃季剛先生說：

同槃，出于㲾。[182]

按本書「㲾」字訓：「覒也」，「覒」者中空，與「盆」的中空相同；又這個字的古音屬明紐魂痕部，與「盆」疊韻，又並、明旁紐，可知「盆」的音義，是由「㲾」來。

「扮」所從的「分」聲，應該是「秉」之借。《說文》釋「扮」字是：

握也，从手分聲，讀若粉。[183]

按本書「秉」字訓：「禾束也，从手持禾。」古音屬幫紐唐部，與「扮」同為唇音。又本書「把」字訓：「握也」；而《詩·小雅·大田》「彼有遺秉」句，《毛傳》釋「秉」為「把也」，[184] 是「扮」、「秉」、「把」三字聲近義同，而以「秉」為語源。

「忿」雖從「分」聲而義通於「悁」。《說文》釋「忿」字說：

悁也，从心分聲。[185]

---

[179] 《約注》卷五頁82。
[180] 《詁林》頁238b。
[181] 《詁林》頁2124b。
[182] 《黃批》頁319。
[183] 《詁林》頁5448。
[184] 《毛詩正義》卷十四頁10。
[185] 《詁林》頁4745b。

本書「悁」字訓：「忿也」，互爲轉注。「悁」古音影紐寒桓部，與「忿」屬滂紐魂痕部爲旁轉。推尋這個字的語源，黃季剛先生以爲是由「冤」來。[186] 本書「冤」訓「屈也」，是說有屈在心中不得申展的意思，與「悁」聲韻俱同，也與「忿」音近，所以能夠通諧。

《說文》釋「枌」字是：

　　榆也，从木分聲。[187]

這是樹木名，聲中無義。又釋「邠」字是：

　　周太王國，在右扶風美陽，从邑分聲。美陽亭，即豳也，民俗以夜市。有豳山，从山从豩，闕。[188]

這是方國之名，聲不兼義。又釋「汾」字：

　　（汾）水，出太原晉陽山，西南入河，从水分聲。或曰：出汾陽北山，冀州浸。[189]

這是流水之名，也是聲不兼義。

　　經過以上的分析，可以知道「分」之本義是「以刀分別物也」，所以有「分別」的意思。《說文》從「分」得聲的凡二十八字，其衍義之跡當如下述：

　　　一・用其本義的：攽、盼。

　　　二・用其引申義的：

　　　　　1・引申而有「少」義：貧、粉。

　　　　　（1）「粉」訓「細末」，從「粉」得義者：氛、黺、坋。

　　　　　（2）「坋」訓「塵土」，從「坋」得聲義者：馚。

---

[186] 《黃批》頁673。

[187] 《詁林》頁2438。

[188] 《詁林》頁2801。

[189] 《詁林》頁4844。

2·引申而有「分開」義，分而復聚，所以亦有「聚合」義：
鶯、紛。

3·引申而有「分布」義：岕、枌、份、彬、魵。

4·引申而有「分裂」義：黌。

（1）復由「黌」引申而有「赤」義：虋。

三·用其假借義的：

1·借「兊」：盆。旁紐雙聲而疊韻。

2·借「秉」：扮。旁紐雙聲。

3·借「冤」：忿。旁轉。

4·「坋」借「墳」而有「大」義：粉、棼、帉、袀、頒。

四·聲中無義的：粉、邠、汾。

論及衍義的方式，則是在引申之外，復有引申，如「黌」訓「分裂」，而復引申有「赤」義之「虋」是也。此文字孳乳無方之一例也。

伍·後記

從以上三組《說文》形聲字群來分析，可以推知文字孳乳的方法，相當複雜，至少有：

一·用本義

二·用引申義

三·用假借義

四·聲中無義，可以再分爲：

1·用這個聲中無義的形聲字的本義

2·用這個聲中無義的形聲字的引申義

其實如果再多分析幾組形聲字，會發現文字孳乳的方式可能更多，例如有用假借義中的本義和引申義等。因此，推尋文字孳乳的方法，不能只從字根上著眼，更應該由語根上考察。第一個要做的工作，是要辨別源流。聲符相同

的字是否一定有關聯？例如從「一」得聲的這組字，利用今日古文字研究的成果，可以推知許慎的分析是完全錯誤的。就算許慎的分析沒有錯誤，例如從「分」得聲這一組，聲母與聲子之間也沒有必然的關係。而且用假借來孳乳的方式似乎遠多於用本義和引申義。聲符既然未必是字根，所以章、黃兩位先生提出由語根來尋源，可以藉此分析《說文》中所有的形聲字群，來推尋文字的得聲得義之由來。

漢人劉熙《釋名》中的聲訓，和宋人王子韶的右文說，已初步提出了研究語源的可行方式，劉熙《釋名》中有「泛聲訓」一類，只取音近，別無條件；王力批評劉熙的說法過於主觀，但是如果將《釋名》的有效年代限定於周秦兩漢，其中實有很多可信的材料。

王子韶的右文說，章太炎先生以爲將使六書殘而爲五；但是王氏的主要貢獻有二：一是確定了形聲多兼會意的命題；二是啓示後人應用右文以比較字義，再進而推尋語根。

章太炎先生的《文始》，爲了實際系聯同源字，在韻方面定立了近轉、近旁轉、次旁轉、正對轉、次對轉，在聲則定立了正紐雙聲、旁紐雙聲、同類、鴻細相變等名目。王力《同源字典》也有雙聲、準雙聲、旁紐、準旁紐、鄰紐等稱名。幾乎是無所不通，無所不轉。就算是王力的學生齊沖天，在《語源研究》一文中，對王力的說法，也不肯完全同意；章太炎先生的說法，不同意的人就更多了，例如王力曾指出《文始》的兩大毛病是：「聲音不相近而勉強認爲同源，意義相差遠而勉強牽合。」

如果考察傳統的聲訓方式，會發現一組同源字之間，在聲母或韻母方面的差異可能很大。因此我認爲：如果要研究語源，不妨再重新考慮一下語音上的條件，除了聲韻是相同或相近之外，只需要有雙聲或者疊韻的關係，而字義是相同或相近的，應該可以視爲同源。理由是：中國地域廣大，方言龐雜，加上由諧聲時代而至兩漢，其間不知經歷了多少年代，語音經過不知多少次轉變，如果聲音的條件限制得太緊，似乎不合事實。

要研究一組字是否同源，當然先要追尋它的本源，我嘗試從《說文》中，系聯同聲母的字，以觀察它們之間的聲義關係。然後再作進一步的觀察，打破聲符的限制，將所有認爲可能是同源的字歸納爲一組，來推尋語源。

例如：丏、不見也，古音明紐元部，由丏孳乳的字，有：突前謂之冟，古音明紐東部；推之闔門謂之閟，神謂之秘，安謂之宓，閉門謂之閟，無聲謂之謐，山如堂者謂之密，蔽不相見謂之覕，這幾個字古音都屬明紐質部。質與元、東兩部的關係疏遠，可知這組同源字，都是以雙聲作爲孳乳的樞紐。

又如《釋名．釋形體》說：「肉、柔也。」這是聲訓，古人已讀肉爲柔。肉、古音日紐覺部，柔、古音日紐幽部。由此衍生，面和爲脜，革耎爲鞣，鐵耎爲鍒，和田爲畮，屈申木爲煣，嘉善肉爲腬，肉爛爲胹，煮熟爲洏，木耳爲葜，蟲動爲蝡，女好爲嫨，弱長爲姌，黍裂已治者爲穰，柔土爲壤，人肥爲膿，柔皮爲㞨，柔韋爲甏。「肉」爲日紐覺部，由此孳生的脜、鞣、鍒、畮、煣、腬六字均屬日紐幽部，胹、洏二字屬日紐之部，葜、蝡、嫨、㞨、甏五字屬日紐元部，姌則屬日紐談部，穰、壤、壤三字屬日紐陽部。這組字都同‘具’柔的意思，韻部包括了幽、覺、之、元、陽五部，如果以旁轉、旁對轉、通轉等來解釋，不如說諸字都是由日紐作爲通變樞紐而衍生更容易令人信服。

又例如眄是目偏合，古音屬明紐元部；覛訓斜視，古音屬明紐錫部，元、錫兩部相遠，應當是以明紐爲轉變的樞紐。饕、餮都訓貪，饕、古音屬透紐宵部，餮、透紐質部，貪、透紐侵部，饕、餮都是由貪來，而以透紐作爲轉變的樞紐。又例如、刅、傷、觴三字都有傷的意思，古韻魚、陽對轉，是以韻部來作爲轉變的樞紐。

這裏所指的雙聲關係，可以包括旁紐雙聲和鄰紐雙聲；疊韻關係，可以包括旁轉、對轉和旁對轉。利用這個基礎，在聲義兩方面重新考察《說文》中的形聲字群，董理其中的孳乳關係，以推尋《說文》語源。

第一屆國際訓詁學研討會論文
1997.04.19-20

再論《古今韻會舉要》所引的《說文解字》

花登正宏
日本·東北大學

壹

　　筆者以前，曾就《古今韻會舉要》（以下簡稱《舉要》）所引的《說文解字》撰有小文，進行過一些探討。[1] 在當時寫就的文章裏，筆者認爲，段玉裁在撰寫《說文解字注》時，曾經對《說文解字》本文進行了校訂。其中，有不少地方是依據《舉要》所引的《說文解字》，作爲參照的。筆者此觀點，乃基於段氏自述之兩點，一是《舉要》所引的《說文解字》本文，源自宋代張次立校訂本之前的小徐本，[2] 二是此處所依據的小徐本，是保存了後來殘缺的二十五卷的原本。[3] 根據段玉裁的這一看法，筆者將《舉要》中相當於大徐本二十五卷地方所引的《說文解字》抽出，與大徐本進行了比較考察。試圖追溯復原小徐本中的二十五卷本文的原貌。其結果，確認了這樣一個事實，即與大徐本在說明字義（以下稱義解）上有異同的共46例，在說明字形構造（以下稱字解）上有異同的共17例。[4] 這樣，在有關《說文解

1　〈古今韻會舉要所引說文解字考－－特に卷二十五について〉，《人文研究》第38卷第4分
　　冊，1986年12月，頁1-18。

2　段玉裁：《汲古閣說文訂》序。況今世所存小徐本，乃宋張次立所更定，而非小徐真
　　面目，小徐真面目，僅見於黃氏公紹韻會舉要中。

3　段玉裁：《說文解字注》，第十三篇上，「繢」字說解文「一曰畫也」注。四字依韻
　　會補，今所傳小徐繫傳本，此卷全闕，黃氏作韻會時所見尚完，知小徐本有此四字
　　也。

4　我們將這些與大徐本《說文解字》有異同的例子，作了部分修改，重新登載在本文末
　　尾，供學人參考。

字》二十五卷原貌的問題上，我們就可以明確地說，在大徐本的系統之外，事實上存在著一個不同的版本系統，其基本輪廓亦可大致歸納得起來。

但是，在小文發表之後，中前千里先生發表了〈《古今韻會舉要》所引的《說文解字》〉一文。[5] 該文應該說是有關《舉要》所引《說文解字》性質的實證的研究，但是也有一些值得商榷的地方。在這裡，僅就中前先生的論文裏，涉及到筆者上述小文的幾個問題，作進一步的探討和說明。這也可以說是本文草撰的起因之一。

問題主要集中在以下的兩點上。

一、《舉要》所依據的小徐本，是否就是未經張次立校訂的小徐的原本。

二、其小徐本是否就是二十五卷並不殘缺的足本。

本文試圖就這兩點作進一步的論述和探討。另外，還需要說明的是，《舉要》所引的《說文》，雖然主要是以小徐本爲主，但是也引用了大徐本。在《舉要》裏，小徐、大徐之說分別以「徐曰」、「鉉曰」（「徐鉉曰」，或者「徐鉉等曰」）的形式被區別開來。中前先生在論文裏，也認爲「的確，《韻會》所引的《說文》裏，大多是以小徐本爲基礎的」，[6] 並把這一點作爲論文的前提來探討《舉要》所引《說文》的性質問題。

貳

關於第一點，中前先生的論點是比較明確的。《舉要》覺韻裏有這樣的記載：

> 斲，說文……徐曰，豆徒斗切，器也，斤以斲之。

小徐本卷二十七「斲」字的註解如下：

---

[5] 〈《古今韻會舉要》に引〈《說文解字》について〉〉，《漢語史の諸問題》（日本京都：京都大學人文科學研究所，1988年3月），頁341-366。

[6] 同前註，頁364。

斲斫也，從斤𣂏聲，輚再反。臣次立曰，𣂏徒斗切，非聲。又按，徐
鉉曰，𣂏器也，斤以斲之。[7]

大徐本十四篇下的確有如下的記載：

斲斫也，从斤𣂏，臣鉉等曰，𣂏器也，斤以斲之，竹角切。[8]

關於這段記載，中前先生認爲：《舉要》中所引「徐曰」注當是張次立
在小徐本裏所作案語「𣂏徒斗切」，以及以下所引徐鉉注「𣂏器也，斤以斲
之」等句之集合併列，此乃最自然順當之解釋。中前先生的理由有以下兩
點，一是小徐引用大徐的注是不可能的事情。二是《舉要》的作者如果是依
據大徐本來引用的話，當然，「𣂏」的反切也不應該是「徒斗切」，而應該
是「大口切」。

筆者認爲，《舉要》所引用的《說文》，雖然是以小徐本爲主，但是也
不時引用了徐鉉的觀點。如果我們承認這一事實的話，那麼，從現在作爲問
題而提出的上述記載裏得出《舉要》的作者將小徐本、大徐本雜揉在一起而
引用的結論，也不能說是完全不能成立的，然而現在筆者仍是認爲中前先生
的觀點似乎可靠性更大一些。

如果依照中前先生的觀點，《舉要》所引的《說文》是張次立校訂之前
的小徐原本，這個自段玉裁開始的通說，也需要重新研究了。當然，根據
《舉要》所引的《說文》，就能得窺「小徐真面目」，這種把段玉裁的論斷
生吞活剝的作法，是不現實也是不可能的。但是，把《舉要》所引的小徐本
看作爲張次立校訂過的版本，這種觀點在成爲定說之前，還是需要將《舉
要》所引的《說文》作更全面更深入的探討。

參

關於第二點的問題，中前先生從相當於小徐本二十五卷的《舉要》所引的《說文解字》中，把包含了大徐、小徐注文的17條抽出，將其與今本《說文解字》進行了比較。其結果，是把17條共分成了6類。

（1）所引的「徐」注本來是收錄在第二十五卷以外的字的小徐注。共2條。

（2）所引的「徐」注，與被大徐本引用的小徐注是一致的。共2條。

（3）所引的「徐」注，原來是大徐的注。共7條。

（4）所引的注，是以「徐鉉」為名而引用的大徐的注。共4條。

（5）所引的「徐」注，今本作為許慎說解而不作為注的。共1條。

（6）所引的「徐」注，在今本《說文》裏不見的。共1條。

在列舉了以上的調查結之後，中前先生把《舉要》所引的相當於二十五卷部分的二徐注和同一部《舉要》裏被引用的其它部分的二徐注的全體作了比較，認為相當於二十五卷部分的二徐注具有以下的特點：

（1）從全體來看，「徐」注的引用不多。

（2）特別是，小徐注的引用很少。

（3）相反，大徐注的引用比較多。

並且認為，之所以產生這樣的現象，是因為《舉要》被編纂時，大概是小徐本二十五卷已經亡佚的緣故。

肆

在討論上面介紹的中前先生的論點之前，有必要對《舉要》所引的《說文》中，既以小徐本為主，又不時引用大徐本的情況進行再一次的確認。《舉要》的作者（據筆者的看法，此處應該說《古今韻會》的作者）[9]，是

9　〈古今韻會と古今韻會舉要〉，《人文研究》第39卷第3分冊，1987年12月，頁17-35。

根據自己的裁量，斟酌選擇了小徐本、大徐本的字句，並把它納入《舉要》之中的。

因此，檢視一下中前先生的觀點，在她的6種分類裏，（4）的現象是當然的。（3）的裏面，在本來應稱作「鉉曰」（「徐鉉曰」、「徐鉉等曰」）的地方，被誤作爲「徐曰」，這種情況也是可以想見的。（1）以及（2）的現象，也可以認爲是完全偶然的。筆者認爲只根據這一點，還不能否定（1）（2）的諸例不是從小徐本中直接引用的。（5）有可能是《舉要》的先誤。（6）也很難否定不是從小徐本中引用的。此外，僅統計來看，《舉要》所引的《說文》中，相當於二十五卷部分的二徐的引用，在與其它卷比較時，可能會有一些特異之處，但是，僅憑這一點就斷定小徐本《說文》二十五卷在當時已經失傳，似乎還是操之過急

假如當時小徐本《說文》二十五卷已經失傳的話，那麼，《舉要》裏被引用的相當於《說文》二十五卷的部分，義解的48例、字解的18例等與大徐本不一致的現象，又如何被解釋呢？

中前先生曾經對《舉要》中作爲《說文》被引用的文章裏存在著今本大小徐本《說文》裏不見的字句的問題進行了探討，認爲其中大多是根據《集韻》，也有根據《增修互註禮部韻略》而撰寫的部分。並且進一步推測，《舉要》裏所見到的《說文》的引用，特別是其義解是以《集韻》裏所引用的《說文》內容爲主要骨格的。[10] 如果是這樣的話，那麼現在作爲問題的相當於二十五卷的部分，當然也可以說是從《集韻》所引的《說文》而來的，果真是如此嗎？關於這一點，下面筆者將舉二實例具體進行探討。

伍

首先，關於「繭」字。在大徐本裏說：

蠶衣也，从系从萠省。

---

[10] 同註5，頁348和354。

《舉要》所引的《說文》如下：

　　蠶衣也，从系从虫兩省聲。

而《集韻》所引的《說文》裏，卻解爲：

　　蠶衣也，从系从虫从芇聲。

至少在此例裏；《舉要》所引的《說文》，很明顯，並非據自《集韻》而來。並且，此字在《增韻》裏並未被收錄。

　　其次，再舉「繼」字。關於此字，大徐本說解爲：

　　續也，从系𢇍。一曰，反𢇍爲繼。

《舉要》所引的《說文》裏說解爲：

　　續也，从系𢇍聲，或作𦅘，反𢇍爲𢇍。

而《集韻》所引的《說文》卻作：

　　續也，一曰，反𢇍爲繼。

在這裏，《舉要》所引的《說文》與《集韻》引用的內容也是不一致的。[11]中前先生認爲，《舉要》有關義解的部分，頗採《集韻》之說。但是，如果《舉要》的作者，在編纂時參照了《集韻》，那麼，僅僅義解上參照了，而字解及其它部分根本未涉及《集韻》，這一點未免於理不通，有不自然之感。那麼，這種不一致又是怎樣造成的呢？

陸

---

[11] 順便說明一下，段玉裁在《說文解字注》裏校訂此二字的字解時，並未採用《舉要》所引用的《說文》。但是，他在「繼」字注中說：

　　小徐本云，或作𦅘，反𢇍爲𢇍，今依以補一篆文，乃使文從字順矣。

即《舉要》所引的《說文》稱作小徐本，並根據此處《說文》文章補充了或體字的篆體的。

　　關於這個問題，也是中前先生關心的問題。她對註1論文裏所舉出的大徐本與《舉要》所引的《說文》相當於二十五卷的部分之中有異同的義解46例、字解17例進行了探討，認爲其中的14字15例，在假定小徐本二十五卷不存在的情況下也能夠得到解釋。[12] 在此基礎上，她又說：「排出了這些例子，也還有與今本《說文》不同的地方。……雖然不能把其全部歸咎於二徐本的異同，但是至少，有可能二徐本都有與今本不同的版本」。[13]

　　在這裏，中前先生所舉出的不過是義解異同例46例中的12例、字解異同例全17例中的3例。也就是說，占義解異同例的四分之三，字解異同例中的六分之五的部分，並不能從《集韻》以及《舉要》以前著作中找到其出處，只能認爲是《舉要》所引《說文》的獨自的內容。並且，正象文章開始時已申明的，《舉要》所引用的《說文》大部分是依據小徐本的，這一結論雖然有進一步探討的必要，但是，筆者認爲《舉要》編纂時，小徐本卷二十五很有可能仍在流傳。另外，從目前的階段來看，至少《舉要》所引的《說文》卷二十五的相當部分是與現行的大徐本有所區別，屬於另一系統的版本，這已是不爭的事實。從這個意義上講，在本文末尾所舉出的義解、字解異同的例子，作爲《說文解字》本文的校訂資料，正具有著不可替代的價值。

---

[12] 同註五，頁342，注（33）。

　　在這裏，中前先生所舉出的14字如下：

　　　續、綬、綺、紬、纚、繫、綏、蛹、颮、蝸、羼、絅、繝、経

　　她將這些14字分爲「與《集韻》所引用的《說文》一致者」等三類。

[13] 同前註。

《古今韻會舉要》所引《說文解字》卷二十五部分與大徐本的比較

a為大徐本，b為《古今韻會舉要》所引的《説文解字》。[14]

【義解異同例】

1. 繰 a 繹繭爲絲也
      b 繰繭爲絲
2. 綃 a 生絲也
      b 生絲繒
3. 經 a 織也
      b 機縷也，又織也
4. 紝 a 機縷也
      b 絡縷也
5. 繢 a 織餘也
      b 織餘也，一曰畫也
6. 繯 a 落也
      b 絡也
7. 綺 a 文繒也
      b 繒也
8. 練 a 涷繒也
      b 練繒也
9. 縈 a 撋繒也
      b 緻繒也
10. 繪 a 會五采繡也
       b 五采繡
11. 縷 a 白文皃
       b 帛文貌

─────────────
[14] 大徐本用孫星衍平津館本，《舉要》用日本應永五年（1398）刊的所謂五版。

12.絀　a 絳也
　　　b 縫也
13.　緂a 帛騅色也，从系剡聲。詩曰，毳衣如緂，臣鉉等曰，今俗別作毯，非是
　　　b 帛騅色也，从系剡聲，引詩毳衣如緂。徐曰，此帛色名，染之如生菼色，今人所染麥綠也
14.纚　a 冠織也，从系麗聲
　　　b 冠織也，从系麗聲，謂以緇帛韜髮
15.緄　a 織帶也
　　　b 帶也，織帶也
16.緺　a 綬紫青也
　　　b 綬紫青色
17.紐　a 系也，一曰結也可解
　　　b 系也
18.纀　a 裳削幅，謂之纀
　　　b 裳削幅也
19.縜　a 持綱紐也，从系員聲。周禮曰，縜寸。鉉等曰，縜長寸也。
　　　b 持綱紐也。周禮考古記，梓人爲侯縜寸，注，籠綱者，徐曰，縜長寸也
20.纍　a 綴得理也，一曰大索也，从系畾聲
　　　b 綴得理也，从系畾聲。禮記，纍纍如貫珠，一曰大索
21.　　a 乘輿馬飾也
　　　b 乘輿馬頭飾也
22.纊　a 絮也，从系廣聲。春秋傳曰，皆如挾纊
　　　b 絮也，从系廣聲，引左傳三軍之士皆如挾纊
23.繫　a 繫褫也，一曰惡絮，从系毄聲
　　　b 繫褫也，一曰維也，从系毄聲，一曰惡絮

24. 綢　a　繆也
　　　　b　綢繆也
25. 綏　a　車中把也
　　　　b　車中靶也
26. 縴　a　縠也
　　　　b　綏也，（本作縴）[15]
27. 虫　a　物之微細，或行，或毛，或　　，或介，或鱗，以虫爲象
　　　　b　物之微細，或羽，或毛，或　　，或介，或鱗，以虫爲象
28. 虵　a　似蜥蜴而大
　　　　b　蟲名，似蜥蜴而大，有文
29. 蛭　a　蟣也
　　　　b　蟣也，一曰水蛭
30. 畫　a　蠆也
　　　　b　蝦蟇屬（本作畫）[16]
31. 蝝　a　劉歆說，蝝蚍蜉子
　　　　b　劉歆說，蚍蜉之有翼者
32. 蚑　a　行也
　　　　b　蟲行貌
33. 螫　a　蟲行毒
　　　　b　蟲毒也
34. 蛟　a　龍之屬也，池魚滿三千六百，蛟來爲之長，能率魚飛，置筍水中
　　　　　　即蛟去，从虫交聲
　　　　b　龍屬無角曰蛟，从虫交聲，池魚滿三千六百，蛟來爲之長，能率
　　　　　　魚而飛，置筍水中即蛟去

---

[15] 《舉要》收錄字作綽。括弧內當然不是《說文》本文。以下同。
[16] 據《舉要》佳韻所引。《舉要》收錄字作蛙。

35. 螻　a 若龍而黃，北方謂之地螻，　虫离聲，或云，無角曰螻
　　　　b 若龍，無角而黃，北方謂之土螻

36. 虯　a 龍子有角者
　　　　b 龍子無角者

37. 蛫　a 蛇屬，黑色，潛于神淵，能興風雨
　　　　b 蛇類，黑色，潛於神泉，能興雲雨者

38. 蜃　a 雉入海，化爲蜃
　　　　b 大蛤，雉入海化

39. 蝸　a 蝸蠃也
　　　　b 蠃也

40. 蜎　a 蜎也
　　　　b 井中蟲

41. 蛩　a 蛩蛩，獸也
　　　　b 蛩蛩臣虛，獸名也

42. 蝠　a 蝙蝠，服翼也
　　　　b 蝙蝠，蟲名，服翼也

43. 蠢　a 蠶化飛蟲
　　　　b 羅也（本作蠢）[17]

44. 颺　a 風所飛揚也
　　　　b 風所飛颺也

45. 它　a 虫也
　　　　b 蟲也（本作它）[18]

46. 鼉　a 水蟲，似蜥易長大，黽單聲
　　　　b 水蟲，从黽單聲，長大，類魚有足

---

[17] 《舉要》收錄字作蛾。
[18] 據《舉要》歌韻所引。《舉要》收錄字作蛇。

【字解異同例】

1. 繭　a 从系从虫芇省
　　　　b 从系从虫芇省聲

2. 　　a 从系气聲
　　　　b 从絲气聲

3. 繼　a 从系㡭
　　　　b 从系㡭聲

4. 終　a 从系冬聲
　　　　b 从系冬

5. 緊　a 从系臤聲
　　　　b 从系臤省聲

6. 經　a 从系至聲
　　　　b 从系䋵省聲

7. 綏　a 从系从妥
　　　　b 从系从爪从安省

8. 蠻　a 从虫鄉聲
　　　　b 从虫䜰省聲

9. 蜀　a 从虫目益聲了象形
　　　　b 从虫益聲乀象形

10. 蚩　a 从虫之聲
　　　　b 从蟲省之聲

11. 蟄　a 从虫執聲
　　　　b 从蟲省執聲

12. 蟲　a 从三虫
　　　　b 从三虫象形

13. 蟊　a 从蟲象其形

　　　b 从蟲象形[19]

14.風　a 从虫凡聲

　　　b 从蟲凡聲

15.它　a 从虫而長象冤曲垂尾形

　　　b 从虫而長[20]

16.龜　a 从它…（義解）…象足甲尾之形

　　　b 象足甲尾之形从它

17.蠅　a 从黽从虫

　　　b 从黽从象形

第一屆國際訓詁學研討會論文
1997.04.19~20

王念孫《廣雅釋詁疏證》訓詁術語
一聲之轉索解

陳新雄
國立臺灣師範大學國文系教授

一、緒言

　　王念孫於《廣雅疏證・序》云：「竊以訓詁之旨，本於聲音，故有聲同字異，聲近義同，雖或類聚群分，實亦同條共貫，譬如振裘必提其領，舉網必挈其綱，故曰：本立而道生，知天下之至賾而不可亂也。」

　　王氏於《廣雅》用力至勤，發明訓詁之義至多，其於訓詁術語亦多所詮釋，今謹就其所言“一聲之轉”，“語之轉”加以分析，以觀其聲轉語轉之條件。王氏之言“語之轉”者，計有下列各條，後文將加以申述。

二、例釋

【一】《釋詁・卷一上》：道大也條下云：「佳者，善之大也。《中山策》：“佳麗人之所出。”高誘注云：“佳、大，麗、美也。”《大雅・桑柔》箋云：“善猶大也。”故善謂之佳，亦謂之介，大謂之介，亦謂之佳，佳介語之轉耳。」又云：「封之言豐也，《商頌・殷武》傳云：“封、大也。”《堯典》云：“封十有二山。”封墳語之轉，故大謂之封，亦謂之墳，冢謂之墳，亦謂之封，冢亦大也。」

　　新雄謹案：佳介語之轉者，佳字《廣韻》古膎切，見紐、佳韻二等開

口，上古音韻部屬支部*-rɐ，聲母爲*k-，上古音爲*krɐ。介字《廣韻》古拜切，見紐、怪韻二等開口，上古音韻部屬月部*-rats，聲母爲k-，上古音*krats。故佳介語之轉，實則只是聲母相同，韻部關係並不密切。封墳語之轉者，封《廣韻》府容切．非紐、鍾韻三等合口，上古音韻部屬東部*-i̯auŋ，聲母爲*p-，上古音爲*pi̯auŋ，墳《廣韻》符分切，奉紐、文韻合口三等，上古音韻部屬諄部*-i̯uən，聲母爲b-，上古音爲*-bi̯uən，故封墳二字語轉之條件，只是聲母同爲雙脣塞聲，韻母並不相近。

【二】《釋詁・卷一上》：仁有也條下云：「撫方一聲之轉，方之言荒、撫之言幠也。《爾雅》："幠、有也。"郭注引《詩》："遂幠大東。"今本幠作荒，毛傳云："荒、有也。"有與大義相近，故有謂之厖，亦謂之方，亦謂之荒，亦謂之幠，亦謂之虞，大謂之厖，亦謂之方，亦謂之荒，亦謂之幠，亦謂之吳。吳虞古同聲。」

新雄謹案：撫方一聲之轉者，《廣韻》撫字芳武切，敷紐、麌韻合口三等，上古音韻部爲魚部，韻母爲*-i̯ua，聲母爲*pʻj-，上古音爲*pʻji̯ua；方《廣韻》府良切，非紐、陽韻合口三等，上古音韻部爲陽部，韻母爲*i̯uaŋ，聲母爲*pj-，上古音讀pji̯uaŋ。二字聲母同屬清雙脣塞聲，但有送氣與不送氣之異，韻母爲魚陽對轉之部，介音主要元音相同，惟有無韻尾ŋ爲異耳。

【三】《釋詁・卷一上》：斡方也條下云：「厲亦廉也，語之轉耳。」

新雄謹案：厲廉語之轉者，《廣韻》厲力制切，來紐、祭韻開口三等，上古音韻部爲月部，韻母爲*-i̯ats，聲母爲*l-，上古音爲*li̯ats；廉《廣韻》力鹽切，來紐、鹽韻開口三等，上古音韻部爲添部，韻母爲*-i̯em，聲母爲*l-，上古音讀li̯em。厲廉二字聲母同屬來紐，

韻母則關係不大。

【四】《釋詁·卷一上》：端正也條下云：「《周官·司弓矢》："射甲革其質。"鄭注云："質、正也。樹椹以為射正。"質與準同物，皆取中正之義。準質正又一聲之轉，故準質二字俱訓為正也。」

新雄謹案：準質正一聲之轉者。準字《廣韻》之尹切，照紐、準韻合口三等，上古音韻部爲諄部，韻母爲*-ǐuən，聲母則照紐上古歸端，讀*tj-，上古音爲*tjǐuən；質《廣韻》之日切，照紐、質韻開口三等，上古音韻部爲質部，韻母爲*-ǐet，聲母則照紐上古歸端，讀*tj-，上古音爲*tjǐet；正者，《廣韻》之盛切，照紐、勁韻開口三等，上古音韻部爲耕部，韻母讀*-ǐeŋ，聲母則照紐上古歸端，讀*tj-，上古音爲*tjǐeŋ。準質正一聲之轉，主要由於聲母之相同，其它則三字同具有介音-ǐ-，此外，質正二字又具有相之元音e，他則無任何相似之處矣。

【五】《釋詁·卷一上》：彌滿也條下云：「憑噫即愊臆之轉。」又云：「盈億遺語之轉也。」

新雄謹案：憑愊之轉者，《廣韻》憑扶冰切，並紐、蒸韻開口三等，上古音韻部爲蒸部，韻母爲*-ǐəŋ，聲母讀*b-，上古音爲*bǐəŋ；愊《廣韻》芳逼切，滂紐、職韻開口三等，上古音韻部爲職部，韻母爲*-ǐək，聲母讀*pʻ-，上古音爲*pʻǐək。憑愊二字同屬雙脣送氣塞聲，略有清濁之異，其韻母則爲蒸職陽入對轉之韻，介音與主要元音相同，韻尾有舌根鼻音與舌根塞音之異而已。至於噫臆之轉者，《廣韻》有二音，一在之韻於其切，影紐、之韻開口三等，上古音韻部爲之部，韻母爲*-ǐə，聲母讀*ʔ-，上古音爲*ʔǐə；一在怪韻烏界切，影紐、怪韻開口二等，上古韻部職部，韻母爲*-rəks，聲母讀*ʔ-，上古音爲*ʔrəks。臆《廣韻》於力切，影紐、職韻開口三等，上古音韻部屬職部，韻母爲*-ǐək，

聲母讀*ʔ-，上古音讀*ʔɪ̯ək。故噫臆二字之轉，聲母相同，韻部方面，或爲陰入之轉，或同屬職部介音有-r-與-ɪ̯-之殊，韻尾有-ts與-t之別而已。

新雄又案：盈憶遺語之轉者，《廣韻》盈以成切，喻紐、清韻開口三等，上古音韻部爲耕部，韻母爲*-ɪ̯aŋ，聲母上古讀*r-，上古音爲*rɪ̯aŋ；憶《廣韻》於力切，影紐、職韻開口三等，上古音韻部屬職部，韻母爲*-ɪ̯ək，聲母上古讀*ʔ-，上古音爲*ʔɪ̯ək；遺《廣韻》以追切，喻紐、脂韻合口三等，上古音屬脂部，韻母爲*ɪ̯ueɪ，聲母爲*r-，上古音爲*rɪ̯ueɪ。按盈遺之轉，全因聲母相同，皆讀爲*r-，韻部則主要元音同爲-ə-。憶字聲母既與盈遺不同，而韻母亦不相同，疑王氏以喻母與影母同讀無聲母０-，故謂之語之轉也，其實則憶與盈遺，聲韻俱遠，疑爲王氏之疏失。

【六】《釋詁・卷一上》：虞安也條下云：「隱者，《説文》："㥯、所依據也。讀與隱同。"《方言》："隱、據定也。"隱與㥯通。今俗語言安穩者，隱聲之轉也。」

新雄謹案：穩隱聲之轉者，《廣韻》穩烏本切，影紐、混韻合口一等，上古音韻部爲諄部，韻母爲*uən，聲母讀*ʔ-，上古音爲*ʔuən；隱者，《廣韻》隱於謹切，影紐、隱韻開口三等，上古音韻部爲諄部，韻母爲*ɪ̯ən，聲母讀*ʔ-，上古音爲*ʔɪ̯ən，穩之與隱，聲母相同，韻母之主要元音與韻尾皆相同。

【七】《釋詁・卷一上》：㱣病也條下云：「瘯者，《玉篇》："瘯、痠瘯也。"《廣韻》："痠瘯、疼痛也。"」《周官・疾醫》："春時有痟首疾。"鄭注云："痟、酸削也。"酸削猶痠瘯，語之轉耳。」

新雄謹案：酸痠同音，王氏所謂語之轉者，特指削與瘯之轉耳。《廣

韻》削息約切，心紐、藥韻開口三等，上古音韻部在藥部，韻母爲*ǐŭk，聲母爲*s-，上古音讀*sǐŭk；瘯《廣韻》二音，一爲息移切，心紐、支韻開口三等，上古韻部在支部，韻母爲*ǐĕ，聲母讀*s-，上古音讀*sǐĕ；一爲先稽切，心紐、齊韻開口四等，上古音韻部在支部，韻母爲*iĕ，聲母讀*s-，上古音讀*siĕ。瘯字不論何讀，與削只有聲母之相同，主要元音相同而已。

【八】《釋詁·卷一上》：薀積也條下云：「委亦薀也，語之轉耳。」

　　新雄謹案：委薀語之轉者，《廣韻》委於詭切，影紐、紙韻合口三等。上古音韻部在微部，韻母爲*-ǐŭəi，聲母讀*ʔ-，上古音爲*ʔǐŭəi；薀《廣韻》於粉切，影紐、吻韻合口三等，上古音韻部在諄部，韻母爲*-ǐŭən，聲母爲*ʔ-，上古音爲*ʔǐŭən。委薀同屬影紐，同讀*ʔ-，至於韻母，則爲微諄對轉之韻部，不但聲母相同韻部主要元音亦復相同，所異者惟韻尾耳。

【九】《釋詁·卷一上》：㥈愛也條下云：「掩、翳、愛、隱一聲之轉。…俺愛一聲之轉，愛之轉爲俺，猶蔓之轉爲掩矣。…年亦㥈也，語之轉耳。」

　　新雄謹案：《廣韻》掩衣儉切，影紐、琰韻開口三等，上古音韻部在添部，韻母爲*-ǐɐm，聲母讀*ʔ-，上古音爲*ʔǐɐm；翳有二音，一爲烏奚切，影紐、齊韻開口四等，上古音韻部爲脂部，韻母爲*-iei，聲母爲*ʔ-，上古音讀音爲*ʔiei；一讀於計切，影紐、霽韻開口四等，上古音韻部爲質部，韻母爲*-iets，聲母讀*ʔ-，上古音讀*ʔiets。愛烏代切，影紐、代韻開口一等，上古音韻部在沒部，韻母爲*-əts，聲母爲*ʔ-，上古音讀*ʔəts。隱於謹切，影紐、隱韻開口三等，上古音韻部在諄部，韻母爲*-ǐən，聲母爲*ʔ-，上古音讀*ʔǐən。掩、翳、愛、隱四字一聲之轉，乃基於聲母之相同，韻母關係稍疏。

　　新雄又案：《廣韻》俺有二音，一爲一鹽切，影紐、鹽韻開口三等，

上古音韻部在添部，韻母爲*-ǐɐm，聲母讀*ʔ-，上古音讀*ʔǐɐm；一爲於劍切，影紐、梵韻（案當入釅韻開口三等），上古音韻部爲添部，韻母爲*-ǐɐm，聲母讀*ʔ-，上古音爲*ʔǐɐm。俺之與愛亦惟聲母同讀*ʔ-而已，韻部並無關係。

新雄又案：《廣韻》牟莫浮切，明紐、尤韻開口三等，上古音韻部在幽部，韻母爲*-ǐəu，聲母讀*m-，上古音讀*mǐəu；悮有三音，一在虞韻武夫切，微紐、虞韻合口三等，上古音韻部屬之部，韻母爲*-ǐuə，聲母讀*m-，上古音爲*mǐuə；一在文韻文甫切，文韻合口三等，上古音韻部在之部，韻母爲*-ǐuə，聲母讀*m-，上古音讀*mǐuə；一在姥韻，莫補切，明紐、姥韻合口一等，上古音韻部在之部，韻母爲*-uə，聲母讀*m-，上古音讀*muə。悮字無論讀何音，與牟聲母同爲*m-，不過韻母ǐuə，經過換位作用，很容易變作ǐəu。故王氏謂語之轉，實屬可能者也。

【十】《釋詁‧卷一上》：懠哀也條下云：「懸哀一聲之轉。哀之轉為懸，猶薆之轉為隱矣。」

新雄謹案：《廣韻》懸於謹切，影紐、隱韻開口三等，上古音在諄部，韻母爲*-ǐən，聲母爲*ʔ-，上古音讀*ʔǐən。哀烏開切，影紐、哈韻開口一等，上古音在微部，韻母爲*-əi，聲母爲*ʔ-，上古音爲*ʔəi。懸哀二字聲母相同，韻部爲陰陽對轉之部，其聲轉之條件極佳。

【十一】《釋詁‧卷一上》：龕取也條下云：「勞略一聲之轉，皆謂奪取也。」

新雄謹案：《廣韻》勞魯刀切，來紐、豪韻開口一等，上古音韻部在宵部，韻母爲*-ɐu，聲母讀*l-，上古音讀*lɐu；略離灼切，來紐、藥韻開口三等，上古音韻部在鐸部，韻母爲*-ǐak，聲母讀*l-，上古音爲*lǐak。勞略一聲之轉，其條件仍在具有同一聲母*l-。

【十二】《釋詁·卷一上》：殢極也條下云：「今江東呼極為瘵，倦聲之轉也。…窮極倦𧮫，一聲之轉也。」

新雄謹案：《廣韻》極渠力切，群母、職韻開口三等，上古音韻部在職部，韻母為*-ｉｅｋ，聲母讀*ɤ-，上古音讀*ɤｉｅｋ；瘵許穢切，曉母、廢韻合口三等，上古音韻部在月部，韻母為*-ｉｕａｔｓ，聲母為*ｘ-，上古音讀*ｘｉｕａｔｓ。極之與瘵，聲母發音部位相同，同為舌根擦聲，略有清濁之異而已。極瘵二字無韻部關係。

新雄又案：《廣韻》窮渠弓切，群母、東韻開口三等，上古音韻部在冬部，韻母為*-ｉｅｎ，聲母讀*ɤ-，上古音讀*ɤｉｅｎ；倦渠卷切，群母、線韻合口三等，上古音韻部在元部，韻母為*-ｉｕａｎ，聲母讀*ɤ-，上古音讀*ɤｉｕａｎ；𧮫奇逆切，群母、陌韻開口三等，上古音在鐸部，韻母為*-ｉａｋ，聲母讀*ɤ-，上古音讀*ɤｉａｋ。窮極倦𧮫四字一聲之轉，全在聲母之相同，並具有舌根濁擦聲*ɤ-。

【十三】《釋詁·卷一上》：愁憂也條下云：「愁懀語之轉耳。」

新雄謹案：《廣韻》愁士尤切，床母、尤韻開口三等。上古音幽部，韻母為*-ｉｅｕ，聲母讀*dz，上古音*dzｉｅｕ；懀昨回切，從紐、灰韻合口一等，上古音微部，韻母為*-ｕｅｉ，聲母*dz-，上古音*dzｕｅｉ。愁懀語轉之條件，亦只在聲母之相同而已。

【十四】《釋詁·卷一上》：刲斷也條下云：「劓刖一聲之轉。」

新雄謹案：《廣韻》劓牛例切，疑紐、祭韻開口三等。上古音月部，韻母為*-ｒｉａｔｓ，聲母為*ŋ-，上古音讀*ŋｒｉａｔｓ；刖字《廣韻》有三音，月韻魚厥切，疑紐、月韻合口三等，上古音月部，韻母為*-ｉｕａｔ，聲母讀*ŋ-，上古音讀*ŋｉｕａｔ。一在沒韻，五忽切，疑紐、合口一等，上古音月部，韻母為*-ｕａｔ，聲母讀*ŋ-，上古音*ŋｕａｔ。一在鎋韻，五刮切，疑紐、合口二等，上古音月部，韻母為*-ｒｕａ

ㄊ，聲母讀*ㄌ-，上古音爲*ㄌ ru a t。刖字不論何讀與剻不但聲母相同，韻部亦同，不同者只聲調上有去入之異而已，故其一聲之轉之條件，較諸前幾例爲嚴緊矣。

【十五】《釋詁‧卷一下》：食勸也條下云：「竦踊、鴻溶又語之轉矣。」

新雄謹案：《廣韻》竦息拱切，心紐、腫韻合口三等，上古音屬東部，韻母爲*-ㄧauㄥ，聲母讀*s-，上古音讀*s ㄧauㄥ；踊余隴切，喻紐、腫韻合口三等，上古音東部，韻母爲*-ㄧauㄥ，聲母讀*r-，上古音*r ㄧauㄥ；鴻戶公切，匣紐、東韻開口一等，上古音屬東部，韻母爲*-auㄥ，聲母讀*ㄛ-，上古音讀*ㄛauㄥ；溶餘封切，喻紐、鍾韻合口三等，上古音東部，韻母爲*-ㄧauㄥ，聲母讀*r-，上古音讀*rㄧauㄥ。竦與鴻韻部相同，但有洪細之異，聲母同爲擦音，在發音方法上略有相似。踊與溶同讀*rㄧauㄥ，不過聲調有平上之異耳。

【十六】《釋詁‧卷一下》：嬌好也條下云：「娙悅、娙容、丰茸，皆語之轉耳。」

新雄謹案：《廣韻》娙、丰同爲敷容切，敷紐、鍾韻合口三等，上古音東部，韻母爲*-ㄧauㄥ，聲母讀*p̓-，上古音讀*p̓ㄧauㄥ；悅弋雪切，喻紐、薛韻合口三等，上古音月部，韻母爲*ㄧuat，聲母讀*r-，上古音爲*rㄧuat；容餘封切，喻紐、鍾韻合口三等，上古音東部，韻母爲*-ㄧauㄥ，聲母讀*r-，上古音讀*rㄧauㄥ；茸而容切，日紐、鍾韻開口三等，上古音屬東部，韻母爲*-ㄧauㄥ，聲母爲*nj-，上古音讀*njㄧauㄥ。悅容容聲母同讀*r-。

故爲語之轉，容與茸韻母相同，聲母有異，但發音部位相同，亦可視爲疊韻之轉，以其韻母同讀*-ㄧauㄥ也。

【十七】《釋詁‧卷一下》：蔚黟也條下云：「㡰猶隱也，語之轉耳。」

新雄謹案：《廣韻》㡰於豈切，影紐、尾韻開口三等，上古韻部在微

部，韻母爲*ｉəｉ，聲母讀*ʔ－，上古音讀*ʔｉəｉ；隱於謹切，影紐、隱韻開口三等，上古音屬諄部，韻母爲*-ｉｅｎ，聲母爲*ʔ－，上古音讀*ʔｉｅｎ。厎隱二字，非聲母同屬影母，皆讀喉塞聲ʔ－，且韻母亦爲對轉之韻，只不過韻尾有元音-ｉ與鼻聲-ｎ之別而已，實爲語轉音韻條件之最嚴緊者也。

【十八】《釋詁・卷一下》：頑愚也條下云：「婁務又怐瞀之轉矣。…舒懦、選奊並輸儒之轉耳。」

新雄謹案：《廣韻》婁落侯切，來紐、侯韻開口一等，上古音在侯部，韻母爲*-ａｕ，聲母爲*ｌ－，上古音讀*ｌａｕ；務亡遇切，微紐、遇韻合口三等，上古音在侯部，韻母爲*-ｉａｕ，聲母爲*ｍ－，上古音讀*ｍｉａｕ。《廣韻》怐有三音，作"怐愗"解時音古候切，見紐、候韻開口一等，上古音在侯部，韻母爲*-ａｕ，聲母讀*ｋ－，上古音讀*ｋａｕ。瞀莫候切，明紐、候韻開口一等，上古音在候部，韻母爲*-ａｕ，聲母讀*ｍ－，上古音爲*ｍａｕ。婁怐疊韻，同讀*-ａｕ，務瞀雙聲，上古韻部同爲侯部，只不過有洪細之別而已。

新雄又案：《廣韻》舒傷魚切，審紐、魚韻開口三等，上古音魚部，韻母爲*-ｉａ，聲母爲*ｔｈｊ－，上古音讀*ｔｈｊｉａ；懦人朱切，日紐、虞韻合口三等，上古音在侯部，韻母爲*-ｉａｕ，聲母爲*ｎｊ－，上古音讀*ｎｊｉａｕ；選思兗切，心紐、獮韻合口三等，上古音元部，韻母爲*-ｉｕａｎ，聲母爲*ｓｊ－，上古音讀*ｓｊｉｕａｎ；《廣韻》無奊字，《說文》：「奊、稍前大也。从大而聲，讀若畏偄。」段玉裁注云：「謂讀若偄也。而沈切、十四部，古凡奊聲字皆在十四部，需聲字皆在四部，後人多亂之。」據《說文》段注，奊而沈切，日紐、獮韻合口三等，上古音在元部，韻母爲*-ｉｕａｎ，聲母讀*ｎｊ－，上古音讀爲*ｎｊｉｕａｎ；輸式朱切，審紐、虞韻合口三等，上古音在侯部，韻母爲*-ｉａｕ，聲母爲*ｔｈｊ－，上古音讀*ｔｈｊｉａｕ。儒人朱切，日紐、虞韻合三等，上古音侯

部，韻母爲*-ḭau，聲母爲*nj-，上古音讀*njḭau。舒輸同屬審紐，古同讀*thj-，選讀*sj-，與舒輸聲母不同，疑王氏口中讀此三字同聲，故云語之轉也。至於懦耎儒三字聲母皆讀*nj-，韻母則無關係，可見語轉之條件仍在聲母之相同。

【十九】《釋詁・卷一下》：睼視也條下云：「蛶瞜語之轉也。」

新雄謹案：《廣韻》蛶郎計切，來紐、霽韻開口四等，上古音沒部，韻母爲*-iəts，聲母爲*l-，上古音讀*liəts；瞜《廣韻》作矖，力追切，來紐、脂韻合口三等，上古音在微部，韻母爲*-ḭuəi，聲母爲*l-，上古音讀*lḭuəi。蛶瞜聲母同讀*l-，韻母爲陰入對轉之韻，主要元音相同，故爲語之轉。

【二十】《釋詁・卷一下》：䁨喜也條下云：「嘔喻、呴喻、忯愉皆語之轉耳。」

新雄謹案：《廣韻》嘔烏侯切，影紐、侯韻開口一等，上古音侯部，韻母爲*-au，聲母讀*ʔ-，上古音爲*ʔau；喻羊戍切，喻紐、遇韻合口三等，上古音侯部，韻母爲*-ḭau，聲母讀*r-，上古音爲*rḭau。呴香句切，曉紐、遇韻合口三等，上古音侯部，韻母爲*-ḭau，聲母爲*x-，上古音*xḭau。忯芳無切，敷紐、虞韻合口三等，上古音侯部，韻母爲*-ḭau，聲母爲*pʻ-，上古音讀*pʻḭau；愉羊朱切，喻紐、虞韻合口三等，上古音侯部，韻母爲*-ḭau，聲母爲*r-，上古音讀*rḭau。嘔呴忯韻部相同，具有相同之元音與韻尾，只不過韻頭有異而已，然其聲母則有*ʔ-、*x-、*pʻ-之不同，所以此一語轉之例，應屬韻母相同，而轉變聲母者。喻愉二字完全同音，其語轉者當爲嘔、呴、忯之疊韻相轉。

【二十一】《釋詁・卷一下》：糅雜也條下云：「糅糛語之轉也。」

新雄謹案：《廣韻》糅女救切，娘紐、宥韻開口三等，上古音幽部，

韻母爲*-įəu，聲母爲*n-，上古音讀*nįəu。糵女亮切，娘紐、漾韻開口三等，韻母爲*-įaŋ，聲母爲*n-，上古音讀*nįaŋ。糅糵語之轉，只是聲母相同。

【二十二】《釋詁·卷一下》：綢急也條下云：「麌亦道也，語之轉耳。」

新雄謹案：《廣韻》麌子六切，精紐、屋韻開口三等，上古音覺部，韻母爲*-įəuk，聲母爲*tsį-，上古音*tsįəuk。遒即由切，精紐、尤韻開口三等，上古音幽部，韻母爲*-įəu，聲母爲*tsį-，上古音讀*tsįəu。麌遒語之轉，不僅聲母相同，而韻母亦爲幽覺陰入相轉。

【二十三】《釋詁·卷一下》：摳舉也條下云：「揭褰摳一聲之轉。」

新雄謹案：《廣韻》揭有兩音，其褰衣渡水之揭音去例切，溪紐、祭韻開口三等，上古音在月部，韻母爲*-įats，聲母爲*k-，上古音讀*kįats。褰去乾切，溪紐、仙韻開口三等，上古音元部，韻母爲*-įan，聲母讀*k-，上古音讀*kįan。摳豈俱切，溪紐、虞韻合口三等，上古音侯部，韻母爲*-įau，聲母爲*k-，上古音讀*kįau。揭褰摳一聲之轉，亦由聲母之相同，不過揭之與褰尙有陽入對轉之關係。

【二十四】《釋詁·卷一下》：蠢動也條下云：「蠢蝡又喘耎之轉矣。」

新雄謹案：《廣韻》蠢尺尹切，穿紐、準韻合口三等，上古音在諄部，韻母爲*-įuən，聲母爲*ťj-，上古音讀爲*ťjįuən；蝡而允切，日紐、準韻合口三等，上古音在元部，韻母爲*-įuan，聲母爲*nj-，上古音讀*njįuan。喘昌兗切，穿紐、獮韻合口三等，上古音在元部，韻母爲*-įuan，聲母爲*ťj-，上古音讀*ťjįuan。耎《說文》而沇切，日紐、獮韻合口三等，上古音在元部，韻母爲*-įuan，聲母爲*nj-，上古音爲*njįuan。蠢喘一聲之轉，只是聲母之相同，韻母無所關聯也。至於蝡耎則爲同音字，王氏所謂一聲之轉者，當只指蠢喘二字而言也。

【二十五】《釋詁・卷一下》：**輕堅**也條下云：「堅功一聲之轉。・・・鍇

鎇聲相近，方俗語轉耳。」

新雄謹案：《廣韻》堅古賢切，見紐、先韻開口四等，上古音在真

部，韻母爲*-iɐn，聲母爲*k-，上古音讀*kiɐn；功古紅切，見

紐、東韻開口一等，上古音在東部，韻母爲*-auŋ，聲母爲*k-，上古音

讀*kauŋ。故堅功之聲轉，只是聲母相同而已。

新雄又案：《廣韻》鍇苦駭切，溪紐、駭韻開口二等，上古音在脂

部，韻母爲*-rɐi，聲母爲*ǩ-，上古音讀*ǩrɐi；鎇《廣韻》作

鎇，古奚切，見紐、齊韻開口四等，上古音在脂部，韻母爲*-iɐi，聲母

爲*k-，上古音之讀音爲*kiɐi。鍇鎇二字古韻部相同，主要元音及韻

尾相同，但介音有異。聲母則同屬和舌根清塞聲，但有送氣不送氣之異，故

此二字方俗之語轉，既變聲母，亦變韻母，聲之變只在發音方法，而發音部

位未變，韻母之變，只在介音之差異耳。

【二十六】《釋詁・卷一下》：挺也條下云：「春蠢出一聲之轉耳。・・・

溢涌裔一聲之轉。」

新雄謹案：《廣韻》春昌脣切，穿紐、諄韻合口三等，上古音在諄

部，韻母爲*-ɪuən，聲母爲*ťj-，上古音讀*ťjɪuən；蠢尺尹

切，穿紐、準韻合口三等，上古音在諄部，韻母爲*-ɪuən，聲母爲*ť

j-，上古音之讀音爲*ťjɪuən；出赤律切，穿紐、術韻合口三等，上

古音在沒部，韻母爲*-ɪuət，聲母讀*ťj-，上古音讀*ťjɪuə

t。春蠢與出，聲母相同，韻部爲陽入對轉之部，只不過韻尾有鼻音與塞聲

之異耳。

新雄又案：《廣韻》溢夷質切，喻紐、質韻開口三等，上古韻母在錫

部，韻母爲*-ɪɤk，聲母爲*r-，上古音讀*rɪɤk；涌余隴切，喻

紐、腫韻合口三等，韻母爲*-ɪauŋ，聲母讀*r-，上古音讀*rɪau

ŋ；裔餘律切，喻紐、術韻合口三等，上古音在沒部，韻母爲*-ɪuət，

聲母為*r-，上古音讀為*rǐuət。溢涌矞三字聲母相同，韻母毫無關係，故其一聲之轉，乃聲不變而韻變也。

【二十七】《釋詁‧卷一下》：軥引也條下云：「彎亦抓也，語之轉耳。」

新雄謹案：《廣韻》彎烏關切，影紐、刪韻合口二等，上古音在元部，韻母為*-ran，聲母為*ʔ-，上古音讀*ʔran；抓古華切，見紐、麻韻合口二等上古音在魚部，韻母為*-rua，聲母讀*k-，上古音為*krua。聲母喉塞聲與舌根不送氣清塞音還相近，韻母介音與主要元音相近，所謂語之轉，條件不太可靠。

【二十八】《釋詁‧卷二上》：㨖貪也條下云：「饕餮一聲之轉，不得分貪財為饕，貪食為餮也。」

新雄謹案：《廣韻》饕土刀切，透紐、豪韻一等開口，上古音在宵部，韻母為*-ɐu，聲母為*ť-，上古音讀*ťɐu；餮他結切，透紐、屑韻開口四等，上古音在質部，韻母為*-iɐt，聲母*ť-，上古音讀*ťiɐt。饕餮二字只是聲母之相同，故其一聲之轉，不關韻母之差異也。

【二十九】《釋詁‧卷二上》：据力也條下云：「膂力一聲之轉。」

新雄謹案：《廣韻》膂力舉切，來紐，語韻開口三等，上古音在魚部，韻母為*-ǐa，聲母為*l-，上古音讀*lǐa；力林直切，來紐、職韻開口三等，上古音在職部，韻母為*-ǐək，聲母為*l-，上古音讀*lǐək。膂力二字一聲之轉之條件，只是聲母之相同。

【三十】《釋詁‧卷二上》：莃乾也條下云：「晞亦暵也，語之轉耳。暵與罕同聲，晞與希同聲，晞之轉為暵，猶希之轉為罕矣。」

新雄謹案：《廣韻》晞香衣切，曉紐、微韻開口三等，上古音在微部，韻母為*-ǐəi，聲母為*x-，上古音讀*xǐəi。暵呼旰切，曉紐、翰韻開口一等，上古音在元部，韻母為*-an，聲母為*x-，上古音讀

*ｘａｎ。晞嘆語之轉，亦只是聲母之相同，韻母之音讀無關也。

【三十一】《釋詁‧卷二上》：濕曝也條下云：「膊與曝聲之轉也。」

　　新雄謹案：《廣韻》膊匹各切，滂紐、鐸韻開口一等，上古音在鐸部，韻母爲*-ａｋ，聲母爲*ｐ̓-，上古音讀*ｐ̓ａｋ；曝蒲木切，並紐、屋韻開口一等，上古音在藥部，韻母讀*-ɐｕｋ，聲母讀*ｂ̓-，上古音讀*ｂ̓ɐｕｋ。膊曝聲之轉，韻部無關，只是聲母同屬雙脣塞聲，而有清濁之異耳。

【三十二】《釋詁‧卷二上》：閜加也條下云：「《史記‧孝文紀》索隱引韋昭云："譋相抵閜也。"閜亦與譋同，案今人謂以罪誣人曰賴，即譋之轉也，又謂以己罪加於他人人曰抵賴，即抵譋之轉也。」

　　新雄謹案：《廣韻》賴落蓋切，來紐、泰韻開口一等，上古音在月部，韻母爲*-ａｔｓ，聲母爲*ｌ-，上古音讀*ｌａｔｓ；譋落干切，來紐、寒韻開口一等，上古音在元部，韻母爲*-ａｎ，聲母爲*ｌ-，上古音讀*ｌａｎ。按賴譋語轉，非謹聲母相同，且韻部亦爲陽入對轉之部，只是韻尾之差異而已。

【三十三】《釋詁‧卷二上》：齘禿也條下云：「齾齀猶齀齾，疊韻之轉耳。」又云：「髡頯𩔂一聲之轉，義並相近也。」

　　新雄謹案：《廣韻》齾五鎋切，疑紐、鎋韻開口二等，上古音在月部，韻母爲*-ｒａｔ，聲母爲*ŋ-，上古音讀爲*ŋｒａｔ；齀古鎋切，見紐、鎋韻開口二等，上古音在元部，韻母爲*-ｒａｔ，聲母爲*ｋ-，上古音讀*ｋｒａｔ。齾齀二字韻母相同，聲母不同，故王氏謂爲疊韻之轉，亦即韻不變而聲變也。

　　新雄又案：《廣韻》髡頯並苦昆切，溪紐、魂韻合口一等，上古音在諄部，韻母爲*-ｕəｎ，聲母爲*ｋ̓-；上古音爲*ｋ̓ｕəｎ；𩔂苦本切，溪

紐、混韻合口一等，上古音在諄部，韻母爲*uən，聲母爲*k-；上古音讀*kuən。三字同音，但聲調有平上之異。

【三十四】《釋詁·卷二上》：馮怒也條下云：「苛妎一聲之轉。」

新雄謹案：《廣韻》苛胡歌切，匣紐、歌韻開口一等，上古音在歌部，韻母爲*-ai，聲母爲*ɣ-，上古音讀*ɣai；妎胡蓋切，匣紐、泰韻開口一等，上古音在月部，韻母爲*-ats，聲母爲*ɣ-，上古音爲*ɣats。苛妎二字聲母相同，韻母爲陰入對轉之韻部，主要元音相同，只不過韻尾有異而已。

【三十五】《釋詁·卷二上》：里居也條下云：「案閭里一聲之轉。‧‧‧
墟猶邱也，語之轉也。」

新雄謹案：《廣韻》閭力居切，來紐、魚韻開口三等，上古音在魚部，韻母爲*-ia，聲母爲*l-，上古音讀*lia；里良士切，來紐、止韻開口三等，上古音在之部，韻母爲*-iə，聲母爲*l-，上古音讀*liə。閭里二字一聲之轉之條件，全在聲母之相同，韻部關係不大。

【三十六】《釋詁·卷二上》：𦟾盛也條下云：「瓤亦𦟾也，語之轉耳。」
又云：「蘊鬱語之轉耳。」

新雄謹案：《廣韻》瓤如兩切，日紐、養韻開口三等，上古音在陽部，韻母爲*-iaŋ，聲母爲*nj-，上古音讀*njiaŋ；𦟾耳由切，日紐、尤韻開口三等，上古音在幽部，韻母爲*-iəu，聲母爲*nj-，上古音讀*njiəu。瓤𦟾二字語之轉之條件，只在聲母之相同也。

新雄又案：《廣韻》蘊作薀云：「習也。俗作蘊。」於問切，影紐、問韻合口三等，上古音在諄部，韻母爲*-iuən，聲母爲*ʔ-，上古音讀*ʔiuən；鬱紆物切，影紐、物韻合口三等，上古音在沒部，韻母爲*-iuət，聲母爲*ʔ-，上古音讀*ʔiuət。薀鬱二字聲母相同，韻部爲陽入對轉之部，只不過韻尾有舌尖鼻聲與塞聲之異而已，故其語轉條件極

爲佳良。

【三十七】《釋詁・卷二上》：嫛小也條下云：「精繫語之轉耳。」又云：「蔑蒙語之轉耳。」又云：「摯與𦰩一聲之轉。」又云：「鶖鶷一聲之轉。」又云：「啾吣亦一聲之轉。」

新雄謹案：《廣韻》精子盈切，精紐、清韻開口三等，上古音在耕部，韻母爲*-ｉɤŋ，聲母爲*ts-，上古音讀*tsｉɤŋ；繫則落切，精紐、鐸韻開口一等，上古音在鐸部，韻母爲*-ａｋ，聲母爲*ts-，上古音讀*tsａｋ。精繫二字語轉之條件，僅在聲母之相同，而於韻母無關也。

新雄又案：《廣韻》蔑莫結切，明紐、屑韻開口四等，上古音在質部，韻母爲*-ｉɤｔ，聲母爲*m-，上古音讀*mｉɤｔ；蒙莫紅切，明紐、東韻開口一等，上古音在東部，韻母爲*ａｕŋ，聲母爲*m-，上古音讀*mａｕŋ。蔑蒙二字語轉之條件，亦僅在聲母之相同，與韻母無關也。

新雄又案：《廣韻》摯自秋切，從紐、尤韻開口三等，上古音在幽部，韻母爲*-ｉｕＧｕ，聲母爲*dʑj-，上古音爲*dʑjｉＧｕ；𦰩子紅切，精紐、東韻開口一等，上古音在東部，韻母爲*ａｕŋ，聲母爲*ts-，上古音爲*tsａｕŋ。摯𦰩一聲之轉之條件，韻母無關，而聲母同屬舌尖前塞擦聲，而有清濁與送氣之異。

新雄又案：《廣韻》鶖七由切，清紐、尤韻開口三等，上古音在幽部，韻母爲*-ｉｕＧｕ，聲母爲*tsʼj-，上古音爲*tsʼjｉＧｕ；鶷姊列切，精紐、薛韻開口三等，上古音在月部，韻母爲*-ｉａｔ，聲母爲*tsj-，上古音讀*tsjｉａｔ。鶖鶷二字一聲之轉，其條件爲聲母皆舌尖前清塞擦聲，而有送氣與不送氣之別而已。

新雄又案：《廣韻》啾即由切，精紐、尤韻開口三等，上古音在幽部，韻母爲*-ｉｕＧｕ，聲母爲*tsj-，上古音讀*tsjｉＧｕ；吣姊列切，精紐、薛韻開口三等，上古音在月部，韻母爲*-ｉａｔ，聲母爲*tsj-，上古音讀*tsjｉａｔ。啾吣二字聲轉之條件爲聲母相同，韻母無關也。

【三十八】《釋詁・卷二上》：鬱長也條下云：「肜繹一聲之轉。」

新雄謹案：《廣韻》肜徒冬切，定紐、冬韻合口一等，上古音在冬部，韻母爲*- əuŋ，聲母爲*dʻ-，上古音讀*dʻəuŋ；繹羊益切，喻紐、昔韻開口三等，上古音在鐸部，韻母爲*-ǐak，聲母爲*r-，上古音讀*rǐak。肜繹二字聲母相近，皆爲舌尖音聲母，曾運乾所謂喻四古歸定者也。

【三十九】《釋詁・卷二上》：肮腫也條下云：「脿腺猶膖肛，語之轉耳。・・・彭亨之轉爲枵烋，猶膖肛之轉爲脿腺矣。」

新雄謹案：《廣韻》脿甫遙切，幫紐、宵韻開口三等，上古音在宵部，韻母爲*-ǐəu，聲母爲*p-，上古音讀*pǐəu；腺許幺切，曉紐、肴韻開口二等，上古音在宵部，韻母爲*-rɐu，聲母爲*x-，上古音讀*xrɐu。膖《廣韻》作膖薄江切，並紐、江韻開口二等，上古音在冬部，韻母爲*-rəuŋ，聲母爲*bʻ-，上古音讀*bʻrəuŋ；肛許江切，曉紐、江韻開口二等，上古音在東部，韻母爲*-rauŋ，聲母爲*x-，上古音讀*xrauŋ。脿膖之語轉之條件，聲母同爲雙脣塞聲，但有送氣與否及清濁之異，韻母無關係。腺肛語轉之條件，同屬曉母，聲母相同。

【四十】《釋詁・卷二上》：黯色也條下云：「嫗煦、嘔喻、姁嫗並疊韻之轉耳。」

新雄謹案：《廣韻》嫗衣遇切，影紐、遇韻合口三等，上古音在侯部，韻母爲*-ǐau，聲母爲*ʔ-，上古音讀*ʔǐau；煦香句切，曉紐、遇韻合口三等，上古音在侯部，韻母爲*-ǐau，聲母爲*x-，上古音讀*xǐau。嘔烏后切，影紐、厚韻開口一等，上古音在侯部，韻母爲*-au，聲母爲*ʔ-，上古音讀*ʔau；喻羊戍切，喻紐、遇韻合口三等，上古音在侯部，韻母爲*-ǐau，聲母爲*r-，上古音讀*rǐau。姁香句切，曉紐、遇韻合口三等，上古音在侯部，韻母爲*-ǐau，聲母爲*x

-，上古音讀*xi̯au。婾羊朱切，喻紐、虞韻合口三等，上古音在侯部，韻母爲*-i̯au，聲母爲*r-，上古音讀*ri̯au。嫗煦、嘔喻、姁婾聲母雖有*ʔ-、*x-、*r-之異，但六字韻部皆在喉部，故謂之疊韻之轉也。

【四十一】《釋詁・卷二下》：縊絣也條下云：「絣亦縫也，語之轉耳。」

　　新雄謹案：《廣韻》絣北萌切，幫紐、耕韻開口二等，上古音在耕部，韻母爲*-reŋ，聲母爲*p-，上古音讀*preŋ；縫符容切，奉紐、鍾韻合口三等，上古音在東部，韻母爲*-i̯auŋ，聲母爲*bj-，上古音讀爲*bji̯auŋ。絣縫語轉之條件爲聲母同雙脣塞聲，但有清濁與送氣不送氣之異。

【四十二】《釋詁・卷二下》：憪覆也條下云：「幔幎語之轉耳。」又云：「荒幠一聲之轉。」

　　新雄謹案：《廣韻》幔莫半切，明紐、換韻合口一等，上古音在元部，韻母爲*-an，聲母爲*m-，上古音讀*man；幎莫狄切，明紐、錫韻開口四等，上古音在錫部，韻母爲*-iek，聲母爲*m-，上古音讀*miek。幔幎語轉之條件，只是聲母同爲*m-而已。

　　新雄又案：《廣韻》荒呼光切，曉紐、唐韻合口一等，上古音在陽部，韻母爲*-uaŋ，聲母爲*x-，上古音讀*xuaŋ；幠荒烏切，曉紐、模韻合口一等，上古音在魚部，韻母爲*-ua，聲母爲*x-，上古音讀*xua。荒幠聲轉之條件，聲母同爲*x-，韻母爲陽魚對轉之韻部，介音與主要元音全同。

【四十三】釋詁卷二下：惶懼也條下云：「怖與怕同，今人或言怕者，怖聲之轉耳。」

　　新雄謹案：《廣韻》怖普故切，滂紐、暮韻合口一等，上古音在魚部，韻母爲*-a，聲母爲*pʰ-，上古音爲*pʰa；怕普駕切，滂紐、禡韻開口二等，上古音在鐸部，韻母爲*-raks，聲母爲*pʰ-，上古音讀*pʰr ａｋｓ。怖怕聲轉之條件，聲母同爲＊ｐ́-外，韻部則爲陰入對轉之部。

【四十四】釋詁卷二下：儾爛也條下云：「爛勞儾又一聲之轉。」

新雄謹案：《廣韻》爛落旱切，來紐、旱韻開口一等，上古音在元部，韻母爲＊-ａｎ，聲母爲＊ｌ-，上古音讀＊ｌａｎ；勞魯刀切，來紐、豪韻開口一等，上古音在宵部，韻母爲＊-ｅｕ，聲母爲＊ｌ-，上古音爲＊ｌｅｕ。儾力追切，來紐、脂韻合口三等，上古音在微部，韻母爲＊-ｉｕəｉ，聲母爲＊ｌ-，上古音讀＊ｌｉｕəｉ。爛勞儾三字聲轉之條件爲具有共同之聲母＊ｌ-。

【四十五】釋詁卷二下：晻障也條下云：「而如若然一聲之轉也。」

新雄謹案：《廣韻》而如之切，日紐、之韻開口三等，上古音在之部，韻母爲＊-ｉə，聲母爲＊ｎｊ-，上古音讀＊ｎｊｉə；如人諸切，日紐、魚韻開口三等，上古音在魚部，韻母爲＊-ｉａ，聲母爲＊ｎｊ-，上古音爲＊ｎｊｉａ；若而灼切，日紐、藥韻開口三等，上古音在鐸部，韻母爲＊-ｉａｋ，聲母爲＊ｎｊ-，上古音讀＊ｎｊｉａｋ；然如延切，日紐、仙韻開口三等，上古音在元部，韻母爲＊-ｉａｎ，聲母爲＊ｎｊ-，上古音讀＊ｎｊｉａｎ。而如若然四字一聲之轉者，謂其聲母相同也。

【四十六】釋詁卷二下：灌漬也條下云：「瀧涿、瀨滯、瀧凍、鹿埵、隴種、東籠皆語之轉也。」又云：「漏㵄淋一聲之轉。」又云：「優渥語之轉，霑足亦語之轉。」

新雄謹案：《廣韻》瀧盧紅切，來紐、東韻開口一等，上古音在東部，韻母爲＊-ａｕŋ，聲母爲＊ｌ-，上古音讀＊ｌａｕŋ；涿竹角切，知紐、覺韻開口二等，上古音在屋部，韻母爲＊-ｒａｕｋ，聲母爲＊ｔ-，上古音讀＊ｔｒａｕｋ；瀨落蓋切，來母、泰韻開口一等，上古音在月部，韻母爲＊-ａｔｓ，聲母爲＊ｌ-，上古音讀＊ｌａｔｓ；滯直例切，澄紐、祭韻開口三等，上古音在月部，韻母爲＊-ｉａｔｓ，聲母爲＊ｄ́-，上古音讀ｄ́ｉａ ｔｓ；涷德紅切，端紐、東韻開口一等，韻母爲*-ａｕ,聲母爲*ｔ-,上古音讀*ｔａｕ;鹿盧谷切，來紐、屋韻一等開口，上古音在屋部，韻母爲*-ａｕｋ，聲母爲*ｌ-,上古音讀*ｌａｕｋ；埵丁果切，端紐、果韻合口一等，上古音在歌部，韻母爲*-ｕａｉ，聲母爲*ｔ-,上古音讀*ｔｕａｉ；隴力踵切，來紐、腫韻合口三等，上古音在東部，韻母爲*-ｉａｕ,聲母爲*ｌ-,上古音讀*ｌａｕ;種之隴切，照紐、腫韻合口三等，上古音在東部，韻母爲*-ｉａｕ,聲母爲*ｔｊ-,上古音讀*ｔｊａｕ;東德紅切，端紐、東韻開口一等，上古音在東部，韻母爲*-ａｕ,聲母爲*ｔ,上古音讀*ｔａｕ;籠盧紅切，來紐、東韻開口一等，上古音在東部，韻母爲*-ａｕ,聲母爲*ｌ-,上古音讀*ｌａｕ。瀧瀨鹿隴籠一聲之轉之條件，除瀧隴籠三字聲韻母皆同外，此二字與瀨鹿又聲母相同，皆爲*ｌ-,涿滯涷埵東五字，除滯爲*ｄ-外，其餘皆爲*ｔ-或*ｔｊ-,聲母發音部位相同，只不過有洪細與清濁之異耳。

新雄又案：《廣韻》漏盧候切，來紐、候韻開口一等，上古音在侯部，韻母爲*-ａｕ，聲母爲*ｌ-,上古音讀*ｌａｕ；欒落官切，來紐、桓韻合口一等，韻母爲*ｕａｎ，聲母爲*ｌ-,上古音讀*ｌｕａｎ；淋力尋切，來紐、侵韻開口三等，韻母爲*-ｉəｍ，聲母爲*ｌ-,上古音讀*ｌｉəｍ。漏欒淋三字一聲之轉之條件爲聲母相同，同讀*ｌ-。

新雄又案：《廣韻》優於求切，影紐、尤韻開口三等，上古音在幽部，韻母爲*-ｉəｕ，聲母爲*ʔ-,上古音讀*ʔｉəｕ；渥於角切，影紐、覺韻開口二等，上古音屋部，韻母爲*-ｒａｕｋ，上古音讀*ʔｒａｕｋ。優渥語轉之條件爲聲母相同，同讀*ʔ-。

新雄又案：霑張廉切，知紐、鹽韻開口三等，上古音在添部，韻母爲*-ｉｅｍ，聲母爲*ｔ-,上古音讀*ｔｉｅｍ；足即玉切，精紐、燭韻合口三等，上古音在屋部，韻母爲ｉａｕｋ，聲母爲*ｔｓｊ-,上古音讀*ｔｓｊｉａｕｋ。霑足二字無論聲母與韻母皆相去甚遠，無相轉之理，此或王氏一時失察之偶疏也。

【四十七】《釋詁·卷二下》：清澄也條下云：「浚湑縮一聲之轉。皆謂漉取之也。」又云：「濾漉一聲之轉。」

新雄謹案：《廣韻》浚私閏切，心紐、稕韻合口三等，上古音在諄部，韻母爲*-ｉｕｅn，聲母爲*ｓj-，上古音讀*ｓjｉｅn；湑相居切，心紐、魚韻開口三等，上古音在魚部，韻母爲*-ｉａ，聲母爲*ｓj-，上古音讀*ｓjｉａ；縮所六切，疏紐、屋韻開口三等，上古音在覺部，韻母爲*-ｉｅｕk，聲母爲*ｓ-，上古音讀*ｓｉｅｕk。浚湑縮三字一聲之轉之條件，爲聲母相同。韻母關係不大。

新雄又案：《廣韻》無濾字，《集韻》濾良據切，來紐、御韻開口三等，上古音在魚部，韻母爲*-ｉａ，聲母爲*l-，上古音讀*lｉａ；漉《廣韻》盧谷切，來紐、屋韻開口一等，上古音在屋部，韻母爲*ａｕk，聲母爲*l-，上古音讀*lａｕk。濾漉聲轉之條件爲聲母相同，同爲*l-。

【四十八】《釋詁·卷二下》：侏短也條下云：「接慮、族累、銼鏇皆語之轉耳。」又云：「蠅與侏儒語之轉也。‧‧‧蠮螉者，侏儒語之轉也。」

新雄謹案：《廣韻》接即葉切，精紐、葉韻開口三等，上古音在盍部，韻母爲*-ｉａp，聲母爲*tsj-，上古音讀*tsjｉａp；慮良倨切，來紐、御韻開口三等，上古音在魚部，韻母爲*-ｉａ，聲母爲*l-，上古音讀*lｉａ。族昨木切，從母、屋韻開口一等，上古音在屋部，韻母爲*-ａｕk，聲母爲*ʣ-，上古音讀*ʣａｕk；累力委切，來紐、紙韻合口三等，上古音在微部，韻母爲*-ｉｕｅi聲母爲*l-，上古音讀*lｉｕｅi。銼昨木切，從紐、屋韻開口一等，上古音在屋部，韻母爲*-ａｕk，聲母爲*ʣ-，上古音讀*ʣａｕk；鏇落戈切，來紐、戈韻合口一等，上古音在歌部，韻母爲*-ｕａi，聲母爲*l-，上古音讀*lｕａi。接族銼之語轉，聲母同爲舌尖前塞擦聲，只不過有清濁送氣與否之微分。慮累鏇三字之

語轉全由於雙聲之關係，聲母同讀*l-。

　　新雄又案：《廣韻》叕職悅切，照紐、薛韻合口三等，上古音在月部，韻母爲*-ǐuat，聲母爲*tj-，上古音讀*tjǐuat；侏章俱切，照紐、虞韻合口三等，上古音在侯部，韻母爲*-ǐau，聲母爲*tj-，上古音讀爲*tjǐau；儒人朱切，日紐、虞韻合口三等，上古音在侯部，韻母爲*-ǐau聲母爲*nj-，上古音讀*njǐau。蠋之欲切，照紐、燭韻合口三等，上古音在屋部，韻母爲*-ǐauk，聲母爲*tj-，上古音讀*tjǐauk。蝓羊朱切，喻紐、虞韻合口三等，上古音在侯部，韻母爲*-ǐau，聲母爲*r-，上古音讀*rǐau。叕侏蠋聲母相同，故爲語之轉，儒蝓韻母相同，聲母不同，屬於疊韻之語轉。

【四十九】《釋詁‧卷二下》：戁猝也條下云：「倉卒、造次語之轉。」

　　新雄謹案：《廣韻》倉七岡切，清紐、唐韻開口一等，上古音在陽部，韻母爲*-aŋ，聲母爲*tś-，上古音讀*tśaŋ；卒倉沒切，清紐、沒韻合口一等，上古音屬沒部，韻母爲*-uət，聲母爲*tś-，上古音讀*tśuət。造七到切，清紐、號韻開口一等，上古音屬幽部，韻母爲*-əu，聲母爲*tś-，上古音讀*tśəu；次七四切，清紐、至韻開口三等，上古音在脂部，韻母爲*-ǐei，聲母爲*tś-，上古音讀*tśǐei。倉卒、造次四字聲母相同，故其語轉之條件實爲同聲母*tś-。

【五十】《釋詁‧卷二下》：陃衺也條下云：「奇衺猶敧衺，語之轉耳。」
　　　　又云：「險戲一聲之轉。」又云：「西衺夕一聲之轉。」

　　新雄謹案：《廣韻》奇渠羈切，群紐、支韻開口三等，上古音在歌部，韻母爲*-rǐai，聲母爲*ɣ-，上古音讀*ɣrǐai；敧去奇切，溪紐、支韻開口三等，上古音在歌部，韻母爲*-rǐai，聲母爲*k-，上古音讀*krǐai。奇敧語之轉者，謂疊韻之轉也。

　　新雄又案：《廣韻》險虛檢切，曉紐、琰韻開口三等，上古音在添部，韻母爲*-ǐem，聲母爲*x-，上古音讀*xǐem；戲香義切，曉

紐、真韻開口三等，上古音在歌部，韻母爲*-ǐai，聲母爲*x-，上古音讀*xǐai。險戲聲轉之條件爲聲母同爲*x-。

　　新雄又案：《廣韻》西先稽切，心紐、齊韻開口四等，上古音在諄部，韻母爲*-iən，聲母爲*s-，上古音讀*siən；衺似嗟切，邪紐、麻韻開口三等，上古音在魚部，韻母爲*-ǐa，聲母爲*rj-，上古音讀*rjǐa；夕祥易切，邪紐、昔韻開口三等，上古音在鐸部，韻母爲*-ǐak，聲母爲*rj-，上古音讀*rjǐak。衺夕同讀*rj-，故其聲轉之條件爲同聲母。至於西讀*s-，與衺夕不同聲，可能爲王氏據後世之音讀，而推斷疏忽，未可以爲據也。

【五十一】《釋詁・卷二下》：詢誧欺也條下云：「謰陀與謾誕又一聲之轉矣。」

　　新雄謹案：《廣韻》陀徒河切，定紐、歌韻開口一等，上古音在歌部，韻母爲*-ai，聲母爲*d-，上古音讀*dai。誕徒旱切，定紐、旱韻開口一等，上古音在元部，韻母爲*-an，聲母爲*d-，上古音讀*dan。陀誕二字不僅聲母全同，且其韻部亦爲元歌對轉之部，所異者只是韻尾爲高元音i與舌尖鼻音-n而已。

【五十二】《釋詁・卷二下》：賸栯也條下云：「栯隸語之轉耳。」

　　新雄謹案：《廣韻》栯五割切，疑紐、曷韻開口一等，上古音在月部，韻母爲*-at，聲母爲*ŋ-，上古音讀*ŋat。隸羊至切，喻紐、至韻開口三等，上古音在質部，韻母爲*-ǐets，聲母爲*r-，上古音讀*rǐets。二字之音，無論聲母與韻母皆不相近，疑王氏一時論斷之疏誤。

【五十三】《釋詁・卷三上》：捆屠也條下云：「刲刳一聲之轉，皆空中之意也。」

　　新雄謹案：《廣韻》刲苦圭切，溪紐、齊韻合口四等，上古音在支

部，韻母爲*-ｉｕɐ，聲母爲*ｋ̆-，上古音讀*ｋ̆ｉｕɐ；刳苦胡切，溪紐、模韻合口一等，上古音在魚部，韻母爲*-ｕａ，聲母爲*ｋ̆-，上古音讀*ｋ̆ｕａ。刲刳聲轉之條件爲同聲母*ｋ̆-。

【五十四】《釋詁·卷三上》：攀飛也條下云：「遭翩即翾翁之轉也。」

新雄謹案：《廣韻》遭力延切，來紐、仙韻開口三等，上古音在元部，韻母爲*-ｉａｎ，聲母爲*ｌ-，上古音讀*ｌｉａｎ；翩芳連切，滂紐、仙韻開口三等，上古音在真部，韻母爲*-ｉｅｎ，聲母爲*ｐ̆-，上古音讀*ｐ̆ｉｅｎ。翾力珍切，來紐、真韻開口三等，上古音在真部，韻母爲*-ｉｅｎ，聲母爲*ｐ̆-，上古音讀*ｐ̆ｉｅｎ；翁撫文切，敷紐、文韻合口三等，上古音在諄部，韻母爲*-ｉｕәｎ，聲母爲*ｐ̆-，上古音讀*ｐ̆ｉｕәｎ。遭翾雙聲之轉，翩翁亦雙聲之轉也。

【五十五】《釋詁·卷三上》：磋磨也條下云：「頧差錯一聲之轉。····攞亦揩也，方俗語轉耳。····斯彌、斯磨語之轉耳。」

新雄謹案：《廣韻》頧初兩切，初紐、養韻開口三等，上古音在陽部，韻母爲*-ｉａŋ，聲母爲*ｔｓ̆-，上古音讀*ｔｓ̆ｉａŋ。差初牙切，初紐、麻韻開口二等，上古音在歌部，韻母爲*-ｉａｉ，聲母爲*ｔｓ̆-，上古音讀*ｔｓ̆ｉａｉ；錯倉各切，清母、鐸韻開口一等，上古音在鐸部，韻母爲*-ａｋ，聲母*ｔｓ̆-，上古音讀*ｔｓ̆ａｋ。頧差錯聲轉之條件爲聲母同爲*ｔｓ̆-。

新雄又案：《廣韻》無攞字，《集韻》攞枯懷切，溪紐、皆韻合口二等，上古音在微部，韻母爲*-ｒәｉ，聲母爲*ｋ̆-，上古音讀*ｋ̆ｒәｉ；揩《廣韻》口皆切，溪紐、皆韻開口二等，上古音在脂部，韻母爲*-ｒｅｉ，聲母爲*ｋ̆-，上古音讀*ｋ̆ｒｅｉ。攞揩方語之轉，亦由雙聲而轉也。

新雄又案：《廣韻》彌武移切，明紐、支韻開口三等，上古音在脂部，韻母爲*-ｉｅｉ，聲母爲*ｍ-，上古音讀*ｍｉｅｉ；磨莫婆切，明紐、戈韻合口一等，上古音在歌部，韻母爲*-ｕａｉ，聲母爲*ｍ-，上古音讀*ｍｕａｉ。彌磨語轉之條件亦在聲母之相同也。

【五十六】《釋詁·卷三上》：傑罵也條下云：「庸謂之伀，轉語也。」

新雄謹案：《廣韻》庸餘封切，喻紐、鍾韻合口三等，上古音在東部，韻母爲*-ｉａｕŋ，聲母爲*r-，上古音讀*rｉａｕŋ；伀息恭切，心紐、鍾韻合口三等，上古音在東部，韻母爲*-ｉａｕŋ，聲母爲*sｊ-，上古音讀*sｊｉａｕŋ。庸伀之轉語，因韻母同爲ｉａｕŋ，故爲疊韻之轉，而與聲母無關。

【五十七】《釋詁·卷三上》：絜獨也條下云：「挈亦介也，語之轉耳。···鰥寡孤一聲之轉，皆與獨同義，因事而異名耳。」

新雄謹案：《廣韻》挈苦結切，溪紐、屑韻開口四等，上古音在月部，韻母爲*-ｉａｔ，聲母爲*ḱ-，上古音讀*ḱｉａｔ；介古拜切，見紐、怪韻開口二等，上古音在月部，韻母爲*-ｒａｔｓ，聲母爲*k-，上古音讀ｋｒａｔｓ。挈介二字聲母同爲舌根清塞聲，不過有送氣與不送氣之別而已，韻部同屬月部，聲韻母均有關係。

新雄又案：《廣韻》鰥古頑切，見紐、山韻合口二等，上古音在諄部，韻母爲*-ｒｕəｎ，聲母爲*k-，上古音讀*ｋｒəｎ；寡古瓦切，見紐、馬韻合口二等，上古音在魚部，韻母爲*-ｒｕａ，聲母爲*k-，上古音讀*ｋｒｕａ；孤古胡切，見紐、模韻合口一等，上古音在魚部，韻母爲*-ｕａ，聲母爲*k-，上古音讀*ｋｕａ。鰥寡孤一聲之轉，由於聲母同屬見母爲雙聲也。

【五十八】《釋詁·卷三上》：訇匕也條下云：「蔿譌譁皆化聲之轉也。」

新雄謹案：《廣韻》蔿韋委切，爲紐、紙韻合口三等，上古音在歌部，韻母爲*-ｒｉｕａｉ，聲母爲*ɤｊ-，上古音爲*ɤｒｉｕａｉ；譌五禾切，疑紐、戈韻合口一等，上古音在歌部，韻母爲*-ｕａｉ，聲母爲*ŋ-，上古音讀*ŋｕａｉ；譁呼瓜切，曉紐、麻韻合口二等，上古音在魚部，韻母爲*-ｒｕａ，聲母爲*x-，上古音讀*ｘｒｕａ。化呼霸切，曉紐、禡

韻合口二等，上古音在歌部，韻母爲*-ruai，聲母爲*x-，上古音讀*
xruai。蔦與化爲疊韻相轉，同屬歌部，韻母有洪細之別，聲母皆爲舌
根擦聲，但有清濁之別。譌與化韻部同屬歌，介音有別，聲母亦同爲舌根擦
音，但有清濁之別，蔦譌化三字皆可稱之爲疊韻之語轉，而譁與化則聲母同
爲*x-，當爲雙聲之語轉。

【五十九】《釋詁·卷三上》：釐孿也條下云：「釐連語之轉。」又云：
　　　「孿亦雙也，語之轉耳。」

　　新雄謹案：《廣韻》釐里之切，來紐、之韻開口三等，上古音在之
部，韻母爲*-ｊə，聲母爲*l-，上古音讀*lｊə；連力延切，來紐、仙
韻開口三等，上古音在元部，韻母爲*-ｊan，聲母爲*l-，上古音讀*l
ｊan。釐連聲母同爲*l-，當爲雙聲之語轉。

　　新雄又案：《廣韻》孿生患切，疏紐、諫韻合口二等，上古音在元
部，韻母爲*-ruan，聲母爲*s-，上古音讀*sruan；雙所江切，
疏紐、江韻開口二等，上古音在東部，韻母爲*-rauŋ，聲母爲*s-，上
古音讀*srauŋ。孿雙同聲母，爲雙聲語之轉也。

【六十】《釋詁·卷三上》：害曷胡盍何也條下云：「皆一聲之轉也。」

　　新雄謹案，此謂害曷胡盍何五字皆一聲之轉也。《廣韻》害胡蓋切，
匣紐、泰韻開口一等，上古音在月部，韻母爲*-ats，聲母爲*ɤ-，上古
音讀*ɤats；曷胡葛切，匣紐、曷韻開口一等，上古音在月部，韻母爲
*-at，聲母爲*ɤ-胡戶吳切，匣紐、模韻合口一等，上古音在魚部，韻母
爲*-ua，聲母爲*ɤ-，上古音爲*ɤua；盍胡臘切，匣紐、盍韻開口一
等，上古音在盍部，韻母爲*-ap，聲母爲*ɤ-，上古音讀*ɤap；何胡
歌切，匣紐、歌韻開口一等，上古音在歌部，韻母爲*-ai，聲母爲*ɤ-，
上古音爲*ɤai。以上五字聲母皆同爲*ɤ-，故爲雙聲之相轉也。

【六十一】《釋詁·卷三上》：薄勉也條下云：「農猶努也，語之轉耳。」

新雄謹案：《廣韻》農奴冬切，泥紐、冬韻合口一等，上古音在冬部，韻母爲*-əuŋ，聲母爲*n-，上古音讀*nəuŋ；努奴古切，泥紐、姥韻合口一等，上古音在魚部，韻母爲*-ua，聲母爲*n-，上古音*nua。農努二字聲母相同，故語轉之條件爲同具有聲母*n-，故爲雙聲相轉。

【六十二】《釋詁・卷三上》：歸遺也條下云：「遺問語之轉耳。」

新雄謹案：《廣韻》遺以追切，喻紐、脂韻合口三等，上古音在微部，韻母爲*-ɪuəi，聲母爲*r-，上古音讀*rɪuəi；問亡運切，微紐、問韻合口三等，上古音在諄部，韻母爲*-ɪuən，聲母爲*m-，上古讀*mɪuən。按遺問二字聲母不同，韻母雖爲微諄對轉之韻，然亦可能爲王氏根據後世音讀而所作推論之錯誤。因爲後世遺讀uei，問讀uən，聽覺上似乎爲同一聲母，故誤謂之語之轉耳。

【六十三】《釋詁・卷三上》：竂深也條下云：「暗亦幽也，語之轉耳。」

新雄謹案：《廣韻》暗烏紺切，影紐、勘韻開口一等，上古音在侵部，韻母爲*-əm，聲母爲*ʔ-，上古音讀*ʔəm；幽於虯切，影紐、幽韻開口三等，上古音在幽部，韻母爲*-ɪəu，聲母讀*ʔ-，上古音讀*ʔɪəu。暗幽二字語轉之條件，應爲聲母之同讀*ʔ-。

【六十四】《釋詁・卷三上》：叔少也條下云：「叔少一聲之轉。」

新雄謹案：《廣韻》叔式竹切，審紐、屋韻開口三等，上古音在覺部，韻母爲*-ɪəuk，聲母爲*thj-，上古音讀*thjɪəuk；少失照切，審紐、笑韻開口三等，上古音在宵部，韻母爲*-ɪɐu，聲母爲*thj-，上古音讀*thjɪɐu。叔少二字聲轉之條件，聲母同讀*thj-。

【六十五】《釋詁・卷三上》：傸聾也條下云：「瞆猶矒也，語之轉耳。」

新雄謹案：《廣韻》聵五怪切，疑紐、怪韻合口二等，上古音在沒部，韻母爲*-ruəts，聲母爲*ŋ-，上古音讀*ŋruəts。黜五滑切，疑紐、黠韻合口二等，上古音在沒部，韻母爲*-ruət，聲母爲*ŋ-，上古音讀爲*ŋruət。聵黜二字聲母相同，古復同韻部，只不過聲調有去入之異而已。

【六十六】《釋詁‧卷三上》：約束也條下云：「穜猶纏也，語之轉耳。」

新雄謹案：《廣韻》穜旨善切，照紐、獮韻開口三等，上古音在元部，韻母爲*-i̯an，聲母爲*tj-，上古音讀*tji̯an；纏直連切，澄紐、仙韻開口三等，上古音在元部，韻母爲*-i̯an，聲母*dʻ-，上古音讀*dʻi̯an。穜纏二字韻母相同，聲母有*tj-與dʻ-之別而已，應屬疊韻之轉，不過聲母也還相近。

【六十七】《釋詁‧卷三上》：緡施也條下云：「緡綿一聲之轉。」

新雄謹案：《廣韻》緡武巾切，明紐、真韻開口三等，上古音在諄部，韻母爲*-i̯ən，聲母爲*m-，上古音讀*mi̯ən；綿武延切，明紐、仙韻開口三等，上古音在元部，韻母爲*-i̯an，聲母爲*m-，上古音讀*mi̯an。緡綿聲母同讀*m-，故其聲轉之條件爲雙聲相轉。

【六十八】《釋詁‧卷三上》：捹擊也條下云：「摅亦搹也，方俗語轉耳。‥‥漂擎一聲之轉。‥‥考叩語之轉耳。」

新雄謹案：《廣韻》摅昌者切，穿紐，馬韻開口三等，上古音在魚部，韻母爲*-i̯a，聲母爲*tj-，上古音讀*tji̯a；搹張略切，知紐、藥韻開口三等*上古音在鐸部，韻母爲*-i̯ak，聲母爲*t-，上古音讀*ti̯ak。摅搹二字，聲母同屬舌尖塞音，略有送氣與否之區別，韻母亦爲魚鐸對轉之部，只是摅無韻尾*-k而搹則有之爲異耳。

新雄又案：《廣韻》漂撫招切，滂紐、宵韻開口三等，上古音韻部屬宵部，韻母爲*-i̯eu，聲母爲*pʻ-，上古音爲*pʻi̯eu；擎普蔑切，滂

紐、屑韻開口四等，上古音爲月部，韻母爲*-ｉａｔ，聲母爲*ｐ-，上古音讀*ｐｉａｔ。漂擊聲轉之條件爲聲母相同，故屬雙聲相轉。

新雄又案：《廣韻》考苦浩切，溪紐、晧韻開口一等，上古音在幽部，韻母爲*-ｅｕ，聲母爲*ｋ-，上古音讀*ｋｅｕ。叩苦后切，溪紐、厚韻開口一等，上古音在侯部，韻母爲*-ａｕ，聲母爲*ｋ-，上古音讀*ｋａｕ。考叩語轉之條件爲聲母相，屬於雙聲之相轉。

【六十九】《釋詁・卷三上》：鋼鈍也條下云：「鉥猶拙也，方俗語轉耳。」

新雄謹案：《廣韻》鉥陀骨切，定紐、沒韻合口一等，上古音在沒部，韻母爲*-ｅｔ，聲母爲*ｄˊｅｔ，上古音讀*-ｔ，拙職悅切，照紐、薛韻合口三等，上古音在沒部，韻母爲*-ｉｅｔ，聲母爲*ｔｊ-，上古音讀*ｔｊｉｅｔ。鉥之與拙，聲母同爲舌尖塞音聲母，但有清濁之異，古韻同屬沒部，古矢應爲疊韻相轉。

【七十】《釋詁・卷三上》：犀很也條下云：「狼與戾一聲之轉。」

新雄謹案：《廣韻》狼魯當切，來紐、唐韻開口一等，上古音在陽部，韻母爲*-ａ丨，聲母爲*ｌ-，上古音讀*ｌａ丨；戾郎計切，來紐、霽韻開口四等，上古音在質部，韻母爲*-ｉｅｔｓ，聲母爲*ｌ-，上古音讀*ｌｉｅｔｓ。狼戾聲母相同，爲雙聲之轉。

【七十一】《釋詁・卷三下》：涂害也條下云：「娉妨一聲之轉。」

新雄謹案：《廣韻》娉匹正切，滂紐、勁韻開口三等，上古音在耕部，韻母爲*丨ａ丨，聲母爲*ｐ-，上古音讀*ｐｉｅ丨；妨敷方切，敷紐、陽韻合口三等上古音在陽部，韻母爲*-ｉｕａ丨，聲母爲*ｐ-，上古音讀*ｐｉｕａ丨。二字聲母相同爲雙聲之轉也。

【七十二】《釋詁・卷三下》：禦止也條下云：「鋪脾一聲之轉。」

　　新雄謹案：《廣韻》鋪普胡切，滂紐、模韻合口一等，上古音在魚部，韻母爲*-ua，聲母爲*pʻ-，上古音讀*pʻua。睥符支切，並紐、支韻開口三等，上古音在支部，韻母爲*-ǐe，聲母爲*bʻ-，上古音讀*bʻǐe。二字韻母不同，聲母同爲雙脣塞聲，但有清濁之異。

【七十三】《釋詁・卷三下》：趨多也條下云：「今人問物幾許曰幾多，吳人曰幾夥，語之轉也。」

　　新雄謹案：《廣韻》多得何切，端紐、歌韻開口一等，上古音在歌部，韻母爲*-ai，聲母爲*t-，上古音讀*tai。夥胡果切，匣紐、果韻合口一等，上古音在歌部，韻母爲*-uai，聲母爲*ɣ-，上古音讀*ɣuai。多夥二字聲母不同，但韻部相同，此爲疊韻之語轉也。

【七十四】《釋詁・卷三下》：簇聚也條下云：「族叢一聲之轉。」

　　新雄謹案：《廣韻》族昨木切，從母、屋韻開口一等，上古音在屋部，韻母爲*-auk，聲母爲*dzʻ-，上古音讀*dzʻauk；叢徂紅切，從紐、東韻開口一等，上古音爲東部，韻母爲*-auŋ。聲母爲*dzʻ-，上古音讀*dzʻauŋ。族叢二字聲相同，韻母爲陰相對相配之韻，此種相轉，至爲可信。

【七十五】《釋詁・卷三下》：樹本也條下云：「葆本一聲之轉。」

　　新雄謹案：《廣韻》葆博抱切，幫紐、晧韻開口一等，上古音在幽部，韻母爲*-əu，聲母爲*p-，古本音讀*pəu；本布忖切，幫紐、混韻合口一等，上古音在諄部，韻母爲*-uən，聲母爲*p-，上古音爲*puən。葆本二字聲母同爲*p-，爲雙聲之相轉。

【七十六】《釋詁・卷三下》：蹲踞跼眞啓跪一聲之轉，其義並相近也。」

　　新雄謹案：《廣韻》居九魚切，見紐、魚韻開口三等，上古音在魚

部，韻母爲*-ǐa，聲母爲*k-，上古音讀*kǐa。踞居御切，見紐、御韻開口三等，上音在魚部，韻母爲*-ǐa，聲母爲*k-，上古音讀*kǐa。跽暨几切，群紐、旨韻開口三等，上古音在之部，韻母爲*-ǐə，聲母讀*ɣ，上古音讀*ɣǐə。𠮑口已切，溪紐、止韻開口三等，上古音在之部，韻母爲ǐə，聲母爲*k，上古音讀*kǐə。啟康禮切，溪紐、齊韻開口四等，上古音在支部，韻母爲*-iɐ，聲母爲*k̓-，上古音讀*k̓iɐ。跪去委切，溪紐、紙韻合口三等，上古音在歌部，韻母爲*-rǐuai，聲母爲*k̓-，上古音讀*k̓rǐuai。按上述五字，應分三類，居踞聲韻母皆相同，只是聲調之異，跽𠮑韻母同爲*-ǐə，聲母同爲舌根音，而有清濁之殊，應爲疊韻之轉。𠮑啟跪三字聲母相同，韻母有異，則屬雙聲之轉。

【七十七】《釋詁‧卷三下》：𢚩空也條下云：「空竅一聲之轉。空之轉爲款，猶悾之轉爲款。」

　　新雄謹案：《廣韻》空苦紅切，溪紐、東韻開口一等，上古音在東部，韻母爲*-auŋ，聲母爲*k̓-，上古音讀*k̓auŋ；竅苦管切，溪紐、緩韻合口一等，上古音在元部，韻母爲*-uan，聲母爲*k̓-，上古音讀*k̓uan。空竅一聲之轉爲聲母相同。

【七十八】《釋詁‧卷三下》：秉持也條下云：「拈與捻一聲之轉。」

　　新雄謹案：《廣韻》拈奴兼切，泥紐、添韻開口四等，上古音在添部，韻母爲*-iɐm，聲母爲*n-，上古音讀*niɐm；捻奴協切，泥母、怗韻開口四等，上古音在怗部，韻母爲*-iɐp，聲母爲*n-，上古音讀*niɐp。捻拈聲母相同，韻母爲陽入對轉之部，只韻尾有-m與-p之殊而已。

【七十九】《釋詁‧卷三下》：啜嘗也條下云：「𪘑亦啜也，方俗語轉耳。」

　　新雄謹案：《廣韻》𪘑山芮切，疏紐、祭韻合口三等，上古音在沒

部，韻母爲*-ǐuəts，聲母爲*s-，上古音讀*sǐuəts；嘬陟衛切，知紐、祭韻合口三等，上古音在月部，韻母爲*-ǐuats，聲母爲*t-，上古音讀爲*tǐuats。二字聲韻母皆不相同，疑王氏一時之疏誤。

【八十】《釋詁・卷三下》：選入也條下云：「妠亦納也，方俗語轉耳。」

　　新雄謹案：《廣韻》妠有三音，奴紺切，泥母、勘韻開口一等，上古音在侵部，韻母爲*-əm，聲母讀*n-，上古音讀爲*nəm；一讀女刮切，娘紐、鎋韻合口二等，上古音在沒部，韻母爲*ruət，聲母爲*n-，上古音讀*nruət；一爲奴答切，泥紐、合韻開口一等，上古音在緝部，韻母爲*-əp，聲母爲*n-，上古音讀*nəp。納奴答切，與妠第三音全同，故妠納方語之轉者，前二音則爲雙聲相轉，後一音則爲同音。

【八十一】《釋詁・卷三下》：剝離也條下云：「朴與皮膚一聲之轉。」

　　新雄謹案：《廣韻》朴匹角切，滂紐、覺韻開口二等，上古音在屋部，韻母爲*-rauŋ，聲母爲*pʼ-，上古音讀*pʼrauŋ；皮符羈切，並紐、支韻開口三等，上古音在歌部，韻母爲*-rǐai，聲母爲*bʼ-，上古音讀*bʼrǐai；膚甫無切，非紐、虞韻合口三等，上古音在魚部，韻母爲*-ǐua，聲母爲*pj-，上古音讀*pjǐua。朴皮膚三字韻母不同，只是聲母皆屬雙脣塞聲且有清濁與送氣不送氣之異。

【八十二】《釋詁・卷三下》：佻巧也條下云：「佻偷一聲之轉。」

　　新雄謹案：《廣韻》佻吐彫切，透紐、蕭韻開口四等，上古音在宵部，韻母爲*-ieu，聲母爲*tʼ-，上古音爲*tʼieu；偷託侯切，透紐、侯韻開口一等，上古音在侯部，韻母爲*-au，聲母爲*tʼ-，上古音讀*tʼau。佻偷一聲之轉之條件，爲聲母相同，故爲雙聲相轉。

【八十三】《釋詁・卷四上》：穀黏也條下云：「䴴黏麳一聲之轉也。」

　　新雄謹案：《廣韻》䵶尼質切，娘紐、質韻開口三等，上古音在質部，韻母爲*-ǐet，聲母爲*n-，上古音爲*nǐet；黏女廉切，娘紐、鹽韻開口三等，上古音在添部，韻母爲*-ǐem，聲母爲*n-，上古音讀*nǐem；歟人渚切，日紐、語韻開口三等，上古音在魚部，韻母爲*-ǐa，聲母爲*nj-，上古音讀*njǐa。䵶黏歟三字聲轉之條件，只是聲母之相同，故爲雙聲相轉。

【八十四】《釋詁・卷四上》：殢盈也條下云：「盈亦餘也，語之轉耳。」

　　新雄謹案：《廣韻》盈以成切，喻紐、清韻開口三等，上古音在耕部，韻母爲*-ǐeŋ，聲母爲*r-，上古音爲*rǐeŋ；餘以諸切，喻紐、魚韻開口三等，上古音在魚部，韻母爲*-ǐa，聲母爲*n-，上古音讀*rǐa。盈餘二字聲母相同，故爲雙聲之餘轉也。

【八十五】《釋詁・卷四上》：匪勿非也條下云：「匪勿非一聲之轉。」

　　新雄謹案：《廣韻》匪府尾切，非紐、尾韻合口三等，上古音在微部，韻母爲*-ǐuəi，聲母爲*pj-，上古音讀*pjǐuəi；勿文弗切，微紐、物韻合口三等，上古音在沒部，韻母爲*-ǐuət，聲母爲*mj-，上古音讀*mjǐuət；非甫微切，非紐、微韻合口三等，上古音在微部，韻母爲*-ǐuəi，聲母爲*pj-，上古音讀*pjǐuəi。匪非聲韻母皆相同，只不過聲調有平上之差而已；至於匪勿與非勿之間，則韻母爲陰入對轉之韻，聲母發音部位相同，只不過發音方法有異而已。

【八十六】《釋詁・卷四上》：贏袒也條下云：「徒與袒一聲之轉。」

　　新雄謹案：《廣韻》徒同都切，定紐、模韻合口一等，上古音在魚部，韻母爲*-ua，聲母爲*ď-，上古音讀*ďua；袒徒旱切，定紐、旱韻開口一等，上古音在元部，韻母爲*-an，聲母爲*ď-，上古音讀*ďan。二字聲紐相同，故爲雙聲之聲轉。

【八十七】《釋詁・卷四上》：艬材也條下云：「艬赳一聲之轉也。」

新雄謹案：《廣韻》樛居夭切，見紐、小韻開口三等，上古音在幽部，韻母爲*-rɪəu，聲母爲*k-，上古音讀*krɪəu；赳居黝切，見紐、黝韻開口三等，韻母爲ɪ̆uə，聲母爲*k-，上古音讀*kɪ̆uə。樛赳韻部相同，韻母介音有異，而聲母相同，兩字聲轉應爲雙聲疊韻之相轉。

【八十八】《釋詁・卷四上》：撍舒也條下云：「綏舒又一聲之轉。」

新雄謹案：《廣韻》綏息遺切，心紐、脂韻合口三等，上古音在微部，韻母爲*-ɪuəi，聲母爲*s-，上古音讀*sɪuəi；舒傷魚切，審紐、魚韻開口三等，上古音在魚部，韻母爲*-ɪ̆a，聲母爲*thj-，上古音讀*thjɪ̆a，二字聲韻母皆不相同，王氏所謂一聲之轉者，可能受其方音影響，而一時推斷錯誤。

【八十九】《釋詁・卷四上》：否弗佣粃不也條下云：「皆一聲之轉也。」

新雄謹案：《廣韻》否方久切，非紐、有韻開口三等，上古音在之部，韻母爲*-ɪuə，聲母爲*pj-，上古音讀*pjɪuə；弗分勿切，非紐、物韻合口三等，上古音在沒部，韻母爲*-ɪuət，聲母*pj-，上古音讀*pjɪuət；佣步崩切，並紐、登韻開口一等，上古音在蒸部，韻母爲*-əŋ，聲母爲*b-，上古音讀*bəŋ：粃《集韻》兵媚切，幫紐、至韻開口三等，上古音在脂部，韻母爲*-rɪ̆ei，聲母*p-，上古音讀*prɪ̆ei；不甫鳩切，非紐、尤韻開口三等，上古音在之部，韻母爲*-ɪuə，聲母爲*pj-，上古音爲*pjɪuə。否弗粃不聲母相同爲雙聲之轉，佣之聲母與上述諸字雖同爲雙脣塞聲，但有清濁之微分。

【九十】釋詁卷四上：學覺也條下云：「梗覺一聲之轉。」

新雄謹案：《廣韻》梗古杏切，見紐、梗韻開口二等，上古音在陽部，韻母爲*-raŋ，聲母爲*k-，上古音讀*kraŋ；覺古岳切，見紐、覺韻開口二等，上古音在覺部，韻母爲*-rəuk，聲母爲*k-，上古

音讀＊ｋｒəｕｋ。梗覺二字聲母相同，爲雙聲之聲轉。

【九十一】《釋詁・卷四下》：硑聲也條下云：「玲與瓏一聲之轉，《說文》："籠、筡也"。筡之轉爲籠，猶玲之轉爲瓏，合言之則曰玲瓏，倒言之則曰瓏玲。‧‧‧唝者嘈之轉也。」

　　新雄謹案：《廣韻》玲郎丁切，來紐、青韻開口四等，上古音在真部，韻母爲＊-ｉεｎ，聲母爲＊ｌ-，上古音讀＊ｌｉεｎ；瓏盧紅切，來紐、東韻開口一等，韻母爲＊-ａｕŋ，聲母爲＊ｌ-，上古音讀＊ｌａｕŋ。二字聲母相同，故爲雙聲相轉。

　　新雄又案：《廣韻》唝五割切，疑紐、曷韻開口一等，上古音在月部，韻母爲＊-ａｔ，聲母爲＊ŋ-，上古音讀＊ŋａｔ；嘈昨勞切，從母、豪韻開口一等，上古音在宵部，韻母爲＊-ɐｕ，聲母爲＊ʣ-，上古音讀＊ʣɐｕ。按唝嘈聲韻母皆不相同，無可聲轉之理。考王氏《疏證》云：「《荀子・勸學篇》云："問一而告二謂之囋。"囋與唝同。」囋《廣韻》才割切，從紐、曷韻開口一等，韻母爲＊-ａｔ，聲母爲＊ʣ-，上古音讀＊ʣａｔ。則唝與囋同，亦當爲才割切矣，如此則唝囋亦雙聲之轉也。

【九十二】《釋詁・卷四下》：颹風也條下云：「飅亦颹也，語之轉耳。」

　　新雄謹案：《廣韻》飅落蕭切，來紐、蕭韻開口四等，上古音在宵部，韻母爲＊-ｉɐｕ，聲母爲＊ｌ-，上古音讀＊ｌｉɐｕ；颹力求切，來紐、尤韻開口三等，上古音在幽部，韻母爲＊-ｉ̯ɐｕ，聲母爲＊ｌ-，上古音讀＊ｌｉ̯ɐｕ。飅颹二字，聲母相同，爲雙聲之語轉。

【九十三】《釋詁・卷四下》：幾微也條下云：䁵尐與懱截同，即鷾鴯之轉也。‧‧‧‧蒙亦蔑之轉也。」

　　新雄謹案：《廣韻》䁵懱同音莫結切，明紐、屑韻開口四等，上古音在質部，韻母爲＊-ｉεｔ，聲母爲＊ｍ-，上古音讀＊ｍｉεｔ。尐姊列切，精紐、薛韻開口三等，上古音在月部，韻母爲＊-ｉ̯ａｔ，聲母爲＊ｔｓ-，上古

音*tsǐat；截昨結切，從紐、屑韻開口四等，上古音在月部，韻母爲*-ǐat，聲母爲*dz-，上古音讀*dzǐat；鑯即消切，精紐、宵韻開口三等，上古音在宵部，韻母爲*-ǐəu，聲母爲*ts-，上古音讀*tsǐəu；鸄《集韻》弭沼切，明紐、小韻開口三等，上古音在宵部，韻母爲*-ǐəu，聲母爲*m-，上古音讀*mǐəu。按巇巇鸄聲母相同，爲雙聲語轉，尖截韻母相同，聲母有清濁之微異，當爲疊韻之轉，尖與鑯同讀*ts-，亦爲雙聲語轉。

新雄又案：《廣韻》蒙莫紅切，明紐、東韻開口一等，上古音在東部，韻母爲*-auŋ，聲母爲*m-，上古音讀*mauŋ；蔑莫結切，明紐、屑韻開口四等，上古音在質部，韻母爲*-ǐet，聲母爲*m-，上古音讀*mǐet。蒙蔑聲母相同，亦爲隻聲之語轉也。

【九十四】《釋詁・卷四下》：敦聲也條下云：「狼戾語之轉。」

新雄謹案：《廣韻》狼魯當切，來紐、唐韻開口一等，上古音在陽部，韻母爲*-aŋ，聲母爲*l-，上古音讀*laŋ；戾郎計切，來紐、霽韻開口四等，上古音在質部，韻母爲*-ǐets，聲母爲*l-，上古音讀*lǐets。二字聲母相同，爲雙聲之語轉。

【九十五】《釋詁・卷四下》：剖辟片胖半也條下云：「皆一聲之轉也。」

新雄謹案：此條謂「剖辟片胖半」諸字皆一聲之轉也。《廣韻》剖有二音，一音芳武切，敷紐、麌韻合口三等，上古音在之部，韻母爲*-ǐuə，聲母爲*pʻ-，上古音讀*pʻǐuə；一音普后切，滂紐、厚韻開口一等，上古音在之部，韻母爲*-uə，聲母爲*pʻ-，上古音讀*pʻuə。辟芳僻切，滂紐、昔韻開口三等，上古音在錫部，韻母爲*ǐek，聲母爲*pʻ-，上古音讀*pʻǐek。片普麵切，滂紐、霰韻開口四等，上古音在元部，韻母爲*-ian，聲母爲*pʻ-，上古音讀*pʻian。胖普半切，滂紐、換韻合口一等，上古音在元部，韻母爲*-uan，聲母爲*pʻ-，上古音讀*pʻuan。半博漫切，幫紐、換韻合口一等，上古音在元部，韻母爲*-ua ｎ，聲母爲＊ｐ-，上古音爲＊ｐｕａｎ。按剖辟片胖四字聲母相同，同讀ṕ-，故爲雙聲相轉。胖與半韻母相同，聲母亦同爲雙脣塞聲，不有送氣與不送氣之別而已。

【九十六】《釋詁・卷四下》：曰詞也條下云：「若而一聲之轉。」

新雄謹案：《廣韻》若而灼切，日紐、藥韻開口三等，上古音在藥部，韻母爲＊-ｉ̯ｅｕｋ，聲母爲＊ｎｊ-，上古音讀＊ｎｊｉ̯ｅｕｋ。而如之切，日紐、之韻開口三等，上古音在之部，韻母爲＊-ｉ̯ə，聲母爲＊ｎｊ-，上古音讀＊ｎｊｉ̯ə。若而二字，韻母不同，聲母相同，故爲雙聲之聲轉。

【九十七】《釋詁・卷四下》：巉高也條下云：「巉巖、嶄巖、嶃巖並字異而義同，轉之爲岑崟。・・・又轉之爲巑岏，・・・又轉之爲嶕嶤・・・崔嵬亦巉巖之轉也，又轉之爲嵯峨。・・・崔嵬、崒危、庢嶷聲相近，皆巉巖之轉也。」

新雄謹案：《廣韻》巉助銜切，床紐、銜韻開口二等，上古音在添部，韻母爲＊-ｒｅｍ，聲母爲＊ʥ-，上古音讀＊ʥｒｅｍ。巖五銜切，疑紐、銜韻開口二等，上古音在談部，韻母爲＊ｒａｍ，聲母爲＊ŋ-，上古音讀＊ŋｒａｍ。嶄《集韻》云：「鋤銜切，巉巖、高也。或作嶃、漸，亦書作嶄。」床紐、銜韻開口二等，上古音在談部，韻母爲＊-ｒａｍ，聲母爲＊ʥ-，上古音讀＊ʥｒａｍ。嶃《集韻》：「鋤銜切。」床紐、銜韻開口二等，上古音在談部，韻母爲＊-ｒａｍ，聲母爲＊ʥ-，上古音讀＊ʥｒａｍ。岑鋤針切，床紐、侵韻開口三等，上古音在侵部，韻母爲＊ｉ̯əｍ，聲母爲＊ʥ-，上古音讀＊-ʥｉ̯əｍ。崟魚金切，疑紐、侵韻開口三等，韻母爲＊-ｉ̯əｍ，聲母爲＊ŋ-，上古音讀＊ŋｉ̯əｍ。巑在丸切，從紐、桓韻合口一等，上古音在元部，韻母爲＊-ｕａｎ，聲母爲＊ʣ-，上古音讀＊ʣｕａｎ。岏五丸切，疑紐、桓韻合口一等，上古音在元部，韻母爲＊-ｕａｎ，聲母爲＊ŋ-，上古音讀＊ŋｕａｎ。嶕昨焦切，從紐、宵韻開口三等，上古音在宵部，韻母爲＊-ｉ̯ｅｕ，聲母爲＊ʣ-，上古音讀＊ʣｉ̯ｅｕ。嶤五聊切，疑

紐、蕭韻開口四等，上古音在宵部，韻母爲*-ieu，聲母爲*ʤ-，上古音讀*ʤieu。嵯昨何切，從紐、歌韻開口一等，上古音在歌部，韻母爲*-ai，聲母爲*ʤ-，上古音讀*ʤai。峨五何切，疑紐、歌韻開口一等，上古音在歌部，韻母爲*ŋ-，上古音讀*ŋai。崔昨回切，從紐、灰韻合口一等，上古音在微部，韻母爲*-uəi，聲母爲*ʤ-，上古音讀*ʤuəi。嵬五灰切，疑紐、灰韻合口一等，上古音在微部，韻母爲*uəi，聲母爲*ŋ-，上古音讀*ŋuəi。崒慈邱切，從紐、術韻合口三等，上古音在沒部，韻母爲*-i̯uət，聲母爲*ʤ-，上古音讀*ʤi̯uət。危魚爲切，疑紐、支韻合口三等，上古音在歌部，韻母爲*-i̯uai，聲母爲*ŋ-，上古音讀*ŋi̯uai。厜姊規切，精紐、支韻合口三等，上古音在歌部，韻母爲*-i̯uai，聲母爲*ts-，上古音讀*tsi̯uai。巍魚危切，疑紐、支韻合口三等，上古音在歌部，韻母爲*-i̯uai，聲母爲*ŋ-，上古音讀*ŋi̯uai。按巉嶃嶄岑巑嶕崔嵯崒諸字聲母皆讀*ʤ-，故爲雙聲相轉，厜與嵯又疊韻相轉，而聲母亦同屬舌尖前塞擦聲，只略有清濁與送氣不送氣之異而已。嚴崟屼嶤嵬峨危巍聲母同讀*ŋ-，亦爲雙聲相轉也。

【九十八】《釋詁・卷四下》：攤提也條下云：「撣與提一聲之轉。」

　　新雄謹案：《廣韻》撣徒干切，定紐、寒韻開口一等，上古音在元部，韻母爲*-an，聲母爲*ď-，上古音讀*ďan。提杜奚切，定紐、齊韻開口四等，上古音在支部，韻母爲*-ie，聲母爲*ď-，上古音讀*ďie。撣提二字聲母相同，爲雙聲相轉之例也。

【九十九】《釋詁・卷四下》：偁譽也條下云：「偁通作稱，譝亦稱也，方俗語轉耳。」

　　新雄謹案：《廣韻》譝食陵切，神紐、蒸韻開口三等，上古音在蒸部，韻母爲*-i̯əŋ，聲母爲*dhj-，上古音讀*dhji̯əŋ。偁稱並處陵切，穿紐、蒸韻開口三等，上古音在蒸部，韻母爲*-i̯əŋ，聲母爲*ťj-，上古音讀*ťji̯əŋ。偁稱與譝爲疊韻之相轉，聲母亦有關係，同

屬舌尖前塞聲，不過

有清濁之異而已。

【一〇〇】《釋詁・卷四下》：僭差也條下云：「衰差一聲之轉。」

新雄謹案：《廣韻》衰楚危切，初紐、支韻合口三等，上古音在微部，韻母爲*-ǐuəi，聲母爲*tṣ-，上古音爲*tṣǐuəi。差初牙切，初紐、麻韻開口二等，上古音在歌部，韻母爲*-rai，聲母爲*tṣ-，上古音讀*tṣrai。衰差二字聲母相同，故爲雙聲之轉。

【一〇一】《釋詁・卷四下》：揄墮也條下云：「輸脫聲之轉。輸之轉爲脫，若愉之轉爲悅矣。」

新雄謹案：《廣韻》輸式朱切，審紐、虞韻合口三等，上古音在侯部，韻母爲*-ǐau，聲母爲*thj-，上古音讀*thjǐau。脫他括切，透紐、末韻合口一等，上古音在月部，韻母爲*-uat，聲母爲*t'-，上古音讀*t'uat。二字聲母相近，可說爲雙聲之聲轉。

【一〇二】《釋詁・卷四下》：𦙫鞏也條下云：「裹與鞏一聲之轉。」

新雄謹案：《廣韻》裹古火切，見紐、果韻合口一等，上古音在歌部，韻母爲*-uai，聲母爲*k-，上古音爲*kuai。鞏居玉切，見紐、燭韻合口三等，上古音在屋部，韻母爲*-ǐauk，聲母爲*k-，上古音讀*kǐauk。裹鞏二字聲母相同，爲雙聲之聲轉。

【一〇三】《釋詁・卷四下》：爊煴也條下云：「爊煴煨煴皆一聲之轉也。」

新雄謹案：《廣韻》爊於刀切，影紐、豪韻開口一等，上古音在幽部，韻母爲*-əu，聲母爲*ʔ-，上古音讀*ʔəu。煴烏痕切，影紐、痕韻開口一等，上古音在諄部，韻母爲*-ən，聲母爲*ʔ-，上古音讀*ʔən。煨烏恢切，影紐、灰韻合口一等，上古音在微部，韻母爲*-uəi，聲

母爲*ʔ-，上古音讀*ʔuəi。熅於云切，影紐、文韻合口三等，上古音在諄部，韻母爲*-ǐuən，聲母爲*ʔ-，上古音讀*ʔǐuən。爐熅煨熅四字聲皆同爲*ʔ-，故雙聲之聲轉也。

【一〇四】《釋詁·卷四下》：庸用也條下云：「庸由以一聲之轉。」

新雄謹案：《廣韻》庸餘封切，喻紐、鍾韻合口三等，上古音在東部，韻母爲*-ǐauŋ，聲母爲*r-，上古音讀*rǐauŋ。由以周切，喻紐、尤韻開口三等，上古音在幽部，韻母爲*-ǐəu，聲母爲*r-，上古音讀*rǐəu。庸由二字聲母相同，爲雙聲之聲轉。

【一〇五】《釋詁·卷四下》：蔫菸殢蕠也條下云：「皆一聲之轉也。」

新雄謹案：此謂「蔫菸殢蕠」四字爲一聲之轉也。《廣韻》蔫於乾切，影紐、仙韻開口三等，上古音在元部，韻母爲*-ǐan，聲母爲*ʔ-，上古音爲*ʔǐan。菸《集韻》云：「衣虛切，艸名，《說文》鬱也，一曰殢也。」影紐、魚韻開口三等，上古音在魚部，韻母爲*-ǐa，聲母爲*ʔ-，上古音爲*ʔǐa。殢於爲切，影紐、支韻合口三等，上古音在微部，韻母爲*-ǐuəi，聲母爲*ʔ-，上古音爲*ʔǐuəi。蕠於袁切，影紐、元韻合口三等，上古音在元部，韻母爲*-ǐuan，聲母爲*ʔ-，上古音爲*ʔǐuan。蔫菸殢蕠四字聲同爲*ʔ-，故爲雙聲之聲轉也。

【一〇六】《釋詁·卷四下》：沃低也條下云：「輖即鷙之轉也。」

新雄謹案：《廣韻》輖職流切，照紐、尤韻開口三等，上古音在幽部，韻母爲*-ǐəu，聲母爲*tj-，上古音爲*tjǐəu。鷙陟利切，知紐、至韻開口三等，上古音在質部，韻母爲*-ǐɛts，聲母爲*t-，上古音爲*tǐɛts。輖鷙二字聲母相同，故爲雙聲之語轉也。

三、結論

王氏之言語轉與一聲之轉者，在《廣雅·釋詁》四卷中，共一百零六

條，在此一百零六條之中，所謂 "一聲之轉" 或 "語轉" 者，大多數均爲雙聲相轉，然亦有疊韻相轉者，茲分析於後：

（一）以雙聲而聲轉、語轉者：《釋詁·卷一上》佳介* k-；廉厲* l-；準質正* t j-；噎臆* ʔ-；穩隱* ʔ-；酸削瘦瘠* s-；委蕤* ʔ-；掩翳愛隱* ʔ-；牟惏* m-；勞略* l-；窮極* ɣ-；愁惟* dʑ-。《釋詁·卷一下》悅容* r-；粦糧* n j-；揭褰摳* kʻ-；蠢喘* tʻ j-；頓奊* n j-；堅功* k-；溢涌裔* r-；彎抓* ʔ-。

《釋詁·卷二上》饕餮* tʻ-；膂力* l-；晞暵* x-；賴讕* l-；苛妎* ɣ-；閭里* l-；墟邱* kʻ-；膿膿* n j-；精繫* ts-；葭蒙* m-；啾呰* ts-；膔肛* x-；《釋詁·卷二下》幔帳* m-；荒蕪* x-；怖怕* pʻ-；孏勞儠* l-；而如若然* n j-；瀧瀨鹿隴籠* l-；漏綠淋* l-；優渥* ʔ-；浚渭縮* s-；濾漉* l-；倉卒造次* tsʻ-；險戲* x-；陀誕* dʻ-。《釋詁·卷三上》刲剴* kʻ-；獝翔* l-；翩翁* pʻ-；瓾差錯* tsʻ-；攡揩* kʻ-；彌靡* m-；鰥寡孤* k-；鼇連* l-；孿雙* s-；害曷胡盍何* ɣ-；農努* n-；暗幽* ʔ-；叔少* tʻ j-；緝綿* m-；漂擎* pʻ-；考叩* kʻ-；狼戾* l-。《釋詁·卷三下》娉妨* pʻ-；族叢* dz-；葆本* p-；空竅* kʻ-；拈捻* n-；妠納* n-。《釋詁·卷四上》佻偷* tʻ-；羛黏獃* j n-；盈餘* r-；徒祖 dʻ-；虺赳* k-；否弗秕不* p-；梗覺* k-。《釋詁·卷四下》玲瓏* l-；飂飀* l-；尐鷙* ts-；礛儢鷙* m-；蒙蔑* m-；狼戾* l-；剖辟胖片* pʻ-；若而* n j-；巉嶄嶃岑巑嶕崔嵯崒* dʑ-；巖嵁岏嶢嵬峨危巇* ŋ-；撣提* dʻ-；衰差 tsʻ-；裹韰* k-；爥熅煨熅* ʔ-；庸由* r-；薾菸痿葱* ʔ-；輖摯* t j-。皆是也。

（二）雖以雙聲相轉，但韻部有對轉之關係者：《釋詁·卷一上》委* ʔ i̯ u ə i、蕤* ʔ i̯ u ə n；悥* ʔ i̯ u ə n、哀* ʔ ə i；庡* ʔ i̯ i、隱* ʔ i̯ ə n。《釋詁·卷一下》緤* l i̯ a t s、睩* l i̯ u ə i；蹙* ts j i̯ ə u k、遒* ts j i̯ ə u；揭* kʻ i̯ a t s、褰* kʻ i̯ a n。《釋詁·卷二上》蘊* ʔ i̯ u ə n、鬱* ʔ i̯ u ə t；荒* x u a ŋ、蕪* x u a；怖*

p̒a、怕p̒rak。《釋詁・卷二下》鹿*lauk、籠*lauŋ；陀*d̒
ai、誕d̒an。《釋詁・卷三下》族*dzauk、叢*dzauŋ；熅*ʔə
n、煨*ʔuəi、熅*ʔi̯uən。

（三）聲不相同，但以疊韻相轉者：《釋詁・卷二上》髻*ŋrat、鬏*krat；嫗*ʔi̯au、煦*xi̯au、嘔*ʔau、喣*ri̯au、姁*xi̯au、婾*ri̯au。《釋詁・卷三上》庸*ri̯auŋ、鬆*si̯auŋ；穜*tji̯an、纏*d̒i̯an。

（四）雖以疊韻相轉，但聲母發音部位相同者：《釋詁・卷三上》穜*tji̯an、纏*d̒i̯an；鈯*d̒ət、拙*tji̯ət。《釋詁・卷四上》讔*dhji̯əŋ、稱*tʰji̯əŋ。

（五）聲母發音部位相同，韻部有對轉之關係者：《釋詁・卷一上》撫*p̒ji̯ua、方*pji̯uaŋ。憑*bi̯əŋ、愊*pi̯ək。

（六）韻雖不同，聲母發音部位相同者：《釋詁・卷二上》䲵*tsji̯əu、鷸*tsji̯at；彤*d̒əuŋ、繹*ri̯ak。《釋詁・卷三下》鋪*p̒ua、脾*bi̯ɤ。

（七）聲母、韻母相同，但有四聲之異者：《釋詁・卷一上》剌*ŋri̯ats、刖*ŋi̯uat，去入之異。《釋詁・卷一下》春*tʰji̯uən、蠢*tʰji̯uən，平上之異。髡頦*kuən、頵*kuən平上之異。

（八）有聲韻母毫無關係，王氏認定錯誤者：《釋詁・卷一上》盈*ri̯əŋ、憶*ʔi̯ə。聲韻俱異，疑王氏以影母與喻母同為無聲母，故有此誤。《釋詁・卷二下》霑*ti̯em、足*tsji̯auk二字聲韻母皆不相近，疑王氏讀霑為舌尖前音，故以為聲轉。《釋詁・卷二下》西*siən、夕*rji̯ak，疑王氏讀夕如今國語，故混二字之音，以為其聲可轉。《釋詁・卷三上》遺*ri̯uəi、問*mi̯uən，韻可對轉，聲不相同，疑王氏據後世音讀讀"遺"為uei，讀"問"為uən，聽覺上以為同一聲母，故誤謂之語轉耳。

按昔章太炎先生之論轉注，以爲轉注與方語有關，而方言之形成，其音或雙聲相轉，或疊韻相迤。如此乃造成方言之殊易，由於聲母之相同，其韻母可以稍爲出入，例如一"東"字之音，北京讀〔ｔｕ〕、雙峰讀〔ｔ
ə ｎ〕、廈門讀〔ｔ〕、潮州讀〔ｔａ〕，此即所謂一聲之轉。其疊韻相轉者，即韻母不變而聲變，例如"茶"字之音，北京讀〔t͡s'a〕、成都讀〔t͡s'a〕、長沙讀〔tsa〕、廣州讀〔t͡ｓ'a〕、福州讀〔ｔａ〕，此種韻不變而聲變，即所謂疊韻相轉，然則就方言語轉言之，古人所謂一聲之轉，除少數錯誤者當予以剔除之外，似乎尚不可以爲濫也。

【參考書目】

《廣雅疏證》 張揖撰・王念孫疏證 國學基本叢書 商務印書館

《說文解字注》 段玉裁 藝文印書館 中華民國五十九年六月大一版

《校正宋本廣韻》 陳彭年等 藝文印書館 中華民國五十九年九月校正
　　　　　三版

《校訂本集韻》 丁度等 學海出版社 中華民國七十五年十一月初版

《漢語方言字匯》 北京大學中國語言文學系語言學教研室編 文字改
　　　　　革出版社 1962-9

《章氏叢書》 章炳麟 世界書局

《訓詁學上冊》 陳新雄 臺灣學生書局 中華民國八十五年九月增訂版

第一屆國際訓詁學學術研討會論文
1997.04.19-20

章炳麟《小學答問・序》評朱駿聲語管窺

單周堯

香港大學

提要

清朱駿聲（1788-1858）《說文通訓定聲》，仰鑽經傳，旁究子史，研覈群書，闡明古訓，於文字之本義、引申義、假借義，靡不深探竟討，鉤賾索隱，誠訓詁之指歸，學海之津筏矣。惟近世章炳麟（1869－1936）《小學答問・序》評之曰：「朱氏拘牽同部，晻于雙聲相借，又不明旁轉對轉之條，粗有補苴，猶不免于專斷。」據章氏之言，則朱氏所言假借，似多可議。惟夷攷其實，朱氏不濫用對轉旁轉，正其慎也，其所言假借，亦往往較章說爲可信。餘杭章氏爲近世小學大家，眾所共仰，爲免世之學者，不辨是非，紛然淆亂，遂有斯篇之作。

清朱駿聲（1788-1858）《說文通訓定聲》，仰鑽經傳，旁究子史，研覈群書，闡明古訓，於文字之本義、引申義、假借義，靡不深探竟討，鉤賾索隱，誠訓詁之指歸，學海之津筏矣。惟近世章炳麟（1869－1936）[1]《小學答問・序》評之曰：「朱氏拘牽同部，晻于雙聲相借，又不明旁轉對轉之條，粗有補苴，猶不免于專斷。」[2] 據章氏之言，則朱氏所言假借，似多可議。惟夷攷其實，朱氏不濫用對轉旁轉，正其慎也，其所言假借，亦往往較章說爲可信。今舉數例明之：

---

1 《章太炎先生家書・敘言》附注云：「據太炎先生自定年譜，先生於清同治七年（一八六八）十一月三十日，合陽曆爲一八六九年一月十二日。此書用公元紀年，故作一八六九年」。

2 章炳麟：《章氏叢書》（臺北：世界書局，1958年7月）頁271。章氏喜用《說文》正字，今爲方便排印，易之以通行字。

（一）《小學答問》第二條：

問曰：「《說文》：『祝、祭主贊詞者。』《春秋公羊傳》言『天祝予』，《穀梁傳》言『祝髮』，以祝爲斷，其本字當云何？」答曰：「字當作殊。殊者、斷也，絕也。《春秋左氏傳》曰：『斷其後之木而弗殊。』《漢書·宣帝紀》曰：『粲而不殊。』古音祝如州。左氏、公羊《春秋經》『州吁』，穀梁《春秋經》作『祝吁』，是其證。州之音近殊，《春秋說題辭》曰：『州之言殊也。』又《說文》𦙶讀若祝，云：『呼雞重言之。』《風俗通義》則言『呼雞朱朱』，云：『𦙶與朱音相似。』是祝亦可讀朱，是故借祝爲殊。」[3]

案：殊固有斷義，惟攷諸古音，殊字禪紐侯部，祝字章紐覺部，音理略隔，[4] 似不如朱駿聲以祝本字爲劅[5] 之可信。劅即《說文》之斲，說解云：「斫也。」字從斤，斤斧之屬，所以斷物也，故有斷誼。《左傳》哀公十五年：「天或者以陳氏爲斧斤，既斲喪公室。」「斲喪」之義，與「天喪予」、「天祝予」同。《說文》：「斲、斫也。」正與斷同訓。又《管子·形勢解》：「斲削者，斤刀也。故曰奚仲之巧，非斲削也。」《荀子·王制》：「農夫不斲削，不陶冶，而足械用。」皆斲削連言。《穀梁傳》莊公二十四年：「斲之礱之。」《釋文》：「斲，削也。」斷與斲同訓，則斷亦有削義。劅髮者，猶後世所言削髮也。是斷爲「祝髮」之本字矣。劅與祝皆端紐屋部，自可通假。

（二）《小學答問》第七條：

問曰：「《說文》：『犀、南徼外牛。』《衛風》：『齒如瓠犀。』《傳》：『瓠犀、瓠瓣也。』瓠瓣何因偁犀？」答曰：「犀、借爲

3　同註2。
4　古籍侯、覺二部合韻者不一見。
5　丁福保編纂：《說文解字詁林》（臺北：商務印書館，1970）頁70上。

人。《說文》遲從犀聲；或作迡，從尼聲。是犀、尼同聲。尼、仁同
音，故犀得借為人。草木核中實偁人，若桃人、杏人是也。《本草別
錄》、《荊楚歲時記》皆作人，今人書作仁。《釋草》瓠犀作瓠棲。
棲本西字，古音又與人同部；千從人聲，古文仁作忎，從千聲，千、
西音正近。」[6]

案：犀、棲同音，上古皆心紐脂部。朱駿聲《說文通訓定聲》：「犀、假借
為棲，《詩·碩人》：『齒如瓠犀。』按瓠瓣、棲於瓠中者也。」[7] 其說是
也。《爾雅·釋草》：「瓠棲、瓣。」正用本字。郭璞《注》云：「瓠中瓣
也。《詩》云：『齒如瓠棲。』」是《三家詩》有從本字作瓠棲者。《爾
雅》、《毛傳》皆以瓣訓瓠棲，《說文解字》七篇下瓜部：「瓣、瓜中實
也。」章氏以人為本字，不知從可取義？且人日紐真部，與犀音韻稍隔。

（三）《小學答問》第四十六條

問曰：「《說文》：『部、天水狄部。』言部署、部曲者，當為何
字？」答曰：「本起于蓋弓之部。輪人為蓋，倍其桯圍以為部廣，部
廣六寸，部長二尺。鄭司農云：『部、蓋斗也。』蓋斗在中，蓋弓二
十有八，皆由是出，肋分翼張，故有分部之誼。本字當為屰。《新
論》說蓋有保斗，《論衡》談天謂之蓋葆。古聲屰、保、葆同音，轉
為部。《說文》：『屰、相次也。』即相次處曰屰　，能次弟之亦曰
屰；言部署、部曲者，放諸此矣。……」[8]

案：《漢書·高帝紀》：「部署諸將。」顏師古《注》：「分部而署置。」
《周禮·地官·鄉師》：「大役則帥民徒而至，治其政令。」《注》：「作
部曲也。」《疏》：「所營作之處，皆有部曲分別，故云部曲也。」是部

[6] 同註2，頁272。
[7] 同註5，頁540下。
[8] 同註2，頁280。

署、部曲皆有分義，部實當如朱駿聲說，爲剖之假借。[9]《荀子・王霸》：「如是，則夫名聲之部發於天地之間也，豈不如日月雷霆然矣哉！」楊倞《注》：「部，當爲剖。」是其證也。又「部居」、「部門」、「部界」等均有分剖義。《說文・刀部》：「剖，判也。」由剖判義轉爲部居義，猶班由分瑞玉[10] 轉爲班列、班部，分由分判、分剖[11] 轉爲分次、部分爾。部、剖皆從音聲，同屬之部，聲母發音部位亦同（部並紐，剖滂紐）。至若部、乒，則音理略隔（部並紐之部，乒幫紐幽部。）

（四）《小學答問》第七十八條：

> 問曰：「《說文》：『溫、水，出楗爲涪南，入黔水。』『盈，仁也。』『熅，鬱煙也。』溫良、溫柔可作盈；溫燠字宜作何形？若作熅者，誼未密合，豈竟無本字邪？」答曰：「溫燠字當爲㷔，灰諄對轉。故《毛詩》『以慰我心』，《韓詩》作『以愠我心』；《故訓傳》訓慰爲怨，亦以爲愠字也。《說文》：『㷔、從上案下也。從尼又持火，以㷔　申繒也。』此即今㷔斗字，今亦讀如愠斗。㷔之則燠，故㷔引申訓燠。……」[12]

案：熅訓鬱煙者，王筠《說文句讀》：「此謂不使生光燄也；火壯則煙微，鬱之則煙盛。」[13]。火雖不壯，然自有溫燠義。《漢書・蘇武傳》：「（蘇武）引佩刀自刺。衛律驚，自抱持武，馳召毉。鑿地爲坎，置熅火，覆武其上，蹈其背以出血。」夫朔方風寒，故置熅火以取燠。又漢牟融《理惑論》：「狐貉雖熅，不能熱無氣之人。」是溫燠字當如朱駿聲說以熅爲本

9　同註5，頁2813下。

10　《說文.玨部》：「班、分瑞玉。從玨，從刀。」

11　《說文.八部》：「分、別也。從八從刀，刀以分別物也。」

12　同註2，頁288。

13　同註5，頁4493下。

字，[14] 叔字古籍中無訓燠義者。且慍、溫古音皆影紐文部，叔則影紐物部，與溫音稍隔。

以上四例，朱駿聲所言本字借字之間，聲韻或同或密近；章氏所舉者，則屬對轉旁轉之條，音理稍隔。二者相較，朱說爲長。

章氏《小學答問‧序》謂「朱氏拘牽同部」。今觀朱氏所言假借，實有不限於用部者，如《詩‧齊風‧猗嗟》「抑若揚兮」之「抑」，《毛傳》訓「美色」，朱駿聲以爲懿之假借。[15] 案抑字影紐職部，懿字影紐質部，二字影紐雙聲，職質旁轉。

細攷朱氏所言假借，本字借字聲韻相同或密近者，多較可信，其聲韻俱隔者，則較可疑。如《說文》：「畢、田网也。」《爾雅‧釋器》：「簡謂之畢。」朱氏謂畢借爲策云：「《禮記‧學記》：『呻其佔畢。』《爾雅‧釋器》：『簡謂之畢。』按佔畢者，笘策也。」[16] 案畢上古幫紐質部，策餘紐葉部，二字聲韻俱隔，反不如章氏《小學答問》謂借畢爲箪[17] 之可信。

---

14 同註5 ，頁4814下。

15 同註5 ，頁4030上。案：此說王引之（1766-1834）實先於朱氏言之，王氏《經義述聞》曰：「《猗嗟》篇：『抑若揚兮。』《毛傳》曰：『抑、美色。』《正義》曰：『揚是顙之別名，抑爲揚之貌，故知抑爲美色。』引之謹案：　抑與懿古字通。（《小雅‧十月之交》篇：『抑此皇父。』《箋》云：『抑之言噫。』《釋文》：『抑、徐音噫。』《大雅‧瞻卬》篇：『懿厥哲婦。』《箋》云：『懿、有所痛傷之聲也。』《正義》曰：『懿與噫字雖異，音義同。』是抑即懿也。《楚語》：『作懿以自儆。』《韋註》：『懿、《詩‧大雅‧抑》之篇也。懿、讀之曰抑。』）《爾雅》：『懿、美也。』故《傳》以抑爲美色。重言之則曰抑抑，《大雅‧假樂》篇：『威儀抑抑。』《傳》曰：『抑抑、美也。』」（見《皇清經解》，臺北：復興書局，1961，頁12665。）

16 同註5 ，頁1662下。

17 同註2 ，頁277。章氏曰：「《說文》：『箪、藩落也。』截竹爲藩，與截竹爲簡同。《莊子》以竿牘爲簡牘，明竿、簡同字。樂之竹管曰龠，書僮竹笘曰龠；比竹爲藩曰箪，比竹爲簡亦曰箪。」

又如《說文》:「拓、拾也。」其言拓地者,朱氏以爲庙之假借。[18]
惟徐灝《說文解字注箋》「拓」下云:「今用爲開拓字⋯⋯灝謂乃斥之假
借。斥有充斥義,與拓古音同,故通作拓耳。」[19] 徐說是也,《說文解
字》九篇下广部:「庶、卻屋也。」庶、今作斥。《段注》:「卻屋者,謂
開拓其屋使廣也。」是言開拓、拓地者,本當作斥。古籍中斥字訓開廣者甚
夥,如《禮記・王制》:「公侯田方百里。」《注》:「周公攝政致太平,
斥大九州之界。」《疏》:「斥大,謂開斥廣大。」《史記・貨殖列傳》:
「塞之斥也。」《正義》:「顏云:『塞斥者,言國斥開邊塞,更令寬
廣。⋯⋯』」《漢書・司馬相如傳》:「除邊關之益斥。」《注》:「斥,
開廣也。」又漢人多言斥地,如《漢書・武五子傳》:「遠方執寶而朝,增
郡數十,斥地且倍。」《漢書・韋玄成傳》:「斥地遠境,起十餘郡。」
《鹽鐵論・結和》:「聖主斥地,非私其利,用兵非徒奮怒也。」是拓地本
當作斥地無疑矣。拓字章紐鐸部,斥字昌紐鐸部,二字同部,又旁紐雙聲。
朱駿聲以爲庙之假借,《說文》:「庙、開張屋也。」引申爲拓,固亦可
通。惟庙澄紐魚部,與拓魚鐸對轉,音理稍隔矣。

由是觀之,朱氏實非如章氏所言,「不明旁轉對轉之條」;惟其所用對
轉旁轉,則遠少於章氏。其所言假借,雖非盡確,然多較章氏所言者平實可
信;章氏謂其「專斷」,似非事實。餘杭章氏爲近世小學大家,眾所共仰,
其言之牴牾者,不得不詳辨之,殆以燕石之瑜,補荊璞之瑕云爾。

---

[18] 同註5 ,頁5458下。
[19] 同註18。

第一屆國際訓詁學研討會論文
1997.04.19-20

《文始》字「族」現象析論

陳梅香
中山大學中國文學系

一、前言

　　章太炎先生《文始》提出以「變易」與「孳乳」兩大條例，做爲上古漢語演化的規律，並利用語言文字之間的音轉關係，確立以初文、準初文爲基本點，把相關的字詞排比在457條的內容之中。一般學者多從字源學或詞源學的角度，來審視其所排比出來的結果，且多以「字族」或「詞族」的名義來稱呼它，但實際上章氏對於「字源」或「詞源」的概念，並沒有很具體的陳述；黃季剛先生在論及章氏《文始》相關的內容時，也只說：[1]

　　　章君《文始》一書，意在說明轉注、假借。

或說：[2]

　　　《文始》之為書也，所以說明假借、轉注之理。

　　　《文始》總集字學、音學之大成，譬之梵教，所謂最後了義。

黃氏所言，或從動機上認爲《文始》一書，主旨在說明轉注、假借的道理，或從方法上認爲《文始》一書，總集了字學和音學的大成，而對所系聯出來的文字結果，也只是取《文始·陰聲歌部·干字》爲例，在做註釋之後，製

---

[1]　以下所引黃氏原文，詳見黃季剛口述、黃焯筆記《文字聲韻訓詁筆記》，台北：木鐸出版社，1983年，頁94。

[2]　以下所引黃氏原文，詳見黃季剛《黃侃論學雜著》，1984年，台北：漢京文化事業有限公司，頁164。

成以「變易橫列，孳乳直列」，「凡干字之屬，三十字」的表，[3] 對於文字與文字之間的「同源」關係，並未有進一步的闡釋與說明。

在《文始》457條的內容當中，大部分都沒有「字族」或「詞族」的明確說明，但對於「族」這個字，章氏曾明確地使用過，只是或許字例不多，而使得這樣的現象，鮮為一般人所注意，姚榮松先生曾舉出：[4]

在457條字族中，其中又有若干字族之下，再析為若干小族。

蓋姚氏從歸納章氏《文始》用字的規律之中，已觀察到這個「族」字的特殊性；對於章氏明確提出的「族」字，其內容和意義為何，則未進一步探討；因此，本文針對章氏所敘述到「族」字的內容，做一歸納與分析，並嘗試從書面詞的同一性和詞源學的角度，加以解析由「族」字系聯而成的字族現象，進而研求在訓詁學上的意義，以明此「族」字的特殊性。

二、字「族」內容的歸納與分析

《文始》中，敘述到有關「族」字的內容，例子不多，共有叏（夬）、回、匕、屯、臣、勹、丕（不）等7例，總計所系聯的字（含註腳說明），共計約250字，茲先將其相關內容列表如下：[5]

《文始》字「族」相關內容一覽表

說明：
1.「＊」號表示無字。
2.註腳中孳乳或變易的相關說明，以較小的字體如「瞳」字表示。

3　同注2，頁164～173。

4　以下所引姚氏原文，詳見姚榮松《古代漢語詞源研究論衡》，1991年，台北：學生書局，頁410。

5　本文對變易字與孳乳字平面系源的歸納方式，主要參考王寧、陸宗達〈論字源學與同源字〉一文的觀點，其文認為《文始》在研究方法上仍只是平面的系源，而非推源，故云：

如果我們把《文始》看作是將同源詞系聯在一起，而不計較這些詞派生的歷史順序，便合理得多了。

詳見王寧、陸宗達《訓詁與訓詁學》，山西教育出版社，1994年，頁360～361。

3.變易字或孳乳字欄中的括號( )，表示「亦體」。

字例	類卷	聲部	意義分類	韻部	變易字	孳乳字	族數
叟	歌泰寒一	陰聲泰部乙	没	泰	潰	没殨瀆	一族
			缺	泰	*	缺瓁軷闕	二族
			投	泰	*	投取寏寏	
				寒	捐睨	*	
				隊	捐掘	圣汩	
				至	*	穴	三族
			扨	泰	*	扨契契彝器	
				寒	夯	憲	四族
			口没、齒没	泰	*	齧	
				歌	齮	*	
				脂	齕	*	
				諄	齻	*	五族
			没絕	泰	*	棄	
				寒	捐	*	
				歌	*	殣	六族
			(契)度長挈大	泰	捂	挈	
				諄	梱(麢)	*	
				寒	*	絫葉柬	
				脂	*	計	七族
回	隊脂諄二	陰聲脂部乙	回水	脂	溪	潿洄	
				隊	潿	叟頮浽	
				諄	搵	*	一族
			亥戾	脂	*	韋寁皸遹緯徽	
				諄	緯	*	
				寒	*	欭羣	二族
			回轉	寒	*	夗	
				隊	*	椇	三族
			(與還同音)	寒	*	還	
				隊	*	歸	
			歸家	諄	*	肙	一族
			(肙)豈	諄	祈訢忻	殷	

			欲	脂	豈	覬欯愷	
				寒	款歡懽衍	*	
				泰	愒	*	二族
			(歸)饋遺	隊	*	饋餽	
				脂	氣	*	
				諄	*	餫餭饂	三族
匕	隊脂諄二	陰聲脂部乙	臂	支	臂擗	壁陴僻	一族
			匕敆	脂	指	此佶啫訾告	
				支	知觭	紫	
				泰	哲	*	二族
			比敘	脂	*	坒梐桂輩	
				眞	*	顠矉編辮	
				支	*	躔	三族
			俌	脂	*	仳柴	
				隊	*	弼	
				眞	*	鬢儐	四族
			從	脂	嫵	妮媎	五族
			相密相輔相順	脂	媲	妃牝雌	六族
			取飯	脂	*	柶	
				支	*	匙	
				寒	*	飯	七族
屯	隊脂諄二	陽聲諄部丙	難	諄	*	窀鈍	
			芚	泰	熱	轟靐憲	
				寒	煖渜煗侒頓	*	一族
			鈍	諄	笎帲	瞳	
				寒	摶孌	駗驙團簝篿篿簞匰樏	
				幽	*	篤	
				隊	櫝	*	
				歌	*	橢隋	二族
			旱	諄	*	憻儃旽窀	三族
臣	至眞三	陽聲眞部	(牽)臤持	眞	*	臤緊掔堅礥鑒賢腎	

	乙	𣪘	眞	掔	*		
			至	劼	*		
		(劫)慎	諄	謹	*		
			寒	願	*		
			脂	幾		顗	一族
		(緊)纏絲急	至	*		結	
			脂	*		繄	
			隊	絹	*		
			泰	*		駣騽	二族
		(堅)牛很不從牽	諄	㞧很誾		悁睍	
			寒	*		覸	
			泰	*		猲㹮	
		芚戾	泰	*		妍忍㛂毅	三族
		(堅)土剛	諄	蕫覲		𣪊	
			至	黏	*		
			泰	垖叞	*		四族
		(磬)餘堅	至	*		硈	
			支	磬	*		五族
		(鑒)剛	脂	*		剴剀	六族
		(賢)多才、多力	諄	*		筋勤	
			寒	*		筋(腱)嬛	
			至	*		拮	
			清	*		薫	七族
匀 幽冬侵緝 七	陰聲幽部甲	包裹	幽	*		包孚胞脬匏	一族
			幽	*		裹㑊綤	二族
			幽	*		勹宗寶鄹	
			侯	府	*		三族
			幽	*		匏	
			宵	瓢	*		
			之	*		梧	四族
			幽	*		袍褒	五族
			幽	*		飽㿝	
			侯	醅	*		
			至	*		餒	六族
			幽	*		稃	七族

			（孚）	侵	*	風	
				宵	*	**厱飄**	八族
				幽	*	捊	
				侯	*	掊	
				魚	*	匍	九族
				之	*	匐伏絥	
				侵	*	凭	
				侯	*	疛	十族
			（家）	之	*	琟簸	
				蒸	*	**摛**	
				幽	*	槀	十一族
			（捊）	幽	*	俘箏	十二族
			（伏）	侯	*	蹼	十三族
丕	之蒸八	陰聲之部甲	銳疾	之	*	伾	
				宵	*	儦	
				蒸	*	馮	
				侵	飍	*	一族
			輕浮	幽	*	浮	
				宵	漂	*	
				蒸	*	**淜**	
				侵	沁	*	
				盍	河	*	二族
			在上	蒸	*	**輻幅**	
				幽	*	桴	三族
			陵虛	幽	*	烰	
				宵	*	票熛	
				東	*	**漨邊**	四族
			飛色	之	*	絒彪	五族

　　從以上所列表中，可以明顯地觀察出「叏」字分7族，「回」字別分2個3族，「匕」字分7族，「屯」字分3族，「臣」字分7族，「ㄅ」字分13族，「丕」字分5族等，若從所敘述的內容來觀察所分各族的方式，其可能性應在於依意義的不同而加以分類，但對於意義的說明則有顯性與隱性之分，顯性的敘述如「屯」字，依萅、鈍、旱等意義分為3族，如「匕」字，依臂、

比敘、比敘、侕、從、相密相輔相順、取飯等意義，區分為7族，如「臣」字，是依臣字所孳乳出臦、緊、掔、堅、臤、豎、賢等7字的意義之後，再依此7字分別區分為7族，又如「不」字，尚可於敘述中釐析大概以銳疾、輕浮、在上、陵虛、飛色等意義分為5族，「回」字雖細分為2個大族，第1個大族所分的3族，從其上下文觀察，第1族可以「回水曰淵」來概括，第2族則於敘述中言及「袞戾義相因」，概以「袞戾」之意概括之，第3族則有明確的說明以「回轉之義」孳乳，第2個大族，則以歸家、及從「回」字歸家所孳乳的「胃」字引伸的「豈欲」、和由「回」與還同音之下所孳乳出來的「歸」字所引伸的「饋遺」等意義，區分為3族，而「妥」字1、2、3、4族在字義上未做明確說明，只以「妥孳乳為」沒、𣪧、投、扔等字的形式，統合妥以下所孳乳、變易而形成同族的情形可視為以沒、𣪧、投、扔等字義區分成族，5、6、7各族，有口沒或齒沒、沒絕、以及由妥所孳乳的「㓞」字所含度長絜大等意義再加以區分；「勹」字的1至7族也未在字義上做明確區分，而8、9、10族，則以「勹」字第1族的孳乳字「孚」字為主，籠統地以「孚對轉」、「孚」、「孚旁轉」等形式說明其孳乳成族的情形，那麼，「勹」字的前10族只為隱性的敘述，而11、12、13等3族，則分別由「勹」字孳乳的第3族「宋」字、由「孚」字孳乳的第9族「捊」字、和第10族「伏」字，再分別細分為3族。

而就「勹」字前10族的孳乳、變易情形來看，先將內容列表觀察如下：

分族	韻部	變易字	孳乳字	字　　義
1	幽		包	妊也。
	幽		孚	卵子也。
	幽		胞	兒生裹也。
	幽		脬	旁光也。
	幽		皰	面生气也。
2	幽		褒	裹也。
	幽		保	養也。
	幽		緥	小兒衣也。

3	幽		勹	覆也。
	幽		冡	臧也。
	侯	府		文書臧也。
	幽		寶	珍也。
	幽		郹	罩也。
4	幽		匏	瓝也。
	宵	瓠		蠚也。
	之		栳	顱也。
5	幽		袍	襺也。
	幽		褒	衣博裾也。
6	幽		飽	猒也。
	侯	酳		醉飽也。
	至		飴	馬飽也。
	幽		庖	廚也。
7	幽		稃	䅩也。
8	侵		風	八風。
	宵		飈	扶搖風也。
	宵		飄	回風也。
9	幽		捊	引取也。
	侯		掊	杷也。
	魚		匍	手行也。
10	之		匐	伏地也。
	之		伏	司也，謂匐而司之也。
	之		紱	車紱也。
	侵		凭	依几也。
	侯		府	俛病也。

由表中所列字義來看，則所孳乳的第1族包、孚、胞、脬、匏等字，都與人的身體有關，所孳乳的第2族褒、保、緥等字，則有襁褓的意思，所孳乳、變易的第3族勹、冡、府、寶、郹等字，則有珍藏的意思，所孳乳、變易的第4族匏、瓠、顱等字，與器物有關，所孳乳的第5族袍、褒等字，則與衣服有關，所孳乳、變易的第6族飽、酳、飴、庖則有猒飽的意思，所孳乳

的第7族稃字，則爲穦意，而由「孚」字再孳乳成族的第8族風、颸、飄等字，都與風有關，由「孚」字再孳乳成族的第9族捊、捨、匍等字，有引取動作的意思，由「孚」字再孳乳成族的第10族匐、伏、紱、凭、莩等字，則都有伏俛的意思，如此，在「勹」字包裹的字義之下，因爲各自用途或所指對象的不同，又各自分族，更體現出章氏有意識地進一步將類似的字義聚集在一起之後，再加以細分，以致有多至13族的情形。

因此，若從字義的角度審視章氏分族的方式，可以釐析出一些清晰的線索：即是章氏有以文字變易、孳乳的方式爲主軸，將字義相似的字聚集在一起，且以相關的孳乳字做爲分族標準的傾向；這可從「臣」字依所孳乳的7字、「殳」字依所孳乳的沒、剟、投、叝4字，「屯」字依孳乳的蠢、鈍2字，「勹」字依所孳乳的孚、宲、捊、伏4字等敘述內容之中，窺知一二；其餘未以孳乳字爲首的分族，呈現分族內容較不明顯的現象，往往需要進一步的推敲，才容易確定分族的大概。

其次，在聲韻的分別上，則有音轉的情形，以下依章氏古韻二十三部的次序，將其音轉現象列表觀察：

《文始》字「族」音轉次數一覽表

字例	殳	回	匕	屯	臣	勹	丞
分族	7	2×3	7	3	7	13	5
類·卷 聲部	歌泰寒一 陰聲泰部	隊脂諄二 陰聲脂部	隊脂諄二 陰聲脂部	隊脂諄二 陽聲諄部	至眞三 陽聲眞部	幽冬侵緝七 陰聲幽部	之蒸八 陰聲之部
古韻二 歌	2			1			
泰	7	1	1	1	4		
寒	4	4	1	2	3		
隊	1	4	1	1	1		
脂	2	4	6		3		
諄	2	5		3	4		
至	1				5	1	
眞			2		2		

十三部	支			4		1		
	清					1		
	魚						1	
	陽							
	侯						5	
	東							1
	幽				1		10	3
	冬							
	侵						2	2
	緝							
	之						3	2
	蒸						1	3
	宵						2	3
	談							
	盍							1

從以上所列表中，可以概知叏、回、匕、屯、臣、勹、丕7字，所孳乳、變易的各字族以本部爲多，如叏、匕、屯、勹等字；其次爲與其相對轉的韻部，如回字；若以章氏所分韻「類」爲主，則前後「類」之間往往音轉現象比較頻繁，如「叏」字歌泰寒與隊脂諄二類、「回」字歌泰寒與隊脂諄二類、「屯」字歌泰寒與隊脂諄二類、「勹」字幽冬侵緝與侯東二類，尤其是幽、侯二韻，「臣」字則與歌泰寒、至眞二類皆有次數相當的音轉情形，「丕」字音轉現象與「臣」字相似，與幽侵、宵盍二類的音轉情形次數相當。

因此，從《文始》字「族」現象的歸納，可以大概看出「叏」、「回」、「匕」、「屯」、「臣」、「勹」、「丕」等7字以字義爲字族分類的基礎，且以孳乳字爲字族意義的標準，其次，再以對轉、或韻類旁轉的音轉關係，將各族的文字內容加以緊密地結合。

三、試從「書面詞的同一性」、「詞源學」角度解析字「族」現象

　　章氏《文始》既然有意識地在行文當中使用「族」字，以歸納變易、孳乳諸字，卻未將這些變易、孳乳字明確定位為同源字，在這樣的考量之下，對於字「族」現象的解釋，是否即如姚榮松先生所言「在457條字族中，其中又有若干字族之下，再析為若干小族」的說法來概括，應仍有討論的空間，因此，在《文始》孳乳、變易的條例之下，所呈現出音、義關係密切的字「族」現象，本文嘗試從「書面詞的同一性」、「詞源學」[6]的角度加以觀察與解析。

　　「書面詞的同一性」是「詞的同一性」所探討的問題之一，也是漢語詞的特殊問題。對於「詞的同一性」問題，[7]黎良軍《漢語詞匯語義學論稿》以為討論的是「一個在不同的語句中出現的、形式上相同的好些個詞，究竟是不是同一個詞的問題」，內容包括口語詞內部的同一性、書面詞內部的同一性，和口語詞同書面詞之間的對應三個方面，總結黎氏所說，「詞的同一性」問題，應考慮的兩個條件，為：

> 在語音方面，詞的同一性允許的變化是文白異讀、方言音變。……這就是說，在一個內部一致的音系之內，語音的相同（文白異讀除外）是詞的同一性的第一個條件。
>
> 在詞義方面，詞的同一性要求：意義的變化有規律可循，而且限制在同一種意義類型之內，這是詞的同一性的第二個條件。

6　對於「詞源學」一詞，有學者以為應為「字源學」或「語源學」，而姚榮松先生以為：

　　儘管「語源學」、「詞源學」、「字源學」三詞在意義上並非全等，但一般語言學論著多半不加區別，任取其一來稱謂西文的Etymology一詞，其中「詞源學」一名最為常用。

　　此取姚氏所說，同注4，頁3。

7　以下所引「詞的同一性」問題相關引文，詳見黎良軍《漢語詞匯語義學論稿》，廣西師範大學出版社，1995年，頁40～45。

而「書面詞的同一性」問題，則還需要考慮第三個方面——「字形」：

> 字形不同，如果意義上毫無區別，那只是異體字問題，屬於文字學範
> 圍，不屬於語言學範圍，因而也就同詞的同一性問題無關。

綜觀黎氏所言有關「書面詞的同一性」問題，可以看出所考慮的三個條件，實際上涵蓋了漢字形、音、義三個要素，主要內容著重在語音上相同、意義的變化有規律且限制在同一種意義類型之內，和字形不同但意義相同等三個方面，其中語音、詞義屬於語言學的範圍，字形則屬於文字學的範圍，黎氏只談語言學而不談文字學的問題；就語言、文字的分野問題來說，章氏認爲傳統小學所討論的文字、聲韻、訓詁三類，應以「語言文字學」加以概括，[8] 因此，「書面詞的同一性」條件中的字形問題，雖然屬於現代學科中文字學的範圍，但對章氏而言，應是以「語言文字學」的觀點合而論之的。若以「書面詞的同一性」問題，來審視從《文始》字「族」現象所釐析出來的形、音、義上的特點，可列表比較如下：

比較	形	音	義
書面詞的同一性	字形不同，意義毫無區別。	語音相同。允許文白異讀、方言音變。	意義的變化有規律可循，而且限制在同一種意義類型之內。
《文始》字「族」	變易字—字形不同，意義毫無區別。孳乳字—字形不同，意義相似而有規律可循。	變易字、孳乳字在語音多屬同韻，或以同韻類爲主，旁及前後韻類。	以字義孳乳的方式系聯。變易字—意義相同。孳乳字—意義的變化有規律循，而且限制在同一種意義類型之內。

從「書面詞的同一性」對形、音、義的條件說明之中，可比較出《文始》字「族」所呈現的一些特點：首先，字「族」中所區分的變易、孳乳

8　詳見章太炎〈論語言文字之學〉，《制言》第24期，1906年，頁1。

字，都滿足音、義兩個條件；其次，與「書面詞的同一性」形、音、義條件完全相應的當為變易字，尤其是在字形的條件上，《文始》的「變易」字，所代表的正是改易殊體而音義相應的字，如此看來，「變易」字所顯示出的意義似乎即具備「書面詞同一性」的條件。

然而，是否即可籠統地說《文始》字「族」所代表的就是「書面詞的同一性」呢？恐怕又不是如此，因為「書面詞的同一性」在詞的辨義作用上，對於字形的認定是採取嚴格態度的，故黎氏言：[9]

> 一個詞的意義的變化雖然處在詞的同一性要求的範圍之內，但是，這意義變化如果在書面上寫成了不同的字形，那麼，對書面詞來說，那就不屬於一詞多義，而是屬於兩個不同的詞了。

即使如「伙只是火的分別字」，或者如「濃醲穠」和「尾焜䲴」等，都應視為不同的書面詞，如此，則如字「族」中的、「潰殨瀆」、「皸玻」、「投窆窆」、「扨挈契」、「韋𥣻敆緯」、「包胞胞孚脬」、「輺㮇」等若干孳乳字，雖然「處在詞的同一性要求的範圍之內」，但「在書面上則寫成了不同的字形」，都應屬於不同的書面詞。

雖然章氏之所以會將這些相關的字列為同族，是因為從「語言文字學」的角度等同對待的結果，但是，字「族」中孳乳字的字形相異、意義小別的事實，是無法滿足「字形不同但意義相同」這個條件的，因此，只能說變易字可以「書面詞的同一性」來解釋，無法說《文始》的字「族」為一具有同一性的書面詞。

再則，若退而求其次，僅寬泛地從「詞的同一性」涵括音、義兩個條件來看，則各「族」中的孳乳字，在音、義密切的關係上，亦應具備「詞的同一性」性質；在這個意義上，《文始》的字「族」現象，應可以「詞的同一性」加以闡釋。

9　同注7，頁45。

又若從詞源學的角度來看，嚴學宭以爲「詞源學」所表現出的面貌應爲：[10]

> 採用語言學的觀點，不受漢字形體的拘束，把來源相同的同義詞，加以歸類，以聲音為紐帶，以構詞構形為轉變的因素，進行義類的研究，亦即進行有親屬關係的同族詞研究，從而尋求詞根及其衍化軌跡。

若以嚴學宭對「詞源學」所定義的面貌，來審視《文始》「族」字內容在歸納分析之後所呈現的特點，可列表比較如下：

比較	控制的變數	轉變因素	目的	作用
詞源學面貌	以聲音爲紐帶	構詞、構形。	義類研究。	有親屬關係的同族研究。尋求詞根及其衍化軌跡。
《文始》字「族」	同韻，或以同韻類爲主，旁及前後韻類。	孳乳、變易。	意義相同繫。	同「族」。

從以上詞源學所探討的問題，與《文始》字「族」內容所呈現的特點，做一比較，可以看出二者所涉及的相關內容，如控制的變數都與聲音有關，在轉變因素上，詞源學研究構詞、構形的同異，《文始》則以孳乳、變易爲轉變的條例，在目的上同爲與義類相關的系聯，且在作用上則同時指向「族」的探討，可以說有性質相似的情形，於此，似乎彰顯出《文始》字「族」已有具備同族的詞源意義。

又若以詞族的詞源性質來看，任繼昉以爲：[11]

> 在可能的條件下，將有著同一音義來源（包括近源和遠源）的所有的詞全部系聯、匯集在一起，並分成若干個相關的（直接的和間接的）

---

[10] 詳見嚴學宭《我國傳統語言學的繼承與發展》，湖北人民出版社，1981年，頁33。

[11] 以下所引任氏原文，詳見任繼昉《漢語語源學》，重慶出版社，1992年，頁2。

的意義層次（即詞群），就構成了一個完整的詞族。這整個詞族的音義來源，就是詞族的語源。

在這樣的定義之下，我們可以更深入地體察出章氏提出「族」字的層次意義，茲將任氏對「詞族的語源」和章氏《文始》所提「族」字如「臣」字的現象特徵做一對照如下：

任氏定義重點	可能的條件	意義層次（詞群）	完整詞族	音義來源
章氏《文始·匕》	變易、孳乳。 同韻，或以同韻類爲主，旁及前後韻類。	臤—一族 緊—二族 堅—三族 堅—四族 硻—五族 鑒—六族 賢—七族	臣	（牽）臤持

若以任氏對「語族的語源」的定義之後，舉例認爲程瑤田《果裸轉語記》應包括5個較大的詞群，使得「這五個詞群，構成了一個相對完整的詞族，姑稱之爲『果裸』詞族」，但在語源的追溯上，因程氏沒有能夠深入推求，[12] 所以沒有詞族的語源；相對於任氏對程瑤田的評論，且依以上所舉「臣」字所用「族」字內容比較來看，章氏顯然已意識到詞族與詞源的關係問題，而且明確地提出「族」這個名詞，來作爲字與字之間，依變易、孳乳的條例，輔之以音轉的關係，將義類相關的字系聯成同一族，所分的各族又能同時指向同一音義來源；因此，可以說《文始》「族」字的使用，使得詞族與詞源之間，有了明確的相對性關係，對漢語詞源的探索當有更爲顯著地啓示作用才是。

[12] 同注11，頁3。

　　只是在名詞的分類對應上，章氏對於「族」的認定，約等於任氏定義中的「群」，因為就任氏的定義來說，詞群可以是若干個，而詞族只能是完整的一個，其從屬的三層關係作：詞群→詞族→詞源。然就章氏所區分的內容而言，詞族是若干個的，而組成的各族，各隸屬於某一字根與這個字根的音義，思考的層次似乎也有三層，但在對應的名詞上只有兩個：詞族→詞源。雖然名詞的使用與分類小有差異，不容諱言地，《文始》「族」字的使用，應已明確地涉及詞源學構成詞源的音韻條件、轉變因素、及其目的、作用及其分類等討論的課題。

四、結語

　　《文始》的字「族」內容，若以文字形、音、義三方面的特點：語音上密切的音轉關係，字義上的密切聯繫，在字形上則又不限形體，其實與其他眾多變易、孳乳字皆相同，所不同的是，多了一個「族」字，如果從「書面詞的同一性」來看，那麼或許可以說章氏所意識到的「族」，已探索到語言文字中的「同一性」問題，孳乳字、變易字顯示「同詞」現象，甚至如變易字，則有「同書面詞」的可能性，但這樣的闡釋似乎只著重在變易與孳乳字的特性問題，而少論及「族」字的意義，擴而大之，似乎《文始》一書中有關孳乳、變易的內容，皆可由此得到詮解；若從詞源學的角度來說，章氏顯然已注意到在變易、孳乳之下的若干字，有傾向同一「義類」的現象，並非單純地只是語言文字歷時演變的規律而已，故而有零星「族」字的敘述內容，就這個角度來說，可以說在漢字字義演變規律的探索上，章氏除了已意識到「詞族」的問題之外，又能明確界定由「字」類聚成「族」的軌跡，如此，在訓詁學的發展上，或可說對於詞源的研究，實有新的認識與啟示。

五、參考引用書目（按姓氏筆劃）

一、專著

王寧、陸宗達

1994，《訓詁與訓詁學》，山西教育出版社。

任繼昉

1992，《漢語語源學》，重慶出版社。

姚榮松

1991，《古代漢語詞源研究論衡》，台北：學生書局。

章太炎

1980，《文始》，台北：中華書局。

1982，《章氏叢書》(上)(下)，台北：世界書局。

黃季剛

1983，《文字聲韻訓詁筆記》，台北：木鐸出版社。

1984，《黃侃論學雜著》，台北：漢京文化事業有限公司。

黎良軍

1995，《漢語詞匯語義學論稿》，廣西師範大學出版社。

嚴學宭

s1981，《我國傳統語言學的繼承與發展》，湖北人民出版社。

二、期刊論文

章太炎

1906，〈論語言文字之學〉，《制言》第24期，頁1～7。

第一屆國際訓詁學研討會論文
1997.04.19-20

高本漢《詩經注釋》處理假借不當檢討

呂珍玉
東海大學中文系

【論文摘要】

　　瑞典傑出漢學家高本漢《詩經注釋》一書，提出「反對經生氣」、「釋義須有證據」、「證據須出於先秦」、「反對任意改字改讀」、「儘量用常見義」、「反對濫說語詞」等訓詁原則，企圖以現代語言學的方法，糾正王念孫、馬瑞辰等清代學者錯誤。基本上高氏的這些主張，都是從事古籍訓解時必先考慮的；但他在實際訓釋疑難字詞過程中，不是過於拘泥，就是疏於遵守這些原則，因而除了「反對經生氣」、「反對濫說語詞」比較沒有問題外，其他幾乎都有值得檢討之處。本文試圖以「反對任意改字改讀」原則爲例，探討高氏如何從實際檢討傳統《詩經》注家任意改字改讀訓釋之謬，而提出「反對任意改字改讀」原則，高氏本此原則爲疑難字詞訓釋，雖獲得一些成績，但他往往不是過於拘泥這項原則，流於避談假借，忽視古書書寫背景重音不重形之客觀事實；就是疏於遵守這項原則，將不須假借訓釋難字以假借訓釋，或者任意以音近之字濫言假借。高氏何以不能適當應用此原則而自相矛盾？經過探討，發現他的文字、音韻、訓詁、文法等知識有待商榷。對被學界稱譽有加的《詩經注釋》，有必要全面深入探討其訓詁問題。

一　前言

高本漢先生爲本世紀傑出的漢學家之一，他在中國文字、語言、音韻、語法、詞彙、文獻考訂、經書注釋翻譯、考古、古器物考證等方面都有研究，一般認爲他在中國音韻學、銅器花紋分析、經學、古書考訂等方面都有相當的

成就。[1]《詩經注釋》是他繼承清代傑出訓詁家王念孫、馬瑞辰之後,以現代語言學的科學方法,重新檢討傳統訓詁缺失的一部著作。董同龢先生譽稱它爲「二十世紀中期承歷代詩學發展而產生的一部有時代性的書」,[2]並將它視爲中文系學生學習「古籍訓解」之範本。[3]屈萬里先生認爲本書雖然不免有些可商之處;但在解釋字義方面,確有很多高明的見解,足爲中國學者所取資,是一部不朽的著作。[4]趙制陽先生則十分推崇它的新觀念新方法,認爲它即使有一部分說詞不當,仍然只是白璧之瑕。[5]楊師承祖則肯定高氏方法嚴審,於毛鄭朱子及清代諸家之說,一加辨核,多能得中,亦往往有新見可取,匪特西儒注詩之巨擘,其治學方法,尤足爲吾人所資鑑。[6]陳舜政先生則稱譽它是高氏代表性的著作,在解釋字義方面,表現雄厚的語言學造詣,其他學者難望其項背。[7]可見歷來學者對本書的評價,是讚許多於批評的,尤其是高氏本持客觀態度,應用科學方法爲《詩經》疑難字詞訓釋所得之成績,最爲學界推崇,除董同龢先生在《詩經注釋》譯序,曾對高氏主張以先秦文獻爲證提出意見外,[8]幾乎未見對高氏的訓詁原則提出質疑之文字

1　如屈萬里〈簡評高本漢的詩經注釋和英譯詩經〉、胡光麃〈百年來影響我國的六十洋客〉、王天昌〈瑞典漢學家高本漢先生〉等文皆有如是稱許之意。

2　參董同龢先生《高本漢詩經注釋》譯序。

3　丁邦新〈謹記語言學家董同龢先生〉一文:「…從翻譯高本漢《詩經注釋》開始,先生對訓詁學發生濃厚的興趣。他晚年在臺大中文系連續幾年開設"古籍訓解討論"的課,主要目的是要把語言學的研究結合傳統的訓詁學,開闢新訓詁學的天地。訓詁學自然離不開假借,所以先生討論"假借字問題",並鄭重介紹高本漢的詩經研究。」

4　參〈簡評高本漢詩經注釋和英譯詩經〉一文結語。

5　趙制陽先生〈高本漢詩經注釋評介〉一文:「高氏的《詩經注釋》,如他所定的詞義,所譯的文句來看,其成績不算是很理想的。這並不影響這部書的價值。因爲一部有新方法新觀念的書,即使一部分說詞不當,仍只是它的白璧之瑕。」

6　參《詩經講義甲稿》,1969年新加坡南洋大學中文系油印本。

7　參〈簡述高本漢關於經學的著作〉一文,見王靜芝等著《經學研究論集》。

8　董先生在《詩經注釋》譯序對高氏主張堅採先秦文獻爲證提出質疑:「…這樣好像是有個假定:見於詩經的字在其他古籍一定也有,而且今存先秦古籍就是原有的全部。以常情而論,這似乎是大有疑問的。古注或字典對某些字的解釋在今存先秦古籍中找不到

。本文試圖從高氏書中一再主張的「反對經生氣」、「釋義須有證據」、「證據須出於先秦」、「反對任意改字改讀」、「儘量用常見義」、「反對濫說語詞」等訓詁原則中，選擇「反對任意改字改讀」原則，探討高氏如何從檢討傳統《詩經》注家任意改字改讀訓釋，而提出「反對任意改字改讀」訓詁原則，本此原則他固然糾正前人任意改字改讀訓釋之失；但他往往不是過於拘泥這項原則，而流於避談假借訓釋，忽視古書書寫背景重音不重形之客觀事實；就是疏於遵守自訂原則，犯了蹈襲前人任意改字改讀訓釋之失，於不該用假借訓釋時，卻用假借訓釋；或者任意以音近字濫言假借。高氏何以會在實際訓釋過程中，如此自相矛盾？有必要深入探討其致誤原因。

本文所引用《詩經注釋》材料，係根據董同龢先生《高本漢詩經注釋》譯本，爲方便檢索高氏之論點，文中所引句子，悉附上董譯本編號，亦即高氏原書之編號。

二 「反對任意改字改讀」訓詁原則之提出

雖然爲難字訓釋，往往無法依原字說通，必須換個音同音近，或字形類似的字，使問題迎刃而解。但傳統《詩經》注家於應用這種訓詁方法時，不免發生毫無根據的改字改讀情形，高氏書中非常注意這個問題，曾經不只一次的說：「漢語裡同音字很多，如若只照音的關係去猜假借字，我們大可任意而爲。」而指出傳統注家訓釋錯誤，例如：

二三二　俟我乎堂兮(鄭風·丰)

「堂」，鄭箋作「根」；「根」，門捆上木近邊者。高氏認爲鄭氏的理論是等候的人應當在室外，因爲第一章有「俟我乎巷兮」。高氏認爲這是沒有根據的改讀不足爲訓，而採常義作「廳堂」。

相同用例的，未必都不足取信。古注家講師承，爾雅等字典多用古籍舊解，錯誤自是難免。固然不能奉爲金科玉律，卻也不失爲備抉擇的資料之一。」

三六七 田畯至喜(豳風‧七月)

高氏說鄭箋以爲「喜」是「饎」的省體，[9] 將此句說成：「田畯來到而且受款待」，是沒有充分理由的改讀，而採常義作「高興」。

除了對傳統注家改字改讀訓釋的批評外，高氏對清代學者輕言假借和一聲之轉提出最爲嚴厲的批評，因爲以假借聲轉訓釋，違反他採用常義的原則，所以他在訓釋難字時，對於能以常義說通之疑難字詞，儘量不以假借訓釋。例如在二○○條「招我由房」「招我由敖」他批評馬瑞辰以爲「遊放」「遊遨」的假借說：

> …從音韻的觀點說這是十分可能的，而且齊風載驅也確有一個複詞「遊敖」。但是在中文裏，同音字是非常之多，作訓詁的人一定要十分小心。假若他可以任意用一個同音的字代替《詩經》中某句的某個字，那麼他就可以隨心所欲的來講那一句。正因爲同音字具有很大的誘惑力，我們就應當格外警覺，除非顯然是錯字或者照字講實在講不通，總不肯棄歷代相傳的文句。…

高氏書中亦指出清代學者濫言假借，例如：

二二九 乃見狂且(鄭風‧山有扶蘇)

高氏採毛傳訓「且，辭也」，而不用馬瑞辰以爲「狂且」和下章「狡童」相當，不能是語詞，而是「伹」的假借。「伹」《說文》訓「拙」，高氏認爲「伹」字只見於《尚書‧費誓》「徂茲淮夷」，朱駿聲以爲「徂」是「伹」的假借字，唯一之例難以爲證。

高氏不將「且」字當實詞的說法確實比較好。此章「乃見狂且」的「且」爲

9　高氏書中喜從字形說省體，而不考慮音義關係，似乎說成省體，一切便無問題，但何以作省體，仍須加以解釋。「喜」「饎」雖同屬段氏第一部，但義有「喜樂」「酒食」之別，乃假借關係，不得說成省體。

押韻字，《詩經》亦不乏語詞「且」作爲韻尾之例，如「惠而好我，攜手同行。其虛其邪，既亟只且」(邶風‧北風)、「雖則如荼，匪我思且」(鄭風‧出其東門)等例。「且」在《詩經》中常用爲語詞，《詩經》中疊章之對應，亦不如馬氏要求之嚴格，因此無必要說它假借爲實詞。

四九八　約之閣閣(小雅‧斯干)

高氏批評段玉裁以爲「閣」*klâk或「格」*klâk是《說文》「輅」*glâk的假借字。「輅」是「生皮的帶子」，古代有個音*glâk的詞指「帶子」，雖然沒有問題，不過高氏反對他無根據而不必要的改字改讀，而採傳統毛傳訓「閣閣」猶「歷歷」。

六四九　祇自重兮(小雅‧無將大車)

高氏說馬瑞辰以爲「重」是「腫」的省體，[10] 如《左傳‧成公六年》的「重腿」，杜預注以爲就是「足腫」。高氏認爲這一句和第一章的「祇自疧兮」並不相同，而和本章第二句的「維塵雝兮」相應，和第二章「維塵冥冥…不出於潁」，意思相類。《釋文》「雝(雍)」或作「壅」，鄭箋訓爲「蔽」，如《荀子‧成相》「上壅蔽」。高氏認爲依馬瑞辰的說法「你只將使你自己腫病」，連貫上文「無思百憂」，若說人有憂愁就會腫，那是可笑的說法。因而採鄭箋訓「重」爲「累」。

一一六三　克咸厥功(魯頌.閟宮)

高氏說陳奐以爲「咸」是「減」的省體，[11] 在這裏是「滅絕」的意思；「克」是「克服」，而把此句說成：「克服和滅絕是他的功績。」高氏以其不必要改字，又無實證，而採馬瑞辰訓「咸」爲「同」，也就是「備」的意思，

---

[10] 「重」「腫」只有音的關係，而無義的關係，仍屬假借，同註9 不得說成省體。

[11] 「咸」「減」並無意義關係，仍屬假借，不得說成省體。

將此句串講為：「他能使他的工作完備」；馬氏的說法有《禮記‧樂記》「咸池備矣」；《國語‧魯語》「小賜不咸」(韋昭注：咸，徧也)等證例。

從以上所舉例子，可見傳統注家確實喜歡以改字改讀訓釋，尤其是古音知識豐富的清代學者。高氏提出「儘量用常見義」、「釋義須有證據」、「證據須出於先秦」「反對任意改字改讀」原則，確能糾正前人輕言假借之謬。

王力〈訓詁學上的一些問題〉討論"關於古音通假"時曾提出：「兩個字完全同音，或者聲音十分相近，古音通假的可能性大，但是仍舊不可濫用。如果沒有任何證據，沒有其他例子，古音通假的解釋仍然有穿鑿附會的危險。」[12] 高氏《詩經注釋》亦主張講求證據，不隨便以假借訓釋，受到學界推崇為開科學方法訓釋古書先例。董同龢先生在《詩經注釋》譯序就稱許高氏處理假借字問題極其嚴格慎重說：

> 高氏不輕言假借。前人說某字是某字的假借時，他必定用現代的古音知識來看那兩個字古代確否同音(包括聲母和韻母的每一個部分)。如是，再來看古書裏面有沒有同樣確實可靠的例證。然而，即使音也全同，例證也有，只要照字講還有法子講通，他仍然不去相信那是假借字。他曾不止一次的批評馬瑞辰的輕言假借。他說：中國語的同音字很多，如果漫無節制的談假借，我們簡直可以把一句詩隨便照自己的意思去講，那是不足為訓的。

高氏「反對任意改字改讀」訓詁原則，確實指出前人訓釋缺失，而建立客觀科學的訓詁態度。

三 避談假借訓釋檢討

雖然高氏「反對任意改字改讀」訓詁原則糾正前人濫言假借，得到一些成績，但他在訓釋過程中，並未適當的應用這項原則，有時該用假借訓釋，他卻

---

[12] 參《王力文集》第十九卷。

過於堅持原則不用假借訓釋；有時候不該用假借訓釋，而他卻用假借訓釋，或者雖用假借訓釋，但假借的說法錯誤，難免亦步清儒濫言假借後塵，令人懷疑他對假借的認識不足。

假借字無疑是讀古書的最大障礙，王引之《經義述聞》卷三十二「論經文假借」就說：「蓋古字之假借，在漢人已有不能盡通其義者矣。」既然漢人已不能盡通其義，後人更不用說了，因此高氏對清儒喜談假借提出最多批評。他的論點雖然值得我們警惕，但古書書寫背景靠口耳相傳，在傳抄過程中，經常寫假借字，這也是不爭的客觀事實。毛詩古文亦多通假字，據《清史稿·馬瑞辰傳》，馬瑞辰常說：「毛詩用古文，其經字多假借，類皆本於雙聲疊韻。」清代學者如戴震的轉語說，王念孫將古音學和語音轉變理論運用到語義訓詁，於訓釋古書假借字都有極大貢獻。馬瑞辰繼他們之後，在《毛詩傳箋通釋》中貫串以聲音求語義的原則，對毛傳鄭箋之通釋，往往由雙聲疊韻明其通假之義。而高氏書中對王、馬假借之批評很多，雖偶能指出一些錯誤，但還是高氏錯誤居多。他在面對經常出現假借字的毛詩時，往往堅持用常義，或以省體解釋難字。為了刻意避開假借訓釋，有時候反而不顧文意是否貫串。因此當高氏批評清儒時，幾乎都是他固執己見，不明中國文字書寫習慣往往重音不重形。畢竟他對中國文字的瞭解遠不如清代學者，因此捨棄清儒以音釋義訓詁的大發現，而開學術進步倒車，將清儒說得很好的地方，反而說得更壞了。舉例說明如下：

三一○ 奉時辰牡(秦風·駟鐵)

高氏贊同毛傳依「辰」的常義訓為「時」(季節)，說成：「他們奉獻那些季節中的雄獸。」並引《詩經》及先秦文籍中許多「辰」當「時」講的證例，而批評馬瑞辰以「辰」為「震」的省體無根據，[13] 而且「震」無先秦文籍證

---

13 馬瑞辰說辰當讀為震，又說辰即震之省借。若以高氏慣用省體訓釋，他不應反對馬瑞辰之說法才對，這是高氏運用訓詁方法矛盾之處。

例。

馬瑞辰《毛詩傳箋通釋》說：

> 爾雅麎，牡麋，牝麎。說文麎，牝麋也。辰牡猶言駯牝，彼以駯為母
> ，與牝對言，此以麎為牝，與牡對言，其句法正相類。又襄四年左傳
> 「而思其麀牡」與此詩句法亦同，彼正以麀為牝鹿與牡對言也。…周
> 官大司馬注鄭司農曰獸五歲為慎，後鄭謂慎當作麎，是麎又大獸之通
> 稱。吉日詩「其祁孔有」，箋云祁當作麎，詩疏引某氏曰瞻彼中原，
> 其麎孔有，正當從大獸之訓，與此言麎牡不同。

毛傳：「辰，時也。冬獻狼，夏獻麋，春秋獻鹿豕群獸。」毛氏說的是獸人
獻獸以供君膳之事；而此詩寫的是虞人驅獸以供君射之事，若說虞人僅選擇
季節中的雄獸供君射，似乎不太可能，因此馬瑞辰較毛傳訓解為長。

五七九 是用不潰于成(小雅‧小旻)

毛傳：「潰，遂也。」鄭箋解說全句：「故不得遂成也。」馬瑞辰以為「潰
」*g'wəd是「遂」*dziwəd的假借字，這一派的說法不錯，可是高氏批評在
音上說不過去，因而他採「潰」的本義「水決堤潰」和「暴亂」，而用引申
的說法「衝進」、「氣力強盛」，將此句串講為：「(他們好像造房子的人
在路上商量)所以不用力於(工作的)成功。」

高氏的說法不如傳統毛鄭自然，而且「潰」屬群母微部，「遂」屬邪母微部
，韻部相同，聲母其實也有關係，並非如高氏所說無音的關係。「貴」聲之
「遺」讀喻四，李方桂擬音主喻四與邪母同音，「遂」即為邪母字，又若「
貴」聲之「䙷」與「豕」聲之「隊」古雙聲，「貴」可能為gd-複聲母，而
「豕」可能為sd-複聲母，高氏亦同意古漢語有複聲母存在，因此兩字聲母
亦有關。

六一八附 授几有緝御(大雅‧行葦)

高氏批評毛傳訓「緝御」爲「踧踖之容」，這個注釋無來由，很不容易明白。陳奐以爲毛氏是把「緝御」當「接武」的假借字，高氏認爲那在音上說不過去，如說毛傳把「緝」當「揖」的假借字還像一點。「緝御」就是「揖御」(拱揖侍御)。高氏因而採鄭箋訓「緝」爲「續」；「御」爲「侍」；將此句說成：「授几的時候，有(連續的)一排侍者。」高氏亦承認這樣的講法沒證例；不過「緝」音*ts'iəp訓「續」卻和「輯，集」*dz'iəp，「戢」*□iəp，「濈」*□iəp，「揖」*tsiep，□iəp等有關聯；和這些字合成一個詞群。

高氏引陳奐疏過於斷章，茲引原文作：

> …緝讀爲戢，戢，聚也，御，進也，聚足而進曰緝御。曲禮堂上接武注，武，跡也，跡相接謂每移足半躐之中，人之跡尺二寸，玉藻君與尸行接武注，尊者尚徐蹈半跡，緝御猶接武。緝接疊韻，御武疊韻，傳云踧踖之容者，論語鄉黨篇，君在踧踖如也，馬融注云踧踖恭敬貌，…。

陳奐將「緝」說成「戢」的假借，將「御」釋爲「進」，要比高氏釋爲「侍者」好，因爲几乃爲尊者設，以供憑依，態度恭敬要比一排侍者切合此句的意思，高氏因音無法說通，而望文生義訓釋。事實上「緝御」和「踧踖」有音的關係，詩「集」等同「就」，「緝」、「集」同音，「就」、「踧」音通。孟子曾西「蹵然」往，猶「踧踖」也。「蹵然」用「蹙然」，而「御」爲複聲母sŋ-與「踖」音近，將「緝御」視爲「踧踖」應無問題。詩「琴瑟在御」，阜陽漢簡本「御」作「蘇」。

六二四　鮮民之生，不如死之久矣(小雅・蓼莪)

高氏採毛傳之說將「鮮」釋爲「寡」，同時採朱熹訓爲「窮獨」的意思，而將此句串講爲：「窮獨的人民的生活不如許久以前死去。」而不用清儒阮元釋「鮮」，以爲古音「鮮」聲近「斯」，遂相通藉，「鮮民」當讀爲「斯民

」。[14] 高氏認爲「鮮」*siɑn不和「斯」*siĕg有什麼音的相似，更不同意馬瑞辰利用阮氏所說假借的意思，把「斯」講作「離析」。

高氏採毛傳訓「鮮」爲「寡」，但「寡」義爲「少」和朱熹所說的「窮獨」實在無關，高氏用朱熹之意串講，是毫無根據的，用毛傳「少」亦很難將此句說通。至於他批評「鮮」「斯」音不近，我們也可以找到兩字聲音上的的關係。「鮮」屬心母元部，「斯」屬心母支部，元部和支部雖無直接的關係，但耕部「夐」字《說文》說爲夐(元部)聲，元部「瓊」从瓊(佳部)聲，元部「蠲」从益(佳部)聲，「蠲」異文作「圭」，「圭」亦屬佳部，可見耕部和元部，元部和佳部之間的關係，耕佳對轉，佳部與支部同屬段玉裁第十六部，因此元部和支部字還是可以找出關係的，阮元釋「鮮」爲「斯」應可接受。

七三四　蓋云歸哉(小雅‧黍苗)

鄭箋：「蓋，猶皆也」，高氏批評鄭氏以兩字爲假借不明古音。朱熹將「蓋」看作補充語，有「就是，那麼」的意思，「云」則是沒有意義的虛字，高氏依其意串講作：「那麼我們回家去」，《禮記‧檀弓》：「…蓋寢疾七月而沒」。高氏認爲朱熹用「蓋」的普通意義就可以說得很好，因而採其說。又批評不須像陳奐、馬瑞辰以爲「蓋」是「盍」的假借字。此句就文意而言，是徒役將南行，不知何時才能回鄉之歎，「蓋」字無法如高氏所說當轉接語「那麼」講。「蓋」當「何不」講時是ɣ-p合音，通「盍」字。當「何時」講時讀ɣ-，通「曷」字，又通「害」字，收-t音。此句以當「何時」講，較合文意，高氏無法避開陳、馬二氏的假借說法。

七七七　纘女維莘(大雅‧大明)

參《揅經室一集》卷一，阮元「鮮」、「斯」音近，遂相通藉，係承顧亭林、惠棟之說，阮元並求諸經傳，推求兩字通藉之迹，可謂信而有徵。

毛傳：「纘，繼也。」高氏認為第二章寫文王的母親是摯國的大任，而此句說文王的匹配莘國的女子繼承大任的后的地位。他認為馬瑞辰將「纘」作「孌」的假借字，《說文》訓「孌」為「自好」，《廣雅》訓為「好」，把這句說成：「美好的女子」，因「孌」字不見於古書，引用這些說法是無用的揣測。高氏不明白毛傳的問題，出在太遙遠的顧慮本句和上章講大任的連貫，而忽略了和下句「長子維行」的連貫，因而採其說。這兩句是讚美太姒之德，說莘國娶來的好女子，她的德行和文王齊等，若依高氏的說法雖可通，但不僅意思較無力，而且也牽連太遠了。這也是高氏用普通之意，以刻意避開假借的錯誤。

八二三　其灌其栵(大雅‧皇矣)

高氏採毛傳說訓「栵」為「栭」(一種栗樹)，而不用王引之以為「栵」是「烈」的假借字，因為「烈」和上句韻腳「翳」甚至韓詩的「殢」不押韻。
高氏這個說法是很奇怪的，「栵」與「烈」同從「列」聲，如果「烈」不韻，「栵」亦不韻，不然「栵」可韻，「烈」亦可韻。王引之在《經義述聞》卷六對此條提出堅實的看法，他認為：「菑翳灌栵汎言木之形狀，而下文樭椐檿柘方及木名。栵，讀為烈，烈，栭也，斬而復生者也，《爾雅》：烈，栭餘也，陳鄭之間曰栭，晉衛之間曰烈，秦晉之間曰肆，或曰烈。汝墳曰伐其條肆，長發曰苞有三糵，皇矣曰其灌其栵，義並同也。」

八五六　世德作求(大雅‧下武)

鄭箋：「作，為；求，終也。」並串講為：「世世積德，庶為終成其大功。」蘇轍訓「作」為「起」；「求」字用平常的講法。高氏認為「作」時常指「有所作為」，如《孟子‧告子下》：「困於心衡於慮而後作」，因此是較好的說法，他串講為：「他起而尋求累世的德行。」而批評陳奐、馬瑞辰以為是「仇」的假借，說成：「他配得上累世的德行」，沒有可靠的例證。
他又引《尚書‧康誥》：「我時其維殷先哲王德，用康乂民，作求」，「作

求」兩字的講法，注家的意見相差極遠。《僞孔傳》說作「爲求等」，孔穎達以爲那是「使他們平等」的意思，實際並非如此。蔡沈以爲《僞孔傳》的意思是訓「求」爲「等」；「作求」就是：「爲等匹於商先王」。這個說法同於清代學者的假借說。另一派江聲、孫星衍據《爾雅》訓「求」爲「終」，「作求」就是：「作個終結的成功」，這和鄭箋的說法相同。但高氏認爲這兩派的講法忽略了上文「往敷求于殷先哲王，用保乂民」，「求于殷先哲王」的「求」，無可否認的是「尋求」。所以「作求」的「求」也應該是相同的，兩句的意思原是一樣，只是說法略有不同。所以「我時其維殷先哲王德，用康乂民，作求」就是：「我時時想到殷先哲王的德行，用以安定和治理人民；我起而尋求(他們的德行)。」他認爲《詩經》這句和〈康誥〉一樣，因此蘇轍的說法和〈康誥〉相合。

此條高氏的錯誤，還是在他堅持不用假借的說法。「求」作爲「仇」的假借，並不如他所說的無佐證。〈關雎〉「君子好逑」之「逑」，即「與侯好仇」之「仇」，何言乎無證？且「仇」用於〈康誥〉「作求」，說成「等匹於商先王」，於義亦較好。

八九五　威儀抑抑(大雅·假樂)

「威儀抑抑」又見於〈賓之初筵篇〉及〈抑篇〉，毛傳分別訓「慎密」和「密也」，意義是一樣的。高氏認爲「抑」的本義是「壓抑，抑制」，所以「威儀抑抑」或「抑抑威儀」是：「威儀(壓抑，抑制)高貴」。有《孟子·滕文公下》「禹抑洪水」；《國語·晉語》「叔魚抑邢侯」等證例。

清代學者以爲「抑」爲「懿」的假借，[15] 訓爲「美」，高氏認爲在音上說不通。高氏之見是錯誤的，「抑」本是「印」的入聲，後轉入職韻，與即字的音變相同，〈賓之初筵〉、〈假樂〉並叶 -t 之入聲韻。董同龢先生在附註亦指出「抑」如高氏說或有一音*iĕt，可以和「懿」假借。

---

[15] 如陳奐《詩毛氏傳疏》。

高氏用「抑」的本義壓抑，不知「壓抑」和「威儀美好高貴」何關？更何況「抑抑」為疊音詞，豈能以它的構成份子解釋？先師周法高先生就曾指出高氏的《詩經注釋》有很多地方把重疊形式根據其構成份子的意義分開來講之誤。[16] 又他說「抑」訓「美」，大概是引申義壓抑--壓平--平(不皺)，「平」和「美」亦不知有何關係？因此還是清儒假借說於文義為長。

九八一　大風有隧，有空大谷(大雅‧桑柔)

高氏採毛傳一般的意思訓「隧」為「道」，串講為：「大風有它的道路，深深的大谷。」而不用王引之以為「隧」*dziwəd是「遺」*giwɛd 的假借字之說法，王氏引《呂氏春秋‧本味》高誘注「行迅謂之遺風」，高氏批評這是證據薄弱而不能說通的臆測。

事實上高氏不明「遺」屬喻四，「隧」屬邪母，兩字音近，李方桂先生並擬其音為 ɣ-。王引之《經義述聞》卷七訓釋此條對傳統毛鄭的說法有精闢的批評，高氏仍蹈傳統之誤，未能掌握後人較好的說法。依王氏之說，此二句應作「大風之狀，則有隧矣；大谷之狀，則有空矣。」先言有空，後言大谷，變文與下為韻耳。大風、大谷兩不相因，不必謂大風出於大谷，並分別舉《詩經》中相同的句子為證。可見毛傳曰「隧，道也」，箋曰「大風之行有所從而來，必從大空谷之中」，這樣的說法是不明《詩經》句子結構形式的。王氏還引《楚辭‧九歌》「衝風起兮橫波」，王逸注曰「衝，隧也，遇隧風，大波湧起」。據此則古謂衝風為隧風，隧風即遺風也。《呂氏春秋‧本味》「遺風之乘」，高誘注曰「行迅謂之遺風」，《文選‧聖主得賢臣頌》「追奔電，逐遺風」，李善注曰「遺風，風之疾者」。遺與隧古同聲而通用，隧之言迅疾也，有隧，形容其迅疾也，有空亦形容大谷之辭也。

一一五二　不告于訩(魯頌‧泮水)

16　參《中國古代語法‧構詞篇》頁106。

毛傳未釋，鄭箋訓「訊」為「爭訟之事」，串講成：「無以爭訟之事告於治
訟之官者。」〈小雅・節南山〉「降此鞫訊」，傳訓「訊」為「訟」，高氏
採該章毛傳的說法，而將此句串講為：「他們不以爭訟報告。」

清儒陳奐、王先謙等人以為「告」是「鞫」的假借字，訓「窮」，有「極刑
」的意思，「訊」和同音的「凶」一樣，串講成：「他們對凶惡的人不用極
刑。」高氏批評這是奇妙而不能接受的揣測。

事實上高氏拿〈節南山〉「降此鞫　」和此句相提並論是不明句子結構的。
本句清儒以「告」為「鞫」，是「鞫于訊」，和〈節南山〉之「鞫訊」結構
不同。兩句的「鞫」分別作動詞和狀詞，意思亦有別，當動詞如清儒訓為「
窮，極刑」之意，當狀詞如毛傳訓為「盈」，鄭箋訓為「多」之意(參節南
山毛鄭之訓)，不能混為一談。

一一五七 大賂南金(魯頌・泮水)

高氏說毛傳訓「賂」為「遺」，用一般的意思，說成：「他們大量的贈送我
們南方的金屬」，這樣可以說得很好。他批評馬瑞辰以為「賂」就是「輅」
的假借之說法十分可笑，因為淮夷不可能贈輅車。

此句雖然一般注家如朱子、王先謙、屈萬里先生皆採毛傳的說法，但馬瑞辰
的假借說於文意貫串，並無不通。這段詩作「憬彼淮夷，來獻其琛，元龜象
齒，大賂南金。」是說淮夷來進貢--元龜、象齒、大賂、南金等寶物，這些
寶物是名詞並列結構；而且前面已說來獻其琛，末句是否有必要再用動詞「
大量贈送」，恐怕值得考慮，不能武斷的說淮夷不可能贈輅車。

除上舉十二例外，以下十四例高氏皆因過於堅持不以假借訓釋，而忽視其他
訓詁因素的考慮。

三七三 八月剝棗(豳風・七月)

「剝」應借為「扑」，不宜訓「取」。

三七四　以介眉壽(豳風‧七月)

「介」應借爲「匃」，不宜訓「大」。

四五七　織文鳥章(小雅‧六月)

「織」應借爲「幟」，不宜以常義訓解。

四八五　其下維蘀(小雅‧鶴鳴)

「蘀」應借爲「檡」，不宜以常義訓「落」。

五八五　壹醉日富(小雅‧小宛)

「富」應借爲「畐」，不宜以常義訓「盛」。

五八六　螟蠃負之(小雅‧小宛)

「負」應借爲「孚」，不能以常義訓「背負」。

六六八　如幾如式(小雅‧楚茨)

「幾」應借爲「期」，不能以常義訓「數量多少」。

六八五　既方既皁(小雅‧大田)

「方」應借爲「房」，不能訓爲「齊」。

七五八附　烈假不瑕(大雅‧文王)

「烈假」應借爲「癘瘕」，不能訓爲「光輝和偉大」。

七八九　陶覆陶穴(大雅‧緜)

「陶」應借爲「掏」，不能訓爲「治土」；「覆」應借爲「𥦠」，不能訓爲「覆蓋」。

八四七附　佛時仔肩(周頌・敬之)

「佛」應借爲「弼」，不能訓爲「大」。

八六八　先生如達(大雅・生民)

「達」應借爲「羍」，不能訓爲「生」。

一一二七　匪且有且，匪今斯今(周頌・載芟)

「且」應借爲「此」，不能訓爲「暫且」。

一一八四　受命不殆(商頌・玄鳥)

「殆」借爲「怠」，較訓「危殆」於文意爲長。

四　濫用假借訓釋檢討

高氏從檢討傳統注家任意改字改讀訓釋，而提出儘量以常義，不輕言假借的訓詁原則，甚至如上節討論的因不輕言假借而流於避談假借；但在書中我們觀察高氏並未能遵守這個原則，很多時候在面臨難講字時，亦濫用假借訓釋；不是在不該假借時用假借訓釋，就是任意取音近字，大談假借，但往往因文字音韻文法知識不足，忽視上下文意等等原因，而穿鑿附會訓釋，犯下不少錯誤，舉例說明如下：

二五　肅肅兔罝(周南・兔罝)

高氏說毛傳訓「肅」爲「敬」，學究氣重無法說通。朱熹說作「整飭」也只

是企圖減少毛傳的虛妄。他因而將「肅」字改成完全同音的假借字「欘」，取《廣雅》訓「欘」爲「擊也」，當成一個重疊動詞，如「采采卷耳」；並引〈小雅‧鴻雁〉「肅肅其羽」亦作動詞振動講爲證，而否定傳統訓爲「羽聲」。

《詩經》中不乏「肅肅ＸＸ」之句子結構，因此高氏的改字顯然不必要，他又錯誤的改個用爲動詞的「欘」，以爲「欘欘」連用仍應作動詞「擊」，甚至說這和「采采卷耳」、「肅肅其羽」的「采采」、「肅肅」用爲動詞相同。關於采采的問題，丁聲樹〈詩卷耳芣苢采采說〉早已提出精闢之見 ：[17]

> 周南卷耳芣苢兩篇之「采采(「采采卷耳」「采采芣苢」)，昔人解詩者約有二說：一以「采采」為外動詞，訓為「采而不已」；一以「采采」為形容詞，訓為「眾盛之貌」。以全詩之例求之，單言「采」者其義雖為「采取」，重言「采采」必不得訓為「采取」…。遍考全詩，外動詞絕未有用疊字者，此可證「采采」之必非外動詞矣。更考全詩通例，凡疊字之用於名詞上者皆為形容詞，如：關關雎鳩。(周南關雎)肅肅兔罝，…赳赳武夫。(兔罝)

丁氏更指出：

> 夫外動詞之用疊字，此今語所恆有(如言「采采花」，「鋤鋤地」，「讀讀書」，「作作詩」之類)，而稽之三百篇乃無其例；…三百篇外先秦群經諸子中似亦乏疊字外動詞之確例；…疑周秦以上疊字之在語言中者，其用雖廣(如上所舉「名」「狀」「內動」諸詞皆是)而猶未及於外動詞；外動詞蓋只有單言，尚無重言之習慣，故不見於載籍。…

高氏除不明先秦時代外動詞只有單言，尚無重言之習慣外；亦忽略下句「啄

---

17 丁文載《國立北京大學四十周年紀念論文集》乙編(上)，北大《國學季刊》6卷3期，民國二十九年。

之丁丁」,「椓」字作「擊」講,兩句並無同作擊兔罝之必要,尤其對照二、三章「肅肅兔罝,施於中逵」「肅肅兔罝,施於中林」,若作「擊」講,如何打下兔罝,還能布置在中逵、中林呢?顯然高氏的訓釋並不注意全文的貫串,亦證明丁聲樹所說動詞重言不能構成外動詞。馬瑞辰以為「肅肅」是「縮縮」之假借,乃兔罝結繩之狀。「縮」,數也,即密也,「肅肅」用以狀兔罝之密。這就是丁氏所言的:凡疊字用於名詞上者皆為形容詞。

五二二 卒勞百姓(小雅·節南山)

毛傳未釋,鄭箋訓「卒,終也」。高氏採馬瑞辰以為「卒」是「瘁」的省體,其實馬瑞辰說卒者瘁之假借,卒亦勞也,而非高氏所說的省體。省體字是音義完全相同,僅字形筆畫減省的異體字,它和假借字僅音有關係,而意義完全無關並不相同,但高氏經常不加分辨,全以省體說之,這是高氏為避開使用假借所犯的錯誤。而且他的省體觀念僅止於從字形筆畫是否減省,加以判斷,完全不顧文字發生之歷史。由於高氏犯此類錯誤甚多,如前文註九、十、十一所指出三例,後文凡遇高氏說省體,亦皆應作假借,就不暇一一指出了。

接著高氏舉〈蓼莪篇〉有「生我勞瘁」,「瘁勞」和「勞瘁」一樣,以證明馬氏之說法有據。

其實此句無須改字,即可說通。「卒」用一般講法「終」;「勞」字亦見〈陳風·月出〉「勞心悄兮」,《淮南子·精神》高注:「勞,憂也。」

五四五 員于爾輻(小雅·正月)

高氏贊成朱駿聲以為「員」是「隕」的省體,並串講為:「(不要丟掉車箱兩旁的板),(貨物)會掉落在車輻上的。」上一章的「乃棄爾輔,載輸爾載」是這一說的強力支證,「輸」字當「墮落」講,參看《穀梁傳·隱公六年》:「鄭人來,輸平。」這裏的「員」正和「輸」相當。

高氏的串講其實很有問題,丟掉車箱兩旁的板,貨物只會掉落在地上,絕不

會掉落在車幅上。而且他拿上一章「乃棄爾輔,爾輸爾載」作爲本句的支證,不拿本章本句的上面三句「無棄爾輔,員于爾幅,屢顧爾僕」爲證,也叫人匪夷所思。本章「不輸爾載」表結果,如何才能使車上載的貨物不掉落呢?上三句是條件,不要丟棄你車箱兩旁的板,增大你的車輻,而且要多看視你的御者。因此毛傳訓「員,益也」,不用改字就可以說得很好。如陳奐所說,毛公承受荀學,這裏是根據《荀子·法行》所引的逸詩:「轂已破碎,乃大其輻,…其云益乎。」大概毛氏以爲這裏的「員于爾」和逸詩相像,意思是:「你加大(改良)你的輻。」「員」訓「益」沒有佐證。不過古籍中「員」和「云」可以互用,而「云」有時候又用作「芸」,「芸」有「多」的意思,所以毛氏或者以爲《荀子》的「云益」就是「芸益」。(珍玉案:說文「夽」,大也,從大云聲,或可作爲「員」訓「大」之佐證。)

高氏爲了儘可能不用假借釋義,而刻意堅持從字形訓釋的省體觀念,結果他不僅經常說錯,還開清代學者突破文字形體,因聲求義訓詁成就的倒車,這是高氏訓詁方法上很嚴重的錯誤。

五四六 昏姻孔云(小雅·正月)

毛傳訓「云」爲「旋」,高氏認爲有「還歸」的意思,並批評毛說牽強。

鄭箋訓「云」爲「友」,高氏認爲他和孔疏解釋毛傳「旋」爲「周旋」差不多,只是說得更隨便一些。

高氏因此不採前兩說,而用他的省體方法,將「云」說成是同音「芸」的省體,而將這句串講爲:「他們的親戚很多」,並引「芸其黃矣」(小雅·裳裳者華)、「芸芸各歸其根」(老子)、「萬物云云」(莊子)等先秦證例。

高氏所舉「芸芸」「云云」等,雖可作爲「孔云」之證例,但「昏姻孔云」上句作「洽比其鄰」,也就是親近周圍的人,如果說成親戚很多,恐怕不如鄭箋訓「云,猶友也」,說成親戚間友好,較能和上句連貫。而且「云」「友」之部和文部對轉,音有關係可互相假借,高氏避而不談,可見他堅持以省體,從字形釋義,開學術進步的倒車。

六〇五 遇犬獲之(小雅‧巧言)

毛傳沒有注釋。鄭箋：「遇犬，犬之馴者，謂田犬也。」高氏批評鄭箋無佐
證。王肅用「遇」的平常意義，說成：「它遇到狗，(狗就)捉住它。」高氏
認為這在文法上說不通；因而他採《釋文》所引舊讀「愚犬獲之」，並串講
為：「(狡黠的兔子滿處跑)，一個笨狗也捉得住它。」他引《莊子‧則陽》
「為物而愚不識」，《釋文》云「愚」或作「遇」，所以毛詩的「遇」可以
照樣的是「愚」的假借字。

高氏的訓詁原則是儘量採常義及儘量不用假借訓釋，王肅的說法於文法上並
無不通，實無必要以假借訓釋。

六六九 既齊既稷(小雅‧楚茨)

高氏以為「齊」是「齋」的省體，「齋」見於《周禮》，指祭祀用的米穀，
如〈旬師〉「以共齋盛」。《周禮》的「以共齋盛」，《禮記‧祭統》作「
以共齊盛」。他認為「齊」和「稷」對稱，表明「齊」也應當就是祭祀用的
穀子。本篇寫祭祀祖先，「齋」和「稷」正是一般用的祭品。

此句毛傳未訓「齊」，只訓「稷，疾也」。王肅(孔疏引)以為毛氏把「齊」
講作「整齊」。馬瑞辰《通釋》：「按齊、稷義相近。…傳訓稷為疾，則齊
當讀如徇齊之齊。」《爾雅‧釋詁》：「齊，疾也。」馬氏把這一句說成：
「既迅疾又敏捷」。

楊合鳴《詩經句法研究》歸納詩經「既…既…」結構的詩句說：兩個「既」
分別限制兩個意義相關的動詞，或意義相同的形容詞，可譯為「既…又…」
。[18] 此條高氏將「齊」「稷」視為名詞，不合於「既…既…」句法，但在六
七〇條既匡既敕，他卻正確的將「匡」「敕」當成兩個意義相關的動詞。本
句無疑以馬瑞辰的說法為優。

---

[18] 參《詩經句法研究》頁194。

七一二　屢舞僛僛(小雅・賓之初筵)

毛傳：「僛僛，舞不能自正也」；高氏依其意說成：「他們屢屢歪歪斜斜的跳舞」，但批評毛傳無佐證。陳奐說，毛氏大概以為「僛」是「攲」的假借字(「攲」是「斜」，例見荀子)。但是「僛」*kʻiəg不可能假借為「攲」*kʻiɑ；而且「僛」在本章協韻，「攲」不能協韻。

高氏因而改字訓釋。《說文》有「䫏」字，訓「醜」；《說文》又云：「今逐疫有䫏頭。」「䫏」事實上是面具，在《周禮》叫「方相」，醜怪可怕；這種面具是「方相氏」特別用來作「逐疫」跳舞的。《淮南子・精神》：「視毛嬙西施猶䫏醜。」「䫏」又可寫作「欺」，見《列子・仲尼》：「果若欺醜」；又作「倛」，見《荀子・非相》：「仲尼之狀，面如蒙倛。」本篇描寫的正是一群醉客正胡亂跳舞。高氏認為「僛」是「倛」「欺」「䫏」的或體，而把此句說成：「他們屢屢像戴假面具的舞者跳舞。」這裡高氏犯了大錯，或體字乃音義相同而形體不同的異體字，就高氏對各字的訓解實未具相同意義，豈能任意稱之或體字？何況也沒有借僛為䫏的證據，也不是假借字。

高氏將疊音用為狀詞的「僛僛」，換成他認為當名詞，意義是面具的或體字「倛」，這真是極盡穿鑿附會之能事，和前面討論「威儀抑抑」一樣，犯了將重疊形式，以其構成份子訓解之誤。因此高氏改字後的訓釋，須在原文上增加不少文字，實不如毛傳當狀詞，修飾醉客跳舞之貌，於文意上來得通順。

七八一　燮伐大商(大雅・大明)

毛傳：「燮，和也。」《尚書・顧命》：「燮和天下」。對於毛傳的訓釋，後人解說不一。鄭箋：「燮和伐殷之事」；朱熹：「順天命以伐商也」；陳奐：「天人會合伐商也。」馬瑞辰以為上說皆不通，他將「燮」*siɑp當作「襲」*dziəp的假借字；說成：「襲擊攻伐大商。」但高氏認為這個講法不

合於語音條件。

於是他以爲「燮」是同音「躞」字的省體；這句詩是：「進軍攻伐大商。」「躞」字先秦古書未見；不過複詞「躞蹀」卻見於很早的《切韻》殘卷，六朝詩也很通行，《楚辭·九章》有「眾蹀蹀而日進兮」。「蹀蹀」和「躞蹀」相像，兩詞的關係和「扶服」「匍匐」、「婆娑」「媻娑」一樣，意義是「行」。

高氏若將「燮」看成和聯綿詞「躞蹀」等不同字形有關，那麼顯然「燮」不能單獨出現，而它和「伐」組成詞組，也一定和當「行」講的聯綿詞「躞蹀」無關，因此高氏釋爲「行」明顯是錯誤的。至於「燮」該作何解？毛傳之訓解亦難說通，在此句應如本篇下文「肆伐大商」及〈皇矣篇〉「是伐是肆」之「肆」，皆可依鄭箋訓爲「犯突」，即「突襲」之意。

七八五　時維鷹揚(大雅·大明)

毛傳：「鷹揚，如鷹之飛揚也。」高氏認爲原文當作「時維揚鷹」才合語序；如果說是爲押韻才改作「鷹揚」非常不好。於是他用王照圓和孫星衍據《爾雅》「鷃，白鷺也」的說法，以爲這裏的「揚」是「鷃」的省體：「他是鷹鷃」。如馬瑞辰所說：「《後漢書》高彪作箴曰：『尙父七十，氣冠三軍，詩人作歌，如鷹如鶡』，鶡與鷃，白鷺同類，似亦分鷹揚爲二鳥，鷹鷃猶云鷹鶡耳。…」

「鶡」爲「晨風」，和「鷹」都屬於猛禽，將「鷹」和「鶡」相配十分相類，但「鷃」爲「白鷺」和「鷹」相配，卻十分不配，因此高氏的改字訓釋不可信，不如傳統毛傳之說法。

八五○　庶民子來(大雅·靈臺)

毛傳未釋，鄭箋：「眾民各以子成父事而來攻之。」《孟子·梁惠王上》引本篇，意思就是這樣。高氏認爲這樣講，省略相當厲害。於是他從「子」得聲的字找到「孜」字，以爲「子」是「孜」的省體；這句詩是：「人民勤懇

的來(做工)。」並引《尚書・皋陶謨》「予思日孜孜」；〈泰誓〉「孜孜無怠」；《大戴禮》曾子之言中「日孜孜」；《大戴禮》曾子疾病：「孜孜而與來而改者」等證例。

基本上高氏所引的這些文籍證例都作疊詞，和本句「子」字單用的結構一點關係也沒有，因此並不能證明他的說法可信。何況各書皆作「孜」，何獨此省作「子」？古書靠口耳相傳，重音不重形，故以假借說之愈於省體之說。俞樾《群經平議》經十一：

> 史記律書曰子者，茲也，言萬物滋於下也。…蓋古音子與滋同，似此文子亦當讀為滋，說文水部茲，益也。…庶民滋來，言文王寬假之而庶民益來也，因假子為滋。

俞氏以假借固可把本句說通，但「子」字以常義就可以說得很好。王力《漢語史稿》說「庶民子來」，「子」字名詞作副詞用，取其形似，等於現代說"像某物似的"，並舉「豕人立而啼」、「嫂蛇行匍伏」等相類句子為證。[19]本句鄭箋的說法有些增字解經，但大意就是王力講的眾民像兒子般前來，此說較高氏、俞氏都自然，於文意亦通；本句「子」字，雖不一定要用假借訓釋，但舉俞氏的說法，更可以顯示高氏過於重視字形，習慣從省體(珍玉案：嚴格說應是假借)，而執著不以字音釋義。

九九四 寧丁我躬(大雅・雲漢)

毛傳：「丁，當也。」鄭箋：「曾使當我之身有此。」後來的人都接受這個說法。但高氏不贊同，他認為《爾雅》：「敵、彊、應、丁，當也。」「丁」和「敵」「彊」「應」同列；「當」是「強硬，對當」。「丁」在這裏訓「當」，意思是「強，壯」，例見《列子・說符》；又《逸周書・諡法》云：「丁迷而不悌者曰丁。」應用《爾雅》的意思，這句詩是：「天為何對我

們的人強硬。」不過這樣講還是不行的，因為「丁」可以指一個在下的人對在上的人「強硬」，卻不能應用到上天。

高氏因而採改字的說法，他認為「丁」是「打」的省體。《眾經音義》引《蒼頡篇》：「椎，打也。」《左傳·宣公四年》：「箸于丁寧」，「丁寧」是一種敲打的鐘；「丁」就是「打」的省體，和本篇一樣。〈周南·兔罝〉：「椓之丁丁」，「丁」也是「打」的省體。這句詩是：「他為何打擊我們的身體。」

高氏所引之例與「寧丁我躬」無關。《左傳》「丁寧」照孔穎達疏是一種名叫「鉦」用以節鼓的器物，它雖是敲打以節鼓，但不能說這個字就是「打」的省體，並且「丁寧」是個專指名詞，豈能拿來和當動詞的「丁」對照？。至於「椓之丁丁」，乃狀安置兔罝椎打之聲，也不能說是打的動作，而且「丁丁」疊音和「丁」單用亦不相同。

至於高氏說「丁」只能用於在下對在上的人強硬，不能用於上天，亦見高氏不甚瞭解「丁」(當)之意。〈小雅·正月〉有「父母生我，胡俾我瘉，不自我先，不自我後。」最足以解釋「丁」(當)是怨上天無情的命運安排，使我遭遇喪亂病苦。「丁」「當」一聲之轉，通用絕無問題，因此毛鄭的說法是不錯的，高氏不用其說，還是導因於他慣用省體說義。

一〇一〇　以作爾庸(大雅·崧高)

鄭箋直接就「庸」字釋為「功」，《左傳·成公十七年》的「有庸」，杜預注云：「庸，功也。」

高氏認為下文是寫整治土地，因此毛傳訓「庸」為「城」，以為是「墉」的省體。「墉」字見於《左傳·襄公九年》；《釋文》在那裏錄有省體「庸」，和本篇一樣。如此這句詩是「(利用那些謝的人)作你的城。」《禮記·郊特牲》有「水庸」，指「人工開的河」，原來的意思是「水牆」，就是「堤中間的水」。

此條鄭箋的說法雖可通，但高氏的理由堅實，因此他引毛傳的說法，就文意

而言是比較好的。這裡所以提出來，並非他說錯，而是他的省體看法錯誤。《說文》庸𩫖二篆並云用也，故《廣韻》以爲庸古文，庸字不得爲城𩫖，則以庸爲城，仍是假借，不是省體。這又是因高氏堅持以形說義，避談假借錯誤之例。

一一四三 允猶翕河(周頌‧般)

毛傳訓「翕」爲「合」。馬瑞辰以爲「猶」訓「若」，有「順」的意思。「猶」如何有「順」的意思比較難說；若依朱熹訓「猶」與「由」同，可以把這句說成：「(隨山喬嶽)真的由著翕合的河」，也就是「(隨山喬嶽)東西順延而會合於黃河」。但高氏認爲毛傳將「翕」訓爲「合」，很牽強；於是他以爲是「潝」的省體；《說文》訓「潝」爲「水疾聲」，這句詩是：「他們順循湍急的河。」「潝」字未見於古書，高氏還爲之引司馬相如〈上林賦〉「潐」字，以爲是同一個字。

古書「翕」用爲「合」常見，基本上高氏並不能破毛氏的說法。至於他的改字，依然是因爲堅持以省體從字形上釋義所致，高氏自己一再主張先秦證例的價值，但在這裏他找不到先秦證例，還不是引用了漢以後的材料，當然我們對他所引的證例是難以相信的，比傳統的說法更爲不好。而且本篇頌揚周所以受天命而王，毛傳盛贊周之山嶽綿長，東西相會於黃河，要比高氏改字，將此句說成周之山順循湍急的河，合於文意。

一一六四 六轡耳耳(魯頌‧閟宮)

毛傳：「耳耳然，至盛也。」〈齊風‧載驅〉：「垂轡濔濔」(又作垂轡爾爾)，毛傳訓「濔」爲「眾」。由此可知毛氏以爲本篇的「耳」是「爾」的異文。用作句尾語助詞時，「耳」和「爾」的意義實際是一樣的。後來的注家也認爲「爾」當「濔」用的時候也可以寫作「耳」。高氏認爲這是不行的，因爲〈載驅篇〉的「濔」(爾)音*niər，和「濟」*tsiər，「弟」*d'iər 押韻；本篇的「耳」音*'niəg，和「子」*tsiəg，「祀」*dziəg押韻。「耳」不可

能是「爾」的異文。

於是高氏以爲「耳」*'niəg是「餌」或「胹」*'niəg的省體。《禮記‧內則》：「去其餌」，鄭注：「餌，筋腱也。」這個「餌」應該寫作「胹」；「胹」《切韻》訓爲「筋腱」。如此，這句詩是：「六根彎像筋腱(那麼強韌)。」

高氏此條又犯了將重疊形式根據其構成份子的意義分開來講的錯誤。「餌」和「耳耳」一點關係也沒有，先師周法高先生《中國古代語法‧構詞篇》指出：疊音形式＋然，相當於《詩經》中的疊音形式。[20] 因此「耳耳」相當於「耳耳然」是個狀詞結構，就是毛傳所謂的「至盛」，高氏改字穿鑿訓釋不可取。

一一九六　受小共大共(商頌‧長發)

毛傳訓「共」爲「法」，高氏依其意說成：「他受小的法則和大的法則。」並說清代學者唯一的引證是書序的「作大共」，馬融訓「共」爲「法」。

高氏認爲其實馬氏的注釋很隱晦；「共」字從來沒有那麼用的；而且書序的時代也是問題。因而他引魯詩(淮南子本經篇高誘注引)異文作「受小拱大拱」，這是據今傳本《淮南子》；道藏本是「受小拱大拱」。又《大戴禮‧衛將軍文子》引齊詩，有的本子是「共」，和毛詩一樣；有的本子則是「拱」。鄭箋據此，訓毛詩的「共」爲「執」，以爲「共」是「拱」的省體，他說：「小共大共，猶所執摺小球大球也。」

爲了證明鄭箋的說法，高氏引《儀禮‧鄉飲酒禮》「退共」，說「共」也是「拱」的省體。《左傳‧襄公二十八年》有「與我其拱璧」，「拱璧」的「拱」又作「珙」。「拱璧」就是「雙手拱執的璧」，又見於《老子》。無論「拱璧」的「拱」怎麼講或怎麼寫，它總是指一種圓形而中央有孔的玉石。

---

[20] 先師周法高先生《中國古代語法‧構詞篇》頁237-275，舉了許多《詩經》中疊音形式的句子，說明這樣的句子結構等於「疊音＋然」。

毛詩的「共」就是「拱」或「珙」的省體；這句詩是：「他受小的拱璧或大的拱璧。」

高氏基本上未能破毛傳之說法，他改「共」爲「珙」字，訓爲「珙璧」，說是：「雙手拱執的璧」，實在是望文生義。根據左襄二十八年，杜預注：「珙璧，大璧。崔杼有大璧。」若依杜注「共」即爲「大璧」，此句似無說成：「接受小的大璧和大的大璧」之理，這可能和高氏堅持以形釋義有關；但高氏的說法就文意而言不如訓爲「法」。因爲本篇相對的兩句作--「受小球大球，爲下國綴旒」、「受小共大共，爲下國駿厖」，若說成接受大小拱璧，爲下國之表率，接受大小拱璧，下國受其庇護，實在不如說成接受大小法則有意思，而且比較能連貫文意。至於高氏苛求毛傳無證據，實強人所難。

除上舉十五例外，以下二十例高氏皆因濫用假借而忽視其他訓詁因素的考慮。

二六 赳赳武夫(周南·兔罝)

將「赳」借爲「糾」，拿「赳赳」和「糾糾」比附，訓「優雅」，過於穿鑿。

九七 我躬不閱，遑恤我後(邶風·谷風)

毛傳訓「閱」爲「容」有《詩經》曹風證例，無須借爲「說」(悅)。

三三一 值其鷺羽(陳風·宛丘)

毛傳借「值」爲「持」，於文意合適，高氏借爲「植」，訓爲「立」，反不合適。

三五四 棘人欒欒兮(檜風·素冠)

高氏將「棘」借爲「亟」，說成「情急之人」文意怪異，應訓「羸瘠」，今猶「骨瘦如柴」，爲義之引申。

四八四　鶴鳴於九皋(小雅・鶴鳴)

改「皋」爲「臭」，將「九皋」訓「九澤」誤。以屈萬里先生訓「高陵、高岸」爲長。

六一六　萋兮斐兮，成是貝錦(小雅・巷伯)

改「成」爲「誠」，誤將動詞釋爲狀詞。

六四〇　廢爲殘賊(小雅・四月)

將「廢」借爲「佛」，訓「大」，和「廢虐之主」、「華廢而誣」比附，過於穿鑿。

六四二　率土之濱(小雅・北山)

改「濱」爲「賓」，忽視此句與「溥天之下」，而非「莫非王臣」相對。

六五一　畏此罪罟(小雅・小明)

毛傳以常義訓「罟」爲「網」無不可，無必要改爲「辜」。

六五三附　俾予靖之(小雅・小明)

毛傳以常義訓「靖」爲「治」無不可，無必要改爲「靜」，附會說成：「假如我要默許它」。

八〇二　虞芮質厥成，文王蹶厥生(大雅・緜)

將第二句「蹶」改爲「巌」，「生」改爲「牲」，附會說：「文王把他們的犧牲放在巌上」，不如鄭箋：「文王激動他們的天性」。

九一五　汔可小康(大雅・民勞)

以「汔」爲「迄」假借，訓「至」，不如清儒以爲「幾」假借爲長。

九四六 維德之隅(大雅‧抑)

「隅」訓以常義「廉」即可，借爲「偶」反不合文意。

九七七 進退維谷(大雅‧桑柔)

「谷」訓爲「山谷」，引申爲「窮」即可，借爲「穀」反不合文意。

九八五 職涼善背(大雅‧桑柔)

「涼」訓爲「薄」即可，借爲「掠」反不合文意。

一〇二三 袞職有缺(大雅‧烝民)

「職」訓以常義「職務」即可，無須借爲「織」。

一〇六二 無不克鞏，式救爾後(大雅‧瞻卬)

改「式救爾後」爲「式救爾躬」，不明「鞏」「後」對轉。

一〇八七 立我烝民(周頌‧思文)

「立」訓以常義即可，無須借爲「粒」。

一一三四 不吳不敖(周頌‧絲衣)

鄭箋訓「不敖」爲「不傲慢」，最直截，且有《詩經》證例，無必要改「敖」爲「聱」，訓爲「喧嘩」。

一一三七 我龍受之(周頌‧酌)

改「龍」爲「寵」，將同義複詞分訓不同兩義。

五 結語

經過本文的探討，我們發現基本上高氏「反對任意改字改讀」的訓詁原則有其一定意義，他不能適當的實踐這項原則，而流於避談假借或濫用假借訓釋，就本文所舉諸例檢討結果，發現致誤主因如下：

避談假借訓釋   **致誤主要原因**

三一〇 奉時辰牡 　　　　　　　堅採常義、堅持先秦證例、忽視文意。

五七九 是用不潰於成 　　　　　忽視文意、堅採常義、不明潰通遂。

六一八附 授几有緝御 　　　　　忽視文意、不明緝御通跽踖。

六二四 鮮民之生，不如死之久矣 忽視文意、不明鮮通斯。

七三四 蓋云歸哉 　　　　　　　忽視文意、不明蓋通曷。

七七七 續女維莘 　　　　　　　堅採常義，忽視文意。

八二三 其濩其栵 　　　　　　　不明栵可當韻腳字。

八五六 世德作求 　　　　　　　忽視文意、不明求可借為仇。

八九五 威儀抑抑 　　　　　　　堅採常義、牽強比附詞義，將疊音詞抑
　　　　　　　　　　　　　　　抑以其構成份子訓解。

九八一 大風有隧，有空大谷　　　不明句子結構、不明隧通遺。

一一五二 不告于訩 　　　　　　不明句子結構、牽強比附詞義。

一一五七 大賂南金 　　　　　　忽視文法結構、忽視文意。

濫用假借訓釋   **致誤主要原因**

二五 肅肅兔罝 　　　　　　　　不明肅肅重疊不作外動詞、忽視文意。

五二二 卒勞百姓 　　　　　　　卒無須改字，以常義訓解即可。

五四五　員于爾幅	忽視文意、將員說成隕的省體，訓詁未離字形。
五四六　昏姻孔云	忽視文意，將云說成芸的省體，訓詁未離字形。
六〇五　遇犬獲之	遇無須改字，以常義訓釋即可，不明語法。
六六九　既齊既稷	不明句法、將齊說成齍的省體，訓詁未離字形。
七一二　屢舞傚傚	堅持先秦證例、將傚說成俱頍的或體，訓詁未離字形、將傚傚疊音拆開牽強比附詞義。
七八一　燮伐大商	將燮說成躞的省體，訓詁未離字形、不明句子結構牽強比附詞義。
七八五　時維鷹揚	將揚說成鸉的省體，訓詁不離字形、忽視文意。
八五〇　庶民子來	將子說成孜的省體，訓詁未離字形、不明語法，牽強比附詞義。
九九四　寧丁我躬	將丁說成打的省體，訓詁未離字形、牽強比附詞義。
一〇一〇　以作爾庸	將庸說成墉的省體，訓詁未離字形。
一一四三　允猶翕河	將翕說成潝的省體，訓詁未離字形、採漢以後證例、忽視文意。
一一六四　六轡耳耳	堅持先秦證例、將耳說成餌胹的省體，訓詁未離字形、牽強比附詞義，將疊音詞耳耳以其構成份子訓解。
一一九六　受小共大共	堅持先秦證例、將共說成珙拱的省體，訓詁未離字形、忽視文意。

總括本文討論高氏處理假借不當二十七例，致誤原因可說錯綜複雜，大略可歸納成訓詁原則和訓詁知識兩方面的問題。屬於訓詁原則觀念的問題有堅採常義、堅持先秦證例。過於堅採常義，則往往忽視古書書寫背景重音不重形的客觀事實，而避談假借，有時亦不顧文意；過於堅持先秦證例，得假定出現於《詩經》的字詞，一定也要出現於其他先秦文籍，如此頗有將大禹說成大蟲之虞，未若持無證不疑態度，較合於古書實際情形。至於訓詁知識的問題，包含文字、音韻、訓詁、語法等各方面。高氏常將假借說成省體、或體，尚未進步到脫離文字形體，因聲以求義，將清代學者好不容易從以形釋義窠臼跳出，發現「故訓聲音，相爲表裡」，[21]「比次聲音，推迹故訓，以得語言之本」[22] 等研究語詞當依聲音，不能拘牽形體的論點——又推翻了。魏建功曾說：「錢玄同先生說過：但我對高公也有不敬之點，即是戴東原、王念孫以來，從聲音研究而拋開形體，這一點很新很確很進步的中國語言文字研究，高公尚未夢見。」[23] 本文檢討高氏處理假借不當和魏建功有相同的看法。在古音方面，高氏有時候不明某兩字可相假借，而避談假借，以常義訓釋。至於文法上的缺失，如不明古漢語語法、不明句子結構率強比附詞義、將不自由語形疊音詞以其構成份子訓解等，較之文字、音韻尤爲嚴重。

觀察高氏書中所用的訓詁方法並無異於清儒，所提訓詁原則大致亦爲訓詁工作時必須注意者，但何以訓釋結果產生不少缺失，主要原因是高氏過於拘泥訓詁原則以及他的訓詁相關知識問題。由於拘泥原則，實不能如學界讚許他的態度客觀，至於訓詁知識的問題，亦幾乎未曾被學界指出，因而對於前人給予本書類似大醇小疵的評價，似乎應該更全面客觀檢討其優缺點。

---

[21] 參戴震《六書音均表序》。

[22] 參章太炎《國故論衡·小學說略》。

[23] 魏文載1935年《古音學研究》893-894頁，撰者未見，轉引自周斌武〈應該對高本漢的漢語學說重新評價〉一文，載《中國語文》1958年11月號。

參考書目

依《詩經》注釋、文字、音韻、訓詁、語法類專書、相關期刊論文之序排列，出版年一律採西元。

1‧《十三經注疏‧詩經》，台北藝文印書館出版，未註出版年月。

2‧《詩集傳》，宋.朱熹，台北藝文印書館1974年4月三版。

3‧《經義述聞》，清.王引之，台北鼎文書局影印清咸豐十年皇清經解本，1973年5月初版。

4‧《詩毛氏傳疏》，清.陳奐，台灣學生書局1986年10月第七刷。

5‧《毛詩傳箋通釋》，清.馬瑞辰，台北藝文印書館影印光緒十三年二月廣雅書局刻本。

6‧《群經平議》，俞樾，見《春在堂全書》，台北中國文獻出版社1971年版。

7‧《高本漢詩經注釋》，董同龢譯本，中華叢書編審委員會1960年7月印行。

8‧《詩經講義甲稿》，楊承祖，新加坡南洋大學中文系1969年油印本。

9‧《詩經詮釋》，屈萬里，台北聯經出版事業公司1984年第二刷。

10‧《說文解字注》，漢.許慎撰，清.段玉裁注，台北天工書局1987年9月再版。

11‧《重校宋本廣韻》，宋.陳彭年等重修，台北廣文書局1969年10月3日版。

12‧《周法高上古音韻表》，張日昇、林潔明合編，台北三民書局1973年9月版。

13‧《上古音韻表稿》，董同龢，中央研究院歷史語言研究所1991年4月景印臺四版。

14‧《輶軒使者絕代語釋別國方言》，漢.揚雄，臺灣商務印書館叢書集成簡編1966年版。

15· 《先秦文獻假借字例》，高本漢著，陳舜政譯，中華叢書編審委員會1974年6月版。

16· 《通假概說》，劉又辛，巴蜀書社1988年11月一版一刷。

17· 《爾雅義疏》，清.郝懿行，台北藝文印書館1980年10月版。

18· 《廣雅疏證》，清.王念孫，民國陳雄根標點，香港中文大學出版社1978年版。

19· 《中國古代語法.構詞篇》，周法高，中央研究院歷史語言研究所專刊之三十九，1962年8月初版。

20· 《漢語史稿》，王力，台北泰順書局1970年10月初版。

21· 《詩經句法研究》，楊合鳴，武漢大學出版社1993年3月一版一刷。

22· 《經學研究論集》，王靜芝等著，黎明文化事業股份有限公司1981年元月初版。

23· 〈簡評高本漢的詩經注釋和英譯詩經〉，屈萬里，《國立中央圖書館館刊》新一卷一期，1967年7月。

24· 〈高本漢詩經注釋評介〉，趙制陽，《中華文化復興月刊》12卷7期1979年7月。又載《東海中文學報》第1期，1979年11月。

25· 〈謹記語言學家董同龢先生〉，丁邦新，《幼獅月刊》第40卷第6期。又收入《中國語言學論集》，幼獅月刊社1979年2月版。

26· 〈百年來影響我國的六十洋客〉，胡光麃，《傳記文學》38卷3期，1981年3月。

27· 〈瑞典漢學家高本漢先生〉，王天昌，《書和人》597期1988年6月。

28· 〈詩卷耳芣苢采采說〉，丁聲樹，《國立北京大學四十周年紀念論文集》乙編(上)，北大《國學季刊》6卷3期，1940年。

29· 〈應該對高本漢的漢語學說重新評價〉，周斌武，《中國語文》1958年11月。

30· 〈假借字問題〉，董同龢，見《董同龢先生語言學論文選集》，丁邦新編，食貨出版社1981年9月版。

31 · 〈訓詁學上的一些問題〉，王力，見《王力文集》第十九卷，山東教育
出版社1990年6月一版一刷。

32 · 〈乾嘉學者王念孫王引之父子學術研究〉，黃愛平，見林慶彰編《中國
經學史論文集》，文史哲出版社1993年3月初版。

33 · 〈以音求義，不限形體--論清代語文學的最大成就〉，丁邦新，載《第
一屆清代學術研討會論文集》，中山大學中文系編印，1993年11月出
版。

第一屆國際訓詁學研討會論文
1997.04.19-20

《黃帝內經太素》楊注例評[1]

許嘉璐

北京師範大學

《黃帝內經》注釋，以隋唐楊上善注爲最古。[2] 時人評曰：

> 楊氏深于訓詁，善解詞義，依經立訓，少逞私見，訓解詞義，多以
> 《說文》、《爾雅》及漢儒傳注為依據。其對文字通假現象，也頗有
> 研究，多破假字，以求本義，……楊氏《太素》注，不僅是目前最早
> 之《內經》古注，也是被公認為歷代注家中最好的注家之一。……其
> 缺點主要是個別地方的訓詁，有「望文生訓」之嫌。[3]

《太素》楊注自宋元間已佚，黃以周氏始獲于東瀛，是以即小學極盛之有
清，訓詁大家亦鮮有言及之者。璐嘗披覽，以爲中多精義，于醫理亦多闡
發，足與稍後王冰之注《素問》相輝映，實爲後世訓詁之資糧。爰草成此
文，既就教方家，復或可引發訓詁學界之關注。

今考楊氏注語，約有三事：

1·解釋字義句意。

2·溝通詞語一般意義與醫學意義。

1　本文所引《太素》文句，據人民衛生出版社版，1965年第一版，北京。該本系據蕭延
　　平蘭陵堂本與（日）丹波元簡等抄本互校。文中僅注篇名，以便讀者據他本檢核。

2　楊上善事跡，史無明文。林億《重廣補注〈黃帝內經素問〉序》謂「隋楊上善纂而爲
　　《太素》」；楊守敬據書中韓例及隋無太子文學之官謂爲顯慶以後人；蕭延平校正
　　「例言」則折衷之，謂其初仕隋爲太醫侍御，後仕唐爲太子文學。今依蕭說。

3　郭靄春主編《黃帝內經素問校注·後記》，1250頁，人民衛生出版社，1992。

3．闡明醫理。

此三者，皆于今之訓詁頗富啓發。其釋字句之義，固足補字書之缺略；其所列詞語專業意義亦當有助考核演變源流；即其闡述醫理之文，于字義之考證亦不無裨益。璐未嘗習醫，不敢枉言醫理，今僅就首、次二事論臚如次。

一、解釋字義句意，保存古義，可爲訓詁家參考者

例1　　《順養》：「胃中寒則䐜脹，腸中寒則腸鳴飧泄。」

楊注：飧……謂食不消，下泄如水和飯也。

又《陰陽》：「春傷于風，夏生飧泄。」

楊注：飧，水洗飯也。謂腸胃有風，水谷不化而出之也。

今案，《說文》：「飧，餔也。」「餔，申時食也。」段懋堂引詩傳謂「饔、飧皆謂孰食，分別之則謂朝食夕食。……趙注《孟子》曰：『朝食曰饔，夕食曰飧。』此析言之也；《公羊傳》『趙盾食魚飧』、《左傳》『僖負羈饋盤飧』、『趙衰以壺飧從』，皆不必夕時，渾言之也。」復謂《伐檀》正義所引《說文》「飧，水澆飯也。從夕、食。」爲《字林》語，與《說文》異。

璐嘗謂「飧」者，剩飯耳。古時一日二餐，向晚（申時），以朝食所餘加水加熱而食謂之「飧」。今太行山左右猶有此習，語則音變，書之爲「酸」。[4] 叔重以「飧」爲人所熟知，故不說食之內容形式，而以食之時解之，此亦其條例之一；上善之注，適補許氏，證孔疏所引與《說文》乃角度之異，義則潛通。

例2　　《順養》：「逆夏氣，則太陽不長，心氣內洞。」

　　楊注：洞，疾流泄也。

　　　又《調食》：「辛走氣，多食之，令人洞心。」

　　楊注：洞，通泄也。

　　　又《調陰陽》：「是以純傷于風，邪氣流連，乃為洞泄。」

　　楊注：洞，疾流也。

　　　　《五藏脉診》：「緩甚為折脊；微緩為洞。洞者食不化，下
嗌還出。」

　　楊注：腎脉從腎而上，貫肝膈，循喉嚨，故腎有熱氣，則下津液
　　不通，上沖喉嗌，通洞不禁，其食入腹還出。

今案，《說文》：「洞，疾流也。」注釋諸家，唯以馬部「駧，馳馬洞去
也」及《西都賦》「潰渭洞河」李注（與《說文》同）為證。然則《太素》
諸句為難得之書證，而上善諸注亦為許書之助矣。

　　例3　　《調食》：「酸走筋，多食之，令人癃。……水道不通，故
　　癃。」

　　楊注：癃，淋也。篆字㿗也。

　　　又《經脉之一》：「是主肝所生病者，胸滿歐逆，飧泄狐疝遺
溺閉脉。」

　　楊注：癃，篆文癃字，此經淋病也。音隆。

　　　又《五藏脉診》：「〔脾脉〕滑甚為頹癃。」

　　楊注：癃，淋也，音癃。

今案，瘙即癃也。《說文》：「癃，罷病也。」段注：「『病』當作
『癃』。罷者，廢置不能事事曰罷癃。」《素問》以「瘙」爲淋尿之病，蓋
小便失禁之謂。廉頗「一飯三遺矢」，尚不爲用，則頹癃失禁當亦罷而不能
事事，形同廢置矣。「癃」之爲「淋」，聲轉耳。《漢書・地理志》隆慮改
爲林慮、《毛詩》「臨沖」于《韓詩》作「隆沖」，皆冬、侵相通之證。是
楊注可補許、段之略矣。

例4　　《陰陽》：「能冬不能夏。」

楊注：以其內熱，故能冬之大寒，不能夏之小熱。

又：「能夏不能冬。」

楊注：寒人遇熱，故堪能也。

今案，清蕭延平曰：「二『能』字《甲乙》作耐。」胡澍校曰：「『能』，
通『耐』。《穀梁傳》成七年：『非人之所能也。』《釋文》：『「能」亦
作「耐」』。」蕭、胡是也。能、耐，登（蒸）　（之）對轉耳，今語之
「能耐」，乃同義復用。「能」之訓「耐」，古不乏例。《詩・漸漸之
石》：「豕之性能水。」《釋文》：「能，本又作耐。」《荀子・正名》：
「能有所合謂之能。」楊注：「能當爲耐，古字通也。」《禮記・禮運》：
「故聖人耐以天下爲一家。」鄭注：「耐，故能字。」《漢書・食貨傳》、
《晁錯傳》、《趙充國傳》屢見「能風與旱」、「能寒」、「能冬」之語，
顏注皆謂「讀曰耐」。《太素》諸例與《漢書》一律，則是漢時「能」、
「耐」猶未明確分工之證。楊注以「能……大寒」、「能……大熱」及「堪
能」爲解，非但證「能」之爲「耐」，或尚可見至唐此語猶未盡泯，學者可
再研焉。

例5

A　　《藏府之一》：「是故用針者，察觀病人之能，以知精神魂魄之存亡得失之意，五藏已傷，針不可以治之也。」

B　　《經脉厥》：「願聞六經　之使厥狀病能。」

楊注：能者，厥能為病。

C　又《諸風狀論》：「願聞其診，及其病能。」

楊注：診者即見其狀，因知所由，故曰診也。晝間暮甚等，即為「狀」也。咳短氣等，即為病能也。

D　　《人迎脉口診》：「凡治病者，必察其上下，適其脉候，觀其志意，與其病能。」

楊注：療病之要，必須上察人迎，下診寸口，適于脉候。又觀志意有無，無志意者，不可為止。及說療疾，復觀其人病『能』，能可療以否。

今案，楊氏于A例無說，觀其于B例之注，乃以如字讀之。于C例，以「狀」釋「能」。《藏府之一》又曰：「必審察五藏之病『形』，以知其氣之虛實而謹調之。」是「能」、「形」同意，亦即「狀」也。于D例，則以「態」釋「能」，是也。而A例，于《靈樞經》、《甲乙經》均作「態」，是其證矣。能之讀為態，猶能之讀為耐、為台也。《說文》：「態，意也。」段補為「意態也」，謂「有是意，因有是狀，故曰意態。」據《太素》，則至漢猶多以「能」為「態」，蓋許意謂態者意之形，故曰「意也」，不必增字。

例6　　《雜刺》：「癘風者，索刺其腫上。」

楊注：索，散也。

又《虛實補寫》：「衛氣得復，邪氣乃索。」

楊注：索，散也。

《素問》王冰注：索，散盡也。

今案，以「散」、「盡」釋「索」，古之常訓。然《說文》：「索，草有莖葉可作繩索。」索之形體與散、盡無涉，則散盡之索乃借字。《方言》：「澌，索也。」《說文》：「澌，水索也。」段氏曰：「索訓盡者，索乃素之假借字。」其說甚是。《雜刺》句于《靈樞》即作「素」。然璐以爲亦「斯」之借。斯，析也，析則散。從斯之字義多爲散，爲盡。《說文》：「嘶，悲聲也。」段于其下亦以「斯」、「澌」爲說。《疽癰逆順刺》：「音嘶色脫。」楊注：「嘶，聲破也。」聲破即聲散、聲盡。散之與盡，意義潛通，凡物，散則易盡、將盡矣。此古人觀事察物入辯微證之生動事例。以「索」爲「盡」，約始于戰國，盛行于漢，爾後鮮見。然則此亦可證《內經》爲漢文。

例7　　《調陰陽》：「雖有大風苛毒，弗之能客。」

楊注：八風不能傷者，順四時之序調養，故無病也。

又：如是則外內調和，邪不能客。

今案，楊注以「傷」釋「客」，大意不差。「客」，先民以爲「主」之相對物。周王爲主，諸侯爲客；諸侯爲主，來使者爲客；我爲主，入侵者爲客；先至者爲主，後來者爲客。主者固而不移，客則變動不居。顯于語言，則有主權、座主、東道主、過客、客家、顧客、客棧、先入爲主，……要皆以示客外來、暫寄之性。《說文》：「客，寄也。」可謂善說民族文化心理者。《素問·陰陽類論》：「先至爲主，後至爲客。」又《邪客》：「經脉流行不止，環周不休，寒氣入焉，經血稽遲，泣而不行，客于脉外則血少，客于脉中則氣不通。」兩「客」，即「入」也。《玉機真藏論》：「今寒風客于人，使人毫毛畢直，皮膚閉而爲熱。」王冰注：「客，謂客止于人形也。風

『擊』皮膚，寒勝腠理，故毫毛畢直，玄府閉密而熱生也。」以「客止」、「擊」說之，是皆「客」之形象。楊、王之注，可助後人細察「客」字之味。「邪不能客」，原作「邪不能容」，今本據日抄本改，前舉兩「客」字《素問》皆作「害」，蓋皆形近而訛者。

　　。例8　　《五節刺》：「大氣逆上，喘喝坐伏，病惡埃烟，餲不得息。」

　　　　楊注：餲音噎也。

　　　　《甲乙經》作「噎不得息」。

今案，餲字文獻少見。《漢書·賈山傳》：「然而養三老于大學，親執醬而丑，執爵而餲，祝『餲』在前，祝鯁在後，公卿奉杖，大夫進履，舉賢以自輔弼，求修正之士使直諫。」顏注：「『餲』，古噎字，謂食不下也。以老人好噎鯁，故爲備祝以祝之。」《說文》：「噎，飯窒也。」是顏之所本。《楚辭·九思·逢尤》：「仰長嘆兮氣結。」注：「餲，結也。」則由食之窒引申爲氣之礙。

　　例9　　《經筋》：「焠刺者，刺寒急。」

　　　　楊注：焠，謂燒針刺之也。

今案，焠、淬同字。《說文》：「堅刀刃也。」《史記·天官書》：「火與水合爲焠。」此雖謂火、水兩星，亦以世事言也。《漢書·王襃傳》：「清水焠其鋒。」顏注：「謂燒而內水中以堅之也。」皆與《說文》義合。然《淮南子·修務訓》：「昔者南榮疇獨亡于己身，身淬霜露，……南見老聃，受教一言。」高注：「淬，浴也。」《史記·刺客列傳》：「得趙人徐夫人匕首，取之百金，以藥淬之。」索隱：「淬，染也，謂以毒藥染劍鍔也。」似與《說文》異甚。《經筋》乃以燒針如燒刀刃，是楊注適可使高誘、司馬貞釋義益明：「身淬霜露」者，言身熱而霜露寒，猶燒鐵而納諸

水，苦于沐雨櫛風，益顯其求道之切；「以藥淬之」者，劍亦需燒而淬于藥，非常溫涂之也。

例10　《九氣》：「寒則氣收聚，炅則腠理開氣泄。」

楊注：炅，音桂，熱也。

又：「熱則腠理開，榮衛通。」

今案，查《九氣》此文，他書皆作「熱」。《靈樞》注曰：「人在陽則舒，在陰則慘，故則膚腠開發，榮衛大通。」則「炅」有熱義無疑也。《說文》：「見也。」段曰：「按此篆義不可知。《廣韻》作『光也』，似近之。從日、火，亦不可曉，蓋後人羼入。……有臆制『　』爲姓者，恥其不古，羼人許書，非無證也。」據《太素》，則古自有其字，段未詳察。熱也，光也，見也，義本相通。

例11　《藏府氣液》：「五藏常內閱于上，在七竅。」

楊注：閱，簡也。

今案，《說文》：「閱，具數于門中也。」亦即「簡」也，古之常訓，亦即今之檢閱。故《管子·度地》「常以秋歲末之時閱其民」下注曰「閱謂省視也」。「五藏閱于上」者，五藏之氣具現于七竅，反之，于七竅可檢知五藏之變也。《靈樞》作「五藏常內閱于上七竅也。」《太素》顧氏翻宋本「校記」曰：「『閱』似費解，然〔《素問》〕《師傳》曰：『五藏之氣，閱于面者。』《五閱五使》曰：『五官者，五藏之閱。』則『閱』字不誤。」[5] 今之說者謂「閱」爲「經歷」之意。如郭藹春氏據《漢·車千秋傳》顏注曰：「閱，經歷。」[6]《靈樞經校釋》曰：「閱，經歷之意，此處指五藏雖

5　轉引自《黃帝內經靈樞校注語譯》，郭藹春編著，天津科學技術出版社，1989。
6　同（5）。

藏于胸腹之內，而其氣卻可通達于顯露在外的七竅。」[7]依此解之，則上述諸例當爲「經歷于上」（或「經歷于上七竅」）、「經歷于面」、「五官者，五藏之經歷」，不辭矣，又豈《太素》之意邪？此皆未明「簡」字古義故爾。又，閱，既爲「簡」義，則《太素》有「在」字是，不必依《靈樞》作「常閱于上七竅」。

例12　《經脉之一》：「口喎唇胗。」

楊注：胗，唇瘍瘡。

今案，《說文》：「胗，唇瘍也。」何謂唇瘍？「瘍，創也。」（依段改）。段引鄭注《周禮》云「身傷曰瘍」。創也，傷也，究爲何狀？依楊注，唇瘍即發癢之瘡，未潰時也，則后世諸類之「疹」（胗之後起字），古通稱爲「創」（今皆作「瘡」）。

　　要之，《太素》之文保存古義不鮮，賴楊注以明，而楊氏乃據醫理、醫術而施注。古字古語之文獻不足徵者、古訓詁家語焉不詳者甚夥，楊注間或足以補之。

二、楊氏誤釋，後人可從而得啟示者

例1　《調陰陽》：「天地之間，六合之內，其氣九州九竅五藏十二節，皆通于氣。」

楊注：九州，即是身外物也，九竅等物，身內物也。

今案，俞樾曰：「九竅是衍文，九州即九竅。」[8]俞說是也。「九州」就人體而言，與天下之九州無涉。「九竅」二字，蓋爲後人旁注誤屬入者。《爾

---

[7]　《靈樞經校釋》，347頁，河北醫學院校釋，人民衛生出版社，1982。

[8]　見《讀書餘錄》。

雅・釋畜》：「白州，驪。」《說文》：「驪，馬白州也。」郭注：「州，竅。」然則《廣雅・釋親》「州，臀也」之訓則嫌籠統。段氏謂州、豚、涿同字，章氏《文始》以涿、燭、屬諸字同源，且謂爲「谷」之孳乳。兩大師所論皆卓見。璐竊以爲「州」、「舟」亦涿、屬之同源字，而未必源于「谷」。蓋「州」既爲水中可居者，其特性有二：一曰周遭爲異物（水），二曰以水之力而呈圓形，移以爲後竅之名，亦語言演變自然之勢，不必視「州」爲「竅」之假借也。[9] 楊注以「九州」爲「身外物」，是唐人已不明「州」之古義矣。清胡澍曰：「『九州』二字疑衍。」[10] 今人郭靄春氏謂「二者必有一衍」，[11] 皆以不明古訓故耳。[12]

例2　　《調陰陽》：「因于寒，志欲如連樞，起居如驚，神氣乃浮。」

楊注：連，數也；樞，動也。和氣行身，因傷寒氣，則志欲不定，數動不住，故起居如驚，神魄飛揚也。

今案，《素問》「寒」下無「志」字，「連樞」作「運樞」。王注：「欲如運樞，謂內動也。起居如驚，謂暴卒也。言因天之寒，當深居周密，如樞紐之內動。」璐以爲作「連樞」是（據林億等《素問新校正》所言全元起本亦作「連樞」）。連樞者，連于門樞耳，言如門扇之煽動。以「數」釋「運」固已牽強，「數動」僅言其頻，恐亦非其病之徵。觀王冰意，其動亦非無範圍，而以「樞」爲軸，則如搖動也。「起居」爲形態，「欲」則在心中，故謂之「內動」。然則《調陰陽》此句應綜合楊、王二注斟酌之。

例3　　《陰陽》：「冬傷于寒，春必病溫。」

9　見錢超塵著《內經語言研究》，61頁，人民衛生出版社，1990。
10　見胡澍校本，藏北京圖書館。
11　《黃帝內經素問校注》，36頁。
12　此例之「州」字，及後文所論之「旬」、「傷」、「詢」、「佩」數例，錢超塵先生亦嘗論之。見《內經語言研究》，61–63頁。

　　　楊注：傷，過多也。

　　　又《四時之變》：「冬傷于寒，春生癉熱。」

　　　楊注：傷，過多也。

今案，王冰于《素問》「夏傷于暑，秋必咳瘧」下注曰：「夏暑已甚，秋熱復壯，兩熱相攻，故為咳瘧。」于「秋傷于濕，冬生咳嗽」下曰：「秋濕既多，冬水復王，水濕相得，肺氣又衰，故冬寒則為嗽。」是亦王以「傷」為「過多」矣。實則楊、王皆誤。唐時，「傷」有「過多」義，《太素》既非唐文，其「傷」字則當為常義。楊、王誤以時語釋古語也。唐時「傷」之「過多」義者，如杜甫《曲江二首之一》：「莫厭傷多酒入唇。」楊倫《鏡詮》：「言莫以傷多而不飲也。」仇兆鰲注曰：「傷多，傷于酒也。」楊意傷者情之傷；仇則謂傷于酒者多。今人多分從二注。然細味全詩，確如仇氏所言「有及時行樂之意」，則何言傷情、傷于酒乎（傷于酒，亦情傷耳）？且老杜此詩對仗極工，其出句「且看欲盡花經眼」，「欲」為虛字，則「傷」不可實，否則失對矣。實則此聯言且看春將歸去，須當行樂，莫嫌入唇之酒過多耳。《太素》楊注雖誤，然可證唐時之「傷」確有「過多」之義。又，王冰于「冬傷于寒，春必殞泄」句下有「夫傷于四時之氣，皆能為病」等語；于「春傷于風，夏生殞泄」句下曰：「風中于表，則內應于肝，肝氣乘脾，故殞泄。」則以常義釋「傷」矣。

　　例4　　《五藏命分》：「凡此諸變者，持則安，減則病。」

　　　楊注：凡此二十五變，過分以為不善，減則為病，持平安和，以為大別也。

　　　「減」，日抄本作咸，今本據《靈樞經》、《甲乙經》改。

今案，感也，咸也，減也，字皆相通也。觀楊注，是其所見已作「減」；日之唐抄本本作「咸」，蓋古本之存者。《太素》以「減」與「持」相對。持

者，守也（《呂氏春秋‧慎大》注），無所取予之謂也（《左傳昭公元年》注）。減者，咸也（《考工記》「輈人」、「栗氏」咸字《釋文》皆曰「本亦作『減』」），感也（《周易‧咸》鄭注），《五藏命分》謂感寒熱也。楊注所謂「減則爲病」，乃謂減少，故增字解之曰「過分以爲不善」，非也。《五藏命分》又曰：「願聞人之有不可病者，至盡天壽，雖有深憂大恐怵惕之志，猶不能感也，甚寒大熱，弗能傷也。」《靈樞經》作「猶不能減」，是其證。《太素》、《靈樞》、《甲乙》字之不一，適見咸、減、感之爲一，至唐本猶然。惜也，時人已不明其義矣。

例5　　《虛實所生》：「陰陽旬平，以充其形。」

　　　　楊注：甲子一日一迎爲旬。旬，迎也。……旬平氣和，以充其身形也。

今案，楊氏誤矣，旬無迎義。《說文》：「旬，遍也。」段曰：「古旬、勻二篆相假爲用。」實則二字同源。《說文》：「勻，匝也。」（依段改。）旬之指十日，以十日則遍一地支，依十進位自「一」至「一」，猶如土均循環一匝也。《素問》正作「勻」。「旬」字均遍之訓，至漢尚夥，唐則但知十日之義，逐生臆解。

例6　　《順養》：「道者，聖人行之，愚者佩之。」

　　　　楊注：聖人得道之言，行之于身，實之于心府也；愚者得道之章，佩之于衣裳，實之于名利也。

今案，佩之言倍也、背也。郭藹春謂《類說》、方氏《家藏集要方》引并作「背」。「胡澍曰：『佩讀爲倍。《說文》：倍，反也。聖人行之，愚者佩之，謂聖人行道，愚者倍道也。佩與倍古同聲通用。』」其說是也。佩借爲倍、背，偶有其例。《荀子‧大略》：「蘭茝稿本漸于蜜醴一佩易之。」楊注：「佩或爲倍。」楊氏未諳古音及假借之條，逐望文生訓。

例7　《十二瘧》：「腎瘧，令人洒洒，腰脊痛宛轉，大便難，目眴眴然。」

楊注：眴，請也。謂有眴請，舉目求之。眴眴，舉目視專也。……又或為眩。腎府膀胱足太陽　起目　內，故令目眩也。

今案，「眴」無請義，且腎瘧與眴請何干？楊說牽強。《素問》、《甲乙經》均作「眴」。《素問·脉要精微論》：「浮而散者為眴。」王注：「頭眩而仆倒也。」《內經素問吳注》：「眴，目欲瞑也。仲景曰：『少陰為病，但欲寐也。』亦是目眴眴然之意。」王、吳說是矣。《說文》：「旬，目搖也。眴，或從目、旬。」目頻搖則眩，亦將欲瞑，二說潛通。《太素》作「眴」，假借耳，楊注望文為釋矣。

例8　《四時脉診》：「四變（案指春暖、夏暑、秋急、冬怒）之動，脉與之上下。以春應中規，夏應中矩，秋應中衡，冬應中權。」

楊注：春三月時，少陽之氣用，萬物始生未正，故曰應規；夏三月時，太陽之氣用，萬物長正，故曰應矩也；秋三月時，少陰之氣用，萬物始極，故曰應衡也；冬三月時，太陰之氣用，萬物歸根，故曰應權也。

今案，楊說附會，此互文見義耳。中規、中矩、中衡、中權，一也，皆謂四時天地之氣變，氣脉亦隨之，皆應與其正常規律合，規、矩；衡、權諸字，行文錯綜耳，不可求之過深。此文法《內經》多有，如「天不足西北」，「地不滿東南」（《陰陽》），足、滿互文；「齊毒藥攻其中，鑱石針艾治其內」（《知古今》），攻；治相補；「經脉流行不止，環周不休，寒氣入焉。」（《邪客》），止、休同義。

例9　《知祝由》：「余聞古之治病者，唯其移精變氣，可祝由而已也。」

楊注：上古之時有疾，但以祝爲去病所由，其病即巳。

今案，《素問》王注曰：「是以移精變氣，無假病藥，祝說病由，不勞針石而已。」〔日〕丹波元簡引〔元〕陳櫟說：祝，斷也；由，病所由也。或曰：「由，從也。言通祝于神明，病從而可愈已。」[13] 吳鞠通曰：「案祝由二字出自《素問》。祝，告也。由，病之所從出也。近時以巫家爲祝由科，并列于十三科之中，內經謂信巫不信醫不治，巫豈可列之醫科中哉？吾謂凡治內傷者，必先祝由，詳告以病之所由來，使病人知之，而不敢再犯，又必細體變風變雅，曲察勞人思婦之隱情，婉言以開導之，莊言以振驚之，危言以悚懼之，必使之心悅誠服，而後可以奏效如神。」[14] 愚以爲諸說皆誤。吳氏乃以今之心理醫療原理說之，其見甚卓，而說字則非也。祝由，連語也，不知其源。《說文》：「褕，祝褕也。」段氏引惠士奇曰：「祝由即祝褕也。」「《玉篇》古文作『袖』。」桂馥引趙宦光曰：「太醫十三科，其最後曰祝由。又曰：祝尤，古醫之巫咸也。」惠、趙是也。《靈樞·賊風》：「黃帝曰：『其祝而已者，其故何也？』歧伯曰：『先巫者，因知百病之勝，先知其病之所從生者，可祝而已也。』」蓋亦以不知「祝由」爲一事，脫一「由」字而已也。

例10　《陰陽雜說》：「故冬不按蹻。」

楊注：蹻，強勇貌。

今案，《素問》王注曰：「按，謂按摩；蹻，謂如矯捷者舉動手足，是所謂導引也。」郭靄春曰：「〔日〕森立之曰：『「不按」爲「按」之訛，「不」字古人語助。「不按蹻」者，按蹻也。冬時禁按蹻，未見他書。』」[15] 吳注：「按，手按也；蹻，足蹻也。」吳說是也，他書皆誤。「強勇」

---

[13] 《黃帝內經素問集注》，（清）張隱庵撰，上海科學技術出版社，1959。
[14] 轉引自《靈樞經校釋》，153頁。
[15] 轉引自《黃帝內經素問校注》，61頁。

與多不施以某法無關；多不導引，亦非事實；謂「不」爲語助，而又脫之，猶爲強辭。《說文》：「蹻，舉足小高也。」（各本作「行高」，據段說改。）玄應「一切經音義」引「三蒼解詁」：「舉足也。」引申爲足蹻。此法今猶有用之者，唯以足踏爲主，于需大力與康復期施之。

例11　《陰陽雜說》：「三陽爲病，發寒熱，下爲癰腫，及爲痿厥喘悁，其傳爲索澤，其傳爲頹疝。」

楊注：索，奪也。憂恚不已，傳爲奪人色潤澤也。

今案，此「索」與上節例6之「索」同，散也，盡也。是以《素問》王注曰：「熱甚則精血枯涸，故皮膚潤澤之氣皆散盡也。」楊氏彼處是，而此處乃以「索」之當代常義（索取）解之，未能一以貫之，蓋忽其爲漢時典籍矣。

例12　《陰陽》：「故風之至傍如風雨，故善治者治皮毛，其次治肌膚，其次治筋脈，其次治六府，其次治五藏，五藏半死半生。」

楊注：風，謂天之邪氣者也。邪氣至，觸身傍，傷人體者，如暴風雨入人腠理，漸深爲病者也。

今案，「傍」者磅礴字也，謂「治不法天之紀，不用地之理，則災害至」。災害者，邪風也（《素問》即作「故邪風之至」），邪風之于人，其勢凶猛，故以「傍」形之。楊注言「如暴風雨入人腠理」，即磅礴之意也，此乃以病理言之，故訓字雖非，猶得偶中。《素問》、《甲乙經》均作「疾」，其意是，其字則非，蓋不明「傍」字之意者所擅改。

要之，楊注致誤之由，一曰未明字之源流（如州、旬），二曰未明假借之條（如佩、詢），三曰未明連語（如祝由），四曰未明文例（如規、矩、衡、權），五曰混淆義之古今（如傷），六曰《說文》等書其時未甚重視

（如躋）。此數端，亦歷代訓詁所忌；而醫家以非專攻小學者，疏漏則易多，亦今人研讀古代醫籍所宜留意者。

三、溝通語詞之一般意義與專業意義

例1　《本輸》：「太泉者，魚後下陷者之中也，為輸。」

　　楊注：輸，送致聚也。

　　　又《氣穴》：「肺輸……。」

　　楊注：輸，送致也。

今案，輸，後世醫家多以俞、腧為之，蓋為別于「輸」，以示其為醫家語。然醫家之「輸」亦用送輸之意，唯言心輸、肺輸，輸字之意晦，楊注即欲溝通之者。而輸字去車旁或易以肉旁，平人益難喻其義矣。

例2　《調食》：「五谷。」

　　　楊注：五谷、五畜、五果、五菜，用之充饑則為之食，以其療病，則為之藥。

今案，《說文》：「藥，治病草。」許之言「草」，以其字在草部。擴而言之，凡治病者皆謂之藥，平人不曉，故楊注就其廣義而言之。《素問·藏氣法時論》：「毒藥攻邪，五谷爲養，五果爲助，五畜爲益，五菜爲充。」王注：「藥，謂金、玉、土、石、草、木、菜、果、蟲、魚、鳥獸之類，皆可以祛邪養正者也。」與楊注同意。

例3　《經脉根結》：「關折則肉節瀆而暴疾起矣，故暴病者取之太陽，有余不足。瀆者，肉宛燋而弱。」

　　　楊注：太陽主骨氣為關，故骨氣折，肉節內敗。胎生內敗曰瀆。

今案，《說文》：「殰，胎敗也。」觀段氏引《管子》房注「謂胎敗潰」，是其亦以「殰」為胎敗。《太素》則用為一切內敗之詞，故楊氏釋之。其復言「胎生內敗」者，列本義也。此楊氏有意溝通者。

例4　　《經脉皮部》：「肉爍䐃破。」

楊注：爍，淫邪在肉也。

今案，爍之常訓為熱，為爛，為竭。醫之言爍則有異。《素問・逆論調》：「逢風而如炙如（于）火者，是人當肉爍也。」王注：「爍，言消也。言久久此人當肉消削也。」楊氏所謂「淫邪在肉」，言其因，王注則言其果，二者同意，皆謂消削。

例5　　《六氣》：「腠理發泄，汗出腠理，是謂津。」「穀氣滿，淖澤注于骨，骨屬屈伸，光澤補益腦髓，皮膚潤澤，是謂液。」

楊注：通而言之，小便、汗等，皆稱津液；今別骨節中汁為液，故余名津也。

今案，此其專為本書詞語之專義立說者，頗類今之科學著作自定術語復自釋之。

例6　　《七邪》：「余私異之，竊內怪之。」

楊注：小怪曰異之，大異曰怪之。

今案，「異」、「怪」難以大小別之，此楊氏隨文而釋者。

例7　　《骨空》：「九窌在腰尻分間。」

楊注：八窌與腰輸為九窌。此經窌字音聊，空穴也。

今案，《說文》：「窌，窖也。」字既從穴，其為地藏之窖是矣。施諸人身，則為骨之空處，故楊謂「空穴」。此亦一般語詞而生專業意義者。

　　要之，楊注既明訓詁，復精醫道，故甚知需溝通語詞之一般義與醫籍中之專用義。古者儒醫相通，語詞之一般義與專業義之別亦不若今之顯而嚴密。然其溝通之力，猶可爲今世科技專家、訓詁家參考，故略略述之。

第一屆國際訓詁學研討會論文
1997.04.19-20

訓詁學研究及其取向叢談

許威漢
上海師範大學

「訓詁」之稱古已有之，「訓詁學」之稱始於章炳麟。從實際情況看，訓詁學是一門古老的學問。「一切涉及中國文獻的學問都必須用訓詁學來做它的研究工具」（邢公畹）。隨著學科的發展，今後訓詁學研究應該做以下的努力。

一、認清語言研究實際

（一）傳統語言學

世界語言學傳統主要有三個：古印度傳統，古希臘傳統，阿拉伯傳統。中國語言文字研究發端很早，周秦以來獨樹一幟：開始於漢字的創造（基於漢語孤立類型的特點），於哲學搖籃中哺育語言論，展現於古文獻訓釋。傳統語言學同「現代語言學」相對而言，這是一般的含義；傳統語言學另指十九世紀西方語言學，這是就現代語言學的創始而言。我們這裏所要強調的是前者。中國傳統語言學實際相當於中國古代語文學，狹義的中國語言學大致在20世紀初才開始，它的前身便是中國語文學。

（二）中國語文學

「語文學」譯自歐洲語言，而歐洲語言又取自希臘語的語源，原本是「愛好學問」的意思。西方學者對於語文學有各種解釋，暫且不論，只想說一下中國語文學及通常人們對它的認識和理解。

　　長期以來，中國的語言研究是爲注釋經典和語文教育服務的，屬語文學的範疇。「爲了讀通古書而產生語文學，這是中國和西方－－印度、希臘、羅馬相一致的，但是表現的形式不同。西方用的是拼音文字，中國用的是漢字。漢字自成一種體糸，跟語言的配合關係比較複雜。這就使得中國的語文學和西方方的語文學呈現不同的面貌。」（呂叔湘《語文近著》131頁，上海教育出版社1987年版）「西方語文學除考訂語詞的意義外，特別重視語詞的形態變化，因爲語句的理解以它爲關鍵。」（同上）所以很早就產生了語法學。但是語法學在中國語文學中沒有形成一個獨立科目。「中國語文學重點是漢字的形、音、義之間錯綜複雜的關係。」（同上）因此，中國語文學主要包括文字學、音韻學和訓詁學。語文學和傳統語言學基本上是重合的，也有不一致的地方，但其研究共同特點是主觀的規定和測度和測度往往多於客觀的描述和檢驗。這是語文學的歷史局限性。今天的語言文字的研究，在語文學上已有巨大成就基礎上要求新取向。

（三）漢語訓詁學

　　關於人們對什麼是「訓詁」和「訓詁學」的許多解釋，這兒不必多談。必須明確的是訓詁學不僅要講詞義，而且要疏通章句，綜合分析古籍中的語法、修辭等現象，實際上是著重以古文獻的訓詁爲研究對象，以語文爲主要研究內容的一門具有綜合性和實用性特徵的語文學科。但是從嚴格的學科理論這一角度看，「古代訓詁學幾乎沒有理論可言，所以很難稱之爲「學」：訓詁學真正成爲「學」是由黃侃開始的」（何九盈《中國現代語言學史》496頁，廣東教育出版社，1995年版）。邢公畹也持同樣的看法，認爲訓詁學「沒有作爲自己特點和堅實的理論體系」（《上海師範大學學報》1984年4期）。殷孟倫說黃侃「是初步建立訓詁學一個理論體系的第一人」（《子云鄉人類稿》36頁），但也只視爲「初步」的。今天對訓詁學的歷史功績（爲敘說方便，還是都用「訓詁學」來稱述。）當然不能低估，但對訓詁學的侷限，也不能忽視。早在本世紀四十年代傅懋勣發表了〈訓詁學的科學

化〉一文。王力提出了「新訓詁學」的見解，對舊的訓詁學進行了總清算，提倡大致與語義學相當的新訓詁學建議。（王力《新訓詁學》，1947年版）之後又對漢語的同源字（詞）作了深入細緻的研究，根據古代的訓詁材料，規定了嚴格的語音條件，探微索隱，繼章炳麟《文始》（1910年）這第一部同源詞巨著之後撰成《同源詞典》（1982年出版）一書，成新訓詁學的一部重要著作。目前訓詁學的論文數以千計，概論和史的編著也達三十餘部之多，其內容那怕是零珠碎玉，亦皆為今後訓詁學宏構之所需。這三十餘部書是：陳鍾凡《訓詁學發凡》、馬宗霍《訓詁學概論》、張世祿《中國訓詁學要略》、何仲英《訓詁學引論》、林尹《訓詁學概要》、齊珮瑢《訓詁學概論》、吳孟復《訓詁通論》、陸宗達和王寧《訓詁方法論》、陸宗達和王寧《訓詁和訓詁學》、陸宗達《訓詁簡論》、陸宗達《訓詁淺談》、周大璞《訓詁學要略》、殷孟倫《訓詁學概論》、劉又辛《訓詁學新論》、齊沖天《訓詁學教程》、周復剛《訓詁學基礎教程》、黃建中《訓詁學教程》、郭在貽《訓詁學》、洪誠《訓詁學》、楊端志《訓詁學》（上、下）、程俊英和梁永昌《應用訓詁學》、趙振鐸《訓詁學綱要》、白兆麟《簡明訓詁學》、周大璞等《訓詁學初稿》、郭在貽《訓詁叢稿》、胡樸安《中國訓詁學史》、李建國《漢語訓詁學史》、趙振鐸《訓詁學史略》、王靜芝等《訓詁論叢》（台灣）、黃典誠《訓詁學概論》、盛九疇《訓詁和訓詁學》、劉又辛《文字訓詁論集》、蕭璋《文字訓詁論集》、許威漢《訓詁學導論》等。這些書容詳略精粗不都一樣，涉及的範圍大小也不盡一致。特別在範圍方面見仁見智。比如齊珮瑢《訓詁學概論》，就沒有採納他的老師沈兼士規定的範圍意見。沈兼士把訓詁學分為三部分：一是訓詁學概論，作為總論；二是代語沿革考，作為縱的研究；三是現在方言考，作為橫的研究。（《沈兼士學術論文集》第8頁）齊珮瑢則認為：「訓詁學也可以叫做『古語義學』」。「是研究我們古代語言和文字的意義的一種專門學術。」「訓詁學範圍的擴大，由專門訓釋故言的工作，進而探討歷代古今語言轉化的軌跡及規律，更進而調查現在方言的音義以究古語的遺留及流變，已有些浸入古語

學的領域了。」（均見齊著《訓詁學概論》）相應地，有人也認爲何仲英《訓詁學引論》第二章「代語的沿革」、第三章「現代方言」作爲訓詁學主要內容很不得當。八十年代出版的訓詁學書，不少作者還是主張要擴大訓詁學的範圍。其中有些著名學者還主張訓詁學要向詞匯學方面發展，相應地訓詁學範圍勢必更加擴大了。今天在這方面是否取得共識，也將是訓詁學研究的重要一環。至於訓詁學的方法論的思考也必將提到新的日程。陸宗達、王寧《訓詁方法論》是論訓詁方法（與之相並行的可以有「訓詁內容論」、「訓詁方式論」、「訓詁術語論」之類），不是訓詁學這門學科的方法論。有人認爲訓詁學學科方法論僅此而已，那是誤解了。方法論除了哲學上的含義之外，歷來主要是指思維過程中的方法論，現代也指思維過程中理論工具施用的方法論，未可等量齊觀。

二、闡發語言自身規律

訓詁內容涉及語言諸要素及至篇章，其核心內容則是詞義。詞義是語言系統中十分複雜的部份，許多內容雖然經過較長時期的探討，可是並沒有認識清楚，有待進一步揭示闡發其內在規律。

（一）詞的音義關係

我國最早注意到詞的音義關係的是墨子，他說：「聲出口，俱有名」（《經說》），表明語言中的聲音和意義原是不可分離的統一體。用今天的話來說，就是「聲音是語言的物質外殼」。墨子的語言觀（當然還有其他的見解，這兒僅舉其一）在相當長的時期裏沒被發現。到了漢代，劉熙的《釋名》從聲音渠道推究事物命名之源，開語源學先河，然由於缺乏理據，不免多有隨意牽合之嫌。清代乾嘉學者古音學研究取得較大成就，因聲求義成就斐然。所以，漢化的聲訓「精華少而糟粕多」清代的因聲求義「精華多而糟粕少」。不過清代往往把「音近義通」的可能性視爲必然性，又不免導致認

識上的偏差。直到現在，還有人常糾纏在詞音義關係是隨意還是必然的「論
爭」上，這簡單的判定，都有嫌理論脆弱。

詞的聲音和意義有著密切聯繫，已為人所公認，而這種聯繫的具體情
況，還沒有從理論上全面闡釋，基本上是憑直覺的。筆者認為應該闡發詞的
意義關係的幾個特性：偶然性、約定性、回授性、延展性、類聚性、多元性
以及「二號性」、人文性。

我們知道，除了某些象聲詞（這是第二信號系統裏入第一信號系統的成
份）以外，某個詞義用什麼聲音形式來表達，都是偶然的。但是經過社會約
定，在語言發展中，某聲音形式會對某個意義表達施加影響，產生回授作
用。比如「大」字，為了表示「大之極」、「尊於大」，便改變來的讀音
（字形加一點是後來為了表示區別）。在開始的時候，「大」的讀音是偶然
的；當它約定俗成之後，就受到一定的制約了。這也就是說，「大」是端系
「定」母字，表示「大」之極的「太」便是端系「透」母字。它由全濁變次
清，由不送氣變送氣音，但是屬於「舌」音。「回授性」是有理性，偶然性
是無理性；而無理性一經約定，就有理可循。約定性在從無理性到有理性的
過程中，起決定作用。未經約定自然也就談不上回授。與此相關，不同時
代、不同地域某個詞義的語音形式有不同，這在原有意關係基礎上表現出意
義關係的延展性，這可以仍然從「大」這個詞看出，古今讀音不同：古為全
濁聲母，今為次清聲母，這是歷史延展性；各地讀音不同，（如北京、上
海、閩粵「大」的讀音不同）這是地域延展性。表示「大」的意義不限於
「大、太」，還有「弘、洪、宏」（同聲）等，「京、景」（同聲）等，
「龐、丕」（同聲）等，而它們又各自形成音義關係的系統，這是音義關係
的多元性。還有，表達相同義素的聲音往往相類聚，如上述「龐、丕」都表
示大，就是一例。又如，「莫、無、毋、勿、亡、未、末、靡、罔」這些否
定詞都是「明」母字，「不、弗、非」這些否定詞都是「幫」母字。這也就
是說，上古否定詞都是唇音字，表現了音義關係的類聚性。（過去許多學者
覺察到這一事實，只是不曾作理論上的科學抽象，如戴震以為同紐之字義多

相近，作「轉語」；近人劉賾《古聲同紐之字義多相近說》；近人劉師培著《古韻同部之字義多相近說》。）還必須看到，詞是信號的信號，通過詞的聲音去掌握詞義，這是意義關係的信號性（或稱「二號性」）；語音用來表達語義，是物理現象、生理現象，又是邏輯現象、心理現象，其音義關係又具有人文性。誠如呂叔湘所說，「語言學本質上是一門人文學科」，音義關係是語言本質屬性決定了的。有些人對音義認識尚有不足，往往只提出音義關係的偶然性與必然性問題來討論，舉例繁復，言雖多而不中其要。幾年前有人寫了一部書稿，名稱叫《音義探源》，送交出版社審閱，有所謂「象者，向也；象行直向前」之類，用以明音義關係的必然性，筆者實在不敢苟同。不過這類實例的出現，正說明現今音義關係的合理闡釋是十分重要和必要的。

一樣事物的特徵用某一個音來稱呼，在另外一樣事物上可能有另一種特徵和那種特徵相類似，如果僅根據這一點就用稱呼第一樣事物的音來稱呼第二樣事物，這種凡音近則義通的片面認識，則屬常識性問題，還沒有步入析理之林，不特方法論錯誤而已。有識之士決不至有此疏漏。黃侃指出，「同音者雖有同義，而不可言凡」，他看到音近義通的可能性，但不視為普通的必然規律，可謂真知灼見。

（二）詞義引申

在詞義引申方面，有兩個問題比較突出，一是對引申的理解，一是對引申源頭本義的理解。

先談第一個問題，對引申的理解。詞的引申義是指一個詞由本義推演而形成的意義。在現代人心目中，已經有了共識，無庸贅述。但回顧過去，說解紛亂，有待澄清，無使干擾視線。舉例來說吧，清代的江聲在《六書說》中認為：「凡一字而兼兩誼（義）、三誼（義）者，除本誼之外皆假借也。」江聲把引申誤認為假借了。其實，引申是詞的問題，是詞義在本義基礎上的發展變化；假借是用字的問題，是用音同義近字來記錄語言中的詞。

如果把引申也叫作假借，在研究詞義時就會產生混亂，分不清詞義發展的脈絡。如果把本義以外的引申都稱假借，就會使詞義研究失去科學性。朱駿聲把字義引申叫做轉注。他的貢獻是把字義的引申和假借嚴格區分開來。段玉裁在《說文解字注》一書中分析了大量字義引申，貢獻很大，但他沒談到詞義引申的方法途徑。那麼什麼是引申呢？引申的方式途徑又是怎樣的呢？後代也不是每個人都講清楚了。呂思勉《文字學四種》（上海教育出版社，1985年6月新一版）說：「有類乎假借而實不然者，時而引申。」（203頁）呂思勉要把「引申」和假借區別開來，但什麼是「引申」呢？說不出所以然來，只能用「類乎」、「實不然」這樣的模糊詞語來表達，而且不作主觀的認定，而用「時曰」來示意。其實說了於沒說，因爲沒有就「引申」本身而言。什麼是引申說不所以然來，陳獨秀《字義類例》在「引申」部分只舉了很多實際例子，但不作「引申」的解說。讀者可以從實例中會意，可難以得到理性啓示。讀者沒有明確「引申」概念，對有些現象往往產生錯覺。又，章炳麟《國故論衡·語言緣起說》這樣說：「䛐（biàn）者，罪人相與訟也。引申則爲治訟者，字變作『辯』。治訟務能言，引申則爲辯論、辯析。由辯析義引申，則爲以刀判物，於是字變作『辨』···由刀判義引申，則瓜實可分者亦得是名，其字則變爲『瓣』矣···一字遞演，變爲數名。」其實說的是「義自音衍」的文字孳乳現象。這種孳乳應該是詞的分化而造出新字，屬同源詞。同源詞是就一群詞的同源關係說的，不是一個詞由本義引申出來的許多意義說的。如果把一詞多義的引申混同於詞群的同源關係，造成的錯覺就會影響對成片語言現象的正確理解。儘管這不會是章炳麟的初衷，然其後果必然如此。

　　再談第二個問題：對詞義引申源頭本義的理解。顧名思義，本義或本始義是指一個的本來的原始的意義，相對於引申義、比喻義而言。比如「深」，「水深」是它的本義，這是就由上至下的垂直程度而言的。後來引申指由外到裏的距離程度，如「深山」。由上至下，由外到裏都是著眼於空間的，後來引申指表示長時間的程度，如「深夜」。此外引申指「深色」，

表示顏色濃的程度；引申指「深思」，表示人的心理狀態。這些都是從「水深」這個本義發展而來的。後世「深」單獨出現的情況較少，較多的情況是用爲詞根（上述諸例亦屬此類）構成複詞，或出現在成片語言裏。探求詞的本義，按理說，應掌握好「始見書，初見義」這一原則。「深」早見於《詩經·邶風·匏有苦葉》「深則厲，淺則揭（qì）」，與「淺」相對。可爲「始見書，初見義」之證。今天，甲骨文出土，更爲探求本義提供了依據。「深」未見於甲骨文，但「淵」（回水－－打旋的水）已在甲骨文中出現，後來才有深水的意思，進而構成近義互訓複詞「深淵」。查找「始見書，初見義」，「深」與「淵」有別，「深」與「淵」義近，那是後來的事。

古漢語中，絕大多數詞都是既有本義，又有引申義。比如《說文》所收的字（詞），它的意義多數被認爲是本義，這種本義一般理解爲造字的本義。但是語言先於文字，「以形索義」自然難以窮源，「因聲求義」也有侷限。對這一語言事實，探求本義的難度就得充分估計，科學對待。嚴學窘說依形析義「是解釋文字得形之由，而不是詞的本義和普遍意義」（《我國傳統語言學的研究和繼承》見《把我國語言學推向前進》30頁、湖北人民出版社，1981年版）。這也就是說，字形分析出來的意義不都與本義劃等號。強爲之解，必與語言文字事實不合。歷來依形釋義，往往帶有人爲的湊合，比如「畏、器」的《說文》析義，就寓隨意性；「笑」的形義關係究竟若何，亦難論定。不爲成說膠固，亦不隨意牽合，如實對待，方無使困惑。

（三）詞義研究與語言諸要素等的研究相照應

詞義研究與語音、語法要素研究要相照應，與文字、修辭乃至校勘等的研究也要相照應。這兒只從語法角度申述一二，餘可類比而明之。

回顧歷史，僅僅從一些句法現象著眼，也不難窺見詞匯語法交織網絡之大略。比如漢代狀語比先秦發達，這就跟詞匯系統中用作狀語的副詞日益豐富有關；而這用作狀語的副往往是經過實詞詞義的歷史演變而出現的。像「良」這個詞的本義是「首領」，常用義是「善」，漢代引申爲表程度的

「甚」義，在句子中多用作副詞狀語。「退」詞義引申與用作副詞狀語是同步的。又比如魏晉南北朝時期，動詞前後狀語和補語的分佈格局日益趨向前多後少的變動，但也就在這南北朝的齊代，「得」的詞義逐漸完成了由實到虛的演變，這就出現了由結構助詞「得」的使用頻繁、內容豐富多彩的補語，從而又使狀語的分佈格局有了新的調整，直到現代，有結構助詞「得」的補語用得越來越靈活。「得」的實詞意義虛化，對句法結構的影響實是舉足輕重。又比如動量詞先秦沒有，魏晉南北朝時期增加到十多個，這多半是詞義的演變促進了詞類的完備。從言個意義上看，詞義研究和語法研究是相輔相成的。王力認為，古漢語虛詞也可可以作為詞匯的問題來解決（王力《中國語言學史》211頁，山西人民出版社，1981年版），這是從漢語語言類型和古漢語的特點以及古漢語虛詞歷史發展狀況出發考慮的研究方式方法。漢語虛詞有許多是由實詞演變來的，這種演變主要是實義的演變及功用的演變。前面說過，古代漢語語法沒有獨立分科的成系統的研究，但是它的零散研究有兩條路子，即虛詞路子和句讀路子，既與訓詁學相結合，又與修辭學聯繫。詞義是訓詁的核心，訓詁研究與語法研究相關性自不待言。以上例說只標示詞義研究與語法研究的幾個側面，全面闡發，便得潑墨如雲，宜另文專門申述，權且從略了。

三、繼承前人研究成果

任何學術研究都不可從零出發，應該看到訓詁學領域有可以繼承的深厚基礎。問題只在於如何繼承，繼承什麼。這是個大課題，說來話長，茲述其要者：

（一）善於了解汲取

詁學萌芽於先秦而興盛於漢唐。漢代末年，應劭、服虔已悟出可利用聲韻切合的原理注音，梵文拼音原理啟示後來反切的產生，反切又成為韻書的基礎。韻書的出現標誌音韻學的誕生，用以分析漢語發音原理和發音方法的

等韻學也相繼出現。漢唐以來，上述種種的共同特點，集中到一點，就是具有實用性目的。到了清代，特別是乾隆、嘉慶年間，我國傳統語言學在前代已有成績基礎上取得突出成就，文字、音韻、訓詁全面發展，治學方法也不斷邁向科學軌道。這個時期，漢學師承，承先啓後。江永推崇顧炎武，戴震師事江永「盡傳其學」，世稱「江戴」與「戴學」。戴震熟諳中國古典文獻，學問淵博，著作精湛，「樹風聲於當時，標新學於後世」。戴震弟子有段玉裁、王念孫諸名儒，世稱「段王」。王念孫、王引之是父子關係，學術上並稱「二王」。他們在學術上遞相承受，有深刻影響，有人逕稱漢學爲清學。

乾嘉學者小學研究始終貫穿著一種既注重漢學師承又銳意創新精神，其特徵，用今天的話來說，便是意識到有聲語言和概念的直接關係，意識到語言的社會性，意識到語言的系統性，意識到古今差異性，以「精專」爲最高的學術追求，充分占有材料等。筆者爲《戴震全書》寫的「序言」中對乾嘉學者上述治學特徵已有所申論，這兒不細述。（見《戴震全集》一，黃山書社，1994年版）這兒要特別強調的是以「精專」爲最高的學術追求。王國維用二個字高度概括地評價清代三百年的學術，說「國初之學大，乾嘉之學精，道咸以降之學新」，這「精」是乾嘉學者輝煌成就之所自，也正是我們今天要著重了解汲取的。

爲了把這一事實說得更具體，這裏用一個較常見的例證加以闡明。遠的不說，就拿本世紀俞樾《古書疑義舉例》來看吧。此書乃是極精洪之作。凡所闡發，勝義疊出，奧義昭蘇，爲訓詁學研究必讀之作。筆者要求研究生精讀，見識大增，悟入勝境，深發隱微。讀是書，也便是繼承前人研究成果，汲取精華的一個要取向和步驟。是書永遠視爲綜合訓釋語義的有代表性的權威著作。俞氏治學以高郵王念孫、王引之父子爲宗，著述五百餘萬字，主要著作有三部：《群經平議》、《諸子平議》和《古今疑義舉例》，他的私淑弟子章炳麟認爲《古書疑義舉例》尤爲上乘。對《古書疑義舉例》，歷來學者評價都很高。劉師培稱：「幼讀德清俞氏書，至《古書疑義舉例》，嘆爲

絕作，以爲載籍之中，奧言隱詞，解者紛歧，惟約舉其例，以治群書，庶疑義冰釋，盖發古今未有之奇也。」（《古書疑義舉例補》）楊樹達稱：「余年十六七，讀俞氏「《古書疑義舉例》，即嘆爲絕作，時時讀之。」馬敘倫稱：「德清先生《古書疑義舉例》發蒙百代，梯梁來學，故懸之日月而不刊者也。」（《古文疑義舉例校錄》）姚維銳稱：「嘗讀德清俞氏所著書，獨喜其《古書疑義舉例》，援引詳明，條理精密，昭然發千古之蒙。」（《古書疑義舉例增補》）評價值如此之高，得見其詳。唯是書涉及的面頗寬，以下僅轉舉釋詞之數例，略窺見巨麗之一隅。

1、關於古詞語的訓釋（標題係作者酌加，下同）

古人之語，傳之至今，往往不能通曉，於是失其解者，十之八九（橫線號係筆者所加，下同。）

「艸蔡」，古語也。《說文· 部》：「丰（jiā），艸蔡也。象艸之散亂也。」亦或作「草竊」，「竊」與「蔡」一聲之轉。「艸蔡」之爲「草竊」亦猶《莊子》「竊竊」之爲「蔡蔡」也。《尚書·微子篇》：「好草竊奸宄。」「草竊」即「草蔡」，其本義爲艸亂。引申之，則凡散亂者皆得言之，故與奸宄連文。「好草竊」，即「好亂」也。枚（頤）傳訓爲草野竊盜，不達古語矣。

「旅距」，古語也。《後漢書·馬援傳》：「點羌欲旅距。」李賢注曰：「旅距，不從之貌。」亦或作「據」，「據」與「距」聲近。《說文·酉部》，「釀」，或作「詎」，是其證也。「旅距」、「據旅」，語有倒順耳。凡雙聲疊韻之字，往往如此。《大戴記·曾子制言篇》：「行無據旅。」言其行之無所違也。盧（辯）注訓爲「守直道無所私」。未達古語。

「究度」，古語也。《詩·皇矣篇》，「爰究爰度」是也。亦或作「鳩度」。襄二十五年《左傳》「度山林，鳩藪澤」是也。說本王氏《經義述聞》。亦或作「軌度」，二十一年《傳》：「軌度其信」是也。「究、鳩、

軌」,並從「九」聲,故得通假。劉鉉曰:「軌,法也;行依法度而言有信也。」未達古義。

「窶空」,古語也。《說文·女部》:「窶,空也。從毌(guàn)、中、女,窶空之意也。」凡物空者無不明,故以人言則曰離窶,以屋言則曰麗廔。「離」與「麗」,皆窶字之雙聲也。《論語·先進篇》:「回也其庶乎,窶空。」此言顏子之心通達無滯,若窗牖之麗廔闓明也。《史記·伯夷傳》,「回也屢空,糟糠不厭」,則西漢經師已失其解;而「窶空」之語獨見於《說文》,乃嘆許君之書,<u>有裨經學不淺也</u>。

「比要」,古語也。《周官·小司徒職》:「大比則受邦國之比要。」鄭司農云:「要,謂其簿。」然則比要者,大比之簿籍也。《管子·七臣七主篇》:「比要審則法令固。」 可知管子治齊,猶本周制。(本文筆者按,周制每三年調查一次人口,並查官吏,所謂大比。)後人不識比要之語,改「比」爲「皆」,尹注訓爲「事皆得要」,失之。

「逡巡」,古語也。亦或作「逡遁」。漢〈鄭固碑〉「逡遁退讓」是也。亦或作「蹲循」。《莊子·至樂篇》:「忠諫不聽,蹲循勿爭。」按:〈外物篇〉釋文引《字林》曰:「踆,古蹲字。」然則漢碑作「逡遁」,《莊子》作「蹲循」,字異而義同,謂人主不聽忠諫,則人臣當逡巡而退,勿與爭也。郭注曰:「唯中庸之德爲然。」此不達古語而曲爲之詞。

(卷七《不達古語而誤解例》:凡16例,轉引6例)

2、關於構詞的闡析

《禮記·月令篇》:「孟夏行春令,則蝗蟲爲災;仲冬行春令,則蝗蟲爲。」王氏引之曰:「『蝗蟲』爲『蟲蝗』。此言『蟲蝗』猶上『蟲螟』,後人不知而改爲『蝗蟲』,謬矣。」按,上言「蟲」而下言「蝗」,上言「蟲」而下言「螟」;「蟲」,其大名也;「蝗、螟」,其小名也。

(卷三《以大名冠小名例》)

「以大冠小」的構詞，上古有，後世沒有。「城濮之戰」的「城濮」，如在後代，只能說「濮城」（址即現在山東的「濮縣」）。其他「城穎、鳥烏、后羿、帝辛、魚鮪（wèi）」等等「以大冠小」也都是古代說法。這種出現在上古而不見於後世的構詞現象的提出，有利於對漢語詞匯史的認識。最早對漢語詞的形式方面作系統研究的學者首推薛祥綏，他就汲取了「以大冠小」的例說。他1919年發表於《國故》四期上的〈中國語言文字略說〉一文，汲取「語言學論文索引」甲編失錄，幾成佚文，後來談古漢語構詞的對「以大冠小」現象往往有所忽視，對漢語史實的認識多少受到影響。今有人補發王、俞之議，意義自是十分重大，當深會而宣之。

3、關於專書說解的鑒別

《爾雅》一書，釋訓名物，尤易混淆。《釋山》：「多草木岵，無草木峐」。《詩·陟岵篇》毛傳曰：「山無草木曰岵，山有草木曰屺」。又：「石戴土謂之崔嵬，土戴石為砠。」《卷耳篇》毛傳曰：「崔嵬，土山之戴石者。石山戴土曰砠。」其義並與《爾雅》相反。《正義》謂「傳寫誤」也。《釋天》：「春為蒼天，夏為昊天」。《書·堯典》，《正義》曰：「鄭玄讀《爾雅》曰：『春為昊天，夏為蒼天』。」則《爾雅》一書之傳述不同，自昔然矣。（卷六《上下兩句互誤例》）

《爾雅》在我國語言學史上有重要地位，是研究先秦語詞和閱讀古籍的重要參考書。它在成為儒家經典（十三經的第十二經）之前，在相當長的時期裏經過許多人增補，難免有差錯。俞氏之說。又一次證實這一事實。《爾雅》在成為經典之後，只好將錯就錯了，因為經典是不能更改的。他如《孟子》「俗字」（暫且借用前人稱述）最多，因為在宋代之前，它被改動得很多，成經書之後人們就不敢隨便改了，只好「將俗就俗」，所以人們說《孟子》是俗字的淵藪。《孟子》的「將俗就俗」和《爾雅》的「將錯就錯」的情況一樣。

4、不懈鑽研，補正己之所失

俞氏之書，不特內容精眩，而且剖析入微，人們亦可引爲研索之範例。下面一例，即可觀其大要。

> 「之」字，古人亦或用爲連及之詞。《考工記》「作其鱗之而」；文十一年《左傳》皇父之二子，皆是也。《禮記·中庸篇》：「知遠之近，知風之自，知微之顯。」此三句自來不得其解。若謂遠由於近，微由於顯，則當云「知遠之由於近，知微之由於顯」，文義方明；不得但云「遠之近，微之顯也。」「知遠之近，知風之自，知微之顯，可與入矣。」猶《易·繫辭傳》云「君子知微知彰，知柔知剛，萬夫之望也。」然則「知風之自」句，當作何解？「風」讀爲「凡」，「風」字本從「凡聲，故得通用。」《莊子·天地篇》：「願先生之言風也」。「風」即「凡」字，猶云「言其大凡」也。「自」者「目」之誤。《周官·宰夫職》：「二曰師，掌官成爲治凡；三曰司，掌官法以治目。」鄭注曰「治凡，若月計也；治目，若今日計也。」然則，「凡」之與「目」，事有鉅細，故以對言，正與「遠近」、「微顯」一例。余著《群經平議》，未見及此，故以此發之。
> （卷四《古書連及之詞例》）

例說思路清晰，佐證確鑿，令人信服。補發自著《群經平議》所未及，尤見治學嚴謹，一字不苟。由此也可以印證一個真理：正確的結論來自不懈的鑽研，慎於補正以往之不足。剖析如此細密，前人行文中亦不多見，堪稱研索之範例。

　　乾嘉學者及其繼起者開拓發掘了文獻訓詁領域，取得的輝煌成就，是我們訓詁學研究工作的重要園地和源泉，也是今後語言學發展必具的堅實基礎。儘管是零珠碎玉，也當爲現代語言學宏構之所需。那麼如何既施用於訓釋實踐，又借以促成現代語言學建設呢？涉及的問題自然還多著。

（二）善於理性索解

　　學科的發展是人們對客觀規律認識的不斷深化的過程，這突出地表現在歷史上多次出現的理論大綜合上。沒有例外，語言學的建設和發展，自然也是順應這一歷史路線的。清代訓詁學與盛，乾嘉學者冲散了長期來重形不重音的迷霧，「這是訓詁學的革命」（王力《中國語文學史》15頁）。這一訓詁學革命導源於古音學研究的理論綜合，歷史意義是空前的。今天我們要進一步發展訓詁學，一定要在已有的基礎上善於作理性闡析，微觀分析與宏觀分析相結合，起相輔相成、相得益彰之效。

　　前面說過，詞義是訓詁的核心，我們這兒仍然從詞義及其引申方面進行觀察探析，《說文》收字九千餘，其中常用和次常用的字不到一半，段玉裁《說文解字注》析常用字引申義一千餘，較之散見於其文獻中的零星材料，可謂集義分析之大成。不過因爲某種侷限，偏於個別字例的分析，少系統抽象綜合，未能上升到理論高度作科學闡發。我國語言學界一向流行著詞義的擴大、縮小、轉移的邏輯語義學說法，這一說法原來是德國語言學家赫爾曼‧保羅（1846-1921）在《語言史原理》中提出來的。它對我國詞義引申演變的研究曾經起過重要的促進作用，然它並沒有使漢語詞義引申演變的研究有大的進展。原因不在於這種說法本身缺乏理論價值，而在人們沒有緊密結合漢語特點，立足於繼承發揚我國傳統的詞義研究的豐富而寶貴的成就的基礎上，過多地從字面上「爭鳴」。如有人說詞義的擴大、縮小、轉移是詞義演變的三種方式，同時把「轉移」改說成「移動」；有人又說詞義的擴大、縮小、轉移是詞義演變的三種結果，同時把「擴大」改說成「放寬」；還有人說詞義的擴大、縮小、轉移是詞義演變的三種規律；也還有人說詞義的擴大、縮小、轉移是詞義演變的三種情況，同時把「擴大」說成「擴展」，把「縮小」改說「收縮」。凡此種種，不一而足。考其實際卻並無新解，例證也只是互相輾轉引用或略加增改而已。五十年代拙著《漢語詞匯基本知識》（湖北人民出版社1959年版）一書41頁曾經指出這一現象，後來雖漸有改觀，但仍嫌不理想．然則段玉裁詞義引申的探討比德國學者保羅詞義大、縮小、轉移說早一百多年，涉及內容之豐富，是首屈一指的；而且他有

許多理論闡述，固然還不是嚴格的科學抽象，畢竟是道前人所未及道。如《說文》「宰」字條下云：「辜（罪）人在屋下執事者。」段玉裁注：「宰之本義也，引申爲宰制。」表明「宰」本來是屋內奴隸（所謂「罪人」），因貼近奴隸主，有可能得到奴隸主信用，逐漸具有職權，乃至擴大職權；到了後代，直至成爲官僚，執掌國政（感情色也產生由褒到貶的變化）。即使有些內容前人略已提及，段玉裁也還有自己的見解，乃至對前人述說進行補正。如唐代顏師古《匡謬正俗》說：「副貳之字本爲福，（fù，副）從衣，畐聲；俗稱一襲爲福衣是也。」段玉裁《說文解字·注》則說：「顏說未盡然也」，接著便表明自己的見解：「副之，則一物成二，因仍謂之副。因之凡分而合者皆謂之副。訓詁中如此者致（極）多。」我們如能很好繼承段玉裁研究成果，經過科學抽象作理性闡析，認識的深化，學科的發展，將是無庸置疑的。

（三）善於辨識取捨

上文說過，段玉裁的說解比顏師古高明，但顏師古說「俗呼一襲爲一福衣」，從另一個角度看，顏師古看到了「副」充當量詞的傾向，爲段玉裁訓釋所未備。我們如能採納段玉裁的訓釋，參照顏師古的提引，如實觀察詞義的歷史現象，則不僅可知其引申之跡，還不難理解「副」由動詞轉變成量詞的史實，有利於語言詞類全面探討。我們知道，「周人言貳，漢人言副」，這只是就一般用法說的，不是說「副」在漢代已經用爲量詞了。「副」用爲量詞是在魏晉南北朝時期，如「今贈……赤戎金裝鞍、轡十副」（魏武帝《與太尉楊彪書》），「賜錢百萬，床帳、簟、褥百副」（《全晉文》卷六晉武帝文），崔復「致衣一襲、被、褥一副」（《世說新語·方正篇》注引《孔氏志怪》）。這裏的副就是當時新興的量詞。語言現象的認識要在「區別」，通過區別而有所取捨，方可納入繼承之正軌。

由於人們對客觀事物的本質屬性的認識是一個逐步接近真理的漫長過程，不同時代的認識深度是不一致的，而且在同一個社會裏，不同的人的認

識深度也是不一致的，即使同一個學者，在同部一部撰述裏，由於種種原因，有些認識深些，有些認識淺些，甚而還有失誤，雖大家也有所不免。別不說，仍拿俞樾《古書疑義舉例》來說，它堪稱「不廢江河萬古流」之作，但也有不足之處。稍有不足，事屬小節，非關大局，可是同樣有鑒別取捨之必要。俞書尚且如此，何況他書。《古書疑義舉例》這樣寫道：

> 襄二年《左傳》：「以索馬牛皆百匹。」《正義》曰：「《司馬法》：『丘出馬一匹，牛三頭。』」則牛當稱頭而云匹者，因馬而名牛曰匹，並言之耳。（卷二‧十五《古人行文不嫌疏略例》）

「因馬而名牛」這類現象，有人視為「連類而及」，俞書列為「古人行文不嫌疏略」，不同歸類和說解，這兒不予討論。這兒要討論的是《左傳》時代「牛當稱頭」之說的失誤問題。這一失誤，劉師培《古書疑義舉例補》、楊樹達《古書疑義舉例續補》、馬敘倫《古書疑義舉例校錄》、姚維銳《古書疑義舉例增補》的補和校都未指出，其他著名學者亦皆依俞說確認「牛馬稱頭，疏略也」。筆者以往未做深究，從大家之說，今細察之，殊感有提出鑒別之必要，因為此說涉及問題較多，不特個別字詞使用更改與否而已。問題之一就是俞說有背漢語史實，礙及漢語規律性的認識。俞說「牛當稱頭」，是針對《左傳》中上述用例而發，給人的印象是：春秋時代早已出現了《頭》這個名量詞而不用，實則不然。不但春秋時代「頭」這個量詞還沒有出現，就連戰國時代也極罕見。「牛」用「頭」稱量，較早的見自《漢書‧西域傳下‧烏孫國》：「獲……馬、牛、羊、驢、橐駝七十餘萬頭。」這一句例（現今各種大型辭書提到「頭」用作量詞時，反復舉用此例，罕見更早用例），「頭」不僅用來稱「牛」，而且用來稱「馬、牛、羊、驢、橐駝」，「一量對多名」，如同後來「匹」的「一量對多名」一樣：《魏書‧南安王傳》：「驢、馬數十匹。」《宋書‧索虜傳》：「今送獵白鹿、馬十二匹。」（「匹」早見於金文和書經，生命力很強。）「一量對多名」是過度混用現象，後來為使事物類屬鮮明化，抽象事物具體化，量詞有了明確分

工和發展。量詞的進一步分工和發展，是後來的事，這兒不必述說，這兒要強調的還是前面說到的先秦沒有用「頭」稱量的事實。這一事實本身表明，先秦「牛當稱頭」的說法沒有依據。

粗粗看來，俞說並非完全沒有依據，其依據則是《正義》曰：「《司馬法》：丘出馬一匹，牛三頭。」可是事實上現存的《司馬法》五篇宋代元豐中（公元1078-1085）列爲《武經七書》之一，傳說《司馬法》餘篇已早佚。《司馬法》「用例」俞氏說是轉引自《正義》，非《司馬法》原文，不足爲憑。《左傳》僖公三十三年孔穎達《正義》就說「《司馬法》其書既亡，未見其本」，孔穎達所能看到的也只能是今本的五篇，然五篇並無用「頭」稱「牛」實例。金德建〈《司馬兵法》的流傳和作者的推測〉一文考證詳審，斷言「漢時各書所有徵引《司馬兵法》的文句，都可於今本《司馬兵法》五篇中看到」；「今本的五篇，尚係漢代之物」；「今本五篇與《隋志》同，且今本五篇亦曾爲司馬遷當時所見及者」（《司馬遷所見書考》377、381、388頁，上海人民出版社1963年版）。如此，今本五篇是《司馬法》之舊。早在唐代的《正義》作者孔穎達已於另處言明「不見其書」，即沒有直接看到已亡佚的《司馬法》。可見俞書《正義》引文「牛三頭」已失本真，原不可靠。退一步說，假定《司馬法》有用「頭」稱「牛」的用例（後人的各本《正義》或「疏」都不能算），也還是孤證，孤證原不可輕信，更何況《司馬法》五篇連此「孤證」也沒有。總之，俞氏之說，有違漢語史實，其誤非同一般。

未能如實反映漢語史實，勢必影響到漢語發展史的規律性的認識。我們知道，先秦除表示度量衡單位外，名量詞不多，動量詞沒有，到了魏晉南北朝時期，名量詞劇增到百餘個，動量詞從無到有，產生了十多個，這是隨著社會發展和語言表述需求而發達起來的，是漢語詞類自身進一步完善的規律性表現。循此規律，「遇黑卵之子於門，擊之三下」（《列子·湯問》）應是晉代人說法，不是戰國時人說法；戰國時沒有動量詞「下」，要麼說「擊之三」，要麼說「三擊之」，憑動量詞使用（同時再佐以其他相關語言因

素）也可以證實曾有爭議的《列子》寫作時不是戰國而是晉代。同理，春秋時代沒有名量詞「頭」稱量的說法，歷來的義疏以及清人所集《司馬法佚文》，即便有用「頭」稱量的說法，當不可信從。語言的規律性對語言史的研究是重要的，涉及對成片語言現象的認識，對古籍研究也有重要價值，涉及古籍的鑒定與整理的共識，未可等閒視之。由此觀之，訓詁學領域繼承前人研究成果，善於鑒別取捨的重要性不言而喻。

四、重視今人相關申述

近幾十年來，語言學研究有新的突破，有許多說解值得重視，但是在不少問題上還沒有取得共識。就拿意義、詞義、語義一些基本概念來說，理解歧出；有個時期對語義哲學加以批判，還產生了一些誤解。現在先不糾纏在這些方面，只想從語言工作中接觸到的一些可取的敘述作些說明。諸如通感的語言反映、語言的模糊性特點之類，雖涉及到的學科較多，不純屬訓詁學問題，然又與訓詁工作不無關聯。一般訓詁學書不專門談它，這兒順便說說，或可有利於廣開思路，拓展視野，收多渠道探明語義之良效。今人合理敘述頗多，茲略舉其二，權為示例而已。

（一）通感的語言反映

清代的阮元（1764-1849）說：「古人鼻之所得，耳之所得，皆可以聲聞概之」（〈釋磬〉）。沒有「通感」之名，已道通感之實。五十年代，日本學者太田辰一認為「聞」詞義從聽覺方面的轉變發生在六朝時代（〈近代漢語「無心」的動詞的形成過程〉，《中國語文》1953年10月號）。六十年初，張永言〈詞義演變二例〉（《中國語文》1960年1月號）對「聞」詞義轉移時作了考察，以《史記・滑稽列傳》「微聞薌（同香）澤（濃厚）」為證，認為「聞」詞義的轉移時代遠在西漢。這樣一來，討論中心轉到「聞」義轉移的年代上去了。於是時過不久，殷孟倫〈「聞」的轉義用法時代還要早〉（《中國語文》1960年5月號）也對「聞」的詞義轉移的時代作了考

釋。殷文以《韓非子・十過篇》「聞酒臭而還」爲證，認爲「聞」的詞義轉移遠在戰國時代就開始了。此後，張永言續寫了〈再讀「聞」的詞義問題〉（《中國語文》1962年5月號），以《尚書・酒誥》「弗惟德馨香，祀登聞於天，誕惟民怨；庶群自酒，腥聞在上」的兩個「聞」的用例爲證，認爲「聞」的轉義遠在西周初年就產生了；並且提出，「很難說『聞』的聽覺義和嗅覺義究竟孰先孰後」。同年傅東華發表〈關於「聞」的詞義〉（《中國語文》1962年10月號）參加「聞」的詞義的討論，認爲「這個問題不僅僅是有關一個具體的詞的詞義，而是有關於漢語語源學的根本方法」問題。緊接傅文，殷孟倫〈「聞」的詞義問題〉（《中國語文》1962年11月號）進一步論析「聞」的語源、「聞」的詞義演變、「聞」的使用情況，論述研究「聞」的方法論。這樣，討論中心又從「聞」表嗅義的年代轉到「聞」的語源上去了。隨後，張永言繼撰〈三論「聞」的詞義〉。由於當時的社會原因，有些報刊發文說「對於『聞』字詞義考證」這一語言學界的「考證風」，「害苦了讀者」（《光明日報》1964年12月23日，第二版；《中國語文》1965年第一期，頁4-5），於是張的「三論」未得發表。在二十年之後，張永言把〈三論「聞」的詞義〉這一篇舊文題目改爲〈從「聞」的詞義說到漢語詞源學的方法問題〉追答傅東華等（傅東華早已作古，張文發表於《漢語論叢》，四川大學學報叢刊第二十二輯，1984年3月）。對傅文一系列論點提出異議－－基本不贊同傅說。稍後，殷孟倫把〈「聞」的詞義討論〉一文收入《子雲鄉人類稿》論文集。經過五十年代到八十年代的三十年間的討論，「聞」的語言史實基本明晰了，然由其中聽覺義轉爲嗅覺義的原因卻還沒有弄清楚，朱星直說：「鼻嗅當用嗅，而常常卻用聞，聞是耳聽。這個錯誤原因，到今天還查不出來。」（《漢語詞義簡析》，湖北教育出版社1985年版）朱星作爲原因待查的問題提出來。

　　其實錢鍾書在朱文之前早就談到了朱稱的所謂「錯用」的問題。錢鍾書〈通感〉一文（《文學評論》1962年）指出「聞」義移轉可視爲「感覺移借」（心理學上的概念），也就是「通感」。「通感」是外文譯過來的一個

科學術語，又譯「聯覺」，最初來源於希臘文，它是心理現象，也涉及生理現象（身體的一部分受刺激而於其他部分發生感覺）。錢鍾書〈通感〉一文這樣說：

> 在日常經驗裏，視覺、聽覺、觸覺、嗅覺、味覺往往可以彼打通或交通，眼、耳、舌、鼻、身各個官能的領域可以不分界限。顏色似乎會有溫度，聲音似乎會有形象，冷暖似乎會有重量，氣味似乎會有鋒芒。諸如此類在普通語言裏經常出現。譬如我們說『光亮』，也說『響亮』，把形容光輝的『亮』字轉移到聲響上去，就彷彿視覺和聽覺在這一點上無分彼此。

這種通感現象的藝術運用，就常出現「望梅止渴」、「聽見響聲」之類的說法。「通感」這一複雜的心理過程、心理聯繫反映在語言裏，產生了「通感」的語言妙用，過去往往是不自覺的，更沒有給以合理的解釋，清代訓詁學家、文獻學家阮元說其然，而沒有說其所以然，就是一個實例。前人非但沒有能說其所以然，有的還甚而反對類似的說法，比如清代李漁認為宋代宋祁《玉樓春》「紅杏枝頭春意鬧」殊難著解，說：「爭鬥有聲謂之『鬧』；桃李爭春則有之，紅杏『鬧』春余實未之見也。『鬧』」字可用，則『炒』字、『鬥』字、『打』字皆可用矣。」（《笠翁餘集》卷八《窺詞管見》）李漁顯然認為「鬧」字是用錯了，這同今人「聞」表嗅覺的「錯用」的見解並無二致。

綜觀以上種種，「聞」的通感語言反映由來已久，可是歷來對它的認識模糊。訓詁大家阮元提到這一現象，可尚未言其所以。本世紀五十年代開始，語言學家對「聞」的轉義年代、「聞」的語源作了迂迴的探討。邁出了可喜的一步，可是也還有專講詞義的撰述視表聽覺的「聞」用來表嗅覺是「錯用」。學科不斷發展，既高度分化，又相互滲透；既高度綜合，又縱橫交錯。人們看到語言學、哲學、邏輯學之間向來有密切聯繫，而語言學與心理學等的密切聯繫尚未被充分闡釋。今天語言學和邊緣學科的關係更是複

雜，類似感的語義也都有待作新的發掘和闡釋，通感語義僅是其中的一項而已。

（二）語言的模糊性特點

　　古代注釋家探求某些詞義往往窮年累月，這顯然不能說與單音詞自身的模糊性無關。（當然還與其他歷史的、方言的等等因素有關。）模糊性是自然語言的基本屬性，訓詁工作必須高度重視語言的模糊性特點。比如許慎「轉注」下的定義是「建類一首，同意相授」，歷來對此分歧最多，有的以「一首」指字形上同一部首，有的以「一首」指詞源上同韻和同聲，有的以「一首」指同一主要意義。幾十家不同的解釋大致可以歸成為形轉、音轉、意義三派，言這三派說法集中表現在對「首」解釋的不一致上。追根尋源，毛病就出在對於許慎下的定義裏的「首」字的不同理解。從語言上看，顯然是與「首」字的模糊性特點分不開。模糊性引致不一致的理解，產生歧義性，是司空見慣的。比如「辟」這個詞，《中華大字典》有七十個義項，1979年新版《辭海》加以合併，也還有十多個義項。它的靈活性、多義性增濃了模糊性，引起歧解便是很有可能的。《詩經·大雅·板》「民之多辟，無自立辟」的兩個「辟」使宋代的朱熹都搞糊塗了，他就誤把它們都解釋成「邪辟」。（按：前一個「辟」是「邪辟」之意，後一個「辟」指法、刑）今人（包括名家）出版的一些解詩的專書，依朱熹《詩集傳》上述解釋，就產生了因襲之誤。單音詞、複音詞、詞組、句子都有模糊性，不過結構單位小，模糊性大；結構單位大，模糊性小。不同的義項的「辟」構成複音詞「邪辟」、「辟除」、「辟書」等等，相應地制約了模糊性，也在相當大的程度上防止了歧解。至於語言自身有其抗錯性，在特定語境中，模糊性不致影響語言交際職能的有效發揮，那是另一個論題，與本文所談無涉。筆者曾撰有〈從語言模糊性展望模糊語言學〉一文（香港《語文雜誌》1993年總第10期）若干理論問題這兒就不多複述了。我國語言學界談語言模糊性較早的

文章是伍鐵平撰寫的，發表於《外國語》1980年5期，對訓詁研究也頗有啓迪，可謂難能可貴之作。

五、馭以學科方法論

除了哲學含義的方法論之外，在人類認識史的很長時期裏，方法論主要是指思維過程中的方法論。思維方法論包括歸納與演繹、分析與綜合，具體與抽象，類比、假設與想像等。從語言研究來說，歸納尤爲重要。前人自覺或不自覺地運用科學方法，常有創造性的發現發明。比如錢大昕提出「古無輕唇音」之說，便跟方法論正確分不開。他不僅集古今有關古文獻資料進行研究，還集有關方言資料作比較分析。他看到語音發展的不平衡性，吳方言保留古音多，從古讀方言的綜合比較研析中揭示了符合漢語語音史的發展規律。諸如此類實例歷來屢見不鮮，但總的來看，學科方法的自覺運用還不理想。俞樾《古書疑義舉例》在這方面有成功的實例，也有不足之處。上述對「以索馬牛皆百匹」的說解便暴露了其不足之處。先秦沒有用「頭」來稱量而誤以後世用法概之，至少表明先秦的語料歸納工作示夠完善。歸納不完善，分析綜合就進行不好，客觀的具體也就難以經過科學抽象達到主觀認識的具體了。

隨著現代科學技術的飛躍發展，數學、符號學、系統論、控制論、信息論等都充當思維過程中的理論工具而進入方法論行列，今後在思維過程中如何合理運用思維理論工具實是研究工作的重要一環。比如要從量的角度來研究、反映客觀語言事實及其規律，就得運用數學方法論；某時代某專著語詞使用情況的統計分析，就得借助數學方法論。理論工具的方法論，前人也有自覺或不自覺地運用於研究實際，我們知道，系統論要求人們把客觀世界看作統一整體（其中各個對象相互聯繫，相互制約）。這統一整體在空間結構和時間結構存在有序性，布局和發展有其規律性。戴震「凡同位則同聲，同聲則可以通乎其義；位同則聲變而同，聲變而同則其義亦可以比之而通。」（《轉語》二十章序），就是意識到語言是一個系統而加以研究的。諸如此

類，見於戴震涉足的各個語言研究領域。有人認爲：「明末西歐天文學已經傳入中國，江永、戴震都學過西歐天文學，一個人養成科學腦筋，一理通，百理融，研究起小學來，也就比前人高人一等。」（轉引自王力《中國語言學史》）這樣看來，乾嘉學者早就多少受到科學方法論的影響，今天的訓詁學研究自然更得有科學方法論的駕馭。雖然，方法論自身也正在發展中，比如符號學方法論，在語言學界，是趙元任最早提出的：它從本世紀二十年代以來，解釋歧出，自身有待完善，這也是我們必須估計到的。還有，有系統就有控制，系統論與控制論密切聯繫；利用數學方法論研究信息的計量、送發、傳播和接收而創立了信息論，各種方法論更是不能孤立對待。筆者撰有〈語文學科的方法〉專文（《古漢語研究》1992年2 期），這兒不想多說了。

六、實現新的轉變

王力說過訓詁學應向詞匯學發展的話，其他的學者也有這樣看法，劉又辛在《文字訓詁論稿》（中華書局1993年出版）中說：「這裏使用的漢語語源學、詞義學、詞匯學，其內容和訓詁學相當。」（228頁）訓詁學已經涵蓋了語源學、詞義學、詞匯學。另外人們又把語源學、詞義學納入詞匯學。依此，訓詁學和詞匯學實際上不容分離。

不過在看待訓詁與詞匯學問題上，見仁見智，曾經出現了詞匯學和訓詁學劃界的思考，有的人認爲詞匯學（詞義學）可以取代傳統的訓詁學；有的人認爲訓詁學可以包括詞匯學；有的人認爲詞匯學（詞義學）應獨立於訓詁學之外。種種見解，各有理由，而其中有一共同點，就是都著眼於詞義，也就是說儘管訓詁學包括的範圍廣，其主要內容則是解釋詞義，從這個意義上看，訓詁學與詞匯學關係密切，卻又不能等量齊觀。

羅常培這樣說過：「在語言學的三大部門裏，從中國古代語言學發展歷史來看，詞匯學創始得最早，可是後來並沒有能發揚光大。」（《方言校箋及通檢》羅序，科學出版社1956年版）周祖謨隨後說：「就語言科學的成長

的時間來說，科學的詞匯學的產生是比較晚的。（周祖謨《詞匯和詞匯學》下，《語文學習》1958年11月）這裏「最早」和「較晚」都是就詞匯學科發展歷史事實說的。這種「早」與「晚」的中間狀態，是訓詁學的學術陣地。訓詁學在歷史上有很大的功績，但又由於歷史的侷限，存在問題還相當多：材料零散，說解不成體系。缺乏理論支柱，學科範圍不明確，方法陳舊，發展受影響，必須革新改造才能適應發展的要求。清代乾嘉學者不拘形體，以聲音訓詁互爲表裏，這是一個進步，但前面已經說過，它仍有不足之處，今天革新改造的羈絆是封閉、保守。未能認真汲取西方普通語言學養分和詞義研究的經驗是封閉表現；過分強調資料積累、小學專著研究、漢唐詮釋和乾嘉學風，眼睛只向後看，是保守表現（參何九盈說），王力在本世紀四十年代發表《新訓詁學》（1947年，後來收入《龍蟲並雕齋文集》第一冊，中華書局1990年版），就清代訓詁作了分析，銳意革新改造；又在八十年代提出「訓詁學研究要向詞匯學方面發展」（在蘇州召開的一項訓詁學研討會的學術報告會上提出，許威漢《訓詁學導論》159頁引用）。這是對傳統學科的新思考，也是王力本人所說的「對舊訓詁學的總清算」。朱星《試談新訓詁學》一文指出「總清算當從漢代說起」，這在「清算」的問題上沒有原則性的不同，但從歷史事實上看，重點應該放在清代，因爲訓詁學真正從文獻學裏游離出來，是從清代開始的。由於它從文獻脫胎而來，卻沒有經過充分的邏輯檢驗，尚不具有明顯的獨特的學科性質。這兒不妨重複邢公畹的見解：「訓詁學很像『詞匯學』，但它的著眼點並不在於語言的詞匯及其意義的研究；也很像『詞匯史』，但它沒有斷代分區的概念；又很像『語義學』，但它也並不在『意義』方面作抽象的、體系的研究」。（《天津師專學報》1983年1期）說到底，它「沒有作爲自己特點的堅實的理論體系」（同上）。僅從訓詁學不具作爲自己特點的堅實的理論體系看，說它「向詞匯學發展才有前途」，這樣不是並無理據的。

不過目前面臨的問題還不僅是訓詁學如何發展問題，而且還有詞匯學自身的建設問題。狹義的詞匯學，只研究詞的構造和詞匯的發展、構成及其規

範；廣義的詞匯學，還包括詞源學、詞義學、辭典學、訓詁學向詞匯學發展，主要向廣義的詞匯學傾斜，特別是向詞匯學中的詞義學靠攏。然而隨著學科的發展，現代詞義學有如劉叔新所說：「已大大深化和擴展了研究內容，不單只研究詞義，而是研究語言系統內的各種意義和語句的意義。反映在漢語的說法裏，它合理地改稱爲語義學。語義學的研究範圍既超出了詞匯而擴展到語法，也超出語言系統而及言語，其研究任務相當複雜而艱鉅。」（劉叔新〈對準詞匯的重要方面〉，《中國語文研究四十年紀念文集》205頁）有人認爲訓詁學是古代的語義學，暫且不細論，而從今後訓詁學發展的取向來看，涉及到語義學的問題，實在太複雜了。況且語義學自身也還沒有定位。漢語詞義研究固然有其自身的特色，卻又不能不與現代語義學照應。回顧過去，歐美學者原先整理研析了詞義演變的幾種類型，這只是個別語義事實的觀察分類，不是系統的語義研究。結構主義理論給語義學以影響，語義學便由歷史性研究轉向共時性研究，由研究一個詞的語義變化轉向研究詞與詞的語義關係。但結構主義語義學只以詞與語素爲研究單位，沒有注意詞組合成詞組、句子的意義。後來喬姆斯基把語義同句法、音系列爲語言的三大系統，詞匯學被視爲語義學的一支，即所謂詞匯語義學。而時過不久，有的學者認爲語義結構應以句法結構爲基礎，有的學者則認爲句法結構應以語義結構爲基礎，爭論不休。在這過程中，語言學家又覺得在很多方面語義與句法界限難劃分，與語用界限也難劃分。語義學是什麼，語言學家之間意見有分歧，哲學家、邏輯家學家之間意見也有分歧，甚至連它能否成爲獨立的學科也無定論了。由此看來，直到現在，語義學還是一門非真正成熟的學科。除了語義學的定位問題之外，現在有人還主張詞源學獨立分科，詞典學獨立分科；有人主張廣義詞匯學還包括修辭學，凡此種種，廣義詞匯學如何定格還是個有待明確的問題。

這樣說來，訓詁學向詞匯學發展的思路不是空了嗎？不，漢語詞匯學研究起步較晚，但五十年代開始，已經有了四個方面的變化：第一個變化是研究的重點從古代轉現代，從書面轉向口語；第二個變化是研究的範圍從一般

詞匯進一步擴展到「特種詞匯」（成語、諺語、歇後語、同行語等），從漢語詞匯擴展到少數民族詞匯；第三個變化是詞義研究完全擺脫了傳統訓釋主要為「明古」服務的羈絆；第四個變化是零散知識得到了系統化，納入了綜合析理的軌道。這四個變化，特別是第三、第四個變化，跟訓詁學研究發展的取向息息相關。這一客觀事實，已在相當程度上為學科的發展打下必要的基礎。訓詁學在歷史上有過重要的成就。詞匯學領域正有有待作新的開掘。訓詁學可以根據自身特點豐富詞匯學的研究，促進詞匯學的建設。在詞匯研究方面，呂淑湘說，「從事這方面的研究的力量跟這項工作繁重程度很不相稱」（《呂淑湘文集》第四卷288頁，商務印書館，1982年版），擺在詞匯學前面的任務無疑是十分繁重的，需要投入的力量很大，而且要求也很高。今後訓詁學研究的現代取向，必得增強訓詁學研究的現代意識，使訓詁學研究與詞匯學研究相輔相成，促進現代詞匯學的語言學理論建設。現今有許多訓詁學專著力求達到有所創新的境地，可是事實上有些訓詁學專著的論述還難以令人滿意，適應不了發展的需求。說來話長，這裏僅僅舉一個例子或可略窺大略。比如某些訓詁學專著僅僅採用「定義」這個古人沒有用過的術語，就出現錯誤，有的專著說「訓詁就是給詞下定義」，把訓詁與下定義等量齊觀；有的專著說訓詁方式之一「義界」就是「下定義」（持這種說法的較多）。我們知道，定義作為一種邏輯方法，有獨特的要求與嚴格規定，不合要求與規定，就是「定義」出錯，不能當作正確的「定義」看待。試看下列的實例：

（1）男子先生為兄。（《爾雅·釋親》）

　　－－定義過寬。（定義項與被定義項必須相稱）先出生的不都是兄。

（2）道謂仁義也。（《禮記·樂紀》）

　　－－定義過窄，即以外延較小的狹義釋外延較寬的廣義。

（3）神，天神引出萬物者也。（《說文》）

　　－－這是循環定義，即定義項包括被定義項「神」。

（4）達，行不相遇也。（《說文・辵部》）

──這是用否定形式下定義（定義不能用否定形式）。可是
有位學者卻說「既準確又簡練」。

推而廣之，學科建設將出現許多新術語，更難免不出差錯。這種狀況不改善，許多方面都會「很不相稱」。

由此觀之，現代意識的加強，將是刻不容緩的。而後，才有可能新進展。退一步說，如果訓詁學研究不向詞匯學研究發展，那麼訓詁學研究取向又該是怎樣的呢？當有待學者們作進一步的探討，真理必將愈辯愈明。

第一屆國際訓詁學研討會論文
1997.04.19-20

訓詁學展望

趙誠
北京中華書局

任何一門學科都有一個萌芽、發生、發展、定型(初具規模)、成熟的過程。這個過程當包括發展中的演化和轉變。訓詁學也當然不會例外。從學術研究發展演化的一般規律、訓詁學所取得的成就、古代漢語各學科之間由相互聯繫而產生的某些改變、人文科學各學科之間乃至人文科學和自然科學之間相互影響滲透的現實來看，我國的訓詁學正處在傳統訓詁學向科學訓詁學發展過程之中。為了促使這個過程縮短，有必要從總體上對甚麼是訓詁學重新加以思考、對某些問題作進一步深入認識、對一些新的發展作客觀而認真的核查，對有關的理論借鑒進行必要的再探索，同時有計劃有步驟有分工地做大量的資料工作。

一

甚麼是訓詁學？至今沒有一個統一的認識。各種不同的看法大體可分為以下幾類。

1，劉師培認為："訓詁之學繙譯之學同，所以以此字釋彼字耳。"（《中國文學教科書》）黃侃斷定："真正之訓詁學，即以語言解釋語言。"（《文字聲韻訓詁筆記》頁181）張世祿則明確指出："訓詁學，通常大都以為是字義方面的研究、往往拿它來作字義學的別名，以與音韻之學、形體之學對稱。實在依據中國訓詁學的性質看來、與其說是字義學，不如說它是解釋學。"（＜訓詁學與方法學＞，《學術》1940年第三輯）這一類觀點在現代仍有相當影響。如台灣三民書局1985年出版的《大辭典》就把訓詁學界定為"研究語言解釋語言，文字解釋文字的理論、方式、次序、條理、術語的

學科。"（下冊頁4414）從這一事實也可以證明，把訓詁學看成是與解釋有關的學科確有相當道理。但是，訓詁學並不僅是解釋或研究解釋，它很重要的一個方面是研究詞義，過去稱之爲研究字義，如關於字（詞）的本義、引申義、假借義等等。

　　2、何仲英指出："訓詁是關係字義方面的一種專門學術。"（1934《訓詁學引論》）王力認爲："語言學也可三個部門：第一是語音之學，第二是語法之學，第三是語義之學。這樣，我們所謂語義學的範圍，大致也和舊說的訓詁學相當。"（1947年〈新訓詁學〉，收入《龍蟲並雕齋文集》第一冊）這一類觀點在今天也仍有相當影響。如周大璞於1984年再版的《訓詁學要略》中明確論定："訓詁學也就是語義學。"由此可以證明，把訓詁學看成是與詞義（語義）有關的學科實有一定道理。但是，訓詁學並不僅是研究詞義。正如洪誠在《訓詁學》中所說："訓詁學和詞義學有不可分割的關係，但卻不等於詞義學。詞義學是研究詞的性質、結構及其演變規律的科學、它的研究對象是詞，不包括句。訓詁學不但要了解詞義，還要講明句義。"其實，訓詁學不僅要了解詞義、講明句義，還要解釋篇章、闡述思想觀點、指明修辭手法等等，包括注音、辨字、校勘等各個方面。看來，訓詁學和語義學（詞義學）確有一定距離，把訓詁學說成是語義學顯然不合宜。

　　3、把訓詁學說成是解釋學的解釋說和把訓詁學說成是語義學的語義說都有片面性，於是產生了一種綜合說。具有代表性的有二。一是陸宗達在《訓詁簡論》所說：從廣義的角度講，訓詁學"是包含在古代注釋和訓詁專書中的文獻語言學的總稱。"從狹義的角度講，訓詁學是"與文字學、音韻學互相並列的，以研究語義爲主要內容的傳統語言文字學的一個獨立的門類。"二是《中國大百科全書·語言文字卷》爲訓詁學所作的界定："中國語言文字學中一門傳統的解釋語詞和研究語義的學科。"（頁167）這一類綜合說，比起解釋說和語義說顯然要"全面"得多，但並沒有能涵蓋訓詁學的全部內容。按照一般的說法，保存在注釋書和訓詁專書中的訓詁內容，包括解釋詞義，分析句讀，闡述語法，說明修辭手段，闡明表達方式，串講大意，分析

篇章結構，說明典章制度、文化習俗、校勘典籍訛誤等等（陸宗達《訓詁簡論》）。綜合說甚至包括不了其中的一半。因而有學者引用另一類綜合說，即齊佩瑢在《訓詁學概論》所說："研究前人的注疏、歷代的訓詁，分析歸納，明其源流，辨其指歸，闡其樞要，述其方法，演爲統系而條理之；更進而溫故知新，評其優劣，根據我國語文的特質提出研究古語的新方法、新途徑，這便是訓詁學。"這後一種綜合說在現代也仍有一定影響。但這種說法不像是對一門學科的界定，雖然有所指，卻並不十分明確，所以有一些學者將綜合性用來作爲訓詁學的特徵，而不用來作爲訓詁學的界定，如許威漢的《訓詁學導論》（頁13），由此證明這後一種綜合說並不適宜於作爲訓詁學的定義。

　　4、由於"解釋說"、"詞義說"、"綜合說"用來作爲訓詁學的定義都使人感到不太理想，於是有學者從另一個角度來界定訓詁學，如洪誠《訓詁學》明確提出："訓詁學是爲閱讀古代書面語服務的一門科學。"（頁1）白兆麟的《簡明訓詁學》又進一步申述："訓詁學研究的是如何綜合運用語言學各部門的有關知識，來解決古代文獻的語言障礙的問題。"從而認定："訓詁學是漢語語言科學中的應用科學。"（頁17）這種界定，和"解釋說"有相近之處。解釋學有一種用義是指闡釋宗教經典涵義的學科，而訓詁學最初主要是闡釋儒家經典，後來才擴展爲訓釋古代文獻，即不限於儒家典籍。說服務於閱讀古代語言和說成是解釋學，只是立論的角度不同，實質上沒有多大差別。要解釋、或閱讀古代文獻，甚至解決古代文獻，甚至解決古代文獻語言障礙問題，當然要綜合各學科的有關知識，如天文學、地理學、歷史學、人類學、社會學、政治學、校勘學、經濟學、哲學等等的有關知識，而不僅僅是語言學各部門的有關知識。這種界定，或者說類似的界定，以前有學者論及，如張世祿曾指出："中國訓詁學過去並非純絟屬於字義的理論研究，而是大部分偏於實用的研究，實際上，可以認爲是讀書識字或辨認詞語的一種工具之學。"（〈訓詁學與文法學〉，《學術》1940年第三輯）最近也有學者談到，如黃典誠在《訓詁學概論》中指出："閱讀古書的基本方法和系統

理論，就是我們這裡所要介紹的訓詁學。"（頁1）同書第二頁，黃典誠又明確論定"解釋古書的學問叫做訓詁學"。可證他也是把"閱讀古書"和"解釋古書"看成是近似或相同的現象。說訓詁學是解釋學可以稱之爲解釋說；說訓詁學是應用科學是一種工具之學，可以稱之爲實用說，以便於區別。現在有一些學者指出訓詁學有一種用性，實即來實用說來。爲甚麼不把實用說作爲界定訓詁學的內容，而只說有一種實用性，大概也是考慮到如此界定不太適宜。

5、除了以上四種說法，還有另一種界定，即胡樸安在《中國訓詁學史》所說："訓詁學是書本子上的考古學。"（〈自敘〉）這種界定，一般的語言工作者不太容易接受，所以在有關訓詁學的論著裡基本上有反映；有的訓詁學專著於以上四說皆有所涉及，如說訓詁學是重在研究解釋的科學、是以詞義的研究爲核心、是一門應用科學、具有綜合性，就是不涉及考古說；有的學者在專著中引了胡樸安的這一界定，卻認爲這一說法近乎是個比喻，輕輕帶過，不作具體評論。其實，考古說有一定道理。通常所說的考古學是指根據發掘和古代遺物、遺跡等資料研究古代人類歷史、社會、文化的科學，一般指田野考古。但是，要研究古代的人文歷史，有時只靠田野考古仍然不夠，還需要輔以文獻資料以及有關文字材料。正如夏鼐所說，田野考古和整理傳世資料，兩者是不能偏廢的，都應該重視。所以，有相當一些考古學論著，除了引用田野發掘，也引用文獻資料，這說明，文獻資料與考古有關。而訓詁學很重要的一個方面，就是對於文獻資料的整理。經傳注疏就屬於這一類。經傳注疏裡，甚至在其他古籍裡，都保存了大量古代社會、歷史、文化的材料，通過解釋、考證，實有助於考古。從這種意義上說訓詁學是書本子上的考古學，也不是毫無道理。爲甚麼訓詁工作者不屑一顧呢？大概由於對文獻資料有不同的理解。在考古學家看來，文獻資料包括傳世文獻和出土文獻兩類，作爲研究材料兩者並重，但可靠性則是出土文獻要強一些，所以常以出土文獻來驗證傳世文獻。在訓詁學家那裡，傳統訓詁學所研究的基本上是傳世文獻，所以不太關注出土文獻，一說文獻資料總是指傳

世文獻，因爲不利用出土文獻，文獻和考古之間的聯繫就不太有感受。另外，也可能有研究角度和方法不同的關係。考古學家研究文獻，常常著眼於文獻所反映的社會制度、軍事組織、氏族結構、經濟活動、家族關係、天文記載、地理沿革、官制變化、生活狀態、婚姻狀況、飲食烹飪、征伐侵佔、重大史實等等，由此考查古代社會、歷史、文化。從研究中常常深刻體驗到文獻和考古的關係，感受從文獻可以考古。訓詁學家研究文獻，常常著眼於文獻中的詞語所表示的意義、文字形體和意義之間的關係、本有其字的通假和本無其字的假借兩者之間的聯繫和區別、形聲字產生的條件和方式、形聲字聲旁的表義功能、詞義所構成的系統以及本字、本義、引申等等，由此考查古代語言的各個方面。從研究中常常深刻體驗到文獻和語言的關聯，基本不感受由文獻可以考古。看來，訓詁學家不接受考古說並非有意拒絕，而是研究使然，不能說是失之於偏。考古說有一定道理，但不宜因此而認爲訓詁學就是文獻考古學。

那麼，訓詁學竟是甚麼呢？其實，訓詁學就是研究訓詁的學科。訓詁包括需要解釋的詞語、對詞語的解釋以及各種解釋方法和結論，其內容涉及人文科學的各個方面。訓詁學應該是和語言學、考古學、歷史學、文學、哲學等等並列的一個學科。過去把訓詁學和文字學、音韻學並列，也有的將之與詞義學並列，那是囿於傳統，小看了訓詁學。說訓詁學就是研究訓詁的學科是否妥當，尚待研究討論，這裡只是拋磚引玉。如果學術界能對訓詁學的定義即甚麼是訓詁學進行重新認識式的深入討論，將會產生更切合實際的界定，同時也會在一定程度上把訓詁學的研究引向深入。

二

漢語曾經用過的字究竟有多少？這主要是文字學的內容，但與訓詁學有著直接的關係。因爲漢語的任何詞語和句子都由漢字所組成。回答這一問題，一般是根據字書。最近出版的《中華字海》，共收漢語的楷書單字八萬五千五百六十八個，可以說相當豐富，但不能說漢字就只有這一些。根據現

在掌握的材料，尚可補入一批，當數以千計。從現在一般使用漢字的人來說，八萬多字實在太多，尤其是有一大批在今天看來是所謂的死字，根本無實用意義。但從學術研究而言卻是有益的。其實，《康熙字典》所收四萬七千多字，《漢語大字典》所收五萬六千多字，其中也有一大批是所謂的死字，人們稱道這兩部字典，重要的一點是因為學術價值。訓詁學研究的是古代文獻。古代文獻產生於古代的不同時代，所用的漢字各個時代又不完全相同，不同的用字加在一起就相當可觀，何況有些文獻產生於古代的不同地域，也有用字上的差異，如古代楚地簡帛文字，以現在所能見到的而言，就有八百餘字在過去的字書中"從未見箸錄"（《楚系簡帛文字編·序言》）。古代的有些用字，對於現在使用漢字的人而言確是死字，但在當時當地使用時卻是活字，對於訓詁學研究古代文獻應該說是相當有價值。

古代漢字大多數一個字就是一個詞。有了收八萬多字的《字海》，對於了解漢語究竟曾有過多少個詞，應該是很有幫助。漢語除了單字詞，還有多字詞（二字詞、三字詞等等），要回答漢語曾經用過的詞究竟有多少個，僅靠字典當然不夠，還要依靠詞典。最近出齊的《漢語大詞典》，因為是"歷史性的漢語語文辭典"，所收的三十七萬詞條，對於回答漢語曾經用過多少詞顯然有用。此外，還有一批專書詞典，如《詩經詞典》、《春秋左傳詞典》、《世說新語詞典》、《金瓶梅詞典》等等和一批斷代、專門詞典如《宋元語言詞典》、《甲骨文簡明詞典》、《禪宗詞典》等等，也有益於回答這一問題。從這一些事實可以看出，我們的訓詁工作近幾十年來的確做出了巨大的貢獻。但是，離開理想的目標還有相當差距。從字典收字和詞典收詞的現實來看，要回答漢語曾經用過少詞，比回答漢語曾經用過多字要遜色得多。僅這一點，就充分說明，訓詁學的基礎工作還大有可為。

如果再進一步提問，漢語的字所表示的詞的用義究竟有過多少？某一用義曾經用過哪些詞來表示？可能就更難回答。根本的原因是這一方面的基礎工作做得極少，也可以說還沒有有意識地去做。從這種意義上可以說，訓詁工作不僅大有可為，似乎還才剛剛開始。要回答這兩個問題，首先要把古代

漢語、近代漢語的詞所表示的意義全部清理出來。這就要把從古到近代的文獻，不管是傳世的或是出土的，無論是經典的還是通俗的，有計劃有步驟地將所有的詞所表示的有差別的意義逐一用訓詁的方法加以解釋並刊布問世，在此基礎上才有可能清理出歷史上的某一用義曾經用過哪些詞來表示。完成了這一方面的基礎工程，將大大有益於漢語詞義史的研究，有益於漢文化發展的探索，編著科學的訓詁學也才有了堅實的基礎，也就可能編出更為理想的漢語大字典和漢語大詞典。

其實，即使將古代文獻中所用過的字、詞及其所表示過的用義全部列出，從資料整理的角度而言也才只是一個起步，是資料集輯的第一階段。在此基礎上，至少還應該做一些分門別類的工作。

1、文獻用字並非古今一樣，由於時代不同，用字也有差異。以前，人們說明不同時代的用字，基本上只是指出數量差別，主要是根據傳世的字書和韻書，參照傳世文獻和後人編的各類字編，如《說文解字》、《玉篇》、《廣韻》、《甲骨文編》、《金文編》等等。在當時的情況之下有這樣一些數字已經很不錯了，今天看來則顯然不夠。如殷商文字原來據改訂本《甲骨文編》統計，正文列1723字，附錄2949字，共4672字。經過多年研究，學者們逐步發現，這個統計數字不太準確，如（1）改訂本《甲骨文編》正編中約有一百字重文不應計入。（2）《文編》附錄中有不少實是某字之異形異體，原來計入當是重出，如637頁3006號實是土字；638頁3009號乃是帝字、638頁3010號實是叔字之異體。（3）《文編》639頁3016號系摹誤（可參看《甲骨文合集》21661、21694、21832、30537），也是叔字之異體。（4）《文編》有把同一個字的異體分列成好幾個字的現象，如《正篇》的0028、0029、附錄上的3010、3016，即同一個字而分為四個字。又如正編之0011和附錄上的3024、3025、3026、3027、3028、3029、3030、3031、3032、3033，有學者認為是同一個字，《文編》卻分為十一個字。（5）《文編》也有合數字為一個字的現象，如《正編》0012祜字下實收錄了祐、祐、幼三字。比較起來把同字異體分為幾個字的現象要多一些。有學者重新統計，殷

墟甲骨文實有3763個（《殷墟甲骨刻辭類纂》），比原統計4672字少了近一千字。又如西周的用字一般據《金文編》統計，王鳳陽的《漢字學》所據爲第三版，其正文列1894字，附錄爲1199字，共3093字。其實當時已有第四版，正編爲2420字，附錄爲1351字，共計3771字，比第三版多了578字。如果根據金文研究的現實，能夠認識的金文還可增加好幾百，而《金文編》第四版尚有數百處需要修改，如0679號被釋爲肯，誤，應釋爲宜，其實1206號宜字下已收有這一類形體，當合併；0260號釋爲達，其實所列形體並不相同，作爲同字異體不太合適，字頭釋爲達也有爭議、0766號豐字下有的形體並非豐字，0767號豐字下有的字形當是豐。這一些現象表面看來似乎是文字問題，但從以字表詞的角度來看也是訓詁問題。不同時代的用字和不同時代的用詞，其實是一個問題的兩個方面。釐清了不同時代的用字，在某種意義上也就釐清了不同時代的用詞。

　2、不同時代的用字（詞）不完全相同，表明其用義可能有異。其實有些用字（詞）相同，所表示的意義也可能不同。可見分清各時代的用字（詞），只是向前邁進了第一步。更主要的應該是清理出各時代用字（詞）所表示的意義。如金文的"君"、《金文常用字典》列出了五個義項，如果稍加清理就可以發現金文的"君"至少有28個義項（《呂叔湘先生九十華誕記念文集》頁253）；金文的"友"，《金文常用字典》共列出九個義項，而實際至少有20個義項（《金文詞典》）；金文的"又"，《金文常用字典》共列出七個義項，而實際至少有40個義項（《金文詞典》）。這裡僅是舉例說明，某一個時代用了某一個字是一回事，用某一個字表示一些甚麼意義是另一回事。只有弄清了某一個時代的字（詞）所表示的各種意義，才能進一步總結出這一個時代的詞義或意義系統，指出其特色以及和前後各時代詞義系統的聯繫和差別，以便於歸納詞義在演化、引申、發展中的某些規律。如金文的元字最初寫作 𡉚 （《元作父戊卣》），象人突出頭部，其本義當表示人的頭。這一點現在已經成了常識。一般人也就因此把元和首在表示頭這一意義上等同了起來。其實，元和首在金文中用兩種構形來表示，當有某些差別。

《左傳‧哀公十一年》：“大敗齊師，獲國書、公孫夏、閭丘明、陳書、東郭書、革車八百乘、甲首三千，以獻于公……，公使大史固歸國子之元，寘之新篋。”前面用首，指一般甲士之頭；後面用元，指國書（非一般甲士）之頭，可證元與首初本有別。後來詞義類化，無論是尊者的頭或卑者的頭均可稱之爲首，而元字則用來表示其它的意義，當屬於詞義異化現象。元和首的類化和異化始於甚麼時代呢？周代。這一點從金文用義看得很清楚。如果不對周代金文的用義加以清理，這一結論就無法得出。由金文元和首的用義的發展演化，再加上別的一些實例可以進一步看出，詞義的類化和異化是相輔相成的，在一定條件下有一些甚至是同步的，類化的同時即產生異化。如果字（詞）的用義清理得不充分，問題就會看得不全面，或者看到了類化而忽略了異化，或者看到異化而忽略了類化，或者兩者均未能看到，只看到一些單個的用義，更談不到總結出兩者之間的關係以及兩者之間相互作用的規律性表現。

3、清理字（詞）的實義應用並從實義應用加以總結歸納，雖然是一個很重要的方面，但並不全面，還需要注意對虛詞的用義以及實詞經過虛化而形成的虛詞用義加以全面清理。這方面工作在有一段時期裡，在某些研究工作者那裡並沒有得到應有的重視，不能不說是一種不足。爲了照顧時代性，這裡仍舉金文爲例加以說明。如金文的“又”，是一個常用字，但所表示的詞的用義卻相當豐富，對於上古漢語詞義發展史的研究，對於銅器銘文的訓詁，將產生相當有價值的參考作用，對於上古漢語虛詞和語法的描寫，將提供相當有意義的實例。大概因爲又字在銘文常見，而又字所表示的表面意義，學者們也大都不太生疏，因而一般的金文研究者、訓詁學家，對銅器銘文中又字所表示的詞的用義並未加以細心觀察、深入分析，也就發現不多，沒有引起足夠的重視。所以，《金文詁林》、《金文詁林補》於又字條後竟無案語；《金文常用字典》綜合各家之言，於金文又字所表示的詞的意義，僅僅列了七個義項，其中虛詞用義只有一項，實在太簡略。其實，金文又的虛詞用義即又用作虛詞所表示的意義至少有十二項：（1）用作介詞，相當

於"以"。《禽簋》："禽又敶祝。"即禽以脤祝。（2）用作副詞，有必定之義。《獻鐘》："隹（唯）皇上帝百神保余小子，朕猷又成亡（無）競。"朕猷又成即朕猷必成，意為我的猷謀必定成功。（3）用作副詞，置於兩個否定詞之間表示一種肯定的意思。《毛公方鼎》："母（毋）又弗懟，是用壽考。"毋又弗懟，近似不會不順，即必定順。（4）用作副詞，和否定詞結合表示一種禁止的意思。《彧方鼎》："母（毋）又畋于氒身。"毋又，有不要、不可、不得之類的用義。（5）用作副詞，有只得、必須之類的用義。《儕匜》："今女（汝）亦既又卸（御）誓。"意為現在你也將必須（亦既有）實踐誓約（御誓）。（6）用作連詞，表示原因，有因為之義。《沈于也簋》："隹（唯）考敢又念自先王先公逎妹克衣（殷），告剌（烈）成工（功）。"意為先父因念先王先公消滅了殷商，而告述勳烈功業。（7）用作連詞，表示假設，有如果之義。《散盤》："余又爽亂。"我如果違約錯亂。（8）用作代詞，表示泛指，近似後代所說之有人。《蔡簋》："氒又見又即令（命）。"又見，有人觀見。又即命，有人來聽候命令。（9）用作代詞，相當於其。《龏鬲》："用乍（作）又母辛尊彝。"又母辛，其母辛。（10）用作助詞，在名詞前，無義，或以為是名詞詞頭。《叔夷鐘》："女（汝）康能乃又事。"又事，政事。（11）用作助詞，在動詞前，無義，或以為是動詞詞頭。《苐伯簋》："又帝于大命。"即帝于大命，意為合于天命。（12）用作助詞，在形容詞前，無義，或以為是形容詞詞頭。《六年琱生簋》："為白（伯）又祗又成。"又祗又成即祗、成，意為正直、友善。虛詞用義的清理，傳世文獻比出土文獻做得多一些，但都談不上全面、系統，而且基本上沒有按時代歸類、排比。

4、將歷史上用過的字、詞、語及其所表示的用義在全面、系統加以清理的基礎上按時代加以分類，這是很重要的一個方面，但不能僅僅到此為止。理想的基礎工作似乎應該是從系統性的角度將各時代所用的字、詞、語及其所表示的用義加以分類歸納，以便從歷史的角度觀察其演化、發展。所謂詞義的系統性，曾經有過一種觀點，以為詞義系統由本義、引申義和假借

義所組成。在這種觀點的指導下，有不少學者曾將一些字、詞的本義、引申義和假借義進行過清理，取得了相當可觀的成績，作出了應有的貢獻。但是，今天看來，仍然在這種理論指導下清理歷史上的詞義就顯得有些不科學。因爲，一個詞的本義和引申義可能不屬於同一個時代。而假借義之說本身就存在問題。共時的詞義系統應該是由相互有關聯的詞義組成的系列所構成的系統。語言中詞的意義和客觀事物一樣，其特質也表現在兩個方面：一是詞義本身的基點（詞的基本意義或中心意義），一是詞義之間的關係所形成的義域，基點和義域合在一起才是一個詞義的全部內果容。如果不將有關聯的詞系列的角度按類排列，往往容易只看到（感到）一個一個詞的基點而忽略其義域，因而致誤但不自覺。如武丁卜辭用這樣一組詞來表示一天的時間：旦、明、大采、大食、中日、昃、小食、小采、夕。武丁以後的卜辭則採用了不完全相同的一組詞來表示，它們是：妹旦、朝、大食、中日、昃、小食、郭兮、暮、昏、落日、夕。根據《左傳·昭公五年》杜注，春秋前後表示一天的時間詞有這樣一些：雞鳴、平旦、日出、食時、偶中、日中、日昳、餔時、日入、黃昏、人定、夜牛。如果只就個別詞而言，可能會以爲平旦相當於旦、食時等於大食、日中相當於中日、日昳等於昃，餔食相當於小食。如果注意到詞的義域即詞義之間的關係，從系列與系列之間的比較來看，這些詞之間實際上有一定差別。如杜注的平旦和食時之間多出一"日出"，是平旦、日出、食時這三個時段加在一起才和商代卜辭的旦、大食這兩個時段加在一起相當，可見平旦不會和旦全同，食時也不會和大食全同。又如商代卜辭記有一人名叫"侯虎"。這個虎字大多數寫成動物身上呈橫條斑紋形（《甲骨文合集》6553、6554），與後代所見的虎形同；少數寫成身上呈點形（《合集》10055）或圓圈形（《合集3295》），則與後代所見的豹形同，則商代所謂的虎實際上包括豹在內，即把虎與豹看成是同一種動物。這種現象在上古動物物種分類不細的時代並不奇怪，但從以字表詞的角度而言，商代的虎與後代的虎並不等同。上述這兩方面的實例在一定意義上可以說明，清理詞義，在別時代之後，應該按系列或義類將詞和詞類分別排列，

使之以類相從。這一方面的基礎工作，現在似乎很少有人做，算是剛剛起步吧！

三

任何一門學科在發展成爲一種科學的學科，或促使這門學科更富於科學性的過程中，一般說來都在不斷地對該學科所使用的術語及有關解釋，進行各種考察。或者用新的研究成果來豐富術語的內容，或者改變對術語的解釋，或者放棄原有的術語而採用新的術語。這類現象，無論是在自然科學方面，還是在社會科學方面，都時有發生，典型的例子就是"以太"和"奴斯"。"以太"曾被作爲宇宙萬物本原的一種哲學理論；也曾被作爲一種物質以解釋某些自然現象；還曾作爲電磁學的術語，是電磁波賴以傳播的介質。直到20世紀初，愛因斯坦建立起相對論理論，以太這一假說和術語才被廢棄。"奴斯"是一個哲學術語，但曾有過各種不同的解釋。有的以爲是一種外在的推動力量，是獨立自主的，是無限的；有的認爲奴斯存在於事物和物質之中；也有的將奴斯解釋成一種純粹精神性的實體，是認識的主體"理性"；還有的該奴斯是"絕對"，是構成世界萬物的基礎。發展到現在，經過多方面的研究，如今已不大使用這一術語。由於術語的正確使用和合理解釋，常常是一門學科的科學性程度的表示，所以一直爲該學科或使用該術語的學者們所注重，因而才經常產生某些術語的沿用、豐富、重新解釋、廢棄等等現象，而學科得以發展。

傳統訓詁學有一大批術語，每一個術語基本上都有了相對穩定的解釋。這些術語和解釋，長期以來基本上是在承傳，很少加以進一步考察、或豐富、或考釋、或否定，使之更加科學，以促進訓詁學的發展。即使遇到某些術語的解釋不太合理或對某一術語的解釋確有矛盾，也盡可能曲爲圓說而不予深究；或繞著矛盾走，只闡述自己的看法，不作正面反駁；甚或綜合各種矛盾的解釋以爲己說，對於明顯的矛盾也任其滋蔓。傳統訓詁學有一段時期略有停滯之勢，可能與此有關。爲了促使訓詁學盡早完成科學化進程，有

必要對所使用的術語及其解釋加以全面考察。下面舉例說明這種考察的必要性。

從上古文字表示上古漢語的現實可以清楚地看出，漢語的詞逐一用漢字來表示大體上採用三種方式。

一、用"某種構形"所顯示的"某種意思"來表示"某個詞的意義"，可以稱之爲以形表義的表示方式。實即爲了表示某個詞的意義的需要創造某種構形顯示某種可以感覺到或意會到的意思來加以表示。如用一個側面站立的人形來表示人這個詞，用在一個大肚子人的肚子裡放一個小孩子的形象來表示孕這個詞，用一長橫加一短橫來表示上、下這兩個詞（短橫在下爲下，短橫在上爲上）。這一類字因爲是以形表義，可以統稱之爲形義字。由於許慎《說文解字》有一個六書說，學術界長期奉爲圭臬，學者們也就據六書說將所有的形義字分爲象形、指事、會意三種。由於這一類形義字的構形雖有象形，也需會意；雖爲指事，也有象形；指事本身，也要會意，象形、指事、會意三者之間的界限有的不易區別。所以，王筠《說文釋例》明確指出，指事類中有"指事兼會意"、"以會意定指事"、"指事而兼形意與聲"、"借象形以指事"者（卷一）；象形類中有"一字象兩形"、"象形兼意"、"以會意定象形"、象形"兼意又兼聲"；象形"似會意"者（卷二）；會意類中有"執字形以求其義則不無窒礙"、會意"兼象形"、會意"兼指事"、"意在無字之處"、"所從之字不成意，轉由所從與所從之者以得意"者（卷四）。王筠的結論並不全都正確，但大量的事實卻足夠說明象形、指事、會意三者之間確無十分清楚的界限。另外，訓詁學有"以形索義"之說，所謂的形就是包括象形、指事、會意在內所有以形表義的字或構件的形。從這兩方面考慮，似可增加形義字這一術語。

二、用"某種構形"所顯示的"某種語音"來表示"某個詞的意義"，可以稱之爲以音表義的表示方法。實即爲了表示某個字（詞）的意義的需要選用某種構形已經具有的讀音來加以表示，使人能夠照這個構形的語音來理解，悟出這個字（詞）所表示的意義。如甲骨文以這個構形已具有的讀音來表示風

這個詞（用雥字的構形所表示的是鳳這個詞，因爲是以形表義，應是形義字），以其字的構形已具有的讀音來表示虛詞其（其的構形本象箕，與虛詞其的意義無關），以方字的構形已具有的讀音來表示方向之方這個詞（方的構形本象耒，是一種農具，與方向之方義無關）。這一類字因爲是以音表義，可以統稱之爲音義字。長期以來，學術界把類音義字稱之爲假借字，把音義字所表示的意義稱之爲假借義，顯然是站在形本位立場上所作的論斷，現在看來並不科學。所謂假借字只是用某個字的音讀來表示某一意義，僅僅是借形所表示的音，並不借形所表示的義，也不借能表義的形，而一個能表示詞的字不僅有音而且有形有義，只借音根本談不上是假借字，最多只能稱之爲借音字。爲了和形義字對擧而言，當然最好是稱之爲音義字，是以音表義之字。從現實的角度來看，稱之爲音義字或借音字，明白、簡單、易懂，容易爲初學者接受，也便於論述。如門字，用作城門之門爲形義字，是以形表義之字；用作姓氏之門爲音義字，是以音表義之字。而把音義字稱之爲假借字，因爲繞了一個彎，難講也不易明瞭，古往今來不知道有多少人爲此枉費了多少腦筋，的確不是一個值得贊許的術語。所謂假借義（或稱借義），似是配合假借字而創造的一個術語，從理論上來講更是不合邏輯。如說西方之西義爲假借義，必須之須義爲假借義。其實，西方之西義，必須之須義，是先於文字而存在，屬於語言中的意義，爲了將這些意義用文字表示出來，而這些意義又不便用某一種構形顯示，只好借用某一構形的音讀來表示，因而西被借用來表示西方之義，須被借用來表示必須之義。情況很簡單，西方義、必須義是本有的，借用西和須來表示是後來的事，怎麼西方義和必須義倒成了假借義而是假借來的呢？古代和現代的學者都解釋說，須字本象人臉上長有鬍鬚，《說文》解釋爲“面毛也”，與須字構形之意合，則須爲鬚的本字，鬍鬚（面毛）爲須的本義，而必須義與鬍鬚義無關，既不是本義也不是引申義，因爲是作爲假借字須所表示的意義，所以稱之爲假借義。由於這種從形本位觀點作出的論斷，在實踐上曾經引起過一種很難解說的混亂：即有一些是先有假借字後有本字，如先有假借字齊而後有本字臍，後有本字被稱

爲後起本字；而有一些往是先用假借義而後引申發展才各造專字"各具本義"
（傅東華《字義的演變》），即先有假借義後有引申義再往後才有本義。造
成這種混亂以至在理論上實難講通的根本原因是忽略了有聲漢語是以聲表義
的，而漢字在表示漢語的詞的意義時，在本質上仍是以構形所顯示的音讀來
表示，只不過漢字有以形表意的特徵，一些詞義可以通過漢字的構形來幫
助顯示，人們因而誤以爲漢語的詞義是以漢字的構形來直接表示的，把漢字
的構形看成是第一位，忽略了以音表義的本質。如用齊來表示臍的當時（當
時尚無臍字），齊是臍的音義字，也是臍的音本字（表示禾麥吐穗上平的齊
是形義字，也是形本字），後來產生了臍，那是漢字形聲化發展過程中形成
的形聲字，屬於後起，所以說齊、臍是古今字，是音本字和後起形聲字的關
係，不是假借字和後起本字的關係。又如鳳爲鳳的形義字，所表示的鳳鳥之
義爲形本義；鳳爲風的音義字，所表示的風義爲音本義。由此看來，"假借
義"一說可以廢棄，有關術語似也可以略作修改。如果將訓詁學所有的術語
細加考察，必將獲益非淺。

　　三、以"某種構形"所顯示的"某種類別的意思"加上以"某種構形"
所代表的"某種語音"來表示"某個詞的意義"。用這種方式構成的字，古
今無異議，均稱之爲形聲字。形聲字的研究成果比較豐富，也比較深入，尤
其是上古諧聲的探索、右文說的興起、因聲求義說的被採用，訓詁學對形聲
字的研究可以說前進了一大步，成績顯然。但從歷史和理論這兩個方面來
看，還有某些現象值得考慮。如早期的形聲字大多由先用作假借字（音義
字）的字作聲符，增加形符構成，後代的形聲字大多是由聲符和形符直接合
成，這兩類形聲字如何斷代，這兩類形聲字的聲符和形符古今性質是否相
同。又如甲骨文有洋字是表示羊沉入水中，沖字是表示牛沉入水中，㳭字是
表示牢（祭牲）沉入水中，這三個字都是會意字。後來類化寫作湛，从水甚
聲；後又寫作沉，从水，尤聲（沉爲後起俗字），均是形聲字。湛與沉如何
斷代。湛的甚聲和沉的尤聲，按照右文說和因聲求義說如何解釋。再如甲骨
文的鳳是鳳的形義字也是形本字，卻是風的音義字也是音本字。後來增加一

個凡作爲聲符全字當寫作飌,成了形聲字。對於鳳而言當是名符其實(後來寫作鳳,从鳥,凡聲,也是形聲字),而用來表示風則名實不符。原來表示風的䨠是假借字(音義字),加上一個凡作爲聲符仍是表音,則表示風的飌就不是形聲字,而只能稱之爲聲聲字,後代寫作風,《說文》以爲是从虫凡聲的形聲字,虫爲甚麼是形符,理由是:"風動蟲生",能成立嗎?鳳與風均從凡聲,從因聲求義的角度如何解釋。進一步就是如何看待因聲求義、聲近義通。

<h1 style="text-align:center">四</h1>

古代漢語詞語所表示的意義如何進行分析、解釋,古代漢語詞語所表示的眾多意義如何加以繫聯、歸類,古今的訓詁學家做了大量的分析、研究,取得了可喜的成績。如把詞義分爲本義和引申義,並按照引申關係把詞義分別繫聯起來,編成各類詞書;又如《爾雅》之類的訓詁專書,按所表示的有一定相同或相近的意義將有關的詞按類歸集,讓人們很方便地就能知道哪一個意義曾由哪些詞表示過等等,無疑都是重大的貢獻。但距離理想的境界,還有相當路程。

近幾十年來興起了語義場和義素分析等學說,有一些學者引用來批評傳統訓詁學,也有的學者將之引入訓詁學,這是值得引起重視的現象。這一事實說明,訓詁學需要理論。問題是需要甚麼樣的理論。是由漢語訓詁學的研究中總結而來,還是現成的引入?有必要作某些探索。首先當然是對正在引進的語義場和義素分析等理論加以考察。

語義場的"場"本是物理學術語(field),指作用力的範圍,即物質相互作用的範圍。一些語言學家借用來創造出語義場這一術語,指"圍繞共同概念或圍繞詞彙意義相似特徵而集合起來的詞群,其中各詞之間都有意義上的聯繫。"(《蘇聯百科詞典》中文本頁1552)如"英語中的 man、woman、boy、girl 及其它有關助詞","屬於'人類'這一語義場。"(杰弗里·N·利奇《語義學》中譯本頁126)表面看來,語義場和一般所說的

語義系統或詞義系統近似，所以，有學者把語義場解釋為"指義位形成的系統。"（賈彥德《語義學導論》頁92。義位一語可商，因不在本文需要論述的範圍之內，故從略）其實，叫語義場或叫語義系統關係不大，問題是如何研究詞義，即研究詞義的方法。傳統訓詁學一般是孤立地去研究單個的詞的意義及其在歷史上的發展，從而指出其在不同時代的異同和變化，但不太注意詞義之間的關係及其相互影響。這可以稱之為孤立性的研究方法。語義場理論，按照德國學者特雷爾（J・Trier）的觀點，認為詞只有作為"整體中的一部分"才有它自己的"詞義"，所以要通過分析、比較詞與詞之間的語義關係，才能確定一個詞的真正涵義（伍謙光《語義學導論》頁95），也就是通過關係來研究詞義。這可以稱之為關係性的研究方法。如顏色詞白和黑，傳統訓詁學認為，後代的白和古代的白同，後代的黑和古代的黑同，此乃孤立性地就白與黑本身而論。如果從關係性的研究方法而言，則結論與之略異。據研究，商代僅有表示顏色的詞白、黑、幽、黃、赤共五個，後代表示顏色的詞至少要多出一倍、兩倍甚至若干倍。則白與黑和其它各種顏色詞所形成的關係各個時代並不相同。比較起來，時代愈早的顏色詞，一般說來其外延要廣一些，內容也要豐富一些。如後代所謂的鐵灰，商代當歸之於黑；極淺的灰當歸之於白；又如後代極深的藍，商代當歸之於黑，極淺的藍當歸之於白，等等。可見，商代的黑與白和後代的黑與白有異，甚至可以說各代之間的黑與白也可能不完全相同。從實際情況來看，確有一定道理。是不是因此就把語義場理論的關係性研究方法簡單地接受過來代替傳統訓詁學的研究方法呢？從現有的研究成果來看，不能完全如此，只能吸收其長。仍以顏色詞為例略加說明。白與黑這兩個詞都有一個基點，古今的白與黑，其基點應該大體相同，絕不能說不同，即不能說上古的白與後代的白完全不同，也不能說上古的黑與後代的黑完全不同。但是，各時代的白與黑，其外延的確有所不同，因而也不能說各時代的白與白、黑與黑彼此完全相同。合理的解釋應該是同而略有差別。這樣的結論當然不是只用一種方法研究出來的。這其中就蘊涵著傳統訓詁學的研究方法。另外，語言中有相當一批詞是

爲了指稱某一對象才被使用的，當某一個詞被用來指稱某一對象時就具有了詞義，如商代漢語用帝來指稱上帝時就具有了上帝這一詞義。當時使用帝這個詞的人們可能並不明確帝這個詞是屬於哪個“整體中的一個部分”，也可能尚不清楚或者根本沒有考慮被指稱對象有一個“整體”，詞有一個“整體”，而帝（無論是對象或是詞）是其中的一個“部分”，但卻清楚帝這個詞有上帝這一詞義。這一觀念與傳統訓詁學的看法基本吻合，看來是符合實情的。還有，前面講到曾有過“以太”這個詞，後來又被廢棄不用，而詞書又收有這個詞，並對詞義有所解釋，這似乎很難肯定又不易否定以太這個詞是作爲“整體中的一個部分”才有它自己的“詞義”。可見，語義場理論應該吸收其長，而不宜用來代替，最好是和傳統訓詁學結合。

　　義素分析法，也稱構成成分分析法，或稱語義成分分析法。這種方法認爲，詞義不是語義的最小單位，最小單位是義素。因而研究語義不應該到詞義爲止，而應將詞義再進行分析，指出是由哪些義素構成，並通過比較，說明和相近詞義的區別。從理論上來講有一定道理，但實際操作起來卻有一定困難。布龍菲爾德曾經指出：“我們沒有一種準確的方式來給像愛或者恨這樣的一些詞下定義，這樣一些詞涉及到好些還沒有準確地加以分類的情景—而這些難以確定意義的詞在詞彙裡佔了絕大多數。”（《語言論》中譯本頁139）在古代漢語裡，除了布龍菲爾德所指出的那些難以確定意義的詞之外，還有另外一些詞，其詞義所表示的實際上是不存在的事物和現象，如上帝這個詞只表示上帝這一觀念，而上帝並不存在。又如鬼、神、妖、仙等等也如此。這一類詞，愈是古代的語言愈多。這一些詞，下定義尚且很難，要進行義素分析可能更難，也許根本分析不出義素來。所以，英國學者杰弗里‧N‧利奇在《語義學》中肯定地指出：“成份分析作爲一種詞義理論是有爭議的。”（中譯本頁165）義素分析法作爲一種新興的學說，需要很好加以研究、考察，但不宜立即作爲一種指導性理論引入訓詁學。對於其它與訓詁學有關的新興學說似也應如此對待。從古漢語詞義研究的現實來看，義素分析當然可以進行，以便作進一步考察，但重要的似乎是應將古漢語中有

一些詞的意義究竟是甚麼考證清楚，並探索其意義的演化軌跡，從而總結出某些符合漢語詞義發展的理論認識。比如先秦漢語有"弔詭"一詞，最早見於《莊子·齊物論》，大多數大中型漢語詞典均收有這一詞目，釋義大同小異：舊《辭海》："弔詭，謂權變也。"（寅228）新《辭海》："弔詭，怪異；奇特。"（上冊1354）修訂本《辭源》："弔詭，怪誕，奇異。"（第二冊1042）台灣三民書局《大辭典》："弔詭，奇異怪誕。"（上冊1500）《漢語大詞典》："弔詭，亦作吊詭。奇異，怪異；趣異。"（四冊83）所出書證均爲《莊子·齊物論》："丘也與女皆夢也，予謂女夢亦夢也。是其言也，其名爲弔詭。"僅從所出書證來看釋義似無問題。如果將所出書證放回原文中從整個上下文及有關注疏來看，則可以有不完全相同的理解。《莊子·齊物論》：

> 夢飲酒者旦而哭泣，夢哭泣者旦而田獵。方其夢也，不知其夢也。夢之中又占其夢焉，覺而後知其夢也。且有大覺而後知此其大夢也。而愚者自以爲覺，竊竊然知之。君乎，牧乎，固哉！丘也與女皆夢也，予謂女夢亦夢也。是其言也，其名爲弔詭。萬世之後而一遇大聖，知其解者，是旦暮遇之也。

郭象注弔詭曰：

> 夫非常之談，故非常人之所知，故謂之弔當卓詭，而不識其懸解。

成玄英疏弔詭曰：

> 夫舉世皆夢，此乃玄談。非常之言，不顧於俗。弔當卓詭，駭異物情。自非清通，豈識深遠哉。

由此可知，弔詭一詞，當是指奇異而有一定道理的言論。一般的人只感到奇異的一面，而不識其有一定道理的深遠之意。所以被認爲是非常之談故非常人之所知，是非常之言不顧於俗。與單純解釋爲奇異有一定差別。由於"弔

詭"一詞有了兩種理解（解釋），所以被譯成英語時也有了兩種譯法。一種
譯爲bizarre，見梁實秋主編《遠東漢英大辭典》頁394"弔詭"條。bizarre一
詞有希奇古怪的、不同尋常的（商務印書館《英華大詞典》修訂第二版頁
136）、稀奇、離奇、奇特、不可思議、荒誕不經（人民日報出版社《英漢
百科翻譯大詞典》頁317）之類的意義。另一種譯爲paradox，（見《英漢百
科翻譯大詞典》頁2004）。paradox一詞有似非而可能是的論點、反論、悖
論（《英華大詞典》頁1003）之類的意義。日語將paradox作爲外來語吸收
進來寫作パラドックス，其義爲反論、奇論、似非而是的議論。從《莊子》
全文及譯文意義來看，以譯成paradox爲好，而弔詭一詞的原意當是似非而
是的議論，或是怪異而有一定道理的言論。這一論斷是否正確可以再討論。
這裡所要說明的是，類似"弔詭"這樣的詞，古代漢語中還有不少，不僅出
土文獻，傳世文獻中也有，爲了發展訓詁學似應先行考證清楚，然後才能確
定是否可作義素分析。又如《爾雅·釋詁上》："景，大也。"郝懿行《爾
雅義疏》："經典景俱訓大，而亦爲明。景從日，故訓明；從京聲，故又訓
大矣。"馬文熙在《詞義裂變試論》一文裡從類似的現象中總結出漢語詞義
運動還有詞義裂變這一方式。即一個詞裂變成兩個能獨立運用的意義，分別
與表示某個詞的字的構件有關，如景從日故有明義，景從京聲故又有大義。
詞義裂變論的提出是一個新的發現，豐富了訓詁學理論（馬文見《西南師範
大學學報》1987年第二期）。以上事實說明我們的訓詁學不僅要繼續考證詞
義，還需要從古漢語現實中總結新理論，也應是訓詁學研究的重點之一。

五

傳統訓詁學從某種意義上可以說是一門綜合性的學科,在分析、解釋詞語所表示的意義或對象時,要對表示詞的字進行結構解剖,以便"以形索義";要對字的音讀、聲旁加以研究、考察,以便"因聲求義";要對詞的本義、引申義、概括義、虛化義、實指義等等予以探索、驗證,以便"比較互證",確定詞在應用中的意義;要對詞的詞彙意義和語法意義進行辨析、考究,以便斷定是實詞還是虛詞;要對文例、異文加以類比、勘校,以便確定衍文、奪字、訛誤;要考證地名所指地點的地望,以便指出其行政歸屬或大體方位;要核實上古的某一君王究竟繼承了誰而誰又被誰所繼承,以便考定世系;要考察先秦各國的興起、變遷、消亡,以便能準確地解釋某些歷史現象;要研究各時代的軍隊、行政建制,探索各時代各種官吏的職掌,以便比較分析各時代社會制度的異同及其變化;要考察各時代各國的貨幣、稅收、貢納、供給、市場、交易等等,以便指出各時代各國的經濟狀況;要研究各種道德觀、價值觀、人生觀、世界觀、學術觀的興起、影響、演化,以便解釋某些詞在某些情況下的特別用義;要考證各時代各國上層的政治鬥爭、王位爭奪、大臣弄權、各種陰謀、各類政變、高級官吏和人民大眾的動向,以及各種類型的結黨和盟會,以便從政治的角度對某些詞的某種用義加以詮釋;要研究各時代各國的曆法、樂律、繪畫、雕塑、工藝、製造、服飾、車輿、舟船、器物、法律、刑法等等,以便更深刻地、細緻地、多方面地認識各時代各國的現實等等。上述的各種考察、研究、探索、考證,都是為了更好地訓詁和研究。這一切無疑涉及到了天文、地理、社會、政治、經濟、鑄造、建築、音樂、法律、藝術、飲食、交通、文字、音韻、詞彙、語法、修辭、校勘等有關學科。為甚麼讀古人的某些注疏和有關專著如王念孫《廣雅疏證》、孫詒讓《周禮正義》等,使人感到豐富多彩、博大精深,上述各點即所謂的綜合性,可能是很主要的原因。到了十九世紀末二十世紀初,隨著科學進步、分工愈來愈細的趨勢,也由於殷墟甲骨文和敦煌韻書殘

卷的發現，以及《馬氏文通》、《中國音韻學研究》等專著的問世，我國的
傳統語文學逐漸分解爲音韻學、文字學、古文字學、語法學、詞彙學、訓詁
學、修辭學等有關學科。又因爲有些學者受了外來詞義學的影響，把詞語所
指稱的對象和所表示的詞彙語法意義，均作爲詞義來對待，不再深究求證或
不再過問詞語所反映的與考古、考史有密切關係的天文、地理、政治、經
濟、法律等等的內容，以至訓詁學被弄得來有點像是古漢語詞義學。另外，
近幾十年來，從傳統語文學分化出來的各個學科以及有關的學科，在各自的
軌道上單線前進，大有道不同不相爲謀的架式，學科內的問題研究愈來愈
深，學科之間即所謂邊緣問題卻不大有人問津，滲透、互補之類的現象則更
少有人研究，真有點像現在的醫學界那樣，專科醫生到處都有，就是缺乏能
夠綜合考察的專家，以致誤診時有發生。這當是科學發展分工愈來愈細帶來
的伴生物，好像假是真的伴生物，謬誤是真理的伴生物一樣，是一種不可避
免的現象。古代文獻是古代漢語的作品，有點像人的機體，需要有專科醫
生，但也不能缺少綜合考察，即需要文字學、音韻學、語法學、詞義學、校
勘學、修辭學，但也不能缺少傳統訓詁學那種綜合治理。如"用"字，殷商
甲骨文一直到後代均可用作動詞。值得注意的是，殷商甲骨文的"用"作爲
動詞，它的賓語即動作的對象，都是具體、實在的，如"用五牛"（《甲骨
文合集》1987）、"用二牢"（《合集》27324）等等。到了周代金文則略
有發展，"用"的賓語即動作的對象，開始有了不具體、不實在的，即開始
以抽象的觀念、意識作爲賓語，《中山王壺》的"不用禮義"即其一例，其
他如《師訇鼎》的"用乃孔德㻬純"也是如此。後代的用巧、用智、用德、
用心當由此發展而來。殷商甲骨文的"用"未見用作介詞，周代的"用"卻
大量用作介詞，《作冊令方尊》的"用光父丁"、《師遽方彝》的"用匄萬
年亡疆"、《茈伯簋》的、"用祈屯㝅永命"、《曾伯簠蓋》的"用盛稻
粱"等的"用"均如此。用作介詞的"用"當由動詞虛化而來。殷商甲骨文
的"用"未見用作連詞，周代卻大量用作連詞，《史獸鼎》的"對揚皇尹丕
顯休，用作父庚永寶尊彝"（用作，因而作）、《師望鼎》的"王用弗忘聖

人之後，多蔑歷錫休”（用弗忘，因爲弗忘）、《梁其鐘》的“用天子寵，蔑梁其歷”（由於天子寵愛）等的“用”均如此。這類用法當由介詞虛化而來。表面看來，“用”由動詞虛化爲介詞，又由介詞虛化爲連詞，屬於漢語語法史的範圍。其實，這種考察是從識讀銅器銘文開始，在探索文例文意中所得的認識，是由訓詁學方法研究得來的結論，與訓詁學有極大的關係，也可以說是訓詁學的內容。又如後代的唯、維、惟、推、誰、雖等字均由“佳”字孳乳而來，其初皆寫作佳。如《甲骨文合集》三七八三五：“佳王二祀。”佳用作後代的唯，爲助詞。《令簋》：“佳丁公報。”佳用作唯，起提前賓語的作用。《中山王壺》：“佳逆生禍，佳順生福。”佳用作唯，是副詞。《猷簋》：“有余佳小子，余亡（無）宲晝夜，經雍先王，用配天地。”佳用作雖，爲連詞。《中山王鼎》：“非恁（信）與忠，其佳能之？”佳用作誰，爲疑問代詞。這一些現象可以證明應是先有佳，後來才有孳乳字唯、誰、雖等。原來寫作佳者，在流傳過程中一般說來會有人根據其所用，將之改寫爲唯或雖或推或誰等等。改寫者如果水平不高，難免會改寫得不準確。也可能改寫不誤，而由傳抄者致誤。還可能有某些別的原因而產生一些交叉現象。如《莊子·天運》：“孰居無事，推而行之。”《經典釋文》：“推，司馬本作誰。”按常理字本作佳，改寫者按照自己的理解，一改寫作推，一改寫作誰。又如《詩·陳風·墓門》：“知而不已，誰昔然矣。”鄭玄箋：“誰昔，昔也。”《爾雅·釋訓》：“誰昔，昔也。”郭璞注：“誰，發語辭。”今天可以看得很清楚，字本作佳，實用作唯，爲語首助詞，由於改寫者誤會而成了誰。再如《荀子·性惡》：“然則唯禹不知仁義法正，不能仁義法正也。”也是字本作佳而用作雖，由於誤會而寫成了唯。《墨子·尚賢中》：“故雖昔者三代暴王桀、紂、幽、厲之所以失措其國家，傾覆其社稷者，以此故也。”則是字本作佳而用作唯，傳寫誤作雖。類此現象如《莊子·庚桑楚》：“唯蟲能蟲。”《經典釋文》：“一本唯作雖。”《老子·三十一章》：“雖小，天下莫能臣。”漢帛書甲本、乙本雖作唯。這一些現象，曾被認爲是通假所造成，如說唯讀爲雖。但從佳字孳乳

及後人襲用、改動來看，可能並非全由於通假，甚至可能大多不是由於通假。這些現象分離開來看，文字孳乳宜屬於文字學範圍，說成是通假可歸於音韻學或訓詁學範圍，版本不同可歸於校勘學範圍。而綜合起來考慮則是傳統訓詁學的範圍。當然以綜合考慮爲好。再如，《珍秦齋古印展》著錄一方半通姓氏私印，印的四側有錯銀箴言款字六個。這六個字從哪一個字開始讀，如何斷句，如何理解，至今仍有不同意見。有的認爲當讀作"忿栾（深）冥，欲毋思"，"殆男女相怨之語"。（馬國權《珍秦齋古印展·序言》）也有的認爲當讀作"毋思忿，栾（深）冥欲"，相當於《易·損》象傳中的"懲忿窒欲"，是"制怒寡欲"的意思。（董珊〈秦郝氏印箴言款孜釋〉）這裡不打算評論是非，只是舉例說明，這兩種意見基本上都是用傳統訓詁學方法加以考證所得出的，包括文字、音讀、通假、詞義、斷句、文例、語意等等各方面的分析，是一種綜合考慮。綜合以上各例，可以大體上看出：重視學科之間的分工是需要的，但不宜輕易放棄傳統訓詁學綜合研究的孜釋方法。相反，應該更好地吸收各學科的研究成果，同時充分發展傳統訓詁學綜合考慮的長處。

總起來講，我們的訓詁學如果能深入開展關於甚麼是訓詁學之類問題的討論，窮盡性地逐步總結出古代文獻（包括傳世的和出土的）究竟用了哪些詞表示了哪些意義並加以科學分類，重新考察傳統訓詁學所用的各種術語以及各種術語之間的關係（包括術語和語言現象之間的關係），分析研究各種與訓詁學發展有關的新興理論並釋善引出，重視與訓詁學有關的各學科最新研究成果以豐富發展傳統訓詁學的優長，傳統訓詁學必將很快發展爲科學訓詁學。這應該是歷史的必然！

第一屆國際訓詁學研討會論文
1997.04.19-20

訓詁與經學--以〈伯夷列傳〉為例

劉文強

中山大學中文系

提要

　　訓詁之有助於經學，非但在經書中如此。見於其他典籍中，字句的訓詁如果得當，同樣有助於我們對經學的了解，例如《史記》就是一個很好的例證。不過隨著時移事變，致使太史公不免以今釋古，因此不免產生差距。由於這個因素，我們在使用《史記》為資料，以討論經學的問題時，便應特別留意，以免混淆古今，致為不同時代之資料所誤。今舉《史記‧伯夷列傳》中二三事為例，加以說明。其一為經傳的關係的再檢討。其二為《軼詩》的問題，其三為「賦」與「歌」在漢代或可混為一談，但在春秋時，二者有極大的分野。其四為釋「肝人之肉」，舉《禮記‧內則》為證，可見訓詁非但有益經學，亦有助史學。而此例以經釋史，更見經史之關係，實密不可分。最後說明「是遵何德」之德，為五行之德，非一般所謂德行之德。

一、序言

　　訓詁之有助於學術，非但在經書中如此，在其他典籍中，同樣也是如此，例如《史記》就是一個很好的例證。歷來討論西漢經學的各種問題時，《史記》的記載，不但有助於經典的話訓，對於經學上各種問題的討論，更是常常起了關鍵性的作用。雖然，隨著時移事變，許多先秦的文字記錄，到了西漢時，已顯得古奧。在這種情形下，太史公不得不以今釋古，[1] 因而不免產生若干問題。蓋西漢與先秦，不論在各方面，皆有相當的差距。故以西漢之今，釋先秦之古，雖曰盡心焉耳矣，卻未必能盡同。由於這個因素，我們

---

[1] 如〈五帝本紀〉、〈夏本紀〉、〈殷本紀〉與《尚書》諸篇的關係，即是著例。

在使用《史記》為資料，以討論經學的問題時，也應稍加留意，以免混淆古今，致為不同時代之資料所誤。此外，《史記》固能證經，而經書中的記載，亦有能助《史記》之訓詁者，可見經史之間的關係，實為密切。今且舉《史記·伯夷列傳》中二三事為例，加以說明，以就教於方家。茲引其文於下：

> 余悲伯夷之意，睹《軼詩》可異焉，其《傳》曰：「伯夷、叔齊，孤竹君之二子也。父欲立叔齊，及父卒，叔齊讓伯夷，伯夷曰：『父命也』，遂逃去。叔齊亦不肯立而逃之。於是伯夷、叔齊聞西伯昌善養老，『盍往歸焉』？及至，西伯卒，武王載木主，號為文王，東伐紂。伯夷、叔齊叩馬而諫曰：『父死不葬，爰及干戈，可謂孝乎？以臣弒君，可謂仁乎』？左右欲兵之，太公曰：『此義人也』。扶而去之。武王已平殷亂，天下宗周，而伯夷、叔齊恥之，義不食周粟，隱於首陽山，采薇而食之」。及餓，且死，作歌，其辭曰：「登彼西山兮，採其薇矣。以暴易暴兮，不知其非矣。神農、虞、夏，忽焉沒兮，我安適歸矣？于嗟徂兮，命之衰矣。」遂餓死於首陽山。[2]

以上這一段文字，有幾個屬於經學上的問題，謹提出以供討論。首先是「其傳曰」的「傳」字所指為何。

二、釋「其傳曰」

大家都知道，自戰國初以來，逐漸有所謂經書的集結。流傳到西漢時期，就定形為所謂的五經。五經經書皆大有來歷，例如《尚書》，起自堯舜，距離西漢，時間已超過千年。《詩經》雖不比《尚書》，但是其中所述事蹟，至少起自周初，晚至春秋末，前後或也將近千年。自孔子始，私人興學之風日盛，經書也就成了重要的教材。可是經書歷經這麼長的傳承，其中文句

---

[2] 《史記會注考證》台北：洪氏出版社1977.5，5版，頁847。

字義，若無足夠或適當的解說，一般人是無法明瞭的。爲了解決這個問題，於是就有了專門對經書的說解，這就是所謂的傳。但是解說經書也可以分若干方法，一是就其字面，逐字逐句的解釋，不作任何說理上的發揮，也就是所謂的章句。這種方法，一般稱爲內傳。例如《毛詩詁訓傳》即是。另外一種方法則相反，並不就字句解釋，而是從整篇著眼，專釋其微言大義，也就是所謂的義理。這種方法，則稱之爲外傳。如《韓詩外傳》即是。大致說來，凡是經書，在流傳的過程中，兩種形式的傳，都會產生。[3] 那麼上引「其傳曰」的傳，該是何種形式的傳呢？這只要看它是章句形式，還是微言大義的形式就可判別了。[4]

　　除此之外，尚有一條，亦不可不注意。上引伯夷列傳云：「余悲伯夷之意，睹《軼詩》可異焉」，又云伯夷、叔齊「及餓且死，作歌」。這兩句其實是同一個問題的兩個不同層次的反映，我們可分以下幾點，加以說明。

三、釋「《軼詩》」

　　首先是《軼詩》與今本《詩經》之間的關係，究竟如何。據《史記・伯

---

[3] 如《韓詩》既有外傳，亦有內傳，不過已亡佚。至於《毛詩詁訓傳》既爲內傳形式，亦當有其外傳，疑今傳《大》、《小序》即是。《尚書》亦然，伏生以下之章句，是其內傳，《書序》或《尚書大傳》等則是外傳。至於《春秋經》之內傳，則有若《公羊》、《穀梁》之類。其外傳，則《左傳》也。而又有以《國語》與《左傳》相較，則《國語》又爲外傳矣，然此亦大較耳。蓋《公羊》之中亦有義理之說，屬外傳之形式。而《左傳》中也不乏逐字釋經的例證，非盡義理或史事。不過二者相較，《公羊》內傳成分多於《左傳》，此所以西漢時人有《左氏》不傳《春秋》之說。不傳者，非以內傳形式傳之耳。至於後人又有《國語》爲外傳，則又是另一種觀念。此說蓋以《左傳》爲《春秋》之內傳矣。

[4] 至於「其傳曰」以下，到那一句爲止，才是屬於該首詩的《傳》呢？看起來是到「及餓且死，作歌」爲止，不過這麼一來，這個《傳》又似乎有些龐雜。是不是因爲太史公在引該傳時，並不如今日引書那般嚴謹，以至於夾以己意，一併寫下，因此看來篇幅甚長，也不敢說。至少在《韓詩外傳》中，每一篇的篇幅，也不遜於本傳。而本傳的形式，又與《韓詩外傳》略同，故以「其傳曰」以下，至「朶薇而食之」爲該傳傳文。如此推測，應屬合理。

夷列傳》，伯夷、叔齊二人的年代，正處於殷、周之際，也就是《詩經》最早篇章的時代。[5] 然而伯夷采薇之作，雖然形式與《詩經》中篇章並無差異，但是不入今本《詩經》，而被稱爲《軼詩》。《軼詩》者何？凡不入今本《詩經》者，典籍中多有記載，後世皆以《軼詩》稱之，非僅采薇一篇而已。然而欲入今本《詩經》，有無標準？

　　這種《軼詩》的例子，見於《史記》者或不多，但在《左傳》與《國語》中，卻不少見。《左傳》中常見賦詩、引詩的事例，其中不乏所謂的《逸詩》，當然多數所引還都是見於《詩經》中的詩句。這些所賦、所引或所稱的「詩」，是否皆以見於今本《詩經》爲準呢？如果不見於今本《詩經》，是否就不能被稱爲「詩」呢？如果是這樣，《左傳》中有許多所謂《逸詩》，它們都不見於今本《詩經》，但是仍被杜預認定爲《逸詩》，而一般學者並無異議，可見這已是長久以來公認的說法。非但《左傳》中有，《國語》中有，乃至《論語》中，也有《逸詩》，如八佾篇子夏引：

　　　巧笑倩兮，美目盼兮，素以爲絢兮。

雖與《衛風・碩人》略同，但「素以爲絢兮」這句，仍不見於今本《詩經》，故朱注以此三句爲《逸詩》。又如子罕篇：云

　　　「不忮不求，何用不臧」，子路終身誦之。子曰：「是道也，何足以臧」。

此句見於《邶風・雄雉》，然何晏集解云：「疾貪惡忮害之詩」。此與上例同，雖今本《詩經》有此句，然此句未必僅見於今本《詩經》，或當時《逸詩》亦有此句。這種情形並非一見而已，《召南・草蟲》與《小雅・出車》皆有「喓喓草蟲」之句，《小雅・小旻》與小宛皆有「戰戰兢兢，如履薄冰

5　〈劉綿〉諸篇，概屬周初時人追述之作。〈文王〉諸篇，載文王之德，則尙未伐紂。〈伯夷列傳〉云：「西伯卒，武王載木主，號爲文王，東伐紂」。又云：「武王已平殷亂」，「伯夷、叔齊逃隱」，「及餓且死」，是其二人卒時約與武王相去不遠。則其所作之時間，正與周初詩人追述之詩，相去無幾。

」之句，及《邶風‧北風》與《小雅‧小弁》皆有「我躬不閱，遑恤我後」之句。不同詩篇，而字句相同，在《詩經》中也有不少例子。因此《逸詩》如果出現了與《詩經》互見的詩句，並不足爲奇。此所以何晏不引《邶風‧雄雉》以註《論語‧子罕篇》所引之詩的出處，反而謂之「疾貪惡忮害之詩」，蓋彼所知之《逸詩》中，亦有此句，也是極可能的。子罕篇又云：

> 「唐棣之華，偏其反而。豈不爾思，室是遠而」。子曰：「未之思也，夫何遠之有」。

何晏也以此四句爲《逸詩》。從這個角度來看，即使不見於今本《詩經》，也可以被稱爲「詩」。那麼在什麼情況下可以被稱爲「逸詩」，什麼情況下卻可稱爲《詩經》或簡稱曰「詩」，其標準何在呢？或者，反過來說，編輯今本《詩經》是以什麼爲標準？爲什麼如《左傳》、《國語》等書中，那些所謂的《逸詩》，其時代明明早於孔子，卻未被收入今本《詩經》呢？或者是像在《論語》中，孔子也明知道是所謂《逸詩》的詩句，爲何都不見於今本《詩經》呢？以上這些典籍中所存在的《逸詩》，不論是見於《左傳》、《國語》或《論語》，它們的來歷及含義，孔子都很清楚。爲什麼在相傳爲孔子所刪定的今本《詩經》中，卻都沒有出現呢？[6]

我們認爲，當時是否入《詩經》的基本條件，在於當時是否存在與之相配的樂譜。有譜者則入《詩經》，無譜者則稱之爲《逸詩》。此何以故？原因在於，《詩經》本是樂歌。既爲樂歌，當然就必須有樂譜，鄭樵認爲：

---

[6] 此外，《左傳》中，除了《逸詩》外，鄭莊公與其母姜氏各賦二句，「大隧之中，其樂也融融」、「大隧之外，其樂也洩洩」；士蒍賦了三句「狐裘尨茸，一國三公，吾誰是從」，這三例卻未被稱爲詩或逸詩。是否因爲它們的句子過短，所以不符合被稱爲詩的條件？如果是這樣，《左傳》中還有許多甚至不被稱爲逸詩，但是句子夠長，而且也押韻的文字，但未被稱爲詩，這又是爲什麼？這些例子中，包括歌、誦、謳、童謠，乃至卜筮的繇文，這些例證是否也可以被稱爲詩？退一步言，至少其中大部份的例證，都符合詩的條件，何以不被稱爲詩（或逸詩）？是否要被稱爲「詩」，或者至少是被稱爲《逸詩》，都得符合某些特殊的條件？那麼這些條件又是什麼？凡此，皆未見學者討論。

> 得詩而得聲者三百篇，則繫於＜風＞、＜雅＞、＜頌＞，得詩而不得
> 聲者，則置之，謂之《逸詩》，如＜河水＞、＜祈招＞之類，無所繫
> 也。[7]

鄭樵的說法，反證了「太師採詩說」應該是極有可能的原因。就算不是太師採集詩篇，也一定得有人承擔這件工作，否則各國的詩篇不一，他國樂師如何能熟悉？在《左傳》中，每每記載各國國君貴族相見，於各種場合賦詩，設無統一版本，樂工如何演奏？所以不論王室與列國，必皆有此太師版之樂譜，且廣發各諸侯，以供各國樂工演奏。由是不論何國貴族或國君，雖遠赴他國，當其賦詩時，所在國之樂工皆能按譜統一版本演奏，如此方能行禮如儀。設無此共同版本，魯國樂工何由知相鼠、茅鴟？晉國樂工亦將不知文王、鹿鳴。此例甚多，不待煩舉。至於國君貴族，亦需熟習，並在社交場合賦詩時，由樂工伴奏。因為眾人皆熟知此等詩句，於是方有可能賦詩以明志。因為此等貴族皆鐘鳴鼎食者，故其社交場合，必有樂人在側。且彼等賦詩，有時甚至配合舞蹈。故所謂賦詩，不但有樂相隨，有時且需舞蹈配合。故詩、樂、舞三者，於《周禮》皆屬春官：大宗伯。自大司樂以下，列其官名職掌，讀者可以參看。由於詩、樂、舞皆為行禮之一部份，而可以禮總名之。由於禮與樂實一體兩面，密不可分，故行禮必有樂陪奏。此所以入詩者必入樂，蓋有其時代因素，主要的目的，當然是為了配合其身分與等級。因

---

[7] 〈樂府總序〉，《通志》台北：新興書局1959.7，頁625。歷來皆有學者認為詩經全部是可以配樂演唱的詩，鄭樵是其著例。在現代，持這種看法的學者如顧頡剛〈論詩經所錄全為樂歌〉（《古史辨第三冊》上海：上海書店據樸社1931版影印，頁608。其自序云：「於《詩》則破壞其文、武、周公的聖經地位而建設其樂歌的地位」。頁1。又云：「《易》本來是卜筮，《詩》本來是樂歌」。同上），又董治安也有此說，見《先秦文獻與先秦文學》（濟南：齊魯書社1994.11，頁7）。這些學者的看法，基本上，我們是同意的。但我們認為他們的說法，仍未盡得其實。我們以為，傳統的說法以《詩經》所錄為樂歌，此說甚確。蓋春秋以前，許多有詩的形式的韻文，其能否被稱為詩，乃至入《詩經》，主要的決定因素，在於這些詩句是否被周王朝的太師群配上音樂。一旦配樂，不論〈雅〉、〈頌〉或是〈國風〉，則皆為官方定本，自然成為樂歌。

此也可以這麼說，《詩經》是那個時代的產物，那個時代是貴族獨領風騷的時代。貴族生活有其與之相匹配的一切，包括車馬、禮儀、服飾、制度等等，當然也包括行禮時的樂，以及與之相配的賦詩，乃至舞蹈。[8] 由於賦詩是貴族生活行種的一部份，基於貴族的身分地位，凡賦詩必須有樂相配，所以詩必入樂。由於在行李道路，風塵僕僕，無從攜帶眾多樂工相隨。唯定點場合，可以先行準備。此所以賦詩必然在特定的場合，如享、宴、食、餞以及國君或使臣相見等等，由特定的人物——非國君即貴族——為之，以其必須有樂相伴之故。

　　詩必入樂，有樂譜者則入為《詩經》，此說既無疑義。接著也許有人會問，由太師採集，而後加以配樂之詩又有多少呢？相傳的說法是舉其多數，曰三千篇，這一如相傳仲尼弟子有三千之眾，是同樣的情形。然今本《詩經》才三百五篇，與三千之數相差甚遠，為了解釋這個問題，此所以後世有孔子刪詩的說法。關於這個問題，學者多有討論，然而莫衷一是。我們的看法是，討論這個問題，不妨回到《史記‧孔子世家》，就太史公的說法，看看能否從其中找到答案，孔子世家云：

> 古者詩三千餘篇，及至孔子，去其重，取其可施於禮義。上采契、后稷，中述殷、周之盛。至幽、厲之盛，始於衽席。故曰＜關雎之亂＞，以為＜風＞始，＜鹿鳴＞為＜小雅＞始，＜文王＞為＜大雅＞始，＜清廟＞為＜頌＞始。所謂三百五篇，孔子皆弦歌之，以求合＜韶＞、＜武＞、＜雅＞、＜頌＞之音。禮樂自此可得而述，以備王道，成六藝。

我們認為，所謂「古者詩三千餘篇，及至孔子，去其重，取其可施於禮義」之說，乃史公採先秦舊說，雖非實情，然既為相傳之說，姑且引之耳。因為

---

[8] 顧頡剛等人知道詩為樂歌，但是他並未深究原因。張天廬認為「顧先生研究這問題確是忽略了舞的方面」（〈古代的歌謠與舞蹈〉，《古史辨》第三冊下編，頁658），但張氏的文章也僅止於初步的討論。我們認為，其中仍有許多問題，值得進一步探討。

在上一段的討論中，我們已經知道賦詩是貴族的專利，以及詩必入樂，有樂譜者入今本《詩經》。所以《詩經》其實是貴族的基本教材之一，其篇數實不甚多。孔子所見者，三百五篇而已，蓋即當時定本。自孔子以後，始有私人教育，此人所皆知。而孔子所使用之教材，當然也是就現有中尋。故其《詩經》教本，當然就是他口中的「誦《詩》三百」的本子了。因此，上引孔子世家文字的重點，當在「所謂三百五篇，孔子皆弦歌之，以求合韶武雅頌之音」這一句。本來三百五篇，皆已入樂，當然能弦歌之。不過孔子對《詩》有更深一層精神上的寄託，蓋能如上述，則「禮樂自此可得而述，以備王道，成六藝」。因為在孔子的心目中，《詩》、樂、禮的內在關係，應該是多麼的緊密。其實只要細讀《論語》和孔子世家，就可以知道，孔子不但典守禮法，更是一位深通音律的人。孔子與禮的深厚關係，人盡皆知。其實他對音樂的浸淫，也是同樣深入。因為在孔子心目中，禮與樂本不可分。因此文獻中，就有許多孔子與樂深厚關係的記載，如八佾篇云：

> 子曰：「＜關雎＞樂而不淫，哀而不傷」。

八佾篇又云：

> 子語魯大師樂，曰：「樂其可知也。始作，翕如也。從之，純如也，皦如也，繹如也，以成」。

八佾篇又云：

> 子謂：「＜韶＞盡美矣，又盡善矣」。謂：「＜武＞盡美矣，未盡善也」。

述而篇云：

> 子在齊聞＜韶＞，三月不知肉味，曰：「不圖為樂之至於斯也」。

泰伯篇云：

> 子曰：「師摯之始，＜關雎＞之亂，洋洋乎！盈耳哉」！

從以上的引文，可以印證，孔子對於《詩》與樂，是有多麼深入的了解。而《論語・子罕》也記載：

> 子曰：「吾自衛反魯，然後樂正，〈雅〉、〈頌〉各得其所」。

這是孔子自承，曾經對樂與《詩》有過一番整理的工夫。再者，其皆弦歌之的三百五篇，又正好就是今本《詩經》的篇數。故於為政篇有如下的記載：

> 子曰：「《詩》三百，一言以蔽之，曰『思無邪』」。

由於子路篇又有如下的名言：

> 子曰：「誦《詩》三百，授之以政，不達；使之四方，不能專對。雖多，亦奚以為」。

從《論語》中這兩處的記載，可知孔子當時所見的《詩經》已有定本，約而言之，為三百篇。由以上的記載可知，孔子和詩與樂深厚的關係，以及這種類似巧合的數字，令人不能不推斷孔子對於當時詩篇能否入《詩經》，其取捨的標準，也就是其所承繼的標準，即該詩能否找到與之相配的樂譜。當然連帶的，這又使我們想到，相傳《樂經》是否亡佚的問題。有些學者對此說存存疑，以為本無《樂經》可言。然而由《論語・微子篇》的記載來看，此說並非無由，然而亡佚者，樂譜也，其文云：

> 太師摯適齊，亞飯干適楚，三飯繚適蔡，四飯缺適秦，鼓方叔入於河，播鼗武入於漢，少師陽、擊磬襄入於海。

可見到了春秋末年，魯國樂工失散的情形，確實非常嚴重。樂工大量流散，足以說明當時的確是禮崩樂壞的時代。而樂工出走，自然會把他們賴以維生的工具，就是那份樂譜，也一併帶走。攜帶典籍圖儀投奔他國，這在殷、周之際，以及王子朝奔楚時，都有同樣的事例，不足為奇。魯國樂工既失散，樂譜也跟著亡佚，此所以傳說《樂經》亡佚，非無由也。至於孔子何以擁有樂譜？蓋其所受之《詩經》來自太師樂官之系統，這個版本原來就是有譜之

本。孔子本人對音樂向有高深的素養，又曾使「樂正，雅、頌各得其所」，而其用爲教材之版本，又爲樂官所傳，所以他當然還能對其中三百五篇弦歌之。至於其他號稱三千篇詩者，雖有詩句，而無樂譜。無譜則無從弦歌之，因此不列入其教材－－即今本《詩經》中，這也是合情合理的事。至於相傳有六篇有樂無詩所謂笙詩者，其原因又恰與有詩無樂者相反，即樂譜存而相配之詩句亡。因此有樂之詩，可以弦歌之，則以教學生子弟。無樂者，則無法弦歌，因而放棄，即後世所謂之逸詩。[9] 又，有樂無詩者，亦無從教起，故徒留其樂而已。此所以《左傳》中有若干《逸詩》，卻不見於今本《詩經》的原因。而《詩經》有六篇有樂無詩者，其理相同。正因如此，故相傳《詩》有三千，孔子刪成三百五篇。實則其所受有樂譜之詩爲三百五篇，有樂無詩句者六篇，其餘有詩句無樂譜者，則從舊例，概不入《詩經》，以爲《逸詩》而已。故若欲解釋孔子刪詩說，當知非僅去其複重，實爲孔子所受《詩經》，皆有可弦歌之樂譜，當時已是定本。又由於詩必配樂以便弦歌，因而刪去無樂譜之詩，以爲《逸詩》。如此，或能得其事實。

由是可知，太史公所睹的《軼詩·采薇篇》，也就是因爲沒有樂譜相配，因此稱之爲《軼詩》。這種情形，在《左傳》或其他先秦典籍，屢見不鮮。因此太史公認定《軼詩》的這種觀點，正是來自先秦。於是在仲尼世家，可以看到孔子刪詩的說法，而其原因也不難理解。因爲孔子的時代，可以看到多於今本《詩經》的詩篇。當時詩篇可能甚多，三千篇不過形容其數眾多而已。但是其中有樂譜相配者，則唯《詩經》之三百五篇而已。故孔子刪其無樂譜者，其餘皆能弦歌之。能弦歌之，是孔子刪詩說的重點，這在仲尼世家的記載中，是很清楚的。

---

[9] 此類《逸詩》雖作成之時間可能甚早，如《左傳·昭公十二年》楚右尹子革所引之〈祈招〉之詩，云爲周穆王時祭公謀父所作。然至當時，以良史著稱，又能讀《三墳》、《五典》、《八索》、《九丘》之左史倚相，亦不知矣。可見詩篇在傳承之際，未必皆能以完整面目存在，有些詩篇及其樂譜邊陸續湮沒。至孔子時，此等詩篇既失其樂譜，故不入於今本《詩經》，而以之《逸詩》稱之。

四、釋「作歌」

《軼詩》之說既如上述，接下來是有關「作歌」的問題。這個問題如果只是根據《史記》的記載，是不容易看出什麼端倪的。因此我們必須對照相關的材料，才能找到答案。作爲對照用的材料，則爲《左傳》，以其中所見者最多。例如《左傳・文六年》秦穆公使秦三良殉葬，「國人哀之，爲之賦黃鳥」。《史記・秦本紀》作「秦人哀之，爲之作歌黃鳥之詩」。[10] 既然史公於秦本紀曰「作歌黃鳥之詩」，那麼「作歌」是否也就是「作賦」呢？如果「作歌」等於「作賦」，那麼「歌詩」是否也就是「賦詩」呢？

有人曾把《左傳》中賦詩的例子，又分爲賦詩和歌詩兩種，使得歌詩儼然可以成爲獨特的一類。若按照這樣的分法，「作歌」似乎也就與歌詩有若干關聯。這種說法，我們認爲不能成立。因此，我們認爲仍有必要先檢討所謂歌詩，證明其說不能成立。如是亦可證「作歌」和歌詩乃是並不相干的兩回事，至於「作歌」和「作賦」或「作詩」也有若干差別，在此一併檢討。

認爲歌詩與賦詩有所不同，因而歌詩可獨立爲另一類事例，持此說法的是張素卿。[11] 我們認爲，通過檢討她的文章，將有助於我們對「作歌」一詞的了解與澄清，故不憚徵引，述之於下。首先是關於賦詩，張素卿有甚爲詳盡的說明，她先說明了賦詩的場合，云：

> 有享，有宴，有食，有餕以及見等；享禮中賦詩總計十八事，爲數最多；宴禮賦詩五事，次之；食禮賦詩三事；「餕」的場合賦詩一事；「見」的場合賦詩四事。賦詩活動雖然或享或宴典禮不同，但大都屬於外交禮會〔其自注：凡廿七事〕，曾經參與賦詩的國家遍及晉、魯

---

10 《左傳》中「歌」之事例甚多，但有其特定情事，與《史記》此處所載，並不相同，說見下。太史公蓋以漢人情勢及想法，改譯《左傳》爲當時通行文字。太史公所改合理與否，可以檢討。而從《左傳》、《史記》二書用字有別，則可以看出時移世異，觀念改變的過程。

11 《左傳稱詩研究》台北：國立臺灣大學文史叢刊，1991。

、鄭、楚、宋、齊、衛、秦以及小邾與戎等。[12]

關於賦詩的人物，張素卿說：

> 率皆位居要津而舉足輕重。[13]

這些位居要津或舉足輕重的人物也不僅只限於男性，她說：

> 閔二年許穆夫人賦＜載馳＞，以及成九年魯姜賦＜綠衣＞之卒章，是
> 賦詩人物中僅見的兩位女性。[14]

雖說許穆夫人和魯穆姜身為女性，但是她們仍是高級貴族的身分。許穆夫人
為許穆公妻，雖無顯赫功業，但為挽救本家衛國，也曾載馳載驅，為本國控
于大邦。至於魯穆姜，甚至曾權傾一時，[15]所以也符合位居要津，舉足輕重
的範圍。所以綜合張的說法，可以得到「凡賦詩者的身分，皆是貴族」這個
結論。

至於所謂的歌詩，是張素卿特別分出的一節。張素卿先舉出五例，認為
是：「《左傳》未稱賦，而前人或歸為賦詩的事例主有下列五則」，[16]而後
加以區分。首先是《左傳・襄公四年》：

> 穆叔如晉，報知武子之聘也。晉侯享之。金奏《肆夏》之三，不拜。
> 工歌《文王》之三，又不拜。歌《鹿鳴》之三，三拜。韓獻子使行人
> 子員問之，曰：「子以君命辱於敝邑，先君之禮，藉之以樂，以辱吾
> 子。吾子舍其大而重拜其細，敢問何禮也」？對曰：《三夏》，天子
> 所以享元侯也，使臣弗敢與聞。《文王》，兩君相見之樂也，臣不敢
> 及。《鹿鳴》，君所以嘉寡君也，敢不重拜？《四牡》，君所以勞使

---

[12] 同註10，頁80。
[13] 同上，頁81。
[14] 同上。
[15] 見《左傳・成公十六年》。
[16] 同註10，頁66。

也，敢不重拜？《皇皇者華》，君教使臣曰『必諮於周』。臣聞之『訪於善爲咨。咨親爲詢，咨爲度，咨事爲諏，咨難爲謀』。臣獲五善，敢不重拜」？

其次是《左傳・襄公十四年》，其文云：

> 衛獻公戒孫文子、甯惠子食，皆服而朝。日旰不召，而射鴻於囿。二子從之，不釋皮冠而與之言。二子怒，孫文子如戚。孫蒯入使，公飲之酒，使大師歌《巧言》之卒章。大師辭，師曹請爲之。初，公有嬖妾，使師曹誨之琴，師曹鞭之。公怒，鞭師曹三百，故師曹欲歌之以怒孫文子以報公。公使歌之，遂誦之。

第三條見於《左傳・襄公廿八年》，其文云：

> 叔孫穆子食慶封，慶封氾祭。穆子不說，使公爲之誦《茅鴟》，亦不知。

第四條見《左傳・襄公十六年》，其文云：

> 晉侯與諸侯宴于溫，使諸大夫舞，曰：「歌《詩》必類」！齊高厚之《詩》不類，荀偃怒，且曰：「諸侯有異志矣」。使諸大夫盟高厚，高厚逃歸。

第五條見《左傳・襄公廿九年》，即著名的季札觀樂，張文所引甚長，爲節省篇幅，茲略季札之評語，僅取重點。《左傳》云：

> 吳公子季札來聘，……請觀於《周樂》。使工爲之歌《周南》、《召南》…爲之歌《邶》、《鄘》、《衛》…爲之歌《王》…爲之歌《鄭》…爲之歌《齊》…爲之歌《豳》…爲之歌《秦》…爲之歌《魏》…爲之歌《唐》…爲之歌《陳》……爲之歌《小雅》…爲之歌《大雅》…爲之歌《頌》……。

五條之中，一、二、四、五條與歌有關。這四條中，第二條有歌有誦；第三

條則無歌的記錄，只記載爲誦。張素卿費盡苦心，將前三條記載，都婉轉地
解釋爲賦詩，她說：

> 第一則事例，《傳》言「工歌文王之三」、「歌鹿鳴之三」，下文韓
> 獻子使行人問穆叔曰：「先君之禮，藉之以樂」云云，則此例顯然符
> 合歌詩及禮樂活動的條件。……在整個事例當中，雙方透過歌詩活動
> 表達了各自對「禮」的看法，其「對話」正是藉詩來進行的。綜合以
> 上各點而言，本則事例可以說是「賦詩」。既是「賦詩」，《傳》何
> 以不稱「賦」？蓋傳家爲了凸顯當時情況，據實而書，故以「工歌」
> 、「金奏」對言而不稱「賦」。[17]

> 第二則事例基本上也典禮歌詩。……因此，從本質上說，這則事例應
> 該是「賦詩」。既然是「賦詩」，《傳》何以不稱「賦」？蓋師曹臨
> 時改歌爲誦，以「歌」、「誦」對言，正能曲達當時微妙的變化。[18]

> 第三則事例和第二例有相似之處，就場合而言，這是禮食的場合；就
> 進行的方式而言，也是使樂亞爲之；就傳文稱述而言，也只作誦，而
> 不稱賦。若單就此傳而言，既是誦茅鴟，已經違反歌詩的條件，似乎
> 不是賦詩。實則不然，會箋曰去年爲賦相鼠不知，今乃使樂師誦而易
> 曉也。會箋指出此處誦茅鴟，應該和爲賦相鼠例合觀。襄廿七年，穆
> 子與慶封食，慶封不敬，穆子爲賦相鼠，亦不知，故這次使樂師誦而
> 易曉。據此，則此處的誦，正對應賦相鼠之賦而來，可以說是改賦爲
> 誦的變例，或者應該說是改歌爲誦，因爲基本上仍是賦詩，只是表現
> 方式應機而變罷了。就典禮中使樂工爲之，而實際上卻是表達穆子之
> 意等特點而言，本事例符合賦詩是禮樂活動及對話的條件。而穆子改
> 歌爲誦的目的，如會箋所言，是希望使慶封易於明瞭，以達到舉詩諭

---

[17] 同註10，頁71－72。
[18] 同上，頁72。

志的目的。所以這則事例也可以說是賦詩。至於其不稱賦的理由則是
：賦詩常例是歌以詠之，此處特爲誦之，故明言工誦以反映當時實情
。[19]

至於四、五兩例"，張素卿認爲：

> 「季札觀樂」和「歌詩必類」二例，本文稱之爲「歌詩」。歌詩和賦
> 詩都是歌詠的用詩方式，都是禮樂活動，不過兼有藉詩諭志微言相感
> 特性的歌詠特稱賦詩，其餘不具對話功能的例子，暫且都稱爲歌詩。
> 這樣的歌詩事例，左傳有上述二例，由於類別不同，故立爲專節來討
> 論。[20]

對於張素卿的說法，我們不能贊同。據她說，《左傳》中，屬於歌詩的事例
，只有前引四、五條兩例，她對第四例季札觀樂的說法是：

> 「季札觀樂」是《左傳》歌詩主要的事例，歌詩與禮樂的關係，可以
> 由此略窺一斑。[21]

> 然則季札觀樂，其視野，是天下世局；其觀點，以德爲主；參時政、
> 發抒其政治理念，正是觀詩樂的旨趣所在。[22]

她抒發季札觀樂的旨趣，可謂巍然大哉，但是對於我們想要知道所謂的歌詩
，究竟應該是什麼內容，卻未有任何助益，因爲她毫無說明。更何況，她的
說法中，還有與第五例衝突之處。且看她對第五例的說明是：

> 這裡的歌詩活動和季札觀樂一樣，不是宴禮固定的儀節，但也有其規
> 範性，故晉侯令諸大夫歌詩必類。[23]

---

[19] 同上，頁72－73。
[20] 同上，頁109。
[21] 同上，頁111。
[22] 同上，頁114－115。
[23] 同上，頁115。

至於這次活動雖然也是一場正式的官式宴會，照理也應該是屬於賦詩的範圍，但是她並未列入。何以這次官式宴會的活動不能列入其他次官式宴會的範圍，她則並未說明。至少她也應該說明官式宴會的禮節，到底包括些什麼儀式，也好讓讀者分辨其中異同。對此，她並未進行更深入的討論，她只說：

> 這個事例當中，晉侯事先說明了歌詩必類的原則，齊高厚之詩不類，明顯違反晉令，荀偃因而窺知諸侯有異志的端倪。[24]

但是我們還是不禁要問，不論高厚是否主動歌詩，或是因為被晉侯強迫，所以不得不歌詩，這與季札觀樂的事例，究竟有什麼必然關聯呢？更何況季札只是觀樂，不是歌詩，歌詩的是魯國的樂工；而高厚卻未觀樂，而是被迫歌詩，還要「歌詩必類」呢！雖然，她還是隱約看到了關鍵所在，她說：

> 然則歌詩之「不類」，和「不庭」就不服從晉國權威的層面觀之，是一而"二二而一的事情。歌詩活動和霸主威權相轉而行，禮樂與政局之發展，息息相關。[25]

張素卿將歌詩解釋「歌詩活動和霸主威權相轉而行，禮樂與政局之發展，息息相關。」於是就把季札和高厚兩人與詩的事蹟相提並論，卻不分辨高厚是在什麼情況下歌詩，而季札則根本未歌詩，是魯國的樂工在歌詩。她這樣不分青紅皂白的說法，也未免太牽強了吧？

我們認為，首先得先了解，所謂歌詩這件事，究竟是在什麼情況下，由什麼身分的人為之？其次，晉平公以伯主身分，命令諸大夫舞且歌，且曰「歌詩必類」這件事，其內情相當不尋常。這牽涉到當日的晉國政局和國際形勢，只有明白了當日的時空背景，才能了解歌詩必類這件事的真正意義。

我們先討論所謂歌詩。據張素卿說，《左傳》的記載，只出現兩條合於她所謂歌詩的例子。事實上，《左傳》中還出現不少與歌有關的例子，其中

---

[24] 同上。
[25] 同上，頁115－116。

有歌，有謳，也有誦，還有童謠。這些例子的特色，在於它們都不配樂，今列舉如下：

1〔僖公五年〕卜偃對曰：「童謠云：『丙之晨，龍尾伏辰。均服振振，取虢之旂。鶉之賁賁，天策焞焞，火中成軍，虢公其奔』」。

2〔文公七年〕郤缺曰：「《夏書》曰『戒之用休，董之用威，勸之以九歌，勿使壞』。九功之德皆可歌也，謂之九歌。…若吾子之德莫可歌也，其誰來之？盍使睦者歌吾子乎」？

3〔宣公二年〕城者謳曰：「睅其目，皤其腹，棄甲而復。于思于思，棄甲復來」。華元使其驂乘謂之曰：「牛則有皮，犀兕尚多，棄甲則那」？役人曰：「從有其皮，丹漆若何」？華元曰：「去之！夫其口眾我寡」。

4〔成公十七年〕初，聲伯夢涉洹，或與己瓊瑰，食之。泣，而爲瓊瑰，盈其懷，從而歌之曰：「濟洹之水，贈我以瓊瑰。歸乎歸乎，瓊瑰盈吾懷乎」。不敢占也。還自鄭，壬申，至于狸脤而占之，曰：「余恐死，故不敢占也，今眾繁而從余三年矣，無傷也」。言之莫而卒。

5〔襄公四年〕國人誦之曰：「臧之狐裘，敗我於狐駘。我君小子，朱儒是使。朱儒朱儒，使我敗於邾」。

6〔襄公十七年〕宋築者謳曰：「澤門之皙，實興我役。邑中之黔，實慰我心」。子罕聞之，親執扑以行築者，而抶其不勉者，曰：「吾儕小人，皆有闔廬以辟燥濕寒暑。今君爲一臺，而不速成，何以爲役」？謳者乃止。或問其故，子罕曰：「宋國區區，而有詛有祝，禍之本也」。

7〔襄公十八年〕師曠曰：「吾驟歌北風，又歌南風。南風不競」。

8〔襄公二十五年〕（齊莊）公拊楹而歌。

9〔襄公三十年〕子產從政一年，輿人誦之，曰：「取我衣冠而褚之，取我田疇而伍之，孰殺子產，吾其與之」。及三年，又誦之，曰：「我有子弟，子產誨之，我有田疇，子產殖之。子產而死，誰其嗣之」？

10〔昭公十二年〕南蒯之鄉人曰：「恤恤乎！湫乎！攸乎！深思而淺謀，邇身而遠志，家臣而君圖，有人矣哉」！鄉人歌之曰：「我有圃，生之杞乎！

從我者子乎！去我者鄙乎！倍其鄰者恥乎！已乎！已乎，非吾黨之士乎」！

11昭公二十五年師己曰：「吾聞文、成之世，童謠有之，曰：『鴝之鵒之，公出辱之。鴝鵒之羽，公在外野，往饋之馬。鴝鵒跦跦，公在乾侯，徵褰與襦。鴝鵒之巢，遠哉遙遙，裯父喪勞，宋父以驕。鴝鵒鴝鵒，往歌來哭』」。

12〔昭公三十一年〕趙簡子夢童子羸而轉以歌。

13〔定公十四年〕野人歌之曰：「既定爾婁豬，盍歸吾艾豭」。

14〔哀公五年〕萊人歌之曰：「景公死乎不與埋，三軍之事乎不與謀。師乎師乎，何黨之乎」。

15〔哀公十一年〕公孫夏命其徒歌《虞殯》。

16〔哀公二十一年〕齊人歌之曰：「魯人之皋，數年不覺，使我高蹈。唯其儒書，以爲二國憂」。

上述十六例中，只有第二、四、八等三例的歌者，因爲具貴族的身分，所以需要稍作解釋。其他的有關歌、誦、謠的例證中，爲之者的身分都不是貴族，這很值得我們注意。在第二例中，卻缺要趙宣子施德以讓人歌之，其對象當然不限爲何，所以這條的歌者的身分，可以是泛指的，不定的，因此可以不論。第四條記魯子叔聲伯夢到自己死亡，因而爲此歌。這可以解釋爲他心生恐懼，在夢境中，且非自願的情況下，唱出自己的輓歌。但是子叔聲伯並不是在一個公開且正式的場合歌詩，所以這仍是個特例。第八條記齊莊公與崔姜偷情，倉促之間無由使樂人伴奏。這一條裡，齊莊公以國君的身分，不賦而歌的情形，當然也是一個特例。因此，由上所舉例證，本文認爲張素卿文中，已掌握到若干事實，即賦詩者的身分，皆是貴族之輩。不過相對的證據，也可說是最重要的關鍵，她卻不自覺地放過。那就是在此等其所謂歌詩的例證中，除了一些特例外，都是某個貴族或國君「命工歌」，而不是上層貴族自己來歌詩。這些樂工在被命之歌的時候，猶如今日所謂清唱，是沒有樂相伴的。反之，凡是賦詩的記錄，張素卿在前面也已說過，都是國君貴族之輩爲之，且必有樂相隨。這麼明顯的對比，說明了《左傳》所記載何者賦

詩，何者歌詩或誦詩等，一皆取決於身分地位的高下。

以這樣的標準來檢視季札觀樂的例子，也同樣符合。魯國的貴族（或國君）使樂工為季札歌詩，歌者依然是工，一群地位卑微的人。

根據這個原則，當我們再談到晉平公使諸侯大夫歌詩的例子，就很容易發現其中真正的原因。原來，當時晉悼公新死，且死因不明。[26] 晉平公立，恐諸侯不服，遂以伯主身分，強令諸侯服從。當時所有的諸侯的代表，那些眾大夫們，都屈從了晉平公不正當的要求。他們在被迫的情況下，不得不做出身分卑下的人才會做的事情，即無樂相伴的歌詩。因為他們的國家都處於弱勢，逼於情勢，不得不爾。即使連高厚也不例外，他也被迫歌詩。只因高厚的後盾，是遠較其諸侯為強大的齊國，所以也只有他才敢「歌詩不類」。然而高厚此舉，亦不過借此聊以表達心中的不滿而已。畢竟他還得歌詩，不是嗎？

所以按照張素卿的分類法，高厚歌詩不類這一條，其實符合她所謂的賦詩。因為既曰「歌詩必類」，意謂著歌者與聽者之間，有著與賦詩時，賦者與聽者相同的互動關係。賦詩以言志，固然是賦詩的一項重要因素。但是歌詩必類，同樣也說明了歌者借之以明志。如果不是這樣，荀偃在聽了高厚的歌詩之後，怎麼知道諸侯將有異志？還因此生了那麼大的氣呢？其實這一點張素卿也知道，因為她說：

> 正因為歌詩是禮樂活動，與當時國際局勢政情發展相關聯，故季札即藉以參時政知興衰，而晉人也藉此來觀測諸國有無異志。[27]

舉她這一段的文章，即足以證明，她的確知道，如果歌詩沒有明志的用意，晉人又憑什麼來判斷諸侯有無異志呢？

因此，我們在此可以得到最後的結論：將歌詩另成一類，其實是沒有必

---

[26] 在《左傳》中，諸侯死後凡諡為悼者，皆無好下場。晉之悼子為里克所弒，魯之悼公與晉之悼公也都死因不明，是其明證。

[27] 同上，頁116。

要的做法。《左傳》中有賦詩者，有引詩者，也有歌者、誦者、謳者，乃至童謠，所見者皆是韻文。這些韻文的形式與所謂的詩，並無明顯的差異，但卻不被列入詩中，在被引用時，也不會被稱爲賦詩。可見賦詩這件事情，自有其與歌、誦、謳等不同之處。我們認爲，這不同處，一是取決於身分，即賦詩者皆屬貴族階層，二是賦詩時必須配樂，乃至配合相應的舞蹈。即詩、樂、舞，三者一體，密不可分，而總名之則曰禮。至於貴族爲了達到某種目的，因而在言談中引詩自證，這時候當然就不會有樂相伴了。不過儘管是引詩，這還是貴族的事，平民是不可能引詩的。原因很簡單，因爲大家都知道，自孔子以後，才有所謂的平民教育。在此之前，只有貴族才有受教育的權利。受過教育，才會知道如何賦詩、引詩，也才有機會或有需要來賦詩、引詩。至於平民，當然也會抒發情感，不過不能被稱爲賦詩，因爲他們既未受教育，也沒有鐘鼓相伴。相對的，他們歌、誦、謳、謠，也絕不會出自貴族之口。這些行爲，只是證明他們是身分低下的人。此所以在《左傳》中，我們看到凡爲此者，皆是那些屬於與貴族相對的身分的人。其中有驂乘，有國人，也有更低下的樂工，乃至身分爲奴隸的野人等等。凡此，照當時嚴守階級觀念的慣例，一定是無樂相配的。

在春秋及其前之時代，由於賦詩者的身分，決定了《詩》的貴族性，也因此《詩》、樂一體，詩必入樂。簡單的說，《詩》就是貴族的教材之一，賦詩是貴族的社交禮儀之一。但是到了戰國這個禮崩樂壞的新時代，往日形態的貴族，一去不返。一度是純屬於貴族的，必與樂配的《詩》，也因此走入歷史。在平民興起的過程，新的詩句仍然不斷地出現，但是失去了由官方入樂的機會。這時雖有詩句，卻不再是貴族的專利，也沒有官定的樂相配合。這時賦詩與歌詩，便沒有任何差別。於是新起的觀念，也就把「不歌而誦」的事例，一概稱之爲賦了。[28] 戰國既已如此，西漢時代更是如此。如《

---

[28] 《左傳・文六年》秦穆公使秦三良殉葬，「國人哀之，爲之賦〈黃鳥〉」。《史記・秦本紀》作「爲之歌〈黃鳥〉」。此太史公以漢人情勢及想法，改寫《左傳》。太史公所改合理與否，雖不必深究，但亦可看出時移世異，遣詞用字，畢竟有所不同。

詩經·鄘風·定之方中》：「卜云其吉，終然允臧」下，《毛傳》云：

> 龜曰卜。允，信。臧，善也。建國必卜之。故建邦能命龜，田能施命，作器能銘，使能造命，升高能賦，師旅能誓，山川能說，喪紀能誄，祭祀能語，君子能此九者，可謂有德音，可以爲大夫。

《正義》釋「升高能賦」云：

> 謂升高有所見，能爲詩賦其形狀，鋪陳其事勢也。

《漢書·藝文志》也跟著說：

> 《傳》曰：「不歌而誦謂之賦。登高能賦，可以爲大夫」。

《三國志·太祖本紀》說魏武帝曹操：

> 晝則講武策，夜則思經傳，登高必賦。

《左傳·隱公三年》「衛人所爲賦碩人也」條，《正義》云：

> 此賦謂自作詩也。班固曰：「不歌而誦亦曰『賦』」。鄭玄云：「賦者，或造篇，或誦古。然則賦有二義，此與＜閔二年＞鄭人賦《清人》、許穆夫人賦《載馳》，皆初造篇也。其餘言賦者，則皆誦古詩也」。

可見至少自《毛傳》以下，由於時代的關係，對於賦詩的原意，已經不能明白。所有的解釋，都已是新時代的產物。由於平民崛起，布衣隨時可爲卿相，所以升高登賦便成爲晉身之階，因而賦也就變成才華的表現。

經由上面的說明，我們知道，《左傳》中出現多次引詩和賦詩的例子，而這兩種情形又各有意義。不過其中的重點在於，引詩者可以有許多情形，但是絕對與音樂無關。相反的，賦詩的情形則單純，因爲賦詩者一定是在特定場合賦詩，而且同時一定有音樂伴奏。因此在《史記》中所謂的「作歌」，若移換時空爲春秋以前的記載，則應爲「作詩」或「賦詩」，才能符合實情。

五、釋「肝人之肉」

除了上述有關經學的問題外，還有字義訓詁與經義之間的問題。由於透過對經義的了解，不但對史書的了解也大有助益，更可以看出經史之間的密切關係。伯夷列傳云：「盜蹠日殺不辜，肝人之肉」。何謂「肝人之肉」，歷來注解皆不能得其要領，如司馬貞索隱云：「劉氏云：『謂取人肉為生肝』，非也。按《莊子》云：『跖方休士卒太山之陽，膾人肝而餔之』」。[29] 瀧川資言考證云：「李笠曰：『《儀禮‧士昏禮》「贊以肝從」。注「肝炙也」。肝為肴羞之常，故有生炙之殊。跖暴行野性，故劉氏知其取人肉為生肝食，不作肝炙食也』。中井積德曰：『「肝人之肉」句不可曉，蓋字之訛也』。愚按：『肝疑當作膾，李說鑿』」。[30] 種種說法，不一而足，但都只是揣測之辭，不足為憑。[31] 唯中井積德謹守分寸，以為「此句不可曉，蓋字之訛」之說，較諸家之臆測，最為可取。但肝字是何字之訛，彼亦不知。

周鳳五教授云：「肝為軒字之訛」。今試申述於下。按：《禮記‧內則》：「麋、鹿、田豕、麕皆有軒」。注：「軒讀為憲，憲，謂藿葉切也。軒，或為胖」。[32] 軒是什麼意思呢？內則又云：「肉腥細者為膾，大者為軒」。注云：「言大切、細異名也。膾者必先軒之，所謂聶而切之也」。[33] 至於什麼是「聶而切之」呢？《禮記‧少儀》云：「牛與羊魚之腥，聶而切之為膾」。注云：「聶之言喋也。先藿葉切之，復報切之則成膾」。[34] 那麼喋又是什麼意思呢？《說文》云：「喋，薄切肉也。」段玉裁云：「云『薄』者

---

[29] 同注2。
[30] 同上。
[31] 如《古文觀止新編》之注解則曰：「以人肉作脯（乾肉）」（台北：啟業書局1983.3，九版，頁309）。
[32] 《禮記注疏》（台北：藝文印書館，1973年5月景印清嘉慶20年1815《重刊十三經注疏附校勘記》）頁523。
[33] 同上，頁529。
[34] 同上，頁636。

，取從喋之意。少儀曰：『牛與羊魚之腥聶而切之為膾』。注：『聶之言喋也。先藿葉切之，復報切之則為膾』。醢人注引少儀聶皆作喋。腊人注云：『膴亦喋肉大臠』。按：如許、鄭說，喋者大片肉也」。[35] 這種大片切肉的方法又稱為藿葉切，但不是每一種動物的肉都用這種方法切片，孔疏云：「『麋、鹿、田豕、麕皆有軒』者，言此等非但為脯，又可腥食。腥食之時，皆以藿葉起之而不細切，故云皆有軒。不云「牛」者，牛唯可細切為膾，不宜大切為軒，故不言之」。[36] 由上所引可知，肝人之肉的肝字，可能即為軒字之訛。至於軒字的意思，則是切如藿葉，[37] 即將未經處理的生的人肉切成如藿葉般大片，然後吃掉。[38]

但是肝字除了可能是軒字的訛誤之外，也可能是胖字之訛。故《禮記‧內則》鄭注所引的「或為胖」一說，也不能不加以討論。查《說文》胖字云：「半體也，一曰廣肉」。[39] 段注於「半體也」下，云：

> 各本「半體肉」也。今依玄應訂。《周官經‧腊人注》曰：「鄭大夫云：『胖讀為判』，杜子春讀胖為版」。又云：「膴、胖皆謂夾脊肉」。又云：「禮家以胖為半體」。玄謂：『胖宜為脯而腥。胖之言片

---

[35] 《段注說文解字》（台北：廣文書局1969.9），頁178。

[36] 同注29，頁525。

[37] 那麼藿葉又是什麼呢？《說文》云：「藿，菽之少者」。〈段注〉云：「少讀養幼少之少。《毛詩傳》曰：『藿猶苗也』，是也。李善引《說文》作『豆之葉也』，與〈士喪禮注〉合」。

[38] 至於為什麼盜跖要這麼做，實難定論。不過本文願意在此提出假設，說明其可能性。蓋古代社會，肉食者雖鄙，但皆屬於統治階層。至於一般國人乃至身分更低下的人，便只能野藿充饑，鮮有食肉的日子。因此便有肉食者與藿食者的名稱，相互對立，如《左傳‧莊公十年》「其鄉人云：『肉食者謀之，又何間焉』？（曹）劌曰：『肉食者鄙，未能遠謀』」。又如《說苑‧善說篇》載晉獻公答東郭民祖朝云：「肉食者已慮之矣，藿食者尚何與焉」。此事雖不免戰國遊士之說，然亦可見當時確有此肉食者與藿食者的分別。蓋戰國時期，在盜跖的號召下，有為數不少身分低下的人，投入盜跖集團。但他們的生活習性，仍然保持傳統。因此即使吃肉，也要將肉切成豆葉的形狀，以符合長久以來的習慣。

[39] 同注32，頁50-51。

也，析肉意也』」。按：許用禮家說。[40]

在一曰「廣肉」下，段玉裁云：

> 此別一義。胖之言般也。般，大也。《大學》『心廣體胖』，其引伸
> 之義也。[41]

胖字有析成肉片的意思，與軒字爲藿葉切，即將肉切成藿葉狀的意思，並無
多大差別。因此肝字不論是由胖或軒字訛誤而來，都可以說得通。而不論是
作軒或作胖字，也都比肝字來得妥當。[42]

中井積德氏提出字訛的看法，雖未指出是何字之訛，仍能謹守「不知爲
不知」的原則，可謂學者風範。但是另有日本學者卻提出了不同的見解，如
瀧川資言就以爲肝當爲膾字之誤。雖曰此亦彼一家之言，然不免強作解人，
自以爲是。按：上引《禮記·少儀》之文，其中已經說明了切肉有不同的方
法。軒是將生的肉切成大片，膾是自軒之後再加工細切的手續。《說文》亦
云：「膾，細切肉也」。[43] 段玉裁云：

> 所謂先藿葉之，復報切之也。報者，俗語云急報。凡細切者，必疾速
> 下刀。〈少儀注〉云：『報讀爲赴疾之赴』。拔、赴皆疾也。[44]

從《說文》及段注可知，膾是繼析成大片肉之「軒」後，再切成細肉的手續
，與軒或胖之字義爲大片切肉的意思正相反。至於那一種切肉的方法，能夠

---

[40] 同上，頁50－51。

[41] 同上，頁51。

[42] 肝字爲軒字之訛，因有《儀禮·內則》「麋、鹿、田豕、麋皆有軒」，〈鄭注〉：「軒
讀爲憲，憲，謂藿葉切也」。及《禮記·少儀》：「牛與羊魚之腥，聶而切之爲膾」
兩處的記載爲證，所以應該是可信的。不過鄭玄在注〈內則〉時又云：「軒，或爲胖
」，可見鄭玄也看到了軒字作胖字的不同版本。若從字形訛變的角度來看，胖字訛成
肝字，或許比起從軒字訛成肝字，要更爲容易。所以肝字爲胖字之訛的假設，也有成
立的理由。但是究竟是從軒訛或從胖訛成肝，因爲皆有可能，姑並引之，以供參考。

[43] 同注32，頁51。

[44] 同上，頁178。

符合以盜跖及其徒眾的習性呢？從各種記載來看，都指出盜跖及其黨羽習於軒（肝）人之肉，也就是將生的內肉切成大片而後食之的意思。何況再從盜跖及其徒眾，皆屬下層人物之出身來看。他們在要求食物精緻的程度上，如何能與「食不厭精，膾不厭細」的貴族階層相比？因此盜跖與其徒眾在吃法上，將人肉析成大片，而後食之，蓋爲由其身分決定之習性。彼等何暇細切精剁，膾而食之？更何況以訓詁的角度而言，不論是軒字訛爲肝，或胖字訛爲肝，在字形上皆極爲容易解釋其訛誤之過程。至於膾字與肝字，除了字形上差別甚大，再習慣上，也不符合盜跖等人的身分。因此瀧川氏謂由膾字訛爲肝字，其說實不能成立。

最後還有一個屬於思想史上的小問題，也一併提出討論，以就教於方家。伯夷列傳云：

> 盜跖日殺不辜，肝人之肉，聚黨數千人，橫行天下，竟以壽終，是遵
> 何德哉？

「是遵何德」之德字，向無的解。至多以爲德行之德，或道德之德，然皆非是。我們以爲，此德字應爲木、火、金、水、土，即一般人所熟知之五行之德。[45] 這可從《史記·秦始皇本紀》找到線索，其文云：

> 始皇推終始五德之傳，以為周得火德。秦代周，德從所不勝。方今水
> 德之始，改年朝賀，皆自十月朔。衣服旄節旗皆上黑。數以六為紀，
> 符法冠皆六寸，而輿六尺。六尺為步，乘六馬。更名河曰德水，以為
> 水德之始。剛毅庚深，事皆決於法，刻削毋仁恩和義，然後合五德之

---

[45] 五行說的來由，可謂源遠流長，其初已不可考。但在人類社會文明的演進中，逐漸成形爲日用五物的象徵，神明的敬祀，及其代表的部落，而出現了原始的五行面貌。其後歷經戰國時代不同學派知識份子的不斷改造加工，到了戰國時代晚期，終於定型爲相剋的五行說，其線索從《呂氏春秋》之十二紀中便可看出。此說一出，在當世就造成絕對的影響，秦始皇就是最佳的例證。蓋後人多謂始皇爲政殘暴，用法嚴苛云云。殊不知此乃當世五行相剋的學說，始皇不過遵照使用，非其天性暴虐也。

數。於是急法，久者不赦。[46]

從上引文字可知，戰國末期，論朝代興亡，率以金、木等五行之德爲說。秦始皇推終始五德，以秦爲水德，「剛毅戾深，事皆決於法，刻削毋仁恩和義，然後合五德之數。於是急法，久者不赦」。[47] 故「是遵何德」一句，乃太史公自問，歷代興亡，皆有其德。盜跖無道，而以壽終，是遵木、水、土、金、水五行之德中之那一德，非謂盜跖遵仁義禮智信等五德之任何一德也。

---

[46] 同注2，頁116--117。

[47] 可見始皇嚴苛之政，實爲當時學風所致。後人不察，以爲其天性，豈不謬哉。然則五行說影響後世之鉅，固非始創者可知。戰國末世學者以相剋爲釋，導致始皇暴政，又當大出其意料之外矣。

第一屆國際訓詁學研討會論文
1997.04.19–20

清儒眼中的訓詁與經學

李振興
政治大學

【內容摘要】

壹、前言

一、學術、自有其演進的律則。而時代、背景、環境，卻爲主要因素。二、清代訓詁學的所以興盛，乃由於當世學者深體治經的重要。欲明經義，舍訓詁而無由。

貳、治經的理念

清儒治經，其理念在於深明經義，進而以求聖人之道。聖人之道明，本之化爲種種制度，以濟斯民於安樂之域。如顧炎武、戴震、段玉裁、錢大昕、阮元等大儒，無不本此理念，從事於學術的探討。

參、訓詁的功用

這一部分，是本論文的重點所在。欲明其實效，空言無益，是以必須列舉大量例證。所以如此，一則可以觀察清儒的治學之法，同時尤可凸顯訓詁的實用價值。擬分四項說明：1.以古音解古語之惑。2.以古文解用字之迷。3.依古義以釋今用之疑。4.釋名物制度以備當世之用。

肆、結語

略陳清代訓詁發展之跡，並引述各家有關這方面的言論，以證成訓詁與經學關係的密不可分。

壹、前言

一代學術的形成，不是憑空而降，也不可能無中生有。先導大師的闡解提撕，發微創新，以示後學，固屬顯見，然如進一步詳加考察，卻也無不前有所承，而亦不無淵源可溯。以學術的發展流衍，自有其時代、背景、環境因素在，而循序漸進，卻爲難以變更的律則。

有清一代，學術的昌明，邁越前朝，而經學的成就，更是爲歷代所不及，考其原因，固然很多，而訓詁學的研發，實爲主要關鍵。緣我國經書，皆爲古古相傳，一歷數千年，其間雖經先儒的析疑解難，拾遺補缺，以合當代之用，無如語言的演變，乃不擇地而行，亦不因時而滯留不前，是以代有注解、箋釋、義疏的撰作，雖名稱不同，其爲訓詁則一。時至清世，而資料的積累，環境的驅策，遂促使了一代學術的萌動與滋長。而訓詁之學，也就於焉興盛了起來。至於訓詁與經學的關係，可說是環環相扣，至爲密切。經學如無訓詁，則將無以發其蘊微，闡其義理。是以清儒於此，多能慷慨陳辭，並以二者息息不可分。茲就其研讀經書的理念、與訓詁的實際功效兩大端，分別作一粗淺的探討。

貳、治經的理念

學術的探討，首重理念。而理念的產生，無不與個人的背景有關。尤其是時代背景，最爲要素。這使我們想到以下諸位先儒，最值得推舉：

一、顧炎武（1613~1682）先生。他生於明末清初之際，目睹王學末流之弊，於痛心疾首之餘，而提出了「舍經學無理學」的眞言。[1] 顧氏所以主

---

[1] 全祖望《鮚埼亭集・亭林先生神道碑》載炎武之言曰：「古今安得別有所謂理學者，經學即理學也。自有舍經學以言理學者，而邪說以起。」又於《亭林文集・與施愚山書》云：「愚以爲理學之名，自宋人始有之。古之所謂理學，經學也。非數十年不能通也。……今之所謂理學，禪學也。」見《亭林文集》卷三頁16，台灣中華書局四部備要版。

張讀經的另一原因，是由於他又看到當時的「世風日下，人情日諂，⋯⋯便佞者留，剛方者去」[2] 的情景，所以他認爲「君子之爲學」應當「以明道也，以救世也。」所以他認爲「君子之爲學也，非利己而已也；有明道淑人之心，有撥亂反正之事，知天下之勢，何以流極而至於此，則思起而有以救之」。[3] 所以他主張「博學於文，行己有恥。」[4] 以達聖人之道，爲一有本之人。他又鑑於後人的改古經以就己意，皆由於不通古音，更不知全部《詩經》即爲古韻譜。而以致後來鋟版愈精，而其說愈鑿，皆由此起。[5] 因此、他以爲「經學自有源流，自漢而六朝，而唐，而宋，必一一考究，而後及於近儒之所著，然後可以知其異同離合之指。如論字者，必本於《說文》，未有據隸楷而論古文者也。」[6] 是以他主張「讀九經自考文始，考文自知音始；以至諸子百家之書，亦莫不然。」[7] 所以他著《音學五書》，以爲「知音之據」。顧氏不僅認爲：「詩三百五篇，上自〈商頌〉，下逮陳靈（按：蓋指〈陳風·株林〉），以十五國之遠，千數百年之久，而其音未嘗有異。」即「帝舜之歌，皋陶之賡，箕子之陳，文王、周公之繫」，亦「無弗同者，故三百五篇，古人之音書也。」[8] 顧氏之所以如此云爲，未嘗不是由於讀經所致。他說：「《周禮·大行人》之職：『九歲、屬瞽史，諭書名，聽聲音。』所以一道德、而同風俗者，又不敢略也。」[9] 於此可見顧氏之學，洵爲有本之學，而其言論著作，也爲清人啓開了一條治學的大道。

　　二、戴震（1724—1777）先生。他一本顧氏治經所以「明道、救世」的

2　顧炎武《亭林文集·與友人書二十五》頁20，餘同注1。

3　《亭林文集餘集·與潘次耕札》頁22-23，餘同注1。

4　《亭林文集·與友人論學書》卷三頁2，餘同注1。

5　《亭林文集·答李子德書》卷四頁1-5又〈與人書四〉說：「詩三百篇，即古人之韻譜，經之與韻，本無二也。」頁15。

6　《亭林文集·與友人書四》頁15。

7　同注5。

8　《亭林文集·音學五書序》卷二頁1。

9　同注8《周禮·秋官·大行人》文。見台北藝文印書館版十三經注疏第三本，頁565。音學五書：(1)音論三卷(2)詩本音十卷(3)易音三卷(4)唐韻正二十卷(5)古音表二卷。

宗旨，發憤爲學，終成一代爲人仰慕的大儒。我們現在就來看看他的治經理念。戴氏在年幼時，似乎就確定了他從訓詁求義理的觀點。這、從他與段玉裁的書信中，可以看得很清楚。他說：

> 僕自十七歲時，有志聞道，謂非求之六經，孔、孟不得；非從事於字義、制度、名物，無由以通語言。宋儒譏訓詁之學，輕語言文字，是猶渡江河而棄舟楫，欲登高而無階梯也。為之三十餘年，灼然知古今治亂之源在是。古人曰理，解者即尋其腠理而析之也；曰天理者，如莊周言，依乎天理，即所謂彼節者有間也。古賢人聖人，以體民之情，遂民之欲為得理，今人以己之意見不出於私為理，是以意見殺人，咸自信為理矣。此猶舍字義、制度、名物，去語言訓詁，而欲得聖人之道於遺經也。[10]

這說明，戴氏自開始讀書，即有志尋求聖人之道，而聖人之道，乃寓於六經中，欲明六經，又非從事於訓詁的探究不爲功。無形中，也融合了漢學、宋學的爭端。所以他又說：

> 經之至者道也，所以明道者其詞也；所以成詞者，未有能外小學文字者也。由文字以通乎語言，由語言以通乎古聖賢之心志；譬之適堂壇之必尋其階，而不可躐等。是故，鑿空之弊有二：其一，緣詞生訓也；其二，守訛傳謬也。緣詞生訓者，所示之意，非其本義；守訛傳謬者，所據之經，併非其本經。[11]

所以他要：

> 披考異文，以為訂經之助；又廣攬漢儒箋注之存者，以為綜考故訓之助。[12]

---

[10] 戴震《戴東原先生全集・戴東原先生年譜・與段玉裁書》頁30-45，大化書局版。
[11] 《戴東原先生全集・東原文集・古經解鈎沈序》頁1102，大化書局版。
[12] 同注11。

這說明研讀經書，如不從小學著手，實無由得入。惟有從小學切入，方可明經達道。此亦無異告訴世人讀經之一法。外此，在研讀的過程中，時遇疑難，也是戴氏所以致力於訓詁動力之一。他說：

> 經之至者道也，……由詞以通其道，必有漸求。所謂字，考諸篆書，得許氏《說文解字》，三年得其節目，漸睹古人制作本始。又疑許氏於故訓未能盡從，友人假十三經注疏讀之，則知一字之義，當貫群經，本六書，然後為定。至若經之難明，尚有若干事：誦〈堯典〉數行，至「乃命羲和」，不知恆星「七政」所以運行，則掩卷不能卒業。誦〈周南〉、〈召南〉、自〈關雎〉而往，不知古音，徒強以協韻，則齟齬失讀。誦《古禮經》先〈士冠禮〉，不知古者宮室、衣服等制，則迷於其方莫辨其用。不知古今地名沿革，則〈禹貢〉、〈職方〉，失其處所。不知「少廣」、「旁要」，則〈考工〉之器，不能因文而推其制。不知鳥、獸、蟲、魚、草、木之狀類名號，則比、興之意乖。而字學、故訓、音聲，未始相離。[13]

我們讀了這段言論之後，不惟可體悟戴氏所以講求訓詁的用意，而尤可領會字形、字音、字義的一貫而不可分。從而又可了解經與訓詁的密切關係。其所以一再論析說明二者的關係重要，其目的無非是提醒世人，要想明經以達聖人之道，舍訓詁實無第二法門。因此，他又慨乎其言的說：

> 言者輒曰：有漢儒經學，有宋儒經學；一主於故訓，一主於義理；此震之大不解也者！夫所謂理義，苟可以舍經而空憑胸臆，將人人鑿空得之，奚有於經學云乎哉！惟空憑胸臆之卒無當於賢人聖人之理義，然後求之古經，求之古經而遺文垂絕，今古縣隔也，然後求之故訓。故訓明，則古經明，古經明，則賢人聖人之理義明，而我心之所以同

---

[13] 《戴東原先生全集・與是仲明書》頁1098，餘同注10。

　　然者，乃因之而明。賢人聖人之理義非他，存乎典章制度者是也。[14]
戴氏之後，承其學而最有成就者，我們認爲：一爲段玉裁，一爲王念孫。在
小學上的造詣，二人堪稱雙璧。

　　1、段玉裁（1735—1815）先生。爲戴氏入門弟子。不惟篤好經籍，尤
喜訓詁考訂，是以能博覽群書，窮微鉤深，成就不凡。段氏認爲：

> 六經，猶日月星辰也。無日月星辰，則無寒暑昏明；無六經，則無人
> 道。爲傳注以闡明六經，猶羲和測日月星辰，敬授民時也。[15]

話雖不多，但卻將經籍與訓詁的關係，表達得再深切也沒有了。就是因爲段
氏有這種理念，所以他認爲：「治經莫重於得義，得義莫切於得音。」[16]
這與戴氏所說：「經之至者道也，所以明道者其詞也」的立義，可說如出一
轍。於此當可窺段氏承學之跡。

　　2、王念孫（1744—1832）先生。亦爲戴氏及門弟子。從「受聲音、文
字、訓詁。其志經，熟於漢學之門戶，手編三百篇，九經、楚辭之韻，分古
音爲二十一部。」[17] 因此王氏認爲治經，當從訓詁、聲音入手。所以他說
：「訓詁、聲音明，而小學明，小學明，而經學明。」[18] 王氏傳學其子引
之，尤能發揚訓詁的功效。他的理念是：「治經、於大道不敢承，獨好小學
。……用小學說經，用小學校經。」[19] 這對治經來說，不惟確切實用，而
經義也因此而更加明確。

　　三、惠棟（1697—1758）先生。於諸經，熟洽貫串，謂詁訓、古字、古

---

[14] 〈題惠定宇先生授經圖〉頁1114，餘同注10。

[15] 段玉裁《經韻樓集·十三經注疏釋文校勘記序》，漢京文化事業有限公司重編《皇清經
　　解》第二十本頁15327。

[16] 段玉裁〈廣雅疏證序〉上海古籍出版社清疏四種合刊本頁339。

[17] 《清史稿·儒林傳》二頁1481，新文豐出版公司。

[18] 段玉裁《說文解字注·序》頁1，漢京文化事業公司版。

[19] 龔自珍《定盦續集·工部尚書高郵王文簡公墓表銘》，商務印書館版四部叢刊0九一本
　　，頁83。

音，非經師不能辨。他的理念是：「漢人通經有家法，故有五經師訓詁之學。……五經出於屋壁，多古字古言，非經師不能辨經之義。存乎訓詁，識字審音，乃知其義，是故古訓不可改也，經師不可廢也。」[20] 這說明治經與訓詁是不可分的，尤其是漢代經師所作的解詁，自有其正確性。戴震亦認爲惠氏的此一治經理念，是「欲學者於漢經師之故訓，以博稽三古典章制度，由是推求，理義確有據依。」[21] 從事訓詁工作，當然不可鑿空附會，任憑胸臆，一定要出言有據，立論確鑿，合乎情理，方可稱得正詁。清儒，尤其是乾、嘉時代的學者們，治學的理念，多認爲應當先從儒家的經典開始，欲研究儒家經典，又必須先從漢人的箋注解詁開始，而研究古代的箋注，就是訓詁的工作，欲明訓詁，就要先明古音、文字，訓詁明，方可達到通貫古聖賢道統的目的。這種有系統、有條理的治學理念，顧氏倡之於前，戴氏、惠氏繼之於後，並以歷代積累的文化資產爲基礎，予以發揚光大，而一代學術之盛，也就在這種情況下，於焉形成。以下再讓我們簡介幾位理念相同而治經有成的大儒。

1、王鳴盛（1722—1797）先生。嘗「從惠棟問經義，遂通漢學。」「嘗言漢人說經，必守家法，自唐、貞觀撰諸經義疏，而家法亡。宋、元豐以新經取士，而漢學殆絕。今好古之儒，皆知崇注疏矣，然注疏惟《詩》、《三禮》及《公羊傳》，猶是漢人家法，他經注，則出魏、晉人，未爲醇備，著《尚書後案》三十卷，專述鄭康成之學。若鄭注亡逸，采馬、王注補之，孔傳雖出東晉，其訓詁猶有傳授，間一取焉。」[22] 王氏對於經籍既有如此的看法，因而他的治經理念，當然是以務實爲本。他認爲：「經以明道，而求道者，不必空執義理以求之也。但當正文字，辨音讀，識訓詁，通傳注，則義理自現，而道在其中矣。」[23]

---

20 惠棟《九經古義·述首》頁14397，《皇清經解》十九本，漢京版。
21 同註14。
22 《清史稿·儒林傳》頁1479，新文豐出版公司。
23 王鳴盛《十七史商榷序》頁803，叢書集成新編第一〇四本，新文豐出版公司。

2、錢大昕（1728—1804）先生。他博學多能，成就不一，堪稱一代通儒。阮元於《十駕齋養新錄・序》中稱許說：「先生潛擘經學，傳注義疏，無不洞徹原委，於六書音韻，觀其會通，得古人聲音文字之本。」是以錢氏能「於經義之聚訟難決者，皆能剖析源流，文字、音韻、訓詁，……疑似難明者，典章、制度，昔人不能明斷者，皆有確見。」[24] 他對治經的理念是：「夫六經，皆以明道，未有不通訓詁而能知道者。」又說：「六經者，聖人之言，因其言以求其義，則必自詁訓始。」[25] 這無異告訴我們，要想明通經義，知曉古聖賢的道統，就應從訓詁入手。因此，我們也可以這樣說，不從事於訓詁的研究，就沒有辦法通經明道。

3、阮元（1764—1849）先生。他博學淹通，亦爲一代名儒，治經專宗漢學。由於他撰寫了一部《十三經校勘記》，所以阮氏認爲治經，應從傳注入手。他說：「士人讀書，當從經學始，經學當從注疏始。空疏之士，高明之徒，讀注疏不終卷而思臥者，是不能潛心擘索，終身不知聖賢諸儒經傳學矣。」[26] 所謂「經傳注疏」，當然是訓詁。讀經既當從注疏始，其與經學的關係，也就不言可喻。阮氏又以爲：「聖賢之道，存於經，經非詁不明。……漢之相如、子雲、文雄百代者，亦由《凡將》、《方言》貫通經詁，然則舍經而文，其文無質，舍詁求經，其經不實。爲文者尚不可以昧訓詁，況聖賢之道乎！」[27] 又以爲：「聖賢之言，不但深遠者非訓詁不明，即淺近者亦非訓詁不明也。就聖賢之言而訓之，或有誤焉，聖賢之道亦誤矣。」[28] 這是說，欲明聖賢之道，當於經中求之，明經、又當從訓詁始。不惟如此，他又進一步舉例說明非如此不可的理由。他說：

---

[24] 《清史稿・儒林傳》頁1479，新文豐出版公司。

[25] 錢大昕《潛研堂集・與晦之論爾雅書》重編《皇清經解》第十七本，頁12864，漢京版。又說以下，見四部叢刊０八九本，頁219，商務版。

[26] 阮元重刊宋本《十三經注疏序》頁4，藝文印書館版。

[27] 阮元《詁經精舍文集・西湖詁經精舍記》頁147-148，叢書集成新 編第五九本，新文豐出版公司。

[28] 阮元《揅經室集・論語一貫說》頁15521，重編《皇清經解》第二十本漢京版。

綜而論之，聖人之道，譬若宮牆，文字訓詁，其門逕也；門逕苟誤，跬步皆岐，安能升堂入室乎？學人求道太高，卑視章句，譬猶天際之翔，出於豐屋之上，高則高矣，戶奧之間，未實窺也。或者但求名物，不論聖道，又若終年寢饋於門廡之間，無復知有堂室矣。[29]

這段話，除又強調了治經不可不講訓詁外，又進而說明即使「但求名物，不論聖道」，阮氏也是不以爲然的。以上所引阮氏的言論，足以表明他治經的理念，至此，也就無需再引了。

4、汪中（1744—1794）先生。專意於經術，尤宗漢學。與王念孫、劉台拱爲友，往來討論，甚能得其精要。他嘗說：「國朝古學之興，顧炎武開其端，河洛矯誣，至胡氏而絀。中西推步，至梅文鼎而精。力攻古文者，閻若璩也。專治漢《易》者，惠棟也。凡此，皆千餘年不傳之絕學，及戴震出，而集其大成。」[30] 是以汪氏治經之理念，多能以經爲據，於文字、訓詁、名物、象數，亦能探源竟委，實事求是，然後再運用所得以解經，故能往往出人意表。所著《經義知新記》及《述學》二作，就是「依據經證」，再配合「以音求義」的訓詁方法，而得其精髓的。故能見稱於時。其有功於經義的闡發，自不待言。

5、凌廷堪（1755—1809）先生。治經特別擅長《禮》學。他說：「古聖使人復性者、學也。所學者，即禮也。顏淵問仁，孔子告之者，爲禮焉爾。顏子歎道之高堅、前後，迨博文約禮，然後有所立，即立於禮之立也。禮有節文度數，非空言者可託。」阮元謂其：「諸說經之文，多發古人所未發，其尤卓然者，則〈復禮〉三篇。」[31] 凌氏私淑其鄉賢戴震，對於戴氏治經「由字以

---

[29] 同注28〈國史儒林傳序〉頁15515。

[30] 《清史稿·儒林傳》頁1481，新文豐出版公司。

[31] 同注30又凌氏的著作中，最著者有《禮經釋例》十三卷。《校禮堂文集》三十六卷。《詩集》十四卷。而說經之文，發古人之所未發，而卓然可傳者，則有〈復禮〉三篇。以上著作，均見重編《皇清經解》第八本頁5311，5545。漢京版。

通其詞，由詞以通其道」[32] 的見解，推崇備至。他說：

> 其為學，先求之于古六書九數，繼乃求之于典章制度，以古人之義，釋古人之書，不以己見參之，不以後世之意度之。既通其辭，始求其心，然後聖賢之心，不為異學曲說所汩亂。蓋孟、荀以還，所未有也。[33]

因此，他的治經理念，特別強調訓詁考據的運用。惟有如此，才可以正確地解經義，明聖道。他說：

> 儒有不明《禮》，六籍皆茫然；于此苟有得，自可通其全。不明祭祀制，〈洛誥〉何以詮？不明宮室制，〈顧命〉何以傳？不明〈有司徹〉，安知〈楚次〉篇？不明〈大射〉儀，安能釋〈賓筵〉？不明盥與薦，《易·象》孰究研？不明聘與覷，《春秋》孰貫穿？[34]

我們讀了凌氏這段詠歎，深深覺得、六經自有其貫連性。以凌氏專精於《禮》，故欲以《禮》義貫穿各經，這與荀子的〈禮論〉，似有異曲同工之妙。

清代治經有貢獻的學者，實在指不勝屈，於此我們不再列舉。若論其成績表現，概括地說，阮元編的《皇清經解》、《經籍纂詁》以及王先謙編的《皇清續經解》，就再具體也不過了。假如我們進一步的追問，清儒何以有如此的好成績，他們所用的方法為何？答案是：清儒治學，非常講求學術的方法，那就是有系統、有條理、有次序。套句時髦的話說，就是合於科學的精神。《清史稿·儒林傳序》說：「綜而論之，聖人之道，譬若宮牆，文字、訓詁，其門逕也；門逕苟誤，踄步皆岐，安能升堂入室？」[35] 這是說，

---

[32] 戴震《戴東原先生文集·與是仲明書》頁1098，大化書局。
[33] 凌廷堪《校禮堂詩文集·戴東原先生事略狀》頁737，叢書集成續編第一五六本，新文豐出版公司。
[34] 《校禮堂詩文集·學古詩》頁426，餘同注33。
[35] 《清史稿》下冊，頁1466，新文豐出版公司。

聖人之道，寓於六經，欲明六經，而文字、訓詁，乃尋求聖人之道的不二法門。清人掌握了此一科學之法，是以能登堂入室，遍觀「宗廟之美，百官之富」，盡窺其隱奧，推而闡之，使經義大顯，以備世之所用。

參、訓詁的功用

清儒治經，多講求實用，少發空論。其展現在訓詁方面的功效，尤爲卓著。因此，近代有「實用的訓詁學」的呼聲。平心而論，訓詁的爲用，也確實能在我們的日常生活中，作適時、適切的服務。了解古經，固需訓詁，而欲明今事，又何嘗不需要訓詁？今事、今語，需待解釋的地方，若與古經相較，亦並不多讓！

清儒從事訓詁學的研究，可說是不遺餘力的。一部著作，即使花上十年、二十年的時間，亦在所不惜。甚至窮盡畢生的精力，也欣然無悔。他們沈浸於學術的氛圍中，自得其樂的情境，一般人是難以想像的。尤其是那些大部頭的私人著作，如《廣雅疏證》、《說文解字注》、《說文解字義證》、《爾雅正義》、《爾雅義疏》等，那一部書，不需要花上十年以上的時間，才能完成？這種「焚膏油以繼晷，恆兀兀以窮年」，不懈不怠，不眠不休，始終如一的精神，如無樂趣的支持，恐怕是難以延續的。以下，我們打算就著古音、古字、古義、名物、制度等方面，約略地列舉先儒成就的片段，借窺其實用價值。

一、以古音解古語之惑：首先運用古音釋古語的是顧炎武先生。因此，他著《音學五書》以證成其說。尤其是其中的〈詩本音〉，最能明文字的音讀。《四庫全書總目提要》稱他「本經所用之音，互相參考，證以他書，明古音原作是讀，非由遷就，故曰本音。……南宋以來，隨意叶讀之謬論，至此始一一廓清，厥功甚鉅。」[36] 顧氏以爲：「《詩》三百篇，即古人之

---

36 謝啓昆《小學考》第四冊卷三十八，頁6-7，廣文書局。又見《四庫全書總目》卷四十二，頁894，藝文印書館版第二冊。又見商務版四庫全書第二四一本，頁33。

韻譜，經之與韻，本無二也。病在後之學者，執韻而論經，其不能通，則改經而就韻。夫道若大路然，安用此多歧乎！」[37] 所以他又說：「三代六經之音，失其傳也久矣，其文之存於世者，多後人所不能通，以其不能通，而輒以今世之音改之，於是乎有改經之病。」[38] 他歷舉《易》、《書》以下乃至唐人李白詩，均有後人妄改之失。茲舉數端如次：

1、義，古人讀爲我。他說：「開元十三年敕曰：『朕聽政之暇，乙夜觀書，每讀《尚書·洪範》，至「無偏無頗，遵王之義。」三復茲句，常有所疑，據其下文，並皆協韻，惟「頗」一字，實則不倫。又《周易·泰卦》中，「无平不陂」，《釋文》云：「陂字亦有頗音。」陂之與頗，訓詁無別。』其《尚書·洪範》：「無偏無頗」，字宜改爲陂，蓋不知古人之讀「義」爲「我」，而頗之未嘗誤也。《易·象傳》：「鼎耳革，失其義也。覆公餗，信如何也。」《禮記·表記》：「仁者右也，道者左也；仁者人也，道者義也。」是「義」之讀爲「我」，而其於他書者，遽數之，不能終也。……」又舉《史記·宋世家》、《呂氏春秋》引〈洪範〉此句，均作「頗」字，以證成「義」字古人本讀「我」音。

2、離、羅古音同。如《易·小過》上六：「弗遇過之，飛鳥離之。」朱子存其二說，謂：「仍當作弗遇過之。」而不知古讀「離」爲「羅」，正與「過」爲韻也。《易·離》九三：「日昃之離，不鼓缶而歌，則大耋之嗟。」則古人讀「離」爲「羅」之證也。

3、後、讀爲戶。如揚雄〈後將軍趙充國頌〉：「在漢中興，充國作武，赳赳桓桓，亦紹厥後。」五臣選本改「後」爲「緒」

---

[37] 顧炎武《亭林文集》卷四，頁15-16，中華書局四部備要版。
[38] 〈答李子德書〉頁1。餘同注37。

，而不知古人讀「後」爲「戶」，正與「武」爲韻。《詩》曰：「予曰有疏附，予曰有先後，予曰有奔走，予曰有禦侮。」則古人讀「後」爲「戶」之證也。

4、頭、讀爲徒。如繁欽〈定情詩〉；「何以結相於，金薄畫搔頭。」後人改「於」爲「投」，而不知古人讀「頭」爲「徒」，正與「於」爲韻也。《史記‧龜策傳》：「今寡人夢見一大夫，延頸而長頭，衣玄繡之衣，而乘輜車。」則古人讀「頭」爲「徒」之證也。

5、借有惜音。如李白〈日夕山中有懷〉詩：「久臥名山雲，遂爲名山客；山深雲更好，賞弄終日夕；月銜樓間峰，泉漱階下石；素心自此得，真趣非外借。」今本改「借」爲「惜」。不知廣韻二十二惜部元有借字。而「傷美物之遂化，怨浮齡之如借。」已見於謝靈運之〈山居賦〉矣。

以上所舉，顧氏均以「其爲古人之本音，而非叶韻。」緊接著他又說：「嗟夫！學者讀聖人之經與古人之作，而不能通其音，不知今人之音，不同乎古也。而改古人之文以就之，可不謂之大惑乎！……故愚以爲：讀九經自考文始，考文自知音始；以至諸子百家，亦莫不然。」[39] 顧氏的倡導與提撕，就像春風一樣，吹醒了有清一代的漢學家。自戴震以下，莫不以此爲兢兢，段、王固不需再說，即使臧琳、錢大昕、汪中、阮元、郝懿行、俞樾等，亦無不如是。[40] 因篇幅有限，恕不再舉例。

　　二、以古文解用字之迷：有關這方面的資料，可說是更僕難數。只要

---

[39] 有關顧炎武古音舉例（1-5）及所引言論，均見《亭林文集‧答李子德書》。餘同注37。

[40] 段玉裁有《說文解字注》，《六書音韻表》，王念孫有《廣雅疏證》，臧琳有《經義雜記》。錢大昕有《潛研堂文集》，汪中有《經義知新錄》阮元有《揅經室集》，郝懿行有《爾雅義疏》，俞樾有《群經平議》，運用古音解經義之處甚多，請自行參閱，不再舉例。

我們樂意去翻檢，像《爾雅義疏》，《廣雅疏證》，乃至《說文解字注》等，可說是隨手可得。因此，也就暫不涉獵，茲僅將清儒文集中、所載這方面較為顯著的例證，列舉一些，借供參考。

首先，我們列舉惠棟《九經古義》中的例證。他說：

1、「乾坤，其易之縕邪。」案：縕者，包裹之意。《穀梁傳》云：「地縕於晉。」虞翻本作韞。云：「《易》麗乾藏坤，故為易之韞。」案：此言「縕」當作「韞」。

2、「妙萬物而為言者也。」妙，王肅本作眇，音妙。董遇曰：「眇，成也。」棟案：妙字近老莊語，後儒遂有真精妙合之說。當從王子雍本作眇。陸士衡〈文賦〉云：「眇眾慮而為言。」蓋用〈說卦〉，不作妙字，此其證也。案：此言妙當作眇。

3、〈盤庚〉：「若顛木之有由蘗。」由，《說文》引作「甹」。云：「木生條也。古史言由卉。」徐鍇曰：「《說文》無由字，今《尚書》只作由枿。蓋古文省弓，而後人因省之，通用為因由等字。從弓象枝條華函之形。」徐鉉曰：「案：孔安國注《尚書》，直訓由作用也，用枿之語不通。」棟案：經傳由字皆訓為生。《毛詩・序》云：「由儀，萬物之生，各得其宜。」是由訓為生。儀訓為宜。《春秋傳》曰：「吉凶由人。」言吉凶生乎人也。孔氏書傳，晉人偽撰，故從俗讀。此據古注解由字義。

4、「弗逆克奔，以役西土。」《匡謬正俗》曰：「〈牧誓〉篇云：「弗御克奔，以役西土。」孔安國注云：「商眾能奔來降者，不迎擊之。」徐仙民音「御」為五所反。案：御、既訓迎，當音五駕反。不得音御。案此則孔氏《尚書》本作御。訓為迎也。《史記》及馬融本皆作禦。王肅又讀御為禦，非也。古禦字作御。古文《春秋傳》皆然。《毛詩・谷風》曰：「亦以御冬。」《毛傳》云：「御，禦也。」御，又與逆同。〈大雅〉箋，亦訓御為迎。〈曲禮〉曰：「大夫必自御之

。」注云：「御，當爲訝。訝、迎也。」《春秋傳》曰：「跛者御跛者，眇者御眇者。」皆訝也。世人亂之，但御雖爲迓，訓詁家當依本字釋之，無直改經文之理。唐《石經》亦仍其誤，則知古文之亡久矣！案：此言禦爲古御字。

5、「無有作好，遵王之道；無有作惡，遵王之路。」〈呂覽〉引云：「毋或作好，遵王之道；毋或作惡，遵王之路。」高誘曰：「或，有也。古有字皆作或。」〈商書〉曰：「殷其弗或亂，正四方。」〈多士〉云：「時乃或言爾攸居。」傳皆云：「或，有也。」鄭康成注《論語》亦云：「或之言有也。」《韓非子》曰：「無或作利，從王之指；無或作惡，從王之路。」文雖異，然皆以或爲有。韓子、呂氏，皆在未焚書之前，必有所據，王伯厚以爲述〈洪範〉而失之，未盡然也。[41] 案：此言有字古多作或。

其次繼錄臧琳《經義雜記》數則以證：

6、李、古理字：《左傳》僖三十年：「行李往來，共其乏困。」杜注：「行李，使人。」《正義》曰：「襄八年《傳》云：『一介行李。』杜注：『行李、行人也。』昭十三年《傳》云：『行理之。』杜云：『行理、使人。』李、理字異，爲注則同。都不解理字。〈周語〉：「行理以節逆之。」賈逵云：「理，吏也。小行人也。」孔晁注《國語》，其本亦作李字。注云：「行李，行人之官也。」然則兩字通用。本多作理，順之爲吏，故爲行人、使人也。又《漢書・胡建傳》：「黃帝李法曰。」蘇林曰：「獄官名也。」〈天文志〉：「左角李、右角將。」師古曰：「李者，法官之號也。總主征伐、刑戮之事也，故稱書曰《李法》。」又《管子・法法》篇：「舜之有天下也，禹爲司空，契爲司徒，皋陶爲理。」房玄齡注：「古治獄之官，李同理。

」〈大匡〉篇：「國子爲李。」注：「李，獄官也。李、理同。」[42]

7、往近王舅：《詩·崧高》：「往近王舅。」傳：「近，已也。」箋云：「近，辭也。聲如彼記之子之記。」案：近，乃𠲿字形近之訛。《說文·𠃌部》：「𠲿，古之遒人，以木鐸記詩言，从辵从𠃌，𠃌亦聲。讀與記同。」又𠃌讀若箕，與其同聲。故彼記之子，亦作彼其之子。《詩》以𠲿字聲與記、其同，故借用之，鄭從許讀若記，故云辭也。《毛傳》爲已，則音以，蓋古已𠲿，聲皆相近也。《正義》曰：「以命往之國，不復得與之相近，故轉爲已，以爲辭也。」然則唐時本已作近，孔仲達亦不知本作𠲿矣。[43]

8、白圭之刮：〈抑〉：「白圭之玷，尙可磨也，斯言之玷，不可爲也。」傳：「玷，缺也。」箋云：「玉之缺，尙可磨鑢而平，人君政教一失，誰能反覆之。」《釋文》：「玷，丁簟反。沈、丁念反。《說文》作刮。」案：《說文·刀部》：「刮，缺也。刀占聲。《詩》曰：「白圭之刮。」俗人以文連白圭，遂改刀从玉矣。」[44]

再其次，繼錄《十駕齋養新錄》數則以證：

9、遵王之誼：鄭司農云：「古者書儀，但爲義。今時所謂義爲誼。」（《周禮·春官·肆師》注）〈洪範〉：「無偏無頗，遵王之義。」本從古文作誼。開元詔書以頗與誼不協，改經文爲陂。曾不知誼从宜得聲，宜本作宐，又从多聲，以誼韻頗，正合古音，即使依今文作義，而義亦从我得聲，與頗初無不協也。蓋小學之不講，唐人已然。[45]

10、矜憐古今字：《論衡·雷虛》篇引《尙書》曰：「予惟率夷憐爾。」今〈多方〉篇，夷、作肆，憐、作矜，矜憐古今字。《論語》：「

[42] 臧琳《經義雜記》同注41，頁14498。

[43] 同注41，頁14577。

[44] 同注41，頁14578。

[45] 錢大昕《十駕齋養新錄》重編《皇清經解》第十七本，頁12761，漢京版。

則哀矜而勿喜。」《論衡》引作憐。[46]

11、曰與聿通:「曰爲改歲。」《漢書・食貨志》曰、作聿。「見睍曰消」,《荀子》、《漢書・劉向傳》並作聿消。「予曰有奔走,予曰有先後。」王逸《楚辭注》曰,作聿。「曰喪厥國」,《韓詩》曰,作聿。是曰與聿通也。《說文》:「欥,詮詞也。」引《詩》:「欥求厥寧」,今毛《詩》作遹。遹、聿同音,曰即欥之省文。[47]

12、壼、古作廣解:〈既醉〉:「室家之壼。」傳訓爲廣。《國語》叔向引此章而云:「壼也者,廣裕民之謂也。」是壼之爲廣,自昔有此訓矣。古人先齊家而後治國,父子恩薄,兄弟之志乖,夫婦之道苦,雖有廣廈,常覺其隘矣。室家之中,寬然有餘,此之謂壼。(此釋壼字之義最切)[48]

13、的然的「的」,應爲「旳」:「小人之道的然而日亡。」「的」非古字,當作「旳」。《說文・日部》:「旳,明也。从日勺聲。」引《易》爲旳顙。今本《易》亦轉寫作「的」矣。又火部:「焯,明也。从火卓聲。」引《周書》:「焯見三有俊心。」今《尙書》焯、作灼。(《說文》灼,炙也,與焯見義有別)〈覲禮〉:「匹馬卓上」注:「卓,猶的也。以素的一馬爲上,即《易》之旳顙也。〈魯峻碑〉:「曒然旳旳」與「逴邈惆樂」協韻。是旳有卓音,旳然猶焯然也。火部又有炟字、望火貌,讀若駒顙之駒,駒顙即旳顙之異文。旳也、 也、焯也,文異而音義同。[49] (此亦打破字形界域之證)

第四,繼錄《揅經室集》數則以證:

14、釋鮮(鮮斯二字古通借):鮮義屬于魚,而古音與斯近,遂相通藉

[46] 同注45。
[47] 同注45,頁12763。
[48] 同注45,頁12764。
[49] 同注45,頁12769。

。鮮斯通藉之跡，求諸經傳，多有可稽。釋者少誤，便成舛誼。今試釋之：

（1）有以斯本語詞，藉聲近之鮮為用者，則有《尚書·無佚》曰：「文王懷保小民，惠鮮鰥寡。」鮮即斯字。言文王惠斯鰥寡。即祖甲保惠于庶民，不敢侮鰥寡之義是也。偽孔訓鮮為少，失之。

（2）有以鮮、魚名為本義，而藉聲近之斯為用者。《詩·閟宮》曰：「奚斯所作。」《春秋傳（閔三）》：「奚斯，為公子魚字。」

（3）有以訓離析之斯，即聲近之辭為用者。《爾雅·釋山》曰：「小山別大山鮮。」言小山之別離於大山者名以鮮。鮮即斯。〈釋言〉曰：「離也。」《尚書·禹貢》：「析支」。《大戴記·五帝德》作「鮮支」。《後漢書·西羌傳》作「賜支。」

（4）有以鮮斯音通，而又通于音誼相近之析字者。

（5）有以獻為本字，藉音近之鮮為用者，《禮記·月令》：「天子鮮羔開冰。」鄭注云：「鮮，當為獻。」是也。至於鮮之訓善、訓少及斯之轉通于須、西等音，更不可枚舉矣。[50]

15、釋相（相乃襄之借字）：自周秦以來，凡宰輔之臣，皆名曰相。相之取名，必是佐助之義。乃《說文》相在目部，本義為省視，為以目觀木。曷嘗有佐助之義？此必是假借之字。其本字為何？曰襄字也。古人韻緩，平仄皆可同義，是以輔相之相，亦可平聲，贊襄之襄，亦可去聲，後人昧此，故不知襄相音同可假借矣。[51]

16、釋釋訓（此解釋訓二字之借義）：《禮記·王制》曰：「言偽而堅，行偽而辨，學非而博，順非而澤。」此節鄭氏注，似以第四句難得

---

[50] 阮元《揅經室集》重編《皇清經解》第二十本，頁15503，漢京文化事業公司版。
[51] 同注50，頁15513。

其解而略之。案：順乃訓之假借字，澤乃釋之假借字。言其所訓說者，似是而非，強釋之以惑人也。順是而澤者，爾雅釋訓之道也。如此為解，乃與「學非而博」同類相近，語有倫次。《大戴記·小辨》篇曰：「士學順辨言以遂志。」此順字亦訓字之假借，後人昧之，致失其解。《史記·孝武紀》：「振兵澤旅。」徐廣云：「古釋字作澤。」此亦澤釋相假之據也。[52]

阮氏於《揅經室集》中所載，尤值一說者，如〈釋門〉：「凡事物有間可進，進而靡已者，其音皆讀若門。或轉若免、若每、若敏、若孟，而其義皆同，其字則展轉相假。或假之於同部之疊韻，或假之於同紐之雙聲。」[53]（文繁恕不備錄）如〈釋矢〉、〈釋頌〉、〈釋且〉、〈釋蓋〉等，無不引經據古，詳述其所以，使我們讀一字，不僅可解一字之疑，而且可解多字之惑。而尤其是字義旁通、假借之用，有助於我們古經的研讀，不言可喻。

第五，繼錄《經義知新記》數則以證：

17、蒙、冒、昧、沒，語之轉；不、毋、非、無，語之轉；何、胡、假、害、曷，語之轉。[54]（案：此謂聲近其義可以互假）

18、貿、買也，〈釋言〉文。上云：「務、侮也。貽，遺也。」下云：賄，財也。甲、狎也。皆以音釋義。則買之為貿聲無疑。《說文》貝下：「貿、從貝，卯聲。」買、從网貝而無聲，卯與今讀之買又同聲。[55]案：卯、買雙聲，同為明紐。

19、《荀子·王制》篇注云：「嗟、奈何。」按：嗟、緩讀，即奈何也

---

[52] 同注50，頁15513。

[53] 同注50，頁15512。

[54] 汪中《經義知新記》重編《皇清經解》第十八本，頁13146。漢京文化事業版。

[55] 同注54，頁13147。

。⁵⁶

20、「維師尙父」。師，大師也。尙父，其字也。猶曰：某甫耳。或稱呂尙，亦無定例也。《毛傳》云：「可尙、可父。」劉向《別錄》云：「師之、尙之、父之。」箋云：「尊稱。」皆非也。[57]

21、〈皇矣〉：「度其鮮原。」箋：「鮮，善也。」《逸周書・和寤解》：「王乃出圖商，至于鮮原。」注：「小山曰鮮。」孔義碻勝鄭。[58]

22、哉、裁、材、載、栽、菑、戴，聲近義通：哉，又爲助詞。〈釋詁〉：「哉，始也。」《釋文》亦作裁。〈康誥〉：「哉生明。哉生魄。」並與裁字同。〈公冶長〉：「無所取材。」《集解》一曰「無所取哉。」古字材哉同。《說文》：「才，草木之初也。」初、裁，並從衣。《詩・文王》：「陳錫哉周」，〈周語〉上、昭十一年、宣十五年《左氏傳》，皆引作「陳錫載周」。《詩・馴驈》：「載獫歇驕。」箋：「載，始也。」疏：「載，哉同義。」〈夏本紀〉引《書》「載采采」，作「始事事」。莊二十年《左氏傳》：「水昏正而栽」，《釋文》：「栽、《字林》才代反。一音再。」隱十一年經：「宋人、蔡人、衞人伐戴。」《正義》：「〈地理志〉：「梁國菑縣，故戴國。」應劭曰：「古者菑，戴聲相近。《說文》作載，云故國在陳留，從邑𢦏聲。」《詩》：「俶載南畝。」箋：「載，讀爲菑。」又《說文》：「哉，言之閒也。」此則助字之哉。」[59]

汪中在學術上的成就很大，爲楊州派的代表人物。絕口不言佛、老陰陽神怪之事，亦不喜朱子性理之學，但亦不評議。以漢學爲宗。嘗謂：「國朝諸儒崛起，接二千餘年墜緒，若顧亭林、閻百詩、梅定九、胡朏明、惠定宇、戴

東原,皆足繼往開來。所著《述學》六卷,依經爲證,實事求是,於文字、訓詁、名物、象數,尤有神解,自成一家言。」[60]

三、依古義以釋今用之疑:清儒治經,多以漢學爲宗,於漢人經說,搜采務盡,致力於考訂、校勘,著書立說,人才輩出,是以成就空前。大致說來,乾、嘉以前,多以東漢的古文說爲主,而經學之盛,亦以此時爲最。乾、嘉以後,則多以西漢的今文說爲尚,成就亦相當可觀。他們的著作,多刊載於《皇清經解》正續編中。這也可說是清儒在學術上成績的總表現。在宗旨方面,亦大多能以實用爲主,不放言高論,而實事求是,這是最爲可貴的地方。以下,我們想就著先儒闡發經義的部分,略舉數則以證:

1、這首先使我們想到戴震先生。他最有名的一部著作,就是盡人皆知的《孟子字義疏證》。同時也是戴氏最花氣力的得意之作。他說:「僕生平著述最大者,爲《孟子字義疏證》一書,此正人心之要。今人無論正邪,盡以意見誤名之曰理而禍斯民。故疏證不得不作也。」[61]全書內容計分上中下三卷:上卷專就「理」字闡義。中卷就「天道」、「性」二項闡義。下卷就「才」、「道」、「仁義禮智」、「誠」、「權」諸項闡義。就《孟子》之義,以闡其字所寓之理,深入透闢,多爲前人所未發。茲僅就卷上「理」字部分,孟子所謂:「耳目口鼻之欲」,略作說明:人生而有欲,這本來就是天性。因有所需,故有所欲,如無飲食,何以養生?如無夫婦,種族何以延續?但欲不可禁,止可節。以合情理的制度,予以分配,以遂其生。所以戴氏說:

> 口之於味也,目之於色也,耳之於聲也,鼻之於臭也,四肢之於安佚也;此後儒視為人欲之私者,而孟子曰性也。繼之曰有命焉。命者,限制之名……言性之欲,不可無節也。節而不過,則依乎天理,非以天理為正,人欲為邪也。天理者,節其欲而不窮人欲也。是故欲不可窮,非不

---

[60] 參《清史稿‧儒林傳》爲說。頁1481,新文豐出版公司。

[61] 戴震《戴東原先生全集‧年譜》頁45-46,大化書局版。

可有；有而節之，使無過情，無不及情，可謂之非天理乎？[62]

這種道理，用之於今日，有何不當？（案：因篇幅有限，不能多舉，請讀者自案。）

2、其次，讓我們看錢大昕先生的觀點：大家都知道，經義之中，對君臣上下的關係，多主張臣對君要忠。即使君不君，也不可臣不臣。像孟子所提出的那種君臣相對待的言論，可說少之又少。也因此，而孟子遭到後世王朝無情的譏貶。可是錢氏卻以爲尊君，固然應該，但如果君以無道被弒，那也不必以弒君爲大逆不道。他說：

> 楚之強，莫過於虔（案：虔、爲楚靈王名），伐吳執慶封，滅賴、滅陳、滅蔡，史不絕書，而無救於弒者，無德而有功，天所惡也。宋襄公用鄫子，楚靈用蔡世子，皆特書之，惡其不仁也。且以微二君之強死，非不幸也。宋公與夷，齊侯光，楚子虔，以好戰而弒，晉侯州蒲，以誅戮大臣而弒，經皆先文以見義，所以為有國家者戒，至深切矣。《左氏傳》曰：「凡弒君稱君，君無道也；稱臣，臣之罪也。」後儒多以斯語為詬病，愚謂：君誠有道，何至於弒！遇弒者，皆無道之君也。[63]

以上錢氏申述君若無道，多難免被弒。而弒君者，則亦不以叛逆視之。外此，錢氏對於夫婦間的相處，也表示了他的看法。他主張如果夫婦情盡義斷，亦可以改嫁。似不必堅守「餓死事小，失節事大」的信條。在《潛研堂集》中，有一設問：「婦人之義，從一而終，而禮有七出之文，毋乃啓人以失節乎？」錢氏的看法是：

> 同居而志不相得，往往有之，其真能安於義命者，十不得一。先王設

---

[62] 同注61，頁294。

[63] 錢大昕《潛研堂集》重編《皇清經解》第十七本，頁12814-12815。漢京文化事業公司版。

教，為可去之義，義合則留，不合則去，俾能執婦道者，可守從一之
貞，否則寧割伉儷之愛，勿傷骨肉之親。故嫁曰歸，出亦曰歸。以此
坊民，恐其孝衰於妻子也。

話說到這裡，錢氏恐人有惑，所以馬上自擬疑問說：

然則聖人於女子抑之不已甚乎？！曰：去婦之義，非徒以全丈夫，亦
所以保匹婦。後世閭里之婦，失愛於舅姑，讒間於叔妹，抑鬱而死者
有之，或其夫淫酗凶悍，寵溺嬖媵，凌迫而死者有之。準之古禮，固
有可去之義，亦何必束縛之，禁錮之，置之必死之地以為快乎！先儒
戒寡婦之再嫁，以為餓死事小，失節事大。予謂全一女子之名，其事
小，得罪於父母兄弟，其事大。故父母兄弟不可乖，而妻則可去。去
而更嫁，不謂之失節。使其過在婦歟？不合而嫁，嫁而仍窮，自作之
孽不可逭也。使其過不在婦歟？出而嫁與鄉里，猶不失為善婦，不必
強而留之，使夫婦之道苦也。[64]

這段言論，除「得罪於父母兄弟事大，故父母兄弟不可乖」兩句話外，其餘
所說，無不可與當今世人的觀念相合。生當錢氏之世，能有如此見解，洵可
謂為難得的高明。

3、再其次，我們看看汪中先生，又是如何解釋古經之義的。他在〈女
子許嫁而　從死及守志議〉一文中，闡明「請期」之後，女方可以改嫁的時
機有四（詳請參原文）。至於許嫁後，壻死而「至壻之家，事其父母，為之
立後，而後不嫁者，非禮也。……今也，生不同室，而死則同穴，存為貞女
，沒稱先姒，其非禮孰甚焉。……先王惡人之以死傷生也，故為喪禮以節之
，其有不勝喪而死者，禮之所不許也。其有以死為殉者，尤禮之所不許也。
」汪氏以為：「苟非禮，雖有父母之命，夫家之禮，猶不得遂也。是故，女
子欲之，父母若壻之父母，得而止之；父母若壻之父母欲之，邦之有司，鄉

之士君子,得而止之。周公監於二代,而制爲是禮,孔子述之,噫!周公、孔子不可非乎?則其禮不可過也。故曰過猶不及。」接著汪氏又以「袁枚之妹幼許嫁於高秀水,鄭贊善之婢,幼許嫁於郭旣,而二子皆不肖,流蕩轉徙,更十餘年,婿與女之父母,咸願改圖,而二女執志不移,袁嫁數年,備受箠楚,後竟賣之。其兄訟諸官,而迎以歸,遂終於家。鄭之婢,爲郭所窘,服毒而死。」汪氏說到這裡,復加慨歎的引《傳》曰:「好仁不好學,其蔽也愚。」若二女者,可謂愚矣。本不知禮,而自謂守禮,以隕其生,良可哀也。」[65] 汪氏又於〈釋媒氏〉文中表示:「男子二十而冠,有爲人父之道,女子十五許嫁,有適人之道,媒氏令男三十而取,女二十而嫁,所謂禮言其極、亦不過是也。……其有三十不取,二十不嫁,雖有奔者不禁焉。非教民淫也,所以著之,令以恥其民使及時嫁子取婦也。……非徒恥之,抑又罰之。故曰:若無故而不用令者罰之。令者,媒氏令男女三十而取,女子二十而嫁之令也。若其有故,雖不用令可也。」[66] 這見解,不僅合情合理,而亦爲人倫日用之所必須。夫死婦嫁,本來就是很自然的事,又何必一定要殉死、守節不可!「男逾三十,女過二十」,即可自由結婚,以今日禮衡之,於時代亦能相合。

　　四、釋名物制度以備當世之用:古籍中的名物制度,真可說是多得難以盡數。由於我國歷史悠久,文化源遠流長,其間的更名改制,也就不一而足了。更由於王朝的更替頻仍,於改朝換代之際,爲了展現新的氣象,新的作爲,也就視爲當然地來上一番除舊布新。再加上語言不自覺的演變,各地習俗的融合分化,於名物制度上的差異,也就可想而知了。尤其是數千年以前的事事物物,其名稱、制度差異之大,複雜性之高,也確實有令我後人難以盡知者。如不作訓詁,又如何能收「前人所以垂後,後人所以識古」之效?清儒在這方面的研究成果,也確有不凡的表現,茲分別略述如次:

---

[65]　汪中《述學》重編《皇清經解》第十八本,頁13162-13163,漢京文化事業公司版。
[66]　同注65,頁13161。

1、**涵蘊於群經注疏中**：清儒繼晚明空談心性之後，轉而趨於務實，主張言必有徵，實事求是。這是清代表現在學術上最可貴的地方。因而在群經注疏方面，也多能如是。不僅對字義詳加引證解析，遇有名物制度、需作闡釋者，亦絕不吝惜筆墨。像閻若璩的《古文尚書疏證》，孫星衍的《尚書今古文注疏》，陳奐的《毛詩傳疏》，馬瑞辰的《毛詩傳箋通釋》，孫詒讓的《周禮正義》，胡培翬的《儀禮正義》，孫希旦的《禮記集解》，劉文淇的《左傳舊疏考證》，陳立的《春秋公羊義疏》，柯劭忞的《春秋穀梁傳注》，劉寶楠的《論語正義》，焦循的《孟子正義》等，無不如是。

2、**單篇的專著，以補通釋的不足**：前文所列注疏，是就著全書作解，重點在通釋，在名物制度方面，難免有不夠詳盡之處，再加上學者們所見不同，因而又有單篇的著述，以補其隙。如《易》類，有胡胃的《易圖明辨》，惠棟的《易例》。《書》類有徐文靖的《禹貢會箋》，龔自珍的《太誓答問》。《詩》類有徐鼎的《毛詩名物圖說》，趙佑的《毛詩草木鳥獸蟲魚疏校正》，洪亮吉的《毛詩天文考》。《禮》類有戴震的《考工記圖注》，王鳴盛的《周禮軍賦說》，阮元的《車制圖考》，凌曙的《儀禮禮服通釋》，洪頤煊的《禮經宮室答問》，孫星衍的《明堂考》，萬斯同的《廟朝圖考》。《春秋》類有江永的《春秋地理考實》，王引之的《春秋名字解詁》，汪中的《春秋列國官名異同考》。[67]其他刊載於經義總論方面的，更是多的無法列舉。我們姑且作這樣的提示，證明清儒在解經方面，是面面俱到的。目的無非是闡明經義，使聖人之道大明，使當代的君臣，知有所依，用以濟斯民於安樂之域。

3、**小學之類的著述，內容更是豐富，取用無窮**：當我們翻開《說文解字注》的時候，就文字來說、不論我們看到的是鳥名、獸名、山名、水名、或制度名，段氏都會引經據典的詳說以證，使讀者對此稱名，有一明確的了

---

[67] 1、2兩項所列書目，見《清史稿・藝文志》頁527-532。《皇清集解》正續編。朱彝尊《經義考》。

解。與段氏注齊名的《說文》作者,有朱駿聲的《說文通訓定聲》,桂馥的
《說文義證》,王筠的《說文釋例》與《說文句讀》,現在我們稱之爲清代
《說文》四大家。四大家的著作,有互補作用。

當我們翻閱《爾雅義疏》時,那景象就不同了。最大的差異,《說文》
是以一字爲單位作解釋,所重在字形。而《爾雅》則是以多字串聚在一起作
解釋,而重點在字義。均能廣引古籍中的記載,以及先儒的注釋,無不證據
確鑿,旳然可察。茲僅就前述《說文解字注》、《爾雅義疏》,各約舉數例
以證:

(1)《說文解字注》例:如「汳」字,《說文》:「汳水,受陳留浚儀陰
溝,至蒙爲雝水,東入於泗。」段氏注,首先指出「雝,當作獲,字
之誤也。」又據古籍所載,說明陳留郡之浚儀,就是故大梁城,梁惠
王始都此。亦即清代河南開封府、祥符縣縣城西北的廢浚儀縣。而蒙
爲當時的蒙城,然後再說明獲水流經的路線,汳水,即卞水。《後漢
書》作汴,段氏又以爲卞是弁的隸變,卻不知何時變汳爲汴。最後說
明當時開封以東,徐州以西,「皆故汴也。」我們單就「汳」字注的
介紹,已可了解段氏確實做到了所謂的辨名證物,以及制度沿革的交
代。

其次於《說文》:「嶽,王者所以巡狩所至」下,注巡狩的制度
說:「巡狩者,巡所守也。天子適諸侯曰巡狩。按〈堯典〉:「二月
至于岱宗,五月至于南嶽,八月至於西嶽,十又一月至北嶽。」又於
「岱,大山也」下注云:「大作太者,俗改也。域中最大之山,故曰
大山。作太作泰,皆俗。〈釋山〉曰:「泰山爲東嶽。」《毛傳》曰
:「東嶽岱。」〈堯典〉:「至於岱宗。」

又於《說文》:「禘,諦祭也」下注引〈王制〉,不僅說明四時
的祭名,而且進一步說明夏、商之禮,更進而說明太廟祭祀之禮。凡
此,於段注中,隨處可見。

(2)《爾雅義證》例:如〈釋水〉:「水自河出爲灉,濟爲濋,汶爲灡,

洛爲波，漢爲潛，淮爲滸，江爲沱，過爲洵，潁爲沙，汝爲濆。」這些名稱，當然不是隨意爲之，一定有其語境，或其社會性。否則似不可能載入《爾雅》。郝氏據此引古籍所言，或先儒所釋，一一加以分析，並解其所以然。（案：郝氏引錢坫釋地注，以澬字誤，應爲滎。）

其次如〈釋山〉：「山，小而高岑，銳而高嶠，卑而大扈，小而眾巋。」這些名稱，郝氏亦一一爲之引據作解，言其所以然之意。再如〈釋親〉：「父爲考，母爲妣。」郝氏義疏：「此釋父母之異稱也。考者，〈釋詁〉云：『成也。』妣者，《說文》云：『歿母也。』〈曲禮〉云：『生曰父，曰母；死曰考，曰妣。』鄭注：『考，成也，言其德行之成也。妣之言媲也，媲於考也。』然則考妣者，父母之異稱。〈曲禮〉雖云存歿異號，若通言之，則生存亦稱考妣，終歿亦稱父母。故〈士喪禮〉云：『哀子某、爲其父某甫筮宅。』又云：『卜葬其父某甫。』是終歿稱父母之例也。郭注古者通以考妣爲生存之稱，此注引蒼頡篇考妣延年。是生存稱考妣之例也。」今世一般人僅知父母亡故稱考妣，卻少有人知考妣亦爲生存之稱。此亦可視爲古制的一例。

他如〈釋官〉、〈釋器〉、〈釋天〉、〈釋地〉等，也無不隨處可見其有關制度方面的解說，於此不再舉例。

肆、結語

清儒對訓詁的基本看法，就是用以解經。如果經義不明，那麼聖人之道，也就無從了解。是以他們提倡讀經。然而讀經要如何入手，幾乎一致的認爲：要明古音，要先了解字義。顧氏亭林倡之於前，戴氏東原應之於後，一時風起雲湧，形成了空前的盛況，這也是千百年來，不曾有過的現象。

　　顧氏認爲：「讀九經自考文始，考文自知音始。」[68] 戴氏亦謂：「經之
至者道也，所以明道者其詞也；所以成詞者，未有能外小學文字者也。由文
字以通乎語言，由語言以通乎聖賢之心志。」[69] 又說：「故訓音聲，相爲表
裡，故訓明，六經乃明。」[70]

　　由於戴氏的承先啓後，成就多方，而其傳學弟子，如段玉裁、王念孫（
念孫傳其子引之），尤能發揚光大其師說。即使是私淑王氏的俞曲園，其成
就亦不多讓。段氏嘗言：「小學，有形、有音、有義，三者互相求，舉一可
得其二；有古形、有今形，有古音、有今音，有古義、有今義，六者互相求
，舉一可得其五。……聖人之制字，有義而後有音，有音而後有形。學者之
考字，因形以得其音，因音以得其義。治經莫重於得義，得義莫切於得音。
……不執於古形、古音、古義，則其說之存者，無由甄綜，其說之已亡者，
無由比例推測。……」[71] 由於段氏能深體治經之要，故其發憤注《說文解字
》，使其成爲治經的利器，而段氏享譽之隆，一時亦莫能與之京。段氏同門
王念孫，亦主張「訓詁之旨，本於聲音，故有聲同字異、聲近義同，雖或類
聚群分，實亦一條共貫。譬如振裘，必提其領，舉網必挈其綱。故曰本立而
道生，知天下之至嘖而不可亂也。……今則就古音以求古義，引伸觸類，不
限形體。」[72]

　　就以上所引戴、段、王三家的言論，我們可以清楚地看出戴氏所說，無
異對訓詁體系的建立，並主張治經要從小學字義入手。段氏從而則加以擴充
，將形、音、義的關係，更加細密的闡述，使其系統更爲嚴整。而王氏則再
進一步的提出「不限形體」的主張，而解決了古籍中所謂「聲同字異，聲近
義同」的假借困惑，更明確地指出語源相同，而字義即同的義涵。這可說是

---

[68] 同注5，頁5。
[69] 同注11，頁1102。
[70] 同注11，〈六書音韻表序〉頁1106。
[71] 同注16，頁339。
[72] 同注16，頁340。

他的最大貢獻。王引之繼承家學，著《經義述聞》與《經傳釋詞》，更能將訓詁之學，帶向另一高峰，其成就亦不亞於父執。我們看，從戴氏而段氏而王氏，這情景，就像接力賽一樣，一棒一棒地向前邁進，大有不可阻遏之勢。是以有俞樾的繼起，治經專宗王氏。他認為：「治經之道，大要在正句讀，審字義，通古文假借。三者之中，通假借為尤要。王氏父子所著《經義述聞》，用漢儒讀謂、讀曰之例者居半焉。發明故訓，是正文字，至為精審。」[73] 因著《群經平議》，以附《述聞》之後，仿王氏《讀書雜志》，著《諸子平議》。又著《古書疑義舉例》，更是條理貫然，視《經傳釋詞》而亦不稍讓。有助於治經、探明經義之功甚大。

　　繼俞氏之起的，是身跨清末民初的章太炎先生。他少從俞樾習經史小學，深得其精妙，長又受西方語言學的影響，是以能將傳統小學、與西方語言學理論，結合起來，使成為一門語言文字學。[74] 他的主要著作有《文始》、《新方言》、《小學答問》和《國故論衡》等。他的《文始》一書，幾全用變易，孳乳兩個條例、來統紀文字間的同源關係。以對轉、旁轉等方式，來說明同源字之間、聲音變化的跡象。以「同狀異所」「異狀同所」，來蓋括同源字之間的意義關係。如是、即可將古文獻中的所有文字，聯繫為字族，用以體現詞與字內在的音義系統。所以他主張由字根推求語源，這在語言學方面說，無異拓展了廣大的新天地。[75] 其弟子黃季剛先生，亦能衣鉢相承，成就亦多在語言文字方面。其「說經，獨本漢、唐傳、注、正義」，[76] 且甚為堅持。因黃氏「不欲輕著書，以為敦古不暇，無勞於自造。」[77] 今日所見

---

[73] 參《清史稿·儒林傳》為說，頁1492，新文豐出版公司。

[74] 今人曾敏於其所著〈論古韻合帖屑曷五部之通轉〉（燕京學報第34期頁30）一文中指出：「章氏造《文始》，自言讀大徐所得。夷考其淵源所自，實出於德人牟拉之《語言學講義》，持《國故論衡》之〈語言緣起〉後半，以與牟書第二編中論語根之語相較，承沿之跡宛然。」其詳請參趙振鐸《訓詁學史略》第六編頁307，中州古籍出版社。

[75] 章太炎《文始·敘例》頁4-10，廣文書局版。

[76] 黃侃《黃侃論學雜著·章氏序》頁1，台灣中華書局版。

[77] 同注76。

，僅《黃侃論學雜著》一書而已。[78]大致說來，黃氏的治學主張，雖然篤守
「師說」，重視「家法」，但他還是具有自己獨立的見解的，尤其是在古音
學方面，他繼承了前人研究的成果，而加以融會貫通，建立了一個古音學系
統，卓然成一家言。所以有人稱黃侃是三百年間古音學研究的一位殿軍，並
不是沒有道理的。[79]

---

[78] 同注76。另外黃氏族侄黃焯，晚年所編輯的《文字、聲韻、訓詁筆記》一書，因多黃氏
於武漢大學課堂所講，但其中也附有清人的說法以及黃焯個人的見解，已不純爲黃氏
的言論，故未列入黃氏著作中。

[79] 參《黃侃論學雜著・前言》爲說，頁1，餘同注76。

第一屆國際訓詁學學術研討會論文
1997.04.19-20

由《詩經‧國風‧毛傳‧鄭箋》論訓詁與修辭的關係

王忠林
高雄師範大學

一、前言

　　訓詁重在解釋與疏通語文的意義，使古今南北都能夠互相溝通與理解；修辭重在適用與調整語文的表意方法，使語文的表達更爲美巧。古代學者在傳注中作訓詁的時候，除了解釋或疏通語文的意義之外，也同時說明了某段文辭的修辭技巧與方式，因此，可以看出訓詁與修辭的關聯性，做訓詁的同時也會指出修辭的方式。

　　《詩經》是我國最早的詩歌總集，其中所運用的詞彙或所運用的修辭技巧，多爲後世文學寫作者所取則，其對後代文學影響極爲深遠，今試以〈國風〉部分的《毛傳‧鄭箋》爲依據，從其對某些詞語的注釋解說當中，探求其涉及到的修辭方式問題，進而了解訓詁與修辭的關聯。

　　下文就《國風‧毛傳‧鄭箋》的注釋中，涉及的修辭方式，分別以現代修辭學所用的辭格名稱，予以標列，並加以分析說解。

二、譬喻[1]

---

[1] 黃慶萱《修辭學》中對譬喻所作的解釋是：「譬喻辭格，是由『喻體』、『喻依』、『喻詞』三者配合而成的。所謂『喻體』是所要說明的事物主體；所謂『喻依』，是用來比方說明此主體的另種事物；所謂『喻詞』，是聯接喻體和喻依的語詞。由於喻體、喻詞有時可以省略或改變，所以譬喻也可以分明喻、隱喻、略喻、借喻、假喻五

（一）明喻[2]

未見君子，惄如調飢。（〈周南・汝墳〉第一章）

《毛傳》：「惄，飢意也。調，朝也。」《鄭箋》：「惄，思也。未見君子之時，如朝飢思食。」《鄭箋》明白的道出，沒見到君子之時，其思念的苦切，有如早上肚子飢餓般難忍。這是明白地作譬諭，是修辭中的明喻辭格。

王室如燬。（同上　第三章）

《毛傳》：「燬，火也。」此言王室紛亂像火焚一般，也是明喻。

有女如玉。（〈召南・野有死麕〉第一章）

《毛傳》：「德如玉也。」《鄭箋》：「如玉者，取其堅而潔白。」此言女子之德像玉一般堅而潔。說明是明喻的方法。

心之憂矣，如匪澣衣。（〈邶風・柏舟〉第五章）

《毛傳》：「如衣之不澣矣。」澣，洗的意思。言心的憂煩像穿沒有洗的髒衣服般難過。說明是明喻的方法。

誰謂荼苦，其甘如薺。（〈邶風。谷風〉第二章）

《毛傳》：「荼，苦菜也。」《鄭箋》：「荼誠苦矣，而見於己之苦毒，又甚於荼，比方之，荼則甘如薺。」

此言己心之苦比之荼還要苦。說明是明喻的方法。

有力如虎。（〈邶風・簡兮〉第二章）

《毛傳》：「武力比於虎，可以御亂。」言其人有力氣像老虎一般。說明是明喻的方法。

種。」（見黃慶萱《修辭學》・台北・三民書局・1989年3月・頁231）按假喻本不在做譬喻，所以根本不屬譬喻，因此本文把譬喻方式分爲四類。

2　黃慶萱解釋「明喻」云：「凡『喻體』、『喻詞』、『喻依』三者具備的譬喻叫做『明喻』。」（見《修辭學》第十二章（一）明喻　頁231）

赫如渥赭。（同上　第二章）

《鄭箋》：「碩人容色，赫然如厚傅丹。」言其人容色赫然像傅以紅丹。說明是明喻的方法。

君子偕老，副笄六珈。委委佗佗，如山如河。（〈鄘風‧君子偕老〉第一章）

《毛傳》：「委委者，行可委曲蹤跡也；佗佗者，德平易也。山，無不容；河，無不潤。」此言君子之儀容氣度像山一般無所不容，像河一樣無有不潤。均說明是明喻的方去。

鬒髮如雲。（同上　第二章）

《毛傳》：「鬒，黑髮也。如雲，言美長也。」此言髮黑長如雲一般繚繞。說明是明喻的方法。

有匪君子，如切如磋，如琢如磨。（〈衛風‧淇奧〉第一章）

《毛傳》：「匪，文章貌。治骨曰切，象曰磋，玉曰琢，石曰磨。道其學而成也，聽其規諫以自修，如玉石之琢磨。」此言君子裴然有文采，如玉之經過琢磨。說明是明喻的方法。

會弁如星。（同上　第二章）

《毛傳》：「弁，皮弁，所以會髮。」《鄭箋》：「會，謂弁之縫中，飾之以玉，礫礫而處，狀似星也。」言皮弁的會縫處飾以玉，其亮晶如星。說明是明喻的方法。

手如柔荑，膚如凝脂，領如蝤蠐，齒如瓠犀。（〈衛風‧碩人〉第二章）

《毛傳》：「如荑之新生，如脂之凝。領，頸也。蝤蠐，蝎蟲也。瓠犀，瓠瓣也。」此四句分別譬喻女子之手柔細白嫩像初生的茅芽，皮膚像凝結的脂肪，頸項如幼蟲一般細白，牙齒如瓠瓜子一般潔白而整齊。均說明是明喻的方法。

毳衣如菼。（〈王風・大車〉第一章）

《毛傳》：「毳衣，大夫之服。菼，鵻也，蘆之初生也。」《鄭箋》：「菼，薍也。古者天子大夫服毳冕以巡行邦國而決男女之訟，則是子男入為大夫者毳衣之屬，衣繢而裳繡，皆有五色焉，其青者如鵻。」言毳衣色青如初生蘆色。說明是明喻的方法。

執轡如組。（〈鄭風・大叔于田〉第一章）

《鄭箋》：「如組者，如織組之為也。」言六轡在手非常調順，像織組的一根帶一般。說明是明喻的方法。

兩驂如手。（〈鄭風・大叔于田〉第三章）

《毛傳》：「進止如御者之手。」《鄭箋》：「如人左右手之相佐助也。」言兩驂進止協調如人手之左右相佐助。說明是明喻的方法。

羔裘如濡。（〈鄭風・羔裘〉第一章）

《毛傳》：「如濡，潤澤也。」言羔裘的毛色潤澤像濡濕了一般。說明是明喻的方法。

有女如雲。（〈鄭風・出其東門〉第一章）

《毛傳》：「如雲，眾多也。」言女子多得像密雲一般。說明是明喻的方法。

其從如雨。（〈齊風・敝笱〉第一章）

《毛傳》：「如雨，言多也。」言從嫁者多如雨點一般。說明是明喻的方法。

言念君子，溫其如玉。（〈秦風・小戎〉第一章）

《鄭箋》：「念君子之性溫然如玉，玉有五德。」言君子性情溫潤像玉一般。說明是明喻的方法。

顏如渥丹。（〈秦風・終南〉第一章）

《鄭箋》：「渥，厚漬也。顏色如厚漬之丹，言赤而澤也。」言其人面色紅潤像厚澤之丹。說明是明喻的方法。

　　視爾如荍。（〈陳風‧宛丘〉第二章）

《毛傳》：「荍，芘芣也。」《鄭箋》：「男女交會而相說（悅），曰，我視女之顏色美如芘芣之華然。」譬喻女子容顏美如芘芣之花。說明是明喻的方法。

　　麻衣如雪。（〈曹風‧蜉蝣〉第三章）

《毛傳》：「如雪，言鮮潔。」言麻衣潔白像雪一般。說明是明喻的方法。

（二）隱喻[3]

　　我心匪鑒，不可以茹。（〈邶風‧柏舟第二章〉）

《毛傳》：「鑒，所以察形也。茹，度也。」《鄭箋》：「鑒之察形，但知方圓白黑，不能度其僞，我心非如是鑒，我於眾人之善惡外內，心度知之。」言我心不像鏡子，只能察照外形，我心可以察知人之內心善惡。匪，通非，乃是「是」的反面的否定詞，此說明是用隱喻的方法。

　　我心匪石，不可轉也。我心匪席，不可卷也。（〈邶風‧柏舟〉第三章）

《毛傳》：「石雖堅，尚可轉。席雖平，尚可卷。」《鄭箋》：「言己心之堅平，過於石席。」此以石蓆譬喻人心之堅平有以過之。也是用「非」的反面否定詞，也是隱喻的方法。

（三）略喻[4]

3　黃慶萱解釋「隱喻」云：「凡具備『喻體』、『喻依』，而『喻詞』　由『繫辭』如『是』、『爲』等代替者，叫做『隱喻』。」（見《修辭學》第十二章（二）隱喻頁233）

魚網之設，鴻則離之。燕婉之求，得此戚施。（〈邶風·新臺〉第三章）

《毛傳》：「言所得非所求也。戚施，不能仰者。」《鄭箋》：「設魚網者宜得魚，鴻則鳥也，反離焉；猶齊女以禮來求世子，而得宣公。」設魚網而鳥偏偏觸上去，就好像以禮要嫁給齊的世子，卻偏偏逢上老醜的宣公。據〈小序〉：「新臺，刺衛宣公也，納伋之妻，作新臺于河上而要之，國人惡之，而作是詩也。」此以魚網卻逢到鳥，來譬喻齊女要嫁衛世子卻逢上衛宣公，道出所得均非所求。此前後兩聯對舉作譬，中間省略譬喻詞，所以是略喻的方法。

蓺麻如之何，衡從其畝。取妻如之何，必告父母。（〈齊風·南山〉第三章）

《鄭箋》：「樹麻者，必先耕治其田，然後樹之；以言人君取妻，必先議於父母。」娶妻必先告議於父母，就好像種麻必先縱橫耕治田畝一樣。也說明是略喻的方法。

析薪如之何，匪斧不克。取妻如之何，匪媒不得。（〈齊風·南山〉第四章）

《鄭箋》：「此言析薪必待斧乃能也。此言取妻必待媒乃得也。」取妻必待媒人就好像析薪必用斧頭一般。也說明是略喻的方法。

豈其食魚，必待河之魴。豈其取妻，必齊之女。（〈陳風·衡門〉第二章）

《鄭箋》：「此言何必河之魴然後可食，取其美味而已。何必大國之女然後可妻，亦取貞順而已。」此言娶妻不一定非要娶大國齊國之女，就好像吃魚不一定非要喫黃河裏的魴一樣。也說明是略喻的方法。

4　黃慶萱解釋「略喻」云：「凡省略『喻詞』，只有『喻體』、『喻依』的譬喻，叫做『略喻』。」（見《修辭學》第十二章（三）略喻·頁235）

（四）借喻[5]

桃之夭夭，灼灼其華。（〈周南‧桃夭〉第一章）

《毛傳》：「灼，華之盛也。」《說文》：「灼，炙也。」《廣韻》：「灼，熱也，燒也。」灼灼本謂火燒貌，火燒色紅，借以譬喻桃花盛開鮮紅的樣子。說明是用借喻的方法。

赳赳武夫，公侯干城。（〈周南‧兔罝〉第一章）

《鄭箋》：「干也，城也，皆以禦難也。此兔罝之人，賢者也，有武力，可任為將帥之德，諸侯可任以國守，扞城其民，折衝禦難於未然。」干，即盾，禦敵之武器；城，防敵之設備，借以喻武夫是公侯的防衛的利器。說明是用借喻的方法。

赳赳武夫，公侯腹心。（〈周南‧兔罝〉第二章）

《毛傳》：「可以制斷公侯之腹心。」《鄭箋》：「此兔罝之人，於行攻伐，可用為策謀之臣，使之慮無。亦言賢也。」言武夫可用為諸侯策謀之臣，如同公侯的腹心一般。說明是借喻的方法。

靜言思之，不能奮飛。（〈邶風‧柏舟〉第五章）

《毛傳》：「不能如鳥奮翼而飛去。」以鳥喻人，說人不能像鳥一般奮羽而飛去。這也是借喻法。

莫赤匪狐，莫黑匪烏。（〈邶風‧北風〉第二章）

《鄭箋》：「赤則狐也，黑則烏也，猶今君臣相承為惡如一。」天下狐狸一般都是赤黃色，天下烏鴉一般都是黑色，就好像一般君臣都是相承為惡。這也是借喻法。

碩鼠碩鼠，無食我黍。（〈魏風‧碩鼠〉第一章）

5　黃慶萱解釋「借喻」云：「凡『喻體』、『喻詞』省略，只剩下『喻依』的，叫作『借喻』。」（見《修辭學》第十二章（四）借喻‧頁237）

《鄭箋》：「碩，大也，大鼠。大鼠者，斥其君也。」碩鼠借喻爲君主。也是借喻的方法。

三、借代[6]

（一）事物與事物的特徵或標誌相代

髧彼兩髦，實維我儀。（〈鄘風·柏舟〉第一章）

《毛傳》：「髧，兩髦之貌。髦者髮至眉，子事父母之飾。儀，匹也。」《鄭箋》：「兩髦之人，謂共伯也，實是我之匹，故我不嫁也。」兩髦垂飾至眉，是未成年及未婚男子之特別標誌，以此髮的標誌代替人。說明是用借代的方法。

總角之宴，言笑晏晏。（〈衛風·氓〉第六章）

《毛傳》：「總角，結髮也。晏晏，和柔也。」《鄭箋》：「我爲童女未笄，結髮宴然之時，女與我言笑晏晏然而和柔。」總角，童年時總髮結成兩角形，此以髮的特別標誌代替童年之女子。說明是用借代方法。

緇衣之宜兮，敝予又改爲兮。（〈鄭風·緇衣〉第一章）

《小序》：「美武公也。父子並爲周司徒，善於其職，國人宜之。」《毛傳》：「緇，黑色，卿士聽朝之正服也。改，更也。有德君子宜居卿士之位焉。」緇衣是卿的正服，是卿的標誌。此言鄭武公宜做卿士，是以標誌代其職位。是用借代的修辭方法。

青青子衿，悠悠我心（〈鄭風·子衿〉第一章）

6　黃慶萱《修辭學》中對借代所作的解釋是：「所謂『借代』就是指在談話或行文中，放棄通常所使用的本名或語句不用，而另找其他名稱或語句來代替。」黃氏在舉例中共分（一）以事物的特徵或標幟代替事物，（二）以事物的所在所屬代替事物，（三）以事物的作者或產地代替事物，（四）以事物的資料或工具代替事物，（五）部分和全體相代，（六）特定和普通相代，（七）具體與抽象相代，（八）原因和結果相代。（見《修辭學》第十三章·頁251---258）

《毛傳》：「青衿，青領也，學子之所服。」《鄭箋》：「學子而俱在學校之中，已留彼去，故隨而思之耳。」青衿是學子的標誌，用以代學子。是用借代的方法。

　　縞衣茹藘，聊可與娛。（〈鄭風‧出其東門〉第二章）

《毛傳》：「茹藘，茅蒐之染女服也。娛，樂也。」《鄭箋》：「茅蒐染巾也。聊可與娛，且可留與我爲樂，心欲留之言也。」此言著縞衣佩茅蒐染巾的女子，且可留與我爲樂，以衣與巾的特別標誌，代替其女子。也是用借代旳方去。

（二）事物與事物之資料或工具相代

　　焉得諼草，言樹之背。（〈衛風‧伯兮〉第四章）

《毛傳》：「諼草，令人忘憂。背，北堂也。」《說文》：「　，令人忘憂之艸也。」《詩》：「安得　草。　，或　煖。萱，或　宣。」《鄭箋》：「憂以生疾，恐將危身，欲忘之。」欲忘憂，而言欲得諼草，諼草是忘憂的資料，此以資料代事物。是借代的方法。

（三）事物與事物之所在或所屬相代

　　乘彼垝垣，以望復關。不見復關，泣涕漣漣。既見復關，載笑載言。（〈衛風‧氓〉第二章）

《毛傳》：「垝，毀也。復關，君子所近也。」《鄭箋》：「故因復關以託號氓也。」復關是所思所號之人的居地，此以其所在代替其人。是借代旳方法。

　　豈無他人，不如我同姓。（〈唐風‧杕杜〉第二章）

《毛傳》：「同姓，同祖也。」同姓指同屬一祖先之人，此以所屬代其人。也是借代的方法。」

　　愾我寤嘆，念彼周京。（〈曹風‧下泉〉第一章）

《鄭箋》：「念周京者，思其先王之明者。」周京是周王所居之所，此以其所在代其君主。是借代的方法。

（四）特定與普通相代

我思古人，俾無訧兮。（〈邶風・綠衣〉第三章）

《鄭箋》：「古人，謂制禮者。」古人是通稱，制禮之人是特定的人，此以普通代特定。是借代的方法。

云誰之思，美孟姜矣。（〈鄘風・桑中〉第一章）

《毛傳》：「姜，姓也。」《鄭箋》：「淫亂之人誰思乎，乃思美孟姜。孟姜，列國之長女。」孟姜，指姜姓之長女，是通稱。此處代其所思念之女子，爲普通代持定。是借代的方法。

考槃在澗，碩人之寬。（〈衛風・考槃〉第一章）

《鄭箋》：「碩，大也。有窮處成樂在於此澗者，形貌大人，而寬然有虛乏之色。」碩人，偉大之人，是通稱，此指在澗邊奏樂之人，是普通代特定。是借代的方法。

不見子都，乃見狂且。（〈鄭風・山有扶蘇〉第一章）

《毛傳》：「子都，世之美好者也。狂，狂人也。」《鄭箋》：「人之好美色，不往睹子都，乃反往睹狂醜之人。」子都，是古代有名的美男子，是特定之人，此處用以代美男子。是以特定代普通。是借代的方法。

我生之後，逢此百罹。（〈王風・兔爰〉第一章）

《毛傳》：「罹，憂。」《鄭箋》：「我長大之後，乃遇此軍役之多憂。」百罹，謂多憂。百是數中之特稱，用以代替多，是以特定代普通。是借代的方法。

（五）原因與結果相代

我馬玄黃。（〈周南・卷耳〉第三章）

《毛傳》：「玄馬病則黃。」玄馬病則色黃，黃是果，病是因，此言馬病，是以果代因。是借代的方法。

　　北風其喈。（〈邶風‧北風〉第二章）

《毛傳》：「喈，疾貌。」《說文》：「喈，鳥鳴聲也。」喈本義是鳥鳴聲，引申爲風鳴聲。風疾而發出鳴聲，此詩言北風疾，以鳴聲代疾，是以果代因。是借代旳方法。

　　彤管有煒。（〈邶風‧靜女〉第二章）

《毛傳》：「煒，赤貌。」《說文》：「煒，盛明貌也。」煒本義是火盛明貌，盛明則色赤，《毛傳》訓煒爲赤貌，是以果代因。是借代的方法。

　　燕婉之求，籧篨不鮮。（〈邶風‧新臺〉第一章）

《毛傳》：「籧篨，不能俯者。」《說文》：「籧，籧篨，粗竹席也。」《方言‧五》：「簟，或謂之籧，其麤者謂之籧篨。」《廣雅‧釋訓》：「籧篨，戚施，本人疾之名。」《國語‧晉語》：「籧篨不可使俯，蓋編蓆爲困，如人之臃腫而不能俯，故名之。」籧篨本爲編蓆爲困，困形圓粗，如人之臃腫，用以譬喻臃腫之人，而其人臃腫，故而不能俯身，《毛傳》以不能俯釋籧篨，是以果代因。是借代旳方法。

四、摹狀[7]

下舉諸例，皆是狀聲之詞，也就是聽覺的摹狀。

　　關關雎鳩。（〈周南‧關雎〉第一章）

《毛傳》：「關關，和聲也。」關關，狀　鳩鳴聲。

---

[7] 「摹狀」，陳望道《修辭學發凡》用此名稱，釋云：「摹狀是摹寫對於事物情狀的感覺的辭格。」（見《修辭學發凡》‧高雄‧復文圖書出版社‧1987年11月‧頁98）黃慶萱稱爲「摹寫」，陳氏分摹視覺的及摹聽覺的兩類，黃氏更有嗅覺的、味覺的、觸覺的，舉例及分類較多。（見《修辭學》‧頁51）

黃鳥于飛，集于灌木，其鳴喈喈。（〈周南・葛覃〉第一章）

《毛傳》：「喈喈，和聲之遠聞也。」喈喈，狀黃鳥鳴聲。

雞鳴喈喈。（〈鄭風・風雨〉第一章）

《毛傳》：「雞猶守時而鳴喈喈然。」喈喈狀雞鳴聲。

雞鳴膠膠。（〈鄭風・風雨〉第二章）

《毛傳》：「膠膠猶喈喈也。」膠膠，亦是狀雞鳴聲。

肅肅兔罝，椓之丁丁。（〈周南・兔罝〉第一章）

《毛傳》：「丁丁，椓杙聲也。」丁丁，狀打木椿之聲。

喓喓草蟲。（〈召南・草蟲〉第一章）

《毛傳》：「喓喓，聲也。」喓喓，狀草蟲叫聲。

虺虺其　。（〈邶風・終風〉第四章）

《毛傳》：「暴若震　之聲虺虺然。」虺虺，狀雷聲。

雝雝鳴雁。（〈邶風・匏有苦葉〉第三章）

《毛傳》：「雝雝，雁聲和也。」雝雝，狀雁鳴聲。

肅肅鴇羽。（〈唐風・鴇羽〉第一章）

《毛傳》：「肅肅，鴇羽聲也。」肅肅，狀鴇羽振動聲。

有車鄰鄰。（〈秦風・車鄰〉第一章）

《毛傳》：「鄰鄰，眾車聲也。」鄰鄰，狀車行聲。

蟲飛薨薨。（〈齊風・雞鳴〉第三章）

《鄭箋》：「蟲飛薨薨，東方且明之時。」薨薨，狀蟲飛之聲。

坎其擊鼓。（〈陳風・宛丘〉第二章）

《毛傳》：「坎坎，擊鼓聲。」坎其，猶坎然，坎坎，狀擊鼓聲。以上都是狀聲，是摹狀修辭方法。

五、感歎[8]

于嗟麟兮。（〈周南・麟之趾〉第一章）

《毛傳》：「于嗟，嘆辭。」

于嗟騶虞。（〈召南・騶虞〉）

《毛傳》：「于嗟，美之也。」吁嗟，讚歎辭。

于嗟闊兮。（〈邶風・擊鼓〉第五章）

《鄭箋》：「軍棄其約，離散相遠，故吁嗟歎之。」

六、呼告[9]

母也天只，不諒人只。（〈鄘風・柏舟〉第一章）

《毛傳》：「母，天也，尚不信我。」此呼母，呼天而告之。呼母而告，是示現呼告；呼天呼告，是人化呼告。

悠悠蒼天，此何人哉。（〈王風・黍離〉第一章）

《鄭箋》：「遠呼蒼天，仰愬欲其察己也。」此呼蒼天而告之。

彼蒼者天，殲我良人。（〈秦風・黃鳥〉第一章）

《鄭箋》：「言彼蒼天者愬之。」此亦向蒼天呼告。

鴟鴞鴟鴞，既取我子，無毀我室。（〈豳風・鴟鴞〉第一章）

8　黃慶萱《修辭學》中對「感嘆」辭格的解釋是：「當一個人遇到可喜、可怒、可哀、可樂之事物，常會以表露情感之呼聲，來強調內心的驚訝或感嘆、傷感或痛惜、歡笑或譏嘲、憤怒或鄙斥、希冀或需要。這種以呼聲表露情感的修辭法，就叫『感嘆』。」（見《修辭學》第一章・頁25）這種呼聲用文字表達出來就是感嘆辭。

9　黃慶萱《修辭學》中對「呼告」辭格的解釋是：「對於正在敘述的事情，忽然改變平敘的口氣，而用對話的方式來呼喊，叫做『呼告』。」黃氏分呼告為「（一）普通呼告，對面前的人，變平敘的口氣為呼告的口氣。（二）示現乎告，呼告著不在面前旳人。（三）人化呼告，把物人性化而呼告之。」（見《修辭學》第二十章・頁379---385）

《鄭箋》：「重言鷗鴞者，將述其意所欲言丁寧之也。」呼鷗鴞丁寧而告之。呼鷗鴞而告，也是人化呼告。

七、夸飾[10]

（一）空間的夸飾

> 誰謂河廣，一葦杭之。（〈衛風·河廣〉第一章）

《毛傳》：「杭，渡也。」《鄭箋》：「誰謂河水廣與，一葦加之，則可以渡之，喻狹耳。」一葦可以渡黃河，極夸黃河之狹，此乃夸飾手法。

> 誰謂宋遠，跂予望之。（〈衛風·河廣〉第一章）

《鄭箋》：「予，我也。誰謂宋國遠與，我跂足則可以望見之，亦喻近也。」跂（企）足可以望見宋國，極夸其近，也是夸飾手法。

> 誰謂河廣，曾不容刀。（〈衛風·河廣〉第二章）

《鄭箋》：「不容刀，亦喻狹。小船曰刀。」黃河之廣不能容刀，也是夸飾之詞，極言其狹。

> 誰謂宋遠，曾不終朝。（〈衛風·河廣〉第二章）

《鄭箋》：「崇，終也。行不終朝，亦喻近也。」過黃河不用一個早晨，也是夸飾之詞，極言其近。

（二）物象上的夸飾

> 叔于田，巷無居人。豈無居人，不如叔也。洵美且仁。（〈鄭風·叔于田〉）

---

10 黃慶萱《修辭學》中對「夸飾」辭格的解釋是：「言文中誇張鋪飾，超過了客觀事實的，叫做『夸飾』。」對夸飾的種類，黃氏認為「夸飾的對象，有空間的、時間的，物象的、人情的種種。」（見《修辭學》第十一章·頁213，214）

《鄭箋》：「叔往田，國人注心于叔，似如無人處。」巷無居人，也是夸飾之詞，極言居人皆追隨大叔去田獵了。

（三）人情上的夸飾

萬壽無疆。（〈豳風‧七月〉第八章）

《毛傳》：「疆，竟也。」《鄭箋》：「欲大壽無竟，是謂豳頌。」大壽無境限，是頌語，是夸飾之詞。

（四）時間上的夸飾

一日不見，如三月兮。（〈王風‧采葛〉第一章）

《毛傳》：「一日不見於君，憂懼於讒矣。」一日不見如同三個月之長，是時間上的夸飾，以表達其憂懼之甚。

八、映襯[11]

采采卷耳，不盈頃筐。（〈周南‧卷耳〉第一章）

《毛傳》：「卷耳，苓耳也。頃筐，畚屬，易盈之器也。」《鄭箋》：「器之易盈而不盈者，志在輔佐君子，憂思深也。」器本易盈，而竟不能採得卷耳盈筐，是一種反映手法，映襯女子憂思之深。

絺兮綌兮，淒其以風。（〈邶風‧綠衣〉第四章）

《毛傳》：「淒，寒風也。」《鄭箋》：「絺綌所以當暑，今以待寒，喻其失所也。」絺綌均以葛草所製之夏布，本當暑天穿用，今以之當寒風，正反映其所用失所，也是映襯修飾方法。

土國城漕，我獨南行。（〈邶風‧擊鼓〉第一章）

---

11 黃慶萱《修辭學》中對「映襯」的解釋是：「在語文中兩相比較，把兩種不同的，特別是相反的觀念或事實，對列起來，兩相比較，從而使語氣增強，使意義明顯的修辭方法叫做『映襯』。」（見《修辭學》第十五章‧頁287）

《毛傳》：「漕，衛邑也。」《鄭箋》：「此言眾民皆勞苦也。或役土功於國，或修理漕城，而我獨見使從軍，南行伐鄭，是尤勞苦之甚。」他人服役做土功，修漕城，已獨南行從軍伐鄭，正映襯其特別勞苦。

母氏聖善，我無令人。（〈邶風・凱風〉第二章）

《鄭箋》：「母乃有叡智之德，我七子無善人能報之者。」言母有叡智之德，子無善人，正映襯出子女不能回報其母，歉慚之意很深。

其室則邇，其人甚遠。（〈鄭風・東門之墠〉第一章）

《鄭箋》：「其室則近，謂所欲奔男之家，望其來迎己而不來則遠。」其家室相距甚近，而其人不來，則實覺甚遠，正映襯其思念期盼之深。

九、象徵[12]

關關雎鳩，在河之洲。窈窕淑女，君子好逑。（〈周南・關雎〉第一章）

《毛傳》：「興也。……雎鳩，王雎也，鳥摯而有別。……后妃說（悅）樂君子之德，無不和諧，又不淫其色，慎固幽深，若雎鳩之有別焉。」又云：「后妃有關雎之德，是幽閒貞專之善女，宜為君子之好匹。」此以雎鳩鳥之有別，來象徵后妃之有德，可以為君子之好匹耦

葛之覃兮，施于中谷，維葉萋萋。（〈周南・葛覃〉第一章）

《毛傳》：「興也。覃，延也。葛所以為絺綌，女功之事煩辱者。施，移也。」《鄭箋》：「葛者，婦人之所有事也。此因葛之性以興焉。興者，

---

[12] 黃慶萱《修辭學》中對「象徵」辭格的解釋是：「任何一種抽象的觀念、情感、與看不見的事物，不直接予以指明，而由於理性的關聯、社會的約定，從而透過某種意象的媒介，間接加以陳述的表達方式，我們名之為『象徵』。」黃氏又說：「試從《詩經》來觀察，《詩經》尤其是國風，常可分割為兩部分：一是屬於本事的，可稱之為本事意象；一是屬於景物的，可稱為景物意象。所謂『興』就是景物意象，多為象徵。」（見《修辭學》第十八章　頁337---341）

葛延蔓於谷中，喻女在父母家形體浸浸日長大也。葉萋萋然，喻其容色美盛。」此以葛的蔓長拖於谷中象徵女子日漸長大，以葉的萋萋茂盛象徵容色美盛。

> 桃之夭夭，灼灼其華。之子于歸，宜其室家。（〈周南‧桃夭〉第一章）

《毛傳》：「興也。」《鄭箋》：「興者，喻時婦人皆得以年盛時行也。……宜者，謂男女年時俱當。」以桃的少壯美好盛開其花，象徵女子之青春年盛宜於出嫁。

> 南有喬木，不可休息。漢有游女，不可求思。（〈周南‧漢廣〉第一章）

《毛傳》：「興也。」《鄭箋》：「木以高其枝葉之故，故人不得就而止息也。興者，喻賢女雖出游流水之上，人無欲求犯禮者，亦由貞潔使之然。」用喬木不可休息象徵游女不可侵犯。

> 維鵲有巢，維鳩居之。之子于歸，百兩御之。（〈召南‧鵲巢〉第一章）

《毛傳》：「興也。鳩，鳲鳩，秸鞠也。鳲鳩不自為巢，居鵲之成巢。」《鄭箋》：「興者，鳲鳩因鵲成巢而居有之，而有均一之德，猶國君夫人來嫁，居君子之室，德亦然。」鵲造巢而鳲鳩居之，象徵君子有室，女來嫁而居有之。

> 摽有梅，其實七兮。求我庶士，迨其吉兮。（〈召南‧摽有梅〉第一章）

《毛傳》：「興也。摽，落也。盛極則墮落者梅也。尚在樹者七也。」《鄭箋》：「興者，梅實尚餘七未落，喻始衰也。謂女二十春盛而不嫁，至夏則衰。」以梅之盛極將落象徵女子青春將過猶未嫁，將失婚期。

> 綠兮衣兮，綠衣黃裏。（〈邶風‧綠衣〉第一章）

　　《小序》：「綠衣，衛莊姜傷己也。妾上僭，夫人失位，而作是詩也。」《毛傳》：「興也。綠，間色。黃，正色。」《鄭箋》：「今綠衣反以黃為裏，非其禮制也。故以喻妾上僭。」綠衣黃裏，間色駕正色之上，象徵妾上僭凌駕夫人之上。

　　終風且暴，顧我則笑。（〈邶風·終風〉第一章）

　　《小序》：「衛莊姜傷己也。遭州吁之暴，見侮慢而不能正也。」《毛傳》：「興也。終日風為終風。暴，疾也。笑，侮之也。」《鄭箋》：「既竟日風矣，而又暴疾。興者，喻州吁之為不善，如終風無休止，而其間又有甚惡，其在莊姜之旁，視莊姜則反笑之，是無敬心之甚。」以終日風之暴急，象徵州吁之狂暴無禮。

　　牆有茨，不可埽也。中冓之言，不可道也。（〈鄘風·牆有茨〉第一章）

　　《毛傳》：「興也。牆所以防非常。茨，蒺藜也。欲埽去之，反傷牆也。」《鄭箋》：「國君以禮防制一國，今其宮內有淫昏之行者，猶牆之生蒺藜。」以牆之有蒺藜象徵宮中有淫昏之行。

　　蘀兮蘀兮，風其吹女。叔兮伯兮，倡予和女。（〈鄭風·蘀兮〉第一章）

　　《毛傳》：「興也。蘀，槁也。人臣待君倡而後和。」《鄭箋》：「槁謂木葉也。木葉槁待風乃落。興者，風喻號令也，喻君有政教，臣乃行之，言此者，刺今不然。」《說文》：「蘀，草木凡皮葉　地為蘀。」以草木皮葉落待風而吹飄，象徵臣子待君主倡行而後和之。

　　椒聊之實，蕃衍盈升。彼其之子，碩大無朋。（〈唐風·椒聊〉第一章）

　　《毛傳》：「興也。椒聊，椒也。」《鄭箋》：「椒之性芬香而少實，今一捄之實蕃衍滿升，非其常也。興者，喻桓叔晉君之支別耳，今其子孫眾多，將日以盛也。」用椒之蕃衍盛多，象徵晉桓叔之後代子孫繁盛。

東門之池，可以漚麻。彼美淑姬，可以晤歌。（〈陳風‧東門之池〉
第一章）

《毛傳》：「興也。池，城池也。漚，柔也。」《鄭箋》：「於池中柔
麻，使可緝續作衣服。興者，喻賢女能柔順君子成其德教。」以池水可以漚
麻織布作衣服，象徵女能柔順君子成其德教。

十、轉品[13]

載脂載　。（〈邶風‧泉水〉第一章）

《毛傳》：「脂　其車，以還我行也。」《釋文》：「　，車頭金也。
」脂本意為脂肪，　本意為車頭鐵，均是名詞，此處言給車軸塗脂，綰上車
■。均由名詞轉作動詞用。

莫我肯德。（〈魏風‧碩鼠〉第二章）

《鄭箋》：「不肯施德於我。」德本為名詞，此作施德講，由名詞轉作
動詞用。

十一、析字[14]

牆有茨。（〈鄘風‧牆有茨〉第一章）

《毛傳》：「茨，蒺藜也。」宋洪邁《容齋三筆》云：「世人語音有以
切腳而稱者，亦聞見之於書史中，如以……茨為蒺藜。」《廣韻》：茨疾

---

[13] 黃慶萱《修辭學》中對「轉品」辭格的解釋是：「一個詞彙，改變其原來詞性而在語文
中出現，叫做『轉品』。」（見《修辭學》第九章‧頁177）

[14] 黃慶萱《修辭學》中對「析字」辭格的解釋是：「在講話行文時，故意就文字的形體、
聲音、意義加以分析，由此而創造的修辭方式，叫做『析字格』。」黃氏又分析說：
「文字的『離合』、『借形』為『化形析字』；文字的『借意』、『合音』為『諧音
析字』；文字的『牽附』、『演化』為『衍義析字』。」（見《修辭學》第八章‧頁
159）

資切，莢與疾同音，則茨與莢聲母相同。藜郎奚切，齊韻，茨《廣韻》爲脂韻，然上古音黎疾同部，是以茨爲莢藜之合音。是爲「諧音析字」方法。

舍旃舍旃。（〈唐風・采苓〉第一章）

《鄭箋》：「旃之言焉也，舍之焉，舍之焉。」旃爲「之焉」之合音。也是「諧音析字」方法。

十二、倒裝[15]

葛之覃兮，施之中谷。（〈周南・葛覃〉第一章）

《毛傳》：「中谷，谷中也。」中谷爲谷中之倒裝。

肅肅兔罝，施於中林。（〈周南・兔罝〉第三章）

《毛傳》：「中林，林中。」中林爲林中之倒裝。

汎彼柏舟，在彼中河。（〈鄘風・柏舟〉第一章）

《毛傳》：「中河，河中也。」中河爲河中之倒裝。

豈不爾思，子不我即。（〈鄭風・東門之墠〉第二章）

《鄭箋》：「我豈不思女（汝）乎，女不就我而俱去耳。」此二句當爲「豈不思爾，子不即我」之倒裝。

無庶予子憎。（〈齊風・雞鳴〉第三章）

《鄭箋》：「無使眾臣以我故憎惡於子，戒之也。」子憎爲憎子之倒裝。

三歲貫女，莫我肯顧。（〈魏風・碩鼠〉第一章）

《鄭箋》：「我事女（汝）三歲矣，曾無教令恩德來顧眷我。」莫我肯顧當爲莫肯顧我之倒裝。

莫我肯勞。（〈魏風・碩鼠〉第三章）

---

[15] 黃慶萱《修辭學》中對「倒裝」辭格的解釋是：「語文中特意顛倒文法上的順序的句子，叫做『倒裝』。」（見《修辭學》第二十九章・頁551）

《鄭箋》：「不肯勞來我。」莫我肯勞當爲莫肯勞我之倒裝。

豈無他人，維子之好。（〈唐風・杕杜〉第二章）

《鄭風》：「我不去而歸往他人者，乃念子而愛好之也。」念子而愛好之，即愛好子之意。維子之好即惟子是好，亦即惟好子之倒裝。

十三、省略[16]

五月斯螽動股，六月莎雞振羽，七月在野，八月在宇，九月在戶，十月蟋蟀入我床下。（〈豳風・七月〉第五章）

《鄭箋》：「自七月在野，至十月入我床下，皆謂蟋蟀也。」此數句本當作「七月蟋蟀在野，八月蟋蟀在宇，九月蟋蟀在戶，十月蟋蟀入我床下。」七月以下三句均省略「蟋蟀」二字，直到十月方言蟋蟀入我床下，是爲探下省略。

十四、結語

經由《詩經・國風》的《毛傳》與《鄭箋》的註釋和說解，加以分析，其中所談到有關修辭辭格的，計有譬喻、借代、摹狀、感嘆、呼告、夸飾、映襯、象徵、轉品、析字、倒裝、省略等。於此可知，古傳注中除做文字語詞的訓詁之外，也同時說明寫作的修辭手法，我們由傳注中，除了瞭解訓詁的方式與條例以外，也可以瞭解修辭的方式。

16 黃慶萱《修辭學》中未列「省略」辭格，陳望道《修辭學發凡》中列有「省略」辭格，解釋說：「話中把可以省略的語句省略了的，叫做省略辭。」陳氏又分積極的省略和消極的省略兩類，積極的省略法都是省句的省略法；消極的省略法是省詞。（見《修辭學發凡》第七篇・七、省略・頁184---187）

參考書目

毛詩箋　毛氏傳鄭氏箋　　　台北‧新興書局　1974年10月

詩經釋義　屈萬里　　　　　台北‧中華文化出版事業社　1961年10月

修辭學發凡　陳望道　　　　高雄‧復文圖書出版社　1987年11月

修辭學　黃慶萱　　　　　　台北‧三民書局　1989年3月

中國修辭學史　鄭子瑜　　　台北‧文史哲出版社　1990年2月

漢語修辭學史綱　易蒲‧李金苓　吉林教育出版社　1989年5月

中國訓詁學史　胡樸安　　　台北‧商務印書館　1985年5月（台十版）

訓詁學概要　林尹　　　　　台北‧正中書局

訓詁學大綱　胡楚生　　　　台北‧蘭臺書局　1985年9月（四版）

訓詁學　王忠林‧應裕康‧方俊吉　高雄‧文化出版社　1993年5月

訓詁學概要　齊佩瑢　　　　台北‧廣文書局

訓詁學　楊端志　　　　　　山東文藝出版社　1985年

訓詁學初稿　周大樸　　　　武漢大學出版社　1987年7月

第一屆國際訓詁學學術研討會論文
1997.04.19-20

《論語》音義中的陸(德明)朱(熹)異同

黃坤堯

香港中文大學中文系

　　朱熹《論語集注》十卷，除訓講大義外，爲便學者入門，某些字詞都注出音義。朱熹音義多承用陸德明《經典釋文》的讀音訓詁而又有所訂正，互有同異。陸德明《經典釋文》記錄各家的異音異義，固可提供學者選擇和參考；然而依他所訂的首音標準，其實也有嚴謹的審訂音義的意味。所以如果歸納陸德明異讀音義中的經典句例，我們不但可以了解陸德明當時的語法概念，同時也可以重建古代書音的異讀系統，掌握傳統經典的確詁。朱熹的方言可能跟陸德明不同，但他幾乎完全襲用了陸德明的異讀系統，而且更進一步的由博返約，訂出一個標準音，使音義搭配，更見嚴密。朱熹的《四書集注》是宋元明清一千年以來中國知識分子的必讀書，它不但影響了讀書人的思想，同時也規限了讀書人的讀音，儘管大家南腔北調，但異讀音義的區別標準卻沒有太大的差異。本文利用陸德明及朱熹在《論語》一書中的注音材料，參考《廣韻》的音義，追蹤考察唐宋讀音演變的軌跡，同時也剛好揭示出經典讀音由雜亂紛繁而漸趨穩定的結構系統。[1]

---

[1]　本文引用《論語》文句及音義全依朱熹：《論語集注》，《四書章句集注》（北京：中華書局新編諸子集成第一輯，1983年10月）。

　本文引用陸德明《經典釋文》據鄧仕樑、黃坤堯《新校索引經典釋文》（臺北：學海出版社，1988年6月）。引文先列新編總頁碼，次爲原刻頁碼(再分a,b)，末爲原刻行數。中、末兩項數字適用於檢索通志堂原刻各本。

　本文引用《廣韻》據余迺永《互註校正宋本廣韻》（臺北：聯貫出版社，1974年10月）。又《新校互註宋本廣韻》（香港：中文大學出版社，1993年）

　　本文分爲三部分：一、陸、朱同音者十二例；二、陸、朱異讀者二十七例；三、陸德明兩讀，朱熹選擇一讀者三十三例。共得七十二例。

一、陸、朱同音

　　傳統經典讀音有它的普遍性和穩定性，陸、朱同音的例子約佔五分之四以上，比比皆是。關於古代文物制度的專名及古漢語罕用的字詞等，朱熹多承用《釋文》的舊音，或注反切，或用直音，或標四聲，例如《八佾》篇中「佾，音逸」（八佾舞於庭）、「撤，直列反」（三家者以雍撤）、「相，去聲」（相維辟公）等。此外他們的異讀系統也大體相似，陸德明異讀體系中區別兩字兩義或假借的異讀（「說」、「樂」等）、區別名詞和動詞的異讀（「弟」、「妻」等）、動詞異讀（「見」、「從」等）、虛詞異讀（「焉」、「復」等）的種種標準，朱熹幾乎都全盤搬用。例如「長」字，如字讀長短之長，上聲讀長幼，人所共知；此外又有去聲一讀，陸德明專用以區別後帶數量詞標示長短的動補詞組，在《鄉黨》「必有寢衣，長一身有半」句中，陸德明讀「直亮反」（360-11b-5），朱熹亦注「去聲」（頁119）。其實「長」字後帶數量詞的去聲用法非常罕見，在中古其他的音義著作之中，顏師古、司馬貞、張守節等根本有就沒有這個讀音；而李賢、何超的去聲僅爲「侈長」、「繁長」、「浮長」、「長物」等詞語作音，用法迥異。可見朱熹完全是受了《釋文》的影響才會注出這個讀音。[2] 現在舉出陸、朱同音者十二例說明於下，以代凡例。

〔1〕《學而》：「弟子入則孝，出則弟。」陸德明：「則弟：音悌，本亦作悌。」（345-1b-11）朱熹：「弟子之弟，上聲；則弟之弟，去聲。」（頁49）

案：「弟」字上去兩讀區別名詞和動詞。

---

[2]　黃坤堯《經典釋文動詞異讀新探》（臺北：臺灣學生書局，1992年9月），頁221。

〔2〕《八佾》：「儀封人請見，曰：君子之至於斯也，吾未嘗不得見也。從者見之。」陸德明：「請見：賢遍反。」(346-4a-8)朱熹：「請見、見之之見，賢遍反。」又注云：「儀，衛邑。封人，掌封疆之官，蓋賢而隱於下位者也。……見之，謂通使得見。」(頁68)

案：「見」字有見、匣兩讀，乃通過尊卑的關係決定施事，再由施事訂出讀音。儀封人相對於夫子居卑位，陸、朱同讀匣紐。此乃動詞異讀之例。

〔3〕《為政》：「曾是以為孝乎？」陸德明：「曾：音增，馬云：則；皇侃云：嘗也。」(345-2b-6)朱熹不作音，注云：「曾猶嘗也。」(頁56)

〔3a〕《八佾》：「曾謂泰山，不如林放乎！」陸德明：「曾謂：則登反，則也。」(346-3a-10)朱熹不作音，注云：「言神不享非禮，欲季氏知其無益而自止，又進林放以厲冉有也。」(頁62)

案：《廣韻》「曾」字兩讀：如字作滕切訓則也，昨棱切訓經也，同屬下平十七登韻。(頁355)兩讀清濁不同，從母一讀限用於曾經義。陸、朱同讀精母。此乃虛詞異讀之例。

〔4〕《里仁》：「君子去仁，惡乎成名。」陸德明：「惡乎：音烏，注同。」(346-4b-3)朱熹：「惡：平聲。」注云：「何所成其名乎。」(頁70)

案：「惡」字有入聲、去聲及平聲三讀，平聲乃虛詞異讀。世界書局本注「去聲」則有動詞厭惡義，誤。[3]

〔5〕《學而》：「子夏曰。」陸德明：「子夏：戶雅反。」(345-2b-2)朱熹不作音。(頁50)

〔5a〕《為政》：「殷因於夏禮，所損益可知也。」陸德明：「於夏：戶雅反，餘以意求之。」(346-3a-2)朱熹不作音。(頁59)

3　朱熹《四書集注》（臺北：世界書局，1968年9月），頁21。

案：「夏」字如字讀上聲，人名依如字讀；去聲僅限於春夏義。陸、朱區別
　　兩讀的標準相同。

〔6〕《八佾》：「三家者以雍徹。子曰：相維辟公，天子穆穆，奚取於三家
　　之堂。」陸德明：「雍：於容反。」「辟公：必亦反，君也，注
　　同。」(346-3b-7,8)朱熹不作音，注云：「雍，《周頌》篇名；徹，祭
　　畢而收其俎也。」「辟公，諸侯也。」（頁61）

案：「雍」讀如字平聲，地名雍州讀去聲。「辟」字多音多義，「辟公」一
　　詞陸、朱訓義相同，《廣韻》必益切訓君也，入聲二十二昔韻，（頁
　　519）朱熹當亦讀幫紐。

〔7〕《里仁》：「君子之於天下也，無適也，無莫也，義之與比。」陸德
　　明：「莫：武博反。范寧云：適莫猶厚薄也。鄭云慕，無所貪慕
　　也。」(346-4b-6)朱熹不作音，注云：「莫：不肯也。」又引謝氏曰：
　　「適，可也；莫，不可也。苟無道以主之，不幾於猖狂自恣乎？」（頁
　　71）

案：朱熹「莫」字亦讀如字入聲，不必依鄭玄說改讀「慕」字；惟陸、朱釋
　　義各異。

〔8〕《為政》：「學而不思則罔，思而不學則殆。」陸德明：「則殆：音
　　待，依義當作怠。」(345-2b-8)朱熹不作音，注云：「不習其事，故危
　　而不安。」（頁57）

案：《廣韻》上聲十六海韻「殆」、「待」、「怠」字同讀徒亥切，「殆」
　　訓危也、近也；「怠」訓懈怠。朱、陸讀音相同，義有小別。

〔9〕《雍也》：「孟之反不伐，奔而殿。將入門，策其馬曰：非敢後也，馬
　　不進也。」陸德明：「而殿：都練反，注同。」(348-7a-2)朱熹：
　　「殿：去聲。」注云：「伐，誇功也。奔，敗走也。軍後曰殿。」（頁
　　88）

案：《廣韻》「殿」有兩讀：一為堂練切，訓宮殿；一為都甸切，軍在後曰
　　殿；同屬去聲三十二霰韻。（頁407,409）朱熹當讀端紐。

〔10〕《泰伯》：「師摯之始，關雎之亂，洋洋乎盈耳哉。」陸德明：「師摯：音至。」(349-9a-11)朱熹：「摯：音至。」（頁106）

案：《廣韻》「摯」讀脂利切，去聲六至韻。（頁349）世界書局本《四書集注》引作「摯：音志。」（頁53）則朱熹至志不分，不關別義也。

〔11〕《鄉黨》：「君召使擯，色勃如也，足躩如也。」陸德明：「躩如：驅碧反，盤辟貌。」(350-11a-6)朱熹：「躩：驅若反。」注云：「擯，主國之君所使出接賓者。勃，變色貌。躩，盤辟貌。皆敬君命故也。」（頁117）

案：《廣韻》「碧」在廿三錫韻，當改二十陌韻。「若」在入聲十八藥韻。《廣韻》云：「躩：盤辟貌，居縛切。」「躩：《說文》云：足躩如也，丘縛切。」皆在入聲十八藥韻。（頁504）《釋文》陌藥不分，陸、朱實同一讀。

〔12〕《八佾》：「關雎樂而不淫，哀而不傷。」陸德明：「關雎：七餘反。」(346-4a-1)朱熹不作音。（頁66）

〔12a〕《泰伯》：「師摯之始，關雎之亂，洋洋乎盈耳哉。」陸德明：「關雎：七餘反。」(349-9a-11)朱熹：「七余反。」（頁106）

案：〔12〕朱熹漏注，可據〔12a〕補音；而陸、朱同音也。

二、陸、朱異讀

陸、朱異讀的原因很多，或因音義的理解不同（例〔13〕-〔31〕）；或因朱熹修訂陸德明的誤讀（例如「覓」讀米傒反、「憮」音呼）；或因語音變異，我們從朱熹的注音中發現有非敷不分（「斐」音匪）、盍合不分（「盍」音合）、全濁聲母消失（「鞹」讀其郭反）及全濁上聲變去的現象（「荷」讀去聲）；此外「脛」讀其定反、「騧」讀烏瓜反二例也可能是朱熹的誤讀或新增的俗音。

〔13〕《學而》：「行有餘力，則以學文。」陸德明：「行有：下孟反，下云觀其行並注同。」(345-2a-1)朱熹不作音。(頁49)下文「父沒，觀其行」，始注「去聲」(頁51)。

〔13a〕《憲問》：「君子恥其言而過其行。」陸德明：「其行：下孟反，或如字。」(352-16b-8)朱熹：「行：去聲。」(頁156)

案：「行」字平去兩讀區別名詞和動詞，陸德明將「行有餘力」之「行」理解爲名詞，容或失當。

[14]《子路》：「子曰：如有王者，必世而後仁。」陸德明：「王者：于況反，又如字，注同。」(352-15a-5)朱熹不作音，注云：「王者謂聖人受命而興也，三十年爲一世。仁謂教化浹也。」(頁144)

案：朱熹「王」字讀平聲，與陸德明以去聲爲首音者名動不同。

〔15〕《子張》：「小人之過也必文。」朱熹：「文：去聲。」注云：「文，飾之也。」(頁189)

案：陸德明「文」字不作音，蓋讀如字平聲。兩讀區別名詞和動詞不同。

〔16〕《子罕》：「法語之言，能無從乎？改之爲貴。巽與之言，能無說乎？繹之爲貴。說而不繹，從而不改，吾末如之何也已矣。」陸德明：「法語之：魚據反。」(349-10b-4)朱熹不作音，注云：「法語者，正言之也；巽言者，婉而導之也。」(頁115)

案：何晏《論語集解》引孔安國曰：「人有過以正道告之，口無不順從之，能必自改之，乃爲貴。」又引馬融曰：「巽，恭也。謂恭孫謹敬之言，聞之無不說者，能尋繹行之，乃爲貴。」[4] 陸德明似將「語」、「與」字理解爲動詞，後帶名詞「之」字，則「語」讀去聲；朱熹以「法語」與「巽言」對舉，「語」爲名詞，自然要讀如字上聲，不煩改讀了。

4　邢昺《論語注疏》(臺北：藝文印書館影嘉慶二十年(1815)江西南昌府學開雕《十三經注疏》本，1955)，頁80。

〔17〕《公冶長》：「道不行，乘桴浮于海，從我者其由與？」朱熹：「從、好並去聲。」（頁77）陸德明不作音，即讀如字平聲。

案：「從」字如字訓聽從義，去聲訓從行義，兩讀同為動詞而意義相關。此條大抵以朱讀為長。

〔18〕《八佾》：「射不主皮，為力不同科，古之道也。」朱熹：「為：去聲。」注云：「射不主皮，《鄉射禮》文。為力不同科，孔子解禮之意如此也。……科，等也。古者射以觀德，但主於中，而不主於貫革，蓋以人之力有強弱，不同等也。」（頁65）

〔18a〕《八佾》：「邦君為兩君之好，有反坫，管氏亦有反坫。」陸德明：「為兩：于偽反，又如字。」（346-4a-4）朱熹不作音，注云：「好謂好會。坫在兩楹之間，獻酬飲畢，則反爵於其上，此皆諸侯之禮，而管仲僭之，不知禮也。」（頁67）

〔18b〕《先進》：「季氏富於周公，而求也為之聚斂而附益之。」陸德明：「為之：于偽反，又如字，注同。」（351-13a-3）朱熹：「為：去聲。」（頁126）

〔18c〕《學而》：「為人謀而不忠乎？」陸德明：「為人：于偽反，又如字。」（345-1b-5）朱熹：「為：去聲。」（頁48）

案：〔18〕陸德明不作音，則讀如字平聲，為力即用力，訓動詞義。〔18a〕「為」字訓舉行，有動詞義，朱熹讀如字平聲；陸德明以去聲為首音，則訓為了，有介詞義。二條大抵皆以朱讀為長。〔18b〕〔18c〕陸、朱同讀去聲，此乃區別虛詞的異讀。

〔19〕《先進》：「論篤是與。君子者乎？色莊者乎？」陸德明：「是與：音餘。」（351-13a-9）朱熹：「與：如字。」注云：「言但以其言論篤實而與之，則未知其為君子者乎？為色莊者乎？言不可以言貌取人也。」（頁128）

〔19a〕《鄉黨》：「君在，踧踖如也，與與如也。」陸德明：「與與：音
　　餘。」（350-11a-5）朱熹：「與：平聲，或如字。」注云：「踧踖，
　　恭敬不寧之貌。與與，威儀中適之貌。」（頁117）

〔19b〕《微子》：「鳥獸不可與同群，吾非斯人之徒與而誰與？天下有道，
　　丘不與易也。」陸德明：「徒與誰與：並如字，又並音餘。」（354-
　　20b-7）朱熹：「與：如字。」注云：「言所當與同群者，斯人而
　　已。」（頁184）

案：《廣韻》「與」字三讀：一如字余呂切訓善也、待也、黨與也，動詞，
　　上聲八語韻；（頁256）一羊洳切訓參與義，亦爲動詞，去聲九御韻；
　　（頁363）一以諸切訓安气也，語末之詞，平聲九魚韻。（頁68）〔19〕「論
　　篤是與」陸德明讀平聲，理解爲虛詞；而朱熹讀上聲，有黨與義；
　　陸、朱釋義不同。〔19a〕「與與」同讀平聲，〔19b〕「徒與」「誰與」
　　同讀如字上聲，則陸、朱訓義相同也。

〔20〕《爲政》：「君子周而不比，小人比而不周。」陸德明：「不比：毗
　　志反，下同。」（345-2b-7）朱熹：「比：必二反。」[5] 注云：「周，
　　普遍也；比，偏黨也。皆與人親厚之意，但周公而比私耳。」（頁57）

〔20a〕《里仁》：「君子之於天下也，無適也，無莫也，義之與比。」陸德
　　明：「與比：毗志反。」（346-4b-6）朱熹：「比：必二反。」注云：
　　「比：從也。」（頁71）

案：《廣韻》「比」字多音多義：毗至切訓近也、阿黨也；必至切訓近也、
　　併也，皆在去聲六至韻（頁355）。陸德明至志不分，實同一讀，參上文
　　「摯」字（例「10」）；此外陸、朱更有聲紐並、幫之異。

〔21〕知者樂水，仁者樂山。知者動，仁者靜。知者樂，仁者壽。」陸德
　　明：「樂：音岳，又五孝反，注及下同。智者樂：五孝反，注同。」

5　《新編諸子集成》本原作「　比：必二反」條的注音，今據《四書集注》補，頁10。

（348-7a-6）朱熹：「樂：上二字並五教反，下一字音洛。」注云：「樂，喜好也。」（頁90）

案：《釋文》諸「樂」字的音義尚欠斟酌，自亂體例。朱熹訂正陸德明的讀音，動詞喜好義者注去聲五教反，形容詞注入聲音洛。

〔22〕《述而》：「默而識之，學而不厭，誨人不倦，何有於我哉！」朱熹：「識：音志，又如字。」注云：「默，記也。默識謂不言而存諸心也。一說：識，知也，不言而心解也。前說近是。」（頁93）

〔22a〕《述而》：「多聞擇其善者而從之，多見而識之，知之次也。」朱熹：「識：音志。」注云：「識，記也。」（頁99）

〔22b〕《衛靈公》：「女以予為多學而識之者與？」朱熹：「識：音志。」注云：「子貢之學，多而能識矣。」（頁161）

〔22c〕《子張》：「賢者識其大者，不賢者識其小者。莫不有文武之道焉。」朱熹：「識：音志。」注云：「識，記也。」（頁192）

案：「識」字四例陸德明全不作音，即讀如字入聲，訓知也。朱熹亦分兩讀，而訓義不同；〔22〕朱熹以去聲音志為首音，訓記也。後三例朱熹亦全讀去聲，訓記也。[6]

〔23〕《雍也》：「雖欲勿用，山川其舍諸？」陸德明：「其舍：音捨，注同，棄也。一音赦，置也。」（347-6b-6）朱熹：「舍：上聲。」（頁85）

〔23a〕《述而》：「子謂顏淵曰：用之則行，舍之則藏，惟我與爾有是夫！」陸德明：「舍之：音赦，止也；一音捨，放也。」（348-7b-11）朱熹：「舍：上聲。」（頁95）

案：「舍」字有上去兩讀，音義不同。〔23〕陸、朱同讀上聲，訓棄也。〔23a〕陸讀去聲，訓止也；朱讀上聲，訓不用也。

6　參黃坤堯〈論「識」「幟」兩字的音義分化〉，《中國語文》1995年第6期，北京，頁442-446。

〔24〕《先進》：「顏淵死，子曰：噫！天喪予！天喪予！」陸德明：「天喪：如字，亡也。舊息浪反，下及注同。」(350-12b-9)朱熹：「喪：去聲。」注云：「悼道無存，若天喪己也。」(頁125)

〔24a〕《憲問》：「子言衛靈公之無道也。康子曰：夫如是，奚而不喪？」陸德明：「不喪：息浪反，下同。又如字。」(352-16b-3)朱熹：「喪：去聲。」注云：「喪，失位也。」(頁154)

案：「喪」字兩讀兩義，與「亡」字的兩義近似。《廣韻》息郎切訓亡也、死喪也，下平十一唐韻；(頁180)又蘇浪切訓亡也，去聲四十二宕韻。(頁428)兩讀同有喪失義，而平聲則限指死喪義。〔24〕陸德明讀如字平聲，則有死喪義；朱熹改讀去聲，僅以喪己為喻，比較通達。〔24a〕有失位義，陸、朱同讀去聲。

〔25〕《衛靈公》：「立，則見其參於前也。」陸德明：「參於：所金反，注同。」(353-17b-5)朱熹：「參：七南反。」注云：「參讀如毋往參焉之參，言與我相參也。」(頁162)

案：「參」字多音多義。《廣韻》一讀所金切，訓參星，亦姓，下平二十一侵韻；(頁220)又倉含切，訓參承、參覲也，下平二十二覃韻；(頁221)《釋文》云：「曾參：所金反，又七南反。」(345-1b-5)則陸德明或以所金反一音為如字。陸、朱注音不同，而聲紐也有審、清之異。朱熹注七南反即《廣韻》倉含切，訓參覲也，音義相合。

〔26〕《先進》：「師也辟。」陸德明：「也辟：匹亦反。」(351-13a-5)朱熹：「辟：婢亦反。」注云：「辟，便辟也，謂習於容止，少誠實也。」(頁127)

案：《廣韻》「辟」字三音：必益切訓君也、除也；芳辟切同「僻」字，訓誤也、邪僻也；房益切訓便辟，又法也。同屬入聲二十二昔韻。(頁519)陸、朱滂並不同，訓解各異。

〔27〕《為政》：「為政以德，譬如北辰，居其所而眾星共之。」陸德明：「眾星共：求用反。鄭作拱，俱勇反，拱手也。」(345-2b-1)朱熹：

「共：音拱，亦作拱。」注云：「共，向也，言眾星四面旋繞而歸向
之也。」（頁53）

案：《廣韻》「共」字兩讀：一渠用切，訓同也、皆也，去聲二宋　韻；（頁
344）一居悚切，訓手抱也、斂手也，亦通作「拱」字，上聲二腫韻；
（頁239）朱熹依鄭玄讀，與陸德明取如字者不同。

〔28〕《子張》：「當洒掃應對進退。」陸德明：「洒掃：上色買反，又所
綺反。正作灑。」（355-21b-1）朱熹：「洒：色賣反。」（頁190）

案：《廣韻》「洒」字兩讀，一音先禮切，通「洗」字，訓洗浴，上聲十一
薺韻；（頁269）一音所賣切，訓洒埽，去聲十五卦韻。（頁384）陸、朱
上去不同。而陸氏上聲兩讀亦不同於《廣韻》的「洗」字。

〔29〕《泰伯》：「三年學，不至於穀，不易得也。」陸德明：「於穀：公
豆反，孔云善也。鄭及孫綽祿也。」（349-9a-9）又「不易：孫音亦，
鄭音以豉反。」（349-9a-10）朱熹：「易：去聲。」注云：「祿，穀
也。至，疑當作志。爲學之久，而不求祿，如此之人，不易得也。」
（頁106）

案：「穀」字兩讀意義不同，陸德明依孔安國讀去聲，訓善也；朱熹從鄭玄
及孫綽讀如字入聲，訓祿也。參《憲問》：「邦有道，穀；邦無道，
穀，恥也。」朱熹亦訓祿也。（頁148）又「易」字入去兩讀，訓義不
同，陸德明以孫綽入聲一讀爲首音，似不可通；朱熹依鄭玄音讀去
聲，是也。

〔30〕《鄉黨》：「肉雖多，不使勝食氣。」陸德明：「食氣：如字。《說
文》作『既』，云小食也。」（350-11b-10）朱熹：「食：音嗣。」注
云：「食以穀爲主，故不使肉勝食氣。」（頁120）

案：《釋文》此條僅注異文，「氣」一作「既」，訓小食也。《說文》作
「旡」，云：「飲食逆氣不得息曰旡。」《廣韻》「氣」「既」同在
去聲八未韻，章炳麟《丁未與黃侃書》云：「稱食爲吃，與既訓小食

正同。吃從气聲，《論語》『不使勝食既』，今作『食氣』。是氣聲
字可借爲既也」。[7]朱熹望文生訓，似不可取。

〔31〕《憲問》：「鄙哉！硜硜乎！莫己知也。斯己而已矣。深則厲，淺則
揭。」陸德明：「莫己：音紀。下斯己同。」(353-17a-4)朱熹：「莫
己之己：音紀。餘音以。」注云：「譏孔子人不知己而不止，不能適
淺深之宜。」(頁159)

案：陸、朱以讀音區別「己」「已」字形的不同，惟陸讀「斯己」，朱讀
「斯已」，互有異文。

〔32〕《鄉黨》：「素衣麑裘。」陸德明：「麑：米傒反，鹿子也。」(350-
11b-4)朱熹：「麑：研奚反。」注云：「麑，鹿子，色白。」(頁119)

案：《廣韻》「麑」讀五稽切，上平十二齊韻。(頁89)《釋文》音誤，疑
「米」字或爲「牛」字。

〔33〕《微子》：「夫子憮焉曰。」陸德明：「憮：音呼，又音武。」(354-
20b-6)朱熹：「憮：音武。」注云：「憮然，猶悵然，惜其不喻己意
也。」(頁184)

案：《廣韻》「憮」字兩讀：一武夫切，訓空也，上平十虞韻(頁73)；一文
甫切，訓憮然失意貌，上聲九麌韻(頁261)。陸德明「音呼」一讀不
詳，朱熹取後讀是也。

〔34〕《公冶長》：「斐然成章。」陸德明：「斐然：芳匪反。」(347-6a-4)
朱熹：「斐：音匪。」注云：「斐，文貌。」(頁81)案：《廣韻》讀
「敷尾切」(頁255)，上聲七尾韻。朱熹非敷不分。

〔35〕《公冶長》：「盍各言爾志？」陸德明：「盍：戶臘反。」(347-6a-8)
朱熹：「盍：音合。」注云：「盍，何不也。」(頁82)

[7] 參章炳麟《太炎文錄初編》文錄卷二，《章太炎全集》(四)(上海：上海人民出版社，
1985年9月)，頁158。

案：《廣韻》「盍」讀胡臘切，訓何不也，入聲二十八盍韻。（頁536）朱熹
　　合盍不分。

〔36〕《顏淵》：「文猶質也，質猶文也，虎豹之鞟，猶犬羊之鞟。」陸德
　　明：「鞟：苦郭反。孔云：皮去毛曰鞟；鄭云：革也。」（351-14a-5）
　　朱熹：「鞟：其郭反。」注云：「鞟，皮去毛者也。」（頁135）

案：《廣韻》「鞟」讀苦郭切，訓皮去毛，入聲十九鐸韻。（頁509）陸、朱
　　溪群不同。朱熹或已不辨全濁聲母。

〔37〕《憲問》：「有荷蕢而過孔氏之門者。」陸德明：「荷蕢：上胡我
　　反；本又作何，音同。」（353-17a-2）朱熹：「荷：去聲。」（頁158）

案：《廣韻》「荷」胡可切，訓負荷也，上聲三十三哿韻。（頁304）朱熹改
　　讀去聲，乃全濁上聲變去之例。

〔38〕《憲問》：「以杖叩其脛。」陸德明：「脛：戶定反。」（353-17a-8）
　　朱熹：「脛，其定反。」（頁160）

案：《廣韻》「脛」字兩讀：一讀胡頂切，訓腳脛，上聲四十一迥韻；（頁
　　320）一讀胡定切，亦訓腳脛，去聲四十六徑韻。（頁432）陸德明讀匣
　　紐，是也；朱熹讀群紐疑誤。

〔39〕《微子》：「周有八士：……季騧。」陸德明：「季騧：古花反。」
　　（355-21a-6）朱熹：「騧：烏瓜反。」（頁187）

案：《廣韻》「騧」字兩讀：一讀古蛙切，訓馬淺黃色，上平十三佳韻；
　　（頁93）一讀古華切，訓黃馬黑喙，下平九麻韻。（頁166）陸德明讀見
　　紐，是也；朱熹讀影紐疑誤。

三、陸德明兩讀，朱熹選擇一讀

　　朱熹多承用陸德明的舊音，而又有所選擇刪汰。大抵朱熹首重辨義，其
次審音。朱熹選音多依《釋文》首音，有時連反切用字也不改動；或取又
音，則表示他對經義的理解不同。在下面一批多音字材料中，朱熹大都認同

了陸德明的首音。其中「軦」字有點例外，但因「軗」「軦」同條，性質相似，不妨放在一起討論。現在我們可以依異讀類型重新編爲六項：

甲、區別動詞和名詞：知。

乙、動詞異讀：近、遠、飲、惡、勞。

丙、虛詞異讀：三、焉、材。

丁、區別兩字兩義或假借：共(供)、數、亡、否、食、賈、拖、選。

戊、讀音不同，意義相同：軗、軦、饐、餲、盼、侗、嚼、忮、棣、恂、坐、衽、叩、亢、訐、植。

己、類推作用或特殊詞語的讀音：出納、足恭、行行。

有些讀音《廣韻》只標一讀，例如「軗」、「饐」、「盼」、「忮」、「棣」、「恂」、「衽」、「叩」等，而陸德明摘錄馬融、鄭玄、王肅、孔安國、何晏、王弼、李充、衛瓘、繆播、韋昭、梁武帝、《字林》等諸家舊音，增加很多異讀，未必都有別義作用。大抵這可能只是一些古方言的痕蹟，或古書面語的殘餘成分，朱熹刪去又音，標出最通行的讀音，顯得簡明清暢，更見實用。

〔40〕《公冶長》：「子張問曰：令尹子文三仕爲令尹，無喜色。三已之，無慍色。舊令尹之政，必以告新令尹，何如？子曰：忠矣。曰：仁矣乎？曰：未知，焉得仁。」陸德明：「未知：如字；鄭音智，注及下同。」(347-5b-11)朱熹：「知：如字。」(頁80)

案：「知」字平去兩讀區別動詞和名詞。陸、朱同讀平聲，訓知理也。

〔41〕《學而》：「信近於義，言可復也；恭近於禮，遠恥辱也。因不失其親，亦可宗也。」陸德明：「信近：附近之近，下及注同，又如字。」「遠恥：于萬反。」(345-2a-5,6)朱熹：「近、遠皆去聲。」(頁52)

〔41a〕《顏淵》：「舜有天下，選於眾，舉皋陶，不仁者遠矣。」陸德明：「遠：如字，又于萬反，下同。」(351-14b-5)朱熹：「遠：如字。」(頁 139)

案：「遠」「近」字可依移動義區別兩讀。〔41〕有移動義，陸德明以去聲爲
　　首音；〔41a〕「遠」爲形容詞，則以上聲爲首音。朱熹從之。

〔42〕《八佾》：「子曰：君子無所爭，必也射乎。揖讓而升，下而飲，其
　　爭也君子。」陸德明：「而飲：王於鴆反，注同。又如字。」（346-
　　3b-1)朱熹：「飲：去聲。」（頁63）

案：去聲乃區別致使義的異讀，義爲使飲。陸、朱皆依王肅讀。

〔43〕《里仁》：「苟志於仁矣，無惡也。」陸德明：「無惡：如字，注
　　同；又烏路反。」（346-4b-2)朱熹：「惡：如字。」（頁70）

案：兩讀有形、動之別。此句「惡」訓惡德，非厭惡義，陸、朱同讀上聲。

〔44〕《子路》：「子路問政，子曰：先之，勞之。」陸德明：「勞之：孔
　　如字，鄭力報反。」（351-14b-10)朱熹：「勞：如字。」又引蘇氏
　　曰：「凡民之行，以身先之，則不令而行。凡民之事，以身勞之，則
　　雖勤不怨。」（頁141）

案：「勞」字兩讀，平聲有勞苦義，去聲有慰勞義、勞來義。兩讀有相關意
　　義。「先之勞之」解以身作則，任勞任怨，陸、朱皆讀平聲。

〔45〕《公冶長》：「季文子三思而後行。」陸德明：「三思：息暫反，又
　　如字。」（347-6a-2)朱熹：「三：去聲。」（頁81）

〔45a〕《學而》：「吾日三省吾身。」陸德明：「三：息暫反，又如字。」
　　（345-1b-4)朱熹不作音。

〔45b〕《鄉黨》：「山梁雌雉，時哉時哉。子路共之，三嗅而作。」陸德
　　明：「三：息暫反，又如字。」（350-12b-1)朱熹不作音。

〔45c〕《先進》：「南容三復白圭，孔子以其兄之子妻之。」陸德明：「三
　　復：息暫反，又如字。」（350-12b-6)朱熹：「三、妻並去聲。」（頁
　　124）

〔45d〕《微子》：「柳下惠爲士師，三黜。人曰：子未可以去乎？曰：直道
　　而事人，焉往而不三黜？枉道而事人，何必去父母之邦？」陸德明：

「三：息暫反，又如字。」(354-20a-10)朱熹：「三：去聲。」(頁 183)

案：諸條陸德明皆兼注兩讀，大抵平聲爲實詞，去聲爲副詞。朱熹從陸德明讀去聲，〔45a〕〔45b〕乃漏注，朱熹當讀去聲。

〔46〕《公冶長》：「十室之邑，必有忠信如丘者焉，不如丘之好學也。」陸德明：「焉：如字。衛瓘於虔反，爲下句首。」(347-6a-8)朱熹：「焉：如字，屬上句。」(頁83)

案：「焉」字有爲紐(喻三)及影紐兩讀。爲紐用作句末虛詞，有於是義；影紐乃句首虛詞，有詢問義。六朝江南行此區別，而河北混同一音。今國語只有陰平一讀，而粵語則保存陽平及陰平兩讀。陸、朱皆讀爲紐，並依異讀辨正句讀。

〔47〕《公冶長》：「由也好勇過我，無所取材。」陸德明：「材：才、哉二音。」(347-5a-11)朱熹：「材與裁同，古字借用。」注云：「故夫子美其勇，而譏其不能裁度事理，以適於義也。」(頁77)

案：陸德明兩讀，一爲實詞，一爲虛詞。朱熹改讀爲「裁」字，蓋同章有「不知所以裁之」之句(頁81)，訓裁正也。陸、朱同音而取義不同。

〔48〕《鄉黨》：「山梁雌雉，時哉時哉。子路共之，三嗅而作。」陸德明：「共之：本又作供，九用反，又音恭。注同。」(350-12b-1)朱熹：「共：九用反，又居勇反。」注云：「邢氏曰：『梁，橋也。時哉，言雉之飲啄得其時。子路不達，以爲時物而共具之，孔子不食，三嗅其氣而起。』晁氏曰：『石經嗅作戛，謂雉鳴也。』劉聘君曰：『嗅當作臭，古闃反，張兩翅也。見《爾雅》。』愚按如後兩說，則共字當爲拱執之義。然此必有闕文，不可彊爲之說。姑記所聞，以俟知者。」(頁122)

案：「共」字即「供」字。《廣韻》平去兩讀：一九容切，訓奉也、具也、設也、給也、進也，上平三鍾韻；(頁38)一居用切，訓設也，去聲二

宋韻；（頁345）陸、朱同取供奉義，故以去聲爲首音；陸德明又讀平
聲，則有供給義；朱熹又讀上聲，則通作「拱」字。

〔49〕《里仁》：「事君數，斯辱矣；朋友數，斯疏矣。」陸德明：「君
數：何云：色角反，下同，謂速數也。鄭世主反，謂數己之功勞也。
梁武帝音色具反，注同。」（347-5a-1）朱熹：「數：色角反。」又引
程子曰：「數：煩數也。」（頁74）

案：「數」字三讀：何晏讀入聲訓頻數，鄭玄讀上聲訓計也，梁武帝讀去聲
訓算數。陸、朱同讀入聲。

〔50〕《述而》：「亡而爲有，虛而爲盈，約而爲泰，難乎有恒矣。」陸德
明：「亡而爲有：亡，如字，一音無。」（348-8b-1）朱熹：「亡讀爲
無。」（頁99）

〔50a〕《雍也》：「今也則亡，未聞好學者也。」陸德明：「今也則亡：本
或無亡字，即連下句讀。」（347-6b-3）朱熹：「亡與無同。」（頁84）

案：《說文》云：「亡，逃也。」古籍或通作「無」字，意義不同。

〔51〕《雍也》：「予所否者，天厭之！天厭之！」陸德明：「所否：鄭、
繆方有反，不也。王弼、李充備鄙反。」（348-7a-9）朱熹：「否：方
九反。」（頁91）

案：《廣韻》「否」字兩讀：一符鄙切、並鄙切，塞也，上聲五旨韻；（頁
249,338）一方久切，不也，上聲四十四有韻。（頁323）兩讀音義不同。

〔52〕《述而》：「飯疏食飲水，曲肱而枕之，樂亦在其中矣。」陸德明：
「食：如字，謂菜食也。一音嗣，飯也。」（348-8a-6）朱熹「食：音
嗣。」注云：「飯，食之也；疏食，粗飯也。」（頁97）

〔52a〕《鄉黨》：「雖疏食菜羹瓜祭，必齊如也。」陸德明：「疏食：音
嗣，又如字。」（350-11b-11）朱熹：「食：音嗣。」注云：「古人飲
食，每種各出少許，置之豆閒之地，以祭先代始爲飲食之人，不忘本
也。」（頁120）

案：「食」字入去兩讀同爲名詞，入聲泛指食物，去聲特指飯。

〔53〕《子罕》:「子貢曰:有美玉於斯,韞匵而藏諸?求善賈而沽諸?子
曰:沽之哉!沽之哉!我待賈者也。」陸德明:「善賈:音嫁,一音
古。」(349-10a-10)朱熹:「賈:音嫁。」(頁113)

案:《廣韻》「賈」字三讀:一古疋切,姓也,上聲三十五馬韻;(頁308)
一公戶切,商賈,上聲十姥韻;(頁266)一古訝切,賈人知善惡,去聲
四十禡韻。(頁421)

〔54〕《鄉黨》:「疾,君視之,東首,加朝服,拖紳。」陸德明:「拕:
本或作拖,徒我反,又敕佐反。」(350-12a-6)朱熹:「拖:徒我
反。」注云:「病臥不能著衣束帶,又不可以褻服見君,故加朝服於
身,又引大帶於上也。」(頁121)

案:《廣韻》「拖」讀吐邏切,訓牽車,去聲三十八箇韻。(頁420)「拕」
讀移爾切,訓加也,離也,上聲四紙韻(頁244)。陸、朱讀徒我反者疑
非此二字,或爲《廣韻》「佗」字,徒可切,引也,上聲三十三哿
韻。(頁304)

〔55〕《顏淵》:「舜有天下,選於眾,舉皋陶,不仁者遠矣。」陸德明:
「選於:息戀反,又息轉反,下同。」(351-14b-5)朱熹:「選:息戀
反。」(頁139)

案:《廣韻》「選」字兩讀:一思兗切,擇也,上聲廿八獮韻;(頁294)一
息絹切,去聲三十三線韻。(頁411)陸、朱皆取去聲。

〔56〕《爲政》:「大車無輗,小車無軏。」陸德明:「無輗:五兮反,轅
端橫木以縛軛。《字林》五支反。」(345-2b-11)「無軏:五忽反,又
音月。轅端上曲勾衡。」(346-3a-1)朱熹:「輗:五兮反;軏,音
月。」(頁59)

案:《廣韻》「輗」一讀,五稽切,車轅端持衡木,上平十二齊韻。(頁89)
「軏」字兩讀:一魚厥切,車轅端曲木也,入聲十月韻。(頁477)一五
忽切,訓軏軏,入聲十一沒韻。(頁481)《釋文》「輗」「軏」皆注兩
讀,不別義;朱熹一取首音,一取又音。

〔57〕《鄉黨》：「食饐而餲。」陸德明：「饐：於冀反。《字林》云：飯傷熱濕也，央菍、央冀二反。」「而餲：烏邁反，一音遏，《字林》乙例反。」(351-11b-8,9)朱熹：「食饐之食：音嗣。饐：於冀反，餲：烏邁反。」注云：「饐，飯傷熱濕也。餲，味變也。」（頁120）

案：《廣韻》「饐」字一讀，乙冀切，去聲六至韻。（頁354）「餲」字四讀：一於罽切，去聲十三祭韻；（頁378）一於犗切，訓飯臭，去聲十七夬韻；（頁387）一胡葛切，餅名；又烏葛切，訓食傷臭；同屬入聲十二曷韻。（頁483）《釋文》列出於紐三讀，意義相同；惟陸、朱則同取夬韻一讀爲正音。

〔58〕《八佾》：「美目盼兮。」陸德明：「盼【盼】兮：普莧反，動目貌。《字林》云：美目也，又匹簡反，又匹莧反。」(346-3b-2)朱熹：「盼：普莧反。」注云：「盼，目黑白分也。」（頁63）

案：《廣韻》去聲三十一襉韻：「盼：美目，匹莧切。」（頁406）又去聲十二霽韻：「盻：恨視，五計切，又下戾切。」「盻：恨視，胡計切，又五計切。」（頁372,3）「盼」、「盻」音義不同，當爲兩字。《字林》「盼」字有上、去兩讀，不別義。

〔59〕《泰伯》：「狂而不直，侗而不愿，悾悾而不信，吾不知之矣。」陸德明：「侗而：音通，又敕動反，《玉篇》音同。」(349-9b-1)朱熹：「侗：音通。」注云：「侗，無知貌。愿，謹厚也。悾悾，無能貌。」（頁106）

案：《廣韻》「侗」字三讀：一徒紅切，楊子《法言》云「倥侗顓蒙」；一他紅切，大也；皆屬上平一東韻。（頁23,31）一他孔切，訓直也，長大，上聲一董韻。（頁236）或無辨義作用。

〔60〕《子罕》：「顏淵喟然歎曰。」陸德明：「喟然：上苦位反，又苦怪反。」(349-10a-7)朱熹：「喟：苦位反。」（頁111）

案：《廣韻》「喟」字兩讀：一丘愧切，大息也，去聲六至韻；（頁352）一苦怪切，歎也，去聲十六怪韻。（頁385）或無辨義作用。

〔61〕《子罕》：「不忮不求，何用不臧。」陸德明：「不忮：之豉反，馬
云：害也。《書》云：狠也，韋昭《漢書音義》音洎。」(349-10b-8)
朱熹：「忮：之豉反。」注云：「忮，害也。求，貪也。臧，善
也。」(頁115)

案：《廣韻》云：「忮：懻忮害心，《說文》：很也。」去聲五寘韻(頁
346)，僅一讀。「洎」字讀几利切及其冀切，同屬去聲六至韻。(頁
353)韋昭音或無辨義作用。

〔62〕《子罕》：「唐棣之華，偏其反而。」陸德明：「唐棣：大計反，
《字林》大內反。」(349-10b-10)朱熹：「棣：大計反。」注云：
「唐棣，郁李也。」(頁116)

案：《廣韻》只一讀，特計切，去聲十二霽韻。(頁372)「內」字屬去聲十
八隊韻。《字林》音或無辨義作用。

〔63〕《鄉黨》：「孔子於鄉黨，恂恂如也，似不能言者。」陸德明：「恂
恂：音荀，又音旬。溫恭之貌。」(350-11a-3)朱熹：「恂：相倫
反。」注云：「恂恂，信實之貌。」(頁117)

案：《廣韻》讀相倫切，信也，上平十八諄韻；(頁107)只有一讀。

〔64〕《先進》：「子路、曾皙、冉有、公西華侍坐。」陸德明：「侍坐：
才臥反，又如字。」(351-13a-11)朱熹：「坐：才臥反。」(頁129)

案：「坐」字有上去兩讀，《廣韻》去聲徂臥切訓被罪，去聲三十九過韻。
(頁420)陸、朱同讀去聲乃全濁聲母上聲變去的現象，不關別義也。

〔65〕《憲問》：「微管仲，吾其被髮左衽矣。」陸德明：「左衽：而審
反，一音而鴆反，下同。」(352-16b-1)朱熹：「衽：而審反。」(頁
153)

案：《廣韻》「衽」一讀，汝鴆切，訓衣衿，去聲五十二沁韻。(頁440)
陸、朱同讀上聲。

〔66〕《憲問》：「以杖叩其脛。」陸德明：「叩其：音口，又音扣。」
(353-17a-8)朱熹：「叩：音口。」(頁160)

案：《廣韻》「叩」一讀，苦后切，訓叩頭，上聲四十五厚韻。（頁327）。
「扣」讀苦后切及苦候切，陸德明「音扣」蓋讀去聲。

〔67〕《季氏》：「陳亢問於伯魚曰。」陸德明：「陳亢：音剛，又苦浪
反。」（354-19a-1）朱熹：「亢：音剛。」（頁173）

案：《廣韻》「亢」字兩讀，一古郎切，下平十一唐韻；（頁180）一苦浪
切，去聲四十二宕韻。（頁428）

〔68〕《陽貨》：「惡訐以爲直者。」陸德明：「訐以：居謁反，攻人陰
私。《說文》云：面相斥。《字林》紀列反。」（354-20a-5）朱熹：
「訐：居謁反。」注云：「訐謂攻發人之陰私。」（頁182）

案：《廣韻》「訐」字三讀：一居例切，去聲十三祭韻；（頁379），一居竭
切，入聲十月韻；（頁479）一居列切，入聲十七薛韻。（頁500）

〔69〕《微子》：「植其杖而芸。」陸德明：「植其：音值，又市力反。」
（354-20b-8）朱熹：「植：音值。」注云：「植，立之也。」（頁185）

案：《廣韻》「植」字兩讀：一常職切，訓種植也、立志也、置也，入聲二
十四職韻；（頁525）一直吏切，種也，去聲七志韻。（頁356）陸、朱同
讀去聲。

〔70〕《堯曰》：「猶之與人也，出納之吝，謂之有司。」陸德明：「出：
尺遂反，又如字，注同。」（355-22a-2）朱熹：「出：去聲。」注云：
「均之以物與人，而於其出納之際，乃或吝而不果，則是有司之事，
而非爲政之體。」（頁194）

案：《廣韻》「出」字兩讀：一赤律切，訓進也、見也、遠也，入聲六術
韻；（頁474）一尺類切，去聲六至韻。（頁356）陸、朱同讀去聲。

〔71〕《公冶長》：「巧言、令色、足恭，左丘明恥之，丘亦恥之。」陸德
明：「色足：將樹反，又如字。注同。」（347-6a-7）朱熹：「足：將
樹反。」注云：「足，過也。」（頁82）

案：《釋文》「足」字的去聲原有區別動詞後帶名詞的作用，但「足恭」一
詞則屬受語音類推作用影響而產生的異讀，反映某些特殊詞語的讀

音。孔安國云：「足恭，便僻貌。」邢昺《論語注疏》云：「此讀足如字，便僻謂便習盤僻其足以爲恭也。」又云：「便僻其足以爲恭，謂前卻俯仰，以足爲恭也。一曰：足，將樹切。足，成也，謂巧言令色以成其恭，取媚於人也。」（頁46）

〔72〕《先進》：「閔子侍側，誾誾如也；子路，行行如也。」陸德明：「行行：胡浪反，剛貌。或戶郎反。」(350-12b-11)朱熹：「行：胡浪反。」注云：「行行，剛強之貌。」（頁125）

案：《廣韻》「行」字有下浪切一讀，訓次第，去聲四十二宕韻。（頁427）「行行」讀胡浪反乃特殊詞語的讀音，陸、朱審音一致。

第一屆國際訓詁學研討會論文
1997.04.19-20

由音、義關係論重文「它—蛇」之古音構擬

金鐘讚

韓國·安東大學中文系

一

　　許慎《說文》敘述它與蛇是異體字關係，則它與蛇應是同音才合理，否則蛇字不可能是它字之異體字。問題是它與蛇字之現代音不一樣，如果它是蛇的同音，何以一讀成tʻa而一讀成ʂɤ呢？這是研究文字學的人不好解說的地方。至於研究聲韻學的人，他們認為它字與蛇字之古音本來不一樣，故後來才有兩種不同的音。問題是他們的說法即使再好，如果不符合古人遺留下來的文獻，則說服力會減半。目前研究文字學的人和研究聲韻學的人各講各的，誰也說服不了誰。

　　本篇論文先考察聲韻學家對它、蛇二字之觀點，再去探討異體字用於《說文》之情況以及古今字產生之情況。最後提出我們對它、蛇二字之上古音的見解。

二

　　我們讀《說文》時發現有趣的現象。段注本和大徐本在用字上不完全一致，例如：

　　蝓；它屬也。（段注本頁六七六）
　　蝓；蛇屬也。（大徐本頁二八一）

在此一例子中，段注本用「它」字而大徐本卻用「蛇」字。依據王力、高本漢二位先生的見解，它與蛇是聲近義近的同源字，則我們只能承認這是同源

兼通假現象。這也不是不可能，因爲聲母與聲子之間往往發生假借。問題是在《說文》中這種例子很多，例如：

巴；蟲也。或曰，食象它…（段注本頁七四八）
巴；蟲也。或曰，食象蛇…（大徐本頁三〇九）

蚼；大它可食…（段注本頁六七〇）
蚼；大蛇可食…（大徐本頁二七八）

蚖；榮蚖，它醫…（段注本頁六七一）
蚖；榮蚖，蛇醫…（大徐本頁二七九）

螣；神它也…（段注本頁六七〇）
螣；神蛇也…（大徐本頁二七八）

閩；東南越。它種…（段注本頁六八〇）
閩；東南越。蛇種…（大徐本頁二八二）

蟹；有二敖八足。非它鮮之穴無所庇…（段注本頁六七八）
蟹；有二敖八足。非蛇鮮之穴無所庇…（大徐本頁二八二）

蠻；南它種…（段注本頁六八〇）
蠻；南蠻蛇種…（大徐本頁二八二）

龜；舊也…從它。龜頭與它頭同。（段注本頁六八五）
龜；舊也…從它。龜頭與它頭同。（大徐本頁二八五）

旐；龜蛇四游。以象營室。（段注本頁三一二）

　　旐；龜蛇四游。以象營室…（大徐本頁一四〇）
仔細考察這些例子，就能發現它們有兩種不同之類型，例如：
　　①段注本與大徐本用字不同之例。段注本用「它」字而大徐本用「蛇」
　　　字。
　　②段注本與大徐本用字相同之例。這種類型又可分成兩類，一爲用
　　　「它」字之例，一爲用「蛇」字之例。
類似之例子不少，例如：
　　鈀；兵車也…司馬<u>直</u>（段注本頁七一五）
　　鈀；兵車也…司馬<u>法</u>…（大徐本頁二九六）

　　鐲；鉦也…軍<u>盨</u>…（段注本頁七一五）
　　鐲；鉦也…軍<u>盨</u>…（大徐本頁二九六）

　　鑯；一曰鑴也。（段注本頁七一二）
　　鑯；一曰鑴也。（大徐本頁二九五）
在每一組中段注本用的字與大徐本不同。盨與法、鑴與鑴它們每組的現在讀
音相同，意思也相同。換言之，它們每組就是異體字。它與蛇是否亦是異體
字？否則我們閱讀《說文》時，面臨一個很困難的問題。在螣字下段注本
云：「神它也。」而大徐本云「神蛇也。」依據王力、高本漢等學者的見
解，它與蛇之上古音不一樣。依現在的讀音念時，應該念「ʂən ta ie」呢？
還是念「ʂən ʂɤ ie」呢？要不然一個念「ʂən ta ie」而另一個念「ʂən ʂɤ
ie」呢？

<h1 style="text-align:center">三</h1>

　　它字的反切是「託何切」。高本漢依據他的上古音系統，給它字擬出
*t'â音。張日昇、林潔明合編的《周法高上古音韻表》和陳勝長、江汝洺合
著的《高本漢諧聲譜》都給它字擬出*t'â 音至於王力，他在《同源字典》

中給它字擬出 *t'ai 音。王氏的擬音跟高本漢不完全相同,但其觀點是相同的。

王力先生在《同源字典》[1] 中認爲它與蛇是同源字,他說:

> *t'ai 它:djyai蛇(虵)(透神鄰紐,疊韻)説文:『它,虫也。從虫而長,象冤曲垂尾形。上古艸居患它,故相問'無它乎?』説文:『蛇,它或從虫。』徐鉉曰:『今俗作食遮切。』廣韻:『蛇,毒蟲。』…」

高本漢也在《ANALYTIC DICTIONARY OF CHINESE AND SINO—JAPANESE》[2] 中云:

「它 t'â cobra;humpback—〔 picture of a cobra〕

它 d'â

蛇 d'z'iɑ serpent—〔cognate to 它?〕

一般而論,同源字之間聲音可以相同或相近。但意義只能相近不能相同。王力、高本漢兩位既然認爲它與蛇是同源關係,則它與蛇的意義不可能一樣。

何大安先生在《聲韻學中的觀念和方法》[3] 中云:

> 語音很容易改變。使用語音訊號的規則,更會發生結構性的變遷。擬測古語的意義,不在還原古音,而在對音韻的演變,提供一個可能的解釋。

聲韻學家們依據歷史語言學的觀點去考察它與蛇,認爲它們的中古音既然是不同,則它們在上古也一定不同,否則不好解釋其音之演變過程。在他們看

---

[1] 參見王力先生著《同源字典》,頁四三六,商務印書館,一九八七,四。

[2] 參見高本漢著《ANALYTIC DICTIONARY OF CHINESE AND SINO—JAPANESE》,頁二九一,成文出版社,一九七五。

[3] 參見何大安先生著《聲韻學中的觀念和方法》,頁八一,大安出版社,一九八七,十二。

來它與蛇的音既然不同，則他們不可能承認它、蛇是重文，除非他們認爲重文不一定同音。再者，他們認爲它、蛇在意義上有密切關係。如果如同他們主張一樣，它、蛇是音近義近，則它、蛇很可能是同源字。但再好的說法如果不符合古人遺留下來的文獻資料，則其說法可能有再考慮之餘地。高本漢等人要證明它與蛇是音近義近的同源字，則該先找證據證明《說文》在它字下所講之說法是不對，否則我們寧願接受《說文》之說法而不採取高本漢等人之見解。

顧之川先生在〈俗字與《說文》「俗體」〉[4] 中云：

> 《說文》除了九千三百五十三個正篆之外，還注錄了一千一百六十三個重文。這些重文，包括古文、籀文、或體（包括「或省」）、俗體、奇字、今文等。這決非「五經無雙」的許慎標奇獵新、恣者逞博，而是東漢時期漢字流傳使用的實際情況的眞實寫照。

大徐本《說文》篆體字頭下，有時出現另一篆文。許慎把它和古文、籀文一樣稱作「重文」，王筠則稱之爲「或體」，許瀚稱之爲「小篆之異文」，段玉裁則說它是「異形而同字」，例如：

> 哥—謌，哲—悊，豻—犴，玩—貦，喟—嘳，肊—臆，睅—睆，迹—蹟，緹—衹，詘—誳，紝—絍，蜙—蚣，陖—峻，匧—篋，防—埅，梓—榟，𪇆—灘，蹶—𨇨，𧖣—蛾，曐—星，曟—晨，𡴞—芬，穅—康，憜—惰，亢—頏，凵—笶，鬲—𤮼，休—庥，乂—刈，汓—泅，羴—羶，衇—脈，協—叶，黥—剠，烖—灾。

意義相近但義項不完全相等的不是異體字，有條件通用的字不是異體字，臨時通用的字不是異體字。根據這種觀點去看上面舉的那些異體字組，我們可以說每一組的音、義完全相同，只是形體不同而已。《說文》云：

---

4 參見顧之川先生著〈俗字與《說文》『俗體』〉《語言文字學》，頁一二〇，一九九一，二。

「它；虫也。從虫而長，象冤曲垂尾形。上古艸居患它，故相問無它乎。凡它之屬皆從它。　它或從虫。」沈光海先生在〈《說文解字》之或體及變遷〉[5] 中云：

> 《說文》或體構成的方法，主要有兩種：一是造字法的不同，二是形聲字或換形符，或換聲符。
>
> （一）造字法的不同：
>
> 漢字造字之初多用象形、會意這兩種造字法，後由表意趨向兼表音義，乃創形聲這一造字法。形聲字越來越占優勢，甚而原先已有的象形字、會意字，也紛紛另外新造了形聲字。後起的形聲字和原先的象形字、會意字并行于世，便成為或體。
>
> 1、象形之於形聲
>
> （1）以原字為聲，再加形符：
>
> 如：「乙」或體為「鳦」。「乙」本為鳥的象形，後嫌形意不明，再加形符「鳥」，仍以「乙」表聲。「它」或體「蛇」。「它」本為「蛇」的象形，後再加形符「虫」，仍以「它」表聲。「兀」或體「頑」。「兀」本為人頸的象形，後再加形符「頁」，仍以「兀」表聲。

異體字就是許慎《說文》中的重文。凡是音義相同而寫法不同的字，都叫做異體字。它與蛇既然是或體，則音、義相同是應該的。但王力、高本漢不肯把它、蛇看成重文而把它們看成同源字。他們的這種見解是值得商榷之餘地。

四

5　參見沈光海先生著〈《說文解字》之或體及其變遷〉《語言文字學》，頁一三七，一九八七，十。

　　漢字的發展以字為中心，研究音、形的演變，研究本義由引申或假借所造成的字義的變化、字的產生和發展；古今字是以語言的最小獨立單位－詞為中心，觀察在某一階段它的書面形式－漢字字形的前後變化。總之，字義的引申、假借，文字的孳乳、演變，以及社會對文字的選擇，其結果必然使詞義在由此及彼的異字中轉移。整理古今字的目的並不是為了研究漢字的發展，所有古今字只是說明詞義在文字中轉移的情況。

　　假借字與被借字之間意義上沒有必然的聯系，實際上是完全不同的兩個概念，嚴格地說它們應該用不同形式的兩個符號表現出來，只是因為當時還未給假借字找到一個獨特的形體，而靠音同或音近的條件借用被借字的形體，這就形成了一個形體表示兩個不同概念的現象。然而實際上它們只不過是兩個符號借用了同一個形體，而不應當僅從形式上把它們看成是一個符號。所以我們一直堅持認為借字與被借字是同形異詞。從文字發展的情況看，有的假借義行而本義廢，有的兼具本義與假借義，有的為假借義再加形旁或聲旁，有的為本義再造新字。它與蛇正是為本義而造新字之例子，例如：

　　　　它a ＿假借＿ 它b
　　　　　　　　｜古
　　　　　　　　｜今
　　　　　　　蛇

　　（案它a表示蛇之義，它b表示其它之它。）

但是我們不能把古今字看得太死板，認為在一個時代用它字表明蛇之義而在另一個時代則用蛇字表明蛇之義。我們應該假設在相當長的一段時間古字與今字並行於世，便成為或體。現在依此一觀點去看一下它與蛇之關係，例如：

　　　　上古一階段　　　→　　　**上古二階段**　　　→
　　■有蛇之義而無字　　　　　　■它（蛇之義）

有其它之義而無字　　　　　　有音、義而無字

上古三階段　　→　　上古四階段　　→

■它（蛇之義）　　　　　　　■它①本義（用的人多）

　　　　　　　　　　　　　　　　②假借義（用的人少）

　它（借它字之形表明其它之　蛇（爲本義再造的字）
義）

上古五階段　　→　　第六階段

■它①本義（用的人少）　　　■它（本義廢而借義行）

　　②假借義（用的人多）

　蛇（用的人比上古四階段多）　蛇（表明本義）

　　它與蛇是古今字關係，但這也跟重文有關係，爲什麼？《說文》在釋義方面一個最突出的優點，即保存了一定數量的古義或本義。《說文》認爲「它」是蛇之義並說「蛇」是「它」的或體，在它、蛇字之發展過程看來，其時代一定是上古四、五階段。因此我們認爲這時它、蛇二字之音應是一樣。但這裏我們不能理解的是如果它字之上古音跟蛇字一樣，則何以現在它字讀成ta而蛇字卻讀成 ʂɤ 呢？

五

　　假借時如果借音與本字的音完全相同，那就不產生一字多音，例如，然、止等字被借爲當然之然，禁止之止時，聲音一樣。故古人再爲本義而造出的燃、趾等字與然、止其聲音完全一樣，否則聲音不一定一樣吧！因此，我們假設它字（蛇之義）之音與其它之義的它字音本來不完全相同而是相近。它字後來被借爲其它之它。

　　多音字大都是異音異義。一字多音的基本問題在沒有按照異音異義分化

字形，而是用異音同形表示異音異義。因此，它字就有了二音二義了。等假借義佔上風時，爲本義再加虫造出蛇字。這時蛇字的聲音是從哪裏來的呢？在口語裏，詞是音和義的統一體。在音和義之間，語音是「義」的物質外殼，也就是說「義」是詞的內容，是詞的核心、本質，而語音是詞的外在形式。文字是語言的書面符號，它是形、音、義的統一體。形、音、義三者之間，「義」是內容、實質，音是外在形式，形又是音義的書面符號，音和形都是在表義這個內容的要求下產生的。聲音問題之所以如此重要，是因爲它是通過文字材料而探求語言規律的必不可少的依據。義和音分別是語言的內容和形式。它們在社會約定俗成的基礎上結合起來後，便要產生共同的或相應的運動，這就是「相爲表裏」而字形僅僅是記錄這個音義結合體的符號。對語言來說，字形是外在的東西，它只是書寫符號的形式而不是語言本身的形式。

　　音義是密不可分的。當它字的本義轉到蛇字時，連其本音也轉附於蛇字上了。因此，後來它字又回到一字一音一義之狀況了，但這時它字所保留的音義不是原音原義而是借音借義了。現在它字之音義是借音借義的。《廣韻》收錄的音不一定是它字的本音之反切。研究聲韻學的人卻忽略這一點，依據它字之反切往上推研究，斷定它字之上古因是 *ťˀa，再依據蛇字之反切往上推研究，認爲蛇字之上古音是 *dˀźˀia。

　　其實依據它字之反切往上推研究所得到的音是其它之義的音而已。如果要得到蛇之義，則應從蛇字之反切開始研究才對，例如：

　　　它：*dˀźˀia（蛇之義）

　　　　　*ťˀa（其它之義）

後來久假不歸，才另造後起的蛇字。這時蛇字正是專門表明蛇之義，其音也應是 *dˀźˀia。問題是古人不太可能蛇字一造出，就不用它字表明蛇之義。結果古人在不短的時期通用它、蛇二字表明蛇之義。故沈光海先生云「後起的形聲字和原先的象形字、會意字并行于世，便成爲或體」。經過這一階段，它字與蛇字完全分工，現在不會有人用它字表達蛇之義了。

一般而論，重文是音義完全相同，例如災－灾，泪－淚，謌－歌，咏－詠等之例子證明這一點。但對於它－蛇之例子，我們就不能不表示懷疑，例如：

它：d'z̑ʱia（蛇之義）

　　t̑ʰa（其它之義）

蛇：d'z̑ʱia（蛇之義）

它字是一字二音二義，而蛇字是一字一音一義。由此可見，它字不等於蛇字。乍看起來，這違背重文的定義。然則許慎爲什麼把它們看成重文呢？就其音義關係而論，我們認爲許慎的意思是在蛇之意義上它字與蛇字才是重文關係。在第三節中我們舉過一組例子。在螣字下段注本云：「神它也。」而大徐本云「神蛇也。」根據我們對它、蛇字之理解，以現在的讀音來念的話，應該都是「ʂən ʂɤ ie」。

<h1 style="text-align:center">六</h1>

對於它、蛇之問題，研究聲韻學的人過於重視語音演變過程而忽略其意義之運轉情況。相反地，研究文字學的人注意意義上之關係而忽視其音之演變過程。我們認爲要解決它－蛇重文問題，則必定要從音義關係上看才對。

依據《說文》，則它字之音義一定和蛇字相同。依據《廣韻》，它字之反切跟蛇字不一樣，則它字之上古音一定與蛇字不一樣。因此，我們假設在《說文》時代，它字已經是二音二義了，其中一個音義正合乎蛇字之音義，例如：

它：*d'z̑ʱia（蛇之義）

　　*t̑ʰa（其它之義）

蛇：d'z̑ʱia（蛇之義）

它正是象蛇之形，故它字之本音本義應是*d'z̑ʱia（蛇之義）而*t̑ʰa（其它之義）應是後起義。後起義佔上風以後再替本義造蛇字，而古人連把其音也轉附於蛇字上了。但在不短的時間中古人並用它、蛇表達蛇之義。這時它字既

表明蛇之義復表明其它之義，故嚴格地講，它字與蛇字其音義不完全相同。但我們知道許慎《說文》是一部以本義爲主的書，在本義上看它字與蛇字之音義是完全相同，故許慎把蛇字說成它字之或體。

第一屆國際訓詁學研討會論文
1997.04.19-20

王逸用韻語注《楚辭》現象初探

金周生
輔仁大學中國文學系

一·前言

中國文學作品常以韻文形式來表現，但用韻語或韻文解釋押韻的文學作品，卻不常有。今人或用押韻的新詩體翻譯《詩經》[1]，讀來平易順口；用白話韻文翻譯〈弔古戰場文〉[2]，也覺得聲情並茂。這種有意大量用韻文訓釋韻文，據學者的說法，當推始於東漢王逸的《楚辭章句》。首先《四庫全書總目提要·集部·楚辭類·楚辭章句》條下說：

> 〈抽思〉以下諸篇注中，往往隔句用韻，如：『哀憤結縎，慮煩冤也。哀悲太息，損肺肝也。心中詰屈，如連環也』之類，不一而足。蓋仿《周易·象傳》之體，亦足以考證漢人之韻；而吳棫以來，談古韻者皆未徵引，是尤宜表而出之矣。

周大璞先生主編的《訓詁學初稿》一書中也說：

> 注解中用韻最多的，要數王逸的《楚辭章句》。全書十七篇中，〈遠游〉、〈卜居〉、〈漁父〉、〈九辯〉、〈招隱士〉、〈九懷〉等六篇的注解絕大部分是韻語。這裡舉〈漁父〉為例：

原文	注文
屈原既放，	身斥逐也。

---

[1] 如糜文開·裴普賢二人合著《詩經欣賞與研究》內的譯文。
[2] 如《古文觀止新編》（民六十二·啓業書局）對該文的翻譯。

游於江潭，	戲水側也。
行吟澤畔，	履荊棘也。
顏色憔悴，	疲霉黑也。
形容枯槁。	嬰瘦瘠也。
漁父見而問之，曰：	怪屈原也。
「子非三閭大夫歟？	謂其故官。
何故至於斯？」	曷為遭此患也。
屈原曰：「世人皆濁，	眾貪鄙也。
我獨清；	志潔己也。
眾人皆醉，	惑財賄也。
我獨醒。	廉自守也。
是以見放。」	棄草野也。
漁夫曰：	隱士言也。
「聖人不凝滯於物，	不困辱其身也。
而能與世推移。	隨俗方圓。
世人皆濁，	人貪婪也。
何不淈其泥，	同其風也。
而揚其波？	與浮沉也。[3]
眾人皆醉，	巧佞曲也。
何不餔其糟，	從其俗也。
而啜其醨？	食其祿也。
何故深思高舉，	獨行忠直。
自令放為！」	遠在他域。
屈原曰：「吾聞之，	受聖制也。

---

[3] 原注云：「浮沉」，各本俱作「沉浮」。按：此以「沉」與「婪」、「風」韻，應乙轉。

原文	注文
新沐者必彈冠，	拂土芥也。
新浴者必振衣。	去土穢也。
安能以身之察察，	己清潔也。
受物之汶汶者乎！	蒙垢塵也。
寧赴湘流，	自沉淵也。
葬於江魚之腹中，	身消爛也。
安能以皓皓之白，	皓皓猶皎皎也。
蒙世俗之塵埃乎？」	被點污也。
漁父莞爾而笑，	笑離齪也。
鼓枻而去。	叩船舷也。
乃歌曰：「滄浪之水清兮，	喻世昭明。
可以濯我纓；	沐浴升朝廷也。
滄浪之水濁兮，	喻世闇暗。[4]
可以濯我足。」	宜隱遁也。
遂去，不復與言。	合道真也。

另外，〈九章〉中的〈涉江〉、〈哀郢〉、〈抽思〉、〈思美人〉、〈惜往日〉、〈悲回風〉等章的注解也有一部分用韻。這裡節錄〈抽思〉一段為例：

原文	注文
有鳥自南兮，	屈原自喻生楚國也。
來集漢北，	雖易水土，志不革也。
好姱佳麗兮，	容貌說美，有俊德也。
胖獨處此也邑。	他居黨黨，居他邑也。
既特獨而不群兮，	也孤身特，身孤特也。

---

[4] 原注云：「暗闇」，各本俱作「闇暗」。按：此以「闇」與「遁」、「真」韻，應乙轉。

。側蜷莫也蜷側。	左右嫉妒，莫術蜷也。
道卓遠而日忘兮，	
願自申而不得。	
望北山而流涕兮，	瞻養高景，愁悲泣也。
臨流水而太息。	顧念舊故，思親戚也。
望孟夏之短夜兮，	四月之末，陰盡極也。
何晦明之若歲。	憂不能寐，常倚立也。
惟郢路之遼遠兮，	隔以江湖，幽僻側也。
魂一夕而九逝。	精神夜歸，幾滿十也。
曾不知路之曲直兮，	忽往忽來，行極疾也。
南指月與列星。	參差轉運，相遞代也。
願徑逝而未得兮，	意欲直還，君不納也。
魂識路之營營。	精靈主行，往來數也。
何靈魂之信直兮，	質性忠正，不枉曲也。
人之心不與吾心同。	我志清白，眾泥濁也。
理弱而媒不通兮，	知友劣弱，又鄙朴也。
尚不知余之從容。	未照我志之所欲也。

以上兩種說法是否可從，王逸如何用韻語注書，其中「韻語」是否「足以考證漢人之韻」，下文即將作一探討。

二、王逸注〈漁父〉〈抽思〉二文用韻語說的檢討

《訓詁學初稿》在節取〈漁父〉〈抽思〉二注文的韻語資料時，並沒有將韻字圈出，但我們應可從其編排方式及注釋中判定，原則上是句尾或句尾「也」前一字押韻。現在就將這些字依序排出，並注明它們所屬的《廣韻》韻目及古韻的韻部。

〈漁父〉部分

韻　字	逐	側	棘	黑	瘠	原	官	患	鄙	己
《廣韻》韻目	屋	職	職	德	昔	元	桓	諫	旨	止
古韻韻部[5]	覺	職	職	職	錫	元	元	元	之	之

韻　字	賄	守	野	言	身	圓	婪	風	沉	曲	俗
《廣韻》韻目	賄	有	馬	元	真	仙	覃	東	侵	燭	燭
古韻韻部	之	幽	魚	元	真	元	侵	侵	侵	屋	屋

韻　字	祿	直	域	制	芥	穢	潔	塵	淵	爛	皎
《廣韻》韻目	屋	職	職	祭	怪	廢	屑	真	先	翰	篠
古韻韻部	屋	職	職	月	月	月	月	真	真	元	宵

韻　字	污	齗	舷	明	廷	閭	遁	真
《廣韻》韻目	模	殷	先	庚	青	侵	慁	真
古韻韻部	魚	文	真	陽	耕	侵	文	真

〈抽絲〉部分

韻　字	國	革	德	邑	特	鬻	泣	戚	極	立	側
《廣韻》韻目	德	麥	德	緝	德	屋	緝	錫	職	緝	職
古韻韻部	職	職	職	緝	職	覺	緝	覺	職	緝	職

韻　字	十	急	代	納	數	曲	濁	朴	欲
《廣韻》韻目	緝	緝	代	合	覺	燭	覺	覺	燭
古韻韻部	緝	緝	月	緝	屋	屋	屋	屋	屋

5　古韻韻部名以唐作藩編著《上古音手冊》爲準，下文同。

用以上的音韻資料，配合王逸注文，我們不難發現一些疑點，它們都不易證明王逸的注解在有意作出大量規律性的韻語，如：

（一）必須更動原文以符押韻條件。

以〈漁父〉注文為例，《訓詁學初稿》中說：

> 「浮沉」，各本俱作「沉浮」。按：此以「沉」與「娑」、「風」
> 韻，應乙轉。「暗閣」，各本俱作「閣暗」。按：此以「閣」與
> 「遁」、「真」韻，應乙轉。

又：「拂土芥也」，「芥」與「制穢潔」同屬月部，但觀妙齋刊本《楚辭章句》作「拂塵坋也」，汲古閣本《楚辭補註》作「拂土坋也」，「坋」是文部字，都必須更動原文才能符合押韻的條件。

（二）同一韻段韻句數不定。

以上文所舉出的韻段為例，在六十個韻字中，屬同一古韻部連五句韻的有一次，連四句韻的有一次，連三句韻的有六次，連二句韻的有三次，可見同一韻段出現的韻句數並無明顯規律。

（三）部分「韻字」的不押韻。

前舉的六十個「韻字」，其中有二十七個字與前後句不押韻，以〈抽絲〉一段為例，「國革德邑特鬱泣戚極立側十急代納數曲濁朴欲」各字，分屬「職職職緝職覺緝覺職緝職緝月緝屋屋屋屋屋」部，我們如果用代號表示韻部，它們的韻段呈現 a a a b a c b c a b a b b d b e e e e 的情形，部分 a b c 及 d 間看不出有必然的押韻關係。

（四）用韻時聲調不符押韻習慣。

古韻語押韻時通常聲調也相同，但在這些資料中，仍不免有異調字摻入的情形。如書中改「暗閣」為「閣暗」後說：此以「昏」與「遁」、「真」韻，應乙轉。三字中就含有平聲與去聲的不同。又〈漁父〉注中如塵、淵、爛三字押韻，聲調上也有平去的區別。

（五）版本不同造成韻語認定上的問題。

《訓詁學初稿》收錄〈漁父〉〈抽思〉二注文的韻語資料時，並未說明使用的版本，若與觀妙齋刊本《楚辭章句》（下稱觀本）對勘，其中異文也會造成韻語認定上的分歧。以〈漁父〉注文為例，「曷爲遭此患也」觀本作「曷爲遭謗於斯也」，「志潔己也」觀本作「己忠良也」，「人貪婪也」「巧佞曲也」觀本無注，「獨行忠直」觀本作「獨行忠道」。「拂土芥也」觀本作「拂塵坋也」，「皓皓猶皎皎也」觀本作「皎皎明也」，「笑離齗也」觀本作「笑難斷也」。依觀本的用字，將會使已存在的韻部問題更加紛亂難解。

三、王逸注《楚辭》的特殊訓解方式與韻語

雖然上節對今人主張王逸的注解在有意寫韻語這個問題做了檢討，但我們似又不宜全然推翻《四庫全書總目提要》及《訓詁學初稿》一書中的宏觀見解。因爲從大方向看，王逸注《楚辭》時確實存在兩種不同的風格。其中一種是較無固定句法的，可以訓解單詞，也可以通釋文意，如〈九歌·禮魂〉王逸注：

原文	王逸注
盛禮兮會鼓，	言祠祀九神，皆先齋戒，成具禮敬，乃傳歌作樂，急疾擊鼓，以稱神意也。
傳芭兮代舞，	芭，巫所持香草名也。代，更也。言祠祀作樂而歌，巫持芭而舞，訖以復傳與他人更用之也。
姱女倡兮容與，	姱，好貌也。謂使童稚好女先倡，而舞則進退容與而有節度也。
春蘭兮秋菊，長無絕兮終古。	言春祠以蘭，秋祠以菊，為芬芳長相繼承，無絕於終古之道也。

相似的注法在〈九章〉的〈涉江〉、〈哀郢〉、〈抽思〉、〈思美人〉、
〈惜往日〉、〈悲回風〉及〈遠游〉、〈卜居〉、〈漁父〉、〈九辯〉、
〈招隱士〉、〈九懷〉以外的篇章出現。另一種就是具有較整齊的排比句法
（以一句四言或二句八言爲主），前面所舉的〈抽絲〉〈漁父〉注文即可見
一斑。再如王褒〈九懷·蓄英〉王逸的全部注文：

原文	王逸注
秋風兮蕭蕭，	陰氣用事，天政急也。
舒芳兮振條。	動搖百草，使芳熟也。
微霜兮眇眇，	霜凝微薄，寒深酷也。
病殀兮鳴蜩。	飛蟬卷曲，而寂默也。
玄鳥兮辭歸，	燕將入海，化爲蛤也。
飛翔兮靈丘。	悲鳴神山，奮羽翼也。
望谿谷兮㵫鬱，	川谷吐氣，雲闇昧也。
熊羆兮呴噑。	猛獸應秋，將害賊也。
唐虞兮不存，	堯舜已過，難追逐也。
何故兮久留？	宜更求君，之他國也。
臨淵兮汪洋，	瞻望大川，廣無極也。
顧林兮忽荒。	回視喬木，與山薄也。
修余兮袿衣，	整我衿裳，自結束也。
騎霓兮南上。	託乘赤霄，登張翼也。
乘雲兮回回，	載氣溶溶，意中惡也。
壼壼兮自強。	稍稍陞進，遂自力也。
將息兮蘭皋，	且欲中休，止方澤也。
失志兮悠悠。	從高視下，目眩惑也。
荔蘊兮徽霾，	愁思蓄積，面垢黑也。
思君兮無聊。	想念懷王，忘寢食也。

身去兮意存，	體遠情近，在胸臆也。
愴恨兮懷愁。	心中憂恨，內悽惻也。

齊整的句子，更形明顯。事實上，王逸只有在〈九章〉的〈涉江〉、〈哀郢〉、〈抽思〉、〈思美人〉、〈惜往日〉、〈悲回風〉及〈遠游〉、〈卜居〉、〈漁父〉、〈九辯〉、〈招隱士〉、〈九懷〉中，才出現部分或全體整齊的句法。甚至我們發現到只有在這種整齊的句法中，才會有類似押韻的注語產生。以下就錄出這種整齊的注文，並將可能出現韻語的資料整理如下。[6]

篇名及注文	韻 部 字 部	篇名及注文	韻 部 字 部
〈九章·哀郢〉注		〈九辯·二〉	
……		脩德見過愁懼惶也	∨ 陽
言己憂思身不能安處也	☑ 魚	孤立特止居一方也	∨ 陽
遠離先祖之宅舍也	☑ 魚	位尊服好謂懷王也	∨ 陽
遂行遊戲涉江湖也	∨ 魚	常念弗解內結藏也	∨ 陽
精神夢遊還故居也	∨ 魚	背違邑里之他邦也	東
倚住顧望常欲去也	☑ 魚	去郢南征濟汾湘也	陽
背水嚮家念親屬也	屋	遠去浮遊離州域也	∨ 職
遠離郢都何遼遼也	☑ 宵	欲止無賢皆讒賊也	∨ 職
想見宮闕與廊廟也	☑ 宵	執心壹意在胸憶也	∨ 職
且展我情渫憂思也	之	同姓親聯恩義篤也	覺
閔惜鄉邑之饒富也	∨ 職	聰明淺短志迷惑也	∨ 職

6　注文的選取以齊整句法為主，其間或考慮字數雖不一致，但將與上下文有押韻關係者亦摘錄。為節省篇幅，句法參差且無押韻可能者，以刪節號……表示。韻字以句末「也」前一字或末字為常，標∨號者表古韻同部且中古音同調，標　號者表古韻同部但中古音異調，未標號者表此句不入韻。

遠涉大川民俗異也　∨　職
意欲騰馳道安極也　∨　職
淼濱顧望無際極也　∨　職
曾不知其所居宮殿當為
墟也　　魚
……
楚道逶迤山谷隘也　　錫
分隔雨水無以渡也　　鐸
始從細微遂見疑也　　之
放且九歲君不覺也　　覺
中心憂滿慮閉塞也　　職
悵然佇立內結毒也　　覺
……
我以忠信而獲過也　☑　歌
晝夜念君不遠離也　☑　歌

〈九章・抽絲〉
哀憤結縎慮煩冤也　∨　元
哀悲太息損肺肝也　∨　元
心中詰屈如連環也　∨　元
憂不能眠時難曉也　☑　宵
風為政令動搖也　☑　宵
……
言懷王為回邪之政不合
道也　　幽
則效其化流行群下皆效
也　　宵

頑嚚難啓長歎息也　∨　職
結恨在心慮憤鬱也　　覺
思君念主忽不食也　　職
舒寫忠誠自陳列也　　月
方圓殊性猶白黑也　∨　職
回逝言邁欲反故國也　∨　職
自傷流離路隔塞也　∨　職
伏車重軾而號泣也　　緝
泣下交流濡茵席也　　鐸
中情怵恨心剺切也　　質
思念煩惑忘南北也　　職
哀祿命薄常含慼也　☑　覺
志行中正無用告也　☑　覺

〈九辯・三〉
何直春生而秋殺也　∨　月
敢霜淒愴寒慄列也　∨　月
萬物群生將被害也　∨　月
病傷茂木又芟刈也　∨　月
違離天明而湮沒也　　物
永處冥冥而覆蔽也　　月
去己盛美之光容也　　東
身體疲病而憂窮也　　冬
君不改德而嚴令也　　耕
刑罰劇峻而重深也　　侵
上無仁恩以養民也　　真
……

			民無住足竄巖穴也		質
......			......		
結續妙思作辭賦也		魚	顏容變易而蒼黑也		職
舉與懷上使覽照也		宵	柯條糾錯而剚巀也		之
始君與己之巀也		侯	形貌羸瘦無潤澤也	v	鐸
待時日沒門靜時也	v	之	肌肉空虛皮乾腊也	v	鐸
信用讒人更狐疑也	v	之	華葉已落莖獨立也		緝
謂己不忠遂外疏也		侯	身體焦枯疲病久也		之
余焦枯久　病余也		魚	朽蠹顛仆根蠹朽也	v	幽
陳列好幽以示根也		也	不值聖王而年老也	v	幽
年幽親己內懷詐也		鐸	也勿侯行而勿驅也		侯
行而侯勿行橫暴也		驅	遊以徊徘徊以戲遊也	v	幽
v徘清幽徊徘v也		戲	幽若流幽之若流也	v	幽
也流若心幽流也	v	若	懼我性命之不長也	v	陽
意懷猶豫幸拔擢也		藥	傷己幼少後三王也	v	陽
肝膽剖破血寧滯也		月	卒遇謤讒而遽惶也	v	陽
發此憤思列謀謨也		魚	煢煢獨立無朋黨也	v	陽
君耳不聽若風過也		歌	自傷閔己與蟲並也	v	陽
琢磋群佞具憎惡也	☑	鐸	思慮惕動沸如湯也	v	陽
謂諛比己於勺戟也	v	鐸	內念君父及弟兄也	v	陽
論說政治道明白也	v	鐸	上告昊旻愬神靈也		耕
文辭尚在可求索也	v	鐸	......		
忠信不美如毒藥也		藥	不能臥寐乃至明也		陽
想君德化可興復也		覺			
三王五伯可修法也		葉	〈九辯·四〉		
先賢清白我式之也		之	蕙草紛芳以興在位之貴		
盡心修善獲官爵也		藥	臣也		真
功名布流長不滅也		月			

才德仁義從己出也		物	被服盛飾於宮殿也	文
愚欲強智不能及也		緝	......	
誰不自施德而蒙福		東	外貌若忠內心佞也	☑ 耕
空穗滿田無所得也		職	隨君嗜欲而回傾也	☑ 耕
小唫謳謠以樂志也		之	......	
爲君陳道拔恨意也		職	體受正氣而高明也	陽
君性不端晝夜謬也		幽	乃與佞臣而同情也	耕
示我爵位及財賄也		之	傷己忠策無由入也	緝
慢我之言而不采聽也		耕	適彼樂土之他域也	v 職
起唱發聲造新曲也		屋	內自哀念心隱惻也	v 職
屈原自喻生楚國也	v	職	分別貞正與偽惑也	v 職
雖易水土而志不革也	v	職	身無罪過而放逐也	覺
容貌說美有俊德也	v	職	肝膽破裂心剖摡也	v 職
背離鄉黨居他邑也		緝	憤念蓄積盈胸臆也	v 職
行與眾異身孤特也		職	闓闛扃閉道路塞也	v 職
左又嫉妒莫衙鬱也		覺	讒佞喧呼而在側也	v 職
......			閽人承指呵問急也	緝
瞻養高景愁悲泣也		緝	久雨連日澤深厚也	侯
顧念舊故思親戚也		覺	山阜濡澤草木茂也	幽
四月之末陰盡極也		職	不蒙恩施獨枯槁也	宵
憂不能寐常倚立也		緝	愬天語神我何咎也	幽
隔以江湖幽僻側也		職		
精魂夜歸幾滿十也	v	緝	〈九辯・五〉	
忽往忽來行極急也	v	緝	世人辯慧造詐偽也	v 歌
參差轉運相遞代也		月	違廢聖典背仁義也	v 歌
意欲直還君不納也		緝	斥逐子胥與比干也	v 元
精靈主行往來數也		屋	信任豎貂與椒蘭也	v 元

或曰識路知道路也		鐸
質性忠正不枉曲也	v	屋
我志清白眾泥濁也	v	屋
知反劣弱又鄙朴也	v	屋
未照我志之所欲也	v	屋

〈九章・思美人〉

言己憂思念懷王也	v	陽
佇立悲哀涕交橫也	v	陽
黨友隔絕道壞崩也		蒸
秘密之語難傳誦也	v v	東
忠謀盤紆氣盈胸也	v	東
言辭鬱結不得揚也		陽
誠欲日日陳己心也		侵
思念沉積不得通也		東
思念要謀於神雲也		文
雲師徑逝不我聽也	v	耕
思附鴻雁達中情也	v	耕
飛集山林道徑異也		職
帝嚳之德茂神靈也		耕
嚳妃吞燕卵以生契也		月
……		
念改忠直隨讒佞也	☑	耕
慚恥本行中回傾也	☑	耕
修德累歲身疲病也		陽
憤懣守節不易性也	v	耕
懷智佯愚終年命也	v	耕

家有稷契與管晏也	☑	元
世無堯舜及桓文也	v	文
遭值桀紂之亂昏也	v	文
被髮爲奴走橫奔也	v	文
群小在位食重祿也	v	屋
賢者伏匿竄山谷也	v	屋
正直邪枉行殊則也	v	職
所務不同若粉墨也	v	職
群佞並進處官爵也		藥
孔子栖栖而困厄也		錫
意欲括囊而靜默也	v	職
前蒙寵遇錫祉福也	v	職
呂尙耇老然後貴也		物
遭值文王功冠世也		月
躊躇吳坂遇伯樂也		藥
集棲梧桐食竹實也		質
以賢爲愚時闇惑也	v	職
不量才能視顏色也	v	職
仁者幽處而隱藏也	v	陽
智者遠逝之四方也	v	陽
慕歸堯舜之聖明也	v	陽
大老太公歸文王也	v	陽
干木闔門而辭相也	☑	陽
顏闔鑿坏而逃主也		侯
介推割股而自放也	v	陽
申生至孝而被謗也	v	陽
甯武佯愚而不言也		元

心不改更死中正也	∨	耕	嘗受祿惠識舊德也		職
比干子胥蒙禍患也		元	思念讒結摧肝肺也	∨	月
執心不回志不困也		文	憤懣盈胸終年歲也	∨	月
……					
遭逢艱難思忠臣也	∨	真	〈九辯·六〉		
舉用才德任俊賢也	∨	真	君政嚴急而刑罰峻也		文
御民以道須明君也		文	冀過不成得免脫也	∨	月
使臣以禮得中和也	☑	歌	威怒益盛刑酷烈也	∨	月
期月考功知德化也	☑	歌	卒遇誅戮身顛沛也	☑	月
澤流山野被流沙也	☑	歌	冀蒙貰赦宥罪法也		葉
			將與百卉俱徂落也		鐸
待閒靜時與賢謀也		之	不待左右之紹介也	☑	月
……			讒臣嫉妒無由達也	☑	月
泰陽施惠養百姓也		耕	遵放眾人所長爲也	∨	歌
君政溫仁體光明也		陽	不識趣舍何所宜也	∨	歌
滌我憂愁弘佚豫也		魚	舉足猶豫心回疑也		之
循兩水涯以娛志也	∨	之	彌情定志唫詩禮也		脂
欲援芳苣以爲佩也	∨	之	資質鄙鈍寡所知也		支
采取香草用飾己也	☑	之	君不照察其真僞也		歌
……					
生後殷湯周文王也		陽	〈九辯·七〉		
誰與竭節盡忠厚也		侯	……		
……			俗人執誓多不堅也	☑	真
言修飾彌盛也		耕	靜言諓諓而莫信也	☑	真
德行純美能絕異也		職	棄捐仁義信讒佞也	☑	耕
終以放斥而見疑也		之	執節守度不枉傾也	☑	耕
聊以遊戲樂所志也		質	循行道德遵典經也	☑	耕

覽察楚俗易改化也		歌	謂仕亂君爲公卿也		陽
私懷僥倖而欣喜也	∨	之	彼雖富貴我不願也	☑	元
思舒憤懣無所待也	∨	之	宰嚭專吳握君權也	☑	元
正直溫仁德茂盛也		耕	思從夷齊於首陽也		陽
生含天姿不外受也		幽	何必杭梁與鋗鬵也	☑	元
法度文辭行四海也	∨	之	非貴錦綺及綾縠也	∨	元
修善於身名譽起也	∨	之	勤身修德樂伐檀也	∨	元
言行相副無表裏也	∨	之	不空食祿而曠官也	∨	元
雖在山澤名宣布也		魚	……		
意欲升高事貴戚也		覺	媒理斷絕無因緣也		元
……			幽處山野而無鄰也		真
誠難抗足屈蹉跎也	∨	屋	言己飢寒家困貧也		文
意欲下求從風俗也	∨	屋	懼命奄忽不踰年也		真
又恐汙泥被垢濁也	∨	屋			
事上得位我不好也		幽	〈九辯·八〉		
隨俗榮顯非所樂也		藥	盛陰脩夜周難曉也		宵
我性婞直不屈撓也		宵	思念糾戾腸折摧也		微
徘徊進退觀眾意也		職	年齒已老將晚暮也		鐸
恢廓仁義弘聖道也	∨	幽	功名不立自矜哀也	∨	微
心終不變內自守也	∨	幽	冬夏更運去若頹也	∨	微
受祿當窮身勞苦也		魚	寒往暑來難追逐也		覺
思得進用先年老也		幽	年時欲暮才力衰也		微
……			形容減少顏色虧也	∨	歌
			時去晻晻若鶩馳也	∨	歌
〈九章·惜往日〉			年命逝往促急危也		微
先時見任身親近也	☑	文	意中私喜想用施也	☑	歌
君告屈原明典文也	☑	文	內無所恃失本義也	☑	歌

承宣祖業以示民也		真	志願不得心肝沸也		物
草創憲度定眾難也	v	元	憂懷感結重歎悲也		微
楚以熾盛無盜姦也	v	元	歲月已盡去奄忽也		物
委政忠良而遊息也		職	亡官失祿去家室也		質
天災地變乃存念也		侵	思想君命幸復位也		物
臣有過差猶赦寬也	v	元	久處無成卒放棄也		質
素性敦厚慎語言也	v	元			
遭遇靳尚及上官也	v	元	〈九辯·九〉		
上懷忿恚欲刑淺也	☑	元	浮雲晻翳興讒佞也		耕
內弗省察其浸冤也	v	元	妨遮忠良害妒仁賢也		真
專擅威恩握主權也	v	元	……		
誣罔戲弄若轉丸也	v	元	思竭騫蹇而陳誠也		耕
不審窮覈其端原也	v	元	邪僞推排而隱蔽也		月
放逐徙我不肯還也	v	元	思望聖君之聘請也		耕
聽用邪偽自亂惑也		職	……		
呵罵遷怒妄誅戮也		覺	群小專恣掩君明也		陽
忠丹之行少愆忒也		職	意欲竭死不顧生也	v	耕
虛蒙誹訕獲過愆也		元	讒人誣謗被以惡名也	v	耕
質性謹厚貌純愨也		屋	聖跡顯著高無顛也		真
雖處草野行彌篤也		覺	茂德煥炳配乾坤也		文
觀視流水心悲惻也	v	職	亂惑之主嫉其榮也		耕
遂赴深水自害賊也	v	職	言堯有不慈之過以其不		
名字斷絕形朽腐也		侯	傳丹朱也		侯
懷王壅蔽不覺悟也	v	魚	舜有卑父之謗以其不立		
上無檢押以知下也	v	魚	瞽瞍也		幽
賢人放竄棄草埜也	v	魚	三光照察鏡幽明也		陽
安所展思披愁苦也	v	魚	雲霓之氣蔽其精也	☑	耕

左	標	韻	右	標	韻
忍不貪生而顧老也		幽	眾職叢務君異政也	☑	耕
遠放隔塞在裔土也		魚	賢愚反戾人異形也	☑	耕
欲竭忠節靡其道也		幽	......		
......			恃怙眾士被甲兵也		陽
宰嚭阿諛目如玉也		屋	......		
竟爲越國所誅滅也		月	惡孫叔敖與子文也		文
......			愛重囊瓦與莊蹻也		宵
仇牧荀息與梅伯也		鐸	無極之徒在帷幄也	v	屋
張儀詐欺不能誅也		侯	接輿避世辭金玉也	v	屋
君不參錯而思慮也	☑	魚	愁苦賦斂之重數也	v	屋
諂諛毀訾而加誣也	☑	魚	失不耨鋤亡五穀也	v	屋
質性香潤德之厚也	☑	侯	政由細微以亂國也	v	職
世無明智惑賢愚也	☑	侯	子孫絕嗣失社稷也	v	職
賢臣被讒命不久也	☑	之	俗人群黨相稱舉也		魚
嚴刑卒至死有時也	☑	之	論善與惡不分析也		錫
君知短淺無所照也	☑	宵	言與行副面不慚也		談
佞人位高家富饒也	☑	宵	身雖隱匿名顯彰也	v	陽
憎惡忠直若仇怨也		元	欲託忠策於賢良也	v	陽
賤棄仁智言難用也	☑	東	行疾去邅路不阻也		魚
嫉害美善之婉容也	☑	東	終爲讒佞所覆冒也		幽
醜嫗自飾以粉黛也		職	忠臣喪精不議謀也		之
世有好女之異貌也		宵	稷契禹益與咎繇也		宵
眾惡推遠不附近也		文	安臥垂拱萬國治也	☑	之
列己忠心所趨務也		侯	己之行度信無尤也	☑	之
譴怒橫意無宿戒也		職	內省審己無畏懼也		魚
行度清白皎如素也		鐸	眾賢並進職事修也		幽
皇天羅宿有度數也		屋	百姓成化刑不用也		東

如駕駑馬而長驅也	侯		信哉險阻何足恃也	之
不能制御乘車將也	陽		身被甲鎧猶爲虜也	魚
乘舟氾船而涉渡也	鐸		竭身恭敬何有極也	職
……			憂心悶瞀身約束也	屋
身將沉沒而危殆也	之		忽皆雲馳驅過隙也	鐸
背棄聖制用愚意也	職		道德不施志不遂也	物
若乘船車無轡櫂也	藥		思欲潛匿自屏棄也	質
意欲淹沒隨水去也	魚		敷名四海垂號諡也	錫
罪及父母與親屬也	屋		很倡後時無所逮也	月
陳言未終遂自投也	侯		守死忠信以自畢也	質
哀上愚蔽心不照也	宵		周行曠埜將何之也	之
			浮游四海無所集也	緝
〈九章・悲回風〉			推達周邵與伊摯也	質
……			不識賢愚尙暗昧也	物
覺立徙倚而行步也	之		飯牛而歌廝賤役也	錫
且徐遊戲內自娛也	☑ 魚		言合聖道應經術也	物
憂悴心重歎辛苦也	☑ 魚		驥與駑鈍幾不別也	月
氣逆憤懣結不下也	☑ 魚		後世欺譽稱其德也	職
……			愴然深思而悲泣也	緝
整飭衣常自寬慰也	物		知天生賢不空出也	物
失志惶遽而直逝也	月		思碎首腦而伏飾也	職
年歲轉去而流沒也	物		讒邪妒害而壅遏也	月
春秋更到與老會也	月		乞丐骸骨而自退也	物
喻已年衰齒隨落也	鐸		上從豐隆而觀望也	陽
志意已盡知慮闕也	月		託載日月之光耀也	藥
履信被害志不忘也	陽		……	
明己之詞不空設也	☑ 月		追逐群靈之遭風也	侵

意欲終命心乃快也	☑	月	驂駕素虹而東西也		脂
心情悁悁常如愁也	v	幽	……		
自哀煢獨心悲愁也	v	幽	周過列宿在六宗也		冬
遠離父母無依歸也		微	朱雀奉送飛翩翻也	v	元
……			青虯負轂而扶轅也	v	元
誰有悲哀而不憂也		幽	整理車駕而鼓嚴也		談
……			風伯次且而掃塵也	v	真
睹見先賢之法則也	v	職	軒車先導聲轉轔也	v	真
昇彼高山瞰楚國也	v	職	輜軘侍從響雷震也		文
郢道遼遠居僻陋也		侯	旟旗盤紆背雲霄也		宵
竄在山野無民域也	v	職	群馬分布列前後也		侯
目視耳聽嘆寂默也	v	職	我心匪石不可轉也	v	元
中心煩冤常懷忿也		文	執履忠信不離善也	v	元
思念憔悴相連接也		葉	靈神覆祐無疾病也		陽
肝膽係結難解釋也		鐸	願楚無憂君康寧也		耕
思念繾綣而成結也		質	……		
天與地合無垠形也	☑	耕			
草木彌望容貌盛也	☑	耕	〈招隱士〉		
鶴鳴九皋聞於天也		真	桂樹芬香以興屈原之忠		
松柏多生稟氣純也		文	貞也		耕
八極道理難算計也		質	遠去朝廷而隱藏也		陽
細微之思難斷絕也		月	容貌美好德茂盛也	☑	耕
憂思慘慘恆涕泣也		緝	仁義交錯條理成也	☑	耕
身處幽冥心不樂也		藥	……		
意欲隨水而自退也	☑	物	岑崟嵾嵳雲溶鬱也		覺
從古賢俊自沉沒也	☑	物	嵳峨巉薜峻蔽日也		質
升彼山石之峻峭也		宵	崎嶇間嵬險阻僭也		沒

託乘風氣遊天際也		月	涌躍澧沛流迅疾也	∨	質
上至玄冥舒光耀也		藥	禽獸所居志樂佚也	∨	質
所至高眇不可逮也		月	猛獸爭食欲相囓也		月
……			……		
伏聽天命之緩急也		緝	非君子之所處也		魚
心覺自傷又痛惻也		職	……		
遂處神山觀濁亂之氣也		物	非賢者之偶也		侯
……			登山引木遠望愁也		幽
雖欲長驅無所及也	∨	緝	周旋中野立踟躕也	∨	侯
登山入水周六合也	∨	緝	隱士避世在山隅也	∨	侯
雖遠念君在旁側也	∨	職	違背舊土棄家室也		質
思如流水遊楚國也	∨	職	萬物蠢動抽萌芽也	∨	魚
……			垂條吐葉紛榮華也	∨	魚
			年齒已老壽命衰也		微
〈遠遊〉			中心煩亂常含憂也		幽
哀眾嫉妒迫脅賢也	∨	真	蜩蟬得夏喜呼號也	∨	宵
翱翔避世求道真也	∨	真	秋節將至悲嘹焦也……	∨	宵
質性鄙陋無所因也	∨	真	霧氣昧也	☑	物
將何引援而升雲也		文	盤詰屈也	☑	物
逢遭闇主觸讒佞也		耕	志望絕也		月
思慮煩冤無告陳也	∨	真	亡妃匹也	∨	質
憂以一感目不眠也	∨	真	精氣失也	∨	質
……			心剝切也	∨	質
精魂怔忪不寐故至曙也		元	窙穿岰也		屑
乾坤體固居常寧也		耕	欑荊棘也	∨	職
傷己命祿多慮患也		元	恐變色也	∨	職
三皇五帝不可逮也		月	山阜峻嵋崔巍崖嵾也		元

注文	符號	韻
……		
一惶東西意愁憤也		文
惆悵失望志乖錯也		鐸
情思同兩無據依也	ˇ	微
愴然感結涕霑懷也	ˇ	微
魂靈遠逝遊四維也	ˇ	微
身體寥廓無識知也		支
捐棄我情慮專一也		質
棲神藏情治心術也		物
恬然自守內樂佚也	·	
滌除嗜慾獲道賓也		眞
想聽眞人之徽美也		脂
思奉長生之法式也	ˇ	職
珍瑋道士壽無窮極	ˇ	職
羨門子喬古登眞也		真
變易儀容遠藏匿也	ˇ	職
姓字彌章流千億也	ˇ	職
賢聖雖終精著天也		真
……		
喻古先聖獲道純也	ˇ	文
卓絕鄉黨無等倫也	ˇ	文
遁去風俗獨隱存也	ˇ	文
乘風蹈霧升皇庭也	ˇ	耕
往來奄忽出二冥也	ˇ	耕
託貌雲氣象其形也	ˇ	耕
神靈照耀皎如星也	ˇ	耕
超越垢穢過先祖也		魚

注文	符號	韻
交錯扶疏也		侯
枝葉盤紆也	ˇ	魚
草木雜居隨風披敷也	ˇ	魚
眾獸並遊走住殊異也		職
頭角甚殊也	☑	侯
淒淒濎濙毛衣若懦也	☑	侯
百獸皆俱也	☑	侯
哀己不遇也	☑	侯
……		
配記香木誓同志也	☑	之
踟躕徘徊待明時也	☑	之
殘賊之獸忿爭怒也		魚
食殺之獸跳梁吼也	☑	侯
稚兔之群驚奔走也	ˇ	侯
違離鄉黨失群偶也	ˇ	侯
旋反舊邑入故宇也	ˇ	魚
誠多患害難隱處也	ˇ	魚
〈九懷·匡機〉		
周轉求君道不合也		緝
還就農桑修播植也		職
我內憤傷心切剡也		屋
欲陳忠謀道隔塞也		職
想託神明陞天庭也	☑	耕
回眄周京念先聖也	☑	耕
……		
歷觀九州求英俊也		文

……			游戲道室誦五經也	v	耕
去背舊都逐登仙也	v	元	居仁覆義守忠貞也	v	耕
得離群小脫艱難也	v	元	動作應禮行馨香也		陽
奮翼高舉升天衢也		魚	節度彌高德成就也		覺
……			眾人瞻望聞功名也		耕
春秋迭更年老暮也		鐸	志意堅固策謀明也		陽
託乘雷電以馳騖		侯	懿譽光明滿朝廷也		耕
……			芳流衍溢周四境也		陽
淪者用法之深刻也		職	潔白之化動百姓也		耕
不誅邪僞害仁賢也		真	蓍龜喜樂慕清高也		宵
聊且戲蕩而觀聽也	v	耕	……		
身以過老無功名也	v	耕	畏怖羅網陞青雲也		文
世莫足與議忠質也		質	登樓伏楯觀楚郢也	☑	耕
想承君命竭誠信也		真	思慕懷王結中情也	v	耕
顚頊久矣在其前也		元	忠言蘊積不列聽也	v	耕
安取法度修我身也		真	長思切切中心痛也		東
憤懣未盡復陳辭也		之			
四時運轉往若流也	v	幽	〈九懷·通路〉		
何必故鄉可浮遊也	v	幽	金閨玉閨君之舍也		魚
皇帝以往難攀引也		真	誰當涉履英俊路也		鐸
……			邪佞雜亂來並居也		魚
上從真人與戲娛也		魚	忠信之士不見用也		東
遠棄五穀吸道滋也		之	衣冠而寢自憐傷也		陽
殠吞日精食元符也		侯	……		
……			眾人愚闇誰與謀也		之
常含天地之英華也		魚	仁智之士遁世去也		魚
納新吐故垢濁清也		耕	畜養佞諛而親附也	☑	侯

乘風戲蕩觀八區也		侯	大賢隱匿竄林藪也	☑	侯
……			小人並進在朝廷也		耕
觀視朱雀之所居也		魚	……		
屯車留止遇子喬也	v	宵	意欲駕龍而陞雲也		文
究問元精之秘要也	v	宵	遂騎神獸用登天也		真
言易者也		魚	……		
誠難論也		文	旦發西極之高山也	v	元
靡兆形也		耕	暮宿東極之丹巒也	v	元
覆天地也		歌	吮嗽天液之浮源也	v	元
亂爾精也		耕	咀嚼靈草以延年也		真
應氣臻也		真	徧歷六合視眾星也	v	耕
專己心也		侵	周繞北辰觀天庭也	v	耕
恒在身也		真	婆娑五朵芬華英也		陽
執清淨也		耕	衣色瑰瑋耀青蔥也		東
閑情欲也		屋	緩帶徐步五玉鳴也	☑	耕
眾法陳也		眞	握我寶劍立延頸也	☑	耕
仙路徑也	☑	耕	神䰠侍從慕仁賢也		眞
見彼王侯而奔驚也	☑	耕	駈驢奮飛承轂輪也		文
周視萬宇涉四遠也		元	上睨帝圉見天園也		元
因就眾仙於明光也		陽	觀視斗柄與玉衡也	☑	陽
……			發匣引籌考祿相也	v	陽
遂居蓬萊處崑崙也		文	不獲富貴值流放也	v	陽
……			結草爲誓長訣行也	v	陽
日出湯谷入虞淵也		真	背去九族遠懷王也	v	陽
晞我形體於天根也		文	天氣瀚溶乍西東也	v	東
……			來迎導我難隨從也	v	東
含吮玄澤之肥潤也	☑	眞	遙視楚國闇未明也		陽

咀嚼玉英以養神也	☑	真	君好妄怒威武盛也	v	耕
面目光澤以鮮好也		幽	內愁鬱伊害我性也	v	耕
我靈強健而茂盛也		耕	悵然失志嗟厥命也	v	耕
身體癯瘦柔媚善也		元			
魂魄漂然而遠征也	☑	耕	〈九懷·危俊〉		
奇美太陽氣和正也	☑	耕	國不養民賢宜退也		物
元氣溫煖不隕零也	☑	耕	我去諸夏將遠逝也		月
溪谷寂寥而少禽也		侵	嘉及吉時驅乘駟也		質
林澤空虛罕有人也		真	采取瓊華自脩飾也		職
抱我靈魂而上升也		蒸	束草陳信遂奔邁也	☑	月
……			違離於君之四裔也	☑	月
攀緣蹈氣而飄騰也		蒸	行出北荒山高桀也	☑	月
告帝衛臣啓禁門也		文	過觀列宿九天際也	v	月
立排天門而須我也		歌	且徐游戲須年歲也	v	月
呼語雲師使清路也		鐸	敷揚榮華垂顯烈也	☑	月
博訪天庭在何處也	v	魚	觀天貴將止沉滯也	☑	月
得升五帝之寺舍也	v	魚	緩我馬勒留寢寐也		物
……			天精光明而照察也	☑	月
暮至東方之玉山也		元	周望八極究地外也	☑	月
……			邪視彗星光瞥瞥也	v	月
百神侍從無不有也		之	山氣滃鬱而羅列也	v	月
車騎蘢茸而競馳也		歌	太歲轉移聲礚礚也		微
虬螭沛艾屈偃蹇也		元	飛鳥驚鳴雌雄合也		緝
旍旐竟天背電霓也		支	周望率土遠廣大也		月
……			惟我憂思意愁毒也		覺
眾采雜廁而明朗也	☑	陽	徘徊神山且休息也		職
駟馬駁驪而鳴驤也	v	陽	歷觀群英求妃合也		緝

騬騑驕騖怒過顛狂也	∨	陽		眾皆邪佞無忠直也	∨	職
參差駢錯而縱橫也	☑	陽		愁心長慮憂無極也	∨	職
繽紛容裔以並升也		蒸				
我欲遠馳路何從也		東		〈九懷‧昭世〉		
就少陽神於東方也	☑	陽		時君闇蔽臣貪佞也		耕
遂過庖犧而諮訪也	☑	陽		將去懷王就仁賢也		真
……				驂駕神獸拏紛紜也		文
風伯先導以開徑也		耕		行戲遨游遂至天也		真
日耀旭曙旦欲明也		陽		重我絳袍采色鮮也	、	元
超越乾坤之體也		脂		徐曳文衣動馨香也		陽
飛廉奔馳而在前也		元		……		
掃除霧霾與埃塵也		真		陟彼高山徐顧眄也		支
俊鳥夾轂而扶轉也		元		乘雲歌吟而游戲也		魚
遇少陰神於海津也		真		握持神明動容儀也		歌
……				留待松喬與伴儷也		支
引援茡光以翳身也		真		陰精並降如墮雨也		魚
握持招搖東西指也		脂		天旦欲明至山溪也		支
僚隸叛散以別分也		文		下見楚國之亂危也		微
蹈履雲氣浮微清也		耕		將背舊鄉之九夷也		脂
日月晻曃而無光也		陽		心中欲去內傷悲也	∨	微
呼太陰神使承衛也		月		緩我馬勒而低個也	∨	微
顧命中宮敕百官也		元		神仙謳吟聲依違也	∨	微
……				伏妃作樂百蟲至也		質
悉召群靈皆侍從也		東		精神惆悵而思歸也		微
天道蕩蕩長無窮也		冬		意中毒悶心紆屈也		物
按心抑意徐從容也		東		持我玉帶相糾結也	☑	質
告使屏翳備不虞也	☑	魚		長歎傷己遠放棄也	☑	質

進近猛將任威武也	∨	魚	俾南方神開軌轍也	∨	月
遂濟于世追先祖也	∨	魚	炎神前驅關梁發也	∨	月
縱心肆志所願高也		宵	乘龍直驅陞閶闔也		葉
忠心悅喜德純深也		侵	遂馳我車上寮廓也		鐸
且戲觀望以忘憂也		幽	周遍天下求雙匹也	∨	質
隨從豐隆而相佯也		陽	莫足與友爲親密也	∨	質
觀視楚國之堂殿也		文	見彼隴蜀道阻陀也	∨	錫
思我祖宗哀懷王也	∨	陽	山陵嶔岑難涉歷也	∨	錫
騑驂徘徊眂故鄉也	∨	陽	悲思念國泣雙下也		魚
戀慕朋友念兄弟也		脂	哀惜我后違天法也		葉
唶然增歎泣沾裳也		陽	|		
……			|〈九懷·尊嘉〉		
進退俯仰復欲去也		魚	三月溫和氣清明也		陽
且自厭按而踟躕也		侯	百卉垂條吐榮華也		魚
將候祝融以諮謀也		之	哀彼香草獨隕零也	∨	耕
……			枝條摧折傷根莖也	∨	耕
過衡山而觀九疑也		之	忠正之士棄山林也		侵
遂究率土窮海嵎也		侯	仁智之士抑沉沒也		物
水與天合物漂流也		幽	惟念前世諸賢俊也		文
南神止我令北征也		耕	仁義遇罰禍及身也	∨	真
馳呼洛神使侍余也		魚	吳王棄之於江濱也	∨	真
……			懷沙負石赴汨淵也	∨	真
制禮作樂以安黎庶也		魚	轉思念此志煩冤也		元
也			腸中惻痛摧肝肺也		月
……			臨水恐慄畏禍患也		元
遭此濁世見斥逐也		覺	意欲隨水而隱遁也		文
百川之神皆謠歌也	∨	歌	乘舟順水游海濱也		真

河海之神咸相和也	∨	歌	濤波踴躍多險難也	☑	元
……			虬螭水禽馳在前也	∨	元
形體蜿蟺相銜受也		幽	巨鱗扶己渡涌湍也	∨	元
神女周旋侍左右也		之	拔草爲席處薄單也	∨	元
鴹鵬玄雀奮翼舞也		魚	引取荷華以覆身也		真
五音安舒靡有窮也		冬	風波動我搖旗旟也	∨	元
遂往周流究九野也		魚	續以草芥入己船也	∨	元
縱舍銜轡而長驅也		侯	遂乘風電驅橫奔也		文
……			往來亟疾若鬼神也		真
遂入八風之藏府也		侯	水君俟望開府寺也		之
過觀黑帝之邑宇也		魚	喜笑迎己愛我善也		元
道絕幽都路窮塞也	∨	職	還視楚國思郢城也		耕
攀持天紘以休息也	∨	職	抱念恚恨常欲還也		元
問造化之神以得失	∨	職	自比如蘋生水瀕也		真
……			隨水浮游乍東西也		脂
淪幽虛也		魚			
恍無形也		耕	〈九懷・蓄英〉		
目瞑眩也		真	陰氣用事天政急也		緝
窅無聲也	∨	耕	動搖百草使芳熟也	∨	覺
登天庭也	∨	耕	霜凝微薄寒深酷也	∨	覺
與道并也		耕	飛蟬卷曲而寂默也		職
			燕將入海化爲蛤也		緝
〈卜居〉			悲鳴神山奮羽翼也		職
遠出郢都處山林也		侵	川谷吐氣雲闇昧也		物
道路僻遠所在險也		談	猛獸應秋將害賊也		職
建立策謀披心胸也		東	堯舜已過難追逐也		覺
遇諂佞也		耕	宜更求君之他國也	∨	職

慮憒悶也		文	瞻望大川廣無極也	v	職
迷所著也		鐸	回視喬木與山薄也		鐸
稽神明也		陽	整我衿裳自結束也		屋
其姓名也		耕	託乘赤霄登張翼也		職
意違惑也		職	載氣溶溶意中惡也		鐸
斷凶吉也		質	稍稍陞進逐自力也		職
整儀容也		東	且欲中休止方澤也		鐸
……			從高視下目眩惑也	v	職
吐詞情也		耕	愁思蓄積面垢黑也	v	職
志純一也		質	想念懷王忘寢食也	v	職
竭誠信也	☑	眞	體遠情近在胸臆也	v	職
追俗人也	☑	眞	心中憂恨內悽惻也	v	職
不困貧也		文			
刈蒿菅也		元	〈九懷・思忠〉		
種稼穡也		職	想登九天放精神也		真
事貴戚也		覺	神女夜吟聲激清也		耕
榮譽立也		緝	……		
諫君惡也		鐸	動踴我心如析割也		月
被刑戮也		覺	意中切傷憂悲楚也		魚
食重祿也		屋	將乘山神而奔走也		侯
身安樂也	v	藥	欲踰高山度阻險也		談
計官爵也	v	藥	係續列星爲旗旄也	v	宵
人玄默也	v	職	舉布霾霧作旗表也	v	宵
承顏色也		職	徑過長沙馳駟馬也		魚
強笑噱也		鐸	顧視諸夏尙昧晦也		之
詘蜷局也	v	屋	天龜水神侍送余也	☑	魚
志如玉也	v	屋	與己爲誓會炎野也	☑	魚

修絜白也		鐸	......		
轉隨俗也	∨	屋	上攀北斗躡房星也		耕
柔弱曲也	∨	屋	且徐游戲布文采也		之
順滑澤也		鐸	引持二星以斟酒也	∨	幽
志行高也		宵	啗食神果志厭飽也	∨	幽
才絕殊也		侯	周　留止而復去也		魚
普愛眾也		多	引支車木遂驅馳也		歌
群戲遊也		幽	......		
......			世憎忠信愛諂諛也		侯
沖天區也		侯	心常長愁拊心踊也		東
安徐步也		之	......		
飛雲嵋也		侯	憂思積結肝腑爛也		元
啄糠糟也	∨	幽			
誰喜憂也	∨	幽	〈九懷·陶壅〉		
安所由也	∨	幽	觀楚泥濁俗愚蔽也		月
貨賂行也		陽	罔然失志無依附也		侯
近佞讒也		談	哀愍當世眾貪暴也		藥
遠忠良也		陽	振翅翱翔絕塵埃也		之
賢智匿也		職	乘虯翱翔見容貌也		宵
群言進也		真	樹蟫蝀旗紛光耀也		藥
居廟堂也		陽	大哉天下難徧照也		宵
身窮困也	∨	文	盛氣振迅陞天衢也	∨	魚
世莫論也	∨	文	遂渡沉流揚精華也	∨	魚
不別賢也		真	且留水側息河洲也		幽
愚不能明者也		陽	......		
麒驥不驟中庭者也		耕	住我之駕求松喬也	∨	宵
......			遂見天帝謒祕要也	∨	宵

孔子厄於陳也		真	執守無爲修朴素也		鐸
天不可計量也	∨	陽	念己道藝可悅樂也		藥
日不能夜光也	∨	陽	……		
所念慮也		魚	往之太陽游九野也		魚
遂本志也		之	涉歷深山過舜墓也		鐸
……			積熱彌天不可處也		魚
			見海中山數萬頭也		侯
〈漁父〉			……		
身斥逐也		覺	遂渡大水解形體也		脂
戲水側也	∨	職	超過海津長訣去也	☑	魚
履荊棘也	∨	職	楚國潰亂氣未除也	∨	魚
疧鱉黑也	∨	職	風俗塵濁不可居也	∨	魚
瘦瘦瘠也		錫	遂止炎野大屋廬也	∨	魚
怪屈原也	∨	元	志欲懈倦身罷勞也		宵
謂其故官	∨	元	心中燎明內自覺也		覺
曷爲遭此患也	∨	元	徐自省視至此處也		魚
眾貪鄙也	∨	之	喜慕二聖相繼代也		月
志潔己也	∨	之	冀遇虞舜與議道也		幽
惑財賄也	∨	之	傷今天下無聖主也		侯
廉自守也		幽	伏車浩歎作風雅也		魚
棄草野也		魚			
隱士言也		元	〈九懷·株昭〉		
不困辱其身也		真	愁思憤懣長歎息也	∨	職
隨俗方圓		元	意中激感腸痛惻也	∨	職
人貪婪也	∨	侵	物叩盛陰不滋育也		覺
同其風也	∨	侵	傷害根莖枝卷曲也	∨	屋
與沉浮也	∨	侵	佞僞愚慧侍帷幄也	∨	屋

巧佞曲也	∨	屋	貞良君子棄山澤也		鐸
從其俗也	∨	屋	頑囂之徒任政職也		職
食其祿也	∨	屋	明智忠賢放斥逐也	∨	覺
獨行忠直	∨	職	雄俊佯愚閉口目也	∨	覺
違在他域	∨	職	眾無知己不盡力也	∨	職
受聖制也	∨	月	駑鈍之徒為輔翼也	∨	職
拂土芥也	∨	月	僮蒙並進填滿國也	∨	職
去土穢也	∨	月	執履清白居陋側也	∨	職
己清潔也	☑	月	權右大夫佯不識也	∨	職
蒙垢塵也	∨	真	賢智隱處深藏匿也	∨	職
自沉淵也	∨	真	小人得志作威福也	∨	職
身消爛也		元	託駕神氣而遠征也		耕
皓皓猶皎皎也		宵	陞高去俗易形貌也		宵
被點污也		魚	仁士智鳥導在前也	∨	元
笑離齟		文	介蟲之長衛惡姦也	∨	元
叩船舷也		真	馳逐正道德香芬也		文
喻世昭明		陽	騰越曲阜過阨難也		元
沐浴升朝廷也		耕	山丘踴躍而歡喜也		之
喻世昏闇	☑	文	川瀆作樂進五音也		侵
宜隱遁也	☑	文	河圖洛書緯讖文也		文
合道真也		真	宮商並會應琴瑟也		質
			我誠樂此發中心也	∨	侵
			天下歡悅莫如今也	∨	侵
〈九辯・一〉			回視楚國及眾民也		真
寒氣聊戾歲將暮也		鐸	廢棄仁義修諂諛也		侯
陰冷促急風疾暴也		宵	祛衣束帶將橫奔也		文
華葉隕零肥潤去也		魚	思君念國泣霑衿也		侵
體易色枝葉枯槁也		宵			

將與草木俱衰老也		幽			
思念暴戾心自傷也	∨	陽	王門啓闢路四通也		東
遠客出去之他方也	∨	陽	鏡覽幽冥見萬方也	∨	陽
升高遠望視江河也		歌	邪惡已消遠逃亡也	∨	陽
族親別逝還故鄉也		陽	俊乂英雄在朝堂也	∨	陽
沈寥曠蕩而虛靜也		耕	驩共苗鮌竄四荒也	∨	陽
……			乃獲文命治江河也		歌
秋天高朗體清明也		陽	重華秉政執紀綱也		陽
……			著明唐業致時雍也		東
傷君昏亂不聰明也		陽	誰能知人如唐虞也		魚
溝瀆順流漠無聲也	☑	耕	思竭忠信備股肱也		蒸
溝無溢潦百川靜也	☑	耕			
……					
愴痛感動歎累息也	∨	職			
傷我肌膚變顏色也	∨	職			
中情悵惘意不得也	∨	職			
初會鉏鋙志未合也		緝			
數遭患禍身困極也	∨	職			
亡財遺物逢寇賊也	∨	職			
心常憤懣意未服也	∨	職			
喪志失耦魄獨立也		緝			
遠客寄居孤單特也		職			
後黨失輩惘愁毒也		覺			
竊內念己自憫傷也	∨	陽			
將入大海飛徊翔也	∨	陽			
螳蜩斂翅而伏藏也	∨	陽			
雄雌和樂群戲行也	∨	陽			

奮翼鳴呼而低昂也	∨ 陽	
……		
夜坐視瞻而達明也	陽	
……		
自傷放棄與昆蟲為雙也	東	
……		
年已過半日進往也	陽	
……		
雖久壽考無成功也	東	

　　用以上所列出的一千一百零六字統計，其中合於古韻文押韻習慣的，也就是韻部與聲調成組相同的有三百五十五字；另有一百一十四字雖然聲調上有異，但古韻部卻是相同的，我們也可說是押「韻」不押調。這兩部分佔了百分之四十二。所以在本節開始曾說王逸的注解在有意寫韻語是確有其事的。

四、王逸用韻語注《楚辭》的功效及缺失

　　用韻語注韻文，就注解者的心態言，除了能增加讀者的聽覺效果外，有時也可以充分融入自己的感情，而形成另一篇文學佳作。當我們讀到：

　　　世人辯慧造詐偽也。
　　　違廢聖典背仁義也。
　　　斥逐子胥與比干也。
　　　信任豎貂與椒蘭也。
　　　家有稷契與管晏也。
　　　世無堯舜及桓文也。
　　　遭值桀紂之亂昏也。
　　　被髮為奴走橫奔也。

群小在位食重祿也。

賢者伏匿竄山谷也。

正直邪枉行殊則也。

所務不同若粉墨也。

群佞並進處官爵也。

孔子栖栖而困厄也。

意欲括囊而靜默也。

前蒙寵遇錫祉福也。

呂尚考老然後貴也。

遭值文王功冠世也。

躊躇吳坂遇伯樂也。

集棲梧桐食竹實也。

以賢為愚時闇惑也。

不量才能視顏色也。

仁者幽處而隱藏也。

智者遠逝之四方也。

慕歸堯舜之聖明也。

大老太公歸文王也。

干木閉門而辭相也。

顏闔鑿坏而逃主也。

介推割股而自放也。

申生至孝而被謗也。

甯武佯愚而不言也。

嘗受祿惠識舊德也。

思念讒結摧肝肺也。

憤懣盈胸終年歲也。（〈九辯・五〉王逸注）

這麼一段文字時，誰說不能視為一篇憂憤感時的文學創作呢？

但王逸喜用韻語注《楚辭》，卻也有一些嚴重的缺失，在此必須提出：

（一）破壞全書注文體例的一貫性。

王逸在注《楚辭》〈離騷〉〈九歌〉〈天問〉等篇時，全文注解不見任何韻語；〈九章〉各篇則不用韻者多，用韻者少；至於〈九懷〉，則用韻的比例相對的較多；到了〈九歎〉，注文又不見韻語。從同一本書的注文體例上言，這完全破壞了前後的一貫性。

（二）用韻語使注釋內容受到侷限。

王逸注中如不用韻語，或較固定的四言、八言句子時，注文可解釋字義、詞義，可詮解成語典故，可引述字詞來源，也可串講文意、闡述章旨、敘事考史....，充分完成注解釋義的任務。但一用韻語，尤其是全篇都使用較固定的四、八言文句時，必使注釋內容受到侷限，不能充分達成「注」的要求。

（三）韻語的使用與韻段的長短缺乏規律性。

以本文第一節所引〈抽思〉一段為例，原文在底下本來還有九句，它們的注文句法既不整齊，也不押韻。就以所引出的二十句中，嚴格說來，也只有第一二三句、第十二、三句、第十七到二十句成韻，韻段的長短也完全不一致，如此缺乏規律性的使用韻語，我覺得著實破壞了整體聽讀時的美感。

（四）易使後人誤解音律節奏。

《四庫全書總目提要》云：

> 〈抽思〉以下諸篇注中，往往隔句用韻，如：『哀憤結絹，慮煩冤也。哀悲太息，損肺肝也。心中詰屈，如連環也』之類，不一而足。

這段舉例是正確的，但周大璞先生主編的《訓詁學初稿》一書所舉〈漁父〉與〈抽思〉的例子卻不盡全對。以〈抽思〉為例，「國革德邑特鬱泣戚極立側十急代納數曲濁朴欲」二十個字中，其實只有九個字「國革德」「十急」「濁朴欲」是分屬於三個韻段押韻的，而書中誤解全段押韻，可能即源於它

們在古代都屬入聲韻部的字，更可能是受到其中部分韻語與排比整齊句式的影響，在訓詁方式上會形成誤判。

五、結論

從上文的敘述，我們可以發現王逸在注《楚辭》時訓解體例不一的矛盾、語句長短或有定格或無定格的歧異及各篇或摻雜韻語或不用韻語的現象，這些在探討王逸作注的心態或在訓詁學史上都是值得重視的問題。而本文僅初步的觀察王逸用韻語注《楚辭》的現象，可以得到下面幾點結論：

（一）誠如《四庫全書總目提要》與現代學者所說，王逸的確在注《楚辭》時，使用了韻語。

（二）當王逸注用韻語時，通常是附屬在一種較固定的四或八言句式下出現，而句子的性質只在針對原文句意的描寫，並不涉及單字複詞的解釋或典故的徵引。

（三）王逸用韻語注《楚辭》的現象並不普遍，似乎並不想全力營造一種以韻文注韻文的特殊注解方式。

（四）王逸用韻語注《楚辭》時，由於韻段與韻字的出現完全沒有規律，且所用韻字不及五百個，而《四庫全書總目提要》說它們「足以考證漢人之韻」，言之易而實際上卻有資料不足與認定上的疑慮，所以我認為王逸用韻語注《楚辭》的現象值得在訓詁學上受到重視，在音韻學上的價值是較為有限的。

第一屆國際訓詁學研討會論文
1997.04.19-20.

訓詁學與漢語雙音詞構詞研究

王寧
北京師範大學中文系

一、現代漢語雙音詞與先秦文獻語言的密切關係

現代漢語雙音詞問題是當前世界漢語研究十分關注的問題。漢語詞匯雙音化形成的原因、雙音詞的歷史發展、雙音詞的語法結構類型和語義結構類型等等，都是當代漢語研究不能不解決的問題。想要解決這些問題，僅僅從共時研究的角度著眼是不足的。歷時的考查證明，現代漢語雙音詞是從各個不同的時代積澱下來的，因而與歷代漢語的詞匯都發生著一定的關係。與現代漢語雙音詞關係最密切的是先秦文獻語言。但是，自「五四」新文化運動提倡白話文、廢除文言文以來，白話與文言無形之中成了對立的東西，研究現代漢語的人很少重視文言，認爲二者互不相關。研究古代漢語的人則強調的是古今漢語的差異，生怕用現代語言來附會文言而錯會了古人的意思。而實際上，先秦文獻語言對現代漢語詞匯的影響太直接、太強烈了，可以說，排除了文言詞匯，現代漢語詞匯簡直沒有辦法深入理解。下面舉出一些語言現象來說明：

大量的語言事實證明，口語詞的構詞能量，往往低於來自先秦文獻語言的文言詞。比較「豎」和「縱」、「丟」和「失」、「拿」和「取」等，即可看出：

「豎」和「縱」在「垂直」（與「橫」相對）意義上同義，而造成的雙音詞只有「橫豎」、「豎立」兩個是結合得比較緊密的；但「縱」當「垂直

」講，卻造成了「縱橫」、「縱貫」、「縱深」、「縱觀」、「縱覽」、「縱身」、「縱隊」......等一系列結合緊密的雙音詞。

「丟」和「失」在「丟失」意義上同義。而「丟」在這個意義上組成的雙音詞只有「丟失」、「丟棄」、「丟掉」比較緊密。「丟人」、「丟臉」的「丟」，「丟失」義已較淡化；大部分採用「丟失」義造的詞都用「失」不用「丟」；「失盜」、「失明」、「失戀」、「失學」、「失寵」、「失效」、「失勢」、「失音」、「失重」、「失傳」、「報失」、「掛失」、「失主」、「喪失」、「損失」、「流失」、「遺失」、「亡失」......都是典型的雙音詞。

「拿」和「取」在「以手取物」意義上同義，而「拿」在這個意義上幾乎沒有造什麼雙音詞，「取」則造成了「取代」、「取捨」、「奪取」、「攻取」、「獲取」、「換取」、「汲取」、「撈取」、「獵取」、「攝取」、「索取」、「提取」、「擺取」、「榨取」、「牟取」......

這種情況所以普遍，一方面是因為口語的單音詞尚能獨立活動，可以臨時組成詞組，不必凝固成詞；另一方面則是因為口語詞是隨著白話文進入書面語的，歷史的積蘊程度較淺，構詞的能量也就相對較低。

由以上現象引起的另一個現象是：構成現代漢語雙音詞的不自由語素，相當一部份保留著先秦文獻的古義。例如：「的確」的「的」，「除夕」的「除」，「爽約」的「爽」等。

這種現象也很容易解釋。就先秦漢語的發展來說，正因為含有這些意義的單音詞已經死了，沒有了活動能力，所以如果被現代漢語採用，就必然成為不自由語素。而就現代漢語來說，正因為這些雙音結構中含有一個不自由語素，而且又用的是古義，自然結合得非常緊密，不能簡單拆解，遂凝合成詞。可以看出，正是由於詞彙系統發生了總體性的變革，才使本來獨立的單音詞，淪為僅僅是構詞的成分的單音語素。

　　我們還可以看到，不少現代漢語雙音詞本來是先秦漢語的詞組，它們是在後代凝成一體後再經過引申，才無法拆開而成為雙音詞的。例如「責備」、「要領」、「明白」等。

　　上述這些與先秦文獻語言直接相關的詞，並沒有文言文味兒，完全白話化了，說明它們已不折不扣地被現代漢語吸收。

　　以上列舉的這些現象都說明，文言和白話之間，並不存在著一個絕然相離的鴻溝。

　　漢語至先秦兩漢時代已結束了單音孳生造詞的階段。在單音孳生造詞時期，造詞與孳乳造字幾乎同步進行，因而積累了足夠量的單音詞與足夠量的漢字。至此為止，漢語還是以單音詞為主。魏晉以後，口語的雙音化傾向日漸明顯，但仿古書面語仍襲用文言，言與文一直並存，距離卻越拉越大。兩種並存的漢語不可能不相互影響、相互吸收；那麼，白話與文言誰對誰的影響更大些呢？有人強調口語的活力，認為活著的語言必會沖擊死去的文言，會不自覺地改變文言的面貌，讓文言也白話化。然而事實並非如此，文言文直到被打倒時，還是那麼酷似先秦文獻語言。不論是清代桐城派的古文，還是蒲松齡的《聊齋誌異》，語言一似《左傳》、《史記》和先秦諸子，絲毫不為白話所動。除非梁啟超的《少年中國說》這種半文不白的文章似有白話和文言的交融；但究竟是文言侵入了白話，還是白話侵入了文言？實在是難以說清。仿古屬於人為，而且是少數士大夫文人之所為，作文言文輕車熟路，要想故意躲開白話，應當說沒有什麼困難。

　　相反的，文言詞彙對白話文的影響則是不可避免的。這不僅因為，白話文不等同於民俗口語，它仍是文人之所為，屬雅文化範疇，典範白話文的作者相當一部份也精通文言，易於吸收文言成份。更重要的是，詞彙和詞義的發展不是更替型的，不可能突然地、成批成批地淘汰更新。詞彙和詞義的發展是累積型的，經過長時期的積攢，同時逐漸進行內部能量的調節、交換，採用舊的成份，形成新的系統。先秦漢語的單音詞，一部分演變為現代漢語

單音詞；另一部份作爲構成現代雙音詞的語素，大量積澱在現代漢語詞匯裏，這符合詞匯發展的一般規律。

在漢語發展史的各個階段，當代書面語的豐富和定型，既依賴於從方言口語中吸收養分，又依賴於從歷史的典籍中繼承適合自己的書面材料。但是，由於詞匯系統和詞義系統內部結構的制約，口語－－特別是方言土語進入當代書面語的機會，往往少於歷史文獻語言。這不但因爲典範的書面語一般與上層文化（宮廷與文人）密切相關；還因爲歷史文獻語言由於是書面的，在傳播上也有著更爲優越的條件。先秦文獻的詞語：一是從正常的漢語發展中順流積澱而存貯；另一是直接取於同時代的文言寫成的典籍與詩文。這兩個渠道向現代漢語輸送的先秦詞與詞義都不是少數。

正是由於長期存在的言文脫節現象，造成文言對現代漢語的影響既有共時的滲透，又有歷時的傳承，就使解決現代漢語雙音詞的結構問題無法脫離先秦文獻語言。通過訓詁材料，使用訓詁方法，來搜求、勾稽先秦文獻語言對現代漢語詞匯的直接影響，不但可以加深對現代漢語中各種詞匯現象的理解，而且可以使「五四」以前脫節的言與文之間的既差異又統一的事實，被描述得更爲清楚。

本文要論述的，即是如何運用訓詁學的原理來解決漢語雙音詞形成的原因，以及它們的構詞理據。

雙音詞的構詞理據，包括以下三方面的要點：（1）原始構詞時兩個語素各自的意義；（2）兩個語素結合的語言原因和文化原因；（3）與這兩方面原因相關的語素結構模式，這一問題還要涉及語素的書寫形式。下面分別說明這三個方面。

二、通過訓詁材料探求雙音詞語素的古義

前面說過，構成現代漢語雙音詞的不自由語素，相當一部份保留著先秦古義，而且大多屬於現代不再單獨使用的意義。這些意義就必須通過訓詁材料來探求。例如：

失

現代漢語有關「丟失」、「失掉」義，這是古今延續使用的。而失的「放縱」意義屬古義。《說文·十二上·手部》：「失，縱也。從手乙聲」。縱即放縱，不能控制。《穀梁傳·襄公二十五年》：「莊公失言。」注：「失言謂放言。」這個意義現代漢語已不單用，但在「失言」、「失聲」、「失態」、「失足」、「失態」、「失調」、「失禁」、「失守」、「失修」……等雙音詞中，仍作爲不自由語素保存著。

天

「天」的「天空」義是古今延續的。《說文解字》：「天，顛也。」《山海經》：「其人天且」都可看出「天」的本義是人的頂額。這個意義現代漢語早已不用，卻在「天庭」、「天靈蓋」、「天窗」（頂窗）……等雙音、多音詞裏，作爲不自由語素保存。

除

「除」的「除去」、「排除」義古今通用，而「除」的本義是堂前的台階。《說文解字》：「除，殿陛也。」《漢書·李廣蘇建傳》：「扶輦下除，觸柱折轅。」杜甫《南鄰》詩：「得食階除鳥雀馴」，都用的是這一本義。「台階」義引申而有「更替」義。《詩經·小雅·小明》：「明方除」。毛傳：「除陳生新也。」《漢書·景帝紀》：「初除之官。」如淳注：「凡言除者，除放官，就折官也。」沈括的《夢溪筆談》說「以新易舊曰除」，又說：「階謂之除者，自下而上，亦更易之義。」這個意義先秦常用而現代漢語已不獨用，唯在「除夕」（新舊年交之夜）、「除歲」（新舊歲交替）這兩個雙音詞中，作爲不自由語素保留。

的

《說文解字》：「馰，馬白額也。」《易經》作「的」，可見它的本義
是動物身上的白斑，馬的白額稱「的顙」。古代射箭的靶子，白底子的稱「
的」。所以《漢書‧　借傳》「矢道同的」，注：「的謂所射之準臬也。」
這個意思除保留在「有的放矢」這個成語裏外，早已不用。但在雙音詞的「
的確」裏，還保著它「清晰」、「明白」的引申義。

爽

「爽」在現代漢語裏常用作「涼爽」、「爽快」義。《說文解字》：「
爽，明也。」其字從「　」，表示「疏鬆」、「疏朗」。而「爽」在先秦由
「疏朗」義引申而有「差錯」義。《詩經‧衛風‧氓》：「女也不爽，二三
其行」，毛傳：「爽，差也。」《老子》：「五味今入口爽」，王注：「爽
，差失也。」《國語‧周語》：「經緯不爽」，注：「爽，差也。」這個意
義現代漢語已很少見，卻在「爽約」一詞中以不自由語素保留。

除此之外，「徒」的「空」義保留在「徒勞」、「徒手」、「徒然」等
詞中，「救」的「止」義保留在「救災」、「救火」、「救難」等詞中，「
落」的廟成祭祀義保留在「落成」一詞中……無一不是先秦古義直接進入
現代漢語雙音詞。想要分析這些雙音詞的構詞理據，不了解這些語素的先秦
古義是辦不到的。而要了解先秦古義，離開訓詁材料也是辦不到的。

三、通過訓詁材料探尋雙音詞語素凝結的語義和文化原因

現代漢語裏的許多雙音詞，兩個語素結合的原因實際上是來自文言的。
這裏是所指的原因，可分兩個方面：一個是意義本身的原因，另一是文化方
面的原因，這兩種原因都必須從先秦文獻語言及訓詁材料中去探尋。

（一）探尋語素之間相互選擇或相互排斥的原因

風－俗

　　「風」與「俗」在先秦漢語裏已經連用，現代漢語直接繼承爲雙音詞，兩個語素完全同義。但是在組詞時，現代漢語只說「習俗」、「禮俗」，而不說「風習」、「禮風」。推究原因，是因爲先秦漢語「風」、「俗」在相對而言的時候是有差別的。《漢書·地理志》：「係水土之風氣，故謂之風」，又說：「隨君上之情欲，故謂之俗」。可見，「風」是自然環境造成的地域特點，《後漢書·蔡邕傳》注：「風者，天之號令所以譴告人君者。」所謂「天之號令」，即是自然的狀況。而「俗」則是後天教化造成的社會、人情特點，《周禮·大司徒》疏說：「俗謂人之生處習學不同。」《禮記·曲禮》疏說：「俗，本國禮法所行也。」所以，古人認爲「風」是不能改變的，想變只有移民，而俗是可以通過教化習學而改易的，因此有「移風易俗」之說。這就是「習」與「禮」可以與「俗」互相選擇，而與「風」則不能連用的原因。

　　貧－窮

　　「貧」與「窮」在先秦就已連用，現代漢語襲用爲雙音詞，兩個語素意義無別。「貧」與「窮」在「貧窮」意義上組詞的能量不相上下，例如：

　　　貧困－－窮困；　　　貧苦－－窮苦；　　　貧民－－窮人

　　　貧國－－窮隊；　　……

　　但是在「少」這個意義上，現代漢語雙音詞用「貧」不用「窮」。例如「貧血」、「貧礦」、「貧油」、「貧　」、……都不能換成「窮」，而在「渴盡」這個意義上，現代漢語雙音詞用「窮」不用「貧」，例如「窮盡」、「窮極」、「窮究」、「窮途」、「技窮」、「詞窮」、「無窮」……都不能換成「貧」。這是因爲，在先秦漢語裏，「貧」與「窮」的意義並不完全相同，「貧」是財少，所以與「富」相對；「窮」是路盡、官運不通，所以與「達」相對。這種差別，直接反映到現代漢語雙音的組合關係裏。

　　其他如血緣關係用「親」不用「密」，同樣成爲行政單位名稱「班組」是一個層次，「部局」又在另一個層次上等等，都必須用先秦漢語去解釋。

（二）探尋兩個語素結合後又引申的軌跡

現代漢語還有不少雙音詞，早在古代結合，結合的理據存於先秦，而在結合後又作爲一個詞的整體意義引申，遂使現代用意與構詞的意圖脫節，一旦尋其造詞理據，分析結構方式，仍必須向上追尋。例如：

介紹

周代貴族相見的禮節，主方設上儐、承儐、紹儐負責傳話，賓方設上介、次介、末介負責通報，主賓雙方溝通的第一環節是紹儐與末介的結交。因而「有介紹」的結合，《禮記・聘義》：「介紹而傳命」，這裏的「介紹」還是詞組，以後引申出「爲兩者接通關係」的意思，「介紹」的構詞理據——「介」與「紹」凝結的文化原因，反而不再有人領會了。

責備

先秦漢語「責」有「要求」義，「責備」本當「求其完備」講，所謂「求全責備」，即是它的原始意義。現代漢語「責備」已有「譴責」之義，與構詞意圖偏離。

要領

「要」是「腰」的古字，「領」有「頸領」義，古代行刑有「腰斬」與「斬首」兩類。《禮記・檀弓》：「是全要領以從先大夫於九京也。」《管子・小匡》：「斧鉞之人，幸以獲生，以屬其要領，臣之獲也。」這兩處的「要領」，都是因刑法而結合的詞組。因爲「腰」和「頸」都是人體轉動的樞紐，因而「要領」引申爲「主旨」、「要旨」義，遂使用義與理據偏離。

明白

「白」在先秦的意義是強烈的陽光，一般只與「黑」相對，而不與其他多樣彩色相對。與其他彩色相對的是「素」。《莊子・人間世》：「虛室生白」，《經典釋文》引崔注：「白者，日光所照也。」印度曆法以日盈至滿（初一至十五日）爲白分，日虧到晦（十六至三十日）爲黑分，都可看出「白」的意思。《說文・七下・白部》解釋古文「白」的字形爲「從入合二」

，「二」表空間，「入」爲日光照射。較之甲骨文、金文，這個說法不一定是造字本義，起碼也反映了「白」在先秦的常用義。「明」也是日光照射狀，所以有「白天」的意思。「晝夜」稱「晦明」，「始旦」曰「明」，「達明」、「平明」都與日出有關，所以，以「明白」之結合，基於陽光普照。而在現代漢語裏，「明白」已具有「清楚」義，廣度十分寬泛，與造詞理據離得較遠了。

奧秘

「奧」是古代宮室西南角的專稱。《爾雅·釋宮》：「西南隅謂之奧」。《釋名·釋宮室》：「室中西南隅曰奧，不見戶明，所以奧秘也。」這正是「深奧」、「奧秘」結合理據之所在，必須追溯到先秦文獻，才能弄清。

（三）探討雙音詞意義中感情色彩的來源

雙音詞意義中感情色彩的來源相當一部份來源於先秦文獻。例如：

捷徑

「捷徑」因《離騷》：「夫唯捷徑以窘步」而產生貶義。

四、通過訓詁材料探尋雙音詞語素結合的原始語法模式

正因爲相當大量的雙音詞是在先秦文獻中已經結合的，所以，有些雙音詞的結構模式僅僅從現代著手很難判定。例如：

顏色

「顏色」一詞，僅現代漢語看，似爲「聯合式」，「顏」與「色」都有「色彩」義，爲同義合成。實際上，顏是人的額中部、眉之間的地方，人的喜、怒、哀、樂在這個地方表現最明顯，憂怒時皺眉，古人說「蹙眉」，轉憂爲喜，古人稱「解顏」、「開顏」，都是指眉間的表情。「氣」是人的心情在顏面上的表現，所謂「氣達於眉間是爲之氣，顏色於心若合符節。」孟子說：「仁義禮智根於心，是生色也，睟然見於面。」，所以「顏色」應解釋爲「顏間之絕」，是一個偏正結構的名詞。「察顏觀色」的意思是「察其

顏則能觀其色」的壓縮。「顏」在現代漢語裏也引申有「色彩」義，才使「顏色」像是聯合結構，與構詞時的理據不一致了。

因此，漢語雙音節的構詞法，僅從形式上去研究很難得出準確的結論；僅就使用義而言，兩個語素屬於什麼結構也很難判定，必須追溯到原初構詞的理據，而就原初構詞的意圖或緣由而言，不少雙音詞與典故有關，遠非有限的幾種模式所能涵蓋的。

漢語雙音詞的語法結構，常常因爲書寫方式的改變而被掩蓋，變得難以解釋，最明顯的是一部份連綿詞的形成。相當一部份連綿詞本來是先秦同源詞的結合，或者是具有音律關係的兩個單音詞的結合，因書寫形式改換失去理據而變得不可分析。（連綿詞的推源問題是一個專門而複雜的問題，本文暫不討論）。一般的雙音合成詞因不用本字用借字，或採用古字與現代用字不一致，而使現代人感到不解。例如：

自首

「自首」是自己報告罪行。「首」字難解，其實，「首」是「道」的古字。王引之《經義述聞》說《左傳》「疏行首」即「疏行道」。所以，《唐律疏證》以爲「自首」即「自道」（自己說出罪行），是可信的。

清楚

「清楚」有「明晰」義，「楚」字難解。《說文·七下·黹部》：「，合五彩鮮色。」下引《詩經》「衣裳　　」，而毛詩寫作「楚楚」，知「楚」借「　」義，因五彩鮮色而有「鮮明」義，「清楚」之理據可明。

刻苦

「刻苦」有「勤苦」之義，「刻」字難解。《說文·十下·心部》：「，苦也。」《一切經音義》引《通俗文》：「患愁曰　」。「　」訓「苦」，即《孟子》「苦其心志」的「苦」，「刻苦」用於腦力勞動，，理據存於「　苦」。

檢閱

「檢閱」是現代閱兵的稱謂，外交禮儀也用之。不像有些工具書只解作「翻檢閱讀」。「檢」的本義是「書署」，一般確用於翻檢文書，但現代漢語的「檢閱」指觀閱大規模隊列，從字面上很難解釋。古代打仗有告廟之禮，出入都要「以數軍實」，也就是點人數、軍械、車馬數（出征時點自己的，勝利歸來包括清點俘虜和俘獲物），稱作「簡閱」。「閱」與「稅」同源，有「計數」義。「簡」是「簡書」，按簡查數，「簡閱」是各詞作狀語的偏正結構。必須以「簡」換「檢」後，才能說清原初構詞的意圖和緣由。

常有人譏諷求本字的作法，以為是古代「小學」家的一種「莫名其妙的癖好」。其實，求本字是探詞源、別詞義的一種重要的手段，也是漢語研究不同於使用拼音文字的語言研究的特點所在。用字一旦改換，詞的發展源流便因此而產生阻隔，變得脈絡不清。解決書面文獻的語言問題，不可能不涉及漢字的使用問題。而且，為書面文獻中的詞語求本字，因為有大量的語言材料可以參照，有不同的版本可以對勘，有充足的訓詁材料作依據，一般可以避免主觀隨意性。比之方言口語中毫無書寫形式，僅憑語音形式貿然尋找所謂的「本字」，要可靠得多。所以，現代雙音詞與先秦漢語的溝通，也少不了用這種辦法。

在漢語教學中，強調古今差異的同時，也必須同時看到古今漢語的溝通。這將有利於通過已知來掌握古今這一教學原則的實施，有利於在語言教學中樹立承認歷史、尊重傳統的正確觀念，避免把歷史和現實對立起來把口語和書面語對立起來形而上學的語言觀，體現古為今用的精神，也可使現代漢語詞匯教學進一步豐富起來。

第一屆國際訓詁學研討會論文
1997.04.19-20

言語及語言之互動過程及相關意義

——以沈亞之〈湘中怨解〉、〈異夢錄〉及〈秦夢記〉[1] 爲主之討論

許麗芳

中山大學中文系博士班

一、前　言

　　中國古典小說往往與口述傳統相關，宋元以迄明清之話本小說自不待言，即便唐傳奇，其中亦多存有口傳性質，且與前者之差異在於傳奇多僅於文末明確說明傳播之來源或場合，故事本文則爲高度書面化之展現，此乃與話本小說之口語性質有所不同。究之傳奇此一特質，主要爲口語傳播及語言系統之運作過程。以西方語言學之角度言，所謂「言語」或「語言」各具意義，其間實具極大差異。[2] 且二者於彼此之轉換及運作亦爲一複雜過程，本文擬以沈亞之〈湘中怨解〉、〈異夢錄〉及〈秦夢記〉三篇傳奇小說爲例，探討此類作品中所顯現之文人「徵奇話異」之活動與彼此書寫記錄間之相關性。其中包含口語及書寫之互動；聽眾與讀者之角色互換；乃至於讀者或說

---

[1]　本文所討論之傳奇小說以汪辟疆所選錄之《唐人傳奇小說》（台北：文史哲出版社，1983）爲主，後文所列傳奇作品之出處將不另引。

[2]　西方晚近之語言研究常同時出現三個詞語概念，如索緒爾（ Ferdinand de Saussure ）以爲，Language，discourse，及parol，三者各有不同，一般分別譯爲「語言」，「話語」及「言語」。實際上，此類詞彙於漢語中之意義區別並不明顯，然於西方語言系統中，則有細微之差異；language指語言學或專業之語言知識或理論等；而 parol則指口頭言語，較爲靈活自由；至於discourse則指演講論證等具有推理特徵對話，後二者意義相近。此一定義說明主要跟據魯樞元《超越語言——文學言語學芻議》（北京：中國社科出版社，1990）一書。

作者之自我反省與展現，諸多現象實可藉由一系列語言文字轉換活動得以呈現。

言語之性質因人而異，其中之口音、音量乃至句型等均爲獨特現象，於每一次使用情況中均難以重複出現。於唐人言談中，某一事件之談論或傳播僅爲一單一事件或活動，而語言則爲抽象之語言觀念，爲一切言語之累積，具有社會性與共通性，爲一約定俗成、彼此賴以傳訊之抽象工具。其中之語彙語法語音系統皆有其一定性，於使用時須加以遵守。一如唐代文人以文字寫定口述事件，則事件本身有其固定特徵，具有一定之內容或表象。其間之寫作與閱讀交流活動，則端賴既有之語言文字系統加以完成。

二、唐人傳奇中口述與書寫之互動

一般學者多以爲唐傳奇乃小說發展之重要分期，視其爲小說發展之巔峰，其中文飾藻繪之藝術成就，更爲學者所強調，且往往徵引洪邁與胡應麟等人之說法，以爲「作意好奇」、「有意爲小說」乃傳奇有異於史傳或志怪作品之特徵，視其爲中國古典小說之真正完成。[3] 唐人傳奇小說固爲當時文

3　如葉師慶炳，《中國文學史》（台北：學生書局，1987）第二十講〈唐代傳奇與變文〉中引宋洪邁與明胡應麟等之說法，並言：「至唐代，小說始告成熟；至唐代，國人始懷創作藝術品之心情寫作小說」及「已由片段記載發展成爲完整而優美之小說型態」，頁457。又如陳謙豫，《中國小說理論批評史》（上海：華東師範大學出版社，1989）第二章〈隋唐宋元小說理論批評〉中云：「唐傳奇，……已正式形成我國古典小說的規模和特點，成爲獨立的文學樣式，標誌著它已進入成熟時期。」頁14至15。又云「通過創作小說以寄託理想，表現對社會人生之看法，往往亦加以評論及說明主旨，小說發展至唐傳奇時已進至自覺創作時期，遠非六朝小說之純粹記錄或記聞可比，然亦僅限於與六朝志怪相較。」頁18。而董乃斌，《中國古典小說的文體獨立》（北京：中國社會科學出版社，1994）第五章〈唐傳奇與小說文體的獨立〉（上）中亦云：「唐朝也正是中國古代小說開始走向獨立的時代，……標誌著中國古代真正的小說正式脫離其母體成爲一個堪與詩歌并肩而立的嶄新文學樣式。」頁168。此類說法實隱約透露史傳與傳奇之某種相關，以及作者藉小說形式以寄寓思想之現象。

人之作品，然就其作品形成之背景言，則多與文人之交遊活動相關，如韋絢
《劉賓客嘉話錄・序》亦說明傳奇之形成過程，其言云：

> 丈人劇談卿相新語，異常夢語，若諧謔卜祝、童謠佳句，即席聽之，
> 退而默記。[4]

若干傳奇篇章即經「即席聽之，退而默記」之過程而產生，所謂「晝讌夜
話，各徵其異說」、「握管濡翰，疏而存之」，題材內容往往經由眾人之傳
聞交流得以擴充流通。彼此間之口述傳播與某一個人之實際寫作間實有複雜
語言與言談之互動過程。然藉由傳奇作品中對事件來源、寫作形與作者意識
之說明以觀，實可見傳奇小說之作者不同於既往之書寫意圖識與修辭表現，
[5] 以及當時文人彼此之相關活動與爲文態度等。同時亦顯現所謂唐傳奇之
「幻設」與「好奇」等相關特質之一端。

4　韋絢，《劉賓客嘉話錄・序》，《四庫全書》子部冊三四一小說家類。
5　討論小說敘事形式形成之相關著作可謂不少，大致皆以子、史爲小說題材形式之兩大
　源流。以文學史流變角度言，小說既發展於後，自以先前之文章體例作爲其寫作原則
　與標準，此乃受文學環境與背景之影響，其間模仿學習之表現未必皆有自覺，亦可能
　爲於既有之文學背景下之自然表現。另一方面，歷來視小說均不出小語、小道與或供
　補遺等觀點，是以小說作者於寫作之際，亦不免對所謂外在形式與實用目的有所標榜
　講究，所強調之功能未必實有，卻影響小說體式之特徵，即雖以小說形式寫作，卻強
　調其中之事實性或教化目的，此一創作意識導致小說形式與其他著作尤其史傳之體例
　有某種程度之相關。史傳與小說皆屬敘事形式，是以二者間之形式差別並不明顯，尤
　其中國史傳一向注重文采，即使強調真實，亦未完全排除情理中之虛構，敘述表現上
　有其藝術講求，使得史傳文字與小說表現息息相關。而其他相關質素如敘述者、視角
　及時序等，皆互有異同。史傳之作者即爲敘述者，而小說之作者與敘述者間常有多重
　複雜之關係，二者可重疊，同時亦可出現期他間接敘述者，且史傳往往爲第三人稱之
　全知視角，而小說則有較多之視角轉換，史傳往往順敘，偶有插敘，則以「先
　是……」、「至是……」出之，而小說則自由跳躍，無一定順序，然縱雖有如此差
　異，就形式技巧而言，史傳與小說二者實無明顯差異。如唐人傳奇〈任氏傳〉於文末
　云：「嗟乎！異物之情也有人道焉！遇暴不失節，殉人以至死。雖今婦人，有不如者
　矣。惜鄭生非精人，徒悅其色而不徵其情性，向使淵識之士，必能揉變化之理，察神
　人之際，著章之美，傳要妙之情，不止於賞玩風態而已。惜哉！」即爲史傳筆法。
　史傳之影響固是源遠流長，然若干傳奇小說於其文本中卻明顯透露另一種不同之寫作
　意圖與態度。

　　有關唐人文之聚會及寫作活動，往往可由作者於文末之說明得知一二，同時得知事件來源與寫作意圖，如〈任氏傳〉末云：

> 建中二年，既濟自左拾遺於金吾將軍裴冀、京兆少尹孫成、戶部郎中崔需、右拾遺陸淳，皆適居東南，自秦徂吳，水陸同舟。時前拾遺朱放，因旅游而隨焉。浮潁涉淮，方舟沿流，晝宴夜話，各徵其異說，眾君子聞任氏之事，共深嘆駭，因請既濟傳之，以志異云。

此段敘述強調所錄之事實根據，同時亦交代爲文之原由，乃眾君子「晝宴夜話，各徵其異說」而「共深嘆駭」任氏之傳說，所歎惜者乃事件本身與人物遭遇之波折，又如〈南柯太守傳〉則爲：

> 公佐貞元十八年秋八月，自吳之洛，暫泊淮浦，偶睹淳于生棼，詢訪遺跡，翻覆再三，事皆摭實，輒編錄成傳，以資好事。

所謂「詢訪」及「編錄」中，形成一連串口述與書寫之交流過程。又如〈李娃傳〉末白行簡對寫作原由之說明：

> 予伯祖嘗牧晉州，轉戶部，為水陸運使，三任皆與生為代，故暗詳其事。貞元中，予與隴西公佐話婦人操烈之品格，因遂述汧國之事。公佐拊掌竦聽，命予為傳。乃握管濡翰，疏而存之。時乙亥歲秋八月，太原白行簡云。

其中之「話」、「述」；「聽」、「傳」之間亦有相互關聯，此一說明除強調故事之真實與作者旌美之意，更顯現故事之題材往往由眾人口耳相傳、徵其異說所致，而李公佐〈廬江馮媼傳〉之亦云：

> 元和六年夏五月，江淮從事李公佐使至京，回次漢南，與渤海高鉞、天水趙儹、河南宇文鼎會於傳舍。宵話徵異，各盡見聞，鉞具道其事，公佐因為之傳。

元稹〈鶯鶯傳〉亦云：

> 貞元歲九月，執事李公垂宿於予靖安里第，語及於是，公垂卓然稱異，遂為〈鶯鶯歌〉以傳之。

其中之「道」、「傳」；「語」、「傳」之間，亦為類似之互動現象。沈亞之〈秦夢記〉亦然，所謂「明日，亞之與友人崔九萬具道。」〈異夢錄〉亦云：

> 五月十八日，隴西公與客期，宴於東池便館。既坐，隴西公曰：「余少從邢鳳游，得記其異，請語之。」

又云：

> 後鳳為余言如是。是日，監軍使與賓府郡佐，及宴客隴西獨孤鉉，范陽盧簡辭，常山張又新，武功蘇滌，皆嘆息曰：「可記。」故亞之退而著錄。明日，客有後至者，渤海高允中，京兆韋諒，晉昌唐炎，廣漢李瑀，吳興姚合，洎亞之，復集於明玉泉，因出所著以示之。

其後並引用姚合所轉述有關其友王炎之奇遇等內容。而其中之「語」、「話」、「記」、「錄」等文字，無非亦展現一系列之演變與互動過程。又沈亞之〈湘中怨解〉亦云：「元和十三年，余聞之於朋中，因悉補其詞，題之曰〈湘中怨〉。」則強調書寫對口語之補充與確定。一如陳玄祐〈離魂記〉所云：

> 玄祐少常聞此說，而多異同，或謂其虛。大曆末，遇萊蕪縣令張仲規，因備述其本末。鎰則仲規堂叔，而說極備悉，故記之。

其中所謂「聞」、「記」之間，亦為言談與文字之互動，且於口述中，事多異同，正顯示言語之不確定性，隨時有增減之可能，至文字寫定，方有一定之文本。

究之此類文人聚會，口述傳播某一事件有其背景，而彼此之驚嘆或感動則成為記錄之前提，文人作者雖強調異事之實用可觀性，藉以凸顯寫作本身之合理性，然對於異說之愛好，文采之講求，則亦不免有所顯現。如胡氏〈九流緒論〉下亦云：

> 子之為類，略有十家，昔人所取凡九，而其一小說無與焉。然古今著
> 述，小說家特盛，而古今書籍，小說獨傳，何以故哉？怪力亂神，俗
> 流喜道而博物亦珍也；玄虛廣莫，好事偏功，而亦洽聞所昵也。[6]

以為小說雖不為學者所重視，卻得以普遍流傳，乃因世人好奇好事，而小說
題材又具有怪力亂神之性質，因而得以吸引讀者，可見胡氏對小說之認知，
仍為小道小技，但亦承認小說乃因此類性質而得以盛行，並為大眾所喜聞樂
道，乃至著述特盛。傳奇小說亦具有類似之特質，所謂怪力亂神，無非傳奇
作者所強調之奇聞異事，其傳播過程即為「喜道」至「著述」之發展，進而
成為文人用以逞才競勝之憑介。此一過程中則明顯包含對言談之記錄及補
充，其間言語及語言之多重變化與互動實非偶然。

中國語言於某種歷史時期或使用場合中，亦有以口說為主之現象，於
此，「書寫」僅為口說之記錄，然大致上，中國之書寫語言並不以記錄口語
聲音為主，此與漢字構造及傳統上對「文」或「文字」之概念相關。以字形
構造言，如「象形」、「指事」及「會意」之表義原則往往重形而輕聲。[7]
是以，書寫語及口說語各自形成不同語言系統，加之中國傳統以文言文寫作
之習慣，二者於表現上因而有所脫節，然彼此亦因此得以相互影響。究之若
干唐人傳奇之寫作過程，無疑顯現此一運作過程。

三、相關意義之詮釋延伸

一般學者論及唐代傳奇為具有創作意識之作品時，亦多以魯迅之說為依
據，並強調其中所云之「有意為小說」，魯迅於《中國小說史略》中云：

---

6 胡應麟，《少室山房筆叢·九流緒論》，見《四庫全書·雜家類》。
7 高辛勇，《形名學與敘事理論》，（臺北：聯經出版事業有限公司， 1987），頁105至
　106。

小說亦如詩，至唐代而一變，雖尚不離搜奇記逸，然敍述宛轉，文辭華豔，與六朝之粗陳梗概者較，演進之跡甚明，而尤顯者乃是時則始有意為小說。[8]

又云：

傳奇者流，源蓋出於志怪，然施之藻繪，擴其波瀾，故所成就乃特異，其間雖亦或托諷諭以抒牢愁，談禍福以寓懲勸，而大歸則究在文采與臆想，與昔之傳鬼神明因果而外無他意者，則異其趣矣。[9]

魯迅提及傳奇之可觀文辭與藻繪表現，且集中論點於文章技巧與想像情思之演進，即所謂「文采及臆想」。魯迅說法實以傳奇與志怪作品二者相較爲前提，故傳奇於文采表現上自較六朝志怪進步且豐富，敍事能力亦有所提升且描述層面益形擴大，此固爲傳奇之主要成就，亦爲其較志怪更具小說創作意識之表現。

此一寫作意圖之表現於唐代有其普遍性，如元代虞集《道園學古錄》卷三八〈寫韻軒記〉曾云：

唐之才人，於經藝道學有見者少，徒知好為文辭，閒暇無可用心，輒想像幽怪遇合、才情恍惚之事，作為詩章答問之意，傳會以為說，盡簥之次，各出行卷，以相娛玩，非必真有是事，謂之傳奇。[10]

此說實不以傳奇作者單純爲文之態度爲然，卻亦由批評中說明傳奇作者寫作之背景與實際表現，所謂「無可用心」、「才情恍惚」，實正可說明若干傳奇作者擺脫既有之史傳寫作使命感，而能於情節虛實與辭章文采間追求藝術

8　見魯迅，《魯迅小說史論文集－－中國小說史略及其他》（台北：里仁書局，1992）第八篇〈唐之傳奇文〉（上），頁59。

9　魯迅，頁59至60。

10　虞集，《道園學古錄》（台灣中華書局四部備要本，1971）卷三八〈寫韻軒記〉。

表現，此正爲創作意識之展現，爲傳奇於史筆現象外另一純文學表現。[11]
而此一情思分別於文人相互交換訊息及交流寫作中得以呈現。

　　文學作品是憑藉語言材料於言語活動中作一創造。作者以其特有之感知
與體驗將語言或文字作一選擇與組合，個體語言亦爲個體心理活動之重要表
現形式。唐代文人藉各類文學形式，發揮自我之情思與想像，提供作者藉以
表達願望或幻覺之憑介。[12] 藉由文學形式，各類想法或呈現得以迴避社會
道德之限制或束縛，得以發揮想像力，如〈湘中怨解〉文末云：「蓋欲使南

---

[11] 作者對於寫作意識之表現如上所述，另外唐傳奇作者亦重視取材之真實性，取之實錄者
　　固不待言，即使是錄自傳聞之作，亦多於作品標榜事實與可信度，且亦多交代聽聞與
　　記錄之原由，以求見信于讀者，此自亦爲模仿史傳特徵之表現。史傳之強調真實，有
　　其勸戒借鑒之目的，「實錄」觀念爲史論中早已確立之大原則，又如小說既具有增補
　　史闕之期許，其相關論點自爲對所謂「真實」之講求，如〈南柯太守傳〉云：「雖稽
　　神語怪，事涉非經，而竊位著生，冀將爲戒。後之君子，幸以南柯爲偶然，無以名位
　　驕於天壤間云。」強調真人真事，「事皆掫實」，故纂而錄之。且於其中強調雖爲無
　　稽之談，卻有勸戒警惕之功，亦屬具實用目的之寫作。又如〈李娃傳〉之所以加以記
　　錄，乃感於故事中人物之特殊節行，正與其文開端對李娃「節行瑰奇」之評價相呼
　　應，寫作動機亦甚明顯，實非刻意無中生有，有意幻設。如〈王知古〉中云：「余時
　　在洛敦化里第，於宴集中，博士渤海徐公讞爲余言之。豈曰語怪，亦以掫實，故傳之
　　焉。」於短暫慨歎人物之遭遇外，作者旨在交代獲知傳聞之原由，以及寫作目的，即
　　所謂「豈曰語怪，亦以掫實，故傳之焉」，既強調於好奇之外的實用功能，並亦透露
　　此文乃是據實傳抄而非有意設作，由此又可見傳奇作者對所取材之事件真實度之講
　　求。又〈馮燕傳〉則以既有之史傳批評特徵爲文，其言云：「讚曰：『余尚太史言，
　　而又好敘誼事。其實黨耳目之所聞見，而謂余道元和中外郎劉元鼎語余以馮燕事，得
　　傳焉。嗚呼！淫惑之心，有甚水火，可不畏哉！然而燕殺不誼，白不辜，真古豪
　　矣！』」作者對史筆推崇與學習之跡明顯，並以「讚」字開展議論，模仿之意更顯。
　　且其中亦強調所記之事乃由朋黨口耳相傳而得知，亦強調其真實可信度。歷來學者亦
　　多以「事信而不誕」作爲衡量評斷史學文學之重要標準，認爲小說當應「皆有所
　　據」，「言非無根」，講究「實錄」，「尚真」，是以傳奇作品中交代事件出處或來
　　源之模式實爲此一理念之表現。而強調真實之同時則是注重作品之教化與道德之實用
　　功能。

[12] 一如托拓洛夫（Tzvetan Todorov）以爲，譎怪文類（The Fantastic）具有社會功用，得
　　以表現作者本身被壓制或束縛之願望。可參見高辛勇，《形名學與敘事理論》，頁
　　191。

昭嗣煙中之志，爲偶倡也。」又如〈秦夢記〉、〈異夢錄〉等皆以夢爲主要
鋪陳形式，藉以擴張陳述事件之自由度及想像力，其中既有異說之口語根
據，亦有作者之聯想與發揮，此一表現植基於真與幻之相互衝突與質疑，亦
藉以顯現作者之才情與思考，主要即藉由言談與語言轉換交流之功。[13] 沈
亞之於〈湘中怨解〉中云，「湘中怨者，事本怪媚，爲學者未嘗有述。然而
淫溺之人，往往不寤。今欲概其論，以著誠而已。從生韋敖，善譔樂府，故
牽而廣之，以應其詠。」於未嘗有述之前，即主要以口語傳播，言語活動爲
使用者生活之一部分，使用者一方面使用既有之語言，另一方面亦以個人生
活經驗介入語言本身，而作若干轉換，而得顯現個人色彩。沈氏之所以爲
文，則表現出對於文學及音樂等之愛好傾向。於口語傳播之同時，作者本人
亦即讀者，或說聽眾，藉由言談之交流，而促使其運用語言文字加以表現，
形成另一表現形式。如〈異夢錄〉中姚合見沈氏所著述後亦提供一異聞；
〈秦夢記〉中崔九萬對沈適夢境所作之補證等，其中言語及文字彼此之互動
頻繁，且相互影響。

　　於唐代文人畫宴夜話之言談活動中，主要爲所陳述對象、發話者、符號
及聽眾等所構成之循環系統。與文學作品中之某一事件、作者、文本及讀者
有一致對應之關聯。[14] 就讀者而言，小說之敘述方式影響讀者於接受過程
中對自我之塑造，並且與作者相互溝通，產生共鳴。[15] 作者創作價值之實

---

[13] 明抄本《綠窗新話》曾引南昭嗣〈煙中之志〉，〈湘中怨〉本事即此。又據汪辟疆，昭
嗣與沈下賢約略同時，大抵南氏先有〈煙中怨〉之作，流傳於世，而下賢又擬爲此
篇，欲以辭賦取勝，故曰偶倡云。而以爲〈秦夢記〉「此事本極幽渺，而事特頑豔。
吳興嗜奇，一至於此。」又如〈湘中怨解〉中云：「汜人能誦楚人九歌招魂九辯之
書，亦常擬其調，賦爲怨句，其詞麗絕，世莫有屬者。故有〈風光詞〉。」〈異夢
錄〉亦有類似現象，美人曰：「妾好詩，而常綴此。」鳳曰：「麗人幸少留，得觀
覽。」於是美人授詩，坐西床。……鳳即起，從東廡下几取綵牋，傳春陽曲。……鳳
亦覺，昏然忘有記。鳳更衣，於襟袖得其詞，驚視復省所夢。
[14] 此一傳訊原則可見魯樞元，《超越語言——文學言語學芻議》（北京：中國社會科學出
版社，1990），頁52。
[15] 李晶，《歷史與文本的超越——小說價值學導論》，頁 184。

現落實於文本中，讀者閱讀價值之實現則始於文本。從作者到讀者，小說文本之傳播價值即在於爲二者建立溝通憑介。小說以書面化之語言符號系統作爲傳播方式，傳播之最終效應與價值均體現於閱讀活動中，傳播者本身亦即讀者。同時，藉由讀者（聽眾）於吸收後加以書寫，既有之口述言談得以作不同形式之延長，[16] 以小說形式言，其敘述方式之演變意味著對現象世界作一重新塑造，文本形態之形成端賴作者對於世界之某種觀察方式或思維方式及其結果。小說透過其文本形態表現作者以其自我個性認知現象世界，其中包含個人之情感、意識、感覺及經驗等，同時亦表現當時社會或文化觀念對作者本身之影響。

沈氏此類作品實具「真實」及「虛幻」之互動，此類作品之必須條件爲，讀者必以書中所描述之事件景物爲真實世界之代表，如此方有進至事件本身之可能，以及閱讀之前提；然對於書中之怪異事件能否以自然律解釋則猶豫不決；書中人物對於所經歷之怪異事件究爲超自然現象與否亦感到疑惑；[17] 一如沈氏於〈秦夢記〉中「弄玉既仙矣，惡又死乎？」之懷疑。至於讀者對於譎怪作品，一如沈氏之三篇作品中，無論其本人或其他文人對事件之認同或參與回應，皆有一定之閱讀態度。而此類作品除主要表現人物之猶豫外，最終往往以理性加以解釋者，至於所謂理性，則多以事件來源或某人口述作爲真實根據，並強調雖異事亦有備察考之功能。是以文本雖具幽怪特質，卻多以合乎現實之前提加以解釋。

唐代傳奇獨具文人小說之色彩，往往強調有其寄託，而非單純娛樂。其寫作雖以史傳形式爲書寫體例，然於敘述情節、刻劃人物之外，亦往往凸顯

---

[16] 如托拓洛夫（Todorov）提出以「言談類型」（typology of discourse；如小說、抒情詩、議論文及書信、自傳等）代替「文學」與「非文學」之二分類型，則文學屬於「言談」之一。托氏另一基本假設爲，語言不僅爲言談之媒介，同時亦爲其藍本，即文學言談認爲是語言之擴張。見高辛勇，《形名學與敘事理論》，頁 179。

[17] 此一論證主要根據托拓洛夫對譎怪文類之定義，見高辛勇，《形名學與緒事理論》，頁 189。

作者之個性或思想，讀者亦多以閱讀史傳之要求或期許加以認知及吸收，至於題材本身則未必果具教化或勸懲等實用目的，此爲當時之寫作與閱讀之背景。文人小說須有其創作個性，亦須藉由某類傳播形式將題材及內容予以融合，進而完成作品。[18] 沈氏以夢境或傳說等爲題加以記錄書寫，基本上已超越既有之寫作限制，得以完全發揮獨有之寫作意識及目的，即超越既有嚴肅爲文之態度，藉以展現個人才華，形成作者自我才情之展現。[19]

四、結　語

傳奇作者多以史傳形式爲寫作標準，是以多方模擬，作品格式大致類似，[20] 除交代人物、時空外，並亦強調其中所具道德教化之功。且亦說明

---

[18] 見陳炳熙，《古典短篇小說藝術新探》（上海：華東師範大學出版社，一九九一），頁6至7。

[19] 如〈湘中怨解〉明言此作乃有意與南昭嗣〈煙中之志〉一較辭賦文采之高下，至於〈異夢錄〉則云：「王炎夕夢遊吳，侍吳王久。聞宮中出輦，鳴笳簫擊鼓，言葬西施。王悼悲不止，立詔詞客作挽歌。炎遂應教，詩曰。……詞進，王甚嘉之。」又〈秦夢記〉云：「太和初，沈亞之將之邠，出長安城，客橐泉邸舍。春時，晝寢夢入秦。……公主忽無疾卒，公追傷不已。將葬咸陽原，公命亞之作挽歌，應教而作。……進公，公讀詞，善之。時宮中有出聲若不忍者，公隨泣下。又使亞之作墓誌銘。」又如「公命趣進筆硯，亞之受命，立爲歌，辭曰。……歌卒，授舞者，雜其聲而道之，四座皆泣。」凡此皆顯見作者有意多方表現其寫作才華之多樣化及感染力。

[20] 一般研究皆以爲《史記》之寫作模式乃中國正統歷史與敘事文學之重要體例，且無疑爲敘事文學寫作之最高標準，趙翼《二十二史劄記及補編》（台北：鼎文書局，1975）卷一〈各史例目異同〉，頁三。即對《史記》之文章體式有所說明，其言云：「參酌古今，發凡起例，創爲全史：本紀以序帝王，世家以記侯國，十表以繫時事，八書以詳制度，列傳以志人物。然後一代君臣政事，賢否得失，總匯於一編之中。自此例一定，歷代作史者，遂不能出其範圍，信史家之極則也。」由此可見，《史記》不僅對三千年之歷史作一陶鑄融合而以其獨有之筆法句勢呈現所謂「信史」，且亦已展現敘事思維及技巧之進步，而記錄事實之外亦凸顯歷史活動中人事之善惡良窳。傳奇作者於寫作自覺與形式安排上亦以此爲中心，多所模仿學習。小說與歷史於題材及形式上向有密切關聯，而小說具有拾遺補闕等類似史官之作用，亦往往成爲小說得以保留之主要依據，即使有其社會功能，對小說之評價則仍不離小道末流之認識，此向爲中國古典小說之特性，亦爲歷代小說作者寫作之觀念與標準，即使傳奇作品於文字修辭

事件取材均爲事實，強調所記所云不虛，而真實感之講求則無非證實小說之
尚有補闕或警戒之功能，亦可視爲對史傳形式推崇之表現。傳奇作者多以記
史者自居，寫作往往成爲記錄活動，而非創作，是以，此一書寫或記錄本身
則與文人之口耳相傳產生聯繫，且強調記錄事件本身不僅爲「好奇」，乃藉
記錄事件以寄寓思想或教訓，[21] 就沈亞之傳奇作品以觀，除顯現言談與文
字之轉換形式外，作者亦藉以超越既有之史傳寫作形式及精神，主觀且具體
表現出自我之遭遇或生命情境，即使篇幅甚短，亦構成一個有機且完整之敘
述系統。

　　沈氏三篇作品實皆包含「言」、「象」、「意」構成文學文本三個層
面，共同體現小說文本之敘述性特徵。「言」爲小文本之敘述層面；包含口
述與書寫之憑介，爲文本之形象及意義生成之基礎。任何文學作品皆以文字
或言語方式建構另一世界，通過符號系統加以聯結。作者之寫作、讀者之閱
讀乃至發話者與聽眾，彼此亦均須藉助於「言」此一文本之話語層而展現各
自之價值。「象」爲小說文本之語象層面；爲文本中言、意之媒介，同時亦
是文本之核心形態，即審美形態。[22] 以沈氏之作品而言，即爲其於聽聞事
件後所作之書面文字。就藝術整體而言，文學作品之根本即在於通過其語言
形態而創造出完美之藝術形象，前述三篇作品無疑亦顯現作者此一企圖。
「意」，則爲小說文本之語義或情理層面；爲全部文本價值之終極，爲作者
對於人生美感經驗之體會與接受。一如沈氏對於其作品之期許及於文中對才
情之展現。對於敘述形式之擇取，藉由其中之風格或特徵，以及其中之限制

上高度超越以往之小說作品，講究敘事之完整與優美，然強調真實可信度及教化功能
等。

[21] 此一寫作態度如《玄怪錄》、《續玄怪錄》及《紀聞》中亦有類似特徵。若干作品未具
寫作動機與目的之作品除對人物背景之介紹外，並未凸顯其他史筆特色，純粹就事物
之奇而加以記述，實爲六朝志怪題材之沿續，未見小說之創作意圖，其著眼點在於
「奇」或「異」，而此種訴求實亦涵蓋於史傳寫作之原則下。

[22] 此一概念可參見李晶，《歷史與文本的超越——小說價值學導論》（上海：上海社會科
學院出版社，1992），頁175。

與束縛，同一事件即有不同之表現方式與效果。口述與書寫之差異與融合，藉由語言系統之基礎，二者得以聯結，令口語與文字得以完成語言之活動歷程，作者並由此表現一己之才華。

於作者、讀者及說話人、聽眾相互之關係中，原有之文字或言談對於接受者而言，不僅爲一仿擬對象，新作品與原有作品間形成一激盪關係，維持一問答式之交互作用，舊作對新作或既有之言談內容往往啓發文人之寫作動機與期許；新作則是對舊作之反應與迴響，甚至爭勝。[23] 所謂「牽而廣之」、「悉補其詞」等補充文字或言談即是。是以，於沈氏所創作之三篇作品文字中，往往可見作品中讀者與批評者之存在，其中作品風格亦對當時之文學傳統與其他作品之某種反應與答辯。前此之文人徵奇話異主要爲好奇之傾向，至此，則形成展現作者個人文采之媒介。其中具有文人之承繼與變換，除記錄聽聞外，亦藉以呈現個人才情，其間言語與文字亦因而有所融和。小說以書面化之語言符號系統作爲傳播方式，傳播之最終效應與價值均體現於閱讀活動中，傳播者本身亦即讀者。作者創作價值之實現落實於文本中，讀者閱讀價值之實現則始於文本，從作者到讀者，小說文本之傳播價值即在於爲二者建立溝通及傳達之憑介。

語言並非某種獨立之產物，或某一固定語法形式或邏輯形式；而應視爲一活動，其中包含使用者之主觀生活及意識。是以，文學中之「言語」並非僅限於作品之文本中，而是文學創作、文學鑒賞及交流之活動與過程。此亦爲一開放之系統，其中作者之寫作意圖或認知，對事件之鑑賞，其間之醞釀及發展，以至於訴諸文字而加以定型，實爲一系列語言及文字轉化之曲折過程。且藉由形式之轉換與呈現，寫作本身往往超越既有之寫作期許及價值觀，純以文字辭賦之技巧爲表現焦點，由故事中人物之反應而表現個人之寫作才華，藉由詩賦之運用，增添故事之氣氛與感染力，此亦已超越既有之簡

---

[23] 高辛勇，《形名學與敘事理論》，頁 195。

單敘事模式，加之文人間之相互競爭，及彼此資訊之交流，各項文人之活動皆脫離固有之思考模式與傳統期許，而有創新之發展。

第一屆國際訓詁學研討會論文
1997.04.19-20

元雜劇詞句解釋的問題舉例

徐信義
中山大學中國文學系

提要

　　元代的雜劇中，有許多難解的詞語，其中有的是俗語，有的是俚語，有的是蒙古語及其它外來語的音譯，還有典故、名物等等。近年雖有一些這方面的「辭典」可以解決部分問題，其中還是有許多問題難以解釋。另外文學技巧的運用，版本的差異，也造成理解上的困難。本篇各略舉數例，提出問題，加以解說，以爲研讀元雜劇之一助。

壹·前言

　　一般以爲元雜劇是比較通俗的，因爲雜劇是市井小民的娛樂；不能用太文雅艱深的語言，而是要與生活結合在一起的淺俗的語言，特別要使用口語。因此就以爲元雜劇的語言是比較容易了解的；其實不然。一者中國幅員遼闊，方言不一，即使同時代，不同語系的人語彙不盡相通，不同區域的俗語也未必相同；其次，時代變遷，當時能了解的詞語、名物，後世也未必能知曉。因之現今讀元雜劇，須加以解釋的詞語以及當時的名物，並不少見。

　　幸而部分學者曾對元代的詞語下功夫去研究，對我們閱讀元雜劇有相當的幫助。重要的辭書，如：張相《詩詞曲詞語匯釋》、陸澹安《戲曲詞語匯釋》《小說詞語匯釋》、徐嘉瑞《金元戲曲方言考》、朱居易《元劇俗語方言例釋》、顧學頡、王學奇等《元曲釋詞》、王鍈《詩詞曲語辭例釋》、王鍈、曾明德編《詩詞曲語辭集釋》等，都極有用處。不過，仍然有些詞語的解釋，尚待斟酌。

此外，元雜劇中使用了相當數量的典故——當然，比起明、清傳奇，算是很少了——這些典故，有的承襲於歷代，有的則是新興的。歷代流傳下來的典故，容易解決。新興的典故，則須自宋、元資料去搜尋。此外，元代的一些名物，可能不見於前代，也須找資料來解釋，才可能將元雜劇中的某些問題解說清楚。

其實，就算將詞語解釋清楚了，也未必能將一首曲子或部分句子解說清楚；因爲有文學技巧存乎其中，不是詞語訓解就能解決的。同時，因爲版本的差異，使得部分文字有所不同，也會造成理解上的歧異。

本文徵引的例子，凡是未注明作者與版本的，均出自本人所編《元雜劇選讀》，[1] 書中已標明作者與版本。敬請高明諸君鑒諒。各本雜劇除《西廂記》外，皆以〈 〉表示劇名。

貳·詞語的解釋

元雜劇劇本，有些文字錯了，這是研讀雜劇首先要解決的問題。至於一些表語氣、語助之詞，大抵以同音字爲之，如：語氣詞的「哩」作「里」，而「里」又當「裡外」之「裡」；「只是」之「只」、「止是」之「止」或作「子」；「著」或作「者」「咱」。疑問詞語「哪」或語氣詞「哪」，或作「那」，而「那」有時又作動詞「挪」。又如表示「如此」之「恁」，可做指稱詞的「你」「您」「你們」；表示指稱詞複數的「們」，大都寫成「每」；表示比較程度「極」的「煞」往往作「殺」，「很」有時作「狠」；不一而足。

元雜劇中的詞語，有較傾向文言的書面語，有較通俗的口語。有時一個詞語，兼有文言義與口語義。如：「子弟」，指與「父兄」相對或與「尊長」相對之人，〈東堂老〉第四折白：「這的是西鄰友生不肖兒男，結末了東堂老勸破家子弟」；可是元雜劇中往往稱流連花酒的尋芳客或嫖妓的人爲

---

1 徐信義：《元雜劇選讀》（臺北：華正書局，1993）

子弟，〈救風塵〉白：「自小上花臺做子弟。」【元和令】：「做丈夫的做子弟，他終不解其意。做子弟的他影兒里會虛脾。」〈曲江池〉第一折【那吒令】夾白：「他便是個子弟，也則是個鶻兒。」第二折【感皇恩】：「他道是元和醒也，這的是子弟還魂。」皆是。又如「早起」一詞，是早早起床之意，而〈東堂老〉白：「俺等你一早起了」，指一上午；「喫了早起的，無那晚夕的」，指早上。「逡巡」，是退卻不進之貌；而〈曲江池〉【採茶歌】：「我則怕你死在逡巡，葬在荒墳。」則是須臾之意。「早晚」，是早與晚、或遲早之意；而〈竇娥冤〉白：「怎生這早晚不見回來？」則是表示時間之詞，相當於現今「時候」；〈東堂老〉二折【隨煞】帶白：「這早晚多早晚了也，」相當於說「這時候是甚麼時候了也」；〈漢宮秋〉二齣【梁州】：「繫人心早晚休，則除是雨歇雲收。」則是何時、何日之意。〈竇娥冤〉白：「小生今日一徑的將女孩兒送來與婆婆，怎敢說做媳婦，只與婆婆早晚使用咱。」「你若在這裡，早晚若頑呵，你只討那打罵哩」，則是表是任何時間，有隨時之意。如此之例甚多。

元雜劇中有些詞，可能寫了白字，語音相同。如「展污」一詞，當是「點污」或「沾污」、「玷污」之誤；〈梧桐雨〉第三折【沉醉東風】：「斷遣盡枉展污了五條刑法」；《西廂記》第三本第一折【寄生草】：「休教那淫詞兒展污了龍蛇字」，[2] 第五本第一折【醋葫蘆】：「怕油脂膩展污了恐難酬」，第四折【慶東原】：「不明白展污了姻緣簿。」皆是。又如〈勘頭巾〉第二折白：「我把這一半鏖糟的丟了。」「鏖糟」即「腌臢」「骯髒」；第三折【掛金索】：「我可便買與你個合洛喫」，又白亦作「合洛」，疑即「合酪」。〈勘頭巾〉第二折白：「（丑云）荒出我屁來。（作跳牆蹲下阿屎科）」又第三折白：「蹲在地下阿八八。」「荒」即「慌」，「阿」為「屙」之訛，同音；「八八」為語氣詞。又如〈東堂老〉第三折

2　吳曉鈴注，《西廂記》（香港：中華書局，1989重印），頁80。案：弘治岳氏本、張深之本無「展」字。

【醉春風】:「糞土墻杔辱抹殺祖。」「辱抹殺」即「辱沒煞」。又如〈救孝子〉第三折【醉春風】:「這冤杔幾時伸?憂愁甚日楚?」「楚」疑是「除」之訛。又如〈漢宮秋〉第二齣【梁州】:「怎禁他帶人香著莫定龍衣袖。」[3]「帶」疑是「殢」之誤。

有時劇作家爲傳達劇中人物說話的情狀,將劇中人的錯誤語音照實記下,如〈勘頭巾〉第三折白:「(告云)相公,張鼎說大人葫蘆提。(孤)阿失的道我葫蘆提?(令史)是張鼎說大人葫蘆提。(孤)張鼎,阿失的葫蘆提?(末跪云)張鼎不敢。」「阿失的」當是「阿誰的」即「誰」。臧懋循《元曲選》不悉其中原故,改爲:「(告云)大人,張鼎說大人葫蘆提。(府尹云)張鼎道誰葫蘆提?(令史云)是張鼎說大人葫蘆提。(府尹云)張鼎,你怎道我葫蘆提?(正末跪云)張鼎不敢。」意思清楚了,趣味卻減弱了。

元雜劇中今尚有許多意義難解甚或不可解的詞句,等待行家訓解。如〈曲江池〉第二折【牧羊關】:「打木子他須是件作風流種,送死人他須是看百誶文字人。」「打木子」疑是喪禮中的一個儀式,詳情不得知。〈救風塵〉第二折【醋葫蘆】:「普天下愛女娘的子弟口……那一個不撡麻各般說咒。」「撡麻各」意不明,不知是否「折麻稭」以發誓之意;《元曲選》本改作「那一個不指皇天各般說咒」,恐是不解「撡麻各」之意而改。又第三折【滾繡毬】:「我這裡微微把氣噴,輸個姓因;怎不教那廝背槽拋糞。」「輸個姓因」不詳何意?可能是「輸身」「委身」之意,「姓因」是「身」的切口;但是「姓因」也可能是「撒因」「撒銀」,爲蒙古語「好」,[4] 只是詞性不對。〈殺狗勸夫〉第四折【鬥鵪鶉】:「好歹鬥的書生,好放刁的囟士。」「囟士」待考,《元曲選》本作「賊子」;按《西廂記》第三本第一折【元和令】:「俺小姐至今脂粉未曾施,念到有一千番張殿試。」吳曉

---

3 顧曲齋本、《古名家雜劇》本、《酹江集》本皆作「帶人香」;而《元曲選》本作「帶天香」,誤。

4 方齡貴:《元明戲曲中的蒙古語》(上海:漢語大詞典出版社,1991)頁215。

鈴注：「元代通稱讀書人作『解元』或『殿試』。」[5] 王季思注：「殿試蓋宋元士子之通稱。」[6] 疑「甸士」即「殿試」，反諷柳隆卿、胡子傳兩個無賴；臧本作「賊子」，則是用劇中人對二人之詈詞。顧曲齋《古雜劇》本〈臨江驛瀟湘夜雨〉的崔通是個書生，字甸士；疑是曲家以書生之通稱爲崔氏之字。又如〈東堂老〉第一折白：「俺是讀牛鑑書的秀才，不比你那興子。」「興子」義不詳，疑是罵人的話，因此東堂老一聽就怒了；《元曲選》、《酹江集》本並作「不比那夥光棍」，疑臧氏不詳「興子」之意，故改爲光棍。——如果是「光棍」，東堂老未必「怒」。

元雜劇中須解釋之詞語極多，本文只能拈出部分類別，舉一些例子；而且僅以該詞語在某一作品中的解釋來討論，不廣引其它作品爲例證。至於分類，大部分學者往往提到「俗語、方言」，甚至據現今的方言來認定某些詞語爲某地的方言。[7] 除非有當時的資料說某些詞語是某地方言，不然我們實在很難說元雜劇中哪個詞語是某地的方言。這個問題，還有待方家研究。

一·俗語

所謂俗語，指比較通俗之口語，相對於文雅的口語或書面語而言。此等詞語甚多，舉不勝舉。如：

情受、請、請受

〈竇娥冤〉第一齣【賺煞】：「兀的是俺公公置就，教張驢兒情受。」又〈梧桐雨〉第三折【攪箏琶】：「他見情受著皇后中宮，兼踏著寡人御榻。」皆是「承受」之意；「情」「承」音近。或作「請」「請受」；如

5　吳曉鈴注：《西廂記》（香港：中華書局，1989重印），頁81。

6　王季思注：《西廂記》（臺北：里仁書局，1995），頁107。

7　如徐家瑞、朱居易二氏之書；又如楊明索〈王實甫《西廂記》中的蒲州方言俗語初考〉，收於寒聲、賀心輝、范彪等編《西廂記新論》（北京：中國戲劇出版社，1992），頁255-288。其它學術刊物，如《中國語文》《語文研究》及大學學報，時有論文，不暇列舉。

〈救孝子〉第三折【五煞】:「官人每枉請著皇家祿,都只是捉生替死,屈陷無辜。」第四折【收江南】:「穩請受五花官誥喜非常。」元刊〈趙氏孤兒〉第二套曲文【梁州】:「如今挾天子的進祿加官,害百姓的隨朝請奉,令諸侯的受賞請功。」皆是。

彈

〈救風塵〉第二折【集賢賓】:「一個個眼張狂似漏了網的游魚,一個個嘴盧都似跌了彈的斑鳩。」顧肇倉《元人雜劇選》注:「像中了彈的斑鳩一樣。咕嚕咕嚕直叫喚。比喻喫了虧的人,口裡直埋怨。」按:王學奇〈釋"彈"〉一文,以爲「彈」即禽卵,今謂之「蛋」。[8] 其說是。

作念

〈救風塵〉第二折【金菊香】:「想當日他暗成公事今日決成仇。我當初作念你的言詞今日都應口。」顧氏選注:「念叨;念記」。王鍈《詩詞曲詞語例釋》以爲係「詛咒」之意。按:王說是,「作念」即「咒念」;「作」「咒」今某些方言音近。又,「作念」有時可解釋爲「叨念」「惦念」,又可解爲「絮絮叨叨」。附及:「決」當作「打」「罵」解,[9] 此謂周舍打宋引章,今臺灣地區閩南語中也有稱揍、打爲"gwuat"音;《元曲選》本〈包待制陳州糶米〉第四折白「張千,選大棒子將王粉蓮去褪決打三十者。」「決」即「打」。至於《元曲選》本〈救風塵〉將上句改作「想當日他暗成公事只怕不相投」,恐係不解「決」字之意而改。

撐

〈梧桐雨〉第一折【天下樂】:「一個暈龐兒畫不就描不成,行的一步步嬌,生的一件件撐,一聲聲似柳外鶯。」《西廂記》第一本第三折【調笑

8　王鍈、曾明德編:《詩詞曲語辭集釋》(北京:語文出版社,1991)頁101-103。
9　同上註,頁217。

令】：「我這裡甫能見娉婷，比著那月殿嫦娥也不恁般撐。」「撐」即「美」之意；大約是「靚」「倩」之音近假借。字或從手從掌作「撐」。

比及

〈倩女離魂〉第二折【麻郎兒】【么篇】：「嶮把咱家走乏。比及你遠赴京華，薄命妾爲伊牽掛，思量心幾時撇下？」【絡絲娘】：「你拋閃咱比及見咱，我不瘦殺多應害殺。」張相《詩詞曲詞語匯釋》以爲上曲「比及」爲「既然」，下曲爲「未及」。按：下曲「比及」似可作「及至」「等到」解。

先生

〈勘頭巾〉第二折科：「（丑荒走上，淨扮先生跟上）」據後文，知「先生」是道士。又第三折【醋葫蘆】：「聽言罷他口內詞，不由我心內疑；況兼那婆娘顏色有誰及！他莫不共先生暗暗的來去。」白：「（末）你那奸夫不是俗人，是個先生。（旦）誰道是和尙來？可知是個先生哩。」按：劉員外夫人的奸夫爲王知觀，是道士。

二‧俚語

此所謂俚語，指鄙俗的話語，往往帶有詈罵或鄙視的意味。如：

頹

〈救風塵〉第一折【天下樂】：「我一世沒男兒直甚頹。」「頹」原來指男子生殖器睪丸，如頹疝即疝氣病；此則是詈罵之辭，表示「惡劣」之意。在這支曲子中，表示命運不好。又如〈勘頭巾〉第一折白：「你看我那頹命麼！狗也不曾打的著，到打破了一隻水缸。」又第二折【隔尾】：「則被你這探爪兒的頹人將我來帶累死。」第三折白：「這個頹人說我是潑皮賊。」《西廂記》第三本第四折白：「我這頹證候，非是太醫所治的。」又第五本第三折【收尾】帶白：「你這般頹嘴臉。」均是此意。

娘、你娘、入娘

〈殺狗勸夫〉頭一折【鵲踏枝】：「喫的來東倒西歪，盡盤將軍。問甚末前親來後親，喫麼娘七代先靈？」白：「（二淨云）這孫二無禮也，你那裡是罵俺哩！哥哥，你看孫二見俺這裡吃酒，他罵你吃你娘七代先靈。」又〈勘頭巾〉第二折白：「（張放丑出科，云）你且去，明日來討草錢。（丑）討你娘的漢子，我情願不要了。」第三折白：「（張去枷，推丑出門科，云）你明日來討草錢。（丑）討你娘的頭！」這個「娘」字，自然不是母親，而是罵人的話，今尚有許多方言存有此等情形。〈東堂老〉第一折【天下樂】：「你曾出的胎胞，你娘收你那繃藉包，你娘將那酥蜜食養活的偌大小。」則是指母親，不可相混。但是〈東堂老〉第二折【隨煞】：「我著那好言語教著、你不肯聽；那廝每謊話兒裏弄著、好也囉你且是娘的應。」則是罵人的話。〈勘頭巾〉第三折白：「這個頹人說我是潑皮賊；那入娘的平白揣與我個賊名兒。」「入娘的」也是罵人的話。

屁眼、馬屁眼

〈勘頭巾〉第三折白：「則見那壁也跳過個人來，他把屁眼努在我臉上。」這兒的「屁眼」指排屎的肛門。〈救孝子〉第二折白：「噤聲！老弟子說詞因，兩片嘴必溜不剌瀉馬屁眼也似的。」則指雌性動物排尿口，或陰唇。不是字面上的意義。

三‧非漢語

語言是溝通意見的；不同語系間會互相滲透、交流，或吸收對方的語彙，或將對方之詞語音譯爲己方之文字。中國，自漢語語系形成之後，仍不時接受外來語。尤其在非漢族統治的地區、時期，這種現象更是常見。在十二到十四世紀，中國北方，先後有遼、金、元的統治，甚至統一全中國；這時候的漢語，或多或少受到他們的影響。在元雜劇中，凡是以五代時期北方

的事件或以蒙古人有關的事件為材料的作品，都可能用了非漢語的詞彙。如
脈望館抄本關漢卿〈鄧夫人苦痛哭存孝〉頭折，李存信上場詩：

> 米罕整斤吞，抹鄰不會騎；弩門並速門，弓箭怎的射？撒因答剌孫，
> 見了搶著喫；喝的莎塔八，跌倒就是睡。

其中「米罕」、「抹鄰」、「弩門」、「速門」、「撒因」、「答剌孫」、
「莎塔八」都是蒙古語的音譯。據方齡貴研究：米罕，肉；抹鄰，馬；弩
門，弓；速門，箭；撒因，好；答剌孫，酒；莎塔八，醉。[10] 其它非漢語
尚多，略舉數條：

哈剌

　　〈勘頭巾〉第四折白：「……除死無大災。饒便饒，不饒把俺兩口兒都
哈剌了罷。」又《元曲選》本〈漢宮秋〉第三折白：「似這等姦邪逆賊，留
著他終是禍根；不如送他去漢朝哈剌。」「哈剌」即蒙古語「殺」之音譯。
方齡貴指出：《拜月亭記》第三出【水底魚】曲羅懋登註：「胡人謂殺為哈
剌」，必有所本。方氏又說：在蒙古字書中，蒙古語訓殺之語實作「阿剌」
或類似之字，而不作「哈剌」或類似之字；並引《元朝秘史》為證，又引蒙
古語相關辭典，以為之訓殺之語為「ala-」。[11] 又推測在十三、四世紀蒙
古語中保存語頭「h-」發聲，明中葉以後消失。[12]

歪剌骨

　　《元曲選》本〈竇娥冤〉第一折白：「這歪剌骨，便是黃花女兒，剛剛
扯的一把，也不消這等使性，平空的推了我一交。」（按：《古名家雜劇》本
無此語）顧氏選注：「或省作歪剌、歪臘。侮辱婦女的話；含有潑辣，臭
肉，不正派等義。」按：「歪剌骨」之說解不一，方齡貴引《通俗篇》卷二

10　方齡貴：《元明戲曲中的蒙古語》（上海：漢語大詞典出版社，1991），諸語條依序見頁
　　69、55、99、99、215、220、242。
11　同上註，頁157-160。
12　同上註，頁238。

二〈婦女‧瓦剌國〉條：「洪容齋《俗考》：『瓦辣虜最醜惡，故俗詆婦女之不正者曰瓦辣國』。汪价《儂雅》：『今俗轉其音曰歪賴貨。』」以爲係瓦剌姑或瓦剌國之音轉；瓦剌爲一蒙古部族。[13]

撒和

〈倩女離魂〉第四折【刮地風】「這沒撒和的長途有十數程，越恁的骨瘦蹄輕。」撒和，謂餵飼草料。又《西廂記》第一本第一折白：「（末云）頭房裡下。先撒和那馬者。……（僕云）安排下飯，撒和了馬；等哥哥回家。」王季思注：「友人張燕庭曰『撒和，謂去驢馬之羈勒，任其徐行自適，即俗之所謂蹓躂。』按《山居新語（按：當作「話」）》：『凡人有遠行者，至巳午時，以草料飼驢馬，謂之撒和。』蓋慣例驢馬食後，須略蹓躂，以防停食，因亦謂飼牲口爲撒和耳。」[14] 吳曉鈴注：「在騾馬勞累之後，卸去鞍韂，拉著地慢慢的蹓躂一會兒，然後再餵草料，叫做『撒和』。」[15] 霍松林以爲「撒和」的本意是「撒料和草」，是比較特殊的餵養，又引申爲「打牙祭」。[16] 楊明索以爲此語是蒲州方言，「撒和，亦謂之滾滾。……大牲口卸套之後，選乾淨地方，使其自適，左右翻滾，俗謂"展骨""活騰"。若牲口出力過度，皮毛"出水"，更須翻滾自調，以防汗止風。此謂之撒和也。」[17] 按：方齡貴以爲「撒和」爲宋、元載籍中常見的「掃花」或「撒花」蒙古語音譯，王國維〈蒙古札記〉已經指出；並引《元朝秘史》等，以爲其意爲「人事」、「禮物」；又引元人楊瑀《山居新話》：「都城豪民，每遇假日，必以酒食招致省憲僚吏翹傑出群者款之，名曰撒和。」因

---

[13] 同上註，頁275-279。

[14] 王季思注：《西廂記》頁13。

[15] 吳曉鈴注：《西廂記》頁11。

[16] 王鍈、曾明德編：《詩詞曲語辭集釋》引錄霍氏〈評新版西廂記的版本和注釋〉，頁350。

[17] 楊明索：〈王實甫《西廂記》中的蒲州方言俗語初考〉，見寒聲等編《西廂記新論》頁256。

謂撒和本無二義，對人言爲款待，對驢馬言指餧飼草料或溜放，均由撒花（或掃花）訓爲打點、應酬之意轉出；其音爲sauɤat，saux-a，sauɤ-a，sauɤad，soaa，soaat，saughat……。[18] 方氏說較勝，可從。

把都兒

　　臧氏《元曲選》本〈漢宮秋〉第三折白：「把都兒，將毛延壽拿下，解送漢朝處治。我依舊與漢朝結和，永爲甥舅。」把都兒，顧曲齋本、《古名家雜劇》本、《酹江集》本，均作「左右」，疑是臧氏所改。按：把都兒，蒙古語謂「勇士」，或作巴都兒。方齡貴引元人文集如王惲〈開府儀同三司中書左丞相忠武史公家傳〉原注：「國朝語謂勇猛氏曰拔都。」柳貫〈承直郎管領拔都兒民戶總管伍公墓碑銘並序〉：「拔都兒，漢言健兒。」馬祖常〈敕賜太師秦王佐命元勛之碑〉：「把都兒，國語雄武也。」及其他資料，以爲係蒙古語 bāadur，bahadur，baxatur，bagator，bartur……之音譯。[19]

五裂篯迭

　　脈望館抄本關漢卿〈鄧夫人苦痛哭存孝〉第二折白：「（李存信把盞科云）阿媽，滿飲一杯。（李克用醉科云）我醉了也。（康君利云）阿媽，有存孝在於門首，他背義忘恩。（李克用云）我五裂篯迭。（下。李存信云）哥哥，阿媽道五裂篯迭，醉了也。怎生是了？阿媽明日酒醒呵，則說道你著我五裂了來。（康君利云）兄弟說的是。若不殺了存孝，明日阿媽酒醒，阿者說了，喒兩個也是個死。小校，與我拏將存孝來者。（李存孝云）康君利、李存信，將俺那裡去？（李存信云）阿媽的言語：爲你背義忘恩，五車爭了你哩。（李存孝云）阿媽，你好哏也。我有甚麼罪過將我五裂了？我死了不爭……」方齡貴據《元朝秘史》謂「五裂」爲蒙古語「不」之音譯，

---

18 方齡貴：《元明戲曲中的蒙古語》，頁29-35。
19 同上註，頁 2-11。

「篾迭」爲「知」「管」之音譯；「蒙古語．"五裂蔑迭"猶言不知道或不管，劇文中李克用喝醉了酒，乃作此語。李存信、康君立爲了要加害李存信，故意借諧音會意曲解蒙古語"五裂蔑迭"的"五裂"爲漢語車裂之刑，將李存孝處死。」[20] 其說是。又阿媽、阿者，是爸爸、媽媽的音譯。

獅蠻

元刊〈趙氏孤兒〉第三套〈七弟兄〉：「是它變卻相貌，怎生饒五蘊山當下通紅了。獅蠻帶上提起錦征袍，把龍泉刀扯離沙魚鞘。」獅蠻帶是武將的腰帶。而「獅蠻」一詞，方齡貴以爲係「闍獅蠻」之省稱，闍獅蠻亦稱回回。闍獅蠻，是波斯語。[21]

四・典故

元雜劇中，或使用新典故，有的出自史傳，有的則出自戲曲、小說、雜記等。如：

雙漸、蘇卿、臨川縣、豫章城

〈救風塵〉第一折【賺煞】：「你個雙郎子弟，安排下金冠霞帔；一個夫人也來到手里，自家了卻則爲三千張茶引嫁了馮魁。」按：此用了雙漸與蘇卿的故事。

雙漸，又稱雙生、雙同叔、雙道叔。雙漸和盧州蘇小卿（或稱蘇卿）相戀，外出求官；蘇小卿之母將她嫁與茶商馮魁。蘇小卿不樂，題詩於金山寺，表達了思念雙卿之情。雙卿既得官，除臨川縣令。赴任途中經金山寺，見題詩，思念起蘇卿。兩人得於豫章相會，終爲夫婦。此故事於宋、元時甚爲流行，戲曲、散曲中時有人歌詠述及；而情節略有出入。今人齊曉楓、李殿魁有專著討論。[22]

---

[20] 同上註，頁37-40。

[21] 同上註，頁314-320。

[22] 齊曉楓：《雙漸與蘇卿故事研究》（臺北：文史哲出版社，1988）

又〈曲江池〉第一折【醉中天】：「莫不是沖倒臨川縣。」第三折【滿庭芳】：「（旦唱）罷波娘也實拿住風月所和姦的罪名，檢著這樂章集依法施行，便拚著大枷長釘，定告到臨川縣令……」也是用此典故。

龍圖

〈救孝子〉第三折【三煞】：「你休道俺潑婆婆無告處，也須有清耿耿的賽龍圖。」「龍圖」指龍圖閣直學士包拯。「賽龍圖」謂清官能吏。

按：《宋史》卷三一六〈包拯傳〉稱：包拯（999-1062）字希仁，合肥人。他在嘉祐元年，「徙江寧府，召權知開封府，遷右司郎中。拯立朝剛毅，貴戚宦官爲之斂手，聞者皆憚之。人以包拯笑比黃河清；童稚婦女亦知其名，呼曰『包待制』。京師爲之語曰：『關節不到，有閻羅包老』。舊制：凡訟訴，不得徑造庭下；拯開正門，使得至前陳曲直，吏不敢欺。」[23]元代戲曲如〈蝴蝶夢〉〈魯齋郎〉〈後庭花〉〈生金閣〉〈灰襴記〉〈合同文字〉〈陳州糶米〉〈盆兒鬼〉，都以包拯斷案爲題材；後來的小說如《平妖傳》《包公案》也敘述了包拯斷案的故事。這些戲曲、小說中的故事，未必合乎史實；卻塑造了包公清廉無私的形象，流傳廣遠。

酷寒亭

〈曲江池〉第三折【十二月】：「好淒涼人也又不曾虧負了蕭娘的性命，雖同姓你又不同名。」【堯民歌】：「你本是鄭元和也上酷寒亭。」即用了典故。

按：元人楊顯之〈鄭孔目風雪酷寒亭〉雜劇，[24] 述孔目鄭嵩迷戀從良歌妓蕭娥，髮妻氣死；遂與蕭氏結爲夫妻。蕭氏趁孔目出差京師時，與高成私通，折磨孔目子女行街乞食。孔目回來，發覺前情，殺了蕭娥；高成逃

李殿魁：《雙漸蘇卿故事考》（臺北：文史哲出版社，1989）

23　脫脫等：《宋史》（臺北：藝文印書館據清乾隆武英殿本景印）頁4029-4030。

24　鄭騫先生：〈元劇作者質疑〉以爲花李郎作。《景午叢編》（臺北：臺灣中華書局，1972）頁317-325。

去。孔目自首，迭配沙門島；卻由高成押解。風雪中行至酷寒亭，高成擬殺害孔目以洩恨。有前時受孔目恩惠的草寇宋彬，殺了高成，救了孔目性命。〈曲江池〉用此典故說明鄭元和在風雪中的苦況。又〈殺狗勸夫〉第二折【滾繡毬】：「似這雪呵鄭孔目怎交迭配？」描述風雪之大。〈東堂老〉第二折【二煞】：「你回窰去吻吻吻（按：當作「忽忽忽」）少不的風雪酷寒亭。」則說在風雪中受寒受凍。

寒爐一夜灰

〈倩女離魂〉第三折【三煞】：「這秀才則好謁僧堂三頓齋，則好撥寒爐一夜灰。」〈殺狗勸夫〉第二折【滾繡毬】：「似這雪呵……呂蒙正撥盡寒爐一夜灰，交窮漢每無食。」皆用呂蒙正（946-1011）故事，比喻窮困。

按：呂蒙正之父呂龜圖多內寵，與蒙正母劉氏不睦；將劉氏並蒙正逐出。劉氏誓不復嫁，頗淪躓乏。見《宋史・呂蒙正列傳》。蒙正母子二人既見逐，龍門僧鑿山嵒為龕以居之，九年出從秋試，一舉為廷試第一。見葉夢得《避暑錄話》。呂嘗有詩云：「撥盡寒爐一夜灰」。又：王實甫〈呂蒙正風雪破窰記〉雜劇則以同居破窰者為呂妻。

雷轟薦福碑

〈倩女離魂〉第三折【三煞】：「這秀才……則好交半夜雷轟了荐福碑。不是我閒淘氣，便死呵死而無怨，待悔呵悔之何及。」比喻沒福氣。

按：北宋時范仲淹（989-1052）守潘陽；有書生獻詩甚佳，仲淹禮遇他。書生自言天下之至寒餓者無出其右。當時盛習歐陽詢字，薦福寺碑墨本值千錢。范仲淹想要為書生拓千本到京師去賣；紙、墨都準備好了，不料一夕之間，雷擊碎其碑。見宋代惠洪《冷齋夜話》卷四。按：馬致遠〈半夜雷轟薦福碑〉述此事，謂字為顏真卿書，書生為張鎬。

謝天香

〈曲江池〉第三折：「（卜云）休波，謝天香。（旦唱）【煞尾】我比那謝天香名字真，（卜）休波，柳耆卿。（旦唱）你嗦他怎麼的他比那柳耆卿觔兩輕？」用戲曲典故，指歌妓。

按：關漢卿〈錢大尹智寵謝天香〉雜劇，述詞人柳永與歌妓謝天香戀愛的故事。

瓊姬、子高

〈倩女離魂〉第一折【賺煞】：「不爭把瓊姬棄卻，比及盼子高來到，枉孤負了碧桃花下鸞鳳交。」典出小說家言，指相愛的男女情人。

按：蘇軾〈芙蓉城〉詩施元之注引胡微之〈王子高芙蓉城傳略〉謂：宋時王迴字子高，遇一女周瓊姬，她說她人間嗜欲未盡，緣以冥契，當侍巾幘。王君懼不敢寢。夜深，解衣；女已在臥，成就歡好。自此，朝去夕至。一日，王夢與周同遊芙蓉城；作詩與周。故事亦見《綠窗新話》卷上引。

五·名物

雜劇中有一些名物如服飾、制度、風俗，不見於前代，往往與劇情的了解有關。如在某些審案有關的戲曲中，常見「勢劍金牌」。勢劍是欽差尋訪地方時所執，爲皇帝所賜，是代表天子執行職務的表徵；金牌原是武將所佩，《元史·兵制》：萬戶佩金虎符，符趺爲伏虎形，刻「長生天氣力量，蒙哥汗福蔭裡，不奉命者死」等字。官員執此金牌、勢劍，即是代替天子行事，先斬後奏，權力極大。雜劇中所見宋、元時期的一些名物不少，如：

軍戶、貼戶

〈救孝子〉第一折白：「老夫勾遷義細軍，拏住這小廝。他說道是貼戶，替你家當了二十年軍也。」

貼戶，即貼軍戶。按：《元史》一百一〈兵志〉：「既平中原，發民爲卒，是爲漢軍。或以貧富爲甲乙，戶出一人，是爲獨戶軍；合二三而出一

人，則爲正軍戶，餘爲貼軍戶。」又云:「（中統二十二年)十二月從樞密院請嚴立軍籍條例：選壯士及有力之家充軍。舊例：丁力強者充軍，弱者者出錢；故有正軍貼戶之籍。行之既久，而強者弱，弱者強，籍亦如故。故其同戶異居者私立年期以相更代，故有老稚不免從軍而強壯家居者。至是革焉。」[25]

頭踏

〈救孝子〉第二折白：「小官乃本處推官鞏得中是也。……擺開頭踏，慢慢的行者。」頭踏，爲官員出行時前頭儀仗的俗稱。

薛瑞兆引宋王定國《甲申雜錄》：「方劉（贄）拜僕射之日，家人具飯。一小僕忽仆于堂下；少選，大呼曰：『相公指揮頭踏往新州去』。」又引明李實《蜀語》「儀仗曰踏。」以爲儀仗是由前引與後從組成，因而也叫「喝殿」，即喝前殿後之謂；頭踏即前引。[26] 按:〈倩女離魂〉第三折【二煞】:「半年甘分耽疾病，鎮日無心掃黛眉。不甫能捱到今日，頭直上打一輪皁蓋，馬頭前列兩行朱衣。」馬頭前的兩行朱衣，即是頭踏。

攛箱

〈竇娥冤〉第二折白：「下官楚州州官是也。今日升廳坐衙——張千，喝攛廂。」又作「攛箱」。〈勘頭巾〉第二折白：「小官本處府尹是也。今日升廳，坐起早衙。張千，喝攛箱。」張相云：「攛廂，衙役么喝也。……喝攛廂，猶舊時吏役之排衙，分列兩廂，作么喝聲也。亦曰攛箱。」[27]

---

[25] 宋濂等：《元史》（臺北：藝文印書館據清乾隆武英殿本影印）卷一百一，葉二、十四，頁1221、1227、

[26] 薛兆瑞：〈元雜劇語詞考釋〉，見王 鍈等《詩詞曲與辭集釋》錄，頁392。

[27] 張相：《詩詞曲語詞匯釋》（臺北：華正書局據1953年本影印，1981）頁747。

按：楊瑀《山居新話》載桑哥丞相當國時事：「是時都省告狀攛箱；乃暗令人作一狀，投之箱中。至午收狀，當日省掾須一一讀而分揀之。」[28]又《古今小說‧宋四公大鬧禁魂張》：「大尹看了越焦燥，朝殿回衙，即時升廳，引放民戶詞狀。詞狀人拋箱。」拋箱係告狀人將訴訟狀投入箱中。攛為「投」之意。「喝攛箱」即喝叫告狀人投狀之意。

褡護

〈救風塵〉第二折白：「我褡護上掉了一根帶兒，著他綴一綴。」褡護為元代衣服之襖子、外套。〈李逵負荊〉第一折白：「你這老人家，這衣服怎麼破了；把我這紅絹褡膊與你補這破處。」褡膊，疑即褡護。

按：《元史》七八〈輿服志〉：「質孫，漢言一色服。……服銀鼠則冠銀鼠暖帽，其上並加銀鼠比肩。」原注：「俗稱襻子荅忽。」[29]則相當於今言披肩。翟灝《通俗編》卷二五〈服飾‧褡護〉：「鄭思肖詩：『驄笠氈靴褡護衣，金牌駿馬走如飛。』自注：『元衣名。』按：俗謂皮衣之表裡具而長者曰褡護，頗合鄭詩意。《居易錄》言：『褡護，半臂衫也，起於隋時，內官服之。』乃同名而實異。」方齡貴又引《元朝秘史》，以為荅忽，即襖子、皮襖；又引《至元譯語》：番皮做荅胡。此皆蒙古語daqu 、daho 、 daxo 、 dahu 之音譯。[30]

羊羔利

〈救風塵〉第一折【寄生草】：「幹家的落取些虛名利，買虛的看取些羊羔利。」羊羔利，謂放債以收取高的利息。

---

28 楊瑀：《山居新話》（臺北：藝文印書館《百部叢書集成》影印《知不足齋叢書》本，1966）葉四。
29 宋濂等：《元史》卷七十八，葉十；頁938。
30 方齡貴：《元明戲曲中的蒙古語》頁15。

按：宋子貞〈中書令耶律公神道碑〉：「及所在官吏，取借回鶻債銀，其年則倍之；次年則并息又倍之：謂之羊羔利。積而不已。」[31] 此爲原意，即是一種高利貸。本劇則是指放債收取利息。

買休賣休

〈救風塵〉第二折白：「兀那婦人，我手里有打殺的，無有買休賣休的。」又【集賢賓】：「咱收心待嫁人早引起那話頭，聽的道誰揭債誰買休。」又白：「（旦）妳妳，我有兩個壓被的銀子，喒兩個拿著買休去來。（卜）他說來：則有打死的，無有買休賣休的。」

按：休，指休妻。宋濂等《元史》卷一○三〈刑法志〉：「諸夫婦不相睦，買休賣休者禁之；違者罪之，和離者不坐。」「買休賣休」蓋以金錢做爲休妻條件；就出錢要求男方休妻而言曰買休，男方以獲取錢財而休妻曰賣休。顧學頡、王學奇以爲買方以娶被休之婦爲名，實際是用錢買妻。[32]

參·詞句的解釋

元雜劇情節的理解，有賴於詞語的訓解。可是，同樣的字詞，未必有相同的意義，須加分辨。譬如「大小」這兩個字，在《西廂記》第四本第三折【收尾】：「遍人間煩惱填胸臆，量這些大小車兒如何載得起。」「這些大小」謂這麼小。同書第五本第四折白：「若有此事，天不蓋，地不載，害老大小疔瘡。」「老大小」爲這麼大。不同語境下，「大小」之意義卻相反。此外，文學的表現技巧，會使得表面意義與實際意義有差異；有時則因版本的問題，形成不同的情境或意義。

[31] 蘇天爵：《元文類》卷五十七葉十九。（臺北：臺灣商務印書館影印《文淵閣四庫全書》）第1367冊頁755。
[32] 顧學頡、王學奇：《元曲釋辭（二）》（北京：中國社會科學出版社，1984）頁420。

一・文學的技巧

文學的語言，經常含有非語言表面的意義；這並不是時下文學批所謂的深層意義或者象徵意義，而是指某些特別的修辭功夫。試舉數例：

藏詞

〈曲江池〉第一折【油葫蘆】：「妹子我又待道如今使錢的郎漢每村，謁漿的崔護又慳；他來到謝家莊、幾曾見桃花面，酪子裡攛與柳青錢。」

按：並沒有哪一種錢幣叫做「柳青錢」；這裡是用了歇後的修辭格。曲子有「柳青娘」曲，這裡的「柳青」，其實藏了「娘」字。說「柳青」，即是說「娘」。曲文末句是說：暗地裡給娘金錢。

諧音

《西廂記》第三本第二折【石榴花】：「當日個晚妝樓上杏花殘，猶自怯衣單，那一片聽琴心清露月明間。昨日個向晚，不怕春寒，幾乎險被先生饌。那其間豈不胡顏。」按：《論語》：「有酒食，先生饌」。此「饌」，諧音「賺」。曲文是指崔鶯鶯聽張生彈琴，引動愛慕相憐之心，入迷了；「差一點兒被張生所賺。」

又如〈東堂老〉第三折白：「（揚州奴云）有人說來：揚州奴賣炭，苦惱也；他有錢時，隔焰也似起；如今無錢也，如今塌了也。（正末云）甚麼塌也？（揚州奴云）炭塌了。（正末云）你看這廝。（揚州奴云）揚州奴賣菜，也有人說：有錢時伴著那柳隆卿，今日無錢後，擔著那戶子傳。」按：「炭塌」諧音坍蹋；「戶子傳」原係人名，此諧音「瓠子轉」，指挑著瓠子等菜到處去賣。

反言

〈東堂老〉第二折【隨煞】：「你有錢呵三千劍客由他請，（正末云）一覺得無了錢呵，哎悶得你在十二瑤臺獨自行。（正末云）揚州奴，你有一日典賣的家業精，把解處、本利停，房舍又無、米糧又罄，誰支持、怎接應？……」瑤

臺，瓊瑤所築之臺，原指神仙所居之地。李商隱〈無題〉詩：「如何雪月交光夜，更在瑤臺十二層」。神仙之境應是快樂之地，然非世人所居。曲文謂無人相伴，悶得獨自行；不是快樂似神仙。重點是「獨」，因獨而悶。

「勘頭巾」第二折白：「（旦）……明日員外出城索錢去，你跟到無人去處，將他殺了。我要兩件信物：芝麻羅頭巾、減鐵環子。若殺了時，來回我的話。咱兩個永遠做夫妻，可不好也！（淨）我知道！憑著俺這等好心，天也與半碗飯吃。」依王知觀——淨所扮——此等行為，並不是真的「好心」，將會受到天之懲；天如何會給他飯吃？

〈竇娥冤〉第一齣白：「（賽盧醫上）行醫有斟酌，下藥依百草，死的醫不活，活的醫死了。自家賽盧醫，在這荆州開個生藥局。……」盧醫，古名醫扁鵲。賽盧醫，謂賽過名醫扁鵲，應是醫術高明；而元雜劇中之庸醫常以此為名，自是反語。其上場詩所言，與盧醫之醫術全然相反，亦是反語。

二·版本造成的問題

元雜劇，除了《西廂記》，版本並不多，因此版本的異文並不難處理。可是不同本子間的差異，有時卻防礙了意義的理解。略舉數例：

數目之異

《竇娥冤》第一折白：「這婆婆有些財物。小生因無盤纏，曾借了這婆婆五兩銀子。到合（按：疑當作「今」）本利對該銀拾兩。……如今將孩兒端雲送與蔡婆婆做兒媳婦——那裡是做媳婦，分明是賣與他一般。」後來蔡婆婆又與竇天章二兩銀子。竇天章是借了五兩銀子，還不起，將女兒給「賣」了；《元曲選》本作「小生因無盤纏，曾借了他二十兩銀子。到今本利對還他四十兩。」蔡婆婆送竇天章的銀子改為十兩。在數目上差了許多。對我們了解元代的物價有所不便，對劇情的了解也有所影響。

文字之異

《西廂記》第一折【元和令】：「繡鞋兒剛半扴，柳腰兒勾一搦。」王季思注：「扴字韻，俗本多作折，誤。《雍熙樂府・點絳脣》「贈麗人」套：『六幅湘裙簇絳紗，繡鞋兒剛半扴。』《董詞》：『穿對兒曲彎彎的羊（按：當作「半」）扴來大弓鞋。』謂大指與二指伸張時之距離，今徐海間語尚如此。」按：吳曉鈴注本作「折」，注云：「拇指與食指伸直間的長度叫做『扴』。『折』，借音。兩扴一尺。『半扴』，不足三寸。」王、吳二氏所言長度極是；只是文字須斟酌。今臺灣閩南語音「liak」。

又如〈東堂老〉第三折科：「淨同（按：當作「扮」）揚州奴同旦兒薄籃上」。《元曲選》本「薄籃」作「攜薄籃」。按：《元曲選》本蓋以「薄籃」為容器，指草編的籃子；因揚州奴、翠歌已經一無所有，住破瓦窯中，直是乞兒。其實息機子《古今雜劇》本作「薄襤」，乃是衣衫襤褸之意；正合劇情。

又〈東堂老〉第二折【倘秀才】：「你便有左道術踢天也那弄井，楚項羽拔山也那舉鼎；這廝每向白日把泥毬兒換了眼睛。你便有那降魔手，怎施逞？你施逞這些鬼精。」「左道術」謂邪道術。《元曲選》本作「左慈術」。按：左慈，東漢末人，有法術。曹操要殺他，他使市人皆化為他的形貌；於是逃去。後又嘗化為老羝，人莫辨誰是。見《搜神記》。兩本文字不同，一泛指邪道術，一特指左慈道術；雖都指道術，表達的意義相同，但所形成的語言特色不同。

詞句之異

上引〈東堂老〉【倘秀才】曲，《元曲選》本詞句略異，作：「你便有左慈術踢天弄井，項羽力拔山也那舉鼎；這廝們兩白日把泥毬兒換了眼睛。你便有那降魔咒，度人經，也出不的這廝們鬼精。」語文工整，如「左慈術」「項羽力」對偶；末三句（依格律是三句）文雅典正，意思是說：「就算你有那降魔咒，度人經，也逃不出這兩個鬼靈精家伙的手掌心」。「兩白日

把泥毬兒換了眼睛」，不可解；「度人經」指可以度化救人的佛經或道經。而前引息機子本，文字較樸素，也較傳神。意思是說：「就算你有法術，有極大的力氣；這兩個家伙在白天就拿泥毬換了你的眼珠子啦。就算你有降魔的手段，你怎麼作法術？——作你個鬼！」「向白日」謂在白日，不待夜晚。末句是罵人的話。

又如〈漢宮秋〉第三折白：「（旦云）陛下！妾這一去，再何時得見陛下也？把我漢家衣服都留下，正是：忍著主衣裳，爲人作春妍。」【殿前歡】：「則甚麼舞衣裳？我則怕春風吹動舊時光，怕宮車再過青苔巷，猛到椒房，那一會想菱花鏡裡妝；風流況，兜的又橫心上。」（顧曲齋本）按：第二句，《古名家雜劇》本作「怕西風吹散舊時香」；《元曲選》本一、二兩句作「則甚麼留下舞衣裳？被西風吹散舊時香」；《酹江集》本作「則甚麼舞衣裳？我則怕被春風吹散舊時香」。四版本中，有二處值得注意：一是西風、春風之異；二是吹動舊時光、吹散舊時香之異。西風，是當下之事；春風，非當下，或取其象徵意。吹動舊時光，指引起舊日美好情事的回憶；吹散舊時香，指吹散昭君衣物上之香氣。依顧曲齋本：是漢元帝聽了昭君的話之後，從「春」「衣服」說起，怕睹衣思人，引發舊日回憶，因此下文說怕到昭君舊宮而想起以往的「風流況」。曲文的意思、情調一致。作「吹散舊時香」諸本，則說風吹散了衣香；與下文情致不協調。

肆·結語

戲劇的解釋，應該就劇場的演出來討論；雖然劇場的演出是本於劇本。現今元雜劇已不能演出，我們討論元雜劇，也只能討論劇本，只能當作戲劇文學來討論；當然，在理解的時候，可以盡量想像劇場演出的可能情況。

文學作品的理解，自然是由字而詞、而句、而篇章。元雜劇的理解當然不例外。可是，元雜劇的語言運用較多的口語，其中含有不少俗語、鄙俚語，甚至方言，還有一些非漢語如蒙古語，不是傳統的書面語；因此造成理解上的困難。加以劇作家的寫作，會運用到當時的名物，如服飾、制度、風

俗、生活習慣，也會運用他熟悉的典故；這些名物、典故，可能不見於前代或傳於後代，這也會造成理解上的困難。這些問題，有的已經可以解決，有的還無法解決。至於方言，目前的研究尚嫌不足，有待進一步的努力。

其實，只有詞語、典故、名物的訓詁，還不足以完全理解句子、篇章，如本文指出的修辭技巧的運用，版本造成的詞語、句子、曲文的差異，都可能造成意義理解的困難。這些困難的解決，實有賴於讀者的學養。解決了這些問題，才可能對劇本的語言意義有相當的體會，也才可能有令人信服的解釋。然而，劇本的全面理解，還有其它的問題，如文化問題、社會問題、經濟問題、政治問題等等。——當然，所有的作品，都容許讀者依自己的經驗去解釋，即使他的經驗不合作品的經驗；只是這樣的解釋，未必令人信服。

本文舉例指出一些元雜劇詞句解釋的問題，也只是基本問題而已。進一步的戲劇解說，則有待於充分運用語言學家、文學家、社會學家、戲劇學家及各方面學者專家的研究成果，將雜劇仔細的分析，才可能將雜劇的涵義及其藝術成就，解說得令人滿意。

第一國際訓詁學研討會論文
1997.04.19-20

訓詁學與語法學

蔣紹愚

北京大學中文系

訓詁學是中國語言學各部門中發展得最早的。經過幾千年的發展,傳統訓詁學取得了輝煌的成就。以段王爲代表的清代訓詁學家不但對漢語中一大批詞語作了精闢的解釋,而且提出了不少有關詞匯的正確論觀點。認真總結并繼承傳統訓詁學的成就,對於我們今天語言學的發展無疑是十分必要的。

由於時代的局限,傳統訓詁學也有其不足之處。首先是它研究的對象基本上局限於先秦的詞語。其次,從總體上看,還不夠理論系統化。這兩方面的問題,現代的一些訓詁學家已經注意到并努力加以解決。

但是,還有一個問題似乎還沒有引起充分的注意:訓詁學和語法學的關係。本文想就這個問題談一些意見。

語言是一個系統。詞匯、語音、語法是密切相關的。訓詁學研究的中心是詞匯,詁學家對音義關係也很視。但對語法問題卻關注得比較少。這是不難理解的。中國的語法學發展得較晚,雖然歷代的傳注中也涉及一些語法問題,虛詞的研究採用從元代開始也有專書出現,但統的語法研究從《馬氏文通》才開始,因此我們不能苛求於前人。但在訓詁學研究中如果忽視語法,就會出現許多問題,這是我們今天的訓詁學研究所必須注意的。

（一）

傳統訓詁學對詞語進行考釋時經常使用的一個方法是用同文、互文、對文、異文等互證。如錢熙柞《經傳釋詞跋》總結王引之使用的方法時說:「其釋詞之法亦有六」,「有舉同文以互證者」,「有舉兩文以比例者」,

「有因互文而知具同訓者」，「有即別本以見例者」，「有因古注以互推者」，「有採後人所引以相證者」。張相《詩詞曲語辭匯釋敘言》也總結他的方法有五項，其中「比照意義」又分六點：甲、有異文相對者，取相對之字以定其義；乙、有同義互文者，從互文之字以定其義；丙、有前後相應者，就相應之字以定其義；丁、有文從省略者，玩全段之文以定企義；戊、有以異文相印證者；己、有以同義異文相印證者。張相還說：「凡此方法，大率不出劉淇氏《字辨略》、王引之氏《經傳釋詞》及清代諸訓詁大師所啓示。」這兩段話，可看作對這種訓詁方法的總結。

總的說來，這種方法是行之有效的，王引之；張相以及其他訓詁學家都運用這種方法得出了很多令人信服的結論。但是如果缺乏語法觀念，運用這種方法也時也會得出錯誤的結論。舉一個例子：

> 《經傳釋詞》卷九：「『之』，猶『若』也……僖三十三年左傳曰：『寡君之以為戮，死不朽。若從君之惠而免之，三年將拜君賜。』宣十二年傳曰：『楚之無惡，除備而盟，何損於好。若以惡來，有備不敗。』成二年傳曰：『大夫之許，寡人之願也。若其不許，亦將見也。』皆上言『之』而下言『若』也，互文耳。」

這個結論顯然是錯了。早在一百年，《馬氏文通》就批評說：「不知凡起詞坐動詞有『之』字爲間者，皆讀也。凡讀挺接上文者，時有假設之意，不必以『之』字泥解爲『若』字也。」用今天的話說，「N之V」是個分句，有時表假設之意是由這個分句造成的，而不是由「之」字造成的。王引之灯了解這一點，就出現了謬誤。

與此相類似的是錢熙祚在《經傳釋詞跋》中所引的王引之的一個例子：

> 有因互文而知其同訓者，如據《檀弓》「古者冠縮縫，今也衡縫」、《孟子》「無不知愛其親者，無不知敬其兄也」證「之」猶「者」。

錢熙祚是把這作爲成功的例子來舉的。今天看來，說「之」猶「者」也是錯的。這是因爲「之」是助詞，「者」是代詞，兩者不能等同起來。當

然，「古者」的「者」和「見者」的「者」有區別，它是表示自指而不是表示轉指，有的學者（如楊伯峻）也稱之為語氣詞，但無論如何，還是不能說「古者」的「者」等於「也」。最明顯的例證是上述《檀弓》例中的「者」和「也」不能互換；其他一些例句也是如此，如「古者易子而教之」《孟子·離婁上》中的「者」不能換成「也」。「向也不怒而今也怒，向也虛而今也實」《莊子·山木》中的「也」不能換成「者」。這是因為「古者」義為「古時侯」，「者」畢竟還是有所指的；而「今也」的「也」只表示語氣的停頓，而且，「今也」往往只出現在後一個句子或分句中，用來和前一個句子或分句（古代或原先的情況）對比，在先秦典籍中「古者……今也……」的形式很常見，而「古也……今者……」的形式可以說是看不到的。（先秦諸子中找不到「古也」。）

王引之在《經義述聞》卷三十而「通說下」中提出訓詁準則十二條，其十一條說：「經文數句平列，上下不當歧義。經文數句平列，義多相類，如其類以解之，則較若畫一，否則上下參差而失其本指矣。」這大概就是他認為「之」猶「若」和「之」猶「者」的根據。但今天看來，這話也是不嚴密的。因為「義相類」不等於「義相同」；即使「義相同」，也不一定兩個句子中相應位置上的詞意義相同。這裡牽涉到一個理論問題：兩個句子意義基本相同，是否其結構一定相同？回答當然是否定的。如下列各組例句中A和B中加線的部分意義都基本相同，但結構卻並不相同。

1、 A《詩經·魏風·園有桃》：「不我知者，謂我士也驕。」（不＋O＋V）

　　B《詩經·王風·黍離》：「不知我者，謂我何。」（不＋V＋O）

2、 A《左傳》定公十四年：「而忘越王之殺而父乎？」（N＋之＋V）

　　B《史記·吳太伯世家》：「爾忘勹踐殺汝父乎？」（N＋V）

3、 A《論語·學而》：「不患人之不己知也，患己不知人也。」（N＋之＋O＋V）

B《論語》皇疏：「言不患人不知己，患己不知人耳。」（N＋不＋V＋0）

同樣的語義，可以用不同的語法形式來表達，這是語言學中的一個基本原理，是無需多說的。

那麼，語義基本相同，兩個句子的結構也一樣，是不相應位置上的同的意義就一定相同呢？回答也是否定的。例如：

> 《孟子·滕文公上》：「禹疏九河，瀹濟漯，而注諸海；決汝漢，排淮泗，而注之江。」「注諸海」和「注之江」的意思基本相同，結構也一樣，但灯能因此說「諸」等於「之」。

這樣說，並不是把傳統訓詁學以同文、互文、對文、異文來推求詞義的方法全盤否定，上面說過，古代訓詁學用這種方法考釋詞語還是取得了很大成績的；但如果認為同文、互文、對文、異文詞 義必然相同，而不作語法分析，就可能出現錯誤。

這個問題，在我們今天進行古漢語的詞匯、語法研究時，也很值得注意。如在討論上古漢語的雙賓語問題時，對於「奪之牛」之類的結構究竟是單賓語還是雙關語有不同的意見。一種意見認為「奪之牛」的「之」等於「其」，是「牛」的定語，所以「奪之牛」是單賓語。一種意見認為「奪之牛」的「之」不等於「其」，是「奪」的另一個賓語，所以「奪之牛」是雙賓語。前一種意見認為「之」等於「其」的理由是：

> 《國語·周語下》：「奪之資而益其災。」書昭注：「奪其資民離叛。」
> 《史記·高祖本紀》：「（漢王）馳人張良韓信壁，而奪之軍，……（漢王）馳人韓信壁，奪其軍。」[1]

同樣的語義，前面說「之」，後面說「其」，難道不證明「之」等於「其」

---

[1] 見唐鈺明1994。

嗎?

這種意見我們不敢苟同。理由在上面已經說過,既然《詩經》中同樣的意思,一處作「不我知者」,一處作「不知我者」,並不能明兩者結構相同;既然《左傳》和《史記》中敘述同一件事情,一作「而忘越王之殺而父乎」,一作「爾忘勾踐殺汝父乎」,並不能證明兩者結構相同;既然《論語》「人之不己知」皇疏作「人不知己」,並不能證明兩者相同;既然《孟子》上文作「注諸海」,下文作「注之江」,並不能證明「諸」等於「之」;那麼,為什麼上述資料就能證明「之」等於「其」呢?

有的學者把上述比較法稱之為「同義交換」。[2] 這種「同義交換」法如果運用得恰當,對我們的研究是有帶助的。但我想在使用「同義變換」時,還應加上「易位變換」,即:如果A、B兩個詞語在某種句法位置上看來相同,還要把它們換個位置,看它是否依然相同。例如:「奪之牛」和「奪其牛」的「之」和「其」看來相同,但「奪其牛」可以變換成「其牛為人所奪」,而「奪之牛」的「之」和「其」看來相同,但「奪其牛」可以變換成「其牛為人所奪」,等於「其」,是第三人稱代詞的領格,它就應該既可以在句中作賓語的定語,也可以作主語的定語,這大概可以作為定論。(「之子于歸」的「之」是指示代詞,另當別論。)有學者舉出兩個西周金文中的例子,「之」用定語。[3] 但這兩個例子中的「之」究竟是人稱代詞還是指示代詞還可以商榷;而且,即使是人稱代詞,那也是西周的語法現象,不能用來證明春秋戰國時期文獻中的人稱代詞「之」可以用作定語。[4]

上面所說的「古者」的「者」和「今也」的「也」是否相同,也可以使用「易位變換」來加以檢驗。這就是上面所說的,看一看古漢語中有沒有

2　同注1。

3　同注1。

4　在上面多次說到「意義基本相同」,這是說兩個句子(或詞組)其結構既然不同,其語義(包括語用)也會有一些細微的差別。如「奪之牛」和「奪其牛」的意義就有細微的差別。這當另文討論。

「古也……今者……」這種格式,從道理上講,如果A＝B,那麼A可以在什麼句法位置上出現,B也應該同樣可以在這些世法位置上出現。(某些固定的搭配除外。)所以,使用「易位變換」是從語法上對傳統訓詁學用同文、互文、對文、異文互證方法的補充。

(二)

　　傳統訓詁學考釋詞語,還有一個常用的方法:排比歸納法。即:收集大量含有某一個詞語的例句,根據各句的上下文來推斷這個詞的意義。如果能找到這個詞語的意義,而且放到各個句子中都能講通,考釋工作就告成功。這就是王引之在《經傳釋詞・自序》中說的「揆之本文而協,驗之他卷而通,雖歸說所無,心知其意可也。」這種方法對於考釋古代的一些新詞新義和俚俗詞語特別有用,因為這些詞語的解釋為「歸說所無」,必須靠排比歸納法推求出來。

　　傳統訓詁學用這種考釋方法主要是用義詞替換法,而考釋的結果也是用同義詞來訓釋。例如:王念孫認為,《詩經》中「終風且暴」、「終溫且惠」等的「終」都能用「既」解釋,所以說「終」與「既」同義。張相說「鎮,猶常也,長也,盡也」,也是說唐詩宋詞中多「鎮」可用「常」、「長」或「盡」代替。用同義詞替換法來考釋詞義大體上是有效的;以同義詞相訓來釋義是詞語解釋的一種方法,不論古代的字書還是現代的詞典大多采用這種方法,簡明易懂是它的優點。但這些方法也有局限。因為有的詞語很難找到另一個詞語和它完全對等。像張相把語助詞「去」解釋為「猶來也、啊也、著也、了也」就反映了這種困難,這種訓釋也使人不得要領。更有甚者,有些虛詞在某些上下文中根本找不到一個同義詞來代替。如錢熙祚在《經傳釋詞跋》中概括王因之的一條釋詞之法:「有舉兩文以比例者。如據《趙策》『與秦城何如不與』以證《齊策》『救趙孰與勿救』,『孰與』之猶『何如』。」在「救趙孰與勿救」一句中,用「何如」來解釋「孰與」是可以的,但在蘇軾《教戰守策》:「夫無故而動民,雖有小恐,然孰與夫

一旦之危哉」一句中，「孰與」就很難用「何如」或「哪裡比得上」之類的詞語來解釋。

又如唐宋時期的口語中有一個詞「較（校）」。張相《詩詞曲語辭匯釋》：「較（校），猶差也。」但是這個解釋在不少句子中不適用，所以郭在貽《唐詩中的反訓詞》中又加以補充，說（校）「有多、頗、更、甚義」。把張、郭兩家的解釋放在一起，是否就全面了呢？試看白居易詩中如下例句：

1、能就江樓消暑否？比茅舍校清涼。（江樓夕望招客）

2、老校於君合先退，明年半百又加三。（除夜招微子）

3、老於長沙賈誼苦，小校潘安白髮生。（不准擬二首之二）

4、夜來身校健，小飲復何如？（病中逢秋招客夜飲）

5、才應行到千峰里，共校來遲半日間。（雨中赴劉郎中二林之期）

6、移晚校一月，花遲過半年。（對晚開夜合花）

7、莫怪不如君氣味，此中來校十年遲。（初除主客郎中知制誥）

8、一種不生明月里，山中猶校勝塵中。（廳前桂）

9、忙閒俱過，日校不如閒。（閒忙）

顯然，例5、6用「差」解釋很切合，例1、4、8用「多、頗、更、甚」解釋很切合；但2、3、7、9用哪一個也不切合，而且也找不到別的詞語可以替。傳統訓詁學以同義詞解釋的方法到這裡是束手無策了。

這時就需要語法學來幫忙。如果從語法的觀點來分析這些句子，就可以看出，這些句子都是拿兩項事物（N1和N2）某種性狀（A）（V＋A）進行比較。但N1和N2可以只出現一個，或兩個都不出現。上述九個句子可以分成四類：

（甲）N1不出現：

　　1、（N1＝江樓）比＋N2＋校＋A

　　2、（N1＝我）A＋於＋N2

     3、（N1＝我）A＋校＋N2

（乙）N2不出現：

     4、N1＋校＋（N2＝書）＋A

（丙）N1和N2均不出現，動作結果的比較：

     5、校＋V＋A＋0（0是表示時間准賓語）

     6、V＋A＋校＋0

     7、V＋校＋0＋A

（丁）N1和N2均出現，高下的比較：

     8、N1＋校＋勝＋N2

     9、N1＋校＋不如＋N2

經過這樣的分析，就可以看出，「較（校）的基本作用是用於比較，它在上述例句中的用法是統一的。而「差」或「多、頗、更、甚」只是它在一部分句子中根據上下文所作出的解釋，在另一部分句子中，它既不能解釋爲「差」，也不能解釋爲「多、頗、更、甚」，也就是說，有對等的同義詞可以替換。

    這僅僅是一個例子，從先秦到明清，會有不少這樣的詞語（特別是虛詞），必須從語法的度來加以考察，也必須從語法的度來加以描寫。

（三）

    同義詞辨析在傳統訓詁學占有很重要的地位。《爾雅》、《說文》等都是用同義詞訓釋，後代的訓詁學家對這些同義詞作了細致的辨析，取得了豐富的成果。

    但是，以往對同義詞的辨析對詞的語法屬性注意的不夠。王力（1942）舉過一個例子。他說，很多字典把「適」解釋爲「往」，這是准確的。因爲在上古「適」是個外動詞或准外動詞，它的目的地是必須說出的；而「往」，是個純粹的內動詞，目的地是不說出或不能說出的。王力先生這個說法很對，《論語》「子適齊」不能換成「子往齊」，《孟子》「其子焉

往」不能挽成「其子焉適」。這個例子告訴我們，研究詞義也要注意語法。

近年來，對語法的研究有了很大的進展。不但注意了及物和不及物問題，而且提出了語義指向以及動詞和賓語的搭配（語義格）等問題。今天我們進行同義詞辨析，也應該注意到這些方面。

例如，「皆」是上古漢語表示總括的副詞，「都」比較晚起，也是表括的副詞。粗看起來，這兩個副詞的詞義和語法功能都是一樣的。但仔細分析，它們的語義指向不一樣。「皆」可以指向主語（如「人皆有兄弟」，也可以指語（如「皆嘗小人之食」）。而「都」的語義指向只能是主語（除把字句中「把」的賓語外）。所以，「皆嘗小人之食」中的「皆」如果換成「都」，就要改變句型，把「小人之食」變成主語才行。

又如，「視」是上古漢語中的基本詞匯，到中古逐漸被「看」代替。它們應該說是歷史同義詞，又都是及物動詞。它們有沒有區別呢？仔細分析，也可以看到，「視」和「看」包括了「視」和「讀」的義域。由此也可以看出，詞義和語法兩者是相關的。

參考資料

王引之《經傳釋詞》

馬建忠《馬氏文通》

張　相1952《詩詞曲詞語匯釋》，中華書局

唐鈺明1994〈古漢語「動＋之＋名」結構的變換分析〉，《中國語文》，第
　　　3期

王　力1942〈新訓詁學〉，《王力文集》第9卷，山東教育出版社

第一屆國際訓詁學研討會論文
1997.04.19–20

論訓詁學與古籍整理的關係

馮浩菲
山東大學古籍研究所

　　鑒於直至目前，中國訓詁學的學科體系仍然是粗疏的、落後的，跟其他現社會科學各學科的完備體系相比，距離尚遠。筆者專門花了十多年時間，撰寫了《中國訓詁學》一書（山東大學出版社1995年9月出版），企圖向學界提供一個訓詁學的新體系，使這門傳統學科在科學化改造方面能夠向前邁進一大步。

　　以往的大多數訓詁學著作和教材基本上把訓詁學等同於語義學（ semantics ），拙著中卻認定訓詁學就是注釋學（ annotative science ）。初非標新立異，自有根據：第一，以往學界大多數人將訓詁學當作語義學看，主要依據是將構成學科名稱「訓詁學」的主題詞「訓詁」二字按對言時的意義來理解，認爲「訓」和「詁」早先都是指解釋詞義，二字合用加「學」字表示學科名稱時，也是指解釋詞義，便理所當然地認爲訓詁學就是語義學了。其實，二字合用稱作「訓詁」，是從眾多的訓詁體式名稱中標舉「訓」和「詁」兩體之名，以少概全，作爲一個詞語看，概指各種有關的注解工作，並不僅僅指解釋詞義。這種情況從「訓」與「詁」兩體之名在中國訓詁學史上開始合用時就已經存在了。因此二字合用加「學」字表示學科名稱時，也不是僅僅指解釋詞義，而是概指各種注釋工作。與此相適應，訓詁學也不是僅僅研究如何釋詞爲內容，而是以研究如何進行各方面的注釋工作爲內容。可見訓詁學也可以稱作注釋學，但不能等同於或直接稱作語義學。第二，根據幾千年來中國的訓詁實踐看，人們注解古書，通常所做工作（即訓詁方面）有句讀（標點）、校勘、作序、釋音、釋詞、解句、翻譯、闡發思想、補敍故實、揭示語法、揭示寫法、論述有關問題、考辨疑

誤、疏證舊訓、發凡立例、圖解，等等。除了少數注解訓詁工具書的著作之外，只釋詞而不作別的注釋工作的訓詁著作是極少見的，絕大部份訓詁著作所做的注釋都是多方面的。理論決定於實踐。因此從訓詁實踐來考察，也不能把訓詁學當作語義學看，因為如上所述，訓詁不僅僅是釋詞，還包括別的各種注釋工作；而語義學基本上只涉及訓詁中的釋詞問題，卻不涉及其他眾多的訓詁方面。第三，不同文化的不同國家對同類學科的分類系屬也可以作為比證。正像猶太教、基督教國家的解經學及伊斯蘭教國家的經注學沒有為語義所代替一樣，中國的訓詁學也不應該被語義學所代替，應該沿著本門學科的正確道路向前發展。據上所述，筆者認為以往學界大部份人把訓詁學等同於語義學，是借用訓詁學母體之大名，代行語義學支子之小實，直接影響了訓詁學學科體系的科學化進程，影響了訓詁學課程的教學，也影響了古籍整理、辭書編製及學術交流等方面的工作。應當依照文字學、音韻學、語法學、修辭學、校勘學等學科發展的成例，還訓詁學母體之實，新語義學支子之名，將兩門學科分別對待，不要混為一談。因此，拙著中正本清源，認定訓詁學就是注釋學，凡與注釋性質無直接關係的其他支變學科內容，如文字變異孳乳、音韻流變法則、詞義嬗變規律等，書中均不論及，而留待各有關專門學科去討論。相反，凡與注釋性質直接關聯的各方面內容，如句讀、校勘、作序、釋音、譯詞、解句，等等，均各闢專門章節，給予介紹。全書在總體安排上，一掃前人雜目並陳、主次不明的舊規，以介紹筆者所發現的長久以來隱藏於中國歷代群籍訓詁著作中的龐大而完備的訓詁學體系－－括訓詁體式、訓詁方面、訓詁方法、訓詁理論四部份－－為主要內容，其中又以訓詁方法的介紹為主。主體章目的編次，以今人從事訓詁工作的一般進程，即以訓詁方面（如以上所舉句讀、校勘、作序及釋詞、解句之類）的先後緩急為序，方法、理論貫穿其中，章內分節，節內分層，上下相屬，環環相扣，構成了一個比較完整的有機的訓詁學理論體系。

　　明白了上述情況，就會發現以往學界將訓詁學歸屬於語言學大類是不妥當的，應該歸屬於文獻學之下，因為訓詁學和古典文獻學及古籍整理的關係最為密切。這主要表現在以下幾方面：

一、訓詁學是古籍整理方面最重要的學科之一

　　按照中國人文社會科學發展現狀來說，古籍整理方面的主要學科是古典文獻學（當然也含歷史文獻學在內），但它是一種群體學科，而不是個體學科，它所包括的個體學科即分支學科主要有文字學、音韻學、訓詁學、校勘學、版本學、目錄學、體式學等，其中訓詁學是最重要的分支學科之一。因為首先，訓詁的工作方面在整個古籍整理的工作方面中占了絕大多數。常見的古籍整理工作方面主要有 19 類，即 (1) 編纂、(2) 輯佚、(3) 著錄、(4) 標點、(5) 校勘、(6) 作序、(7) 釋音、(8) 釋詞、(9) 解句、(10) 翻譯、(11) 闡發思想、(12) 補敘故實、(13) 揭示語法、(14) 揭示寫法、(15) 論述問題、(16) 考辨疑誤、(17) 疏證舊訓、(18) 發凡立例、(19) 圖解。其中只有前 3 類基本上純屬於其他整理工作方面；(4) (5) (7) (11) (15) (18) (19) 7 類既是訓詁工作方面，也是其他整理工作的事項；其餘 9 類則基本上全屬於訓詁的工作方面。可見在整個古籍整理工作的事項中，訓詁的事項所占的比例最多。作為研究訓詁問題的科學的訓詁學，自然就成了文獻學和古籍整理方面最重要的分支學科之一。其次，由於訓詁的方面頗廣，訓詁學必然要從說明怎樣進行注釋工作的角度涉及到文字、音韻、語法、修辭、標點、校勘、版本、目錄等方面的有關知識和問題，使這門學科具有綜合性的特徵。這一特徵決定這門學科所包括的理論範圍相當廣泛，而且其中許多方面如標點、校勘、作序、釋詞、解句、考辨等所涉及的方法和理論既廣且深，有些方法和理論又與古籍整理的其他工作方面密切相關。只要掌握了訓詁的方法和理論，古籍整理的其他方法和理論就容易掌握。也就是說，訓詁學上的方法和理論在整個古籍整理的方法理論中

占主導地位。還有，訓詁學是實踐性和應用性極強的學科，它的理論體系來自訓詁實踐，又在廣闊的領域中直接作用於訓詁實踐。因此導致了訓詁著作（即注釋性書籍）在整個古籍整理著作中所占數量最大。考之歷代史志，除過由編纂所產生的集部著作之外，在其他古籍整理著作中，訓詁類著作一直所占數量最多。如《漢書·藝文志》所載《易》類著作 19 種，除經文一種外，其他 18 種全是訓詁著作。再如《隋志》正文與補注兩部份所載《書》類著共 41 種，除《逸篇》1 種外，其他 40 種均係訓詁著作。《宋史·藝文志》所載《論語》類著作共 82 種，全部屬於訓詁著作。《清史稿·藝文志》集部所載《楚辭》類著作共 37 部，也都屬於訓詁著作。

以上各點表明，訓詁學是古籍整理方面最重要的學科之一。

二、學習訓詁學是培養古籍整理專業人才的重要途徑和有效方法

由於我國有以書籍形式保留下來的浩如煙海的光輝燦爛的文化遺產，需要我們加以繼承，爲此必須經過整理。由於這類整理工作十分繁重，專業性很強，其整理成果在大多數情況下又以訓詁著作（即注釋性書籍）爲主要形式，因此，必須造就這方面的專業人才。學習訓詁學，正是培養這類專業人才的重要途徑和有效方法。通過各種方式的學習，使有關人員系統掌握訓詁學的基礎知識和基本技能，懂得訓詁的體式、方面、方法、理論，並能夠將它們有效地運用到古籍整理實踐中去，作出具體成績。換言之，通過這種學習，讓有關人員達到兩個基本目標：既能夠讀懂歷代群籍舊注，又能夠古爲今用，自作新注。前者是基礎，是手段；後者是結果，是目的。道理很簡單，歷代群籍舊注中既反映了古人早先對原文所作的近真的理解，又體現了各種有益的注解方法。讀懂了舊注，才能夠吸收這兩方面的營養和經驗，日積月累，淹貫博通，才能推陳出新，有所創造，有所發明，拿出高質的整理著作，爲學術大廈增磚添瓦，爲社會進步作出貢獻。否則，如果讀不懂舊

注，便失去了基礎和依靠，免不了走彎路，吃力不討好。如果整理者滿足於一知半解，對所解書籍不加深究，東拼西湊，就只能粗製濫造。這種東西即使千方百計印出來，只能滿足整理者一時的需要和快慰，而不能發揮應有的社會效益，經不起歷史的考驗，7不可能傳之久遠。這正是目前古籍整理著作質量下降的原因之一。讀懂舊注，方能作好新注，這是一條通則。因爲無論何人，倘若學不逮古，趕急圖快，專靠抄襲補綴，在古籍整理這個行業中絕對出不了像樣的東西。

三、只有掌握訓詁學知識，才能搞好古籍整理工作

從事古籍整理工作的人員只有掌握訓詁學知識，才能搞好本職工作。否則，便錯誤百出，誣古誤今。以下僅從句讀與標點方面舉一些例子，以資說明。

整理一部白文古書，通常要做的頭一件事情是標點斷句。只有句子斷開了，才能做其他工作。由於標點者學力較淺，不精通標點知識，以致現行出版物中標點錯誤幾乎隨處可見。一般小出版社所出的書姑且不論，各個大出版社所出的書也都存在這類問題。如中華書局1980年影印的兩巨冊《十三經注疏》是文史工作者的常用書，其中的《儀禮注疏》標點疏誤就相當嚴重，幾乎每頁都有可商之處。現以原書九四六頁爲例，舉例如下：

> 東面北上。

「東面」，即面向東；「北上」，即以北爲上位。雖然只有四個字，卻指稱內容不同的兩件事，是兩個省略句，而不是一個詞組。《儀禮》中凡表示面位和上位的短語都是這樣，因此「面」字之後必須逗開。再如：

> 進受命於主人。

意謂筮人東進，受命於主人。動詞「進」不帶賓語，故後邊必須逗開。再如：

> 宰自右。少退贊命。

「自右」是介詞詞組作狀語，修飾「少退」，故「右」字後的圈號當刪，「退」字後應該逗開。再如：

> 坐西面。

意謂筮人走到席上，坐下來，面向西，非謂坐於西邊，故「坐」字之後必須逗開。再如：

> 主人受視反之。

「受視」與「反之」是兩個有間隔的動作，故「視」字之後應該逗開。又如：

> 筮人還東面。

筮人的位置本在西邊，拿卦體東進，給主人看後，仍回到西邊，面向東。不是說他回到東邊。《禮》文省簡，故「還」字必須逗開，免生歧意。一頁之中竟然出現了如上六處標點錯誤，故不能說不嚴重。商務印書館所出修訂本《辭源》在涉及到《禮》文的詞目中，標點失誤也不少。如該書第四冊第3182頁「鉶」字下引書證云：

> 《儀禮·公食大夫禮》：「宰夫設鉶，四于豆西東上。」

《禮》文講陳設鉶鼎的位置及上首方向，這類句式都是先講設某器若干個於某器的那一邊，再講上首方向。所以應標點為：

> 宰夫設鉶四于豆西，東上。

「鉶四」，即四個鉶鼎。辭書的編者不明白《禮》書文例，故在「鉶」下加逗，致使文意混亂莫理。再如台北商務印書館所出林尹《周禮今注今譯》對〈天官冢宰〉篇的一段話標點為：

> 王日一舉。鼎十有二物。皆有俎。

根據鄭玄注、賈公彥疏，應該在「二」字下逗開，「物」字屬下讀。再者，「鼎十有二」，是說明有十二個鼎，一鼎之中盛一種牲肉，與禮制相合。若云「鼎十有二物」，是謂只有一鼎，但其中盛有十二種牲肉。王日一舉，絕無只列一鼎的制度，一鼎之中也不能同時盛十二種牲肉。故顯然不合當時飲食制度，也說明「物」字必須屬下讀，林書連上，故誤。又如朱熹《詩集傳》給《商頌·那》「庸鼓有斁，萬舞有奕」兩句詩的「斁」、「奕」二字所作注文白文為：

斁斁然盛也奕奕然有次序也

上海古籍出版社1980年版標點為：

斁、斁然盛也。奕、奕然有次序也。

考該社1980版係由中華書局上海編輯所1962年版舊紙型重印，而1962年版係據1958年該所排印本重印，1960年也作過印刷。1958年版係據1955年文學古籍刊行社影印宋刊本排印，文學古籍本即做如上標點。上海古籍出版社多次重印，對舊版的標點都作過訂正，但歷次各版中對這兩條注文的標點都相沿未動，說明各個出版社前後許多整理者都認為如此標點是對的。實際上錯了，應該標點為：

斁斁然，盛也。奕奕然，有次序也。

這種疊單字，加「然」字，再訓釋的方法，在《毛傳》及其他漢唐舊注中用得很多，別有效用。可惜現代的整理者們不習舊注，未能領會，故先後冒然作了並認可了那樣的標點，致使文理不通，該書中同類錯誤不少。

限於篇幅，這裏不再舉例。以上幾個例子已經足以說明標點斷句絕非小事，不是任何人隨隨便便就能幹好的。從事古籍整理工作的人員倘不熟悉有關句讀與標點的知識，就會出現如上差錯。推而廣之，其他方面莫不如此。所以凡從事這個行業的人員應該了解儘可能多的訓詁學知識才行。

　　總之，訓詁學是古典文獻學所屬的最重要的分支學科之一，它與古籍整理關係十分密切。

第一屆國際訓詁學研討會論文
1997.04.19-20

訓詁學與辭書編纂

馮瑞生
北京語言出版社

　　訓詁學是漢語言文字學的一部份，在古代稱之爲小學。按舊時的看法，它又不同於文字學、聲韻學，其不同的根本之處在於，訓詁學是解釋語義的。可究其實，文字學是從漢字的字形出發分析字義，而聲韻學除標示音切之外，也還必得兼及字義的。只不過訓詁學包融更寬廣，爲解釋闡明語義而可以採取多種途徑和方法，包括字形分析、音韻分析在內。已故著名學者王力先生曾將舊訓詁學分爲三派，即纂集派、注釋派、發明派。[1] 所謂纂集派指的是將古代典籍文獻的訓詁資料纂集到一起的一派，王力認爲，這一派基本上是「述而不作」的。所謂注釋派指的是歷代的注家，能闡發或糾正前人訓詁得失的。所謂發明派指的是新興的，能以聲韻的通轉發明新義的一派。

　　這裏想主要談談纂集和注釋，因爲與所要闡述的辭書編纂密切相關。

　　王力先生在提到纂集的時候，特別加了「述而不作」的限定，認爲勤於收集，愼於選擇，雖然也不失爲科學精神，但從學問來講，還不能算爲一種學問。因爲這種纂集，只不過把前人的學問，不拘是非或矛盾，統統纂集到一起而已。關於這種纂集的代表，王力舉了《經籍䨾詁》，以及《康熙字典》、《中華大字典》、《辭源》、《辭海》都歸於這類了。將《經籍䨾詁》歸之於纂集派的代表，大概因爲它是從唐代以前的經典文獻中纂集訓釋文字匯編而成，要說不能算爲一種學問，這話也不錯，不過，一部著作得以流傳，總有其能夠生存和傳播的道理。王引之就曾經評價：「展一韻而眾字

---

[1]　見王力《龍蟲並雕齋文集》第一冊（北京中華書局1980年，頁315）。

畢備，檢一字而諸訓皆存，尋一訓而原書可識。」[2] 即便說它不是學問，也無法抹煞其存在。

關於注釋，王力先生指的是闡發或糾正前人訓詁，要想做古代文字家的功臣或諍臣的一派。所舉的例證幾乎全在《說文》的注家。《說文》關於字形和字義的注釋太過簡單，不就原注加以闡發，就不足以使原義更顯明與確定，不多加補充和引證就不足以使讀者徹底了解。這從一部煌煌巨製的《說文解字詁林》即可以說明這一層意思。要糾正和闡發又談何容易，王力舉了個《說文》所收的「行」字為例，說「人之步趨也。從彳從亍，會意。」《說文》這一解釋並不算錯，但在談字的本義來說就不對了。「行」字甲骨文中多見，形作「圤」的很多，像四通八達的道路，凡從「行」的字，如街、衢、衕等字都與道路有關。再如《詩經》中的「寘彼周行」（《周南·卷耳》）、「尊彼微行」（《豳風·七月》）、「示我周行」（《小雅·鹿鳴》）等也多是道路的意思。王力先生認為注釋派對《說文》是闡發者多而糾正者少，這固然因為有崇拜古人的心理，造成不輕易疑古的信條，但也得承認新的證據太少，不足以推翻古人的成就，因此才形成這個狀況。於是他在這裏用了個「行」字的例子，以身作則，示範了一下，只是其總的傾向是對注釋派持批判態度的。按照王力先生的標準，像《經典釋文》、《釋名》、《類篇》以及後來的《經傳釋詞》、《隸篇》、《詞詮》等等，都應劃為纂集一派，而像《廣雅疏證》、《方言疏證》、《說文詁林》、《古書疑義舉例》等等則均屬注釋一派了。

辭書是系統編纂詞語，逐一提供信息，並按一定方式編排的工具書，包括字典、詞典。辭書編纂則是以最優化的手段，提供標準化信息以適應各個層次讀者需要的編輯過程。編輯辭書就是對語言知識及人類的一切知識加以

選擇，篩選其精華，並按不同的需求加以概括的過程，可以說是辭書學的實踐部份，同時也可以說是訓詁學的實踐部份。

我們的辭書編纂具有悠久的歷史和傳統，沒有這個基本點，就不可能在本世紀中期以後的凋零與備受摧折之後，再出現近期的異常繁榮局面－－若從1975年國家出版署在廣州召開辭書規劃會議算起，則已有二十多年的異常繁榮局面－－這個悠久的歷史和傳統還將是今後辭書事業的源泉。這期間，出版了不少關於辭書編纂一類的著作，關於古代辭書史一類史論性著作。前者多從編纂的經驗上作了總結，後者則將歷代大大小小的辭書作品作了歸納與評介。不拘是前者還是後者，幾乎都無一例外地是從歸之於字典的《說文》和歸之於詞典的《爾雅》談起的。如已故上海復旦大學教授陳炳迢先生的《辭書編纂學概論》，將古代辭書從排檢體制和知識側重面的差異入手分為義書、字書和韻書三種：

> 義書大多仿《爾雅》體例，按義類分類編輯，而類目往往各書不一…
>
> 字書大多仿《說文解字》體例按部首分類編排…
>
> 韻書是我國古代按聲、韻、調排列，以審音辨韻為主，兼釋字義的同音字典，如《廣韻》、《集韻》。[3]

另有錢劍夫先生《中國古代字典辭典概論》，全書六章，除首章緒言，第五章談專門性辭典，尾章為餘論之外，作為全書主要內容的二、三、四各章分別談部首分類檢字的字典、韻目分類檢字的字典、語義分類的辭典。與陳炳迢的思路大致是一樣的。還有劉葉秋先生的《中國字典史略》，其前部份包括「字典的先河－－《說文解字》」、「詞典的先河－－《爾雅》」、「方言詞典的先河－－《方言》」、「通俗詞典的先河－－《通俗文》」、「音

3　陳炳迢《辭書編纂學概論》（上海復旦大學出版1991年，頁51）。

訓詞典的先河－－《釋名》」等，其分析似更爲細緻。[4] 此外還有趙振鐸先生的《古代辭書史話》（四川人民出版社，1986年），曹先擢先生的《古代辭書講話》（上海教育出版社，1990年），林玉山先生的《中國辭書編纂史略》（中州古籍出版社，1992年）等。從這些有關辭書及辭書編纂的著述內容看，都毫無例外地和古代訓詁學融爲一體了。近年來開始出現所謂交叉學科，又稱邊沿學科的研究，而訓詁學與辭書學或辭書編纂不能算是交叉學科，它們應該是更爲密切的，有血緣關係的學科。

從八十年代開始，訓詁學著作的出版出現了一個高潮。謹按時間順序粗略排檢一下，就有陸宗達《訓詁簡論》（北京出版社，1980年），周大璞《訓詁學要略》（湖北人出版社，1980年），陸宗達、王寧《訓詁方法論》（中國社科出版社，1983年），齊佩瑢《訓詁學概論》（北京中華書局，1984年），洪誠《訓詁學》（江蘇古籍出版社，1984年），張永言《訓詁學簡論》（華中工學院出版社，1985年），楊端志《訓詁學》（山東文藝出版社，1986年），郭在貽《訓詁學》（湖南人民出版社，1986年），李建國《漢語訓詁學史》（安徽教育出版社，1986年），趙振鐸《訓詁學史略》（中州古籍出版社，1988年），黃典誠《訓詁學概論》（福建人民出版社，1988年）等等。這些訓詁學著述，都不同程度地論述或介紹了前面提到的辭書學著述中所論述或介紹的內容。這些內容不是交叉學科的問題，而是以相同的評價認識，一樣的論述方法在作介紹。值得注意的是，有些較權威性的訓詁學著作中，有意識地從辭書編纂的角度在談問題，甚至闢專門的章節來論述辭書編纂。如洪誠《訓詁學》一書，的第五章第一節就專論「準確地利用古注古辭書的釋義」，趙振鐸《訓詁學史略》第五編十八章爲「辭書的編寫」，十九章爲「前代辭書的整理」。

---

[4] 錢劍夫《中國古代字典辭典概論》（北京商務印書館1986年），劉葉秋《中國字典史略》（北京中華書局1983年）。

特別值得提出的，是1996年王寧教授的新著《訓詁學原理》的問世，這是她1988年以後在教學與研究領域的最新成果，是她對訓詁學的復興、確定訓詁學在當代學術領域堅實地位的一部力作。對於訓詁學在當代的學科地位的認定，她提出了訓詁學的兩大分支，那就是漢語詞源學和辭書學，而辭書學是歸之於應用科學的，並認為「兩大分支與當代靠引進創建的詞源學和在實踐中總結出的辭書學必然逐步合流」。[5] 因此，她在書中專闢了「辭書與辭書學散論」專章，其中「辭書編纂的目的與評價標準」、「辭書編纂主體設計的科學性」、「辭書編纂與語言理論研究」，[6] 更直接將訓詁學與辭書編纂從理論上作了闡發。她認為，辭書編纂是一門應用學科，其研究中心在於編纂。詞典、字典是以編纂詞語和文字為中心的，並要用書面形式表達形、音、義，無論什麼性質的辭書，都必須通過纂集有關知識的詞語來貯存知識，並用書面語來表達這些知識的內涵。隨社會的進步與人類對語言，對知識的無盡探索，辭書編纂已不再是僅從已有的書籍文獻中去作詞語的擷取和匯編了，它還應有更高層次的要求。

現在再回到「纂集」的議題上來。前面已經介紹了王力先生有關「纂集」的持論，王寧先生在《訓詁學原理》中專闢了「纂集論」一章，將《爾雅》、《方言》歸屬一類，即為集中使用某些材料而編纂，《爾雅》是集中先秦古訓，類聚同訓詞；《方言》是集中方言詞，分類纂集。二類指在集中某些材料之外，再通過編纂證實某種理論。如《說文》集中了秦代小篆，合以古文、籀文，用窮盡的材料證明了漢字形義統一的表意特點；《釋名》纂集聲訓，證明以聲音為線索探求名源的的原理。對於「纂集」特為指出：

> 有人把這些纂集的工作看成早期的語文工作，這是不確切的。纂集標
> 誌著字、詞、義不再依附各自的環境，而成為互相依附的一群。所

---

[5] 王寧《訓詁學原理》自序（北京中國國際廣播出版社1996年）。

[6] 同前注，頁266。

以，它體現了綜合研究的趨勢，是語言文字研究的初階；第二類纂集是在明確理論指導下的研究結果，本身就包含理論課題。

有人把訓詁纂集稱作古代的字典，這個說法不無道理，但不夠準確。訓詁纂集的確是現在字典的前身，但它與現代的辭書又有很大的區別。從編纂整理語言文字的自覺意識與體例的細密程度來說，第二類纂集則高於現代辭書。不過，古代的訓詁纂集經常是現代辭書取材的來源，而且它們給現代辭書提供的經驗方法是非常寶貴的，研究辭書學的人不可不對訓詁纂集給予特殊的關注。[7]

和王力先生有關「纂集」的論述相比較，可以說從一個新的視角，也即從辭書編纂的視角，在理論上肯定了「纂集」的必要性和功績，從而在訓詁學領域營造了探討辭書編纂的良好氣氛。過去的訓詁學著述中並非沒有這方面的論述，如黃侃述，黃焯編《文字聲音訓詁筆記》中就有「字書分成四種」和「字書編製法商榷」兩節。還有上面提到的洪誠《訓詁學》和趙振鐸《訓詁學史略》等，但都沒有從辭書的具體目標上去思考。就以《經籍籑詁》來說吧，古代典籍文獻及傳注卷帙浩繁，要收集整理材料已很困難了，加之漢語中同實異名、同名異實現象又十分複雜，要考辨疑難，探求精義，條貫其先後就更非易事。段玉裁就曾在注《說文》「搣」字頭下，感到前人訓解無定，歧義紛出，莫可適從而概嘆「訓詁之難如此」。而《經籍籑詁》不僅材料完備，而且有系統性。全書大體是按本義、引申義、輾轉相訓義、名物數象義排列，然後再列通假、異體。如「敗」字，收錄古訓十七條：壞、毀、破、覆、潰、傷、害、沒、禍災、滅亡；凡臨佗曰敗，大崩曰敗，多知曰敗，寒暑易移其處謂之敗歲，敗謂凶年，四偏斷曰敗，肉謂之敗。（下面是異體以及補遺諸條，不贅列。）將這十七條大致可分為兩層：壞、毀為本義，「破」至「潰」為本義之輾轉相注義；「傷」至「滅亡」為引申

7　同前注，頁65。

義，這是第一層，其釋義方式爲：「敗」是什麼？「凡臨佗曰敗」至「肉謂之敗」亦爲引申，是第二層，釋義方式爲：什麼叫「敗」？這樣的排列整理，和分義項的辭書已無多大的差別，在一定程度上具有了分項釋義這種字典的特徵與作用，對隋唐以前的經籍文獻的整理研究，其參考價值無庸置疑，對後來的辭書編纂更有巨大的影響。因此，王力先生所說「述而不作」、「不能算爲一門學問」實有欠公允。僅就《經籍纂詁》來談「纂集」，說它體現了一種綜合研究的趨勢，給現代辭書編纂提供了寶貴的經驗和方法，不是虛話。也可以說我們從當代訓詁學有關纂集的研究之中，找到了辭書編纂的理論源頭。訓詁學與編纂有著密不可分的血緣關係，而不是交叉學科的關係。

關於「注釋」，無疑這是訓詁學的核心部份。孔穎達說：「詁訓者，通古今之異辭，辨物之形貌，則解釋之義盡歸於此。」[8] 也有學者稱之爲「訓釋」，不拘是注釋、解釋、訓釋，其內含意義完全一樣。黃侃說過：「訓詁者，以語言解釋語言之謂」的話，林尹先生說：「所謂語言解釋語言，就是以我已知的語言解釋我未知的語言，以我已知的文字解釋我未知的文字，讓我們知其所不知，這就是訓詁。」「凡研究前人的注疏，古時的解釋，加以分析歸納，以明白其源流，辨析其要旨，更進而說明其方法，演繹其系統而作一有條理的闡釋，使人能根據文字的形體與聲音，進而確切地明瞭文字意義的學問，就是訓詁學。」[9] 因此，可以說不論是注釋還是訓釋、解釋，都是指用語言來表達詞義的工作，這應是訓詁學的核心部份。這裏面當然也包括了王力先生所說「闡發和糾正前人」的訓詁，至於是否稱得上是功臣或諍臣，則學術史自有定評。

---

[8]　唐孔穎達《毛詩正義》卷一（北京中華書局影印世界書局縮印阮刻本《十三經注疏》上冊，頁269）。

[9]　林尹《訓詁學概要》（台北正中書局）。

　　如果說「纂集」爲辭書編纂積累了豐富的材料，構成了辭書編纂的物質基礎，那麼「注釋」則更爲直接地關係到辭書編纂的效果。因爲辭書必須最大限度地吸收各個學術領域的研究成果，在訓詁學領域無疑是從「注釋」這個核心部份體現出來的。1992年語文出版社推出了《注釋學綱要》，這是以「注釋」爲名的第一部著作。[10] 有人認爲這是由訓詁學派生出來的，與漢語辭書編纂緊密相關的新興學科，不無道理。但作爲一門獨立的學科，注釋與訓詁似乎還沒有完全的界限的劃分。當其理論體系尚欠成熟時，還是作爲訓詁學的核心部份，這樣提較爲穩妥些。

　　我們民族古老的漢語言和文字的確獨特，先秦的文獻到漢代就需要注釋了。漢文帝派晁錯去向秦末遺老濟南伏生學習《尚書》，說明那時已不大能讀懂《尚書》了。《史記·儒林列傳》說：「孔氏有古文《尚書》，而安國以今文讀之，因以起其家。」[11] 當時，甚至戰國時代的《楚辭》，如果皇帝想讀懂，也須召見民間的學者專家爲之講解誦讀才行。[12] 漢代的文獻典籍到了唐代又需要作注釋，《史記》、《漢書》等的唐人注疏集解就是明證。這些注釋材料比起原來的文獻典籍來，引申發明得更多，所涉範圍更加廣博，成爲後世訓詁學發展的堅實基礎。訓詁學的研究領域既然越來越寬廣，不僅僅文字、聲韻、詞句，還涉及了語法修辭、文物典章、歷史掌故等等，不僅僅有注釋，甚至還有評論說明。不過，不論所涉範圍多麼廣泛，訓詁學研究的基本部份仍在對於文獻的詞匯意義的注釋。我們對於古典文獻有傳疏的任務，急需加以注釋，這種注釋的主要方面，其最終落實點，還是語言的詞匯意義上。這裏有必要再引用一下王力先生的話，他在一次學術報告會上講過，學習古代漢語最重要的問題是詞匯問題，解決了詞匯問題，古代

---

[10] 汪耀楠《注釋學綱要》（北京語文出版社1992年），指其爲「第一部」，則見許嘉璐等主編《中國語言學現狀與展望》（北京外語教學與研究出版社1996年）。

[11] 《史記·儒林列傳》（北京中華書局標點本，冊一〇，頁3125）。

[12] 《漢書·王襃傳》（北京中華書局標點本，冊九，頁2821）。

漢語就解決了一大半的問題了。[13] 應該說，這同時也是辭書編纂中最爲重要的問題。

　　辭書編纂的具體所指應是字詞典的編纂，辭書永遠是以詞目爲解釋對象，這一點是無庸置疑了。即使擴大說可以是大大小小的語言片斷，也仍然不能動搖辭書的基本特徵，即以詞條爲綱目的特徵。這詞條可以是字，或者是詞。[14] 訓詁學與辭書編纂的血緣關係正表現在詞匯條目這一點上，它們之間的區分也可以說正體現在這一點上。

　　訓詁學對於古籍文獻中的字詞的解釋往往是隨文釋義，其注釋是以解釋特定的上下文中的語詞爲著眼點的，是該字詞在文句中的具體含義，當然也包括這個字詞在其整個語義系統中的某一點，甚至也帶有上下文句的感情色彩。辭書編纂則要求表現較爲概括的詞匯義，要求儘可能表示出該字詞所代表事物的全部本質特徵。而對於典籍傳疏式的釋義，或曰隨文釋義正是辭書編纂所儘量避免的，辭書編纂要在繁雜的各種具體含義中，就其共同之處而歸納概括，就其不同之處而分析區別，並始終顧及整體。《呂氏春秋·首時》篇載吳國公子光不喜歡伍子胥的相貌，伍子胥只有隔著帷幕跟他交談，而「伍子胥說之半，王子光舉帷搏其手而與之坐」。高誘注：「搏執子胥之手，與之俱坐，聽其說。」[15] 這是個較典型的例子，傳注是隨文釋義，高注不能脫離《呂氏春秋》原文。但僅就「搏」字來講，辭書的注釋只能是其概括義、詞匯義，也即應釋作握、抓、持等。因此，即便在這一個義項的注釋下錄用了《呂氏春秋》的書證，也不必再用高誘的注文。按：《漢語大字

---

[13] 王力《龍蟲並雕齋文集》第三冊（北京中華書局1980年，頁415）。

[14] 所謂大大小小的語言片斷，也仍屬詞條範疇，是字或詞以外能構成詞目的詞條。如「習慣成自然」，出《漢書·賈誼傳》中上疏所引孔子語；「醉翁之意不在酒」，出歐陽修文，皆見於《辭源》等辭書的詞條。又如「好馬不吃回頭草」、「女爲悅己者容」等均見於台北三民書局《新辭典》。

[15] 陳奇猷《呂氏春秋校釋》（上海學林出版社1984年，上冊，頁767）。

典》「搏」字義項（1）就引用了這條書證，同時又加上了高誘的注文，這是欠妥的。

要真正做到「進而確切地明瞭」，實在不容易，過去訓詁學上曾有「義無達詁」的說法，從注釋的角度來看，應該說是辭書編纂中最大的困難了。因此辭書編纂需要儘可能深厚的訓詁學功底，需要從訓詁學注釋派的成果中汲取精要。無數編纂中的經驗教訓都說明，沒有訓詁學的基礎是不可想像的。訓詁注釋理應在辭書編纂中得到最好的體現。下面試舉《辭源》和《漢語大字典》處理「居」、「踞」、「蹲」三字的情況。

居　《辭源》（1）居的本義為蹲。居處的居，古作「凥」，後因有蹲踞的踞，本義遂廢。見清段玉裁《說文解字注》。

（4）坐下。《論語·陽貨》：「居，吾語汝。」

《漢語大字典》

（1）蹲。後作「踞」。《說文·尸部》：「居，蹲也。」段玉裁注：「凡今人蹲踞字，古只作居…若蹲，則足底著地而下其臀，聳其膝曰蹲。」

（2）坐。《論語·陽貨》：「居，吾語汝。」皇侃義疏：「居，猶復座也。」《左傳·哀公元年》：「昔闔廬食不二味，居不重席，室不崇壇。」

踞　《辭源》（１）蹲或坐。《左傳・襄公二四年》：「乘皆踞轉而
　　　　　　　　鼓琴。」《史記・高祖紀》：「沛公方踞
　　　　　　　　床，使兩女子洗足。」

《漢語大字典》

（１）蹲。《說文・足部》：「踞，蹲也。」…

（２）伸開腿坐。《正字通・足部》：「踞，据物坐曰
　　　　　　踞。」《左傳・襄公二四年》：「將及楚
　　　　　　師，而後從之。乘皆踞轉而鼓琴。」孔穎
　　　　　　達疏：「踞，謂坐其上也。」《漢書・高
　　　　　　帝紀》：「沛公方踞床，使兩女子洗
　　　　　　足。」…

蹲　《辭源》（１）踞。似坐而臀下著地。《莊子・外物》：「蹲乎
　　　　　　　　會稽，投竿東海。」

《漢語大字典》

（１）坐。《說文・足部》：「蹲，踞也。」…

　　從以上的情況，說明《辭源》和《漢語大字典》兩家的編者，在沒有真
正解釋清楚詞義時，輕意安排義項的結果，也可以說是沒有認真吸納注釋派
的成就，不明訓詁而造成的。古代的坐與蹲是一回事，從《漢語大字典》所
引《左傳・哀公元年》的「居不重席」即可以了解，儘管坐的姿勢因情況不
同會有差異。楊伯峻《春秋左傳注》云：「居即今之坐，古之坐若今之跪，

席地而坐，地面有席。唯士僅一層席，此闔廬亦一層席。」[16] 另一例引
〈襄公二四年〉之「踞轉而鼓琴」，是說在奔馳的戰車上彈琴。既彈琴，且
在疾馳的戰車上，除了「坐」以外，恐怕任何別的姿勢都不大可能。[17] 對
於字異而義同（也可以說「同實而異名」）的情形，應當作橫向的比較，然
後作平衡處理，才可能獲得完美的注釋義項。《辭源》釋「踞」爲「蹲或
坐」最爲明顯，《漢語大字典》又分「蹲」和「坐」爲兩個不同的義項去注
釋「居」，又釋「蹲」爲「坐」，自相矛盾，頭緒紛雜。

　　再如「翳」字，《管子·小匡》：「九合諸侯，一匡天下，甲不解壘，
兵不解翳。」，又見於《國語·齊語》：「諸侯甲不解壘，兵不解翳。」
《管子》的尹知章注和《國語》的韋昭注都解釋云：「翳，所以蔽兵。」於
是《辭源》釋「翳」爲「掩蔽物」。這「掩蔽物」三字比較含糊，是否像戰
陣上的「掩體」抑或「盾牌」？台灣《中文大辭典》「翳」字義項（５）照
錄了古注「所以蔽兵者也。」而且又加上了一句：「如盾之屬」。這就明白
地表示，指的是戰士防身作掩護的盾牌了。更有《漢語大字典》竟加上白話
的解說：「士卒躲避對方兵器的器具。」具體而明白地說明是指盾牌了。

　　按：《說文》釋「翳」爲「華蓋」，即羽毛製作的車蓋。另《說文·匸
部》「医」字云：「盛弓弩矢器也。从匸从矢。《國語》曰：兵不解医。」
段玉裁注：「此器可隱藏兵器也。《國語》作翳，假借字，韋曰：翳，所以
蔽兵也。按：古翳隱、翳蔭字皆當於医義引申，不當借華蓋字也。翳行而医
廢矣。」[18] 又桂馥義證云：「兵不解医者，《齊語》文。彼云：甲不解
壘，兵不解翳，弢無弓，服無矢。韋注：壘所以盛甲也，翳所以蔽兵也；

---

[16] 楊伯峻《春秋左傳注》（北京中華書局1982年，冊四，頁1608）。此處所引係《左傳·
　　哀公元年》敘吳闔廬事。

[17] 沈玉成《左傳譯文》譯「踞轉而鼓琴」爲「蹲在車後邊的橫木上彈琴」（北京中華書局
　　1981年，頁322），若以白話語體去考察，顯然欠妥。

[18] 段玉裁《說文解字注》卷十二下。（上海古籍出版社1981年影印經韻樓藏版，頁635
　　下）。

弢，弓衣；服，矢服也。」[19] 所引的《國語‧齊語》還可以補充幾句，以使語氣完足，即「隱武事，行文道，帥諸侯而朝天子。」而韋昭注文也應補足一句，即「無，示無用也。」這就明白無誤地告訴我們，《國語》原文的意思是說，天下諸侯若都做到將甲胄兵器收藏起來，裝弓的袋子內沒有了弓，裝箭的袋子內沒有了箭，不再炫耀武力，而勵行文治，那麼天下就會一統，太平盛世也就不遠了。所謂「翳」指的是收藏弓弩等兵器的器具，本寫作「医」，後來寫作「翳」，就這麼一回事。

　　上海辭書版《辭海》「筆」字下頭下收「筆札」一條，其中義項（2）云「指書信」，引例為「《宋史‧錢熙傳》：『熙負氣好學，善談笑，精筆札。』」平常書信往來大都在特定的兩人之間，書信的文筆佳妙與否，唯受信一方能夠領略，或者因其書信的文筆而推其文章寫得如何，絕不可能單純評價某人精於寫信。黃侃《文心雕龍札記》：「筆札之語，始見《漢書‧樓護傳》：『長安號曰谷子云筆札』或曰筆牘（《論衡‧超奇》），或曰筆疏，皆指上書奏記，施於世事者言。」按《漢書‧游俠傳（樓護）》評樓護云：「為人短小精辯，論議常依名節，聽之者皆竦，與谷永俱為五侯上客。長安號曰『谷子云筆札，樓君卿長舌。』言其見信用也。」[20] 仔細推敲以上所引，筆札的意思絕非書信，而應是黃侃先生所說「上書奏記施於世事者」，也即經世致用的時文。《辭海》在這裏若能吸納黃侃先生的論斷，當不至出現這種疏漏。

　　辭書編纂中有時會遇到「孤證」，這對於訓詁學的注釋來說，因為是隨文釋義，不存在橫向的平衡比較的問題，只要上下文那一特定的語詞關係能夠界定，其整個語義環境得以維護，那麼，孤證是可以成立的。可辭書編纂就是另一種情形了。一般說來，即使注釋無庸置疑，孤證也不應作為建立義項的根據。北京商務書館《辭源》「辟易」條建立了兩個義項：

---

[19] 桂馥《說文解字義證》卷四。（上海古籍出版社1987年影印清連筠簃叢書本，頁1106上）。

[20] 《漢書‧游俠傳》（北京中華書局標點本，冊十一，頁3707）。

　　（一）狂疾。《國語・吳》：「申胥釋劍而對曰：…員不忍稱疾辟
　　　　易，以見先王之親爲越之擒也，員請先死。」注：「辟易，狂
　　　　疾。」

　　（二）驚退。《史記・項羽紀》：「是時赤泉侯爲騎將，追項王，項
　　　　王瞋目叱之，赤泉侯人馬俱驚，辟易數里。」正義：「言人馬
　　　　俱驚，開張易舊處，乃至數里。」

嚴格說，這兩個義項的注釋都欠妥。首先，《吳語》的韋昭注爲「狂疾」，
的確費解。除此之外，《辭海》、《漢語大字典》及台版《中文大辭典》都
立了義項「狂疾」，這是以孤證立義項較典型的例子。其義項（二）「驚
退」，從《史記》的張守節正義考察，正是一種隨文釋義，並非就「辟易」
而作注釋。因此這裏的「辟易」只能是退避義。「驚退」中多出了個
「驚」，重複了上句「人馬俱驚」中的「驚」，所謂釋義的擴大，帶有明顯
的隨意性。不拘怎樣說，在未弄清「狂疾」到底何義時，不應以孤證立項。
因這件案例而使我聯想到陳寅恪先生的一樁佚事。

　　已故中國社科院文學所吳世昌教授曾經考證西漢宮廷內的宮女之間有同
性戀行爲，其證明就是《漢書・趙飛燕傳》中兩宮女《對食》一詞，並應劭
注「宮人自相與爲夫婦名對食」。[21] 1943年吳世昌以此請教陳寅恪先生說
「漢代有女子同性戀愛」，陳先生要證據，吳舉《漢書・外戚傳》「對食」
爲答。陳先生當即回答：「應劭注有此說法，但這是孤證。」陳寅恪先生的
態度值得我們借鑒，即雖然有此一說，但卻是孤證，既是孤證就不能貿然作
肯定的概括性結論。這不僅是訓詁學研究和考證的態度，也是辭書編纂應該
遵守的原則。吳世昌教授的這段公案是1947年的事，以後，大約他又作了多
方面的查考與取證，到1982年又寫了一篇〈關於宮中「對食」〉的文章，發
表在當年一期的《故宮博物院院刊》上。文中援引了《舊唐書・五行志》、

---

[21] 見1947年5月19日南京《中央日報》「文史週刊」第四二期。該期載吳世晶〈《漢書・
　　外戚傳》「對食」解〉一文，文後有「附記」，俱道始末。

袁枚《隨園詩話》卷二引羅履先《南漢宮詞》「莫怪宮人誇對食，尚衣多半狀無郎。」《明史·魏忠賢傳》及清代徐鼒《小腆紀傳》諸例。這樣一來，「對食」一詞的地位似乎可以確定無疑了，但是應當說明的是，在經過了1943到1982整整三十九個年頭的蘊蓄、積累與考證，所能證明的並非原始的立論，「宮人自相與爲夫婦」的單純宮女之間的同性戀行爲，[22] 陳寅恪先生斷言之「孤證」，實非虛語。

《戰國策·趙策一》載晉智伯家臣豫讓爲智伯報仇行刺趙襄子的故事，在豫讓最後被執自殺之前，「拔劍三躍，呼天擊之，曰：而可以報智伯矣！遂伏劍而死。」鮑彪注：「而，自呼也。」[23] 豫讓的故事在《史記·刺客列傳》中也有同樣的記述，只是豫讓呼天搶地的情形是「豫讓拔劍三躍而擊之，曰：吾可以下報智伯矣！遂伏劍自殺。」[24]《趙策》「而可以報智伯」，《史記》正作「吾可以下報智伯」。於是出現了一個新義項，即「而」字在上古漢語中有第一人稱用法。「而」字的這個意義沒有被辭書所採錄，台版《中文大辭典》幾乎見注就錄也未收到，連《經籍籑詁》也未籑集這一條。從《康熙字典》、《中華大字典》到近年問世的號稱義項最全的《漢語大字典》、《漢語大詞典》也都未收，大約就因爲孤證而慎重如此。下面用《左傳》的例句來說明這個問題。

《左傳·定公八年》記晉國以強欺弱，兵臨衛國城下，在此危急存亡之際，衛侯對國中大夫們說：

「又有患焉，謂寡人必以而子與大夫之子爲質。」

---

22 《舊唐書·五行志》記長慶四年染房作人張韶與卜者蘇玄明入宮造反，「對食」於清思殿（北京中華書局標點本，冊四，頁1375）。《隨園詩話》所引指南漢時，中狀元者必先受宮刑，故其《宮詞》云云（北京人民文學出版社，1982年，頁37）；《明史·魏忠賢傳》（見北京中華書局標點本，冊二六，頁7816）。又徐嘉鼒《小腆紀傳》諸例均不能看做純粹之宮女同性戀。

23 《戰國策·趙策一》（上海古籍出版社標點本，1985年，中冊，頁599）。

24 《史記·刺客列傳》（北京中華書局標點本，冊八，頁2521）。

用現代的白話口語講，就是「還有麻煩事呢，他們對寡人說，必須拿我的兒子與大夫們的兒子作人質。」原句中的「而」該作第一稱「我」講，全句才能貫通。由於杜預及後世注釋都未對這裏的「而」字作注，歷代訓詁專著又絕無「而」作第一人稱的義訓，因此不是含糊其辭，語焉不詳，就是作第二人稱講。從上下文語境考慮，這裏說話的聽者對象是「大夫」，「大夫之子」是「你們的兒子」，那麼「而子」就不應該仍是第二人稱，而應該是說話人的自指才合適。還是用《左傳》的語例來說明問題吧：

「余，而所嫁婦人之父也。」（〈宣公一五年〉）

「余知而無罪也。」（〈昭公二〇年〉）

「是而子殺余之弟也。」（〈襄公一四年〉）[25]

以上的語例均有一共同特徵，即都有個第一人稱「余」，因此，相對應的「而」作第二人稱講就無庸置疑了。可耐人尋味的是杜預在這些地方均不厭其煩地加了注釋：「而，汝也。」為什麼〈定公八年〉的「必以而子與大夫之子為質」這種義晦且容易產生歧義的地方反而不注？這裏是否能說明〈定公八年〉的「而」為「而，汝也」之「而」的意義有別，不能都釋為第二人稱呢？杜預是漢末三國時人，這時候的「而」作第一人稱講時無須作注，鮑彪是兩宋間人，其「而」字的第一人稱義已不大為人所知，必須加注釋。還可以舉一例，《史記·刺客列傳》記聶政刺俠累事，嚴仲子厚待聶政，是想利用他刺殺韓相俠累。但聶政家貧，又因有「老母在，政未敢以許人也」。不久，聶政的母親去世，「乃遂西至濮陽，見嚴仲子曰：前日所以不許仲子者，徒以親在，今不幸而母以天年終。仲子所欲報仇者為誰？請得從事焉。」[26] 所引聶政對話的語義十分明白，「而母」就是「我母」。值

---

[25] 以上《左傳》引文均見北京中華書局影印世界書局縮印阮刻本《十三經注疏》下冊。

[26] 《史記·刺客列傳》（北京中華書局標點本，冊八，頁2523）。

得注意的是，包括劉宋裴駰、唐代司馬貞、張守節在內的注釋家們，都未對這個「而母」作注。

有關注釋中的孤證問題，簡言之就是，孤證不能在辭書中立項；要以慎重的學風對待孤證問題；在深入細緻的纂集資料和考查之後再決定能否立項。這應當是最基本的態度。辭書編纂領域在這方面的表現是不夠令人滿意的，對於訓詁學注釋派的成果的吸取與繼承還須有更多的開拓。訓詁學領域的許多成就，不少已成為學術史上的佳話，足可以作為借鑒。如王念孫為《戰國策・趙策》「觸讋說趙太后」中的「觸讋」應為「觸龍」，「讋」是「龍言」二字的誤疊。[27] 又《老子》三一章「夫佳兵者不祥之器」，認為「佳」字乃「唯」字之誤[28] 等等。這些考釋十分精到，並從近年出土的馬王堆漢墓帛書得到實物證明，成為學術史上的佳話而流傳。作為辭書編纂，情況就不同了。不僅纂集的工作是大量的窮盡的，而注釋的過程又是十分的細緻嚴密，對於一些義項複雜的情況，往往會「治絲益棼」，束手無策。加之辭書編纂過程中一些具體而特殊的工作方法，是局外人所難以想像的，在具體的編撰之中，會出現不少純屬個人方面的苦惱，這是二十多年來，我個人在工作中不止一次地體會到或親見過。如收集信息，纂集資料，排比卡片，核對原文等，這些無窮無盡的枯燥繁雜的工作在悄悄地耗費自己寶貴年華。也有時會覺得，辭書編纂所涉及的廣闊領域，使個人的知識收支常常處於嚴重的不平衡狀態，即一方面要付出大量的知識儲備，另一方面，新的知識的獲取又顯得十分零碎和不成系統。從這點上說，遠不如訓詁學在專業領域之內，經過辛勤的探索之後，可能會取得或大或小的成就。在辭書編纂中，有時會因一個義項冥思苦索，甚至長時間不能釋然，在語言文字領域，

---

27 王念孫《讀書雜志・戰國策雜志第二》（江蘇古籍出版社影印王氏家刻本，頁18）。又七十年長沙馬王堆出土帛書即有《趙策》此文，正可作為實物證明。見《戰國縱橫家書》（北京文物出版社，1976，頁74）。

28 王念孫《讀書雜志餘編》上（江蘇古籍出版社影印王氏家刻本，頁1010）。又阮元也有相同的看法，見《經傳釋詞序》。

即使偶有所得，或者叫做茅塞頓開，發現了新義，抑或匡正前人、時賢的某一訛誤，在個人來說，無異於發現了一顆新的恒星，一塊新大陸。但這個成績很快就會融入全書，或者匯入集體創作的海洋之中，也許永遠不爲世人所知。

第一屆國際訓詁學學術研討會論文
1997.04.19-20

論訓詁學的多邊關係——由唐人「父自稱」或「子稱父」為「哥哥」談起

沈寶春

成功大學中國文學系

一、前言

　　自從中國進入父系社會以來，父親的威嚴森聳，「以父之名」，「假父為名」，是頂神聖不可侵犯的。尤其在密嚴無縫的宗族制度宰制中，徵現在親屬的稱謂上也顯得格外的謹當不苟。

　　然而在這謹當不苟、森聳掌控稱謂的實踐中，卻在唐皇室用語中被顛覆了，浮現出異乎尋常的斷裂走位現象，而此種稱謂上的錯置淆亂，前人早已見及，如顧炎武在《日知錄》卷二十四中有關「哥」的一條即指出：

> 唐時人稱「父」為「哥」。《舊唐書・王琚傳》：「玄宗泣曰：『四哥仁孝，同氣惟有太平。』」睿宗行四故也。玄宗子〈棣王琰傳〉：「惟三哥辨其罪。」玄宗行三故也。有父之親，有君之尊，而稱之為四哥、三哥，亦可謂名之不正也已。
>
> 玄宗與寧王憲書，稱大哥（又有〈同玉眞公主過大哥園池詩〉），則唐時宮中，稱父稱兄皆曰「哥」。[1]

顧氏雖表示《舊唐書》中皇室既有「君之尊」，復有「父之親」，稱謂上卻有違逆傳統的「名不正」現象，顯得相當怪奇，但卻沒有進一步闡釋或追索

---

[1]　見顧炎武《日知錄》（臺南：唯一書業中心，1975年9月）卷25，頁689。

造成此種脫序背離現象之後的可能原因？當然，前哲時賢針對此現象也有嘗試作解人的，而提出下列的看法。

二、諸家說解

察清代以來，學者專家已對此問題存有些許看法，若試將董理爬梳，可分成幾說：

二（一）以「唐代家法」視之者：

此說以清梁章鉅在《稱謂錄》卷一〈父自稱〉條中所說的：

> 哥哥，淳化閣帖有唐太宗與高宗書，稱「哥哥敕」，父對子自稱「哥哥」，蓋唐代家法如是。

又「哥」條云：

> 《舊唐書·王琚傳》：「元宗泣曰：『四哥仁孝。』」稱睿宗也。〈棣王炎傳〉：「惟三哥辨其罪。」稱元宗也。案：〈長安四年觀世音石像銘〉，中山郡王隆所造，亦稱睿宗為四哥，皆子稱父之詞。[2]

觀梁氏「哥」條引證資料與顧氏相同，拓及淳化閣帖中唐太宗與高宗書「哥哥敕」，依據這些有限的資訊，梁氏認為不管是「父對子自稱哥哥」或「子稱父之詞」的「哥」，都只是有唐一代，家中父子相呼，自成一格的「唐代家法」。

二（二）以「方言」視之者：

在徐成志編的《事物異名別稱詞典·人事部·父親》條中曾指出：

> 「歌歌」，「哥哥」，方言對父親的稱呼。敦煌變文《搜神記·行孝》一：「其田章年始五歲，乃于家啼哭，喚歌歌娘娘。」蔣禮鴻

---

[2] 以上引見梁章鉅《稱謂錄》（上海：上海古籍出版社，日本長澤規矩也編《明清俗語辭書集成》一，1989年11月），頁15（619）；頁17（620）。

《敦煌變文字義通釋·釋稱謂》：「歌歌娘娘，即阿耶阿娘，現在浙江武義還有管父親叫哥哥的。」[3]

由此可知徐氏根據敦煌變文《搜神記》與蔣氏據浙江武義方言的殘存來推測「哥哥」或「歌歌」係屬方言對父親的稱呼。

二（三）以「臨時移用」視之者：

在《文史辭源》「哥」字「哥哥」的詞條釋解中，本為「兄之稱」，但下作說解云：

《舊唐書、王琚傳》：「玄宗泣曰：『四哥仁孝，同氣唯有太平。』」四哥，指其父睿宗。《淳化閣帖》有〈唐太宗與高宗書〉，自稱「哥哥敕」。哥，平時是同輩稱謂，此係臨時移用，非哥哥可以為父子互稱之詞。[4]

也是據《舊唐書》與《淳化閣帖》的個案而推斷這是「臨時移用」的結果，並不是放諸四海而皆準的恆定狀態，只不過偶爾客串，臨時充當罷了，「非哥哥可以為父子互稱之詞」，也就是不承認它的客串用法具有合法合理性吧！

二（四）懷疑係「北方民族長子繼承王父妻妾的風俗」：

呂叔湘先生曾在《未晚齋語文漫談》中列舉出前見的顧炎武《日知錄》與《敦煌變文集》中卷八八四的句道興《搜神記》資料外，另指出「元曲的《牆頭馬上》第三折有下面一段」：

〔端端云〕妳妳，我接爹爹去來。〔正旦云〕還未來哩。〔唱〕〔么篇〕你哥哥這其間未是他來時節。〔豆葉兒〕接不著你哥哥，正撞見

---

[3] 見徐志成編《事物異名別稱詞典》（山東：齊魯書社，1990年5月），人事部父親，頁320；又蔣禮鴻《敦煌變文字義通釋》增訂本（臺北：木鐸出版社），第一篇＜釋稱謂、歌歌、哥哥、父親＞條，頁12—13。

[4] 見《文史辭源》（臺北：天成出版社，1984年5月初版），第一冊，頁516。

你爺爺。

他的解讀是「『爹爹』和『哥哥』所指相同，都是父親。稱父親爲哥哥，是唐朝的風俗，居然到元朝還存在。」又指出在趙翼的《陔餘叢考》卷三七中談「哥」，「還引了些兄稱弟爲『哥』；父稱子爲『哥』；僚友相稱爲『哥』；以及兒子命名（小名）帶『哥』字的例子，結論是不足爲怪」，但呂氏卻深不以爲然，而提出他的懷疑說：

> 可是我總覺得別的情況都比較容易理解，即說話的人借用一晚輩的身分說話，惟獨子稱父爲「哥」不好理解。「哥」外來語，最早還寫作「歌」。我懷疑這跟我國北方某些民族長子繼承亡父的妻妾（除生母外）的風俗有關。[5]

認爲這個問題需待「歷史學者」和「民俗學者」的研究了。

二（五）懷疑是「用低一級的稱呼來表示親熱」的：

王力在《漢語史稿》第四章〈詞彙的發展、親屬的名稱〉說「從唐代起，『哥』字開始在口語裡代替了『兄』字」下註：

> 「哥」又可以用來稱父。《舊唐書、王琚傳》：「玄宗泣曰：四哥仁孝」，四哥指睿宗。《淳化閣帖》有唐太宗與高宗書，稱「哥哥敕」。這可能是用低一級的稱呼來表示親熱；如果「哥」有「父」義，則「四哥」不可解。清高翔麟《說文字通》云：「北齊太子稱生母爲姊姊，宋時呼生母爲大姊姊」，這種情形與「哥」字同。[6]

其後更列舉了稱「哥」當「兄」之例如《舊唐書、邠王守禮傳》的「岐王等奏之云：『邠哥有術。』」《酉陽雜俎》的「帝呼寧王爲寧哥。」以及張九齡〈敕賜寧王池宴詩序〉的「上幸寧王第，敍家人禮，上曰：『大哥好作主

---

5 以上有關引據見呂叔湘《未晚齋語文漫談》（北京：語文出版社，1992年6月），頁9 －10。

6 見王力《漢語史稿》增訂本（香港：波文書局），第四章，頁 506—507。

人』。」並推論說：「這「哥」字可能是外來語。須待進一步的研究，才能確定。」[7] 所以，王力還是認爲「哥」是「兄」義，是用低一級的稱呼來表示親熱，而他的理由是，以「父」替代「哥」的位置，那是不詞，也不可解。

由上可知，這個問題是眾說紛紜的，若想得一究竟，還需從原典追溯起。

三、「父對子自稱」與「子稱父」爲「哥」或「哥哥」的內容

若由上面諸說來加予觀察，可知其依據大抵是從五方面來：（一）是《舊唐書》；（二）是《淳化閣帖》；（三）是敦煌變文中的《搜神記》；（四）是元曲中的《牆頭馬上》；（五）是浙江武義的方言。當然，就這五方面來說，《舊唐書》、《淳化閣帖》、敦煌變文攸關鈐鍵，至於元曲的《牆頭馬上》，可並參看，至若浙江武義的方言，又其末流餘裔，雖揚波濡沫，關係不大，可先不論；但振葉尋根，溯流探源，必當從四個向度攏束起。

三（一）談《舊唐書》中的「哥」字：

觀察《舊唐書》中的稱謂，恆常狀態是父親稱「父」，兄長稱「兄」，標準型態如卷一百四十八〈李吉甫傳〉中「吉甫奏曰」：

> 昔漢章帝時，欲爲光武原陵、明帝顯節陵各起邑屋，東平王蒼上疏言其不可。東平王即光武之愛子，明帝之愛弟。賢王之心，豈惜費於父兄哉！誠以非禮之事，人君所當慎也。[8]

---

7 同註6。

8 見後晉劉昫等撰，楊家駱主編《新校本舊唐書附索引》（臺北：鼎文書局，1976年），卷一百四十八，頁3994。

又如卷八十八〈蘇瓌列傳〉中提到蘇瓌子蘇頲，及其弟詵、冰、乂說：

> 詵，歷授右司郎中、給事中、徐州刺史。先是，拜給事中時，頲為中
> 書侍郎，上表讓詵所授。玄宗曰：「古來有內舉不避親乎？」頲曰：
> 「晉祁奚是也。」玄宗曰：「若然，則朕用蘇詵，何得屢言？近日卿
> 父子猶同在中書，兄弟有何不得？卿言非至公也。」冰，為虞部郎
> 中。乂，為職方郎中。[9]

而在卷一百三十六〈盧邁列傳〉中敘述盧邁的動機說：

> 邁以叔父兄弟姊妹悉在江介，屬蝗蟲歲饑，懇求江南上佐，由是授滁
> 州刺史」[10]

以及卷一百九十三的〈列女列傳〉中提到孝女王和子說：

> 孝女王和子者，徐州人其父及兄為防秋卒，戍涇州。元和中，吐蕃寇
> 邊，父兄戰死，無子，母先亡。和子時年十七，聞父兄歿於邊上，被
> 髮徒跣縗裳，獨往涇州，行丐取父兄之喪，歸徐營葬，手植松柏，剪
> 髮壞形，廬於墓所。節度使王智興以狀聞，詔旌表之。[11]

外如卷四〈高宗本紀〉中說：

> 高宗天皇大聖大弘孝皇帝，諱治，太宗第九子也。母曰文德順聖長孫
> 皇后。以貞觀二年六月，生於東宮之麗正殿。五年，封晉王。七年，
> 遙授并州都督。幼而岐嶷端審，寬仁孝友。初授《孝經》於著作郎蕭
> 德言，太宗問曰：「此書中何言為要？」對曰：「夫孝，始於事親，
> 中於事君，終於立身。君子之事上，進思盡忠，退思補過，將順其
> 美，匡救其惡。」太宗大悅曰：「行此，足以事父兄，為臣子矣。」

9　同上註，卷八十八，頁2882。
10　同註8，卷一百三十六，頁3753。
11　同註8，卷一百九十三，頁5151−5152。

12

從上列《舊唐書》所取樣的資料，我們可以觀察到稱「父」稱「兄」是不分階層，具有普遍性的，從唐皇室成員的口語對談中（如唐太宗＆高宗）、皇帝與臣子對達所例舉的皇室成員中（如李吉甫上奏舉漢光武帝、明帝及東平王蒼）、皇帝與臣子的當下對談中（如唐玄宗＆蘇頲）、臣子的自舉（如盧邁）、以及平民階層的稱謂（如孝女王和子）中，都是以「父」「兄」或「父兄」爲稱的，且不管在書面或口語中，都是先父後兄，絕無例外。

至於「哥」或「哥哥」這個用語，在《舊唐書》之前是例當「歌詠」之「歌」字來使用的，如《史記》卷三十四〈燕召公世家〉中云：

> 召公之治四方，甚得兆民和。召公巡行鄉邑，有棠樹，決獄政事其下，自侯伯至庶人各得其所，無失職者。召公卒，而民人思召公之政，懷棠樹不敢伐，哥詠之，作〈甘棠〉之詩。[13]

《隋書》卷三十五〈經籍志四、道經〉中亦載及：

> 太武始光之初，奉其書而獻之。帝使謁者，奉玉帛牲牢，祀嵩岳，迎致其餘弟子，於代都東南起壇宇，給道士百二十餘人，顯揚其法，宣布天下。太武親備法駕，而受符籙，以為故事，刻天尊及諸仙之象，而功養焉。遷洛已後，置道場於南郊之旁，方二百步。正月、十月之十五日，並有道士哥人百六人，拜而祠焉。[14]

可知不管是「哥詠」或「哥人」，都當作「歌唱」之「歌」，古作「哥」，今作「歌」罷了。

及至《舊唐書》中，「哥」字的用法和詞義則顯得較爲豐富，除用爲姓

12　同註8，卷四，頁65。
13　見司馬遷撰，楊家駱主編《新校本史記三家注并附編二種》，（臺北：鼎文書局，1984年元月六版），卷三十四，頁1550。
14　見唐魏徵等撰《隋書》（臺北：鼎文書局，1975年3月），卷三十五，頁1093－1094。

與名如窟哥、哥舒翰、哥舒晃、哥舒曜、達哥之、五哥之、哥舒闕俟斤、哥
舒處半俟斤、契苾哥楞；州國之名如哥勿州都督府、哥係州、哥鄰國王董臥
庭；及小字如李林甫小字「哥奴」外，[15] 其餘如《舊唐書》卷六十四〈高
祖二十二子列傳〉云：

> 舒王元名，高祖第十八子也。年十歲時，高祖在大安宮，太宗晨夕使
> 尚宮起居送珍饌，元名保傅等謂元名曰：「尚宮品秩高者，見宜拜
> 之。」元名曰：「此我二哥家婢也，何用拜為？」太宗聞而壯之，
> 曰：「此真我弟也。」貞觀五年，封酅王。十一年，徙封舒王，賜實
> 封八百戶，拜壽州刺史。[16]

卷九十五〈睿宗諸子列傳、讓皇帝憲〉中云：

> 睿宗六子：昭成順聖皇后竇氏生玄宗，肅明順聖皇后劉氏生讓皇帝，
> 宮人柳氏生惠莊太子，崔孺人生惠文太子，王德妃生惠宣太子，後宮
> 生隋王隆悌。

> 讓皇帝憲，本名成器，睿宗長子也。初封永平郡王。文明元年，立為
> 皇太子時年六歲。及睿宗降為皇嗣，則天冊授成器為皇孫，與諸弟同
> 日出閣，開府置官屬。長壽二年，改封壽春郡王，仍卻入閣長安中，
> 累轉左贊善大夫，加銀青光祿大夫。中宗即位，改封蔡王，遷宗正員
> 外卿，加賜實封四百戶，通舊為七百戶。成器固辭不敢當大國，依舊
> 為壽春郡王。

> 唐隆元年，進封宋王。其月，睿宗踐祚，拜左衛大將軍。時將建儲
> 貳，以成器嫡長，而玄宗有討平韋氏之功，意久不決。成器辭曰；
> 「儲副者，天下之公器，時平則先嫡長，國難則歸有功。若失其宜，

---

[15] 詳見中央研究院歷史語言研究所漢籍全文資料庫計劃《二十五史全文檢索》「哥」字
條。
[16] 同註8，卷六十四，頁2433。

海內失望,非社稷之福。臣今敢以死請。」累日涕泣固讓,言甚切至。時諸王、公卿亦言平王有社稷大功,合居儲位。睿宗嘉成器之意,乃許之。...

二十九年冬,京城寒甚,凝霜封樹,時學者以為《春秋》「雨木冰」即此是,亦名樹介,言其象介冑也。憲見而歎曰:「此俗謂樹稼者也」。諺曰:『樹稼,達官怕。』必有大臣當之,吾其死矣。」十一月薨,時年六十三。上聞之,號叫失聲,左右皆掩涕。翌日,下制曰:「...能以位讓,為吳太伯,存則用成其節,歿則當表其賢,非常之稱,旌德斯在。...惟王,朕之元昆,合昇上嗣,以朕奉先朝之睿略,定宗社之阽危,推而不居,請予主鬯,又承慈旨,焉敢固違。不然者,則宸極之尊,豈歸於薄德。茂行若此,易名是憑,自非大號,孰副休烈。按諡法推功尚善曰『讓』,德性寬柔曰『讓,敬追諡曰讓皇帝,宜令有司擇日備禮冊命。』」

憲長子汝陽郡王璡又上表懇辭,盛陳先意,謙退不敢當帝號,手制不許。及冊斂之日,內出御衣一副,仍令右監門大將軍高力士來齎手書置于靈坐之前,其書曰:「隆基白:『一代兄弟,一朝存歿,家人之禮,是用申情,興言感思,悲涕交集。大哥孝友,近古莫儔,嘗號五王同開邸第。遠自童幼,洎乎長成,出則同遊,學則同業,事均形影,無不相隨。頃以國步艱危,義資克定,先帝御極,日月照臨。大哥嫡長,合當儲貳,以幼見讓,爰在薄躬。既嗣守紫宸,萬機事總,聽朝之暇,得展于懷。十數年間,棣華凋落,謂之手足唯有大哥。今復淪亡,眇然無對,以茲感慕,何恨如之。然以厥初生人,孰不殂謝?所貴光昭德行,以示崇高,立德立名,斯為不朽。大哥事跡,身歿讓存,故冊曰讓皇帝,神之昭革,當茲寵榮。況庭訓傳家,璡等申讓,善述先志,實有遺風,成其美也。恭為緒言,恍焉如在,寄之翰

墨，悲不自勝。」」[17]

卷八十六〈高宗中宗諸子列傳、章懷太子賢、賢子邠王守禮〉中云：

> 守禮本名光仁，垂拱初改名守禮，授太子洗馬，封嗣雍王。…守禮以
> 外枝為王，才識猥下，尤不逮岐、薛。多寵嬖，不修風教，男女六十
> 餘人，男無中才，女負貞稱，守禮居之自若，高歌擊鼓。常帶數千貫
> 錢債，或有諫之者曰：「王年漸高，家累甚重，須有愛惜。」守禮
> 曰：「豈有天子兄沒人葬？」諸王因内讌言之，以為歡笑。雖積陰累
> 日，守禮白於諸王曰：「欲晴。」果晴。恕陽涉旬，守禮曰：「即
> 雨。」果連澍。岐王等奏之，云：「邠哥有術。」守禮曰：「臣無術
> 也。則天時以章懷遷謫，臣幽閉宮中十餘年，每歲被敕杖數頓，見瘢
> 痕甚厚。欲雨，臣脊上即沉悶；欲晴，即輕健，臣以此知之，非有術
> 也。」涕泗霑襟，玄宗亦憫然。[18]

卷一百六〈王琚傳〉中云：

> 王琚，懷州河内人也。叔父隱客，則天朝為鳳閣侍郎。琚少孤而聰
> 敏，有才略，好玄象合鍊之學。…遇神宗為太子監國，為太平公主所
> 忌，思立屏弱，以竊威權，太子憂危。沙門普潤先與琚，克清内難，
> 加三品，食實封，常入太子宮。琚見之，説以天時人事，歷然可觀。
> 普潤白玄宗，玄宗異之。及琚於吏部選補諸暨主簿，於東宮過謝，及
> 殿，而行徐視高，中官曰：「殿下在簾下。」琚曰：「在外只聞有太
> 平公主，不聞有太子。太子有大功於社稷，大孝於君親，何淂有此
> 聲？」玄宗遽召見之，琚曰：「頃韋庶人智識淺短，親行弒逆，人心
> 盡搖，思立李氏，殿下誅之為易。今社稷已安，太平則天之女，凶狡
> 無比，專思立功，朝之大臣，多為其用。主上以元妹之愛，能忍其

過。賤臣淺識，爲殿下深憂。」玄宗命之同榻而坐。玄宗泣曰：「四哥仁孝，同氣唯有太平，言之恐有違犯，不言憂患轉深，爲臣爲子，計無所出。」琚曰：「天子之孝，貴於安宗廟，定萬人。微之於昔，蓋主，漢帝之長姊，帝幼，蓋主共養帝於宮中，後與上官桀、燕王謀害大司馬霍光，不議及君上，漢主恐危劉氏，以大義去之。況殿下功格天地，位尊儲貳。太平雖姑，臣妾也，何敢議之！今劉幽求、張說、郭元振一二大臣，心輔殿下。太平之黨，必有移奪安危之計，不可立談。」玄宗又曰：「公有何小藝，可隱跡與寡人遊處？」琚曰：「飛丹錬藥，談諧嘲詠，堪與優人比肩。」玄宗益喜，與之爲友，恨相知晚，呼爲王十一。[19]

以及卷一百七〈玄宗諸子列傳、棣王琰傳〉中說：

玄宗三十子：元獻楊皇后生肅宗，劉華妃生奉天皇帝宗琮、靖恭太子琬、儀王璲，趙麗妃生廢太子瑛，錢妃生棣王琰，皇甫德儀生鄂王瑤，劉才人生光王琚，貞順武皇后生夏悼王一、懷哀王敏、壽王瑁、盛王琦，高婕妤生延王玢，鍾美人生濟王環，盧美人生信王瑝，閻才人生義王玭，王美人生陳王珪，陳美人生豐王珙，鄭才人生恒王瑱，武賢儀生涼王璿、汴哀王璥，餘七王早夭。棣王琰，玄宗第四子也，初名嗣真。開元二年十二月，封爲鄫王。十二年三月，改封棣王，仍改名洽。十五年，遙領太原牧，太原以北諸軍節度大使。二十二年，加太子太傅，餘如故。二十四年，改名琰。天寶元年六月，遙領兼武威郡都督、河西隴右經略節度大使。

先是，談琰妃韋氏有過，琰怒之，不敢奏聞，乃斥於別室。寵二孺人，孺人又不相協。至十一載，孺人乃密求巫者，書符置於琰履中以求媚。琰與監院中官有隙，中官聞其事，密奏於玄宗，云琰厭魅聖

躬；玄宗使人掩其屨而獲之。玄宗大怒，引琰詰責之。琰頓首謝曰：「臣之罪合死矣，請一言以就鼎鑊。然臣與新婦，情義絕者，二年于茲，臣有二孺人，又皆爭長。臣實不知有符，恐此三人所為也。惟三哥辯其罪人。」及推問之，竟孺人也。玄宗猶疑琰知情，怒未解，太子以下皆為請，命囚於鷹狗坊中，絕朝請，憂懼而死。[20]

前三條資料所用的是當「兄」長與「弟」對稱的「哥」義；至於後二條則非比尋常的替代了與「母」對稱的「父」義，這現象也間接反映出「哥」字用在稱謂上，非屬恆定，而是徘徊拉拒在「父」或「兄」義之中的，呈顯出一種非穩定的特質。

　　當然，我們知道，《舊唐書》是依據實錄、國史以成書，且因常就藍本照抄，於是「今上」、「我」等字遂屢加出現（當然，「今上」係指唐史館撰述時之當代帝王，「我」則自指唐朝）。[21] 而且唐代史官制度完善，[22] 史權確立，[23] 在這種情況底下，《舊唐書》所反映的史實，是相當原始與寫實的，誠如褚遂良所說的：「臣職載筆，君舉必書。」或如劉洎所補充

---

[20] 同註8，卷一百七，頁3257－3261。

[21] 以上文字參見楊家駱＜兩唐書識語＞，同註6，頁2、8。

[22] 唐代史官制度的完善，可參見《新唐書》卷四十七＜百官志、門下省＞ 所載「起居郎」二人，「掌錄天子起居法度。天子御正殿，則郎居左，舍人居右。有命俯陛以聽，退而書之，季終以授史官。貞觀初，以給事諫議大夫兼知起居注，或知起居事。每仗下，議政事，起居郎一人執筆記錄於前，史官隨之。其後，復設起居舍人，分侍左右，秉筆隨宰相入殿；若仗在紫宸內閣，則夾香案分立殿下，直第二螭首，和筆濡墨，皆即坳處，時號螭頭。」（臺北：鼎文書局，1970年元月三版），頁1208。

[23] 按史權的確立，可參見《新唐書》卷一百九十八＜儒學列傳、朱子奢＞：「帝（太宗）嘗詔：『起居紀錄臧否，朕欲見之以知得失。若何？』子奢曰：『陛下所舉無過事，雖見無嫌，然以此開後世史官之禍，可懼也。史官全身畏死，則悠悠千載，尚有聞乎？』」頁5648；又卷一百五＜褚遂良列傳＞云：「（褚遂良）遷諫議大夫，兼知起居事。帝（太宗）曰：『卿記起居，大抵人君得觀之否？』對曰：『今之起居，古左右史也，善惡必記，戒人主不為非法，未聞天子自觀史也。』帝曰：『朕有不善，卿必記邪？』對曰：『守道不如守官，臣職載筆，君舉必書。』劉洎曰：『使遂良不記，天下之人亦記之矣。』」頁4025。可知史官的載記能獨立於皇權之上。

的：「使遂良不記，天下之人亦記之。」它的寫實性，卻在《新唐書》的更
作中而失真煙滅，比如上舉的〈王琚傳〉與〈玄宗諸子列傳、棣王琰傳〉，
《新唐書》在沒有如此的寫作氛圍下，喪失了那麼一點原真寫實性，而在卷
八十二〈十一宗諸子列傳、棣王琰傳〉只作：

> 棣王琰，開元二年史王鄂，與鄂、鄆二王同封。後徙王棣，領太原
> 牧、太原以北諸軍節度大使。天寶初，爲武威郡都督，經略河西、隴
> 右。會妃韋以過置別室，而二孺人爭寵不平，求巫者密置符琰屨中以
> 求媚。仇人告琰厭魅上，帝伺其朝，使人取屨視之，信。帝怒責琰，
> 琰頓首謝曰：「臣罪宜死，然臣與婦不相見二年，有二孺人爭長，臣
> 恐此三人爲之。」及推，果驗。然帝猶疑琰，怒未置，太子以下皆爲
> 請，乃囚於鷹狗坊，以憂薨。[24]

及在卷一百二十一的〈王琚列傳〉則概述其行誼說：

> （王）琚是時方補諸暨縣主簿，過謝東宮（玄宗），至廷中，徐行高
> 視，侍衛何止曰：「太子在！」琚怒曰：「在外惟聞太平公主，不聞
> 有太子。太子本有功於社稷，孝於君親，安得此聲？」太子遽召見，
> 琚曰：「韋氏躬行弒逆，天下動搖，人思李氏，故殿下取之易也。今
> 天下已定，太平專思立功，左右大臣多爲其用，天子以元妹，能忍其
> 過，臣竊爲殿下寒心。」太子命坐，且泣曰：「計將安便？」琚曰：
> 「昔漢蓋主供養昭帝，其後與上官桀謀殺霍光，不及天子，而帝猶以
> 大義去之。今太子功定天下，公主乃敢妄圖，大臣樹黨，有廢立意。
> 太子誠召張說、劉幽求、郭元振等計之，憂可紓也。」…[25]

明顯的可看出，由於《新唐書》的簡鍊筆墨，已輕易的削掉了那「名不正」
的關鍵稱謂，而將那種特殊性也給煙滅了。反之，《舊唐書》就顯得翔實如

---

[24] 同註22，卷八十二，頁3608。
[25] 同註22，卷一百二十一，頁4332－4333。

現，且生動逼真多了。

　　其實，這種「名不正」的稱呼，也對應在載錄唐皇室書信與唐代變文之中，我們先就唐皇室的書信稱謂用詞來比觀吧！

三（二）談《淳化閣帖》的「哥哥」：

　　清乾隆三十四年（1769年），高宗曾欽定校正《淳化閣帖釋文》十卷，是以內府所藏宋畢士安家《淳化閣帖》賜本詳加釐正，重勒貞玟的。在卷一的〈歷代帝王法帖〉中有〈唐太宗書〉，「舊二十三帖，今併一帖」，其之一云：

> 兩度得大內書，不見奴表，耶耶忌欲恒死。少時間，忽得奴手書，報娘子患，憂惶一時頓解，欲似死而更生。今日以後，但頭風發，信便即報耶耶。若少有疾患，即一一具報。今得遼東消息，錄狀送憶奴，欲死不知何計，使還具，耶耶敕。

之二云：

> 懷讓患水邊，身腫復利，形勢極惡，耶耶意多恐不濟。遺愛勞發大重，氣候似稍可，於豆盧亦似難差，傷念不可言，奴報其婦知也。

之三云：

> 使至辱書，知公所苦少可，慰意何言，不知信復，更復何似？時氣漸冷，善將息也。所請景賢公，即宜留聽，追然後遣。若無好藥，更遣揀擇。今為北邊動靜奉敕即行，相去大近，信使非遙，實情欣怡耳！遺無具。李世民呈。

之十九云：

> 數年來每有征動，雖復事非為己，猶恐下有怨咨，所以廢甘泉之遊，履燋金之弊，寧可違涼忍暑，不能適己勞民。想汝誠心，惟吾是念，自非孝情深結，孰能以此為懷？省書淒然，益增感念。善自將愛，遺

此不多。哥哥敕。[26]

由上引書信中的用詞觀之，一作「李世民」，二作「耶耶」，一作「哥哥」，而「耶耶」和「哥哥」係唐太宗李世民對第九子的唐高宗李治的自稱，在前引的《舊唐書、高宗本紀》中，唐太宗是以「父」自稱的，而相對應的「耶耶」稱呼，根據袁庭棟的《古人稱謂漫談》所說：

> 「爺」，在古代是對成年男子較廣義的稱呼。…但早在魏晉南北朝就用作父親之稱，或寫做「耶」。《玉篇》：「爺，俗作父耶字。」如古樂府中著名的〈木蘭詩〉：「軍書十二卷，卷卷有耶名。」《南史、王絢傳》又稱「耶耶」，同書〈侯景傳〉中又稱「阿爺」。[27]

則知「耶耶」是「父」的俗稱，而「父」、「耶耶」、「哥哥」的錯文併用，亦見於敦煌變文中。

三（三）談敦煌變文中的「哥哥」、「歌歌」：

在潘重規編著的《敦煌變文集新書》卷八中，收錄了句道興撰的《搜神記》一卷，載錄未記出處的「田崑崙」娶天女事，敘述田崑崙因家貧，未娶妻室。禾熟之時，在水池邊看見三女洗浴，隨即變爲白鶴。田崑崙因偷得其中一個的天衣，因此共爲夫妻。天女與田崑崙生下一子，取名田章。後來田崑崙西行，臨行前殷勤囑母，不可將天衣交還天女，此後一去不還。天女用計賺回天衣，於是騰空而去。時田章年已五歲，日夜思念父母悲哭不休，幸得董仲指點，到水池邊尋找母親。天女與兩個姐姐就帶著田章上天庭，天公十分愛憐，於是教他方術藝能…等等。關於「田章尋母」一事，在晉干寶的《搜神記》毛衣女故事中尚屬未見，而在敦煌變文後半段中才增添這一段情

---

26 以上詳見《欽定重刻淳化閣帖》（臺北：藝文印書館，百部叢書集成據清乾隆敕刊聚珍版叢書本影印），卷一，頁5、8；又《淳化閣帖釋文》（北京：中華書局，1985年），頁4－5、7－8。

27 見袁庭棟《古人稱謂漫談》（北京：中華書局，1994年6月一版），＜親屬稱謂＞，頁57。

節。[28] 其文作：

> 其田章年始五歲，乃於家啼哭，喚歌歌孃孃，乃於野田悲哭不休。其時乃有董仲先生來賢（閑）行。知是天女之男，又知天女欲來下界，即語小兒曰：「恰日中時，你即向池邊看，有婦人著白練裙，三箇來，兩箇舉頭看你，一箇低頭佯不看你者，即是〔你〕母也。」田章即用董仲之言，恰日中時，遂見池內相有三箇天女，並白練裙衫，於池邊割菜。田章向前看之，其天女等遙見，知是兒來，兩箇阿姊語小妹曰：「你兒來也。」即啼哭喚言阿孃，其妹雖然慚恥不看，不那腸中而出，遂即悲啼泣淚。三箇姊妹遂將天衣，共乘此小兒上天而去。…[29]

從這一段文字中，我們可以發現到稱父為「歌歌」（即「哥哥」）並不是唐代皇室的專利，在五歲田章的口吻裡，那可是一種「母語」，一點都不特殊。另外在《敦煌歌辭總編》卷三〈雜曲、普通聯章〉中收錄〈斯〉一四九七、〈斯〉六九二三〈失調名〉的「須大拏太子度男女」十一首中，有「父」與「兒」之間的對答如下：

> （兒言）少小皇宮養。萬事未曾知。饑亦不曾受。渴亦未受持。

> （父言）羅喉一心成聖果。莫學五逆墮阿鼻。生生莫作冤家子。世世長為儌倖兒。

> （兒答）我今隨順哥哥意。只恨娘娘猶未知。放兒暫見娘娘面。須臾還去亦何遲。

> （父言）我今為宿持。不用見夫人。夫人心體軟。母子最為親。

---

[28] 詳見紅淑苓《牛郎織女研究》（臺北：臺灣學生書局，1988年10月），頁68、77－78、99、118、188、193。按：其實干寶的《搜神記》中已提及「生三女，其母後使女問父，知衣在積稻下。得之，衣而飛去。後復以迎三女，女亦得飛去。」

[29] 見潘重規《敦煌變文集新書》（臺北：文津出版社，1994年12月初版），卷八，句道興《搜神記》，頁20（1232）。

（父言）一歲二歲耶娘養。三歲四歲弄嬰孩。五歲六歲學人言。七歲八歲辨東西。

（父言）一切恩愛有離別。一切江河有枯竭。拏如拏言好伏侍婆羅門。莫教婆羅門一日嗔。

（兒言）鳥雀群飛唯失伴。男女恩愛暫時間。拏如拏言好伏侍婆羅門。早晚卻見父娘面。[30]

在第二次須大拏太子回答他父親的話語裡，有「我今順隨『哥哥』意，只恨『娘娘』猶未知」，哥哥既和娘娘對文，而娘娘指的是他的母親，所謂「母子最爲親」的「母」，那麼再與後文的「一歲二歲『耶娘』養」、「早晚卻見『父娘』面」參看，顯而易見的，此處的「哥哥」，與「耶」、「父」並行互用，於文義上也依然是當作「父親」之義的，與田章相同，在口語中用爲以子與稱父之詞。另外，在《敦煌變文集新書》卷五〈董永變文〉中的「大眾志心須靜聽，先須孝順阿耶孃」與「父母骨肉在堂內，又領攀發出於堂」、「董永哭泣阿耶孃。直至三日復墓了，拜辭父母幾田常；父母見兒拜辭次，願兒身健早歸鄉」[31]諸詞，我們若以「基本條例」加予系聯，可知這組稱父之詞的關係是相當密切的，稱「父」爲「哥哥」當不是偶發事件吧！

當然，在敦煌變文中，一般的「歌」字還是以「歌唱」義爲最普遍，如在《敦煌歌辭總編》中收錄的〈斯〉一四四一〈破陣子〉「單于迷虜塵」中的「雪落梅庭愁地，香檀枉注歌脣」的「歌脣」、〈斯〉零二八九〈歌樂還鄉〉中的「一去掃除蕩陣，爲須歌樂還鄉，爲須歌樂還鄉」的「歌樂」[32]；或如《敦煌變文集新書》中〈歡喜國王緣〉「縱使清歌每動頻（顰）」、「忽因歌舞次」的「清歌」、「歌舞」，〈伍子胥變文〉中「潛

---

30 見任半塘《敦煌歌辭總集》卷三，頁787。

31 同註29，卷五，頁95–96（925–926）。

32 見任半塘《敦煌歌辭總集》（上海：上海古籍出版社），卷一，頁170；卷二，頁480。

身伏於蘆中，按劍悲歌而歎曰」的「悲歌」，〈王昭君變文〉中的「異方歌樂，不解奴愁；別城（域）之歡，不令人愛」的「歌樂」等等。33 另以「哥」字作爲「兄長」之義使用的，如《敦煌歌辭總編》中〈伯〉三一三七〈臨江仙〉「少年夫婿」一闋說：

> 少年夫婿奉恩多。霜臉上淚痕多。千回□去自消磨。羅帶上鸞鳳。擬拆意如何。　　錦帳屏幃多冷落。何處戀嬌娥。回來只擬苦過磨。思量□得。還是譓哥哥。34

或如《敦煌變文集新書》卷六〈舜子變〉記載的：

> 瞽叟喚言舜子：「阿耶暫到遼陽，遣子勾當家事，緣甚於家不孝？阿孃上樹摘桃，樹下多埋惡刺，刺他兩腳成瘡，這個是阿誰不是？」舜子心字知之恐傷母情；舜子與招伏罪過，又恐帶累阿孃。「己身是兒，千重萬過，一任阿耶鞭恥。」瞽叟忽聞此言，聞嗔且不可嗔，聞喜且不是喜，高聲喚言：「象兒，與阿耶三條荊杖來，與打殺前家歌（哥）子！」〔象〕兒〔聞〕道取荊杖，走入阿孃房裡，報云：「阿耶交兒取杖，打殺前家歌（哥）子！」35

可知〈臨江仙〉一詞的「哥哥」是少婦暱稱「夫婿」爲「兄長」的「哥哥」；至於〈舜子變〉中的「歌子」，係瞽叟以舜弟象兒的立場稱呼舜爲「前家歌子」，不管「哥哥」或「歌子」，都是稱「兄」之詞。

三（四）元白樸《牆頭馬上》的「哥哥」：

談到此，我想，我們得順便談談白樸在元雜劇《牆頭馬上》中所用到的「哥哥」一詞。白仁甫所撰〈裴少俊牆頭馬上雜劇〉第三折中除院公稱少主人裴少俊爲「哥哥」外，便是裴少俊的「一雙兒女，小廝兒叫做端端，女

33 同註28，卷四，頁87（755）；卷五，頁12（842）；卷五，頁83。
34 同註29，卷二，頁350。
35 同註28，卷六，頁2-3（952-953）。

兒喚作重陽。端端六歲，重陽四歲」與母親李千金的一段唱白要注意，唱白云：

> 〔端端云〕妳妳，我接爹爹去來。〔正旦云〕還未來哩！〔唱〕【么篇】便將球棒兒撇，不把膽瓶藉。你哥哥這其間未是他來時節，怎抵死的要去接。

又云：

> 〔二人見旦科云〕我兩人接爹爹去，見一老爹，問是誰家的？〔正旦云〕孩兒也，我教你休出去，兀的怎了？〔尚書作意科云〕這兩個小的不是尋常之家，這老子其中有詐，我且到堂上看來。〔正旦唱〕【豆葉兒】接不著你哥哥，正撞見你爺爺，魄散魂消，腸慌腹熱，手腳慮狂去不迭。相公把拄杖搪詳，院公把掃帚支吾，孩兒把衣袂掀著。[36]

在正旦李千金的口吻中，「孩子的爹」即是「你哥哥」，「哥哥」也是用來稱「父」、「爹」之詞。可是，值得我們去細思的是，這齣雜劇的時代背景是設定在「唐高宗」（文中沖末裴尚書說的「方今唐高宗即位儀鳳三年」），李千金的父親李總管是「李廣之後，當今皇上之族」，「前任京兆留守」，「譖降洛陽總管」，所以李千金吐露的言語，係皇族之後，京兆、洛陽的語言。白樸要掌握人物的時空特質，故有此種語言的表露，跟前引《舊唐書》與《淳化閣帖》所載頗能前呼後應。可是白樸出身書香世家，[37]又得大儒元好問親自指授，嫻習舊典，他雖反映唐代的語言事實，但我們要

---

[36] 見明臧晉叔編《元曲選》（北京：中華書局，1958年10月一版），第一冊，頁340－341。

[37] 白樸的父親白華，在金代「初為應奉翰林文字」，後官樞密院判官，「凡省院一切事務，顧問之際一不能應，輒以不用心被譴，其職為甚難，故以華處之。」可見其身居要津，是個「夙儒」，詳見元脫脫等撰《金史》（臺北：鼎文書局，1980年12月三版），卷一百十四，頁2503－2513。

留意如王力說的：「文章的古今界限是很不清楚的：寫文章的人是讀書人，讀過書的人的腦子裡，是古今詞彙混雜著的」的「混雜」現象。[38]

四、稱父爲「哥」、「哥哥」、「歌歌」的辨析

由上面內容所呈現的，我們很明顯的可看出，解釋此現象係「『唐』代『家』法」與「臨時移用」是值得懷疑的。因爲前舉諸例中，其時代限斷並不止於唐代，反而在元雜劇與現代方言中都還留有它綽約的身影；至於說它是屬於「僅此一家，別無分號」的唐代皇室專利用語，那麼在屬於民間的通俗文學如敦煌變文與敦煌歌辭中就當被剝奪此種權利，爲何膽敢如此「僭越」？至於說臨時移用，那麼，它可以在唐代，也可以在元代，也可以在現代，這個「臨時」所跨越的時間未免太遙眇無限；況一下在史書，一下在書敕、一下在變文，一下在歌辭，甚至雜劇、方言都用上了，那麼這個「移用」，也未免太無遠弗屆、神通廣大些，而既如此，爲何不「驗明正身」，卻還要妾身未明似的「臨時移用」一下呢？這不是啓人疑竇嗎？

談到此種現象係「用低一級的稱呼來表示親熱」，這應驗在婦女兒女的對話上也還說得過去，可是用在皇帝的口吻中總顯得不倫，況且唐太宗似乎不需對高宗表示卑微取媚似的親熱；而棣王琰與唐玄宗的對話，是在「玄宗大怒」的情況下；王琚與唐玄宗的對話，則在「玄宗泣曰」的氛圍中，兩者都沒有表示「親熱」的條件；至如田章的「啼哭喚歌歌孃孃」，更喪失了「親熱」的對象，但他們齊聲呼父或自呼爲「哥」、「哥哥」、「歌歌」，豈不空穴來風？或表錯情態呢？

至如說它是一種「方言」現象，那麼，根據《舊唐書‧高祖本紀》的記載，唐高祖李淵的祖先係「陝西狄道人」，高祖在「周天和元年生於長

---

[38] 參見王力《龍蟲並雕齋文集》（北京：中華書局，1980年1月第一版），第一冊，＜古語的死亡殘留和轉生＞，頁413。

安」，[39] 那麼，他或唐皇室說的語言是屬隋京兆郡、唐京畿道的長安語言；敦煌變文中《搜神記》裡的田章與敦煌歌辭〈失調名〉「須大拏太子度男女」裡並無明言其郡道之名，以「敦煌」視之，它是「隴右道」；而元曲中白樸撰的〈裴少俊牆頭馬上雜劇〉中的李千金操的是長安或洛陽的語言；至於蔣氏所舉的是浙江武義的現代方言，這些地域雖有交疊，可也有南差北隔的；尤其奇怪的是，與唐玄宗對話的王琚，他是「懷州河內人」，是屬於都畿道河南府，[40] 但他對玄宗所用的「方言」一點都沒有隔閡，也不訝異，馬上接口說：「天子之孝，貴於安宗廟，定萬人。…」若以「方言」視之，則這「方」言，似不止「一方一域」吧，況且它又大牛部份屬於中原正音的京畿地區呢！

那麼，它是有可能屬「北方民族的長子繼承王父妻妾的風俗」嗎？早年朱子曾說：「唐原流出於夷狄，故閨門失禮之事不以爲異」，[41] 〈高祖本紀〉也說他的祖先籍貫是「陝西狄道人」，《舊唐書》卷一百九十九〈北狄列傳〉中說：「（契丹）其俗死者不得作塚墓，以馬駕車送入大山，置之樹上，亦無服紀。子孫死，父母晨夕哭之；父母死，子孫不哭。其餘風俗與突厥同。」[42] 而在《隋書》卷八十四〈突厥傳〉中提到突厥的習俗是「父兄死，子弟妻其群母及嫂」，[43] 也就是呂氏不指實的「北方民族長子繼承王父妻妾」的風俗，但不管唐源流是否出於夷狄，在突厥的習慣法中，卻有「唯尊者不得下淫」的規矩，[44] 雖然，唐皇室不免有「烝母報嫂」的情況

---

[39] 同註8，卷一，頁1。

[40] 見中國社會科學院主辦、譚其驤主編《中國歷史地圖集、隋唐五代十國時期》（上海：中國地球出版社，1989年6月二版），第五冊，頁40－41；44－45。

[41] 見朱熹《朱子語類》（臺北：華世出版社，1987年元月臺一版），卷一百三十六，〈歷代類〉三，頁3245。

[42] 同註8，卷一百九十九下，頁5350。

[43] 見《隋書》，卷八十四，頁1864。

[44] 見《冊府元龜》（臺北：中華書局，1981年8月三版），第二十冊，卷九六一，〈外臣部、土風門〉三，頁11311。

產生，且因「唐承六朝以來胡漢融合之緒，不嚴夷夏之防，每乏種族之限，故能將華夷視之如一」，[45] 而唐太宗也曾說：「夷狄亦人耳，其情與中夏不殊，人主患德澤不加，不必猜忌異類，蓋德澤洽，則四夷可使如一家；猜忌多，則骨肉不免為讎敵。」又說：「自古皆貴中華，賤夷狄，朕獨愛之如一」，[46] 但總不致於公然宣之於口，騰之唇吻吧！況在敦煌歌辭與敦煌變文中，天女之子田章與須大挐太子「兒言」中大可不必用如此「亂倫」之下的言語表徵，畢竟它還有「父」或「耶耶」的稱呼好用呀！

這就讓我們聯想到那傳述異國風味的敦煌歌辭中〈失調名〉的「須大挐太子度男女」故事中詠歎的「我今隨順哥哥意，只恨娘娘猶未知」的「哥哥」來，難道它是印度梵語？亦即王力所懷疑的「哥」字可能是個外來語？今察梵語稱父親為「　　　」，梵語的羅馬拼音作「janakah」，[47] 巴利文亦同，漢語音譯即作「哥哥」，是漢語「哥哥」的指稱「父親」，本來是從梵語翻譯而來的「譯音詞」呀！以有唐一代觀之，佛教信仰之興盛，譯經事業之發達，可間接地從杜牧的「南朝四百八十寺，多少樓台煙雨中」表現出來。何況李淵一家，本信佛教，[48] 在唐王朝（618－907）的二十個帝王中，除武宗李炎反佛外，其餘大體上都是扶植利用佛教的，尤其唐太宗還誠心發願，在《全唐文》卷十〈宏福寺施齋願文〉中說：「皇帝菩薩戒弟子…惟以丹誠，歸依三寶」；至於唐玄宗的崇奉佛教，可從他接受「灌頂法」，做「佛弟子」，「御注」佛經，闡揚教義，在開元二十四年（736），將《御注金剛般若經》「頒行天下」，並說：「僧徒固請，欲以興教；心有所

[45] 見任育才《唐史研究論集》（臺北：鼎文書局，1975年10月初版），＜突厥之文化形態及其對唐代之影響＞，頁215。

[46] 見司馬光《資治通鑑》（臺北：洪氏出版社），第七冊，卷一九七，＜太宗紀＞，頁6215－6216；又卷一九八，頁6247。

[47] 參見釋惠敏、釋齎因編譯《梵語初階》（臺北：法鼓文化事業股份有限公司，1996年），頁256。

[48] 參見章群《唐史》（臺北：中國文化大學出版部，1980年12月），第三冊，第二十五章，頁658－659。

得，輒復疏之」，[49] 可見玄宗是常頌讀、鑽研佛經的，既如此，則唐皇室
對載記梵文當不陌生，也無怪乎唐太宗與唐玄宗會用「哥哥」稱父或自稱。
本來，「翻譯佛經的原文是由多種文字寫成的。有曾在印度西北部和中亞細
亞通行的佉留文；有由印度南部地方口語幾經演變而成的巴利文；還有
「胡」語－安息文、康居文、于闐文、龜茲文；但總的說來，以梵文經典占
主要部分。而早期譯經，後漢至南北朝，以印度古代俗語和西域古代文字爲
多；南北朝以後的的譯經就開始重梵本而輕胡本，隋以後所譯的佛經原本，
則統屬梵本。」[50] 那麼，「哥哥」既是梵語，也能跟「隋以後」譯經的主
流統
屬「梵」本相契合，但這稱父義的音譯詞生命太短暫，反而當兄義的取得了
全面的勝利，當父義的只殘存在文人筆下與少數方言中，以致後來諸說，或
「以今視昔」、或「以今律古」，而目之爲「名不正」，也就甚無謂了。

五、論訓詁學的多邊關係

　　從上面唐人稱父或自稱「哥哥」的用詞辨析引據情況，可知其牽涉的範
疇是多方面的，或史學，或敦煌學，或民俗學，或翻譯，並不僅止於訓詁學
而已。正如胡奇光在《中國小學史、緒論》中說的：「從文化史的角度研究
小學史，要求把小學當作一種文化現象來考察，即不僅把小學看作文字、聲
韻、訓詁的綜合整體，而且還要把小學視爲溝通各個文化領域的基本工具，
並從小學與別的文化形態（如名學、經學、文學、考據學、考古學等相鄰學
科）的關係中，去展示小學發展的歷程。」[51] 則作爲小學的一環－訓詁
學，其與諸學科的關係，當也是如此看待吧！

---

[49] 見郭朋《中國佛教簡史》（福州：福建人民出版社，1990年4月），第四章＜隋唐佛教
　　＞，頁167－173。
[50] 詳見梁曉虹《佛教詞語的構造與漢語詞匯的發展》（北京：北京語言學院出版社，1994
　　年4月），＜前言＞，頁13，注釋9。
[51] 見胡奇光《中國小學史》（上海：上海人民出版社，1987年11月），＜緒論＞，頁10。

第一屆國際訓詁學研討會論文
1997.04.19-20

從幾個實例談語料庫在訓詁學上的應用

劉承慧

中山大學中國文學系

1. 前言

中央研究院自1980年代中期發展古代文獻語料庫,目前上線可提供檢索的電子文獻已有數百種之多,然而實際利用語料庫從事研究的仍限於古代語法方面的少數研究人員。本文寫作目的在推廣語料庫,俾使這種新興工具能為訓詁學者帶來更大的研究效益。

語料庫的構成,一是電子文件,二是標記與檢索系統。從搜集儲藏文件的角度來說,語料庫就好比存放電子文件的電子圖書館。它和存放紙本文件的傳統圖書館不同,需求空間小,儲存容量大,館藏資料傳送速度快,並且完全自動化。語料庫所需的空間是一部電腦的空間,在簡單的工作站裏存放數以千計的作品是輕而易舉的。經由網路連線,工作站裏的資料可以在最短時間內傳送國內外。[1]

整座電子圖書館的資料管理有賴標記與檢索系統,標記作得越精細,檢索效率就越高。在傳統的圖書館裏,作品為資料查詢的單位,而查詢的結果就是一部部的作品。電子圖書館裏的查詢單位是可變動的,除了作品之外,還可以藉著標記系統來建立其它的查詢單位。例如把作品中的每個段落都作

---

[1] 參見謝清俊、陳昭珍(1993)。

上標記，那麼段落就是有效的查詢單位；以段落爲單位從事查詢，查詢結果自然是就不是整部作品了。這樣的特性對文科研究而言意義重大，不同的科目各有偏重，因此研究所需資料往往是某些作品的相關部份而非全部。假使以科目作爲查詢屬性，段落作爲查詢單位，檢索工具搜尋到的恰是研究所需的相關資料。亦即在語料庫完成檢索的同時，資料整理的初步工作也一併完成了。

　　語料庫的關鍵詞檢索是語文研究的利器。關鍵詞檢索以關鍵詞爲檢索參數，在特定範圍內從事語詞資料的搜集整理。中研院開發的FTMS檢索系統，關鍵詞的長度不限，一次查詢的關鍵詞數目不限，相關資料尋找出來之後還可以自動排序。這些比起傳統引得每一次查詢限一個單音關鍵詞，又無法自動排序的情況，是很顯著的進展。利用關鍵詞檢索進行大規模的語料搜集，從特定語詞的詞組搭配關係來探索它的詞義內涵，彌補今人對古語語感的不足，這是語料庫對訓詁學研究所能提供的最大效益，它的助力是不容忽視的。本文就以幾個簡單的研究爲例，說明語料庫的應用情況。

2. 詞語研究

2.1.「迎」、「逆」、「逢」、「遇」例

　　同義詞研究是訓詁的基礎工作之一。參考前代的工具書並歸納古典經文的注釋固然是認識同義詞的方法，通過語料庫直接觀察某個歷史階段中同義詞的詞組搭配方式，驗證前人的說法更予以補充則是現代工具所能帶來的突破與創新。我們首先以「迎」、「逆」、「逢」、「遇」這一組同義詞爲例，檢視語料庫對同義詞研究的助益。

　　王力《同源字典》指出，「迎」、「逆」、「遇」在語源上是有關係的，它們的中心義皆爲「相對」。其次，「逢」、「拋」(碰)在語源上是有

關係的，中心義爲「碰撞」。上古「逢」和「迎」、「逆」、「遇」的詞義內涵重疊，這由《同源字典》所引用的相關訓詁條目以及注釋可知：

> 方言一："逢，迎也，自關而西或曰迎，或曰逢。"
>
> 說文："逆，迎也。關東曰逆，關西曰迎。"
>
> 爾雅釋言："逆，迎也。"
>
> 方言一："逆，迎也。自關而東曰逆。"
>
> 說文："遇，逢也。"
>
> 穀梁傳隱公八年："不期而會曰遇。"
>
> 國語周語上："上卿逆於境。"注："逆，迎也。"
>
> 晉語四："乃歸女而納幣，且逆之。"注："逆，親迎也。"
>
> 左傳宣公三年："莫能逆之。"注："逆，遇也。"
>
> 孟子告子下："逢君之惡。"注："逢，迎也。"[2]

我們從以上資料歸納出幾項要點：（一）「迎」可能是上古表示「迎接」的詞彙之中使用最廣泛的；（二）「逆」、「迎」屬於不同的方言詞彙，「逢」、「迎」爲同一方言中的同義詞；（三）「逢」表示「迎接」時與「迎」、「逆」同義，表示「相遇」時與「遇」同義。

　　蔣紹愚（1989:94）指出「同義詞是幾個詞的某一個或某幾個義位相同，而不是全部義位都相同」。根據前人的訓詁及注釋來歸納共同的義位比較容易，但要找出幾個同義詞之間的差異卻有困難。同義詞不是等義詞，幾個同義詞之所以能夠並存往往是由於它們詞義內涵的差異。再者，幾個語詞的義位相同，這有時候不是語源造成的，而是詞義引申的產物。要深入探究同義詞問題，詞語搭配關係是很重要的線索。

---

[2] 摘自王力（1991），頁186-188及頁390。

例如上古「逆」不但表示「迎接」，還表示「違背」，這由「逆」的詞組搭配習慣可以得知。兩義乍看之下似有衝突，其實都是詞義引申的結果。詞形「逆」在上古時期的中心義爲「方向相對」，因此「面對面相迎接」是「逆」，「面對面相對峙」也是「逆」。由以下用例可以重構出它的詞義中心：

(1)宋華父督見孔父之妻于路，目逆而送之，曰：「美而豔。」（《左傳‧桓公二年》）

(2)斯二者天也，順天者存，逆天者亡。（《孟子‧離婁上》）

(3)夫造禍而求福，計淺而怨深，逆秦而順楚，雖欲無亡，不可得也。（《戰國策‧韓一》）

(4)爾尚敬逆天命，以奉我一人。（《尚書‧呂刑》）

(5)至於稷桑，狄人出逆，申生欲戰。（《國語‧晉語一》）

例(1)中的「目逆而送之」相當於「目迎而送之」，「目逆」是指「以目光正面迎接」。例(2)和(3)顯示「逆」、「順」爲反義詞：「順」是「順隨」，指同方向的活動，「逆」是「對峙」，指反方向的活動。試比較例(4)。同樣是指對「天」的態度，「逆天」相對於「順天」，所側重的是「對峙」義；而「敬逆天命」是「以恭敬的態度面對上天之命」，側重的是「面對」義。例(5)的「出逆」不同於「出迎」，「出迎」必爲「迎接」，「出逆」則未必。「狄人出逆」指的是「狄人出境抗拒」，但《左傳‧哀公十四年》有「出逆之」之語，「逆」卻指「迎接」。

　　我們就上古散文文獻語料庫中的十四部散文進行檢索，[3] 除了《尚書》、《左傳》、《國語》之外，其它都沒有「逆」單獨表示「迎接」的用例。[4] 王力引《說文》與《方言》所說「迎」、「逆」的差別是方言詞彙的差別，這恐怕是比較早期的現象。根據上古文獻中的詞組搭配實況，最遲到戰國晚期「逆」的詞義中心應該已由「方向相對」經過「對峙」的中間階段演變爲「相反」、「違背」。亦即戰國晚期「逆」是否仍爲「迎」的同義詞尚待察驗。

　　再看「逢」、「迎」的異同。《方言》說明「自關而西或曰迎，或曰逢」，可見「逢」、「迎」的詞義重疊。其次，從「逢，遇也」與「逢，迎也」這兩條注釋來看，「遇」可以解釋「逢」，「迎」也可以解釋「逢」，「迎」、「遇」卻不能相互解釋，「逢」自然有別於「迎」。

　　我們檢索的上古十四部典籍中，詞形「逢」作「迎」解的包括「長君之惡其罪小，逢君之惡其罪大。」、「今之大夫皆逢君之惡。」（《孟子・告子下》）、「太子跪而逢迎。」（《戰國策・燕三》）、「道而得神，是謂逢福。」（《國語・周語上》）。此外，「子孫其逢吉。」（《尚書・洪範》）中的「逢」若依「逢福」例，也可作「迎」解。

　　至於詞形「逢」作「遇」解之例則如「然而吳起支解而商君車裂者，不逢世遇主之患也。」（《韓非子・問田》）、「使我逢疾風淋雨，壞沮，乃復歸土。」（《戰國策・趙一》）、「主忌苟勝，群臣莫諫，必逢災。」（《荀

3　這十四部文獻包括《尚書》、《左傳》、《國語》、《戰國策》、《呂氏春秋》、《儀禮》、《論語》、《孟子》、《墨子》、《荀子》、《韓非子》、《莊子》、《管子》、《商君書》。

4　不過，並列用法偶而可見，例如「男女之合，夫婦之分，婚姻娉內，送逆無禮」《荀子・富國》中的「送」、「逆」並列，「逆」是「接」的意思。餘見下文討論。

子·成相》)、「資之深，則取之左右逢其源。」(《孟子·離婁下》)、「凡人之情，得所欲則樂，逢所惡則憂。」(《管子·禁藏》)等。

上古「逢」的使用頻率相當低，在我們檢索範圍內作「迎」或「遇」解的總數不超過二十。兩種用例顯示正面的「逢」為「迎」，負面的則為「遇」。「逢」不一定含有「迎上前去」的意味，這是「逢」和「迎」的主要區別。「逢君之惡」以及「跪而逢迎」中的「逢」也許多少帶著「迎上」的含意；[5]「逢福」、「逢吉」中的「逢」恐怕都沒有這樣的含意。

詞形「遇」跟「逢」同樣可指「不期而會」。[6]「遇」也可指「遭遇」或「對待」，如下列(6)到(9)所示。「遇心病」和「遇敗」的「遇」意為「遭遇」；「遇客」和「遇臣」意為「對待」。

(6)子重病之，遂遇心病而卒。(《左傳·襄公三年》)

(7)兵傷於離石，遇敗於馬陵，而重魏，則以葉、蔡委於魏。(《戰國策·燕二》)

(8)宋人有酤酒者，升概甚平，遇客甚謹，為酒甚美，懸幟甚高，著然不售。(《韓非子·外儲說右上》)

(9)知伯以國士遇臣，臣故國士報之。(《戰國策·趙一》)

凡所遭遇皆為負面情況。類似的用例還有「齊閔王之遇殺」(《戰國策·齊六》)、「遇難」(《墨子·魯問》)、「遇傷」(《國語·周語下》)等。「不期而會」與「遭遇」是「遇」和「逢」的共同義位。在另一方面，

5　楊伯峻的《孟子譯注》(頁289)進一步解說「逢君之惡」就是「把國君的惡行合理化」。

6　楊伯峻《春秋左傳注》(頁34)引杜預注：「遇者，草次(草次即造次，猶言倉促)之期，二國各簡其禮，若道路相逢遇也。」這段引文闡述「某(與/及)某誓(于某地)」體例，並非「不期而會」的典型用例。典型應如「鄭賈人弦高、奚施將西市於周，道遇秦師。」(《呂氏春秋·悔過》)、「譬之是猶使處女嬰寶珠，佩寶玉，負戴黃金，而遇中山之盜也。」(《荀子·富國》)等。

「逢」可以表示正面的「際遇」，如前述之「逢福」、「逢吉」，而「遇」在上古原則上不能表示正面的「際遇」。「遇」從「相對」義引申出「對待」義，不僅有別於「逢」，也有別於同源的「迎」、「逆」。

同義現象有其時間性、區域性。語料庫重現不同時代的詞組搭配習慣，極有利於同義現象的觀察。由詞語的配置方式推究同義詞之間的差異，可以填補傳統訓詁資料的不足。在此同時，同義詞在各個典籍中的使用習慣乃至於出現頻率甚至可以反過頭來作爲推斷成書年代和所屬方言區域的參考。如前所述，要是按照詞組搭配習慣推論，「逆」、「迎」同義恐怕是戰國之前的現象，戰國後期「逆」的中心義改變，不再是「迎」的同義詞。

又上古「迎」和「逢」的使用頻繁程度明顯有別，分布情況也不同。「迎」共出現163次，分布在《儀禮》、《左傳》、《國語》、《戰國策》、《墨子》、《孟子》、《荀子》、《莊子》、《韓非子》、《呂氏春秋》、《管子》等十一部典籍中。「逢」標示專名中的一個音節如「(關)龍逢」、「逢丑父」、「逢孫」、「逢滑」、「逢蒙」、「逢澤」時有所見。《墨子‧耕柱》有「逢逢白雲」之語，「逢逢」一如「蓬蓬」爲表音單位。「逢」作「迎」或「遇」解的不超過二十例，分布在《尚書》、《左傳》、《國語》、《戰國策》、《孟子》、《荀子》、《韓非子》、《管子》等八部典籍中。以上數據所反映的是時代差異還是地域差異？這就有待相關考據訓詁資料予以解答了。

2.2.「既」、「已」例 [7]

其次討論上古的「既」、「已」。楊樹達《詞詮》的解釋如下：

7　本小節關於「既」、「已」的部份分析摘錄自劉承慧(1996:71-73)。

既：(1)動詞，盡也；(2)時間副詞，表過去，已也；(3)時間副詞，表旋嗣，一事過去未久復有一事時用之；(4)表數副詞，盡也。[8]

已：(1)動詞，止也；(2)指示代名詞；(3)指示代名詞，如此也；(4)表態副詞，太也、過也；(5)時間副詞，表過去；(6)時間副詞，表旋嗣，第二事之發生距第一事不久時用之；(7)陪從連詞，與「以」同；(8)語末助詞，表決定；(9)嘆詞，古音當讀如「唉」。[9]

我們由此歸納出以下幾點：(一)「既」、「盡」表示「過去」、「旋嗣」時為同義詞；(二)字形「既」的義涵應分為兩種，一種與「完盡」概念有關，一種與「完了」概念有關，包括「過去」與「旋嗣」義；(三)字形「已」所代表的義涵暨功能可分為「終止」、「完了」(包括「過去」、「旋嗣」)、「過度」、「決定」概念以及「指代」、「連接」、「感嘆」功能。

Pulleyblank (1995:112-118) 指出上古「既」、「已」已演變為「體」(aspect)的標記，出現在謂語之前，表示「謂語所述事件的完成」。例如：

(10)既殺奚齊，荀息將死之。(《國語・晉語二》)

(11)道之不行，已知之矣。(《論語・微子》)

字形「既」所代表的兩種義涵彼此具有引申關係，因此應該把「既」視為單一的詞；字形「已」所代表的義涵與功能不都具有引申關係，也就是「已」實際代表兩個以上不同的詞。我們相信「終止」、「完了」、「過度」義之間是有引申關係的，可以視為同一個詞形的不同義位。

8　摘自楊樹達(1987)，卷四，頁3-5。
9　同前註，卷七，頁16-21。

　　表示「完盡」義的動詞「既」引申爲副詞「既」，這可以從一般的引申原則得知。[10] 副詞「既」由「完盡」進一步虛化爲「完成體」的標記，這可以從以下兩例見出端倪：

　　(12)宋人既成列，楚人未既濟。(《左傳・僖公二十二年》)

　　(13)宋人既成列矣，楚人未及濟。(《韓非子・外儲說左上》)

兩例所述當爲同一場戰役：宋軍的陣勢已成，部份楚軍卻還在渡河。(12)中「既成列」、「未既濟」的「既」爲表「完盡」的範圍副詞。(13)中「既成列」與「未及濟」相對。「未及」相當於「來不及」，屬於時間範疇的概念，就是在某個時點上事件還沒有完成。「既成列矣」的「既」一方面跟「未及」相對，再一方面和句末語氣詞「矣」連用，明白表示某個時點上事件已經完成。

　　詞形「已」在先秦開始演變爲「完成體」標記，但是虛化的程度不很深，還經常作動詞用。試看例(14)：

　　(14)太宰嚭諫曰：「嚭聞古之伐國者，服之而已。今已服矣，又何求焉？」(《國語・越語上》)

例中的「而已」是先秦常見的熟語，意爲「到……爲止」，其中的「已」依然爲動詞。「已服矣」中的「已」與表示「完成」的「既」爲同義詞。值得注意的是，從動詞義「止」到副詞義「完成」之間或許還有一個引申的中間階段，即楊樹達指出的「過度」義：

　　(15)孔圉曰：「高伯其爲戮乎！報惡已甚矣。」(《韓非子・難四》)

---

[10] 名詞活用爲副詞和動詞活用爲副詞在古漢語都屬於常見的活用情況。參見王克仲(1989)，頁94-122及頁142-145。

(16)王親命之曰：「我有大事，子有父母耆老，而子爲我死，子之父
母將轉於溝壑，子爲我禮已重矣。子歸……」（《國語・吳語》）

根據《詞詮》的分析，(15)的「已甚」和(16)的「已重」屬於「太」也、
「過」也的用例。從詞義引申的觀點來分析，「已」爲「止」，由「止」引
申成「到達……的地步」是可能的引申途徑。易言之，將「已甚」解釋爲
「到達『甚』的地步」應該是合理的；同理，將「已重」解釋爲「到達
『重』的地步」也應該是合理的。

　　就引申角度而言，「終止」、「過度」和「完了」是同一個詞形「已」
的三個義位。至於表示「決定」的「已」，蒲立本主張它是從「止」義引申
而成的，代表句末語氣詞「也」、「矣」的合體。[11] 其它「指代」、「連
接」、「感嘆」功能恐怕都不是詞組關係一項證據得以釐清的，故此從略。

　　最後，「既」、「已」雖爲同義詞，它們在句法上還有分工。「已」暗
示語氣的收束，「既」暗示語氣的轉折。試比較：

(17)太公望東封於齊，海上有賢者狂矞，太公望聞之往請焉，三卻馬
於門而狂矞不報見也，太公望誅之。當是時也，周公旦在魯，馳往止
之，比至，已誅之矣。周公旦曰：「狂矞，天下賢者也，夫子何爲誅
之？」（《韓非子・外儲說右上》）

(18)靡笄之役，韓獻子將斬人。郤獻子駕，將救之，至，則既斬之
矣，郤獻子請以徇。其僕曰：「子不將救之乎？」郤獻子曰：「敢不
分謗乎？」（《國語・晉語五》）

---

[11]　參見Pulleyblank (1994:342ff)。

兩例所述情況相當類似，即某甲殺人，某乙制止不及。(17)是「太公望」誅殺「狂矞」，「周公旦」趕往制止不及，「已誅之矣」；(18)是「韓獻子」殺人，「郤獻子」趕往制止不及，「則既斬之矣」。「已誅之矣」和「則既斬之矣」的差異須由它們的下文加以分辨：「周公旦」發現「狂矞」已死，便責問為何誅殺「天下賢者」；「郤獻子」卻請求將死者巡行示眾，他的車夫問他改變態度的緣由，他說是要與「韓獻子」共擔非議。由此可見「已誅之矣」是無可如何了的語氣，「則既斬之矣」強烈暗示著「下文」。因此受「既」修飾的詞組跟下文的事理銜接關係顯然要比受「已」修飾的詞組緊密得多。[12]

　　以上對同義詞「既」、「已」的辨析可以得到兩方面的佐證。首先，「既」在上古同時分化出來表示「原因」，如《論語‧季氏》「既來之，則安之」。這樣的語義功能和暗示語氣轉折的功能是一致的。其次，雖然上古「既」、「已」都開始標記完成體，演變到後來「已」成為完成體的固定標記，「既」卻成為因果條件的連詞。我們由此推測，詞形「既」的語氣銜接功能隨著語言演變而逐漸凸顯，最後凌駕其它的語義功能之上，遂成為因果句中的連詞。

　　最後讓我們附帶檢討古籍標點問題。表示「完了」的副詞「既」同時賦有暗示語氣銜接的功能，可是這個功能很容易被句點隱含的收束意味掩蓋。

---

[12] 另《韓非子‧難一》有相關記載如下：「靡笄之役，韓獻子將斬人，郤獻子聞之，駕往救之，比至，則已斬之矣。郤獻子因曰：『胡不以徇？』其僕曰：『曩不將救之乎？』郤子曰：『敢不分謗乎？』」。這段記載可以拿來跟(18)作個對照。「既」、「已」的差別在語氣轉折，而語氣轉折是出於說話人的主觀感知，因此同一事件容或有不同的表述語氣。《韓非子》轉述此一事件時以「則已斬之矣」措辭，是收束語氣，與《國語》中「則既斬之矣」語氣不同。《韓非子》下文續道「郤獻子因曰……」另起一個因果事理關係，顯示「則已斬之矣」的確沒有轉折的暗示。

上海師範大學古籍整理組校點的《國語》在「則既斬之矣」劃上句點，[13]
這樣的標點方式僅能表現出「既」的完成體貌功能，卻泯滅了語氣轉折的暗
示。例(19)的情況類似：

> (19)叔向曰：「求繫，既繫矣；求援，既援矣。欲而得之，又何請焉？」
> (《國語·晉語九》)[14]

句中「求繫，既繫矣」和「求援，既援矣」之間以分號表示意義上的平行，
「既援矣」之後加上句點，表示平行關係告一段落，這完全依照現行標點的
通則，應該是無可厚非的。問題是，在「既援矣」之後劃上句點又不免造成
說話人語氣到此收束的暗示，如此一來，「欲而得之，又何請焉」跟「既繫
矣」、「既援矣」的連貫便削弱了。[15]

3. 古籍的翻譯與斷句

訓詁的要務在解讀古籍，現代語體翻譯為訓詁研究成果的體現。我們以
《孟子·公孫丑上》以及《荀子·榮辱》中兩段話為例來看語料庫對古籍翻
譯工作所能提供的助益。首先看《孟子》之例：

> (20)今時則易然也：夏后、殷、周之盛，地未有過千里者也，而齊有
> 其地矣；雞鳴狗吠相聞而達乎四境，而齊有其民矣。地不改辟矣，民
> 不改聚矣，行仁政而王，莫之能禦也。

---

[13] 參見上海師範大學古籍整理組(1981:402)。

[14] 同前註，頁487。

[15] 我們建議的標點如下：「求繫，既繫矣，求援，既援矣；欲而得之，又何請焉」。把分號
放在「求繫，既繫矣，求援，既援矣」與「欲而得之」之間，一方面表示前後意義上的平
行，再一方面表示前後語氣的連貫。這樣當然也有缺點，就是無法對比出「求繫，既繫
矣」和「求援，既援矣」中間的停頓。

這段話大意是說，齊國的情勢大有利於王天下，想當初夏、商、周三代盛世所擁有的國土與人民，今日的齊國同樣擁有，因此只要能推行仁政，自然天下無敵了。其中「地不改辟矣，民不改聚矣，行仁政而王，莫之能禦也」一段，楊伯峻的《孟子譯注》翻譯如下：

(21)國土不必再開拓，百姓也不必再增加，只要實行仁政來統一天下，就沒有人能夠阻止得了。[16]

拿「國土不必再開拓，百姓也不必再增加」來翻譯「地不改辟矣，民不改聚矣」是否恰當，有商榷的必要。要是按現代的語感分析，「辟」、「聚」可以解釋作「改」的結果。我們猜想《譯注》把「改辟」、「改聚」譯為「開拓」、「增加」多少是受了現代語感的影響。[17] 至於把否定詞「不」譯為「不必」，則可能是為因應「改辟」、「改聚」的解釋所作的配合。然而上古「改」的義涵與現代不盡相同，因此這樣翻譯是有瑕疵的。

我們的語料顯示上古詞形「改」的賓語均為對象而非結果。依此慣例，「改辟」、「改聚」意指「改其辟」、「改其聚」，亦即「改變三代的開闊」、「改變三代的稠密」。「不改辟」相當於「不改變三代的開闊」，也就是「像三代一樣的開闊」，而「不改聚」相當於「不改變三代的稠密」，

---

[16] 引自楊伯峻(1990:58)。

[17] 現代漢語的「改」通常搭配結果補語構成述補式語詞，如「改正」、「改善」、「改大」、「改掉」等等，有時搭配對象賓語如「改一改你的壞習慣」。現代漢語「改」搭配對象賓語有相當的限制，單音動詞「改」極少搭配對象賓語，「改你的壞習慣」之類是罕見的，「改」的對象一般是作主語，如「你的壞習慣要改」，或者用的雙音同義詞「改變」搭配對象賓語，如「改變你的壞習慣」。「改過」、「改錯」之類多半是現代語言中的熟語，即僵化的雙音形式。「改錯」在現代是有歧義的，在古代不存在歧義問題，這反映出古今差異。

也就是「像三代一樣的稠密」。把「地不改辟矣，民不改聚矣」譯爲「國土已經有三代那樣開闊了，人民也已經有三代那樣稠密了」或許較爲恰當。

其次看《荀子》之例：

(22)一之而可再也，有之而可久也，廣之而可通也，慮之而可安也，反鈆察之而俞可好也。

這段話北大哲學系《荀子新注》意譯如下：

(23)按照《詩》、《書》、《禮》、《樂》的根本原則去實行一次，就可以繼續實行下去；掌握了《詩》、《書》、《禮》、《樂》的根本原則，就可以使國家長久；把《詩》、《書》、《禮》、《樂》的根本原則推廣運用，就可以通曉其他一切的道理；按照《詩》、《書》、《禮》、《樂》的根本原則去謀劃，就可以使國家安固；反覆沿著《詩》、《書》、《禮》、《樂》的根本原則去考察，就可以把各種事情辦得更好。[18]

譯文以「可以使國家長久」來詮釋「可久」，以「可以通曉其他的一切道理」來詮釋「可通」，以「可以使國家安固」來詮釋「可安」，以「可以把各種事情辦得更好」來詮釋「俞可好」，顯然忽略了「可」的語義功能。上古由「可」詞組構成的謂語是對主語所指的可能性或可行性的論斷或評價：[19]

(24)地可廣大，國可富，兵可強，主可尊。《戰國策·魏四》

---

[18] 引自北京大學哲學系(1983:57)。

[19] 參見劉承慧(1996:69-71)。

上例引自策士獻書秦王，勸說改東征爲南進的道理。例中四個子句表達南進之後可望爲秦國帶來的利益：「領土可使廣大，國家可使富足，軍隊可使強盛，國君可以得到尊榮」。

我們回過頭看「有之而可久也」。「之」承接上文，指代「詩、書、禮、樂之分」，「有」意爲「領有」，《新注》將「有之」譯作「掌握詩、書、禮、樂的根本原則」是合理的。其次，「可久」的主語「詩、書、禮、樂之分」被省略了，即承上省。因此「有之而可久也」應該相當於「詩、書、禮、樂的根本原則一旦掌握了就可以長久保有」。

再看「廣之而可通也」。「廣」《新注》譯作「推廣運用」，「廣之」是「推廣運用詩、書、禮、樂的根本原則」。「通」應指「貫通」，因此「廣之而可通也」意爲「詩、書、禮、樂的根本原則一旦推廣運用了就可以豁然貫通」。

依此類推，「慮之而可安也」是指「用心思索之後就自然能夠安於這些根本原則」，而「反鉛察之而俞可好也」則是指「反覆循理省察之後就更能衷心喜好這些根本原則」。

例(23)的上文是「夫詩、書、禮、樂之分，固非庸人之所知也」，下文是「以治情則利，以爲名則榮，以群則和，以獨則足樂」。這整段話指出「庸人」僅靠著本能是無法得悉「詩、書、禮、樂之分」的，必須一再實踐，同時不斷省察，才可能體會它的妙用。只要體會了就知道它有利於陶情冶性，有助於建立榮名，用它來待人必能和諧，用它來獨處足以樂在其中。[20]這整段話並未直接指陳治國理念，也並未提及「詩、書、禮、樂」之外的道理，因此在譯文中添加「使國家長久」、「使國家安固」、「通曉其他一切道理」等意念顯然是不合適的。

---

[20] 但若把「足樂」分析爲並列結構，則相當於「充實喜樂」。詳見下文說明。

試比較李滌生《荀子集釋》的譯文：

> (25)詩書禮樂之道，研究了又可再研究，把握了而可久遠不廢，推廣
> 之而可舉事通利，思慮之而可理安心得，反覆沿循而審察之，就感覺
> 它愈可愛好。[21]

這段譯文把「詩書禮樂之道」提到前面作為主題，接下來的各個分句充當評
論性的謂語，句法的安排忠於原文。不過，以「舉事通利」來詮釋「可通」
是否得宜尚待斟酌。

還有一點值得注意，那就是《集釋》將「一之而可再也」譯為「……研
究了又可再研究」，《新注》譯為「……實行一次，就可以繼續實行下
去」。原文以「一再」表示「反覆」，至於是「反覆研究」還是「反覆實
行」，不容易下斷語。

此外，這同一段話裏有斷句問題：

> (26)以冶情則利，以為名則榮，以群則和，以獨則足樂，意者其是邪？[22]

> (27)以冶情則利，以為名則榮，以群則和，以獨則足，樂意者其是邪？[23]

(26)為《新注》的斷句方式，(27)為《集釋》的斷句方式。我們相信語詞配
置習慣可以作為評量斷句得失的依據。

由「意者」起首表示「猜想」，這在上古不算罕見。我們從《墨子》、
《荀子》、《韓非子》、《管子》、《莊子》、《呂氏春秋》、《戰國策》
等七部文獻中蒐尋出二十五個「意者……乎／與／邪」的句子。除了(26)之

---

[21] 引自李滌生(1979:71)。
[22] 同註18，頁56。
[23] 同註21，頁69。

外，《荀子》還出現過一句，即(31)。(28)到(30)中「意者」和表示測度的副詞「其」連用，(31)到(33)中「意者」單用，可見兩種格式是並行的。

(28)意者堂下其有憎臣者乎？《韓非子・內儲說下》

(29)意者其不可必乎？〈顯學〉

(30)意者其有機緘而不得已邪？《莊子・天運》

(31)意者身不敬與？辭不遜與？色不順與？《荀子・子道》

(32)意者先生之言有不善乎？《墨子・公孟》

(33)意者羞法文王乎？《戰國策・魏二》

我們猜想《集釋》是按照上古常見的使動關係把「樂意」譯為「使人永遠心意安樂」。不過，由「樂」、「意」搭配組成的使動述賓語詞在上古似乎是很少見的。我們檢索的上古文獻中除了(27)之外就只有《莊子・盜跖》的「長生安體樂意之道」。

在另一方面，《荀子・子道》有「君子其未得也，則樂其意，既已得之，又樂其治」之語，其中「意」與「治」相對，分別表示「君子」內在的治國意念和意念實現後的昇平景況。這裏「樂其意」的意思並非「使其心意安樂」，而是「以其意為樂」。又〈儒效〉有「故君子無爵而貴，無祿而富，不言而信，不怒而威，窮處而榮，獨居而樂」之語，其中「獨居而樂」對照(26)的「以獨則足樂」，涵義相當一致。

果真「以獨則足樂」應斷為一句，接下來就是「足樂」作何解釋的問題。我們前面將「足樂」解釋為「足以樂在其中」，這是把「足樂」分析為述賓語詞。〈宥坐〉有「小人成群，斯足憂也」之語，可以作為佐證。然而把「足樂」分析為並列語詞也未嘗不可。〈子道〉有「既仁且知，夫惡有不足矣哉」，「足」表示「人格的完滿充實」，據此「足樂」也不妨解釋為「充實喜樂」。

4. 結語

本文藉由若干訓詁之例來說明語料庫對研究者所能提供的服務。語料庫可以用來辨識語詞的常用程度,察考語義引申關係以及歷史變遷,這不僅有助於詞義範圍的界定,對於其它相關的語文工作如古籍的翻譯、斷句、標點等也能夠發揮顯著的效用。語料庫對實詞研究的幫助比虛詞更爲直接。語言中的實詞數量大,語詞搭配的變化單憑人力很難精確統計,然而實詞研究是古代語言研究的基礎。爲了避免因字形之故而誤以現代語感詮釋古籍,最理想的方法是以語詞搭配實況來重現古人的語言認知。這正是語料庫的專長。

本文提出的問題都還有繼續追索驗證的餘地。例如「樂意」在上古容許不容許使動的解釋,不僅要看當時的詞組搭配習慣,還要看上古哲人的觀念裏「意」(「心意」)是否爲「致使安樂」的對象。又如探究字形與詞形的淵源勢必得將文字、聲韻方面的因素列入考量。訓詁之學牽涉極廣,如何從錯縱複雜的證據裏推究出古人的道理有賴研究者的學養與見識。不過訓詁學中諸多語詞配置的相關問題若得語料庫之助則真正事半功倍。

語料庫是文科研究的工具,處於開發階段,未來走向端視文科學者的研究需要而定。目前使用者多爲古代語法方面的研究人員,因此滿足語法研究需要爲現階段的開發重點。標記系統是語料檢索的基礎,而標記原則是參酌研究需要訂定出來的。往後當使用者的需要更形多樣,標記系統更趨完備,語料庫能提供的服務項目自然不斷增加。語料庫隨著研究者的使用情況得以持續發展,使用者的需求是促進語料庫成長的最大動因。

引用書目

中文部份

上海師範大學古籍整理組，1981(台版)，《國語》，台北：里仁書局。

王力，1991(台版)，《同源字典》，台北：文史哲出版社。

王克仲，1989，《古漢語的詞類活用》，長沙：湖南人民出版社。

北京大學哲學系，1983(台版)，《荀子新注》，台北：里仁書局。

李滌生，1979，《荀子集釋》，台北：學生書局。

楊伯峻，1990(台版)，《孟子譯注》，台北：華正書局。

楊伯峻，1993(台版)，《春秋左傳注》，台北：洪葉文化事業有限公司。

楊樹達，1987(台版)，《詞詮》，台北：商務印書館。

蔣紹愚，1989，《古漢語詞彙綱要》，北京：北京大學出版社。

劉承慧，1996，〈先秦漢語的結構機制〉，《第五屆中國境內語言暨語言學國際研討
會論文集》，64-80，台北：政治大學語言學研究所。

謝清俊、陳昭珍，1993，〈談古籍之電子版本〉，《海峽兩岸中國古籍整理研究現代
化技術研討會論文集》1-12，北京：中國中文信息學會。

英文部份

Pulleyblank. E. 1994. "*Aspects of Aspect in Classical Chinese*," Papers of the First
International Congress on Pre-Qin Chinese Grammar, ed. by Gassmann & He, 313-
363. Changsha: Yuelu Press.

Pulleyblank, E. 1995. Outline of Classical Chinese Grammar. Vancouver: UBC Press.

第一屆國際訓詁學研討會論文
1997.04.19-20

古文字資料的釋讀與訓詁問題

曾憲通

廣州中山大學

地下出土的古文字資料，是古代漢語的書面形式，它與傳世文獻有著非常密切的關係。由於傳世文獻歷經傳鈔和翻刻，魯魚亥豕之訛自不待言；而古文字資料久藏地下，未經後人的竄改，保存著古人手書的真跡，具有無可爭議的可靠性。因此，前輩學者利用古文字資料以勘正傳世文獻，做了大量的工作，成績十分可觀。例如，晚清古文字學家吳大澂發現金文的"文"字有從心作"𢗁"者，與壁中古文的"寧"字非常相似，因此糾正了《尚書·大誥》中的"寧武"、"寧王"、"寧考"、"前寧人"等的"寧"字皆"文"字之訛，就是典型的例子。另一方面，由於古文字資料一般都比較零星和分散，不如傳世典籍那樣完整和系統，因此，在整理和研究古文字資料的工作中，必須借助傳世文獻加以印證和補充；而漢唐以來研究古代典籍的大量訓詁成果，則是釋讀古文字資料的重要依據。幾乎可以這麼說，能不能恰當而有效地運用訓詁材料來釋讀古文字資料，是古文字研究成敗的關鍵。同一道理，能不能恰當而有效地運用古文字資料以訓讀古代文獻，亦是訓詁工作的關鍵所在。本文試舉數例加以說明。

———

《論語·公冶長》有一段孔子和子貢的對話。子貢問孔子："賜也何如？"孔子回答："女，器也。"子貢又問："何器也？"孔子答："瑚璉也。"何謂瑚璉？歷代注釋家皆以為瑚即簠，璉則簋的別名。

　　簠和簋都是古代常見的祭器，出土實物亦多。可是關於簠的形制長期存在爭議：一說簠是方器，《周禮·地官·舍人》"凡祭祀，共簠簋"，鄭玄注："方曰簠，圓曰簋。"一說簠是圓器，《說文》："簠，黍稷圓器也。"然而從傳世認爲是簠的器物來看，都是侈口長方，器蓋同形，因此一般學者都認爲鄭說是而許說非。這些被認爲是簠的方器，往往自名爲匿或匲、匼、医、匨、鉆、笶等，論者以爲匿等與簠音近，例可通假，並以爲《左傳·哀公十一年》孔子提及"胡簋"之事的"胡"，《禮記·明堂位》言"殷之六瑚"的"瑚"，也都是簠。此說似成定論。

　　但金文夯有匲字（見厚氏匲）、字或作箮（瘚箮），還有作甫（陳叔豆）、鋪（劉公豆）等。其形制爲圓盤形的高圈足器，確是圓器，與許說相合。這就向人們提出一個問題：究竟何者爲簠？是匿爲簠還是匲爲簠？唐蘭先生根據新出的西周微史家族銅器對此有精闢的見解。他說：

> 瘚箮似豆而大，盤平底，圓足鏤空，銘作箮，是簠的本字。宋代曾有劉公鋪（薛尚功《歷代款識》卷十五），1932年出土的厚氏之匲，過去都列入豆類，是錯了。《說文》："簠，黍稷圓器也"，就是這類器。本多竹制，在銅器中發展較晚，宋以來金石學家都把方形的筐當作簠，銘文自稱爲匿，也稱爲匼，或作匨，是瑚的本字。學者們紛紛說許慎錯了。今見此器，可以糾正宋以來的錯誤，也可以證明這類的簠在西周中期已經有了。[1]

唐先生的結論是正確的。出土方器之匼，字常作匯若鬬，形近胡字，因知《左傳》的"胡"與《禮記》的"瑚"，皆由匼之形變。匼從古聲，古屬見母魚部，其異體還有從夫、吳、王、黃得聲的。夫吾魚部，王黃陽部，魚陽對轉；胡瑚古屬匣母魚部，見匣同爲牙音，韻部相同，故從聲音上看，匼與胡瑚通作亦無問題。七十年代陝西扶風齊家村出土默簋，銘文124字，作器

---

[1] 唐蘭《略論西周微史家族窖藏銅器群的重要意義》，《文物》1978年第3期。

者𣪘爲𠤲的繁文，說者以爲是周厲王所作。據《史記‧周本紀》周厲王名胡，[2] 可爲佐證。圓器之匭或作𥎚、鋪，字從竹從金，反映此器先用竹制，後改銅制，當是《說文》簠的本字。匭、𥎚古屬幫母魚部，鋪在滂母魚部，幫滂同屬唇音。要之，𠤲與匭韻部相同，聲紐則異。爲什麼沒有看到自名爲的形制如豆，或自名爲𠤲的形制爲侈口長方的呢？可見古人在假借字的選擇上是相當嚴格的。[3] 縱觀以上器物形制與字形字音，我們認爲瑚璉之瑚應指自名爲𠤲的侈口方形器，過去認爲簠是錯誤的。簠確是圓器，與許說相符，只是由於形制似豆，過去誤入豆類，終因𥎚𥎚的發現而得以正名。

至於瑚璉之璉是否爲簠之別名，亦可據古文字資料加以分析。《說文》簋從竹從皿從𠥓會意，因出土簋器多自名爲𣪘，故簋亦可視爲從竹從皿𣪘省聲。古文作𣝁，從匚從食九聲（據段注本）。大徐本從食几聲，然几非聲。九誤做几，與《周禮‧春官‧小史》俎簋“故書簋或爲几”之誤正同。孫詒讓《周禮正義》指出：“故書簋或爲几，几乃九之訛。九與簋之古文作𣝁、匭、机者正同。”段玉裁云：“古音簋軌皆讀如九也。《史記‧李斯傳》：飯土匭，《公食大夫禮》注：“古文簋皆作軌，《易‧損》二簋，蜀才作軌。《周禮‧小史》故書簋或爲九，大鄭云：九讀爲軌，書亦作軌，蓋古文也。”[4] 可見簋字在先秦寫本中多書作匭或軌，因匭與連字形近，後人遂誤爲連，又與瑚字類化，再贅增玉旁而爲瑚璉。因此，瑚璉實即胡匭，亦即𠤲簋。但必須指出，連與璉皆脫落聲符九而失其讀，其音義與簋了不相涉，只能視爲匭（簋之古文）的訛體，並非簋的別名。

2　扶風縣圖書館《陝西扶風發現西周厲王𣪘簋》，《文物》1979年第4期。
3　陳抗《金文假借字研究》，中山大學碩士學位論文（未刊）。
4　段玉裁《說文解字注》簋字條。

二

宜、俎二字典籍習見，然在古文字裡卻常常糾纏不清。卜辭有⊗字，羅振玉釋俎云："《說文解字》：'俎，禮俎也，從半肉，在且上。'半肉謂仌也，然在且旁，不在且上，卜辭作⊗，則正象置肉於且上之形。古金文亦有⊗，前人皆釋為宜，誤矣。"[5] 商承祚先生則以為"宜與俎為一字，而宜乃俎之孳乳。字本象肉在且上之形，篆作俎者，乃因別於宜而移之也。"[6] 容庚、唐蘭、于省吾諸先生皆力主俎宜本是一字，後來孳乳分化，許慎因而誤歧為二。[7]

但王國維卻認為"俎宜不能合為一字，以聲絕不同也。"其實，俎自為俎，宜自為宜，二者無論形體與讀音，都各不相同，且各有自己遞嬗演變的軌跡。甲古文和金文的宜字，與秦刻石、古璽、封泥以及《說文》古文等，皆一脈相承。卜辭為用牲之法，甲骨、金文中又多用作祭名，後世訓看訓安乃其引申。1929年郭沫若在日本研究古文字時，以"未知友"的名義給容庚先生寫的第一封信，即以金文⊗字向容先生請益。信中寫到：

> ⊗字為宜為俎，頗有聚訟。由字形而言，自以俎義為長。然甲文、金文多用為祭名，似又宜于釋宜。僕據盂和鐘韻讀，于煌、享、疆、慶、方之下綴以"永寶⊗"三字，讀宜讀俎均脫韻。揆金文成語如"寶享"、"寶尚"均可入韻，"寶用"亦可作為中陽合韻，而均不用。獨選此字，如不入韻未免過於唐突。余疑此亦東陽部內字，由字形之俎求之，或當為《詩》"邊豆大房"之房。房乃假字，⊗乃正字。[8]

---

[5] 羅振玉《殷虛書契考釋》中，38頁上。
[6] 商承祚《說文中之古文考》70頁，上海古籍出版社，1983年。
[7] 參見容庚《金文編》、唐蘭《殷虛文字二記》、于省吾《論俗書每合于古文》。
[8] 見曾憲通編注《郭沫若書簡》6頁，廣東人民出版社，1983年。

　　郭氏此處分析**鉀**的音義，當是個與俎義同且能與東陽叶韻的字，因釋爲房俎的房字。後來對此有所訂正。1935年作《兩周金文辭大系考釋》，於大豐　銘“王卿（饗）大**鉀**（宜）”處云：“**鉀**字金文習見，卜辭亦多有，舊釋爲宜，羅振玉釋俎，余**曩**以爲房俎之房，今按仍以釋疑爲是。”1954年《殷周青銅器銘文研究》新版，郭氏於《大豐**毀韻讀**》宜字下加“後案”云：“此字仍以釋疑爲有據，秦泰山刻石‘諸產得宜’亦如此作。”郭氏捨棄俎與房的說法而堅持釋作宜是有道理的。

　　根據于豪亮先生的研究，“金文中自有俎字”。[9]一處見於三年**癲壺**，壺銘言王於丁巳之日錫**癲**以“羔俎”[10]；己丑之日又錫**癲**以“麑俎”。二俎字皆作**俎**。另一處見於**戕鼎**，鼎銘載王**剴**姜錫**戕**玄衣等物，**戕**作器對揚王**剴**姜休。**剴**字作**剴**，從俎從刀，乃王姜之字，于先生認爲當讀爲俎。

　　考俎之爲物，其初用以切肉，後來才逐漸演變爲祭神時載肉之禮器，《說文》以爲“禮俎”是也。從出土實物聯系漢畫像所用切肉之器來看，俎之形制，皆狹長作∏形，由兩足或四足支一平板，多爲木制，銅制的爲數甚少。每與鼎伴出。羅振玉云：“古鼎銘往往云‘作**鼎彝**’”**鼎**字從**刂**從肉從匕，蓋象以匕取肉於大鼎而分納於旅鼎中。**刂**則俎形，殆取牲體時暫置俎上以去其**渧**。”[11]今俎字作**俎**，則右邊之目爲俯視之平板，旁出者爲側視之足形。因小篆變足形爲**仌**，許慎遂誤認爲半肉之形，並衍生出“半肉在且上”之說。倘**仌**爲半肉，則明明在且旁而非在且上，難怪王筠獻疑云：“案許說，疑篆本作**俎**；如今篆，則肉不在且上，似後人移使平列也”。[12]由於過去古文字資料中尙未發現俎字，而甲骨文的宜字作**囝**若**囻**，恰似置半肉

---

[9]　于豪亮《說俎字》，《于豪亮學術文存》77-81頁，中華書局，1985年。

[10]　壺銘此處于豪亮先生釋爲**牲**而讀作“鵝俎”，孫稚雛先生改釋爲“羔俎”，此采孫說。見《金文釋讀中一些問題的探討》，《古文字研究》第九輯412頁，中華書局，1984年。

[11]　羅振玉《古器物識小錄》，3頁。

[12]　王筠《說文句讀》俎字條。

於且上之形，因而有釋疑爲俎或宜俎一字的說法。現在隨著金文俎字的發現，宜俎二字的發展線索可謂涇渭分明，其訛混和變異也隨之得以澄清。

三

甲古文的鳳字作 象高冠鳳羽華尾之形，十分逼真。但卜辭罕見用其本義，一般都借爲風字。後期更增益"凡"爲聲符，并於鳳尾末端帶有明顯的"珠毛"[13] 標志。值得注意的是，這些帶有聲符和珠毛標志的鳳字，在西周金文中逐漸演化爲 （南宮中鼎）和 （孟尊）。至戰國中晚期分化爲楚帛書的 和傳鈔古文的 字。證明風字自古至今都是借鳳字爲之，只不過由於形體經過多次訛變不易識別而已。許慎據訛變之小篆以"從虫凡聲"[14] 爲說，是不足爲據的。

與鳳字密切相關的是皇字。關於皇字的初形朔誼，歷來頗多異說。《說文》訓皇爲大，從自王會意。然與金文不合。金文皇字作 皇（仲辛父簋）、 （士父鐘）、 （師兌鐘）、 （秦公簋）諸形。小篆所謂的"自王"，其實是由晚周金文訛變而成的，並非皇之初形。皇在金文中亦只有美、大之義，從王之誼亦非其朔。故古文字學者對許說深表懷疑而另覓新解。舉其要者，自晚清以來先後有吳大澂的"日光"說，劉心源的"旺字"說，高鴻縉、高田忠周和朱芳圃的"煌字"說，以及汪榮寶、徐中舒、郭沫若、嚴一萍、單周堯、高明等的"王冠"說等。其中尤以"王冠"說最爲流行。近時秦建明氏從青銅器上鳳尾造形每呈 狀中得到啓示，認爲皇字即孔雀帶有美麗彩斑的羽毛。[15] 筆者深感此說饒有新意，且與上文所揭鳳一風嬗變之跡每多暗合，因借此加以闡發。

---

[13] 一般認爲，古代的鳳即後世之孔雀，古稱孔雀尾端之錢斑爲"珠毛"，唐段成式《酉陽雜俎》云："孔雀尾端圓一寸名珠毛"，故此用以指稱鳳尾之錢斑。

[14] 見許慎《說文解字》風字條。

[15] 秦建明《釋皇》，《考古》1995年第5期。

　　就字形而言，甲古文中雖然未見"皇"字，但卜辭後期多數鳳形每帶有引人注目的"珠毛"，即其秦氏所謂的"美麗彩斑"，分別作 肖、肖、公、朱 等形，金文則於空廓處加注圓點而成 早 形，傳鈔古文和楚帛書的風字，就是在這個基礎上增益聲旁分化而成的。鳳借爲風，據說與鳳翼生風的傳說有關，故甲古文用爲風字的鳳形往往呈振翼奮飛的姿態，羽翎之珠毛向下即爲奮飛的特徵。而金文 皇 字則呈鳳尾開屏之勢，以顯示其艷美之豐姿，其上呈珠毛向上奮發之狀，其下爲羽脊及兩側對稱的羽枝，與上揭士父鐘、師兌鐘二皇字尚存旁出羽枝上翹的形狀酷肖。由此觀之，皇字的初形爲皇羽的象形是可信的，其原始意義亦可據此而定。

　　值得指出的是，皇字作爲皇羽講的這一原始意義，仍保留在《禮經》之中，試舉三例證之。一曰"皇舞"。見於《周禮·地官·舞師》和《春官·樂師》。鄭司農於《舞師》注："皇舞，蒙羽舞。書或爲 望，或爲義。"又於《樂師》注："皇舞者，以羽冒覆頭上，衣飾翡翠之羽。 望 讀爲皇，書亦或爲皇。"鄭玄則於前者注："析五采羽爲之，亦如 帗。"又於後者注："帗，析五采繒，今靈星舞子持之是也。皇，雜采羽如鳳皇色，持以舞。"從以上的引文可以看出，先鄭與後鄭對於"皇"的解釋稍有不同：一是先鄭以皇爲一般之羽，而後鄭則特指皇爲鳳皇之羽，即所謂皇羽；二是先鄭以羽冒覆於頭上或衣飾，後鄭則以皇羽爲舞具以持之；三是先鄭以 望 爲本字，而後鄭則改 望 爲皇。

　　二曰"皇邸"。見於《周禮·天官·掌次》："王大旅上帝，則張氈案，設皇邸。"鄭司農曰："皇，羽覆上也；邸，后板也。"鄭玄謂："后板，屏風歟？染羽象鳳皇羽毛以爲之。"經文意謂王在大旅上帝之時，"掌次"之職必張氈案，并在床案的后板即屏風處設皇。關於此處"皇"字的解釋，先鄭仍指一般之羽，而后鄭則仍指象鳳皇之羽毛爲之。孫詒讓指出："凡《禮經》言皇者，鄭（玄）并以鳳皇羽爲飾。"（語見《周禮正義》）孫氏此處一語道破鄭與先鄭的主要差別。

三曰“皇而祭”。分別見於《禮記》之《王制》和《內則》，文云：“有虞氏皇而祭，深衣而養老；夏后氏收而祭，燕衣而養老；殷人冔而祭，縞衣而養老；周人冕而而祭；玄衣而養老。”此段文字蓋言四代養老皆以祭之冠，而衣則或異。有虞氏以皇爲士之祭冠。陸德明《音義》謂“𦏲音皇，本又作皇。”鄭玄注：“皇，冕屬也，畫羽飾之。”鄭注以皇爲冕屬而有別於周冕，故以畫鳳皇羽飾之。孔穎達《禮記正義》申述之曰：“以皇與下冕相對，故爲冕屬。按《周禮》有‘設皇邸’，又云‘有皇舞’，皆爲鳳皇之字，鳳羽五采，故云“畫羽飾之”。”郭沫若氏對“畫羽飾之”提出異議。他說：“我意畫羽飾之冕，亦是后起之事，古人當即以插羽于頭上而謂之皇，原始民族之酋長頭飾亦多如此，故於此可得皇字之初義，即是有羽飾的王冠。”又說：“皇字的本義原爲插有五采羽的王冠，其特徵在有五采羽，故五采羽即謂之皇。”[16] 郭氏雖力主皇爲王冠之說，但此處仍強調“五采羽即謂之皇。”僅就此點而言，實與鄭玄之“皇羽”說無別。最早提出王冠說的汪榮寶氏，其所據即《禮記》鄭注的訓皇爲冕。[17] 然皇如非特指皇羽而爲一般之冕，則與下文周冕義有重覆。實際上，鄭玄於皇字之義在《周禮》注中已說得非常明白，故孔穎達作《正義》時，聯系《周禮》鄭注申述“皇舞”“皇邸”皆爲鳳皇之字，鳳羽五采故云“畫羽飾之”，是非常必要的。汪氏又析金文皇字之⊖象冠卷，⺌象冠飾，土象冠架。案《王制》篇此處乃指士者之冠，冠卷、冠飾當非其特有，並不足以與周冕相區別；況且皇字如象冕形，何以竟及其冠架，實在另人費解。故《王制》篇之皇字，仍當以《周禮》鄭注以皇羽之釋爲是。而皇字作爲皇羽的這一原始意義，是同“皇”字取象於鳳尾珠毛這一特徵互爲表裡的，可見是完全符合“皇”字原來的初形朔誼的。

---

16 見郭沫若《長安張家坡銅器群銘文匯釋》之“師狻鼎”，《考古》1962年第2期。

17 汪榮寶《釋皇》，《國華月刊》第1卷第2期。

四

　　春秋以前，青銅器銘文中已有關於易（錫）金鑄器的記載，但畢竟比較少見。春秋以後，諸侯間求取良金鑄器之風盛行起來，銘文中出現"某人鑄作某器"的句式最爲常見，其中尤以"某人擇其吉金自作某器"的格式最爲流行。至於鑄器吉金的來源，有用戰爭中俘獲敵方的青銅兵器來鑄作祭器的，如楚王酓忎鼎；有用群諸侯所獻的青銅作器的，如陳侯午敦和陳侯因𣦵敦；有毀舊器以鑄造新器的，如陳伯陭壺、邾公華鐘；有以銅、鉛、錫等金屬礦物直接冶鑄的，如吳王光；等等。在眾多的"擇其吉金"的銘辭中，於"擇"前綴一奇字者，就目前所見，僅有齊器二例：

　　其一曰："余陳仲產（彥）孫，戲擇吉金，作茲寶簠。"（陳財簠）

　　其二曰："粵生叔夷，又（有）共（恭）於公所，戲擇吉金，鈇、鐈、鋚、鋁，用作鑄其寶鎛。"（叔夷鎛）

　　"擇"前一字，簠銘作戲。鎛銘戲，隸寫作戲及戲，皆從彖得聲，從攴與從殳同意，乃一字之異體，故可直接寫作戲字。此字前人未得其解。所從聲符之彖，又見於齊古印"遷盟之璽"，清人宋書升據《說文》古文徙作㣎而定爲徙字。[18] 齊地之徙作彖，楚簡之徙作彖，又讀爲長沙之沙，存在地區性的差異。它們都是從甲骨文的冘，金文的彖發展而來，說明由彖而彖是一脈相承的。由於從彖或彖得聲的字在先秦古文寫本中常與徙同音通假，故《說文》於徙字下出彖之古文，與《說文》遂字下并錄述之古文同例。從甲骨文的"冘田"讀爲徙田，金文的"彤彖"讀爲彤紗，包山楚簡的"長彖"讀爲長沙可以推知，齊印之"遷"與齊器之"戲"亦當讀音如沙。據記載，齊人有將陽聲韻讀爲陰聲的習慣，如《禮記·中庸》的"壹戎衣"，鄭注："衣讀如殷，聲之誤也，齊人言陰聲如衣。"《尚書·康誥》正作"殪戎殷"。再如《儀禮·大射禮》"兩壺獻酒"，鄭注："獻讀爲

沙"。《周禮·春官·司尊彝》："鬱齊獻酌",鄭注："獻讀爲摩莎,齊語,聲之誤也。"《禮記·郊特牲》："汁獻涗于醆酒",鄭注："獻當讀爲莎,齊語,聲之誤也。"從鄭玄的注釋來看,以上見諸《三禮》的三個"獻"字,原本都是讀陰聲的沙或莎,由於齊地的特殊讀法(鄭注以爲誤讀)而書作陽聲的"獻"字。據此,上文提到齊器銘文中"擇"前的奇字,其讀法當有類似的情況。如前所述,𢆶、𢆶二體皆從𢆶得聲,按照彤紗、長沙之例,當讀如沙。根據齊人將陽聲韻讀爲陰聲的習慣,在齊地讀爲沙的陰聲字,其原本當是一個與"沙"音相對應的陽聲字。依聲類求之,應是"爰"字。沙與爰爲歌元對轉,與上舉《三禮》鄭注所注沙與獻對轉十分相似。因而似乎可以仿照鄭玄的說法,于"𢆶"字下加注云:"𢆶(沙)讀如爰,聲之誤也,齊人言爰聲如𢆶(沙)"。如果此說成立,則與李家浩先生認爲卜辭裡的"𢆶田"應讀爲"徙田",可能跟古書所說的"爰田"意近[19]的說法互西相印證。

考察"𢆶"在句中的意義和用法,當用作句首連詞,義同于是。"𢆶擇吉金"猶言"爰擇吉金",與"詩·大雅·綿"的"爰契我龜",《魏風·碩鼠》的"爰得我所",《鄘風·定之方中》的"爰我琴瑟"等句法相同,是古代漢語常見的句式。

此外,齊𦅸氏鐘有銘云:"齊𦅸氏之孫,𢆶擇吉金,自作龢鐘。""擇"上一字舊不識,今從殘存筆畫看來,疑是𢆶字之殘,句法亦與上述二器相同。以上一簋一鎛一鐘皆齊人所作,從中似可窺見齊人用語的某些習慣。從齊地出土古印古器來看,齊人不但在器物形制上與他處有所不同,在用字造詞和句法讀音上也都有自己的特色。

---

[19] 見裘錫圭《甲古文中所見的商代農業》所引李家浩說,載《社會科學戰線》1981年第1期。

叔夷鎛銘文有"鈇、鐈、錛、鋁"云云，鈇爲鏃矢字之繁構，鐈爲似鼎而長足之釜，錛即小釜，鋁借爲鑪，類於後世的火盆，皆成器的名稱，亦屬於銷成器以鑄新器之例。

五

敦煌寫本《古文尙書》殘卷，於《費誓》篇經文中兩見"魯人三郊三遂"的句子。今本遂字并作遂，卷子本注語中亦作遂。今本《尙書》之"遂"古文本何以作"遹"？王重民先生曾反覆作過探討。他說：

> 《說文·辵部》：遹，古文遂。段玉裁謂遹字不得其所從，疑是從艸𤱶字之𤱶。俞樾《兒笘錄》以爲屰即黹字，衤部䰠重文作黹，古黹遂通用，未知其然否？然遹爲遂古文，今僅見此卷，蓋即許君所本也。
> （1973年8月28日）

又說：

> 《費誓》"三郊三遂"，今本遹并作遂，余曾引俞樾通用之說，然疑猶未決也。今案《汗簡》卷一辵部《尚書》遂，郭氏釋爲遂，鄭珍箋云："古作遹，薛本同。"然則遂又作遹，楷變爲遹也。洪頤煊《讀書叢錄》卷十二云："穴部遹遂，出孫強《集字》，《說文》遂古文作遹，遂即遹之省，與速字異。洪氏之說尤爲明白。《汗簡·穴部》遹之從𣥠，正是辵部之遂，𣥠非遄速字，遹非遹亡字，皆遂字也。然何以從朱，仍不得其解。"（1943年7月17日）[20]

王先生認爲"遂爲遹之省，遹楷變爲遹"是非常正確的。但要了解其中省變之緣由，必須進一步考察其歷史。考"遂"在先秦典籍中雖然十分常見，但出土文獻的遂字卻遲至秦漢時期才出現。遍檢先秦古文字字書，尙未發現《說文》所載從辵從㒸的遂字。而傳世典籍中的"遂"，出土文獻通常假

20　王重民《敦煌古籍敘錄》21-22頁，中華書局，1979年。

"遹"字爲之，如盂鼎"我聞殷遹令（命）"，與魏三體石經《尚書·君奭》"乃其遹命"之"遹命"相同。石經古文之遹小篆作遂，隸書作隊，今本《尚書·君奭》則作"墜"，可見盂鼎此處遹字乃假爲遂而讀作墜。又中山王䂞壺"遹定君臣之䢔（位）"，與詛楚文"遹取我邊城"句法相同，此處作爲句首副詞的遹字皆假爲遂。三體石經古文《春秋》僖公三十一年："公子遹如晉。"遹字今本《春秋》作遂，皆其例。由於先秦時代普遍以遹代遂，許慎《說文》才於正篆"遂"字之下別出遹之古文，以致後世字書誤以爲即遂之古文，且長期得不到糾正。

至於遹之古文何以變爲逋、爲速？這同傳鈔古文的性質有關。從出土材料來看，西周盂鼎遹字作𨔵，字從 辵术聲，聲符术乃秫之本字，《說文》訓爲"稷之黏者"，字形象于"又"（即手）四周布滿顆狀物，朱芳圃先生以爲"象稷黏手之形"，[21] 堪稱卓識。至戰國聲符漸變而爲米（詛楚文遹字所從）或米（信陽楚簡遹字所從）；傳鈔古文更變而爲米（雲臺碑遹字所從）或米（三體石經古文遂字所從）；再繁化而爲㕚（《說文》古文遂字所從），簡化則做米（《汗簡》古文遂字所從）。益之以辵旁，隸寫便成爲逋和速了。這便是王重民先生所謂速非遲速之速，逋非逋亡之逋的真相和由來。換言之，傳鈔古文的逋和速，都是遹字古文訛變之後經過隸定而引起混淆的，它與遲速之速，逋亡之逋實不相涉。不過，遹（術）與遂是一組形相因，義相屬、音相諧的同源字，在傳世典籍中它們彼此互相通用，在出土文獻中則往往以遹代遂，而以傳鈔古文尤爲突出，《說文》遂古文借遹字爲之，就是這一現象的反映。敦煌本《古文尚書》"三郊三逋"，今本《尚書》作"三郊三遂"，這裡的"逋"（即遹）或遂，本指郊外之道（或術），引申而爲軍旅、田役、貢賦之編制。此句蓋言魯侯率郊內三鄉與郊外三遂之兵力（另一郊一遂爲留守），往伐徐夷，在魯之東郊費地盟誓，故謂之"費誓"。

---

[21] 朱芳圃《殷周古文釋叢》卷下131頁"釋遹"。

　　通過以上辨"瑚璉"，析"宜俎"，說"鳳皇"，釋"數擇吉金"和正"三郊三遽"五個例子，可以說明古文字資料的釋讀同訓詁有著密不可分的關係。就古文字方面而言，如果沒有浩如煙海的古代文化典籍做依托，古文字資料便只是一堆堆彼此互不相干的"散錢"；如果沒有漢唐以來歷代留傳下來的訓詁材料做依據，古文字的釋讀就會黯然失色，甚至流爲無稽之談，因而也就不可能真正認識古文字。就訓詁方面而言，如果沒有地下真實材料的發現，典籍上某些訛誤就得不到糾正。沒有古文字研究的新成果，訓詁上一些長期糾纏不清的問題便得不到澄清，訓詁工作就會失去源頭和缺少新意。因此，古文字學與訓詁學都是傳統語文學的重要學科，兩者相輔相成，相得而益彰。由於很多老一輩的古文字學者本身就是著名的訓詁學家，他們在古文字方面的成就，已使治古文字學的人認識到訓詁對於古文字的重要性；但從事訓詁工作的人卻未必認識到古文字資料對於訓詁研究的重要作用，更不用說達到某種程度的共識。著名語言學家王力先生曾經把古文字與少數民族語言和漢語方言並列爲我國得天獨厚的三大優勢。他在《中國語言學史》中指出："中國古文字學在語文學中可算是異軍突起……就語言學本身來說，古文字學是非常重要的，漢語語源的研究，漢藏系語言比較的研究，等等，都要靠古文字學來幫助解決。"我們從事古漢語和漢語史研究的同行，必須充分重視古文字資料的利用，特別要留意新出資料中提出的新問題，從事創造性的研究。王國維先生有句名言："新的發現帶來新的學問"，[22] 一些過去沒法解決的問題，也許會在新的材料面前迎刃而解的。從某種意義上講，重視並善於運用新發現的古文字資料，也是推進和提高中國語言學研究的重要途徑之一。希望從事這兩方面研究的學者今後能有更多的機會和廣泛接觸和交流，爲中國語言學的發展和進步而共同努力。

---

[22] 王國維《最近二、三十年間中國新發現之學問》，女師大《學術季刊》1卷4期1925年。

第一屆國際訓詁學研討會論文
1997.04.19-20

古文字中之「康」與「盧」

張光裕

香港·中文大學中國語文學系

《說文解字》並無收錄「康」字，惟於禾部穅下云：

> 穅，穀之皮也，从禾米，庚聲。康，穅或省作。

許氏以康爲穅之或體，其實穅字較康後出，倘據《說文》，康字亦从米庚聲，穅則更增禾旁，爲偏旁累增字。[1]《說文》穅字條下段注云：

> 今人謂已脫於米者爲穅，古人不爾穅之言空也，空其中以含米也，凡康寧，康樂皆本義空中之引伸，今字分別，乃以本義从禾，引伸義不从禾。

是穅、康二字有虛空義，而凡从康之字亦有虛義，如漮、歉、㝩㝮、𨍥諸字皆然。說文云：

> 漮，水虛也，从水康聲。

段玉裁注：

> 爾雅音義引作水之空也……釋詁曰：漮，虛也。虛，師古引作空。康者，穀皮中空之謂，故从康之字皆訓爲虛。歉下曰：饑虛也。㝩下曰：屋㝩㝮也。詩：酌彼康爵。箋云：康，虛也。方言曰：㝩，空也。長門賦：㝩梁，虛梁也。急就篇顏注曰：𨍥，謂輿中空處，所用載物也。水之空，謂水之中心有空處。

段注之解說可謂清晰明白，於《說文》歉、㝮條下段氏亦一再申述此義。然何以「康」有虛義？郭沫若於＜釋干支＞一文首揭康字所从之庚，爲鐃鉦之象形。小篆康字从米，卜辭及金文之康字乃庚下

從「ＨＨ」，皆不從米作。並以爲康字必以和樂爲其本義，故殷周帝王即以其字爲名號，大凡和樂字，古多借樂器以爲表示，而康字蓋從庚，庚亦聲也。² 郭氏說康字本義至審，然康字以虛空爲訓，則猶可進而申說者。

康字於西周金文中除習見於康侯、康宮、康寢等名詞外，餘多用作形容詞，如

《善夫克鼎》「用旬康勵（樂）屯右」（《三代》4.28.1）
《麓伯毀》「用祈康勵屯右」（《周存》3.41）
《師奎父鼎》「用祈眉壽黃考吉康」（《三代》4.34.1）
《陳曼簠》「齊陳曼不敢逸康」（《三代》10.19.2）
《命瓜君壺》「康樂我家」（《三代》12.28）
《蔡侯申尊》「康諧龢好」（《壽縣蔡侯墓》37）

康樂、吉康、逸康、康諧，其詞義與用法與今日所見相同，就詞義而言，與虛義無涉，然康字皆從庚，庚爲鐘鉦之屬，鐘鉦本身中空，故敲擊之餘，涵虛所發聲音，清越空靈，而康寧、康樂云者，蓋緣鐘聲所表現之和諧美好音律，觸引舒泰順罔，詳和安逸之感覺，故生和樂義。前引段氏所言「凡康寧、康樂皆本義空中之引伸」即此故也。《書·洪範》：

> 身其康彊，子孫其逢吉

康彊，猶康樂強健，亦涉及安逸和樂。「健康」一辭雖後出·然倘指強健體魄而言，亦當指由內在健全之體質，而表現於外體形貌，表裏一致是謂「健康」，其成辭固亦與「康」字形義發展息息相關。

「康」，金文中或書作「賡」，乃康之繁體，古文字中增「宀」與否，皆無損其字義，如福之作福，親之作親是也。金文賡字，其義大別有三，其一用作名詞，如

《大克鼎》：「賜女田于賡」（《三代》4.40）

或用爲形容詞，如

    《晉公盤》：「整辭倃容……晉邦維翰，永寱寶」（《三代》
    18.13）

「永寱寶」與《秦公鐘》「秦公……溥有四方方，其康寶」（《文
物》1978.11）用例相當，「寱寶」即「康寶」，猶言安好永保。
然「寱」字亦有取「康」之虛空義者：

    《猷毁》：「王曰，有余佳小子，余亡寱晝夜，坙䭗先王……用惠康
    朕皇文剌且考。」（《文物》1979.4）

雖云康、寱同字，然兩字形竟分別見於同篇銘文，其詞義則有所分
別。「用惠康朕皇文剌且考」，謂使朕之皇文剌且考安逸和樂，說
者多無異辭。而「亡寱晝夜」詞例與「成王不敢康，夙夜基宥密命
」（《詩·周頌·昊天有成命》）相若，《鄭箋》云：

    不敢自安逸早夜

以「安逸」訓「康」固可通讀無礙，然揆諸《猷毁》文意，則宜取
康之虛空義，《說文》云：

    寱，屋寱宧也，从宀，康聲。

寱宧，言大而空虛也。《方言》十三㶿下郭注引作㴴宧，並以「空
貌」釋之，是寱、㴴俱有虛空意，故「亡寱」云者，猶言無虛，涵
泳其意，可引申爲不懈殆，「亡寱晝夜」即言「夙夜匪懈」，詩義
亦同此。是知凡从康諸字皆有虛義者，確實本於「庚」有中空之象
。文獻中之康爵、康瓠，以虛爵、虛瓠爲訓，其理亦至明易曉。[3]
準乎此，其後康字復被引申爲平坦、通達，乃出現「康衢」、「康
莊」等詞語，[4] 亦可得而略說也。

    古文字中从康之字猶有「盩」字，目前僅兩見。一九九二年元
月於香江古肆曾見一靑銅鼎，器蓋及口沿下皆有銘，蓋銘位於蓋頂
第二、三兩圈紋飾之中，作半環形，惜爲鏽掩，依稀可辨者僅「王

孫」二字。器銘則在口沿下斜肩外，兩行直書：

　　王孫歔

　　□鎮鼎（附圖一）

「鎮鼎」一名亦見河南淅川下寺楚墓出土之偶鼎，[5] 器蓋及口沿各有銘文八字：

　　楚叔之孫倗之鎮鼎（附圖二）

「鎮」从水从皿，康聲，就音讀而言，鎮鼎可讀爲「湯鼎」，康、湯二字，一爲溪紐，一爲透紐，古韻俱屬陽部，故得通假。新見楚簡佚書，其中「禹湯」，書作「墅湅」，「湯王天下」書作「康王天下」[6] 益證「鎮鼎」自可讀作「湯鼎」也。「湯鼎」一名曾見於新出土徐尹叚尹鼞鼎，蓋器各四十四字，銘中明言「徐尹叚尹鼞自作湯鼎」。[7] 又信陽長台關楚墓竹簡214號：

　　一迅缶，一湯鼎，有純蓋。[8]

可見鼎中確有自名爲湯鼎者。前文曾一再談及，康字因从庚作，引申有虛空義，故从康諸字多具虛義，今「鎮」字既从「康」得聲，疑亦兼取其義，故得副鼎中虛可容物之實也。一般而言，鼎爲食器，然就器用言，鼎亦可盛湯。《說文》水部：

　　湯，熱水也。

《孟子·告子上》：

　　冬則飲湯，夏則飲水。

學者因據此以爲自名湯鼎，乃就其功用言，以鼎煮水供食用或盥洗。[9]「鎮鼎」自名，其寓意亦或同於「湯鼎」，惟其用字則更兼具虛容之意耳。「鎮鼎」「湯鼎」之稱不見於中原他國青銅器，就稱名習慣及形制，俱可及見徐、楚地區青銅器有其本身特色。

　　至若卜辭及文獻屢見「庚」、「康」、「唐」、「湯」諸字亦

每因音同或音近通假。如卜辭之「康且丁」、「康丁」，[10]《史記》則書作「庚丁」，[11] 殷先王「成湯」，卜辭作「唐」，[12] 金文亦書作「成唐」，[13]《史記‧殷本紀》則作「成湯」，[14] 河南固始出土宋公繼簠稱「有殷天乙唐孫宋公繼」（《文物》1981.1），「天乙唐」即「天乙湯」，是唐、湯通假已早發其端矣。《說文》云：

> 唐，大言也。从口庚聲。喝，古文唐，从口易。

古文唐字寫法，不外早期唐、湯通假之孑遺而已。

「康」、「唐」字俱 kt 庚，故「康」有虛義，「唐」字亦然。古籍所見唐字，即多有虛空義。朱駿聲《說文通訓定聲》壯部十八唐字條下引《管子‧地員》「黃唐無宜也」；《莊子‧田子方》「是求馬於唐肆也」及西方書：「福不唐捐」[15] 皆其證。他如枚乘《七發》「淹沉之樂，浩唐之心，通侠之志，其奚由至哉？」李善注：「唐，猶蕩也。」王充《論衡‧正說》：「唐之爲言蕩蕩也。」《太玄‧唐》：「陰氣茲來，陽氣茲往，物且盪盪。」范望注：「唐，蕩也，盪盪，空貌。」讀唐爲蕩或盪，亦見虛空之貌。

今由古文字中所見「康」、「█」二字用例，以及「庚」、「康」、「唐」、「湯」得以通假等實例之整理，對有關形聲兼會意，聲亦兼意及本義應與本音相應[16] 等理論之探求，期或稍有小助。

附圖一

附圖二

1 參李孝定《讀說文記》，頁187。

2 郭沫若《甲骨文字研究》＜釋干支＞，頁10。

3 《詩・小雅・賓之初筵》：「酌彼康爵，以奏爾時。」箋云：「康，虛也。」《爾雅・釋器》：「康瓠謂之甀」，《說文通訓定聲》壯部十八康條下聲訓云：「爾雅，康瓠。李注：空也，康空一聲之轉。」

4 《列子・仲尼》：「堯治天下五十年，微服遊於康衢」；《爾雅・釋宮》：「四達謂之衢」；《晏子春秋・內篇間下》：「異日，君過於康莊，聞甯戚歌，止車而聽之」；《爾雅・釋宮》：「五達謂之康，六達謂之莊。」

5 《淅川下寺楚墓》（北京：文物出版社，1991），頁112。

6 新見楚簡佚書，曾有緣目驗，材料尚未公佈。

7 浙江省文物管理委員會等＜紹興306號戰國墓發掘報＞，《文物》1984年第1期，頁10-25。

8 河南省文物研究所《信陽楚墓》，文物出版社，1986年圖版123。

9 劉慶和＜徐國湯鼎銘文試釋＞，《考古與文物》1985年第1期，頁101；葉植＜楚式鼎爭議＞，《江漢考古》1994年第4期，頁71-75；李零＜楚國銅器類說＞，《江漢考古》1987年第4期，頁69。

10 「丁卯卜，貞，王賓康且丁，翌日，亡尤。」（《後上》4.10）
「辛巳卜，貞，王賓康丁，奭妣辛……亡……」（《後上》4.14）

11 《史記・殷本紀》：「帝廩辛崩，弟庚丁立，是爲帝庚丁。」

12 《佚存》八七三：「貞，御自唐、大甲、大丁、且乙、百羌、百牢」（商承祚《殷虛佚存》1933）

13 《齊侯鎛》：「虩虩成唐，有嚴在帝所，尃受天命」（《博古圖錄》22.5）

14 「主癸卒，子天乙立，是爲成湯。」（《史記・殷本紀》）
「湯名天乙。」（《世本上・商世》）

15 《法華經八・觀世音菩薩普門品二五》：「若有眾生，恭敬禮拜，觀世音菩薩，福不唐損。」

16 參見孔仲溫＜論字義的分類及本義的特質＞《中山人文學報第一期》1993.4頁146。

第一屆國際訓詁學研討會論文
1997.04.19-20

說 爽

季旭昇
師大國文系教授

　　從目前可以見到已經非常成熟的商代甲骨文起，漢字發展的歷史已有三千年以上，在這漫長的歲月裡，漢字詞義的演變錯綜複雜，有很多很有趣的現象。以下本文想以「爽」字爲例，探討它的變化。

　　「爽」字在商代的意思是「配偶」、或「輔弼」的意思；在周代，除了繼承以上二義之外，另外經由假借產生了「明」、「差失」的意思；到南北朝之後，由「明」的意思又引申出「舒適」、「爽朗」的意思。這四個詞義之間的演變實在是非常奇妙的。以下我們把這種變化略加探討。

一、爽字字形的探討

　　甲骨文中有一個字，異形很多，歸納後可得十四種寫法（參《甲骨文編》1242、1246號），茲羅列如下：

爽	《粹》322	爽	《佚》892	爽	《前》1.34.3
爽	《後》1.22.4	爽	《明藏》659	爽	《京都》1792
爽	《後》12.16	爽	《乙》4642	爽	《前》1.2.2
爽	《甲》1642	爽	《鐵》6.3	爽	《佚》353
爽	《後》11.7	爽	《前》1.34.4		

　　這個字字形的變化非常複雜，學者對它的解釋也非常分歧。羅振玉在《殷虛書契考釋・中》第五十一葉釋爲「爽」，以爲也就是「赫」，有「妃」誼；王襄《簠室殷契徵文・帝系》第五葉上釋爲「赫」，以爲「爽、赫、醜古均同誼，故相通假」；葉玉森《殷虛書契前編集釋》卷一第十六葉云：「

余舊釋夾，謂从大象人形，兩腋下所夾之物可任意狀之，而夾誼自顯，故變態獨多。夾，輔也。」于省吾《殷契駢枝·釋爽》第四一葉以爲即「爽」之初文；郭沫若《甲骨文字研究·釋祖妣》第十四葉以爲「諦審其字形，實象人形而特大其二乳也。余謂此即『母』字之別構。」唐蘭《天壤閣甲骨文存考釋》第三十六葉釋爲「夾」，謂象懷器之形，引申之有「夾輔」之義；張政烺《釋爽》以爲當釋爲「爽」，《說文》有此字，後代讀拘，實當讀爲「仇」（以上說法詳見《甲骨文字集釋》一一六一頁、《甲骨文字詁林》二二五號引錄）。這麼多說法之中，各家都從文義去推求，都以爲當釋爲「配偶」、「伴侶」等意義。但是在字形上都無法和後世的字形完全吻合，只有于省吾先生釋爲「爽」字，在字形上最爲合理。于先生在由《殷契駢枝》改編的《甲骨文字釋林·釋爽》第四五葉中說：

> 即爽之初文，大象人形，左右从火。《説文》：「爽，明也，从㸚从大。」自來説文學家均就从㸚而曲爲之説，故不得其解。至於甲骨文爽字後期多變爲从㸚、㸚、㸚、㸚等形，與商周金文之變而从㸚，迹亦相銜。因爲从㸚與从㸚，只是單雙之別，在古文字中，畫之單雙，每無別也。近年來安陽出土之切其卣銘文，有「遘于匕丙彡日大乙爽，佳王二祀」之語，爽字作㸚，與散氏盤爽字作㸚形同。得此確證，則甲骨文中晚之爽字，雖然歧形異構，變化無方，已失其朔，但終於得到劃一。因此可知，爽字最後之變作㸚或爽，乃無可辯駁之事實。

于先生的說法非常好，考釋古文字必需從字形出發，「爽」字在甲骨文中雖然有十四種寫法，但是到了金文中卻只剩下四種寫法（見《金文編》569號）：

㸚　夨尊（《總集》4893）

㸚　隸簋（《總集》2676）、弔爽父乍鷺白尊（《總集》4855）

㸚　班簋（《總集》2855）

勑 如其卣（《總集》5491）、《散盤》6793

很顯然的，金文的字形和甲骨是一脈相承的，而依金文文義，這些字很明顯地是「爽」（見下文），因此甲骨文此字肯定是「爽」，應該是沒有問題的。

秦文字中看不到「爽」字，西漢的「爽」字多見於馬王堆帛書，主要有三種字形，分別是（參看《秦漢魏晉篆隸字形表》二二三頁）：

夾　《老子》乙前一四上

爽　《相馬經》四五下

夹　《縱橫家書》一八

第一形和金文《夨尊》的寫法相近。第二形和小篆幾乎相同。東漢碑文中的「爽」字和小篆的結構一樣。漢印中的「爽」字作以下三形（參看《漢印文字徵》卷三第二三頁）：

奭　爽革

夾　爽壽王印

爽　王爽

由以上的資料來看，「爽」字從甲骨文到篆隸楷書，它的字形演變是一脈相承的。它的字形最初是从大，象人腋下夾兩物之形，至於腋下夾的是什麼，可以不限一種。到周代以後，「爽」字所从大形腋下所夾的字形已經逐漸變成「爻」形，所以《說文解字》以爲「爽」是从㸚从大。

二、爽字字義的探討

在殷代甲骨、金文中，「爽」字只有以下二種用法：

（一）、專祭先妣時特指祖某之匹配。如：

壬寅卜行貞王賓大庚爽妣壬叀亡尤（《後》上二・七）

這一類的「奭」字，在甲骨文中或作「女」、「母」、「妻」、「妾」，意思都是配偶，如：

辛丑卜王三月业示壬『女』妣庚豕不用（《合》19806-1）

貞业于示壬『妻』妣庚宰隹勿牛七十　二告（《合》938正-1）

康戌卜旅貞王賓示壬『奭』妣庚……亡……(《合》33303-4)

癸丑卜王宁……宰示癸『妾』妣甲(《合》2386-1)

……卜即……王賓示癸『奭』妣甲叀亡尤(《合》23308-2)

癸酉卜行貞翌甲戌卜丙『母』妣甲歲叀牛(《合》22775-2)

由同文例來看，甲骨學者一般認為在商代「奭」、「母」、「女」、「妻」、「妾」同意，都是配偶的意思，應該是可信的。

（二）、輔弼殷王之重臣。如：

貞于黃尹奭。(《乙》4642）

「奭」字的這個意義，從它的字形中可以找到依據。「奭」字的字形從「大」，腋下夾著兩個東西，至於是什麼東西並不要緊。由腋下夾的東西是兩件，因此這個字就有「兩」的意思，由此引申出匹配、輔弼的意思。

「奭」字在周代的用法漸趨複雜，在銅器中，「奭」字有以下四種意義：

（一）、**輔弼**。如：

《總集》4893矢令尊：「迺令曰：今我唯令女二人，亢罘矢，奭左右于乃寮以乃友事。」意思是：「於是下令道：『現在我命令你們兩個人--亢和矢，幫助我處理僚屬以及同事間的事。』」本銘此字，唐蘭仍釋為「夾」，作「接」解，意思是：「現在我命令你們兩個人，亢和

矢，作爲我的助手幫助處理僚屬以及同事間的事。」（《西周青銅器銘文分代史徵》二〇四頁）和我們的解釋意義並無不同。

（二）、差忒。如：

《總集》6793 散盤（西周厲王時器）：「余又爽糜，鞭千罰千。」意思是：「如果我有差錯，願受鞭刑一千，罰金千鍰。」

（三）、或釋爲器名。如：

《總集》2855 班簋（周穆王時器）：「班非敢覓，佳乍卲考爽，益曰大政，子子孫多世其永寶。」「爽」字意思不明，郭沫若釋爲「𤔲」：「爽字在此意難明。照一般銘文慣例，當是『唯作卲考尊簋（或尊彝），但此簋卻是例外，而且在有長篇銘文中是顯著的例外。或謂『爽』乃卲考之名，班爲其考作諡云云，于理亦難通。頗疑『爽』假爲𤔲。宰𡐬簋『王貺宰𡐬𩁹貝五朋，用作寶𤔲。』𤔲與爽音相近。」[1]後來郭沫若又在《兩周金文辭大系考釋》第廿三頁中說：「爽蓋讀爲皿。」周法高先生以爲郭說不可通，字當从張政烺讀仇，如此則可釋爲：「唯作卲（昭）考述（或副）。」（《金文詁林》二一〇〇頁）若此釋可從，則取的是「輔弼」義的引申，此字釋「爽」也能得出這樣的意義。

（四）、人名。如：4855

《總集》4855 弔爽父乍釐白尊（西周器）：「弔爽父乍文考釐白尊彝，子子孫孫其永寶。」意思是：「叔爽父爲偉大的父親釐伯作了這件尊彝，希望子子孫孫能永遠寶愛使用。」

在周代文獻中，「爽」字的用法更多了，引申義較近的不予區分，「爽」字大概有以下八種用法：

---

[1] 見郭沫若〈班簋的再發現〉，《文物》一九七二年第九期九至十頁。

（一）、輔弼。如：

《尚書》＜大誥＞：「王曰：『嗚呼！肆哉爾庶邦君，越爾御事。爽邦由哲，亦惟十人，迪知上帝命。……』」僞孔傳：「言其故有明國事，用智道十人，蹈知天命。謂人獻十夫來佐周。」歷代學者大都採用這個說法，但是，「明邦」實在有點不成詞。孫星衍《尚書今古文注疏》云：「爽者，《方言》及《廣雅·釋詁》皆云『猛也』。『猛』與『孟』聲相近，《釋詁》：『孟：勉也。』《說文》云：『爽：明也。』明都即孟諸，明、孟通字，是明亦勉也。哲者、《釋言》云：『智也。』智即明也。故《漢書》以爽爲勉助，以哲爲明也。……言爾邦君群臣各出爾力哉，勉于邦事者，由明智之人，亦惟茲十人進用，則知天命所在也。」孫氏釋「爽」爲「勉助」，這是非常精闢的，可惜似乎沒有什麼人注意這個說法。陳夢家《尚書通論》二一九頁說：「《康誥》『爽惟民迪吉康』、『爽惟天其罰殛我』，爽、惟均語詞。令方彝：『今我惟令女二人亢眔矢𤕤左右于乃寮以乃友事。』𤕤即爽。」案：陳氏能把令彝的「𤕤」字和本篇的「爽」字看成一個字，這是很有見地的，可惜他把「爽」字解釋成語詞，未達一間。本篇的「爽」字應該釋爲「輔弼」，和甲骨文時代「爽」字常見的用法一樣，本節的意思是：「王說：『啊！勉力吧！邦君們，以及執事大臣們。輔弼國家要靠哲人，我國也只有十獻臣知道上帝的旨意。』」

（二）、明也。如：

《尚書》＜牧誓＞：「時甲子昧爽，王朝至于商郊牧野，乃誓。」僞孔傳：「昧：冥；爽：明。早旦。」釋「昧」爲「冥」；釋「爽」爲「明」，「冥明」似乎不成詞。孫星衍《尚書今古文注疏》引馬融曰：

「昧：未旦也。」但是又釋「昧爽」爲「爽明也」，以爲與「淸明」同時。事實上，本篇的「昧」字應該看成「妹」的假借字，甲骨文「妹」字多見，常做否定詞用[2]，因此，「昧爽」應該是天「未明」的意思，全句的意思是：「那時是甲子日天未明，王一早就到商郊牧野，於是舉行誓師大典。」

（三）、差失。如：

《尚書》〈盤庚〉：「故有爽德，自上其罰汝，汝罔能迪。」僞孔傳：「湯有明德在天，見汝情下罰汝，汝無能道言無辭。」釋「爽」爲「明」，恐怕是錯的，屈萬里先生《尚書釋義》第四九頁釋「爽」爲「失」，意思是：「所以有失德，上天罰你們，你們無法逃。」

（四）、喪也。如：

《國語・周語》：「晉侯爽二。」韋昭注：「爽當爲喪，字之誤也。」

《墨子・非命下第三十七》：「仲虺之告曰：『我聞有夏，人矯天命，于下，帝式是增，用爽厥師。』」

（五）、貳也。如：

《國語・周語》：「實有爽德。」韋昭注：「爽：貳也。」

（六）、傷也。如：

《逸周書・諡法解》：「爽，傷也。」

（七）、語詞。如：

《尚書》〈康誥〉：「王曰：『封！爽惟民，迪吉康。』」僞孔傳：「明惟治民之道而善安之。」不太通順。王引之《經傳釋詞》說：「凡

---

[2] 見李宗焜著〈論殷墟甲骨文的否定詞「妹」〉，中央研究院歷史語研究所集刊第六十六本第四分。 1995

《書》言爽惟、丕惟、洪惟、誕惟、迪惟、率惟，皆詞也。」

（八）、名字。如：

《左傳》〈昭公‧二十年〉：「爽鳩氏，司寇也。」

《說文解字》云：「爽：明也。从㸚大。**㸚**：篆文爽。」段注：「爽本訓明，明之至而差生焉，故引申訓差也。朝旦之時，半昧半明，故謂之早昧爽。日部曰：『昧爽：旦明也。』『昧』之字，《三蒼》作『曶』，云：『曶爽：早朝也。』其孔㸚㸚，明之露者盛也。」照段玉裁的看法，「爽」的本義是明，其字从㸚大，表示孔隙很大，所以有明亮的意思。亮久了就有差失，所以引申有差失的意思。這樣的解釋當然不能令人滿意。我們從古文字來看，「爽」字的本義肯定是「配偶」，而「明亮」的意思恐怕是假借義，這個意思的字最早在銅器中假借「喪」字，見《金文總集》1329 小字盂鼎：「隹八月□□□□□昧喪，三ナ（左）三右多君入服酉。明、王各周廟。」意思是：「在八月（某日）天未亮的時候，左右百官及友邦諸侯先進入酌酒。天亮的時候，王到了周廟。」這件銅器，郭沫若《兩周金文辭大系考釋》第三五葉、唐蘭《西周青銅器銘文分代史徵》第一七七頁、馬承源《商周青銅器銘選‧三》第四一頁都訂為康王時器，時代相當早，而銘文明白地先說「昧爽」，然後說「明」，可見得「昧爽」是在天「明」之前，因此唐蘭《西周青銅器銘文分代史徵》第一八二頁註解四說：「此說昧爽在明之前，可見是在將明未明之際。」這個解釋是對的。除此之外，「昧爽」一辭又見《金文總集》2762 免簋，「爽」字作「㸃」，辭云：

隹（維）十又二月初吉，王才（在）周、昧㸃（爽），王各（格）于大廟，井弔（叔）有（侑）免即令，王受（授）乍（作）冊尹者（書），卑冊令免曰：「令女足周師、嗣（司）歔，易女赤市、用吏（事）。」

這件銅器，唐蘭先生斷在周穆王時代（《西周青銅器銘文分代史徵》第三七一頁），馬承源先生主編的《商周青銅器銘文選》第三冊第一七九頁斷在周懿王時代。無論其時代略有早晚，以上這兩件銅器說明了「昧爽」一辭出現得很早，在康王時代它是寫作「昧喪」，而到了西周穆王（或懿王）時代，「昧爽」一詞寫作「昧暙」，「暙」字從日喪聲（或釋為噩聲，甲骨文喪噩同字），似乎是特地為「爽明」義所造的專字。因此，它是先假借「喪」字，後來才加上義符「日」。因此這似乎可以說明一直到西周穆王（或懿王）時代，「昧暙」義還沒有假借「爽」字。這也可以旁證「爽」字本來沒有「明」的意義。今本《尚書·牧誓》作「昧爽」應當是經過後人改寫，而非西周早期的原貌。至於「爽」有「差失」的意思，最早見於《散盤》（《總集》6793）的「爽變」，散盤是西周厲王時器，在這件銅器之前，最可靠的材料中沒有見到把「爽」釋為「差失」的。「爽」的字形也不可能推出「差失」的意思來，因此「爽」釋為「差失」應該也是假借。它的本字或許是「喪」，「喪」有喪亡、喪失的意思，由這個意思可以引申出「差失」。「喪」字在陽部開口一等、「爽」字在陽部開口三等，二字聲韻相同，前引《周語》、《墨子》也有「喪」、「爽」淆亂的例子。至於「傷」應該是「喪」義的引申、「貳」則是「差失」的引申。

「爽」由「爽明」引申而有「爽適」、「豪爽」的意思，南朝梁昭明太子〈七契〉：「義曰和神，事非爽口。」《世說新語·豪爽》：「桓既素有雄情爽氣。」唐代蘇鶚撰的《杜陽雜編》說：「神氣清爽。」這樣的意思流傳到今天，竟然變成「爽」字最常見的通行義。

民國八十六年三月二十二日於臺北

民國八十六年五月十日修訂於臺北

參考書目：

甲骨文字集釋　　李孝定　　中央研究院專刊　　一九六五

甲骨文字詁林　　于省吾主編　　北京‧中華書局　　一九九六

秦漢魏晉篆隸字形表　　方述鑫主編　　四川辭書出版社　　一九八五

漢印文字徵　　羅福頤　　香港‧中華書局　　一九七九

西周青銅器銘文分代史徵　　唐蘭　　中華書局　　一九八六

商周青銅器銘文選（三）　　馬承源主編　　文物出版社　　一九八八

第一屆國際訓詁學研討會論文
1997.04.19-20

商周銅器銘文之校讎

張振林

廣州中山大學

一、商周銅銘文的重要性和校讎的必要性

商周之時無紙。縑帛極其昂貴，據西周中期的曶鼎記載，「匹馬束絲」可與「五夫」等價交換，所以當時絲及絲織品，除用於賞賜饋贈和用作貴族的服章旗幟外，用於繪畫書寫，當在竹木骨石（玉）材料之後。迄今爲止的考古發現，戰國至西漢的帛書遠比同時期的竹簡少，長沙馬王堆出土的帛書，分行布局也明顯仿效竹簡。《尚書・多士》曰：「惟殷先人有冊有典，殷革夏命。」[1] 所說的冊和典，是指記錄冊命文告和典章制度的圖書典籍。當時唯有官府貴族有文化，能藏典冊，所以所說的冊和典，即具有歷史檔案資料的性質。商周時期的冊字和典字，都作編聯竹簡的形狀，說明商周時期的文獻記錄，主要是用竹簡、木簡，或是竹木版牘。龜版、獸骨用於占卜並記錄卜辭，玉石圭璋則用於盟誓並記錄誓辭。《周禮》的百官職掌中常提到「書契版圖」，如「宮伯：掌王宮之士庶子，凡在版者。掌其政令，行其秩敘，作其徒役之事。」[2] 「司士：掌群臣之版，以治其政令。歲登下其損益之數，辨其年歲與其貴賤，周知邦國、都家、縣鄙之數，卿、大夫、士庶子之數，以詔王治。」[3] 「司書：掌邦之六典、八法、八則、九職、九正、九

---

[1] 〈尚書・多士〉，（北京，中華書局影印，1980年《十三經注疏》，）卷十六，頁220中。

[2] 〈周禮・宮伯〉，《十三經注疏》版本同（1）注，卷三，頁658上。

[3] 〈周禮・司士〉，《十三經注疏》版本同（1）注，卷三十一，頁848下。

事、邦中之版、土地之圖，……」。4 「司會：……掌國之官府、郊野、縣都之百物財用凡在書契版圖者之貳，以逆群吏之治而聽其會計。」5 「司民：掌登萬民之數，自生齒以上，皆書於版。……」6 「大胥：掌學士之版，以待致諸子。」7 總之，從天子宮內到全國萬民的戶籍、人口、官吏、財賦、徭役、土地……等各種政務管理，多書寫於竹木版上。至秦始皇時，天下事無論大小，皆取決於始皇帝，乃致每天批閱公文，「至以衡石量書。」8 西漢武帝時，「（東方）朔初入長安，至公車上書，凡用三千奏牘。公車令兩人共持舉其書，僅然能勝之。人主從上方讀之，止，輒乙其處，讀之二月乃盡。」9 湖北江陵鳳凰山10號和張家山247號西漢墓出土過一批竹簡和木質及竹質的版牘，有戶籍、徭賦、約劑、各種律令性質的內容；10 甘肅天水放馬灘1號秦墓和5號西漢墓出土有木版地圖和竹簡日書，居延、敦煌也陸續出土了大批漢簡文書。11 以上所引的典籍和考古資料，都證明從商到西漢，竹木所制的簡冊版牘，一直是治理邦國，書寫詔令、法典、奏議、公文、書信的主要材料。然而竹木簡牘，一則笨重；二則編繩易斷，可能導致脫簡、錯簡；三則體積大難收藏；四則經不起日曬雨淋蟲蝕火毀和磨損，加上商周之時未有私學和平民教育，冊典圖籍只藏於官府，隨著政權更迭，或遇水、火災害，極易散失湮沒。所以，雖是殷之先人有冊有典，博學的孔子，難免發出深深的感嘆：「夏禮吾能言之，杞不足徵也。殷禮吾能言之，宋不足徵也。文獻不足故也，足則吾能徵之矣。」12

---

4 〈周禮·司書〉，《十三經注疏》版本同（1）注，卷七，頁682上。

5 〈周禮·司會〉，《十三經注疏》版本同（1）注，卷六，頁679中。

6 〈周禮·司民〉，《十三經注疏》版本同（1）注，卷三十五，頁878下。

7 〈周禮·大胥〉，《十三經注疏》版本同（1）注，卷二十三，頁794中。

8 〈史記·秦始皇紀〉，（上海古籍出版社，1986年，《二十五史》）卷六，頁31上。

9 〈史記·滑稽傳〉，《二十五史》，版本同上注，卷一二六，頁349三。

10 長江流域第二期文物考古工作員訓練班：《湖北江陵鳳凰山西漢墓發掘簡報》，《文物》，1973年第6期。

11 甘肅天水放馬灘戰國秦漢墓群的發掘，《文物》1989年第二期。

12 〈論語·八佾〉，（北京：中華書局影印，1980年《十三經注疏》）卷三，頁2466下。

　　許倬雲先生的《西周史・前言》說得好：「自從商代遺址遺存及大量卜辭出土後，商代文化、社會及歷史的研究頗有可以依據的材料。今人對殷商的知識，可說超過太史公的時代。太史公可能見到今人無法再見的載籍，可是太史公見不著商代的居室、墓葬及遺物，也見不著商人自己書寫的龜甲卜骨刻辭。春秋之世的史事，有《左傳》《國語》兩部大書，及諸子百家的記載，爲史學工作者留下了極爲豐富的史料。許多當時的事跡、人物，及風俗文化，都斑斑可考。夾在中間的西周，論文獻史料，只有《詩經》、《尚書》中的一部分，及春秋史料中追述西周的一些材料。在近代考古學發達以前，金文銘辭已有若干資料，足以補文獻之不足。但是相對的說，有關西周的史料，比之商代及春秋，都遠爲貧乏。……最近三十年來，中國考古資料大出。……西周史也因此添了不少新素材。大致說來，這些素材包括三類，一是西周的遺址……；一是遺址中出土的遺存……；一是若干青銅器的銘辭，使金文資料的總數增加不啻倍徙，其中有些銘文，透露了不少前所未知的消息。」[13] 許先生的二十五萬字的《西周史》，就是采用文獻、考古、金文三方面的材料，參合組織而成的。

　　從認識和研究商、周社會歷史和文化的角度看，商周銅器銘文和商周甲骨卜辭一樣，都是最可靠的原始資料，其價值是任何有關商周的傳世文獻無法比擬的。因此，我們應該忠實地根據這些原始記錄，去認識商、周時期的文字、詞彙和語法，進而了解和研究商、周社會各個方面的實況。在傳世文獻中，既包含有古代原始記錄成分，又不可避免地滲有口口相傳的後人語言成分，竹簡、帛書輾轉傳抄過程中出現的衍、脫、訛、誤和錯簡移位現象，以及篆、隸、楷行的文字轉變帶來的形體錯訛和語義差異。原則上，我們不能以傳世文獻作爲校讎的範本，去校對商周銅器銘文，而是倒過來，應以商周原始記錄作爲範本，去看待傳世的商周文獻。而在事理的理解方面，則可

以傳世的商周文獻爲橋樑，作參考，以準確地理解和把握商周銅器銘文的涵義作爲努力的目標。

常見的傳世文獻校讎，總是強調掌握豐富的文獻資料以及不同的版本，互相印證、發明，鉤沉稽考，其原因是缺乏原始記錄，人們只能如此。而商周銅器銘文作爲原始記錄，在書寫稿本和刻、鑄過程，也不可能絕對正確無誤，此外還有數千年的銹蝕泐損和刊布過程中可能出現謬誤，因此在使用這些原始記錄時，也有校讎的必要。這應是肯定無疑的。但是，我們絕不能以後人的語言、理解強加給古人。校讎商周銅器銘文的最佳辦法，是以同時代的銅器銘文或甲骨卜辭，選其相同內容、相同句式的文辭，互相參校，進而判斷是普遍現象、特殊現象，還是僞誤現象。拿內容完全相同的一家同時所鑄之器銘或同一器的器銘和蓋銘相比較，則可靠程度更高。時代相近的甲骨卜辭、銅器銘文和傳世文獻，僅能作爲旁證。這是與普通常見的文獻校讎最明顯的差異。

二、注意銘體的特殊性

在器物上書寫刻鑄文字，肇端於原始社會的陶器。從考古資料看，仰韶文化時期的彩陶上，往往有一些簡單的刻畫，大汶口文化的陶器上則有一些線條化的圖畫。在二十多年來的文字起源的討論中，有人說是早期的漢字；有人說不是文字，而只是陶器制作過程的符號標記；有人認爲那是漢字萌芽期的形態，或叫圖畫文字，或稱它們是不同部落的原始文字符號，後來的漢字就是在那些零散、個別的字符逐漸積累、加工，最後經過人爲規範成爲一種文字體系的。《說文》：「銘，記也。」在原始社會陶器上的原始文字符號，可以說就是原始的銘。

青銅器的鑄造，始見於夏末商初的二里頭文化。「惟殷先人有冊有典，殷革夏命。」也就是說是夏末商初之時，漢字已形成爲體系，可以記錄國之大事，成爲冊典。而青銅器上鑄銘，卻要到商代中期偏後始見。由於鑄造技

術的限制，儘管當時漢字已經相當成熟完善，銅器上的銘文卻還很少很少，且多爲保守的原始的部落標識。商代後期（殷商時期），青銅鑄造技術高度發展，銘文才逐漸增加字數，成爲一種記事短文，成爲一種文體－－銘。殷商時期的甲骨卜辭，是在占卜過的龜甲或獸骨上書寫刻劃而成的。儘管龜甲獸骨狹小，訓練有素的卜師，可以熟練地整齊地書刻許多細小美觀的卜辭文字。而鑄銅器是一種工藝複雜、技術要求很高，許多人花許多時日才能鑄造一件成品的工作，這就使銘這種文體，從一開始就要求文簡意賅，並與器物的用途產生一定的聯繫。

關於商周銅器銘文內容性質的發展變化，我在〈對族氏符號和短銘的理解〉[14] 一文中，曾對當今古文字學界流行的一些看法，提出過自己的意見。

銘作爲從商至今一直存在的最古老的文體之一，我們必須根據銘物的時代、內容的性質、器物的特定用途和特定環境，注意它可能的省略表達形式，避免把正確合理的省略，誤認爲是錯漏脫字。例如：

（一）銘物（器物本身名）的省略

1.甼（物主）作父癸（祭祀對象示物的用途）寶尊彝（器名）。

2.業豚（物主）作父乙（祭祀對象示物的用途）寶尊鼎（器名）。

3.叔攸作旅鼎。

前述二例，完整表現了兩個鼎的主人，作祭祀其父輩用的寶鼎。第3例也是主謂賓語俱全。

4.鄅侯旨作父辛尊。

5.田告作母辛尊。

6.叔蛛肇作南宮寶尊。

7.雁口作旅。

---

14 張振林：〈對族氏符號和短銘的理解〉，《中山大學學報》，1996年第3期，頁66—76。

　　若按1.2.3例的完整句子表述的標準，4.5.6.7各例末都缺失器物本身的名稱－－鼎或彝。

　　以上所引都是商末周初之鼎銘。

　　　8.陳 ✱（物主）鋯錢（器名）。

　　　9.陳侯因咨（物主）鋯。

　　8是戰國時齊國的戈銘，主謂賓俱全。9也是戰國時齊國的戈銘，物主人爲史書有名的齊威王，銘末便省略了器名錢。

　　從商代到周初的銅器，多用作祭祀用。銘文常只說明物主和祭祀對象，這對於當時使用這些器物的主人來說，是最重要的。銘文像是不成完整的句子，既沒有謂語「作」，也沒有器物名。這種情況，很像我們今天學校機關的桌椅物產等，只需標上使用的主人（或單位），標上擺放的地方（如某辦公室或某樓某室），兩個名詞就足夠了，桌椅上通常都是省略器物名的。買回一本書，若是蓋上「×××藏書」章，當是比較準確完善的銘，要是簽字，只需簽上所有者的姓名就能表明所有權了，無需說明那是書。

（二）物主的省略

　　鑄造使用銅器，在商周時代是件很不容易的事，須有顯赫的功績，不尋常的貴族王臣地位和財富。擁有青銅器是當時的地位、權力、財富的象徵。不是戰爭、意外的特大災禍，器物主人都會努力保護這些銅器，略爲長一點的銘文，文末都少不了告誡，「子子孫孫萬年永寶用」。這種特殊的專門鑄造和持久的寶有原因，可以使擁有者忽略刻鑄物主名號，而只注意器物的用途。如商末周初的許多鼎、鬲、簋和各種酒器的銘文，常常只有享祭對象的祖、考名號，諸如「且乙」、「且辛」、「且癸」、「父乙」、「父丁」、「父戊」、「父王」、「父癸」……等等，而省略了當時還普遍重視的家族徽號、爵位、官職、物主私名。1963年陝西扶風齊家村出土的日己觥和日己方彝，銘末都有族識，銘前都無作器者私名稱號，僅言「作文考日己寶尊宗彝」。

其次，商周之際鑄造技術已相當高明，但產銅地和鑄造工場卻不是到處都有的。因此出現了一批專供交換的商品銅器。這種銅器的銘文有個明顯的特徵，就是沒有物主名，僅有「作寶尊彝（鼎、簋）」、「作寶鼎（彝、簋）」、「作從（鼎、簋）」……一類的銘文，通常在單行銘文的上面或雙行銘文的旁邊，留有適合的空位，可供補刻物主名號。我在〈對族氏符號和短銘的理解〉中曾指出過一些明顯屬於後來補刻物主名號的例子，[15] 但確有許多商周期間的銅器銘文沒有補刻物主名號。

再次，由於家族內部權力的轉移，或由於某種罪過，爵位官職被褫奪，以至籍沒財產，或由於家族之間、國與國間的爭鬥以及改換政權，造成銅器易主，或由於銅器久藏地下，名號部位銹蝕過度而清理受損，上述種種原因，都可能造成物主名號缺如，這是與正常的物主省略不同的。例如：

1、「戈囗作父丙彝」。（《三代》十一、20戈父丙尊，存5字。）戈爲族識。下空一字，有被挖痕跡，邊緣尚留字畫殘餘。

2、「卜囗作寶尊彝」。（《錄遺》134，器銘第二字被剜。蓋銘全，第二字爲孟。）《美帝國主義劫掠的我國殷周銅器集錄》第37頁說明謂：「卜是官名，西周金文僅見。孟是私名。」

3、《蔡侯▨編鍾》，共九具，各81字，稱「訶鍾」，其中有四具將蔡侯下面的私名剜成橄欖形空白。《蔡侯▨編鎛》共八具，其中有一具也是將蔡侯私名剜成橄欖形空白。《殷周金文集成》著錄的敬事天王鍾，也全無作者名。

4、《三代》著錄四具《叔氏鍾》（又稱《士父鍾》）鉦間銘文四行，第一行的首四字均被磨刮，首句成爲「□□□□作朕皇考叔氏寶饙鍾」，失去物主名。

15 同前注。頁71—72。

5、《辰在寅簋》、（《三代》八、5、銘四行存19字），《爲甫人盨》（《三代》十、30。銘三行存13字），銘文都很方正整齊，都是作器者處空缺二字。

6、「□□□作寶獻」（《錄遺》105，銘文三行存9字）《□鼎》，（《三代》六、48稱「七月丁亥彝」、銘文三行存17字），或稱「乙彝」均是在作器者處模糊不清。許是最初的收藏家或估人，想弄清物主而剔刷銹結過甚造成的。

先師容希白教授在著名的《商周彝器通考》「除去作器人名者」條下，引《叔氏鍾》、《寶獻》、《辰在寅簋》、《甫人盨》四器，云：「殆亦如後世不肖子孫賣祖父書畫而挖其上款歟」。我認爲，不肖子孫典賣祖產的可能性是存在的，但恐怕不是主要的。似蔡侯墓出土銅器甚夥，多數銅器銘文上的蔡侯私名完好，只有四鍾一鑄挖了私名，死後陪葬卻又放在一起，顯然不關後世子孫事，只能認爲是蔡侯生前，或因內部權力之爭，或因失竊之故，曾有部分散失，以至名款被挖，局勢穩定或破案後物歸原主，故死時得以成套器物完整殉葬。

（三）器物特定用途的省略

商周之時，「國之大事，在祀與戎」。[16] 無論天子、諸侯及其他等級的貴族，許多事務、活動，都決於卜著，求之鬼神，祭祀祠禱特別繁忙，致祭使用的銅器也因而被稱爲彝器。彝器有專荐於宗廟的，也有用於軍旅田獵出行，在祭祀儀式以後物主與僚友、諸兄、朋友分享神福的。前者多在銘文中標出祖考及妣母的名號；而後者或在銘文中標明是旅、從、行器，或說明用於宴享、與多友飲飤，以樂嘉賓父兄朋友，而更多的是省略器物的用途說明。西周以降，鼎、簋、匜、盨、盃、盤、鐘等之銘，逐漸以述己功美，敘錄天子的冊命賞賜，稱揚先祖，以及重要約要作內容，銘文後段常綴有「用

16〈左傳‧成十三年〉，《十三經注疏》版本同（1）注，卷二十七，頁1911中。

祈眉壽萬年無疆子子孫孫永寶用享」一類的話，偶爾也有一些銘文，前不敘己功美，不記作器因由，後也無祈求福佑、告誡子孫的語，如「康侯豐作寶尊（鼎銘）」，「雁公作寶尊彝」，「失王作寶尊鼎」……等等。到了春秋，銘文內容除了敘述功烈外，又增加一些稱揚門閥的內容。同時也有不少銘文，既無作器之因的說明，也無祈求告誡的話語，僅作「某某（物主）自作某某（器名）」。《禮記・祭統》：「夫鼎有銘，銘者自名也，自名以稱揚其先祖之美，而明著之後世者也。……銘者，論譔其先祖之有德善、功烈、勳勞、慶賞、聲名，列於天下，而酌之祭器，自成其名焉，以祀其先祖者也。」[17] 但從出土的商周鼎銘和其他銅器銘文看，既有許多符合祭統所說明的內容，也有不少並沒有顯揚先祖「及明示後世」的文字。

（四）特定用器環境的說明

僅有物主，或僅有器名，或僅有特定用器環境說明的銘文，可以說是最簡省的銘文。殷墟侯家庄出土的三個方形袋足頂流盉，鋬內銘文分別爲「左」、「中」、「右」各一字，以此說明三器放置時的方位。

《右馬街》銘文爲「右」，《右宮矛》銘文爲「右宮」，《左宮車書》銘文爲「左宮」，《下宮車書》銘文「下宮」，《大麿臣》銘文爲「大麿之臣」，《大麿銅牛》銘文爲「大麿之器」，《寢小室盉》銘文爲「帝小室盉」。這些器物的銘文，都只記了用器的機關單位。

（五）銅器鑄銘要求精煉，常采用上下文承接省略

商周時期的青銅器鑄造，采用的是范鑄法，銘文與器物同時鑄造，銘文文字，不容易做到細小清晰。鑿刻銘文的方式，主要流行於戰國時期。商末，還未出現過五十字以上的銘文。西周以後銘文才在內容、數量、形式上有大發展。在上萬件先秦銅器銘文中，百字以上的銘文，見於著錄的不足125篇，涉及210多件器。也就是說，98% 的銘文，都是在百字以下的。《文

---

17 〈禮記・祭統〉，《十三經注疏》版本同（1）注，卷四十九，頁1606下。

章流別傳》曰：「夫古之銘至約，今之銘至繁。」[18] 借器物上小小的地方作銘，要求銘文簡約精煉，除了少數長篇內容較複雜外，商時多數只銘記作器者和致祭對象，周時多數前段簡敘冊命受賜經過，後段祈求福壽無疆，昭示子孫永世寶有，即所謂嘏辭。冊命儀式中的連續動作程序，往往省略主語。嘏辭的主語是作器者，他可以有很多的祈求和希望，上下承接之間，主語也往往省略。其他內容的銘文，也常利用人物關係清楚的特點，省略句子成份。如《𤼈鼎》：「隹十又一月，師雄父徙道，至於𩱡。𤼈從。其父蔑𤼈歷，易金。對揚其父休。用乍寶鼎。」第二句「𤼈從」，承上省句，全意應是𤼈從師雄父徙道。第三句是其父在蔑𤼈歷後賜𤼈金，承上省賓語。第四句應是𤼈對揚其父休，省主語𤼈，在人物關係中，只能是受賜者對揚賞賜者休。第五句也是省主語𤼈，是𤼈得到賞賜後，即以此金鑄鼎，以名功美。五句銘文中有四句承上省略某些句子成份，而不妨害銘文內容的理解，正是利用了人物關係中的主與從、賞賜與受賜的明確關係，因而高度精簡的。又如《陝西金文匯編》上冊，頁430和432所載的折觥、折方彝銘文：「隹五月，王才厈。戊子，令乍冊折兄望土於相侯。易金。易臣。揚王休。隹王十又九祀，用乍父乙尊。其永寶。（族氏符號）。」第二句承上省主語王。第三、四句省主語王和簡接賓語折。第五、六、七句省主語折。也是利用王與折二人的不同地位，命與受命，賞賜與受賜，受賜者感激賞賜者並作器等不言自明的關係，大量省略，而使銘文顯得特別精煉。我們不應把省略誤為脫字。

　　總之，銘文作為一種文體，特點是要在極其有限的器物空間上，記事，銘功，稱揚先祖功烈和賞賜者的美意，祈求福壽，申述鑒戒，寄托希望，要求文字高度概括、精煉。器物旳擁有者、器物的用途，使用器物的環境，往往都是特定的，提供了一個可以不言自明的條件，因此比起其他文體和許多傳世的文獻，銅器銘文中使用省略手段尤為突出，在校讎銅器銘文時，不同

18 見《太平御覽》卷五九○部六，中華書局1960年影印本第三冊，頁2657上。

器物的同類句子可用異文互證，但判斷是否「衍字」、「脫字」時需特別審慎小心。

1961年秋，我剛開始學習古文字，容師希白教授從宋代到廿世紀五十年代的青銅器及銘文的著作中，選了三十五種比較主要的著作，列成書單，命我等三名弟子一部一部地讀，最好每讀一部寫一篇書評。要寫書評，評論得失，可根據《宋代金文著錄表》和《國朝金文著錄表》找有關的書對照、校對、閱讀，日久持之以恒，必有心得。我想，在學習期限內，還有多種課程要學，三十多種書都細致地閱讀、評論，是難於做到的。而將已著錄的一萬件左右的銅器銘文校閱一遍，將近世影響較大並具有綜合、總結前人成果和開拓未來意義的論著和圖錄資料，選十種左右閱讀一過，還是可以做到的。結果，我用了一年半的時間，將宋代著錄的五百多件銘文，清代的《積古齋鍾鼎彝器款識》、二十世紀出版的《三代吉金文存》、《商周金文錄遺》、《美帝國主義所劫掠的我國青銅器集錄》、本世紀五十年代和六十年代初期新發表的銘文，都校閱了一遍，記下數千張卡片，並按不同事項做了初步整理。稿本擱置了三十多年，重新翻閱，發現不少地方由於學識淺薄孤陋寡聞而判斷錯誤，也有些是因當時資料不足所造成的，但也有不少至今仍值一提的收獲。例如：1962年初校讀宋代著錄銘文時，見《周文王命癘鼎》，（《薛氏》卷十，頁1；《嘯堂》卷下，98），即認為無證據說明王即周文王；作器者名不是癘，應隸定為疢或疠，更鼎名為疢鼎或疠鼎；四、五行銘文間缺失一行，依西周中期的文例，很可能是脫「首敢對揚天子休」或「首敢對揚王休疢」7字；原因一是古時刻制銘模時「脫簡」少了一行，二是銘本不脫，宋代摹寫刻書時漏脫，各家輾轉誤傳。1976年陝西省周原科學發掘窖藏銅器一批，內有一件「三年九月」疢壺，與宋代著錄的「三年四月」疢鼎，應是同一年同一家所鑄之器，內容都有「王乎虢叔召疢」，壺銘稱：「拜頁首敢對揚天子休用作皇祖文考尊壺」，鼎銘作：「拜頁（……）用作皇祖文考盂鼎，」鼎銘按壺銘例補「首敢對揚天子休」7字一行，便文句通暢，銘文外廓方塊整齊。證實了十五年前校讀既必要也有理；說明了用同時

代的相同內容相同文例相校，確能發現問題，但要做得更加準確可靠，最好是用同時一家之物的相同文例互證，如有器蓋同銘辭者互證則絕對準確可靠。數年前得知河南大學的李瑾教授，曾將郭沫若著作中指出過的，兩周銅器銘文中的衍字、脫字、補字、勾倒、回讀，分類輯錄，補充了一些自己發現的事例，可說是一種專門的銅器銘文校勘記。台灣王讚源先生的《周金文釋例》和廣州中山大學的唐鈺明教授的〈異文在釋讀銅器銘文中的作用〉，[19] 也是專門的銅器銘文校勘訓詁之作。本文不想將三十年前的校勘記全部臚列，下面只討論幾項校讎銘文所得的幾項重要事例。

三、古人在鑄器之前對銘模做了校對修改的遺跡

商周青銅器是用范鑄法澆鑄的。程序是：1、先做陶模；2、分片翻制出陶外范，風乾燒硬；3、刻制銘模，擬好銘文草稿，制作一塊與陶模內壁弧度相同的陶片，風乾後用尖銳器「如粗魚刺、骨針、銅錐等」刻出銘文，然後燒硬；4、制作陶內范，並用銘模在未乾的陶內范上撳印，風乾後將銘文外圍無字部分均勻磨刮去薄薄的一層，（沒有磨刮或磨刮不夠的有銘內范，就會留下撳印的外廓，[20]）將內范燒硬；5、將內范和多片外范拼合，同時熔煉好銅錫合金液，從陶外范預設的注銅孔倒入青銅汁；6、冷卻後拆除或敲碎陶外范，挖掉陶內范；7、修整合范縫，磨刮粗糙不平部分，新的銅器就算制作好。西周時期銘文增長，並出現追求工整排列文字的傾向，西周中、後期尤爲突出。因此在制作銘模時，有在銘模上先劃好方格後刻字的，

---

19 唐鈺明：〈異文在釋讀銅器銘文中的作用〉，《中山大學學報》1996年第3期，頁86—92。

20 銘范上留有撳印銘模外廓的實證，以鼎銘爲例，如《三代》，卷二，頁32之善鼎，頁41之彭鼎，頁43之㴶鼎，頁48之雁公鼎，頁49之敏白鼎，頁52之竟鼎，卷三，頁2之刺鼎，頁3之㚸白鼎，頁6之大保鼎，頁8之邿侯旨鼎，頁9頁10之 ? 鼎，頁10之乍公鼎，頁20之甚諆臧事鼎，霍鼎，頁23之柜白鼎，頁29之仲殷父鼎，卷四，頁1之叔單鼎。

21 也有因爲器大銘長爲了安排好文字，或是爲了同時鑄造兩件或兩件以上的同字數銘文的銅器，而先在一個陶內核上，按字數多寡用薄刃器和尺劃好細而直的方格線，燒制成方格印版，印在銘模上，然後在有凸線方格的銘模上刻字，這樣刻制的銘模，常見陰刻筆畫破壞方格的陽線。22 第一個撳印的銘模格線，必然異常清晰地凸起，第二個以後撳印的銘模格線，都較模糊。據此，我或許可以斷言：凡是銘文爲陽格陰字的西周銅器，除了一些七、八十字以上的大器長銘，可能僅是爲了安排文字而劃格單獨鑄造外，其它應是有兩件或兩件以上同字數的同一家器一起鑄造。儘管對銘文制作方法有種種不同看法，23 但我還是相信上述的工藝過程。流行於商代的爵、觚、觶，都是內腔極小的銅器。爵銘多在鋬內、觚銘多在高圈足內，觶銘多在器內，都弧度極大，範圍極小，采用銘模翻范法難度很大，所以有許多直接在爵的鋬內范、觚的圈足內范、觶的器內范上刻銘，銘文字少，有的風乾後刻字，磨平了字口，然後燒硬，有的未風乾刻字，又未加工字口，乾後燒硬作內范。因此商代爵、觚、觶銘的陽識和雙鉤陽識率比別的器銘高很多。

---

21 銘模上劃格刻字，則方格與銘文同爲陰紋。如《三代》卷四，頁4、頁5之腳嬰鼎。卷二，頁8之須子生鼎，卷十，頁30之爲甫人盨。

22 在有陽紋方格的陶模上刻字，銘文都在大方框內，偶而出現一些字畫超出方格限制，以《三代》所載鼎銘爲例，如：卷三，頁6之嬴霝德鼎，（卷七，頁15之嬴霝德簋，框格模糊不清）。卷四，頁10、11之師趛鬲形鼎，（陽線框格一暗一明），頁13之井鼎，頁28—31，七具善夫克鼎，八行五具，九行二具，各有一種陽線框格特別清晰，頁35之嗣攸比鼎，頁40—41之大克鼎。其他器種如西周的某些鐘、簋、盨、壺、盤、盉的銘文上也有類似現象。

23 參見松丸道雄：〈試說殷周金文的制作技法〉，台灣《故宮文物月刊》1991年8月第九卷第5期。陳初生：《殷周青銅器銘文制作方法雜議》，1994年8月，廣州中山大學—東莞市，紀念容庚先生誕辰100週年學術研討會論文。後者歸納了前此學者們關於銘文的制作法主要有一、木皮刻字印范法；二、泥漿書寫成模法；三、內范直接刻字法；四、活字印范法，（根據素公𣪘、吳王夫差劍等銘文）；五、泥版刻字印范法；（本文支持此法爲制作多字數銘文的基本方法）；六、肉雕法；七、獸皮刻字印范法，（即松丸道雄主張的假設）。陳文又提出第八種，爲泥條作字貼范法。

製作銅器銘文，要比書寫鐫刻甲骨卜辭費時複雜得多，論理應有良好的銘稿，由文化和技藝都較高的工匠小心謹慎地刻寫陶模，並經過審校，然後才翻范澆鑄。但是，我們在眾多著錄的銘拓上，發現了一些有修改的痕跡，說明是在刻好陶模後，經過校對、檢查，發現有錯誤，經修改後才翻范鑄造的。如果對刻好銘後的陶模，沒有檢查或作必要的修改，就可能出現衍字、脫字、錯字等漏洞。

銘模經過修改，有下列幾種跡象：

（一）有修改鈎識

（1）《三代》卷八，頁17－18，著錄五件霝虢仲簋銘，其中有兩件器銘第一句作「隹十一又月」，又字作 ㄢ，下面的ㄴ是鈎識，標明應與上面一字調位，即古籍所謂乙正。另外三件銘文為「隹十又一月」，記時正確，故又字下截無鈎識。（見附拓）

（2）《三代》卷十，頁19－20，著錄齊陳曼𠤳一器二銘。第一銘四行22字皆正，字距行距均勻，結體嚴謹，作：

> 齊陳曼不敢般ㄱ
> 康肇堇經德作
> 皇考獻桻𠦪逸
> 永保用𠤳

般字右上角有ㄱ鈎識，標明般字應與左邊的逸字相調，然而此器為𠤳而非般（西周時盤多寫作般，下無皿），且𠤳有稱𠦪𠤳的而盤絕無稱𠦪盤之例，故銘末為補注𠤳字。第二銘四行22字作：

> 齊陳曼不敢逸
> 康肇堇經德作
> 皇考獻叔𠦪般
> 永保用𠤳 ㄥ

文句正確，但下面的逸、作、般三字反書，與上面的字間且距離較寬，字的結體鬆散，與其他文字的距離均勻、結體嚴謹有明顯差別。大概是此銘模本與上一銘模有相同錯誤，發現後對下三字進行挖補修改，修改時卻用上一銘翻范作藍本描摹，於是出現三字反書結體較鬆散，挖補鑲入的距離較寬，行距也對得不直，接縫磨得不平，故與上面的敢、德、饃三字間的距離稍寬，中間並有縫痕跡。

以上兩例，郭沫若的《兩周金文辭大系圖錄考釋》都曾經指出。

（3）《三代》卷十七，頁33，著錄竹子啓匜銘，四行15字，文左右行，字全反書。改正讀作：

佳佳竹子啓

自作𥂐

其它萬年

    ㄱ

無疆孫享

它（即匜）字右側有鉤識ㄴ，標明它應與上面的其字對調，銘文應讀作「佳竹子啓自作𥂐匜，其萬年無疆，孫享。」器作者名為本文初釋。盤匜為盥洗器，故得稱𥂐盤𥂐匜。[24] 銘文誤作「𥂐其它」，其字夾在中間顯然不當。（見附拓）

（4）《三代》卷十，頁31，著錄仲㻌□盨銘，三行13字，文作：

中㻌ㄱ作鑄

旅盨其邁年

永寶𩓞用

第一行第二、三字之間空隔寬大，殆將銘模誤字刮削後，增刻鉤識ㄱ，第三行第二、三字之間擠插𩓞字，鼠尾兩彎宜至第一行空格中間。

---

24 𣄰盤白戎盤（《薛氏》卷十六，頁12）稱顯盤，倗孫殷歿盤（《三代》卷十七頁12）齊大宰歸父盤（《三代》卷十七，頁14）、和魯伯愈父盤（《三代》卷十七，頁7。）稱𥂐盤，𣄰匜（《三代》卷十七，頁33）稱𥂐盃。𥂐，即《說文》卷十一之沬，洒面也，古文作頮。《說文》卷九有頮，昧前也，讀若昧。盤匜銘假作頮。

（二）刮削誤字後在旁補字

（1）《三代》卷九，頁18，著錄同簋銘九行91字

　　　佳十又二月初吉丁丑　　　王

　　　才宗周各於大廟榮白右

　　　……（略）

著錄相同內容的兩件拓本，都成九行方塊，四邊文字整齊，只有此銘第一行的丑、王二字之間有相當一個字的空白，殆爲刻好銘模後，發現增字而刮平。

（2）《三代》卷九，頁3，歸酉簋第五銘，第一行末字刮平，旁補各字。

（3）《三代》卷八，頁43，著錄酅侯少子斨簋銘六行37字，文字瘦長美觀，排列異常工整，作：

　　　佳五年正月丙午

　　　酅侯少子斨乃叒（孝孫二字合文）

　　　辛壬鐈趄吉士妳

　　　作皇妣劍君仲妃

　　　祭器八　永保用

　　　享　　　餕

銘拓第五行三、四字之間空一字格，旁補餕（簋）字。顯係刻制好銘模後，發現誤字，刮平後在旁邊相應位置補上正確的字。（見附拓）

（三）脫字旁補

在檢查校對銘模，發現了脫字後，在旁邊適當的地方補刻，然後翻范檮器，這類事例頗不鮮見。

（1）《美掠》拓293，妹叔昏簋銘二行9字，

　　　妹叔昏肇

　　　乍

彝用卿賓

脫「作」字，補於彝字右側，作彝可以順讀。

（2）《三代》卷六，頁24，宥彝（卣）銘，一行4字。器銘：「宥乍旅彝」四字間隔均勻，而蓋銘一行三字均勻，乍字偏小而擠於宥旅二字之間的左側，表明是脫補。

（3）《錄遺》264，子殷卣銘，蓋銘一行7字，爲「子殷用乍父丁彝」。器銘在「子殷用父丁彝」的用父二字左側補刻乍字。

（4）《三代》卷十三，頁42，卣器銘四行45字，字距密，行款分明，全銘外廓方整。末行之「才十月 隹子曰令望人方罍」，曰字擠在子令二字的右側行距間，當爲發現脫字後所補刻。

（5）《三代》卷十三，頁11，父辛卣二行5字，彝字上半部夾在兩行之間，下半部凸出在兩行銘文的方塊之外，當爲脫補。

（6）《三代》卷六，頁43，冀簋二行9字，

　　　冀乍

　　　　　　父

癸寶尊彝

先師商錫永先生在《十二家吉金圖錄・雪八》中云：「銘文九字，因欲兩行相齊，故將父字寫入作彝二字中間，此例罕見。」我以爲作爲脫補，也就並不罕見了，如本節的（1）（7）（8）（9）等例，都是將字補刻於行間。

（7）《三代》卷六，頁48，簋三行18字，作：

　　　隹生蔑歷

　　　用乍季日乙

　　　　　　妻

　　　子_孫_永寶用

同書同頁著錄另一器第二行銘作：「用乍季日乙妻」，與左右兩行配搭整齊。今此銘妻字夾在二、三行之間，是脫補無疑。

（8）《三代》卷七，頁22，祑簋二行10字，

乍父甲寶簋

祑

邁年孫子寶

作器者在草擬銘稿時，大概忘了自己而沉浸於崇敬父輩與和希望告誡子孫永盡孝道的思想中，檢查校對銘模時，才意識到銘中開頭應錄作器者名，於是補刻於緊靠作字的兩行空隙之中。

（9）《支那古銅精華》卷一，頁19，□作父庚尊二行7字。

□乍庚

父

寶尊彝

作器者名漫泐不清，乍庚二字之間脫父字，補於二字的左側行間。

（10）《三代》卷六，頁41，區彝一蓋、器及彝二蓋共三銘，《三代》卷十七，頁26，區匜蓋器共二銘，各有二行8字。其中彝、匜兩件器銘，都是每行各4字平齊。而匜的蓋銘和兩件彝的蓋銘，都是第一行4字，第二行3字，銘文外廓齊平，銘末的族氏符號 夾在兩行之間，應是屬於脫補。

區 乍 父 辛

寶 尊 彝

（11）《三代》卷七，頁38-39共著錄𠦑簋四具八銘，都是三行16字，末行銘爲「其𣊮壽萬年用」，後五字都緊密相接在同一中心線上，只有第一器銘的年字顯得格外瘦小，偏於邁用二字的右側，當屬脫補。

（12）《三代》卷八，頁49-50，共著錄𣄣簋二器蓋，全銘爲五行42字，第二器缺蓋。第二器銘與上一器蓋兩銘相校，在第2-3行間脫邦字，在第5行「萬年以𠂆孫子寶用」脫𠂆（厥）字，子字極細小，插在孫字與上行的自字之間，當是脫補。

　　（13）《三代》卷九，頁5－6，共著錄追簋四銘，各七行60字，銘文外廓方正平齊。惟第一銘第二行開頭子字凸出在方正的銘文外廓之上，字形略小，且緊貼下面的多字。顯然係「天子多易追休」的銘文，刻模時脫了子字，翻范前發現後補刻到上頭去的。

　　（14）《三代》卷九，頁28－29，共著錄師袤簋銘三件。第一、二銘爲十行，第三銘十一行。銘文外廓都方正平齊。第一銘爲蓋銘，脫3個字。第二銘爲器銘，全銘117字。第三銘在第四行的令字上，有一個細小的ㄱ字凸出在平齊的銘文外廓之上，是屬於脫補的字。與第二銘相校，則知此ㄱ字不應補於第四行上面，而應補於第三行上面。這是一個經過校補，卻補錯行位的例子。補於第四行上，銘文成爲「今余肇厥令女率齊師……」，不當中增厥字；補於第三行上，銘文則成爲「反厥工吏」，符合上下文意。

　　（15）《文物》1962年第六期，頁31，載楸伯車父鼎（丙）銘四行26字；即《陝西金文匯編》上冊一四九之散伯車父鼎（丁）。（見附拓）

　　　　佳王四年八月初
　　　　　　　　吉
　　　　丁亥楸白車父乍
　　　　邥　姑　尊鼎其萬
　　　　年子＿孫　永　寶

吉字扦插於第一行末的初字和第二行末的乍字之間，屬於脫補。其他三鼎銘作「佳王四年八月初吉丁亥」不誤。銘文第三行的姑字，其他三銘均作姑字。

　　（16）《錄遺》496，林堂湯叔盤，四行30字。（見附拓）

　　　　　　初
　　　　佳正月吉壬午　　　　（此行短，旁補初字，吉字作⊟。）
　　　　林　堂　湯 ⊟ 雀　鑄　（此行長，擠插白氏二字。）
　　　　其尊其萬年無用之　　（此行短，尊下脫盤字，至無字提行。）
　　　　疆　子＿孫＿永　寶　（此行長，銘末回讀，接上行末用之作結。）

從銘拓上可見多個銘范與內范核固定的釘痕，銘文是古代鑄器時制作，不假。但可以說，此銘的制作在謀篇布局上是欠認真的。第一行「隹正月初吉」處脫初字，經檢查補刻在旁邊；第二行在湯𩵋與私名間，又擠刻了白氏二字，故此二字極小。第一行吉字缺上面的中豎；第三行尊下缺少器名盤字，二者都未補。第一行字較短，第二行因鑄字鬆散而增長，第三行還沒有第一行長就急於提行，第四行因字距寬，文未完已有第二行長，只好將剩下的用之二字刻到第三行下面。

（17）《三代》卷十，頁40，𤦲盨銘四行22字

　　　𤦲乍姜湀盨用

　　　享孝于姑公用

　　　祈眉壽　屯魯

　　　子_孫永寶　用

第二行除于字外，其他五字大致同大等距離，惟有此于字極小並反書，另一相同內容銘文的文字大小粗細協調，相校可知此銘的小于字是發現脫漏而補刻上去的。《三代》在此補刻銘拓旁鈐有蓋字印，但方濬益《綴遺齋彝器款識考釋》卷九稱此銘爲器，不知孰對。

（18）《三代》卷十，頁21，曾□□□匜五行32字，存26字，全銘反書，右右行。銘作：

　　　隹正月初吉己

　　　亥曾□□□擇

　　　其吉金自乍饎

　　　匜其眉壽無

　　　疆孫_永寶用之

　　　　子_

銘文在末行的疆孫二字之外側，刻補了脫文子字及重文符。

（19）《三代》卷十七，頁36，薛侯匜四行20字，

　　　薛侯乍叔妊匜

　　朕它其眉

　　壽　萬^年子＝

　　孫＝永寶用

年字細小，補在二、三行間的萬字下側。

　　（20）《錄遺》80，鄅子鼎三行13字，作：

　　鄅　員　奉

　　　子

　　爲其行器其

　　永壽用之

鼎蓋與器同銘，蓋銘一圈13字都清晰可辨，器銘三行銹蝕較多，但仍可清晰看到子字較小，斜置於鄅其二字之間，屬脫補。

　　（21）《文物》1962年第6期封二，《陝西金文匯編》上冊頁369，著錄師克盨蓋銘，十四行128字。其第十三行銘「（對）揚天子不顯魯休用作旅盨」，中間的子字是脫補於天字左下側的行間。

　　（22）《三代》卷九，頁37，卯簋十二行152字，其第八行下部曰：「易女虞章毅」，虞字右下側與第七行的𦥛字間有三（四）字，應是脫補賜虞的數量。

　　（23）《三代》卷四，頁1，叔單鼎四行23字

　　唯黃孫子蝬

　　君叔單自作鼎

　　其萬年無疆

　　子孫永寶用享

用字細小而在寶字下的偏外側，當爲脫補字。

　　（24）《陝西金文匯編》上冊，頁170～175，共著錄仲柟父盙銘六件，內容相同，各39字。除頁172銘文作五行排列外，其他均七行排列。七行排列的銘文中，第四行末的考字左下側，都擠刻了一個小小的于字，應同屬脫補。而五行的銘文中的于字是正常地佔一個字的位置的。從五件七行銘文換

行情況完全相同看，大概是刻好一個銘模後，其他銘模都按其布局照抄，乃至刻在口沿上的七行首字都相同，翻范前發現脫了于字，又照樣在四行末的考字下補刻小小的于字。

（25）《考古與文物》1984年第3期，鄃簋（殘存底銘）二行8字，

鄃作父丁

寶 尊 彝

銘末族氏符號脫，擠補在兩行之間的末端。本人曾數次在廣東省博物館目驗此殘底片，見此銘二行七字均筆劃較深而明晰，唯所補族氏符號較淺，殆是在未燒硬銘模前擠刻，生怕刻深了會使左右兩邊已刻好的字崩損。

（26）《文物》1991年第6期頁64，敔簋六行存42字

隹十又一月既生霸

乙亥王在康宮各齊

室

白召敔王易敔豚

裘……（下略）

各齊白室之室字脫，補於二、三行間的頂上空隙，低於「白（伯）」字半格。

（27）《古文字研究》第十三輯，頁319，盜叔壺一行11字：「擇厥吉日盜叔尊壺永用之」，盜尊二字相連，叔字補在此二字間的右側。

（28）《古文字研究》十三輯，頁395，楚嬴盤四行22字，

隹王正月初吉

午楚嬴鑄其寶

庚

盤其萬年子

孫永用享

《三代》卷十七，頁37有楚嬴匜銘銘文，除器名匜外，其他都同，第二行作庚午開頭，盤銘午字開頭。庚字脫補於第二、三行之間。

（29）《文物》1977年第12期，倗萬𣪘二行8字

    倗萬作義妣

    寶尊彝

第二字萬與第三字作合併在一個格位。第一行像是由四個字的工整排列。大概是發現銘模脫萬字後擠刻到作字右上角的空隙上，小得不到作字的四分之一。

    上舉各例，都是發現銘模脫字後，即在鄰近之處擠刻補字，然後翻范鑄器的。也有發現銘模脫字後，鄰近不宜補字而在遠處補刻的。如下列各例：

    （30）《三代》卷十三，頁37，載臺不叔卣蓋器二銘各三行18字。蓋銘三行文字清晰；器銘左上角銹壞四個字，可據蓋銘補出。蓋銘銘末永寶之下有族氏文字「子」，器銘以永寶作結，寶字與二行末的家字、一行末的邦字平齊，緊靠銘范片的邊沿（有印范線爲證），銘末所缺之「子」字，移刻到銘文方形外廓的頂上，方形外廓上端離印范線尚有一行空位可供補刻。

印	臺不叔𤔲乃邦	印	
范		范	
線	子鳥呼𧥣帝　家	線	（族氏文字子，本該置於銘末寶字下）
離		緊	
開	以𡧍子作永寶	靠	
銘		銘	
文		文	

    （31）《薛氏》卷三，頁13，《嘯堂》34，均載有𣪘卣銘，蓋器對銘，各四行24字。其蓋銘作：

丁巳王易𣪘

囗

小貝才囿用

乍奠彝才九月

隹王九祀翌日

器銘末的日字下，有族氏符號囗，而蓋銘末的日字已與前三行末字平齊。依商周銘文慣例，作器者的族氏符號，可置於銘末，也可置於銘首。例如周𤔲壺、周棘生簋、格伯簋、周雒盨的周族符號都置於銘末，而周𡩜匜的族氏符號置於銘首，商代銘文的此類現象更是普遍。此卣蓋銘的的一、二行間的族氏符號，當看作是銘首丁字之前的符號，只是銘模已刻好，丁字上方和外側無處可補，因而補於一、二行間。

（32）《三代》卷十一，頁26，咏尊二行7字

咏乍 夗

尊彝日戊

銘文應作「咏乍夗日戊尊彝」，日戊二字脫補於銘末。

（33）《三代》卷十三，頁34，盠仲𣁐卣三行12字

盠仲𣁐作厥

文考寶尊

彝 日辛

按商周銘文通例，祖考後連稱祖考名號，此卣銘當稱「作文考日辛寶尊彝」。大概銘模刻好後，發現漏刻文考名號二字，於是補於銘末。

（34）《三代》卷十三，頁25，𡆥卣二行7在

𡆥作寶父

尊 彝己

按商代和西周初為祖或考作祭器銘文之通例，應為「𡆥作父己寶尊彝」，此卣銘原脫己字，後補刻於銘末。

（35）《三代》卷十一，頁42—2，者婣罍，四行8字，「（族氏符號）者婣以尊彝大子」。同頁有同銘罍，銘作兩行，大子二子在尊彝之前。另同書卷十一，頁28有同銘尊一拓，卷十七，頁26～27有同銘匜（觥）兩件共四拓，也全是兩行8字，大子二字均在尊彝前，可證此罍銘末之大子二字，是屬脫補於銘末者。

（待續）

　　説明：本文尚有續篇，討論商周銅器銘拓中存在的衍、脫、誤字，以及笵損移位、回尾、陰陽款識、活字印笵等等有關校讎的問題。——作者

本文引書簡稱對照表

《薛氏》《歷代鐘鼎彝器款識法帖》　宋·薛尚功著　1935年于氏石印朱謀垔刻本
《嘯堂》《嘯堂集古錄》　宋·王俅輯　1922年商務印書館石印淳熙本
《三代》《三代吉金文存》　羅振玉輯　1937年影印本
《錄遺》《商周金文錄遺》　于省吾輯　1957年科學出版社出版

盖铭正确

器铭弌一颠倒
弌字有乙正钩识

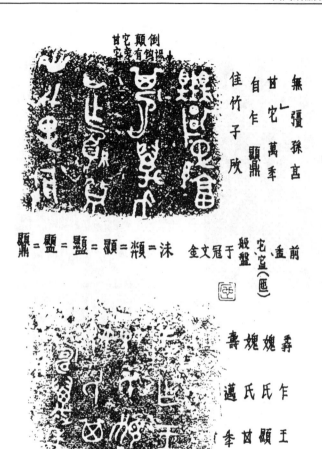

無彊孫宮
甘宓萬年
自乍顯鼎
佳竹子欣

倒顛宓甘
宅竟有鉤誤

朋=頮=顡=題=盟=盟=沬　金文冠于　殷盤　宅宓(匝)　盂　前

尋魂魂壽
邁氏氏乍
季甘顯王
用盙盂母

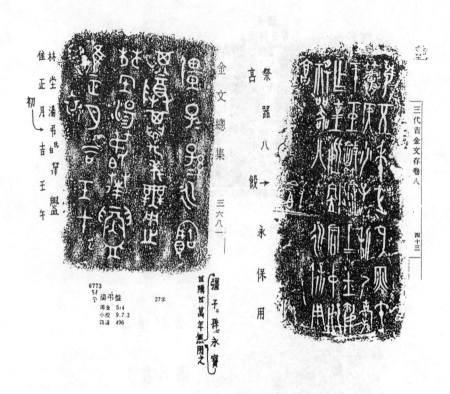

金文總集

三六八一

6773 湯弔盤   27字
周金 5:4
小校 9.7.3
鈇遺 496

隹正月初吉壬午林坒湯弔氒辟盤

三代吉金文存卷八

四十三

祭器八敦永保用

彊子子孫孫永寶

其陰百萬年無用之

一四八‧散伯車父鼎丙

正磧

陝西金文彙編(上)‧114‧

一四九‧散伯車父鼎丁

乍誳
誖眊扑

陝西金文彙編(上)‧115‧

第一屆國際訓詁學研討會論文
1997.04.19-20

趙鈹銘文「伐器」解

吳振武

吉林大學古籍研究所

　　釋讀出土古文字資料，無疑需要運用訓詁學知識；反過來看，出土古文字資料也往往能爲訓詁學提供一些傳世古書中難得見到的新材料。即使是像兵器銘文這類辭例比較簡單的資料，也不例外。本文擬就趙國鈹銘中屢見的「伐器」一詞加以討論，兼及《逸周書‧文酌》中兩個「伐」字的訓釋。不當之處，敬祈讀者指教。

　　在出土的趙國銅鈹銘文中，屢見「邦左伐器」或「邦右伐器」這樣的話。下面舉三件鈹銘爲例：

　　（1）十七年，相邦春平侯，邦左伐哭（器），工帀（師）長鬐，冶悶瞉齋（劑）。　　《集成》18.11713（附圖1）

　　（2）十七年，相邦春平侯，邦右伐器，工帀（師）笣詔，冶夏瞉齋（劑）。　　《考古》1991年1月第1期，頁58圖一‧3（附圖2）

　　（3）十八年，相邦平國君，邦右伐器，段（鍛）工帀（師）吳疷（瘖），冶疷齋（劑）。　　同上，頁58圖二‧3（附圖3）

類似的銘文也見於幾件相邦春平侯矛，如《集成》18‧11557、11558，但均不可靠，至少銘文可斷爲倣刻贋品。

「伐器」之「伐」，最早是鄒安在《周金文存》一書中釋出的，[1] 後經何琳儀先生重新確認，[2] 殆無異議。七十年代早期，黃盛璋先生曾在其論三晉兵器的兩篇名文中將「伐」字誤釋爲「佼（校）」。[3] 究其原因，當是受《錄遺》602號（即《集成》18·11699）僞刻相邦春平侯劍的影響。[4] 儘管後來黃先生申明放棄此釋，改從釋「伐」；[5] 但很遺憾，這一誤釋及其推論先後被一些有影響的著作視爲定論而采納。[6] 「器」字從四「口」作者，是黃盛璋先生最先辨認出來的；[7] 其簡省爲從二「口」者，則是由俞偉超、李家浩兩先生首先釋出的。[8] 後來何琳儀先生對簡省的「器」字又作了進一步的細緻研究，補充了若干例證。[9] 從目前已發表的全部相關資料和我們已有的戰國文字知識來看，「伐器」二字的隸釋是絕無問題的。

「邦左〔右〕伐器」怎講，舊說頗有分歧。

---

[1] 見該書（上海廣倉學宭石印本，1921年）卷6頁81下五年相邦春平侯矛釋文。按鄒氏所釋此矛（即《集成》18·11557）雖係倣刻贗品，但不影響其對「伐」字隸釋的正確性。

[2] 何琳儀：〈戰國兵器銘文選釋〉（長春：中國古文字研究會成立十週年學術研討會論文，1988年7月），頁13。

[3] 1、黃茂琳（即黃盛璋）：〈新鄭出土戰國兵器中的一些問題〉，《考古》1973年11月第6期，頁378-379；2、黃盛璋：〈試論三晉兵器的國別和年代及其相關問題〉，《考古學報》1974年5月第1期，頁21-25、37-39。

[4] 僞刻相邦春平侯劍傳世不止一件，除《錄遺》602外，《錄遺》600（即《集成》18·11691）和《集成》18·11684亦是。此外，《集成》18·11556元年相邦春平侯矛亦係僞刻。

[5] 見其著〈關於加拿大多倫多市安大略博物館所藏三晉兵器及其相關問題〉，《考古》1991年1月第1期，頁59。

[6] 如楊寬：《戰國史》（上海：上海人民出版社，1980年7月），頁85；繆文遠：《七國考訂補》（上海：上海古籍出版社，1987年4月），頁130。

[7] 同注3所引文2，頁22、39。

[8] 俞偉超、李家浩：〈論「兵闢太歲」戈〉，文化部文物局古文獻研究室編《出土文獻研究》（北京：文物出版社，1985年6月），頁140。

[9] 同注2，頁14-14；又，何琳儀：《戰國文字通論》（北京：中華書局，1989年4月），頁253-254。

何儀先生認爲：「伐」訓「擊刺」，鈹銘「伐器」跟《楚辭・天問》「爭遣伐器，何以行之」之「伐器」同，當「攻伐之器」講（〈天問〉王注：「伐器，攻伐之器也。」）；對照其他春平侯鈹銘記「邦左〔右〕庫」，可知「邦左〔右〕伐器」是「邦左〔右〕庫伐器」之省，即「邦左〔右〕庫兵器」的意思。[10] 按誠如何氏所說，相邦春平侯監造的銅鈹銘文中也習見「邦左庫」或「邦右庫」之語。如四年相邦春平侯鈹記：「四年，相邦春平侯，邦左庫工帀（師）長身，冶匋寇殼齊（劑）。」（《集成》18・11707）四年春平相邦鈹記：「四年，春平相邦□□，邦右庫工帀（師）□鉻徒，冶臣成　齋（劑）。」（同上18・11694）[11] 對何氏的這一說法，有相當一部分學者是深信不疑的。[12] 但我們也看到，在何說提出之後，有兩位學者不同意這一說法。

一位是黃盛璋先生。黃先生認爲：鈹銘「伐器」是鑄造兵器的專門機構，而不是指攻伐之器－－兵器；「邦左〔右〕伐器」即「邦左〔右〕庫」，「伐器」是「庫」之異名。並強調：「伐器作爲鑄造兵器機構，僅於趙兵器銘文中見之，因而具有重要價值，值得進一步研究。」[13] 但細看他的推證，似乎衹有這樣兩點，即：一、「伐器」下有工師與冶名，跟「庫」一樣，故可確證「伐器」是鑄造兵器的專門機構；二、記「邦左〔右〕伐器」和記「邦左〔右〕庫」的兵器有工師「或再加上冶」爲同一人的情況，從而可以確證「伐器」等于「庫」，即「庫」之異名。[14]

---

10 同前注；另參前注所引書，頁112。

11 本銘「徒」字，裘錫圭先生屬下讀，似有未安；詳其著〈戰國時代社會性質試探〉，《古代文史研究新探》（南京：江蘇古籍出版社，1992年6月），頁394。

12 如李學勤先生在爲何著《戰國文字通論》一書所作的序言中，即對何氏的這一說法深致推許。

13 同注5，頁59、62-63；又，黃盛璋：〈三晉兵器「段工師」的發現及其相關諸疑難問題解決與落實〉（南京：中國古文字研究會第九屆學術研討會論文，1992年11月），頁5-6、12-15。

14 注5所引黃文頁62在作這一點推證時，引來作比較的《三代》20・41・2（即《集成》18・11558）十七年相邦春平侯矛實係倣刻贗品，作者不僅未察覺，且將其上「邦左伐

另一位是李家浩先生。李先生舉《奇觚》10·26·2（即《集成》17·11264）十八年雍殘戈作比較，認爲鈹銘「左〔右〕伐器」與此殘戈上的「左庫器」同義；因此懷疑「伐」當讀「廢」訓「舍」（《說文·广部》：「廢，舍也。」）。並推測這跟《釋名·釋宮室》所記「故齊、魯謂庫曰舍」的情況相類似，可能是趙國方言的說法。[15]

按細覈上揭三說，黃盛璋先生謂鈹銘「伐器」是「庫」之異名的理由並不充分。從其推證過程看，也實在是非常粗疏的，很難使人相信。即拿何琳儀先生的說法來和他所舉的理由相比較，也不見得是矛盾的。所以黃先生反覆用「確證」二字爲說，未免武斷。李家浩先生懷疑「伐」是「廢」的借字，顯然是因爲他先看出十八年雍殘戈上有「左庫器」字樣，但這一點恰恰是有問題的。仔細觀察此殘戈行款，可知過去郝本性先生將全銘補足成「十八年酄（雍）〔氏〕左庫㮰釾（鑄）」是基本可信的。[16] 郝氏在「酄（雍）」後補「氏」字，估計是因爲由他整理的新鄭兵器（1971年出土）中有地名「雍氏」。[17] 最後一字雖然右邊大部分已殘去，但左邊「金」旁是清楚的；郝氏據三件新鄭兵器推斷是「釾（鑄）」字之殘，應是可信的。儘管「庫」下一字郝氏隸作「㮰」並和「釾」字連讀爲「模鑄」不一定可靠，但從戰國兵器銘文的一般格式來看，此字即使是「器」字（按很可能是從「夾」從「水」[18]），在銘文中也應該是作人名用的。（試比較《集成》

器」誤看成「邦左庫」；不過從注13所引另一篇黃文看，記「邦左〔右〕伐器」和記「邦左〔右〕庫」的兵器大概確有工師及冶爲同一人的情況。

[15] 李家浩：〈戰國官印考釋（六篇）〉（南京：中國古文字研究會第九屆學術研討會論文，1992年11月。按作者提交會議之油印本僅選印其中壹、參、伍三篇），頁7注釋19。

[16] 郝本性：〈新鄭出土戰國銅兵器部分銘文考釋〉，《古文字研究》第19輯（北京：中華書局，1992年8月），頁116-117。按此文曾提交1986年9月在山東長島召開的中國古文字研究會第六屆學術研討會。

[17] 參郝本性：〈新鄭「鄭韓故城」發現一批戰國銅兵器〉，《文物》1972年10月第10期，頁36。

[18] 可與十年洀陽令戈（《文物》1990年7月第7期，頁40圖四）冶名相比較。

17・11266四年右庫戈：「四年，右庫冶气之釾（鑄）。」）因此，將戈銘「左庫器（？）」三字單獨抽出跟趙鈹銘文中的「左〔右〕伐器」相比較是絕對不合適的。這樣看來，李說的可信度也將大打折扣。比較而言，三說中還是何琳儀先生的說法顯得最有道理。特別是他通過與其他趙鈹銘文相比較，看出「邦左〔右〕伐器」之「左〔右〕」是「左〔右〕庫」之省，誠具卓識。但是，我們在觀察了齊國兵器銘文後發現，何氏據《楚辭》解釋鈹銘中的「伐器」，表面上似乎也通，卻未必真得鈹銘本怡，還可以有更確切的解釋。下面試作討論。

齊兵器銘文中有「左庫」之稱：

平陽左庫。　　戈，《集成》17・11017

陰（陰）埠左庫之鎐（造）。　　劍，同上18・11609

雖還未見「右庫」之稱，但既有左庫，必有右庫。這在三晉兵器中是有許多例子的。[19] 跟三晉兵器一樣，齊兵中的「左庫」、「右庫」也可以省稱為「左」、「右」，如：

平陞（阿）左。　　戈，《集成》17・11001

亡（無）鹽（鹽）右。　　戈，同上17・10975 [20]

昌城右。　　戈，同上17・10998

明確了這一點，再看下揭四件齊國戟銘：

子禾子左造戔（戟）。　　《集成》17・11130

平阿左造徒戔（戟）。　　同上17・11158

19　參注17所引文，頁35。
20　同書17・10976陽文「乍鹽右」戈，前人已指出是做自本戈的贋品。

墜（陵）右鋯（造）戟（戟）。　同上17・11062

齊城右造車戟（戟），冶順。　《三代》20・19・1[21]

可知何琳儀先生將趙鈹「邦左〔右〕伐器」之「左〔右〕」看作「左〔右〕庫」之省是非常正確的；但將「伐器」看作一個名詞，解釋爲「攻伐之器」或「兵器」，恐怕是有問題的。比照四件齊戟銘文，我們認爲：趙鈹中的「伐」字，顯然相當于齊戟中的「造」；所謂「邦左〔右〕伐器」，實應讀作「邦左〔右〕－伐－器」，是「邦左〔右〕庫治器」的意思。這裡牽涉到「伐」字的訓詁問題，需要略作解釋。

「伐」當治講，古書中頗爲罕見。但從古書和出土文字資料中「攻」、「𦎫（敦）」二字的用法看，不難理解「伐」字是可以由攻伐義引申出攻治義來的。「攻」、「伐」二字《說文》同訓「擊」，引申之則當攻伐講，故古書中習見「攻伐」連言。由擊、攻伐等義引申，「攻」字又當攻治講，如古書中有「攻木」、「攻金」等說法。這些都是讀古書者所熟知的，無需多說。「𦎫（敦）」字也一樣。西周金文屢言「𦎫伐」，如：禹鼎曰「雩（粵）禹以武公徒馭至于噩（鄂），𦎫伐噩（鄂）」（《錄遺》99）；㝬鐘曰「南或（國）𠬝孿（蠻）敢臽（陷）處我土，王𦎫伐其至」（《三代》1・65・1）；[22] 晉侯蘇鐘曰「〔王〕親（親）令晉侯穌（蘇）自西北遇（隅）𦎫伐鄆（鄆）城」（《上海博物館集刊》第7期〔上海：上海書畫出版社，1996年9月〕，頁6）。前人已指出，「𦎫伐」即「敦伐」，「𦎫

---

21 即《集成》18・11815。此戟前人或據形制稱車刀，《集成》歸入「雜兵類」。又,黃盛璋先生曾將本銘中的「造車」二字解釋成齊國主造車器之機構，並引一方古印爲證（見其著〈跋「車大夫長畫」戈兼談相關問題〉，《文物》1987年1月第1期，頁45-46）。按其說句讀既有問題，所引古印亦屬僞物，絕不可信。何琳儀先生讀「造車」爲「簉車」（見其著《戰國文字通論》，頁82），亦非是。

22 「孿」字釋讀參董蓮池：《金文編校補》（長春：東北師範大學出版社，1995年9月），頁377-380。

（敦）」亦當攻伐講。[23] 然齊陳猷釜謂：「墜（陳）猷立（蒞）事歲，惣月戊寅，於茲安墜（陵）亭，命左關帀（師）蘰敊宔（主）左關之會（釜）節于蘮（廩）會（釜），敦者曰墜（陳）純。」（《三代》18・23・1）「敦」字顯然已由攻伐義引申為攻治義。[24] 既然「攻」、「臺（敦）」可由攻伐義引申出攻治義，那末「伐」字由攻伐義引申出攻治義也是很自然的。換句話說，「伐」字由攻伐義引申為攻治義，跟「攻」、「臺（敦）」由攻伐義引申為攻治義，正是平行的。

此外，戰國銘刻中亦見「造器」、「冶器」之稱，如齊莒公孫溥子鐘記「鄐（莒）公孫溥子窲（造）器也」（《文物》1987年12月第12期，頁51圖九），燕武平君鐘記「武坪（平）君子鮮（？）冶哭（器）」（《攈古》2・2・12）。[25] 「造器」、「冶器」等說法，也正可以和鈹銘「伐器」相印證。

據上所說，本文開頭所引趙鈹銘文實際上記載了五點內容，即：一、年份；二、監造者；三、治器部門；四、主造者；五、冶鑄工匠。如此讀來，文意一貫，順理成章。

關於趙鈹銘文中的「伐器」就討論到這裡。下面我們還想就《楚辭・天問》中的「伐器」說幾句話，並附帶討論一下《逸周書・文酌》中的兩個「伐」字。

---

23 參李孝定：《甲骨文字集釋》（臺北：中央研究院歷史語言研究所，1970年10月），頁1852-1856。按殷墟卜辭中當攻伐講的「　」字亦習見，試比較：「壬戌卜：伐　，　（殺）。二月。」（《合集》3・6854；辭中「殺」訓克，考釋詳另文）「癸亥卜：今夕臺獸，　（殺）。」（同上11・33077）

24 楊樹達〈陳猷釜跋〉謂：「敦者，治也，《孟子・公孫丑下篇》曰：『前日不知虞之不肖，使虞敦匠事』，與此敦字義同。陳純為製釜之人，《考古記》所謂『物勒工名』是也。」（見其著《積微居金文說（增訂本）》〔北京：科學出版社，1959年9月〕，頁234）

25 關於武平君鐘的國別，參湯餘惠：〈略論戰國文字形體研究中的幾個問題〉，《古文字研究》第15輯（北京：中華書局，1986年6月），頁54。

〈天問〉中的「伐器」，舊說分歧不大，惟于省吾先生在〈澤螺居楚辭新證〉一文中持有異議。于先生曰：

> 〈天問〉：「爭遣伐器，何以行之。」王注：「伐器，攻伐之器也。言武王伐紂，發遣干戈攻伐之器，爭先在前，獨何以行之乎？」洪氏《補注》：「爭遣伐器，謂群后以師畢會也。」按王、洪二注均據誤文為說，殊不可通。「伐」乃「戎」字的形訛。鄦生鐘稱「俘戎器」。古鉢也有「王兵戎器」之文。《易‧萃‧象傳》：「君子以除戎器」，虞注：「戎，兵也。」《禮記‧王制》：「戎器不粥于市」，鄭注：「戎器，軍器也。」古無「伐器」之稱，則「伐」為「戎」字之譌，是沒有疑問的。[26]

按我們對于先生所說〈天問〉「伐器」是「戎器」之譌雖不敢絕對相信，但卻也不能因趙鈹銘文中有「伐器」之稱而否定于先生的說法。理由很簡單，〈天問〉中的「伐器」即使不誤，鈹銘中的「伐器」跟它也祇是貌同而已，二者絕非一事。[27]

今傳《逸周書》第四篇篇題曰「文酌」。〈序〉謂：「上失其道，民散無紀，西伯脩仁明恥示教，作〈文酌〉。」朱右曾曾據其內容，指出此篇實言文王「斟酌為政之事」，[28] 其說頗可信。全篇從內容看，可分為兩段。第一段首云：「民生而有欲、有惡、有樂、有哀、有德、有則。」接下來敷陳「欲、惡、樂、哀、德、則」之具體內容。第二段云：

---

[26] 原刊《社會科學戰線》1979年8月第3期，頁227；又收入其著《澤螺居詩經新證》（北京：中華書局，1982年11月），頁271-272。文中所引鄦生鐘見《三代》10‧44‧1，所引古鉢見《古璽彙編》（羅福頤主編；北京：文物出版社，1981年12月）519‧5707。

[27] 新近出版的金開誠等著《屈原集校注》（北京：中華書局，1996年8月）認為：「于說亦頗有理，可參。」（頁393）

[28] 參黃懷信等：《逸周書彙校集注》（上海：上海古籍出版社，1995年12月），頁1197-1198；又，同書頁60引丁宗洛云：「《左成六年傳》：『子為大政，將酌于民者也。』注：『酌取民心以為政。』此篇曰『文酌』，蓋言文之政皆酌乎民者也。」

伐有三穆、七信、一幹、二御、三安、十二來。三穆：一、絕靈破城；二、筮奇昌為；三、龜從兆凶。七信：一、仁之慎散；二、智之完巧；三、勇之精富；四、族之寡賄；五、商之淺資；六、農之少積；七、貴之爭寵。一幹：勝權輿。二御：一、樹惠不瘳；二、既用茲憂。三安：一、定居安帑；二、貢貴得布；三、，刑罪布財。十二來：一弓二矢歸射；三輪四輿歸御；五鮑六魚歸蓄；七陶八冶歸籠；九柯十匠歸林；十一竹十二箕歸時。三穆七信一幹二御三安十二來，伐道咸布，物無不落。落物取配，惟有永究。急哉急哉！後失時。

其中「物無不落」、「落物取配」兩「落」字，近時裘錫圭先生謂當讀「格」訓來，[29] 極有見地。惟「伐有三穆、七信、一幹、二御、三安、十二來」和「伐道咸布」之「伐」，舊說惑於「伐」之常義，以爲當征伐講，甚至提出此段「與篇首絕不相蒙，疑是編者取兵家言併合于此」，[30] 殊不可信。今按此段從內容看，顯然不是專講征伐之道，至少絕大多數內容與征伐牽扯不上。若從本文所論考慮，訓「伐」爲治，將「伐」和「伐道」理解爲治國之道，[31] 似比舊說理解爲征伐之道要合理得多。這樣解釋，不僅與內容切合，還不存在「與篇首絕不相蒙」的問題。此外，從這兩個「伐」字的用法看，亦可推斷此篇是戰國時期的作品。

1993年8月初稿

1996年12月重訂

本文引書簡稱表（以稱引先後爲序）

29 裘錫圭：〈說「格物」――以先秦認識論的發展過程爲背景〉，《文史叢稿――上古思想、民俗與古文字學史》（上海：上海遠東出版社，1996年10月），頁11。

30 參注28所引書，頁69、75。

31 古有「治道」的說法，《禮記・樂記》：「是故審聲以知音，審音以知樂，審樂以知政，而治道備矣。」

《集成》－－中國社會科學院考古研究所：《殷周金文集成》（北京：中華
　　　　書局，1984年8月－1994年12月）

《錄遺》－－于省吾：《商周金文錄遺》（北京：中華書局，1993年7月，
　　　　翻印本）

《三代》－－羅振玉：《三代吉金文存》（北京：中華書局，1983年12月，
　　　　翻印本）

《奇觚》－－劉心源：《奇觚室吉金文述》（清光緒二十八年自石印本，西
　　　　元1902年）

《合集》－－郭沫若主編：《甲骨文合集》（北京：中華書局，1977年12月
　　　　－1983年6月）

《攗古》－－吳式芬：《攗古錄金文》（清光緒二十一年吳氏家刻本，西元
　　　　1895年）

附 圖

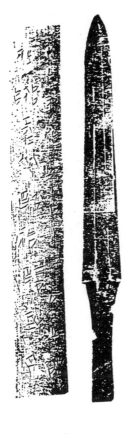

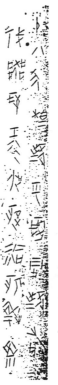

1　　　　2　　　　3

第一屆國際訓詁學研討會論文
1997.04.19-20

楚金文試釋

黃靜吟
國立中山大學中文系

壹、前言

楚國是先秦時期一個十分有影響力的國家，其於政治、經濟、軍事、文化等方面的發展，在先秦時期均有著特殊的重要地位；而出土之楚國文物，不論是竹簡、銅器、漆器……等，其數量之豐，亦是各國所不能及的，這其中又以楚銅器出土的數量最大，故若欲探查楚國八百多年的歷史文化，進而反映出中國先秦文明，便不得不藉由對楚金文的研究以進入。

在對某些楚金文的釋讀上，尚存在著異議紛生、各執一詞的情況。本文擬透過字形的溯源、古音的考查以及典籍的校勘等方法，以分析舊說何者可信？何者非是？並提出筆者淺薄之見。

貳、釋

傳世器中有楚公豪鐘，其銘文云：

楚公 自乍（作）寶大轐（林）鐘，孫₌（孫孫）子₌（子子）其永寶。

第三字為器主之名，關於此字，自清代以來有多種釋形，羅列如下：

1．釋守：阮元《積古齋鐘鼎彝器款識》引「或釋」。[1]

2．釋為：孫詒讓引楊沂孫所釋。[2]

---

[1]　阮元撰：《積古齋鐘鼎彝器款識》（北京：中華書局，1985年，叢書集成初編本），卷三，頁126。

3．釋家：吳大澂釋。[3]

4．釋寫：孫詒讓釋。[4]

5．釋受：徐同柏釋。[5]

6．釋爰：柯昌濟釋為「爰」，並認為此楚公即為熊延，因為「延、爰古音同部，古字或相假用」。[6]

7．釋豙：方濬益[7] 及後之學者所釋。

按銘文字形作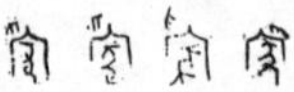四形，可以明顯地看出上半部從「爪」、從「宀」，故將其隸定為「守」、「為」、「家」、「爰」均誤；如此，則清人所釋僅餘「寫」、「受」、「豙」三說，三字之異僅在於下部一從「為」、一從「又」、一從「豖」，現分別就「為」、「又」、「豖」三字列表分析：

例字	古文字形		
為	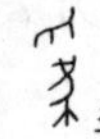 益公鐘	 禹邗王壺	 吊男父匜
又	 盂鼎	 散盤	 吊上匜
豖	 頌鼎	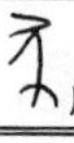 豚卣「豚」字偏旁	

2 孫詒讓撰：《古籀餘論》（臺北：華文書局，1971年5月），卷二，頁9。
3 同前註。
4 同註二。
5 徐同柏撰：《從古堂款識學》（北京：中華書局，1985年，叢書集成初編本）。
6 柯昌濟撰：《韡華閣集古錄跋尾》（臺北：華文書局，1971年5月），甲篇，頁2-3。
7 方濬益撰：《綴遺齋彝器考釋》（臺北：臺聯國風出版社，1976年9月），卷一，頁101-102。

由表中所列可見，三者當以「豕」字最接近器銘之形，故此字當從方濬益之說隸定爲「𡠾」。

今之學者多同意此字當隸定爲「𡠾」，然而對於「𡠾」字之釋讀則又有不同之意見：

1 ·釋爲：郭沫若認爲「𡠾」蓋「爲」字之異，楚公𡠾當即熊咢之子熊儀。[8]

2 ·釋眴：李零認爲此字上所從「爪」有時側寫作「ヒ」，與「目」字相近，而「家」字也與「旬」字相近，故此楚公要以熊眴特別是熊眴可能性較大。[9]

3 ·釋家：廣州中山大學古文字研究室成員認爲，此字「從爪從家，當讀爲家」，並引楚帛書「不可㝩女取臣妾」句爲證，𡠾取即嫁娶，故「𡠾」當讀爲「家」；至於楚公𡠾其人爲誰，則未加以考釋。[10] 張亞初則認爲「𡠾」是「家」的繁體字，其人即楚公熊渠。[11]

4 ·釋至：《望山楚簡》一書認爲「𡠾」字當分析爲從「爪」、從「宀」、從「豕」聲或「至」聲，因爲「𡠾」字或寫作「𡧟」；《史記·楚世家》中曾記載楚公熊摯紅，熊摯紅即熊摯，而「摯」與「至」字古音極近，故此器之楚公當即熊摯。[12]

8 郭沫若著：《兩周金文辭大系圖錄考釋》（臺北：大通書局，1971年3月，更名爲《周代金文圖錄及釋文》，全三冊），第三冊，頁165。

9 李零：〈楚國銅器銘文編年匯釋〉，《古文字研究》第十三輯（北京·中華書局，1986年6月），頁353-397。

10 廣州中山大學古文字研究室：〈江陵望山一號楚墓考釋〉，《戰國楚簡研究》第三期（廣州：中山大學古文字研究室，1977年油印本），頁1-40。

11 張亞初：〈論楚公𡠾鐘和楚公逆鎛的年代〉，《江漢考古》1984年第4期，頁95-96。

12 湖北省文物考古研究所、北京大學中文系編：《望山楚簡》（北京：中華書局，1995年），頁87。

郭氏釋作「爲」，其誤已於字形隸定上說明，故器主自當不得爲熊儀。其次，李零既已將此字隸定爲「豩」，卻又以「形近」將此字釋爲「眴」，則不知此字究爲「豩」或「眴」矣。

扣除郭氏與李氏二人之說，僅餘「家」、「至」二說，此二說則均與望山一號墓楚簡有很大的關係。查望山一號墓楚簡「豩」字共出現六次，分別於1、7、13、14、15、16號簡，[13] 其文爲「…以愴豩爲卻固貞」、「塗豹以得豩…」、「□（塗）豹以僃（寶）豩爲卻固貞」三種；17號簡則有「塗豹以保室爲卻固貞」，文例與「豩」字同，故《望山楚簡》一書認爲「豩」、「室」爲異體字，其物爲占卜時所用之一種蓍草。[14] 廣州中山大學古文字研究室成員於此之句讀，則與《望山楚簡》一書異，其均於「豩」字斷句，釋文爲「□（塗）豹以僃（保）豩，爲卻固貞」、「塗豹以保室，爲卻固貞」，讀「豩」字爲「家」，「室」字爲「室」，家室之意相對應。[15]

筆者以爲二說當以釋「家」爲是，最大的理由是楚帛書「不可以豩女取臣妾」句，「豩」字正讀爲「家」，絕不可讀爲「至」。《望山楚簡》一書雖也提及楚帛書，但卻解釋道：「因爲『豩』字包含『家』字的字形，所以又有『家』音」，[16] 似乎「豩」字可以是「從爪、家聲」，也可以是「從爪、從宀、豕聲」。一字而有兩種釋形及音讀，如此說法頗值得商議，其失無非在於強將「豩」、「室」二字說爲異體字，若能跳脫，便無既可「從家聲」，又可「從豕聲」之矛盾。

「豩」字既讀爲「家」，則楚公豩其人就不可能是熊儀、熊眴、或熊摯紅，因爲古音有異，不能訓讀，如此則僅餘張亞初所言之楚公熊渠可能性最大。張氏云：

---

[13] 此處之簡號及釋文均依《望山楚簡》一書。

[14] 同註十二。

[15] 同註十。

[16] 同註十二。

家、渠聲韻相同或相近。家是魚部見紐字，渠是魚部群紐字，從韻講它們是同部字，紐則都屬牙音舌根音……從形制、紋飾和銘文字體講，楚公㝬鐘沒有西周晚期的痕跡，相反，它具有很多明顯的西周中期的特徵……楚公㝬鐘篆間和鼓部紋飾以卷雲紋為主體，一器篆間飾雙首龍紋，一器傳飾竊曲紋。雙首龍紋頗近於西周早中期的顧龍紋，與西周晚期的雙首龍紋不同……從辭例講，楚公㝬鐘銘文都保留有中原西周銅器銘文的「孫子其永寶」這樣的辭例。先寫孫，後寫子。這樣的用詞僅見于西周中期銘文。西周晚期則大都是說子孫，子子孫孫或子子孫，即先講子後講孫。從銘文字體講，口字下半作V形（見寶字所從），子字上面一劃作平劃而不是圓筆，這都是西周中期以前銘文的書寫特點。[17]

張氏之考證謹嚴，故其說最為可信，楚公㝬當即楚公熊渠，相當於周夷王到之厲王時期。

參、釋

在鄂君啓舟節及車節裏有一句相同的銘文作：

為鄂君啓之府 鑄金節

歷來之釋讀如下所列：

1．釋賡：郭沫若云：「賡即賡字，在此讀為更，改也。」[18]

2．釋賡：李零認為「賡」當讀為「賡續」之「賡」，或「經營」之「經」。[19]

3．釋賡：《商周青銅器銘文選》此字為「賡」之或體，當訓為「續」。[20]

17 同註十一。

18 郭沫若：〈關於鄂君啓節的研究〉，《文物參考資料》1958年第4期，頁3-7。

19 同註九。

20 馬承源編：《商周青銅器銘文選（四）》（北京：文物出版社，1990年4月，頁433）。

4 · 釋賡：朱德熙、李家浩認爲此乃「商」之本字，當讀爲商賈之「商」，在銘文中屬上讀，即「鄂君之府商」，指鄂君府中主市買職守的人。[21]

5 · 釋賡：劉彬徽認爲此字乃從「帝」得音，當讀爲「至」，「賡鑄」一詞似應與壽縣楚幽王墓銅鼎銘文中的「室鑄」同義，也就是「實鑄」的意思。[22]

　　查鄂君啓節另有一字數見，其形作 龠 舟節122、龠 車節107等，正與賡字偏旁相同，而龠字孔師仲溫已釋爲「庚」，[23] 故賡字當隸定爲「賡」，則朱德熙、李家浩與劉彬徽三人之說均誤。那麼，「賡」字倒底該訓爲「更」，或是訓爲「經」，還是訓爲「續」呢？筆者認爲《商周青銅器銘文選》所釋頗爲可信，原因有三

　　1、在鄂君啓節中「庚」字數見，文例相同，均爲「庚」字下接地名，如「庚松易」、「庚爰陵」、「庚郢」等，「庚」字在此借爲「經」，也就是「至」的意思。[24] 而「賡」字在鄂君啓節僅一見例，[25] 其字形從「貝」、從「庚」，且其文例與「庚」字判然有別，由此推斷，「賡」字當非「庚」之異體字或假借字，否則便不須特別用此「賡」字，盡用「庚」字即可。

　　2、《說文》收有一「賡」字，從庚貝，即古文「續」字；「賡」與「賡」所從部件皆同，故或即「賡」字異體。

[21] 參見劉彬徽著《楚系青銅器研究》（武漢：湖北教育出版社，1995年7月，頁347），所引朱德熙、李家浩：〈鄂君啓節銘文研究〉，《紀念陳寅恪先生誕辰一百周年學術論文集》（北京：北京大學出版社，1989年）一文。

[22] 劉彬徽：《楚系青銅器研究》（武漢：湖北教育出版社，1995年7月，頁348）。

[23] 孔師仲溫：〈再釋望山卜筮祭禱簡文字兼論其相關問題〉，（第八屆中國文字學全國學術研討會論文，1997年3月）。

[24] 同前註。

[25] 「賡」字在鄂君啓舟節及車節裏各一見，但文例相同，本文此處指其文例而言，非指字形。

3、《周禮・地官・掌節》云：

　　……門關用符節，貨賄用璽節，道路用旌節，皆有期以反節。[26]

由此可知，古代符節之使用是有期限的，就好像現今的出國簽證一樣，非能通行一輩子的；鄂君啓節既爲楚王頒發給鄂君啓經商的水陸通行憑證，亦當有其年限，此可由舟節：「屯（皆）三舟爲一舿，五十舿，戠（歲）罷（能）返」，及車節：「車五十乘，戠（歲）罷（能）返」兩句銘文，證明鄂君啓所持用符節之使用期限只有一年，隔年便需再換發，才能繼續享有通關優惠。

「贖」字若訓爲「續」，則意爲替鄂君啓新換發且爲續發的符節，文句不但能通讀，亦與當時持節之習慣相符。據這三點理由，筆者認爲「贖」也就是「賣」的異體字，當訓爲「續」。

肆、釋

１９７５年湖北省當陽曹家崗五號楚墓出土一簠，其銘文作：

　　王孫 作蔡姬飤（食）匜（簠）。

這是楚貴族王孫 爲蔡姬所作之器。高應勤及夏淶考釋 字，認爲上半部從「雨」，下半部從「猋」，以形義并聲類求之，當爲冰雹的「雹」字，本爲「從雨、猋聲」，後進一步簡化，才演變成現今習用「從雨、包聲」的「雹」字。[27]

　　《說文》無「從雨、從猋」或「從雨、猋聲」之字，僅有一「霖」字，從「雨」、「眾」聲，許愼釋義爲霖雨，與此銘形近。[28] 考 之形，上半

26　《周禮》（臺北：藝文印書館，十三經注疏本），卷15，頁12下。
27　高應勤、夏淶：〈王孫雹簠及其銘文〉，《文物》1986年第4期，頁10-11。
28　《說文》另有一「霖」字，從「雨」、「眾」聲，個人以爲「霖」、「霖」二字乃異
　　體字。

部所從確爲「雨」旁，而金文「人」字無與此銘形近者，故此字下半部所從並非三人之「众」；按從「犬」之字，如 🉐存下731、🉐獻侯鼎、🉐王孫誥鐘17.75、🉐包山楚簡84反等，其犬旁與銘文極爲類似，據此，🉐或當隸定爲「霥」。「霥」是否也就是「霭」字呢？趙德祥認爲「雨」旁與「風」旁有可能相互替代，因此「霥」、「飍」可謂同字異形；而《說文》收「飍」字古文作「颲」，故趙氏贊同將「霥」釋爲「霭」。[29] 然而，「雨」旁與「風」旁是否可相互替代，在古文字中未見其例，且「焱」與「包」雖於聲符上偶可更代，但這並不表示隨處皆適用，若照此例推之，那麼就會產生一大堆的異體字了，故將「霥」與「霭」視爲異體字，這種說法頗值商榷。

　　至於王孫霥的身份，趙德祥認爲此人即楚史上著名的申包胥。[30] 考申包胥爲春秋晚期楚昭王時之人，而曹家崗五號楚墓亦屬春秋晚期的墓葬，二者在時間上能吻合。其次，《史記・楚世家》云：，

　　　昭王之出郢也，使申包胥請救於秦。

裴駰《集解》引服虔曰：

　　　楚大夫王孫包胥。

瀧川龜太郎《考證》云：

　　　包胥蓋武王兄蚡冒之後，楚之公族，食邑於申，因以爲氏耳。[31]

由此可知，申包胥爲楚王孫，亦與此器器主「楚王孫」的地位相合。復次，《左傳・定公五年》記載秦出兵敗吳後，楚昭王返國賞功，申包胥逃賞一事，楊伯峻《春秋左傳注》云：

---

[29] 趙德祥：〈簋銘王孫霭和蔡姬考略〉，《考古與文物》1993年第2期，頁58-59。

[30] 同前註。

[31] 瀧川龜太郎：《史記會注考證》（臺北：漢京文化事業有限公司，1983年），卷40，頁43。

《戰國策・楚策》一則云「自棄於磨山」，磨山亦作歷山，今湖北當陽縣東有磨山。[32]

申包胥逃賞之處，與曹家崗五號墓亦有地緣上的關係，故此墓有可能即爲申包胥之墓葬。最後，討論「𥁕」與「包」二字的關係，「𥁕」字從「猋」得聲，其聲符「猋」字《廣韻》音「甫遙切」，上古聲紐屬幫紐*p-，韻部屬宵部*-au；「包」字《廣韻》音「布交切」，上古聲紐屬幫紐*p-，韻部屬幽部*-o，二者聲紐相同，韻部則爲旁轉，所以聲韻關係頗爲密切。[33] 然而，「包胥」之名是否可用「𥁕」代替呢？趙德祥認爲銘文中之所以沒有「胥」字，有可能是避免與他人在名字上的混淆（如伍子胥或稱爲「申胥」），和名字字數上的累贅而省掉的。[34] 然而，署名「包胥」並不會與伍子胥之「申胥」混淆，反倒是省爲「𥁕」易讓人不解其究竟爲誰。且楚金文中屢見署名爲複名者，如楚叔之孫以鄧鼎、王子嬰次爐、楚屈叔沱戈、楚屈子赤角簠、王孫遺者鐘、楚子棄疾簠、王子啓疆鼎……等，這些器並未因字數的累贅，而將複名省爲單名。由此可知，趙氏之說不確。楚金文中亦屢見署單名者，如楚公豪鐘、楚公逆鎛、王子午鼎、王孫誥鐘、析君述鼎、盛君縈簠、楚王孫漁戈……等，這些單名之器，因有些器之器主身份未能考定，故無法得知其究竟本即單名，或是有複名省稱單名的情形。據此，則「包胥」之名能否省稱爲「𥁕」，便無法論定。但是，因著上述其他理由，所以仍可以說「王孫𥁕」即可能就是申包胥。

32 楊伯峻：《春秋左傳注》（高雄：復文書局，1991年9月），頁1554。
33 本文上古音系據陳師新雄《古音學發微》（臺北：文史哲出版社，1983年2月）一書。
34 同註二十九。

伍、結語

　　透過對上述三個楚金文的考釋，除能明瞭個別文字之形、音、義外，更對楚國歷史文化有較深入的了解，若能進一步對所有古文字做全面性的討論，相互參證，則必能得到更大的收獲。

參考引用書目

　　《周禮》，臺北：藝文印書館，十三經注疏本

孔師仲溫

　　〈再釋望山卜筮祭禱簡文字兼論其相關問題〉，第八屆中國文字學全國學術研討會論文，1997年3月

方濬益

　　《綴遺齋彝器考釋》，臺北：臺聯國風出版社，1976年9月

丘雍、陳彭年

　　《大宋重修廣韻》，臺北：黎明文化事業股份有限公司，影印澤存堂本，1985年9月

石泉

　　《楚國歷史文化辭典》，武昌：武漢大學出版社，1996年1月

李零

　　〈楚國銅器銘文編年匯釋〉，《古文字研究》第十三輯，北京·中華書局，1986年6月

阮元

　　《積古齋鐘鼎彝器款識》，北京：中華書局，1985年，叢書集成初編本

周師何、季旭昇、江中文

　　《青銅器銘文檢索》，臺北：文史哲出版社，1995年5月

柯昌濟

　　《韡華閣集古錄跋尾》，臺北：華文書局，1971年5月

段玉裁

　　《說文解字注》，臺北：黎明文化事業股份有限公司，影印經韻樓
　　版，1986年10月

孫詒讓

　　《古籀餘論》，臺北：華文書局，1971年5月

容庚

　　《金文編》，京都：中文出版社，1986年3月

徐同柏

　　《從古堂款識學》，北京：中華書局，1985年，叢書集成初編本

殷滌非、羅長銘

　　〈壽縣出土的「鄂君啓金節」〉，《文物參考資料》，1958年第4期，
　　頁8-11

馬承源

　　《商周青銅器銘文選（四）》，北京：文物出版社，1990年4月

高應勤、夏淥

　　〈王孫霝簠及其銘文〉，《文物》1986年第4期

張光裕、袁國華

　　《包山楚簡文字編》，臺北：藝文印書館，1992年11月

張亞初

　　〈論楚公豪鐘和楚公逆鎛的年代〉，《江漢考古》1984年第4期

郭沫若

　　　《兩周金文辭大系圖錄考釋》又名《周代金文圖錄及釋文》，臺北：
　　大通書局，1971年3月，
　　　　〈關於鄂君啓節的研究〉，《文物參考資料》1958年第4期
陳師新雄
　　　《古音學發微》，臺北：文史哲出版社，1983年2月
湖北省文物考古研究所、北京大學中文系
　　　《望山楚簡》，北京：中華書局，1995年
湖北省荆沙鐵路考古隊
　　　《包山楚墓》，北京：文物出版社，1991年10月
楊伯峻
　　　《春秋左傳注》，高雄：復文書局，1991年9月
趙德祥
　　　〈簋銘王孫黽和蔡姬考略〉，《考古與文物》1993年第2期
劉彬徽
　　　《楚系青銅器研究》，武漢：湖北教育出版社，1995年7月
廣州中山大學古文字研究室
　　　〈江陵望山一號楚墓考釋〉，《戰國楚簡研究》第三期，廣州：中山
　　大學古文字研究室，1977年油印本
瀧川龜太郎
　　　《史記會注考證》，臺北：漢京文化事業有限公司，1983年

第一屆國際訓詁學研討會論文
1997.04.19-20

望山卜筮祭禱簡「癉莓」二字考釋

孔仲溫
國立中山大學中文系

一、前言

　　1965年，湖北江陵望山一號墓出土一批戰國楚簡，這批楚簡出土之後，湖北省文物考古研究所與北京大學中文系即進行整裡考釋，並編著《望山楚簡》（以下簡稱《望山》）與《江陵望山沙塚楚墓》二書。不過，這二書直到1995、1996年，才由北京中華書局、文物出版社出版，正式公布問世。另外，廣州中山大學古文字研究室也曾作整理考釋的工作，撰成〈江陵望山一號楚墓竹簡考釋〉（以下簡稱〈江陵〉）一文，1977年發表於其《戰國楚簡研究（三）》的內部油印刊物上。二者於整理、考釋上，各有貢獻與成績，值得重視。然而，由於其研究時間較早，且簡牘本身有殘斷、文字漫漶不清的情形，因此仍然留有不少可以討論的空間，尤其1986年發掘的包山二號楚墓，出土大批簡形完整，文字清楚的竹簡，並於1991年發表《包山楚墓》與《包山楚簡》二書。[1]其中有許多內容與望山楚簡相類似，可以相互參證，因此，個人自1996年起，便專就望山楚簡，有關卜筮祭禱簡中，認爲猶存有疑議的文字，再作考論，先後撰成〈望山卜筮祭禱簡文字初釋〉、〈再釋望

1二書均由湖北省荊沙鐵路考古隊主編，文物出版社出版。

山卜筮祭禱簡文字兼論其相關問題〉二文，發表於第七屆與第八屆中國文字學學術研討會上，本文則是踵繼前文，再柬擇「瘠、泭」二字考論。

二、釋瘠

在《望山》第50、62、65號簡文中有▨、▨、▨三字，依字形跟文例看來，應該是同一個字，我們依《望山》的釋文載錄三簡的內容作：

　　▨▨又（有）見祝（祟），宜禱▨▨₅₀

　　▨又（有）▨、迡（遲）瘠（瘥）曰（以）亓（其）古（故）敓之，
　　壁▨₆₂

　　▨瘠（瘥），又（有）▨▨₆₅

考《包山楚簡》中也有類似的兩條文例，摘錄其相關部分如下：

　　疾叟，又▨，遞慲，以其古（故）紧之。₂₃₉·₂₄₀

　　病又▨，以其古（故）敓之。₂₄₇·₂₄₈

此外，從滕壬生《楚系簡帛文字編》於「瘠」字下也引錄了天星觀楚簡類似的文例：

　　無咎少又▨。

　　疾又▨。

　　夜中有▨。

從這些文例裡，我們可以看出望山簡的▨、▨，應與包山、天星觀簡的▨、▨、▨為同字，只是偏旁有從「疒（疒）」、從「爿（爿）」、從

「心」的不同，而從「彳」是從「方」形體相近的俗寫。另外在「旨」的左右，或加上「人」的形符，或不加。此字並不見載於《說文》，但所從旨的聲符，見於西周昭王〈厚趠鼎〉銘文[2]，字作□，郭沫若《兩周金文辭大系考釋》隸定作「賃」，並云：「賃，疑饋字，從人從貝旨聲，旨乃□之繇文，從山。」[3]唐蘭先生十分贊成郭氏之說，以為「金文從追字往往從旨（余義鐘和陳肪簋）可證。」且云：

> 歸本從帚旨聲，歸遺聲同，（《釋名·釋言語》：「汝穎言貴聲如歸往之歸也」），所以貴的別構可以從旨聲。新出犾駿觥蓋銘說：「吳犾駿弟史遺（遺）馬弗十」，作遺即遺字可證。賃字在這裏讀如：饋、餽、歸和遺，古書多通用。[4]

唐蘭先生在郭氏的基礎上，進一步論證□即是賃字的說法，以為〈犾駿觥〉蓋銘上的「遺」即「遺」字。因此《望山》的考釋，大抵就依從郭、唐二氏之說，並進而就簡文的內容訓釋說：

> 簡文□與□二字的意義，當與疾病有關，疑當讀為「瘝」或「瘣」。《集韻》灰類引《倉頡篇》「瘝，陰病」。《一切經音義》卷十引《字林》「瘣，重疾也」。[5]

《包山楚簡》與曾憲通先生〈包山卜筮簡考釋（七篇）〉一文，於「賃」字的考釋，則不從郭、唐二氏之說，而直接分析該字的聲符從「旨」，《包山楚簡》釋讀為「瞢」，以為「病也」，其文曰：

---

[2]厚趠鼎的斷代，係依據唐蘭〈論周昭王時代的青銅器銘刻〉一文，載於《古文字研究》2：27-28。

[3]參見郭沫若《兩周金文辭大系考釋》P29B。

[4]同注2。

[5]參見《望山》P96。

　　𤸈，㾹聲，讀如躗。《呂氏春秋》：「遇合聖賢之後反以尊民」，
注：「病也」。6

又曾憲通先生則逕據聲符，依《說文》釋「㾹」本義「危高也」，而以爲
「又𤸈」引申指「病情危重，危殆之意」。7

　　有關「𤸈」字形義的考釋，諸家的意見頗不一致，推究其問題的根本，
就是「𤸈」或「𤸈」字，究竟所從「㾹」的聲符，即以爲「㾹」聲，抑是以
「㾹」爲「自」的繁體，二派對聲符的看法不同，導引出來的結果，自然也
就不同。不過，個人從以下形音義諸方面的論證，以爲後者以「㾹」爲聲
符，不以「㾹」爲「自」的繁體，恐怕是比較合理。

　　1．簡文「𤸈、𤸈、𤸈」諸字形均從「㠯」。據唐蘭先生之說，全文中
從「自」之字，偶有繁體作「㾹」，但是我們必須了解，這種情形畢竟只是
少數的字例，事實上古文字裡，從「自」的字，均作 ß 或 ß 的字形，因此，
我們是否就將「𤸈、𤸈、𤸈」，甚至「𤸈」字，其所從「㾹」的形符，依唐
蘭先生之說而釋從「自」，而視諸字均從「㾹」的字形若於無睹，恐是值得
再斟酌。

　　2．上古從「㾹」聲字自成諧聲系統。由於唐蘭先生釋「㾹」爲
「自」，因此推斷《說文》所釋形義有誤。但是我們如果從「㾹」聲字自成
諧聲系統上來思考，或許就不能遽然斷言許慎所釋有誤。在《說文》裡從
「㾹」聲的字，有：𤟭、薛、𩾏、劈、糵、䑕、蠥、孽等字，它們上古韻部
均屬月部 *-at。8尤其更值得注意的是這些字在上古韻文裡，都是跟入聲月
部的字押韻，而且從來就不跟平聲韻的字押韻，例如下列 4 條韻例：

　　（1）活、瀎、發、揭、孼、揭。詩經·衛風·碩人四章
　　（2）旆、鉞、烈、曷、孼、達、截、伐、桀。詩經·商頌·長發六章

6參見《包山楚簡》P58。
7參見《第二屆國際中國古文字學會研討會論文集》P421-422。
8本文上古音系依據陳師新雄《古音學發微》，〈黃季剛先生及其古音學〉二文。

（3）璧、達。楚辭·天問

（4）滅、蹶、辥。莊子·人間世[9]

由此我們可以看出從「屮」聲的字，原本就是入聲，它不跟平聲「屮」有聲韻的關係，自然以「屮」為「自」的說法，得再考慮了。

3.春秋金文「辥」作「」，故「屮」、「月」同音。王國維《觀堂集林》曾考論「辥」字，[10]以為甲骨文中「辥」作前編·六·四·十一，從「自」從「」，「」即「辛」，與「辛」為二字，而「」即「辥」的本字。[11]由王國維以「」為「辥」字聲義根源的看法，可以推知他是主張從「辥」諸字均從「」聲。但是，到底「辛、辛」為不同的兩個字呢？還是一個字呢？有不少學者贊成羅振玉《殷虛書契》早期主張為一個字的說法，郭沫若《甲骨文字研究·釋干支》即反覆再三論之甚詳，[12]個人以為不論「辛、辛」是否同為一字，則「辥」字從「辛」「辛」得聲就不相映合了，蓋二者的上古韻部均屬元部*-an，與「辥」字屬月部*-at不同。尤其讓我們注意的是甲骨文的「辥」作，在春秋時期薛器銘文，「薛」字均作，[13]此「薛」字從「月」，而「月」與「屮」的讀音，上古聲韻是完全相同的，它不僅告訴我們「薛」字所從的「屮」字為聲符外，而且也傳達了甲骨文中所從「」也就是「屮」的訊息。

9參見陳師新雄〈毛詩韻譜·通韻譜·合韻譜〉及楊素姿《先秦楚方言韻系研究》附錄之〈楚方言韻譜〉之韻例。
10參見《觀堂集林》所載〈釋辥〉一文，P279-282。
11王國維《觀堂集林》以「辥」金文「自」或加從「止」，後變「止」為「屮」，與小篆同，「屮」是「止」的形訛。
12參見徐灝《說文段注長箋》、郭沫若《甲骨文字研究·釋干支》、李孝定《甲骨文字集釋》等。
13參見馬承源《商周青銅器銘文選》三冊，NO821-824薛器銘文。

　　經過上面的論證，我們認爲唐蘭先生以「𦣻」爲「自」的繁體的說法，似可以再商榷。而「𦣻」與「自」既爲兩個形音義不同的字，因此郭沫若釋〈厚趠鼎〉銘文的「𧶠」爲「饋」，或許可以另作解釋。「𧶠」既然從「𦣻」得聲，從聲符相同的字可相通假的角度看，〈厚趠鼎〉銘作：「有𧶠于溓公」，「𧶠」疑即「辥」，「辥」在兩周青銅器銘文中經常使用，而通作「乂」，如〈大克鼎〉：「辥王家」、〈晉公𥂴盨〉：「保辥王國」、「整辥爾空」，〈郘䢵鼎〉：「保辥郘國」，14此「辥」字通經書中的「乂」、「艾」，如《尙書・多士》：「保乂有殷」、《尙書・康王之誥》：「保乂王家」、《詩經・小雅・南山有臺》：「保艾爾後」，15「辥」所從「𦣻」聲，與「乂」上古讀音也是完全相同，又「乂、艾」通「乂」，《說文》：「乂，治也，從辟乂聲。《虞書》曰：有能俾乂」，由是可知〈厚趠鼎〉銘文：「有𧶠于溓公」即「有辥于溓公」、「有乂于溓公」，「乂」是「治理」的意思，引申爲輔弼以正治之意，因此〈厚趠鼎〉銘文依此辭例，恐非如郭、唐二先生所指屬賞賜類銘文，而應屬紀功類的銘文。至於唐蘭先生所引〈夨駿觥〉蓋銘有「遣」字，自所從𦣻，釋作「遣」，既然「𦣻」非「自」，此字是否仍釋爲「遣」也可以再斟酌。不過，此字上有「史」字，依銘文辭例，顯然此是指人名，如此則不易從上下文意判斷釋讀了。

　　總上所論，我們已經認定楚簡「𤻮、𤸷、𤺤」及金文「𧶠」諸字𢼄從「𦣻」聲，郭、唐二先生所釋可再商榷，而以其說爲基礎的《望山》訓「𤻮、𤸷」讀爲「瘠、瘣」，在根本上是已經動搖的。其實就是不從字形上去辨明，從其上下文意的訓釋，恐也未必穩妥。其進一步釋「瘠、瘣」字義作「陰病」、「重疾」，我們依據望山、包山、天星觀等卜筮祭禱簡文例觀之，即可明白，如釋作「瘠」指「陰病」，所謂「陰病」，明張自烈《正字

14同注13，NO.297；四冊NO.887.913。
15參見《尙書注疏》P237、289，《詩經注疏》P347。

通》云「瘏」通「癩」,「癩」下引《疝經》謂「丈夫陰器連少腹急痛也」,[16]以此解釋諸簡文中「又瘏」皆與陰器病有關,恐不適當。我們要考慮三個不同墓主是否都患了相同的病。至於釋作「瘟」指「重疾」,若就包山簡文「疾叟,又瘏」、「疠又瘏」的文句言,「叟」,李家浩先生釋作「變」,[17]「疠」,周鳳五先生釋作「病」,[18]二說可從,因此「瘏」倘釋「瘟」作「重疾」的意思,在文意上重複,是以《望山》之說,可再斟酌。

　　至於《包山楚簡》釋「瘏」讀如「瘵」,訓爲「病也」,曾憲通先生訓「瘏」爲「病情危重、危殆之意」,個人以爲各有所長,在字形上讀如「瘵」可從,但訓爲「病也」則如同《望山》所釋,有文意重複的缺點,「眥」、「瘵」訓爲「憂」,或較合於簡文,蓋「瘖、瘏」與「憖」爲異體,從心或與心憂相關,且考《楚辭‧天問》云:「啓代益作后,卒然離蠥。」王逸章句:「蠥,憂也。……蠥,一作孽、一作瘵。」又洪興祖《楚辭補注》於此注下引《汲冢書》曰:「曷戚曷孽」,[19]此「孽」與「戚」相對應,亦當是「憂」意。〈天問〉又云:「帝降夷羿,革孽夏民。」王逸章句又云:「孽,憂也。」[20]是以個人以爲望山、包山、天星觀諸簡文作「又(有)瘏」,「瘏」或作「憖、瘏」指墓主生前的病情沉重有憂,因此卜巫爲之除祟祭禱。

三、釋毎

16參見張自烈《正字通》午集.中.P26。

17參見李家浩〈釋弁〉一文,載於《古文字研究》1:391-395。

18參見周鳳五〈包山楚簡文字初考〉,載於《王叔岷先生八十壽慶論文集》P 361-377。

19參見洪興祖《楚辭補注》P165-166。

20同注19,P167-168。

在望山楚簡裏祭禱神祇所使用的犧牲，除有「牂」之外，尚有「牸」，「牸」字出現，計凡三次：

□吉祱一牂，句（后）土、司命各一牸，大水一環，與禱於二王□
55

□轠各一牸123

☑懇禱北宗一環，懇禱遬一牸……125

第55、123簡的牸字，從「羊」偏旁，略有殘損，不過看得出是從「羊」，此字《望山》疑其作「羏」而釋作「羯」，考釋云：

> 此字右旁與簡文「死」字所從之「歺」相似，疑為從「羊」「歺」聲之字。「歺」、「曷」古音相近，此字或即「羯」之異體。21

《望山》以為「牸」字右邊形體類似「死」字所從之「歺」，其實檢《望山》「死」字作「㱦、㱦、𣦵」諸形，與此不同，說恐可再斟酌。另外，〈江陵〉於此三簡「牸」字之釋讀，則作「羖」、「羘」。於47號簡下（即《望山》123）釋作「羖」字，云：「羖，從羊從女，殆為牝羊。」94號簡下（即《望山》125）釋作「羘」字，云：「羘，右旁從女，殆為牝羊名」，意與《玉篇·羊部》「羘，牝羊也」近似。120號簡下（即《望山》55）釋作「羝」字，云：「羝，即羝。《說文》『羝，牡羊也』；《博雅》：『牡羊四歲曰羝』。」22個人以為〈江陵〉釋作「羖」、「羘」，雖然仍未完全合於簡文，然已十分接近，唯釋作「羝」恐與簡文不合，未可遽從。大體而言，這三枚簡文字形均應作「牸」，作「牸、牸」則是殘損的緣故。由簡文內容上下判讀，「牸」字經常與另一祭禱犧牲「牂」字同列對應，推想

21同注五，P97。
22參見《戰國楚簡研究（三）》，P23、31、35。

「𤜆」字必是指一種用來祭禱的羊，所以儘管二家的考釋有別，但從祭禱羊類犧牲的方向去思考，方向是正確的。本文淺見，「𤜆」字疑即「𣴳」，為「羖」異體字，又作「羧」。從字形而言，「𤜆」所從「𢨋」疑為「每」，「每」字，考甲骨文作𡄽粹六六三、𡄽粹六六一、西周金文作𡄽大豐簋、侯馬盟書作𡄽200:58，[23]在諸形中所作「屮、屮」的部件，在戰國簡帛文字裏，經常被簡省作「卜」的形體，例如「妻」字小篆作𦳊，字形也是從「屮」的部件，然「妻」字包山楚簡則作𡄽2.91、江陵秦家嘴九九號墓楚簡作𡄽、楚帛書作𡄽丙三・二，[24]因此推考「𢨋、𢨋」即「每」，「𤜆」即「𣴳」字。《說文》無「𣴳」字，個人以為從包山、望山簡文文例相互參證，與二字的聲韻關係，推證「𣴳」即「羖」。蓋於包山楚簡中無「𣴳」字，其卜筮祭禱簡文，則以「羖」與「𦍙」相對應，例如：

> 舉禱太一牂，后土、司命各一𦍙；舉禱大水一膚，二天子各一𦍙，佹山一羖；舉禱楚先老僮、祝蝕（融）、媸酓各兩羖。237

> 舉禱祱一膚，后土、司命各一𦍙；舉禱大水一膚，二天子各一𦍙，坐山一羖。243

其中包山楚簡祭禱簡文中的犧牲有牂、𦍙、羖，且祭禱祝融時用「羖」，這跟望山簡文𦍙、𣴳同為對應的犧牲，123號簡為祭禱祝融用「𣴳」的情形相同，因此以為「𣴳」即是「羖」。從聲韻關係來看，「𣴳」從「每」聲，上古韻部屬之部*-ə，「羖」從「古」聲，上古韻部屬魚部*-a，雖然不大相同，但皆屬陰聲開尾韻的韻部。且於《詩經》、《楚辭》、《老子》諸先秦韻文裡，魚之韻部多有合韻通轉的情形，如《詩經・鄘風・蝃蝀二章》「雨母」合韻，尤其西漢初年，在羅常培、周祖謨《漢魏晉南北朝韻部演研

23參見《古文字類編》P44、《金文編》P27、《侯馬盟書》P308所載。

24參見滕壬生《楚系簡帛文字編》P858，曾憲通《長沙楚帛書文字編》P34。

究》所載〈易林韻譜〉，則有大量之魚合韻的情形，之部從「每」得聲之字，經常與魚部字合韻，[25]由此可推知在戰國中期的望山楚簡，也是有之魚通轉的情形。總之，我們推證「莓」即「粘」。「粘」為「羖」的異體，《廣韻·姥部》讀二字為「公戶切」，以「粘」為「羖」的俗字，「羖」下注云：「羖羺羊，《說文》曰：夏羊牡曰羖。」而「羘」正與「羖」相對應，《說文》云：「羘，牝羊也。」「羘」、「羖」不僅有牝牡之別，亦有白黑之分，《爾雅·釋畜》云：「羊牡羒，牝羘；夏羊，牡羭，牝羖。」郭璞於「羊牡羒」下注：「吳羊白羝」，「夏羊」下注：「黑羖羺」，」，於「牝羖」下注：「今人便以羘羖為白黑羊名」。於此言「羘、羖」為白黑羊名，然似又言「羘、羖」皆為牝，郝懿行考證以為「牡羭，牝羖」應是「牡羖牝羭」，《爾雅》之文，蓋於郭璞之前已誤倒。[26]由此可知羘、粘（羖）的對應關係為：牝：牡、白：黑、白牝：黑牡，是以「莓」字可能是指黑羊、公羊、黑公羊了。

四、結語

綜上所論望山卜筮祭禱簡中，「臂」及其異體「臂、臂」諸字，按理是均從「𦥑」得聲，讀如「孽」，在簡文裡釋作「憂」義，指墓主生前病情沉重有憂。而「莓」字可隸定作「莓」，疑為「粘、羖」的異體字，指黑羊、公羊、或者黑公羊，其與簡文裡的「羘」相對應，作為祭禱用的犧牲。

參考引用書目

山西省文物工作委員會

    1976，《侯馬盟書》，文物出版社，北京

---

[25]參見該書P270-272。
[26]參見郝懿行《爾雅義疏》P1335-1336。

孔仲溫

　　1996，〈望山卜筮祭禱簡文字初釋〉，《第七屆中國文字學全國學術研
　　　　討會論文集》，P237-251，東吳大學中文系所，台北

　　1997，〈再釋望山卜筮祭禱簡文字兼論其相關問題〉，《第八屆中國文
　　　　字學全國學術研討會論文集》，P37-55，彰化師大國文系，彰化

孔穎達

　　　　　　《尚書正義》，1973，藝文印書館景十三經注疏本，台北

　　　　　　《毛詩正義》，1973，藝文印書館景十三經注疏本，台北

王國維

　　1921，《觀堂集林》，1975，河洛圖書出版社，台北

李孝定

　　1965，《甲骨文字集釋》，中央研就院史語所專刊之五十，台北

李家浩

　　1978，《釋弁》，《古文字研究》1:391-395，中華書局，北京

周鳳五

　　1993，〈包山楚簡文字初考〉，《王叔岷先生八十壽慶論文集》，
　　　　P361-377

段玉裁

　　1807，《說文解字注》，1982，藝文印書館景經韻樓版，台北

洪興祖

　　　　　　《楚辭補注》，1973，藝文印書館景汲古閣本，台北

唐　蘭

　　1981，〈論周昭王時代的青銅器銘刻〉，《古文字研究》2:12-162

容　庚

　　1985，《金文編》，1992，中華書局，北京

郝懿行

　　　　《爾雅義疏》，1974，河洛圖書出版社景沛上重刊本，台北

馬承源

　　1990，《商周青銅器銘文選》，文物出版社，北京

高　明

　　1980，《古文字類編》，中華書局，北京，1986，台灣大通書局，台北

張光裕・袁國華合編

　　1992，《包山楚簡文字編》，藝文印書館，台北

張自烈

　　1678，《正字通》，潭陽成萬材本

郭沫若

　　1931，《兩周金文辭大系考釋》，1971，又名《周代金文圖錄及釋
　　　　文》，大通書局，台北

　　1952，《甲骨文字研究》重印本，民文出版社，台北

陳新雄

　　1971，《古音學發微》，文史哲出版社，台北

　　1993，〈黃季剛先生及其古音學〉，1994，《文字聲韻論叢》，P1-
　　　　46，東大圖書公司，台北

　　1989，〈毛詩韻譜・通韻譜・合韻譜〉，1994，《文字聲韻論叢》，
　　　　P259-302，東大圖書公司，台北

曾憲通

　　1993，《長沙楚帛書文字編》，中華書局，北京

　　1993，〈包山卜筮簡考釋（七篇）〉，《第二屆國際中國古文字學術研
　　　　討會論文集》，P405-424，香港中文大學，香港

湖北省文物考古研究所

　　1996，《江陵望山沙塚楚墓》，文物出版社，北京

湖北省文物考古研究所‧北京大學中文系

　　1995，《望山楚簡》，中華書局，北京

湖北省荊沙鐵路考古隊

　　1991，《包山楚簡》，文物出版社，北京

　　1991，《包山楚墓》，文物出版社，北京

楊素姿

　　1996，《先秦楚方言韻系研究》，國立中山大學碩士論文，高雄

廣州中山大學古文字研究室

　　1977，〈江陵望山一號楚墓竹簡考釋〉，《戰國楚簡研究》3:1-40，廣
　　　州中山大學油印本，廣州

滕壬生

　　1995，《楚系簡帛文字編》，湖北教育出版社，湖北
　　　省全國學術研討會論文集》，P37-55。

羅常培‧周祖謨

　　1958，《漢魏晉南北朝韻部演變研究》第一分冊

第一屆國際訓詁學學術研討會論文
1997.04.19-20

尹灣漢簡〈神烏傳〉箋釋

虞萬里
上海漢語大詞典編纂處

《文物》一九九六年第八期發表〈江蘇東海縣尹灣漢墓群發掘簡報〉，報導了基中出土的一批簡牘，並附有部分簡牘照片，同期還刊出了〈尹灣漢基簡牘釋文選〉及滕昭宗先生關於這批簡牘的概述。簡牘主要出於 6 號墓，中有〈神烏傳〉一篇，書於二十支竹簡上，[1] 字體爲草書。經排比整理，全文六百六十餘字。滕先生概述其內容云：「此賦講雌雄二鳥陽春三月築巢而遇盜鳥偷竊，雄鳥與盜鳥搏鬥受傷，盜鳥反得完雄鳥臨死之前要求雌鳥同死，雌鳥講了不能同日而死的道理，最後雌鳥述說風雲莫測世事艱難，獨自高翔而去。」筆者研讀釋文，內容與滕文所述大相徑庭。賦云雌烏與盜烏搏鬥，重傷幾卒，雄烏欲與共死生，雌烏陳述大義，勸雄烏更娶賢婦，又告誡其勿偏聽婦言而使親子受苦，最後雌烏自投而死。

〈神烏傳〉出於漢墓，是迄今爲止未經後人傳抄刊刻的漢代文學作品，極爲珍貴。然其文多用古字叚字，有必要箋釋疏通。今凡有照片之前十二簡，將釋文二與之核對，疑者質之，譌者改之，然後加以箋釋；後八簡無照片可核，箋釋時僅依釋文爲據，個別文字有疑，也在箋釋中提出。

惟此三月，春氣始陽，眾鳥皆昌，執虫坊皇。

執，通「蟄」。《史記·天官書》「執徐歲」司馬貞索隱引李巡曰：「伏蟄之物皆敦舒而出，故曰執徐。執，蟄；徐，舒也。」《爾雅·釋天》陸德明釋文引李巡作「言蟄物皆敷舒而出」。《淮南子·天文訓》「執徐之

---

1 此據〈發掘簡報〉及滕昭宗先生執筆的〈簡牘釋文選〉，〈尹灣漢墓簡牘概述〉云「〈神烏傳〉，竹簡21枚」。

歲」高誘注意同。執虫即蟄蟲。馬王堆漢墓帛書《十六經‧觀》有「執虫不出」、「執虫發聲」之語。坊，與方古通用。《文選‧何晏〈景福殿賦〉》：「屯方列署。」李善注：「《聲類》曰：『坊』別屋也。方與坊古字通。」[2]《荀子‧禮論》：「於是其中爲方皇周挾，曲得其次序，是聖人也。」楊倞注：「方皇，讀爲仿偟。」《漢書‧揚雄傳》：「溶方皇於西清。」顏師古注：「方皇，彷徨也。」坊皇，即方皇、仿偟、彷徨，不自安貌。蓋春氣既發，伏蟄之蟲皆不能自安而蠢蠢欲動也。

陽、昌、皇陽部相諧。

蠳蜚之類，烏最可貴，其姓好仁，反餔於親，行義淑茂，頗得人道。

蜚與飛古通用，先秦兩漢文獻用例甚多。《說文‧虫部》：「蠳，蟲行也。」《羽部》：「翻，小飛也。」烏爲飛禽，非蟲類，蠳蜚即翻飛，以同音而通用。《淮南子‧本經訓》：「蠳飛蠕動，莫不仰德而生。」《藝文類聚》卷十一引作「翻飛蠕動」。姓即性。《隸釋‧漢中常侍樊安碑》：「爲天下著性。」又〈戚伯著碑〉：「胄周別封氏衛俠邑而爲性焉。」此皆當爲姓，是性姓相通之證。《說文‧烏部》：「烏，孝鳥也。」王嘉《拾遺記‧魯僖公》謂白鴞爲「仁烏」、「慈烏」。《爾雅翼‧釋鳥一》：「烏，孝鳥也。始生，母哺子之六十日，至子稍長，則母處而子反哺，其日如母哺子之數，故烏一名哺公。」烏仁孝之名得之於反哺。因其仁孝，故曰「頗得人道」。一九六四年在北京西郊八寶山發現「漢故幽州書佐秦神道」石闕，同時發現之墓表石柱上刻有以「烏還哺母」爲題之銘文七行，首行有「維烏維烏，尙懷反報，何兄於人，號治四靈」句。[3] 石刻紀年爲永元（89～104）、元興（105～113）間，與此賦相去不遠。藉此可推知兩漢時烏好仁反哺之說的盛行。

2　胡刻本作「坊」，考異云：「袁本，茶陵本坊作方。案二本是也。」。

3　〈北京西郊發現漢代石闕清理簡報〉，《文物》1964年11期。邵茗生，〈漢幽州書佐秦君石闕釋文〉，《文物》1964年11期。郭沫若：〈「烏還哺母」石刻的補充考釋〉，《文物》1965年4期。

類、貴脂部相諧。仁、親真部相諧。茂、道幽部相諧。

今歲不翔，一烏被央，何命不壽，狗麗此咎。

《易‧豐》上六象曰：「豐其屋，天際翔也。」陸德明釋文：「翔，鄭、王肅作祥。」唐李鼎祚《集解》亦作祥。又《易‧履》上九「考祥」，馬王堆漢帛書《易‧禮》作「巧翔」。翔即翔。是翔、祥古通用。不翔，猶言不吉利。《老子》五十二章「無遺身殃」，馬王堆帛書甲本作「毋遺身央」，乙本作「無遺身央」。《隸釋‧無極山碑》「爲民來福除央」、〈故民吳仲山碑〉「年壽未究，而遭禍央」等，皆以央爲殃。被央猶遭殃。狗，通「姤」。《易‧姤》上九「姤其角」，馬王堆帛《易》作「狗其角」。《姤》卦下陸德明釋文云：「古豆反，薛云古文作遘，鄭同。序卦及象皆云遇也。」《廣雅‧釋言》：「姤，遇也。」王念孫謂姤遘同。[4]《詩‧小雅‧魚麗》：「魚麗于罶。」《儀禮‧鄉飲酒禮》鄭玄注引作「魚離」。《書‧洪範》：「不罹于咎。」《史記‧宋微子世家》引作「不離于咎」，王應麟《困學紀聞》卷二引《尚書大傳‧洪範》作「不麗于咎」。[5]麗、離皆即罹，謂遭遇也。咎當即咎字。《說文‧人部》：「咎，災也。」睡虎地秦墓竹簡〈日書甲種〉二五背壹：「道令民毋麗兇央。」，[6]漢王充《論衡‧辯祟》：「涉患麗禍。」麗兇央、麗禍即簡文之麗咎。狗麗此咎，謂遭遇此災殃。

翔、央陽部相諧。壽、咎幽部相諧。

欲勳南山，畏懼猴猨，去色（危）就安，自詫府官，高樹綸棍，支格相連。

4　見《廣雅疏證》（江蘇籍出版社，1984年），頁162。
5　《困學紀聞》（四部備要本），頁173。陳壽祺《尚書大傳》輯校本據之輯入，皮錫瑞《今文尚書考證》亦引之。
6

勴，通「循」。二字先秦皆文部，勴曉紐而循邪紐。古曉邪之字相通或一字有曉邪兩音者甚多。循，行也、依也。《漢書・敘傳下》：「烏呼史遷，薰胥以刑。」顏師古注引晉灼曰：「薰，帥也。」《後漢書・蔡邕傳下》：「下獲薰胥之辜，高受滅家之誅。」李賢注：「《詩・小雅》曰：『若此無罪，勴胥以痛。』勴，帥也。」李注所引爲《韓詩》，《毛詩》作「淪胥以鋪」，毛傳：「淪，率也。」帥、率皆有循義。《詩・小雅・沔水》「率彼中陵」、《大雅・常武》「率彼淮浦」，鄭玄箋皆曰：「率，循也。」《詩・大雅・綿》「率西水滸」毛傳：「率，循也。」《文選・干寶〈晉紀總論〉》引作「帥西水滸」。猴下一字錄文作援，細審簡文，犬旁與上猴同，當作猨。猨即猿。《說文・虫部》作「蝯」，徐鉉曰：「今俗別作猨，非是。」張參《五經文字》卷中「蝯，于言反，又言爰。作猨訛」，是徐所本。今簡文作「猨」，知漢時已然。此二句謂烏欲行往南山依止，而畏懼猴猿也。色乃危之形誤，錄文已指出。詫，宅也。《儀禮・士相見禮》：「宅者，在邦則曰市井之臣。」鄭玄注：「今文或爲託。」而武威漢簡《儀禮・士相見禮》作「詫者」（簡十六），[7] 則漢時有作詫者。宅，居住也。綸棍，即輪困。輪綸皆以侖爲聲，古多通用。《易・未濟》九二「曳其輪」，馬王堆帛《易》作「抴其綸」。《史記・司馬相如傳》作「紛輪威蕤」，《漢書・司馬相如傳》作「紛綸威蕤」。棍困漢代真部疊韻。棍匣紐，困溪紐，喉牙相轉。《文選・鄒陽〈獄中上書自明〉》：「蟠木根柢，輪困離奇。」左思〈吳都賦〉：「輪困虯蟠。」枚乘〈七發〉：「中鬱結之輪菌，根扶疏以分離。」北齊劉晝《新論・因顯》：「夫樟木盤根鈎枝，癭節蠹皮，輪箘擁腫。」綸棍、輪困、輪菌、輪箘聲近義同，皆樹枝盤屈之意。支格，即枝格，長枝條。《史記・司馬相如列傳》：「夭蟜枝格。」

山、猨、安、官、棍、連元真通諧。

府君之德，洋溢不測，仁恩孔隆，澤及昆蟲。

7 　《武威漢簡》圖版壹（文物出版社，1964年）。

洋泆，即洋溢。《集韻·入質》：「泆，弋質切，深意。《莊子》『老而愈泆』郭象讀。」此乃《齊物論》文。《莊子·齊物論》：「以言其老泆也。」陸德明釋文：「老泆，本亦作溢，同。音逸。」宋陳景元《南華真經章句音義》卷二、《莊子闕誤》皆引江南古藏本作「溢」。[8] 宋賈善翔《南華真經直音》也音「泆」為「亦」。[9] 是古溢或作泆。馬王堆漢墓帛書《法經·四度》：「聲泆于實。」謂聲名溢於實際。洋泆不測，謂府君之德若水之盛多，汪洋而不可測也。

德、測職部相諧。隆、虫冬部相諧。

　莫敢摳去，因〔巢〕而處，為狸狌得，圍樹以棘。

摳，毆之或體。《集韻·去厚》：「毆，《說文》：捶擊物也。或从手。」毆去者，以杖棍之類捶擊使去也。字書無「狌」，疑即狌字。《春秋·宣公八年》：「至笙遂奔齊」，陸德明釋文：「笙本又作楻。」《公羊傳》《穀梁傳》均作「楻」。聖生音近互易。狸狌即野貓。得，知曉。《禮記·樂記》：「禮得其報則樂。」鄭玄注：「得謂曉其義，知其吉凶之歸。」

去、處魚部相諧。得、棘職部相諧。

　〔遂〕作宮持，鵃行得求材，鵗往索蓻，材見盜取，未得遠去，道與相遇，見我不利，忽然如故。

持，即寺。寺侍恃持古多通用。《兩周金文辭大系圖錄考釋·郊公牼鐘》：「至于萬年，分器是寺。」郭沫若考釋：「寺，持也，守也。」慧琳《一切經音義》卷二十三引《三蒼》曰：「寺，館舍也。」同書卷五十九引《三蒼》作「寺，官舍也。」《爾雅·釋宮》：「宮謂之室，室謂之宮。」此處「宮寺」乃房舍之通稱。鵃，即雄。《集韻·平東》：「雄，《說文》鳥父也……或从鳥。」材，即上文之棘。《周禮·天官·掌舍》「棘門」下

8　《道藏》（文物出版社、上海書店、天津古籍出版社，1987年），15冊頁890上。

9　《道藏》（文物出版社、上海書店、天津古籍出版社，1987年），16冊頁2上。

鄭注引杜子春云「棘門或爲材門」，是其證。[10] 棘爲有芒刺之草木，乃防狸狌、作圍障之合適材料。鴟，即雌。《集韻·平支》「雌」下亦云「或从鳥」。菆，麻秆。《說文·艸部》：「菆，麻蒸也。」「蒸，析麻中榦也。」盜，簡文字形省下皿字，下同。忽然，輕視、不經心的樣子。《玉篇·心部》：「忽，輕也。」末四句謂：盜烏尚未遠去，在道與雌烏相遇，因見雌烏處於不利地位，輕忽之而偷盜如故。

持、材之部相諧。菆、取、去、遇、故魚部相諧。

□□發忿，追而呼之，咄盜還來。

發忿，發怒也。劉向〈九歎·遠逝〉：「悲故鄉而發忿兮，去余邦之彌久。」此詞前兩字字跡極淡，不能辨，據上下文意，或爲亡烏。咄，即呵叱。《集韻·入沒》：「咄，呵也。」還來，歸還。今俗語猶言之。

之、來之部相諧。

吾自取材，於頗深茱，己行脁腊，毛羽隨落，子不作身，但行盜人，
唯就宮持，豈不急哉。

「吾自取材」以下爲亡烏訓斥盜烏之語。頗，彼也。《左傳·襄公三十年》：「楚子使薳罷來聘。」《穀梁傳》同。《公羊傳》作「薳頗」，陸德明釋文：「一本作跛者，音同。二《傳》作薳罷。」《春秋·昭公六年》：「楚薳罷帥師伐吳。」陸德明釋文：「罷音皮。」《公羊傳》亦作「薳頗」。此頗、跛、罷相通之例。《說文·足部》：「跛，行不正也。　足皮聲。一曰足排之。讀若彼。」《老子》十二章「故去彼取此」，馬王堆漢墓帛書《者子》甲本「彼」作「罷」。此彼、跛、罷相通之例。頗、彼、跛皆

孫詒讓《周禮正義》：「宋世犖云：『《詩·斯干》「如矢斯棘」，《韓詩》棘作「朸」。《聲類》：「朸，古材字。」』案：宋說是也。棘朸材三字古音同部，故棘門或爲材門。」按，宋氏引《聲類》文，龍璋《小學蒐佚》亦輯入《聲類》，謂出《玉篇》。今檢《大廣益會玉篇》《原本玉篇殘卷》未得，胡吉宣《校釋》亦未錄。然《老子》三十章「荊棘生焉」，馬王堆帛書《老子》甲本作「楚朸生之」，與毛、韓異同。是漢書材、朸、棘三字確可通用。

皮聲，罷音皮。《敦煌變文集·廬山遠公話》：「闍黎自稱，卻道莫生頗我之心。」「頗我」即「彼我」。得簡文，知漢代已有「頗」假借爲「彼」之例。萊，草也。《詩·小雅·南山有臺》：「南山有臺，北山有萊。」毛傳：「萊，草也。」孔穎達疏：「萊爲草之揔名。」深萊，雜草叢生之地。已，錄文作「巳」，已己巳三字形近，此處當作「己」爲是。行，乃形之假借。《列子·湯問》：「太形、王屋二山。」張湛注：「形當作行。」《太平御覽》卷四十引作「太行」。《老子》二十四章「餘食贅行」，帛書本亦作「贅行」，然《莊子·駢拇》「附贅縣疣，出乎形哉」，即贅形之義，故唐李約《道德真經新注》卷二、宋林希逸《道德真經口義》卷二、危大有《道德真經集義》卷四引司馬光說、李霖《道德真經取善集》卷四皆釋行爲形體之形。[11] 胱，膀胱字，於義無涉，疑此乃臌字。古代光旁、廣旁多互換，如纊字或从糸光聲，洸字或从水廣聲。《集韻·去宕》：「臌，腫貌。」又《平唐》：「臌，病腫。」廣旁、黃旁古亦多互換，如从水廣聲之字又从水黃聲，从火廣聲之字又从火黃聲。臘，通「皵」，皮膚乾燥皴裂。《玉篇·皮部》：「皵，皴皵也。」慧琳《一切經音義》卷六九引《埤蒼》云：「皴，皵也。」《山海經·西山經》：「有獸焉，其狀如羊而馬尾，名曰羬羊，其脂可以已臘。」郭璞注：「治體皴。」己形胱臘，謂因數往深萊取材，形體已腫而皴裂。隨，墮也。《戰國策·魏策三》「隨安陵氏而欲亡之」，馬王堆漢幕帛書《戰國縱橫家書》「朱己謂魏王章」作「墮」。是隨落猶墮落，謂毛羽脫落。唯即雖字。《易·豐》初九「雖旬无咎」，馬王堆漢幕帛書《易》作「唯」。《戰國策·楚策四》「楚君雖曰攻燕」，馬王堆漢墓帛書《戰國縱橫家書》「虞卿謂春申君章」作「唯」。哉，通「哉」。《書·舜典》《康誥》「眚災」一詞，《史記·五帝紀》「災」作「烖」，

---

11 《道藏》（文物出版、上海書店、天津古籍出版社，1987年），12冊頁328上、12冊頁705下、13冊頁567下、13冊頁872中。

《潛夫論‧述赦》「災」作「哉」。後四句謂：子不以身親作，但竊他人之材，雖築成房舍，豈不怠惰哉！

材、萊之部相諧。腊、落鐸部相諧。身、人真部相諧。持、哉之部相諧。

　　盜鳥不服，反怒作色，□□汨□，泉姓自它，今子相意，甚泰不事。

服，畏服、懾服。《淮南子‧說林訓》：「烏力勝日而服於雛禮。」高誘注：「服，猶畏也。」作，變臉色。《禮記‧哀公問》：「孔子愀然作色而對。」鄭玄注：「作猶變也。」《莊子‧天地》有「忿然作色」、「勃然作色」、「怫然作色」等語。下四句爲盜鳥所言。汨□，錄文作「〔汨涌〕」，今審視簡文，「汨」字是而「涌」字似非。此詞之義當爲水急流貌。此詞前模糊不能辨，錄文作□，然細審之爲兩字，前者似井字之形。姓與生古通用。《老子》七十五章「民之難治，以其上之有爲」，馬王堆漢墓帛書《老子》甲本「民」作「百姓」，乙本作「百生」。《左傳‧哀公四年》「蔡殺其大夫公孫姓」，陸德明釋文：「姓音生，又作生。」此兩句可臆解作：井中之水急流，其泉源卻生於別處。暗喻：今我築室取材，亦自從他處得來。意，疑也。《文選》〈長楊賦〉〈魯靈光殿賦〉李善注皆引《廣雅》：「意，疑也。」[12]《韓非子‧存韓》：「爲計而使諸侯有意我之心，至殆也。」陳奇猷集釋引物雙松曰：「意，疑慮也。」《漢書‧梁孝王武傳》：「於是天子意梁，逐賊，果梁使之。」顏師古注：「意，疑也。」甚、泰同意，皆過份之辭。《孟子‧滕文公下》：「後車數十乘，從者數百人，以傳食於諸侯，不以泰乎？」趙岐注：「泰，甚也。」《老子》二十九章：「是以聖人去甚去奢去泰。」甚泰、泰甚皆同義複合詞，亦太過之義。此兩句謂：今子之相疑，亦太不解事。

　　服、色職部相諧。它歌部，與前句之缺字相諧或通諧。意、事職之通諧。

　　亡烏曰，吾聞君子，不行貪鄙，天地剛紀，各有分理，今子自己，尚

可為士，夫惑知反，失路不遠，晦過邊臧，〔至〕今不晚。

　　剛紀即綱紀。《戰國策・秦策三》「號爲剛成君」，《史記・范雎蔡澤

列傳》作「綱成君」。綱紀謂法度也。分理，即紋理，引申指事物之情理。

許慎《說文解字序》：「見鳥獸蹏迒之跡，知分理之可相別異也。」段玉裁

注：「分理，猶文理。」《說文・玉部》「理」下段玉裁注引戴震曰：「理

也者，情之不爽失也。未有情不得而理得者也……自然之分理，以我之情絜

人之情而無不得其平是也。」[13] 戴氏解「分理」之引申義甚切簡文意。

「分理」此義後世習用，如《南史・謝莊傳》「製木方丈，圖山川土地，各

有分理」，即與簡文同意。「己」，似當作「已」，或形近誤抄。晦過即悔

過。《書・洪範》「曰悔」，孔穎達疏引鄭玄曰：「悔之言晦。」臧，善

也。見《爾雅・釋詁》上。

　　子、鄙、紀、理、己（已）、士之部相諧。反、遠、晚元部相諧。

　　　盜烏賁然怒曰，甚哉，子之不仁，吾聞君子，不忘不信，今子▢▢

　　　▢，毋▢得辱。

　　賁然，即憤然，怒甚貌。《禮記・樂記》：「粗厲猛起奮末廣賁之音作

而民剛毅。」鄭玄注：「賁讀爲憤。憤，怒氣充實也。」《荀子・彊國》：

「比周賁潰。」楊倞注：「賁讀爲憤。」《韓詩外傳》卷六作「比周憤

潰」。哉，通「哉」，見前釋，下同。忘，通「妄」。《老子》十六章：

「不知常，妄作，凶。」唐景龍二年〈易州龍興觀道德經碑〉作「忘作」，

朱謙之校釋云：「忘妄古通。」《莊子・盜跖》：「故推正不忘邪。」陸德

明釋文：「忘或作妄。」是皆兩字相通之證。妄，隨意也。《莊子・齊物

---

[13] 戴震《孟子字義疏證》上「理」云：「理者，察之而幾微必區以別之名也，是故謂之分
理；在物之質，曰肌理，曰腠理，曰文理；得其分則有條而不紊，謂之條理……《樂
記》曰『樂者，通倫理者也。』鄭康成注云：『理，分也。』許叔重《說文解字敘》
曰：『知分理之可相別異也。』」

論》「予嘗爲女妄言之，女以妄聽之」，《管子・制分》「不妄行，不強進」，皆此意也。《論語・學而》「吾日三省吾身，與朋友交而不信乎」，又《公冶長》「朋友信之」，《孟子・滕文公上》「朋友有信」，《荀子・非十二子》「恥不信，不恥不見信」，是皆言君子與朋友交信而恥不信，故曰「吾聞君子，不忘不信」也。「今子」之後乃第九簡之文字，此簡上斷，且前兩字莫能辨識，似當盜烏責神烏不信之語。下句錄文作「毋□得辱」，「毋」下之字有一斜條之墨杠，字跡模糊，審之，其形與第七簡「自已」之「自」似，此句乃盜烏誣神烏不信將自取辱也。

　　栽、子之部隔句相諧，仁、信真部隔句相諧。辱屋部，與前句末字相諧或通諧。

　　　　亡烏沸然而大怒，張目陽麇，□翼中頸，襄而大……〔邀詳〕車薄，
　　　　女不亟走，尚敢鼓口。

　　沸然，猶怫然、艴然，憤怒貌。《楚辭・七諫・自悲》：「心沸熱而內傷。」洪興祖考異：「沸，一作怫。」《呂氏春秋・重言》「艴然充盈」，馬總《意林・呂氏春秋》引作「沸然」。陽麇即提眉。《易・夬》：「揚于王庭。」馬王堆漢幕帛書本作「陽」。《詩・小雅・正月》：「燎之方揚。」《漢書・谷永傳》引「揚」作「陽」。《左傳：文公八年》「解揚」，《漢書・古今人表》作「解陽」。凡先秦典籍之揚，漢人著作引述作「陽」者甚多。《儀禮・士冠禮》：「眉壽萬年。」鄭玄注：「古文眉作麇。」歐陽修《集古錄跋尾・後漢北海相景君銘》：「碑銘有云不永麇壽，余家集錄三代古器銘，有云眉壽者皆爲麇，蓋古字簡少通用，至漢猶然也。」《大戴禮記・主言》：「孔子愀然揚麇」，亦用麇代眉。《武威漢代醫簡》簡六十八「須麇」即鬚眉。[14] 張目揚眉，狀其怫然大怒之貌。「翼」字前一字錄文作「〔挾〕」，因右殘泐不能辨，今存疑。申即伸。此句寫其將鬥之狀。襄，通「驤」。驤，仰起、上舉。《詩・鄭風・大叔于

---

[14] 《武威漢代醫簡》（文物出版社，1975年），頁11a。

田》「兩服上襄」，《史記‧司馬相如列傳》司馬貞索隱引「襄」作「驤」。《漢書‧鄒陽傳》：「交龍襄首奮翼。」顏師古注：「襄，舉也。」《文選‧鄒陽〈上吳王書〉》作「蛟龍驤首奮翼」。襄而大……，大字後殘泐，此句似謂亡烏舉首大進。迺詳，錄文作「〔迺詳〕」。迺詳不辭，審其字右邊，似𦥑之快寫草書，與多字形近，亦似西字。《武威漢簡‧王杖十簡》第二簡「不趍（趍）」，右半形似多。《武威漢簡‧泰射》第四十八簡「宮趍」，右邊直作多字。[15] 古代走辵兩偏旁通用。甘肅武威旱灘坡東漢墓王杖木簡第一簡作「不　」，[16] 與簡文極似。包山楚簡第一七三簡有「迻」字，第二〇四簡有「　」字，[17] 亦與簡文相似。迻、　即趍。《史記‧孔子世家》：「今孔子盛容飾，繁登降之禮，趨詳之簡。」《墨子‧非儒下》：「孔某盛容脩飾以蠱世，弦歌鼓舞以聚徒，繁登降之禮以示儀，務趨翔之簡以觀眾。」吳寬鈔本作「趍翔」。《呂氏春秋‧尊師》：「和顏色，審辭令，疾趨詳。」畢沅注：「翔與蹌同。」《詩‧齊風‧猗嗟》：「巧趨蹌兮。」毛傳：「蹌，巧趨貌。」陸德明釋文：「趨本又作趍。」孔穎達疏：「禮有徐趨疾趨，爲之有巧有拙，故美其巧趨蹌兮。」是知趨詳即趍翔、趨翔，亦即趍蹌、趨蹌，皆指步趨中節。車，通「攑」。《禮記‧禮運》：「天子以德爲車。」鄭玄注：「車或爲居。」《爾雅‧釋草》：「望，椉車。」陸德明釋文：「居本亦作車。」又「搖車」下陸德明釋文：「尺蛇反，又音居。」《孔叢子‧雜訓》：「孟子車尙幼，請見子思。」《太平御覽》卷三六三引王肅〈聖證論〉曰：「《孔叢子》有孟子居，即是軻也。」《廣雅‧釋言》：「居，據也。」《釋名‧釋容姿》：「據，君也。」上古居、據皆見母魚部字，車亦有此一音，故可通用。[18] 據，又通「攑」。豦聲、瞿聲字皆在魚部。攑，見母鐸部，陰入對轉。《老

15　《武威漢簡》圖版拾伍、圖版貳貳（文物出版社，1964年）。

16　〈甘肅武威旱灘坡東漢墓〉圖版伍，《文物》1993年10期。

17　《包山楚簡》（文物出版社，1991年），頁30、頁33。

18　《廣韻‧平魚》「車，九魚切」即本此而來。

子》五十五章「攫鳥不搏」，馬王堆漢墓帛書《老子》乙本作「據鳥孟獸弗
捕」。[19] 薄，通「搏」。《詩・小雅・車攻》：「搏獸于敖」，《水經
注・濟水》《後漢書・安帝紀》李賢注引作「薄狩于敖」。車薄，即攫搏。
《淮南子・齊俗訓》：「鳥窮則搏，獸窮則攫。」慧琳《一切經音義》卷二
引《倉頡篇》：「攫，搏。」卷二一引同。是攫、搏對文則異，散文則通。
攫搏，同義連文。趨詳攫搏，謂亡鳥趨步與盜鳥搏鬥也。末二句似亡鳥斥責
盜鳥之語。鼓口猶鼓舌。《逸周書・芮良夫》：「小人鼓舌。」欲與「走」
諧韻，故改舌爲口。

　　怒、樂魚脂通諧。頸耕部，與「大」後一字相諧或通諧。薄鐸部，與前
句末字相諧或通諧。走、口魚部相諧。

　　　遂相拂傷，亡鳥被創，隨起泽耳，聞□不能起，賊皆捕取，繫之於
　　　□。

　　《說文・手部》：「拂，過擊也。」拂傷猶擊傷。隨，通「墮」，見前
釋。起，飛也。《文選・謝朓〈和伏武昌登孫權故城〉》「鵲起登吳山」下
李善注引《莊子》佚文「鵲上城之堄，巢於高榆之顛，城壞巢折，陵風而
起」，並引司馬彪《莊子注》：「起飛也。」「起」下一字錄文作□，視簡
文似爲「泽」字。泽與降互爲異文。《說文・水部》：「泽，水不遵道。一
曰下也。从水夅聲。」徐鉉注：「戶工切，又下江切。」《水經注・河
水》：「《尚書・禹貢》曰：北過降水。不遵其道曰降，亦曰潰。」《尚
書・大禹謨》：（降水儆予。）《孟子・滕文公下》引作「泽水警余」。
《禮記・曲禮下》：「羽鳥曰降。」孔穎達疏：「降，落也。」羽鳥飛翔之
物，今云其降落，是知死也。此謂亡鳥被創昏死。聞，《說文》古文作

---

[19] 此句王弼本作「蜂蠆虺蛇不螫，猛獸不據，攫鳥不搏」，據帛書《老子》甲、乙本，下
　　句似當爲「攫鳥猛獸不搏」，上下爲兩個相對的六字句。參閱高明《帛書老子校注》
　　（中華書局，1996年），頁90-93。

「睧」。[20] 昏字聲兼義。《毛公鼎》「無唯正䎽，引其唯王智」，馬承源等釋爲：「䎽，聞之古文，假爲昏。」[21] 簡文「聞」亦爲昏迷義。皆，通「階」。《說文・𨸏部》：「階，陛也。從𨸏皆聲。」《文選・韋昭〈博奕論〉》：「立身者不階其術。」李善注引《廣雅》曰：「階，因也。」此言盜鳥因機而捕取之。繫，錄文作□，視簡文似與下文「絕繫有餘」之「繫」爲同一字。

　　傷、創陽部相諧。耳、起之部相諧。取魚部，與下句之缺字相諧或通諧。

　　　　作計得免，厷坐其故處，〔絕〕繫有餘，紈樹櫂棟，自解不能，卒上伏之，不肯他措，縛之愈固。

　　「作計」兩字，錄文作□□，審上字與第五簡「作身」之作同，下字似爲「計」，形與居延漢簡47・6A同。作計，設法之謂。厷即雄。故處，謂「作宮持」之處。絕，錄文加〔〕，竹簡草書亦似「紀」字。「絕（紀）繫」謂解理繫縛也。「有餘」謂良久。王引之《經傳釋詞》卷三：「有，語助也。一字不成詞，則加『有』字以配之。」《廣雅・釋詁》：「餘，久也。」《老子》五十四章：「修之於家，其德乃餘；修之於鄉，其德乃長。」紈，《廣韻》胡官切，古音在匣紐元部。疑字通作「刓」。刓，《廣韻》五丸切，古音在疑紐元部。疑字通作「刓」，刓，《廣韻》五丸切，故古音在疑紐元部。疑匣二聲之字多通用。《玉篇・刀部》：「刓，削也。」紈樹謂以爪剜削樹枝。櫂，通「擢」。《爾雅・釋木》：「梢，梢櫂。」陸德明《爾雅釋文》櫂作「擢」，並引《方言》云：「拔也。」《說文・木部》：「椋，短椽。」櫂棟謂拔取短木條。此皆言雄鳥急欲解開亡鳥束縛之狀。後言雄鳥自知不能解，遂伏亡鳥之上，不肯離去。

---

[20] 中山王䁂器此字右上從氏，見張守中《中山王䁂器文字編》（中華書局，1981年），頁68。

[21] 參閱龍宇純《釋婚》，《歷史語言研究所集刊》第三十本下冊，頁605-頁612。馬承源等《商周青銅器銘文選》（三）（文物出版社，1988年），頁316-頁320。

處、餘魚部相諧。能、之、措、固之鐸魚通諧。

其雄愓而驚，〔挾〕申頸，比天而鳴，倉天，親頗不仁，方生產之
時，何與其☐，顧謂其嶲曰，命也夫，吉凶浮泲，原與汝俱。

「雄」下一字錄文作「悌」，審簡文似「愓」字，愓亦驚也。比天而鳴，猶
對天而鳴。挾翼申頸，狀其驚愓、哀鳴之貌。倉天即蒼天，漢碑多作倉，如
〈孟郁脩堯廟碑〉〈北海相景君碑〉〈益州太守無名碑〉等等皆是。頗，通
「彼」，見前釋。生產，謂「作宮持」。「其」後一字僅存左邊「氵」，右
泐。浮泲，指漂泛之舟。《爾雅·釋宮》：「舫，泲也。」漂泛之舟浮沈無
定，以況吉凶之無常也。原即愿。《論語·陽貨》之「鄉原」，漢徐幹《中
論·考僞》作「鄉愿」。

驚、頸、鳴耕部相諧。天、仁真部相諧。時之部，與下句之缺字相諧或
通諧。夫、泲、俱魚部相諧。

曰，佐子，涕注〔侯〕下，何戀亘〔家〕，☐〔欲〕☐〔曰〕☐
〔君〕☐，我求不死，死生有期，各不同時，今雖隨我，〔將〕何益
哉。

佐子，義不明。《國語·晉語九》「佐食」韋昭注：「佐猶勸。」也佐
有勸義，或即勸子之意。侯，何也，疑問詞。《戰國策·秦策三》「何不使
人謂燕相國」，馬王堆漢幕帛書《戰國縱橫家書》「秦客卿造謂穰侯章」作
「侯」。亘即垣。林義光《文源》云：「〔亘〕，當爲垣之古文，象垣墻繚
繞之形。」[22] 垣家，即垣屋。《史記·蕭相國世家》：「家不治垣屋。」
〔家〕後錄文有七字，如仍爲四字一句，則脫一字。《論語·顏淵》「死生
有命」，《莊子·大宗師》「死生命也」，皆簡文「死生有期」所本。

子、下、家之魚通諧。死脂部，與前句缺字相諧或通諧。期、時、哉之
部相諧。

---

[22] 《說文解字詁林》（中華書局影印本）十四冊「亘」下引，頁13145下。

見危授命，妄志所踐，以死傷生，聖人禁之，疾行去矣，更索賢婦，
毋聽後母，秋若孤子。

《論語·憲問》：「見利思義，見危授命。」前二句言見危難而勇於獻
身，乃妾所願意躬蹈之志嚮。《孝經·喪親》：「子曰，孝子之喪親……也
三日而食，教民無以死傷生，毀不滅性，此聖人之政也。」聞雄烏「原與汝
俱」之言，故援此以節其哀。，索聘娶。《三國志·魏志·呂布傳》：
「〔袁〕術欲結布爲援，乃爲子索布女，布許之。」據簡文，知漢代已有此
義。若苦漢代草書字形相近，不知原簡作何形。如爲苦，則「愁苦」作動
詞；如爲「若」，則作人稱代詞用。孤子，謂失母之子。

命、生耕部隔句相諧，踐、禁元侵隔句通諧。矣、婦、母、子之部相
諧。

詩云，青繩止于杆几，自君子毋信讒言，懼惶嚮論，不得極言。

錄文「青繩」，繩疑爲蠅之誤。《詩·小雅·青蠅》：「營營青蠅，止
于樊，豈弟君子，無信讒」，「營營青蠅，止于棘」，「營營青蠅，止于
榛」。簡文作「青繩（蠅）止于杆几，自君子毋信讒言。」櫺杆几，未聞，
《詩》無此異文。懼惶，猶惶懼。嚮論，對雄烏道上述之言。極言，竭力陳
述。《禮記·禮運》：「夫子之極言禮也，可得而聞與？」亡烏願雄烏毋信
後妻之讒言，以愁苦孤子。既欲其更娶，又不欲其信讒而苦已愛子，深恐不
能兩全，故叮嚀反復。然面對雄烏，祇能惶恐、婉轉借喻，不敢竭力陳述。
中心之隱憂，形於言表。

言、論、言、元、真通諧。

遂縛兩翼，投其汙則，支體折傷，卒以死亡。

汙；積水不流之小洼坑。《左傳·隱公三年》：「潢汙行潦之水。」孔
穎達疏引服虔曰：「水不流謂之汙。」則即側。《莊子·列禦寇》：「醉之
以酒而觀其則。」陸德明《莊子釋文》作「側」，曰：「側或作則。」支
體，即肢體。

翼、則職部相諧。傷、亡陽部相諧。

其鳩大哀,蹢躅非回,尚羊其旁,涕泣縱橫,長炊泰息,遝逸嘑呼,毋所告愬。

蹢躅,即蹢躅。《文選·古詩十九首》:「沈吟聊蹢躅。」李善注:「《說文》:『蹢躅,住足也。』蹢躅與蹢躅同。」非回,即徘徊。〈尚方鏡〉十一:「非回名山采之草。」[23] 尚羊,即徜徉,亦即徜徉。《楚辭·惜誓》「託回飆乎尚羊。」洪興祖考異:「一云『託回風乎徜徉』。」蹢躅、非回、尚羊義一,皆行不進之貌。長炊,疑爲長歎之誤。泰息即太息。謂長聲嘆息也。遝,用同驚。遝驚古音皆見紐耕部。驚,《說文·馬部》:「馬駭也。」《玉篇·馬部》:「馬駭也,逸也。」是驚猶逸也。驚逸連文謂馬因受刺激而神情緊張、行動失常。嘑,即呼也。嘑呼,狀雄鳥驚逸呼叫之貌。《說文·言部》:「訴,告也。愬,訴或从朔心。」是告愬同義連用。《呂氏春秋·振亂》:「黔首無所告愬。」

哀、回脂部相隨。旁、橫陽部相諧。呼、愬魚部相諧。

盜反得完,亡烏被患,遂棄故處,高翔而去。

完謂保全,患謂禍難。此雄鳥大哀而毋所告愬之言。

完、患元部相諧。處、去魚部相諧。

傷曰,眾鳥麗於羅網,鳳皇孤而高羊,魚鱉得於笓笱,交龍執而深藏,良馬仆於衡下,勒靳爲之餘行。

楚辭、漢賦未有用亂用歌用歎者,此賦用傷。傷者,傷辭。《禮記·曲禮上》:「知生者弔,知死者傷。」鄭玄注:「弔、傷皆謂致命辭也……傷辭未聞。說者有弔辭云:『皇天降灾,子遭罹之,如何不淑。』此施於死者,蓋本傷辭。」據鄭注,則施於死者之辭爲傷辭。簡賦之末乃有感於亡烏而發,是以其爲傷辭。麗,通「罹」,見前釋。高羊,猶高翔。《春秋·昭

---

[23] 見《秦漢魏晉篆隸字形表》(四川辭書出版社,1985年)。

公十一年》「盟于祲祥」，《公羊傳》作「祲羊」。漢鏡銘「吉祥」之祥多作羊。[24] 祥、翔互借前釋。笐，捕蝦竹器；笱，捕魚竹器。統言之，指捕魚蝦蟹鱉之竹具。交龍即蛟龍。《周禮．春官．司常》：「交龍爲旂。」《文選．潘岳〈藉田賦〉》李善注引作「蛟龍」。執，蟄也，見前釋。臧，藏也。《詩．小雅．隰桑》：「中心藏之。」陸德明釋文作「臧」。勒靳，謂轅馬。《說文．革部》：「勒，馬頭絡銜也。」又：「靳，當膺也。」《左傳．定公九年》：「吾從子，如驂之靳。」杜預注：「靳，車中馬也。」原謂套禦馬口及馬胸之物，引申之指馬。餘有寬裕之義，餘行謂行步悠然餘裕。

網、羊、臧、行陽部相諧。

烏獸且相憂，何兄人乎，哀哉，窮痛其菑，誠寫愚以意傅之。

兄，況也。《老子》二十三章：「天地尙不能久，而況於人乎。」馬王堆漢墓帛書《老子》乙本作「有兄於人乎」。「漢故幽州書佐秦君神道」石刻文「何兄於人」，即「何況於人」。[25] 此句乃賦之寓意所在。菑字字書無。古書从竹从艸可通用，故其字當即菑。菑，災也。「菑」後七字，疑脫一字。傅，通「敷」，亦即「賦」，布陳之意。《書．益稷》：「敷納以言。」《漢書．成帝紀》引作「傅納以言」，顏師古注：「傅，讀曰敷。敷，陳也。」《左傳．僖公二十七年》《潛夫論．考績》引作「賦納以言」。《論語．公冶長》：「可使治其賦也。」陸德明釋文：「鄭玄：軍賦。賦，梁武云：《魯語》作傅。」[26]

擾、乎幽魚通諧。哉、菑、之之部相諧。

曾子曰，鳥之將死，其唯哀，此之謂也。

24 參孔祥星、劉一曼《中國銅鏡圖典》（文物出版社，1994年）。

25 郭沫若：〈「烏還哺母」石刻的補充考釋〉，《文物》1965年4期，頁2。

26 徐養源《論語魯讀考》：「梁武說必有所據……疑當作傅，讀爲傅別之傅。傅與賦聲相近。」

　　《論語‧泰伯》：「曾子言曰：『鳥之將死，其鳴也哀。人之將死，其言也善。』」簡文作「其唯哀」。《說文‧口部》：「唯，喏也。從口隹聲。」引申之為聲音，則其義可通。然《說文‧隹部》：「隹，鳥之短尾總名也。」古從隹從鳥之字多有互用者，就《說文‧鳥部》所載之籀文或體有鶃或從隹，鷺或從隹，鷚或從隹，鴒或從隹等。隹、鳥物類相同，故簡文雌雄亦作雌雄。今既引述曾子語，字當作鳴，頗疑「唯」乃「鳴」字之別體。[27] 未見原簡，識此俟考。

　　死、哀、謂脂部相諧。

　　神烏傳，□〔廿八〕書佐□胸□病　蘭陵游徼□□故〔襄〕□〔功曹掾〕□□。

　　神烏傳，即神烏賦，見前釋。書佐，漢代郡國諸曹掾史下之屬吏，猶六朝時之書記，主記錄、繕寫、起草、宣讀等文書工作。下文有「功曹掾」，則此書佐疑為功曹掾之屬吏。胸，縣名，秦置，漢屬東海郡。蘭陵，亦縣名，戰國時置，漢屬東海郡。二縣名皆見於同墓出土之〈東海郡屬縣鄉吏員定簿〉木牘。游徼，縣鄉中主巡行禁緝奸盜之吏。〈東海郡屬縣鄉吏員定簿〉載蘭陵吏員八十八人中有游徼四人。此簡二句或為此賦之書及作者，然因漫漶缺失過多，不敢臆斷。

　　〈神烏傳〉全文近七百字，是很規整的四字一句式賦體。以四言句式作賦，西漢羊勝〈屏風賦〉已啓其端，然僅數句小賦。劉安〈屏風賦〉稍長。賈誼〈鵩鳥賦〉如果去語氣詞「兮」，則基本上為四言句式之賦。後孔臧作〈鴞賦〉，內容一本〈鵩鳥〉，句式中不用「兮」字，已為嚴整的四言小

---

27 羅振玉謂卜辭鳴有從雞從口者，魯實先亦謂卜辭粹一二五六之鳴「蓋唯之異體」。皆見李孝定《甲骨文字集釋》（臺灣：中央研究院歷史語言研究所專刊之五十，1991年）卷四引。李雖否定兩家說而未有新解，觀兩字甲骨文字形確難分清，學者多從其語義而別之。

賦。[28] 〈神烏傳〉後孔賦一百餘年，與此賦年代前後相近的揚雄〈逐貧賦〉即是用一百十五句四言寫成的，可證當時四言句式之賦已很成熟。就內容而言，將人間或官場之悲劇性遭際寄寓於禽鳥，陳而賦之，卻與〈鵩鳥〉〈鵝賦〉有所不同。檢之傳世文獻，東漢趙壹之〈窮鳥賦〉，自比窮鳥，觸處網羅，三國魏曹植之〈鷂雀賦〉，寫鷂欲取雀之情狀，二禽對答之言語，皆有寓意，且均為四言小賦，與〈神烏傳〉有相通之處，然皆晚於〈神烏傳〉一、二百年。

〈神烏傳〉用韻甚密。賦中除「亡鳥曰」、「顧謂其鷦曰」、「鷦曰」等不入韻，缺簡文字無法探知外，為數不多者七句六韻、五句四韻、四句三韻、三句二韻，他皆句句入韻。其韻例以二句二韻一轉者為常，如類貴（脂）、仁親（真）、茂道（幽）、翔央（陽）、壽蓉（幽）之類；亦有六韻一轉者，如子鄙紀理已士（之）；四韻一轉者，如矣婦母子（之）；三韻一轉者，如驚頸鳴（耕）。又有交韻者，如裁（之）仁（真）子（之）信（真）、命（耕）踐（元）生（耕）禁（侵，與元通諧）。

賦中用韻，有幾處通諧值得討論：

一、魚侯通諧。《詩經》時代魚侯分立，西漢以還魚侯合併。羅常培、周祖謨曾檢討劉向、劉歆詩賦用韻中魚侯二部分得較清，合用僅是個別現象。[29] 二劉時代在西漢末，地處江蘇沛縣，時地均與〈神烏傳〉相近。今賦中「菆取去遇○故」相諧，「夫汻俱」相諧，菆、取、遇、汻、俱在《詩經》時代為侯部字。此可佐證西漢末年江蘇一帶侯魚亦當合為一部。

二、之魚通諧。賦中「○能之措固」，可認為「能之」之部相諧，「措固」鐸魚通諧，但「卒上伏之，不肯他措」，語氣銜接甚緊，故作之鐸魚通諧，魚鐸陰入對轉。又「子下家」，雖可認為子字不入韻的三句二韻式，但

---

[28] 此見《孔叢子・連叢子上》、《藝文類聚》卷九十二、《太平御覽》卷九二七引，然皆殘而不全。孔氏〈楊柳賦〉亦為四言小賦。孔於元朔五年（前124）坐事免爵。

[29] 羅常培、周祖謨：《漢魏晉南北朝韻部演變研究》第一冊（科學出版社，1958年），頁21。

此爲「佐子」的疊詞句，語氣較重，入韻爲宜，且本賦大多句句用韻，又有之魚通諧之用例，故亦作通諧計。之魚通諧，劉向詩賦中及《淮南子》中均有其例。

三、魚脂通諧。賦中「怒粲」是其例。漢代脂支魚通諧有樂府〈東門行〉〈爲焦仲卿妻作〉等。

四、幽魚通諧。賦中「擾乎」是其例。幽魚通諧西漢時亦多，劉去〈歌一首〉、枚乘〈七發〉、劉向〈九歎·遠遊〉及〈淮南子〉等江蘇一帶詩文中均有用例。

五、元真通諧。賦中「山獀安官棍連」及「○言論言」是其例。劉向〈九歎〉中用例甚多，《淮南子》中亦有用例。

六、元侵通諧。賦中「踐禁」是其例。「妾志所踐」與「聖人禁之」二句，如將「踐」與「之」作元之通諧看，漢代無用例，但「聖人禁之」爲句末，不能無韻，故視作元侵通諧。西漢僅王褒〈洞簫賦〉及《易林》中有用例。此處或爲特例，可進一步研究。

以上所論，可見此賦用韻基本上反映出西漢江淮一帶語音特色，與墓葬時地合一。推想作者必是江淮一帶之人。此賦葬於東海郡功曹史師饒墓中，則墓主爲作者的可能人選之一。退而論之，賦即非墓主所作，亦必是與墓主有一定關係之人所作，或賦之內容、寓意能引起墓主之共鳴，故葬入墓中。

上海漢語大詞典編纂處　虞萬里

一九九六年十一月

第一屆國際訓詁學研討會論文
1997.04.19-20

說儂

雲惟利

新加坡·南洋理工大學

提要

儂字歷來已有不少學者解釋，大抵都以吳語中的用法爲依據。儂字誠然爲吳語語詞，且首見于六朝吳語，然就今日所見，則以閩語中儂字的用法最爲廣泛，而且合于六朝古義。

本文先從詞義訓詁看儂字意義的淵源，假定儂與農是一對同源字。從農字的結構和古籍中的用法，探討其本義和引申義，進而尋出農與儂之間的關係。農字的本義爲耕作，引申而指耕作之人，再引申而泛稱人，儂字當即這一引申義的後起形聲專字。儂字于六朝時候通行于吳語區，當初應是爲吳越語而造。可能是當時吳越語中稱人的語詞與農字音近，又與農字的引申義相同，中原人便因農字而造儂爲專字，所以，儂字僅見于當時與吳語有關的文獻。

儂字在六朝時的用法有二：一爲泛稱人，一爲自稱。自稱則有謙意。由自稱轉而稱對方，即第二人稱。這三種用法都保留在今日閩語中。今日吳語反而不那 麼齊全了。從儂字在吳語和閩語中的用法，也可以看出兩種方言之間的歷史淵源。

方言間的語詞相同，也許只是鄰居借用。不過，閩語和吳語之間可能有很深遠的關係，不止是鄰居，更是親屬。只是現在兩種方言已遠隔，探討其間之關係頗不易。從語詞來觀察，還可以看出一些蛛絲馬跡來。而常用的語詞中，最能看出吳語和閩語之間的關係的莫過于人稱代詞了。

現在常用的人稱代詞"我、你、他"是從官話區來的，在別的方言區也通用。另外還有一些代詞只通行于一兩個方言區，如"儂"字向來都以爲只

限于吳語。文獻上的記錄也都如此。如往遠處看，這原本也沒有錯，吳語本來可以包含閩語，但現在吳語和閩語已分開了，便另當別論。"儂"實在是吳語和閩語所同用的。而且，"儂"字在今日閩語中的用途更廣泛，所保留的意義也更古老。

"儂"字是怎麼來的呢？"儂"和"農"當是一對同源字。農字在古籍中有四個相連貫的意義。《說文》："農，耕也。"這應是農字的本義。是個動字。甲骨文從林從辰，結構與此義相合。[1]

由耕作義引申而用爲名字，則指耕作之事。《國語》《周語上》："天民之大事在農。"《漢書》《食貨志》："辟土殖谷曰農"這農字指的是耕作之事，就是農事。

再由這耕作之義引申，則指耕作之人。《尙書》《盤庚》："若農服田力穡乃亦有秋。"《論語》《子路》："吾不如老農。"這農字便是指耕作的人，就是農人。

再由這農人義擴大，則泛指一般人。《穀梁傳成元年》："古者有四民：有士民，有商民，有農民，有工民。"此民字也是泛指一般人。士民、商民、農民、工民就是士人、商人、農人、工人。《莊子》《讓王》云："石戶之農。"《經典釋文》引李頤《集解》說："農，農人也。"此農字是指耕作之人，非泛稱一般人。李說甚是。至于成玄英《疏》云："農，人也。今江南喚人作農。"以農字爲泛稱恐不合莊子文意。《韓非子》《矛盾》曰："歷山之農者侵畔。"此處"歷山之農者"與上引"石戶之農"用法正相當。"農"與"農者"當均指農人。成玄英說雖不確，卻點出泛稱一義是由農人一義所引申出來的。"儂"字當是爲這泛稱義而造的形聲字，通行于江南吳語區。

---

[1] 見李孝定先生《甲骨文字集釋》第三卷，八三九至八四二頁，中央研究院史語所語言研究專刊之五十，一九八四年版。

　　“農”字用爲“人”義，大約是在漢朝的時候。“儂”字大概也是在漢朝的時候造的。但現在所看到的文獻記錄是六朝時候的吳歌。

　　六朝吳歌中的“儂”字有兩個用法，一個是泛稱人，如：[2]

　　　詐我不出門，冥就他儂宿。（《讀曲》）
　　　獨眠抱被嘆，憶我懷中儂。（《前溪歌》）
　　　逢儂都共語，起欲著夜半。（《團郎扇》）
　　　春桃初發紅，惜色恐儂摘。（《子夜四時歌》之《夏歌》）

這幾個“儂”字都是泛稱，義同“人”。又如《潯陽樂》云：

　　　雞亭故儂去，九里新儂還。

《玉臺新詠》卷十《近代雜歌三首》收此作：[3]

　　　稽亭故儂去，九里新儂還。

可見“儂”義即“人”。故儂、新儂就是故人、新人。《玉臺新詠》卷一收漢代古詩《上山采蘼蕪》云：

　　　新人雖言好，未若故人姝。

這新人、故人的說法跟新儂、故儂的說法也正相同、“人”是“儂”字的本義，也是“農”字的引申義。“人”字用于官話，而“儂”字見于吳語。

　　吳語的這個用法，後來是漸漸消失了。只在南方吳語中還看到。

　　唐李商隱（河南沁陽人）《贈荷花》詩《全唐詩》卷五百四十云：

　　　此花此葉長相映，翠減紅衰愁殺人！

此處用“人”字，正是官話的說話。宋邵定翁（浙江淳安人）《插田》詩云：

2　下文所引吳歌例子見宋郭茂倩《樂府詩集》。北京中華書局1979年版。
3　《玉臺新□是南朝徐陵（山東郯縣人）所編。引文臺北世界書局一九八一年版。

> 飯籮空，愁殺儂！

此處用"儂"字，則是吳語的說法。元楊維楨(浙江紹興人)《西湖竹枝歌》
(《鐵崖古樂府》)卷十：

> 南高峰雲北高雨，雲雨相催愁殺儂。

這個說法跟上一個例子相同。晚清秋瑾(浙江山陰人)《絕命詞》(《秋瑾
集》)云：

> 秋風秋雨愁殺人。

此處用"人"而不用"儂"。大抵北方吳語到清末時候，因受官話影響，已
漸以"人"代"儂"。南方吳語則仍用"儂"字。如溫州話"人"兩個音：
zaŋ³¹，niaŋ³¹。但是，"一個人"說i²³kai⁴²naŋ³¹。⁴naŋ³¹這個音實不屬于
"人"字，當是"儂"字的白音。這個音並不限于溫州一地。傅國通等的
《吳語的分區》一文中論及甌江吳語云：⁵

> "人"字多數地方有〔czaŋ/cniaŋ/cnaŋ〕三個讀音。

其實，三個音中，只有前兩個是"人"字的，第三音是"儂"字的。只是因
爲"儂"字在現代吳語中，漸爲"人"字所取代，而易受忽略了。

南宋戴侗《六書故》"儂"字下說：⁶

> 吳人謂人儂。按此即人聲之轉。甌人呼若能。

"儂"字別有來源，並非"人聲之轉"。戴說不確。但是，這條記錄很重
要。從中可見南宋時候，"儂"字南北吳語的讀音不同。甌即現在的溫州一
帶地方。儂字音能，能字現在的溫州音是naŋ³¹，正與儂字的白音相同。這

---

⁴ 見袁家驊《漢語方言概要》，420頁。北京文字改革出版社一九八九年。周振鶴及游汝
　 杰《方言與中國文化》，280頁。上海人民出版社1986年版。

⁵ 見《方言》1986年第1期第6頁。北京社會科學出版社。

⁶ 見《六書故》卷八，51頁。《四庫全書珍本六集》本，台北商務印書館1976年版。

個音當即閩南各地方言儂字白音的來源，例如廈門音laŋ24潮州音naŋ55，文昌音naŋ33，跟溫州音的關係十分明顯。其中廈門音的聲母原本也應是n，後來轉爲l，與溫州音略有差別。潮州音和文昌音便與溫州音十分近似。

溫州話"儂"字音naŋ31，當是個白音，另外應有個文音noŋ31，來自北語。現在吳語通攝字白音並不多見（宋朝時候應還有不少）。這應是北語向南移的結果。吳語音受北語影響而白音消失了。而早期吳語的白音則保存在閩語裡。

現在各地閩語中，儂字的本義仍很常用，遠比在吳語中普遍。

儂字在六朝吳歌中的另一個常見的用法是用爲自稱詞，如：

> 余花任郎摘，慎莫罷儂蓮。（《讀曲歌》）
>
> 天不奪人願，故使儂見郎。（《子夜歌》）
>
> 歡贈玉樹事，儂送千金寶。（《讀曲歌》）
>
> 歡取身上好，不爲儂作慮。（《讀曲歌》）
>
> 君既爲儂死，獨生爲誰施？（《華山畿》）

這些歌詞都出自女子之口，自稱"儂"，而昵稱所愛的人爲"郎"、"歡"、"君"。這"儂"字的用法和"我"字相當。六朝吳歌也用"我"字，如：

> 我與歡相憐，約誓底言者。（《懊儂歌》）
>
> 朝霜語白日，知我爲歡消。（《讀曲歌》）
>
> 郎見欲采我，我心欲懷蓮。（《子夜四時歌》之《夏歌》）
>
> 我心如松柏，君心復何似？（《子夜四時歌》之《冬歌》）

這"我"字的用法和"儂"字的用法正相當。"我"字本來自官話，歷史較久，但吳歌多用"儂"而少用"我"。

　　儂和我的用法雖然相當，但畢竟是不同方言的語詞，兩者並不完全一樣。我用于自稱，不涉其他。儂用于自稱，則是謙稱。儂字的這一個意義是由其本意引申出來的。六朝吳歌多是由少女來唱的。儂字最初可能只用于少女。少女在跟男子說話時，不敢自稱我，便婉轉稱儂(即"人")，久而久之，也就變爲自稱語了。儂字的這個用法跟官話的"妾"字相似。

　　漢代的樂府詩是依官話來作的。其中，女子自稱便用"妾"字，如：

　　　　亮君執高節，賤妾亦何為？(《冉冉孤生竹》)

　　　　他家但願富貴，賤妾與君共糜。(《東門行》)

　　　　君當作磐石，妾當作蒲葦。(《孔雀東南飛》)

"妾"與"君"對稱，其用法正與"儂"字相當。不過，儂字最初可能只是少女的謙稱語，後來擴大了，已婚女子也可用。妾字則最初可能是已婚女子的謙稱語，後來也擴大了，未婚女子也可以用。

　　魏晉文士所作的仿樂府詩，也依照漢樂府的習慣，女子謙稱"妾"，如：

　　　　君若清路塵，妾若濁水泥。(曹植《雜詩》)

　　　　妾身守空房，良人行從軍。(同上)

　　　　君期歷九秋，與妾同衣裳。(傅玄《樂府詩》)

　　　　君子尋時役，幽妾懷苦心。(張華《情詩》)

這妾字是已婚女子的謙稱，不敢自稱我，而尊稱夫君爲君、良人、君子。這情形到了南朝的時候，略有不同。文士仿漢樂府詩，仍用妾，如：

　　　　北寒妾已知，南心君不見。(鮑令暉《古意贈今人》)

　　　　短衣妾不傷，南山為君老。(梁武帝《邯鄲行》)

　　　　君如東扶景，妾似西柳煙。(梁武帝《明月照高樓》)

　　　　妾身似秋扇，君恩絕履綦。(劉孝綽《班婕妤》)

　　　　奈許許縑傷妾意，無由故劍動君心。(江總《怨詩》)

"妾"與"君"對稱,正是漢樂府的習慣。另外,文士仿吳歌的詩篇,則用"儂"字,如:

> 但觀流水還,識是儂流下。(鮑照《吳歌三首》)
>
> 觀見流水還,識是儂淚流。(同上)
>
> 為君儂歌世所希。(梁武帝《江南弄》之《採蓮曲》)

鮑照是南朝詩人中最早仿作吳歌的人。他只在仿作的吳歌三首中才用儂字。其他詩篇則用妾字。可見儂字當時只用于吳語。不過,也有些仿作吳歌用妾字,如:

> 君住馬已疲,妾去蠶已饑。(梁武帝《子夜四時歌》之《夏歌》)

這"妾"字顯然是官話的語調。因仿作的人諳于官話,而以妾代儂。不過,這樣的例子並不多見。

到了唐朝的時候,仿作的吳歌,儂、妾參用,也很常見,如:

> 儂居石城下,郎到石城邊。(張祜《莫愁樂》)
>
> 寄言向江水,汝意憶儂不?(李白《秋浦歌》)
>
> 妾心正斷絕,君懷那得知?(郭元振《子夜四時歌》之《春歌》)
>
> 君歌楊叛兒,妾勸新豐酒。(李白《楊叛兒》)
>
> 將歸問夫婿,顏色何如妾?(王昌齡《採蓮曲》)
>
> 君家定何處?妾住在橫塘。(崔顥《長干曲》)

雖是儂、妾並用,卻以用妾為多。大抵這些仿作吳歌的詩人並不是吳語區的人,而是官話區的人,所以,依官話而用妾字,也是很自然的事。大抵吳歌動聽,官話區的人也仿作,但是吳語對官話並沒有什麼影響,反而是官話對吳語的影響越來越大。

儂字最初應只是少女用以謙稱,隨後擴大而及一般女子,再擴大則男子也可用了。《晉書》卷六十四《會稽文孝王道子傳》云:

> 道子領曰:"儂知儂知。"

這是司馬道子對長史謝重說的話。論地位，司馬道子當然較高，而謙稱
"儂"，則可能是年紀較少的緣故。

儂字的兩個用法，還見于唐代吳語。元和十四年(公元八一九年)，韓愈
貶潮州刺史。他在赴潮州途中，經廣東北部曲江縣，向當地一位小官吏探問
潮州的情況。他把兩個人的談話寫成一首詩，題爲《瀧吏》(見《全唐詩》
卷三百四十一)。詩中有兩項關于當時吳語的資料，也跟閩語有關。

第一，這小官吏把潮州歸入"東吳"，而與"嶺南"相對。雖然三國時
代，潮州屬于東吳，但是，那個時候，嶺南一帶地方都屬於東吳，不止是潮
州。而潮州在唐初屬于嶺南道，後建藩鎮，仍屬嶺南。這位瀧吏既在嶺南做
官，不應不知。他把潮州歸于東吳而與嶺南對稱，可能別有原因。照他跟韓
愈說的話看來，他很了解潮州的景況，可能會說潮州話，也可能是潮州人。
他把潮州歸于東吳，很可能是因爲當時的潮州人屬于吳人，潮州話屬于吳
語。如果這位瀧吏是吳人，那就更肯定潮語屬于吳語了。潮州地區和閩南一
帶又是連在一起的。兩地居人和方言至今還屬于一家。唐代福建人口主要集
中在蒲田、泉州、漳州一帶。其他地區人口稀少。中部、西部、北部地區多
山地，人口尤其稀少。[7]如據現在閩南和潮汕居人來推測，則唐代福建境內
的主要方言也應屬於吳語。大抵當時的南方吳語和閩南話及潮州話當相去不
遠，可以互通。

第二。這位瀧吏在跟韓愈交談的時候，說了四個"儂"字。這四個儂字
屬兩個用法，正好和六朝吳歌中儂字的用法相同。一個用法是泛稱人，如：

　　鯷魚大于船，牙眼怖殺儂。

　　比聞此卅囚，亦在生還儂。

這兩個"儂"字，其用法與"人"字相同、"怖殺儂"一語，和"愁殺儂"
的說法相同，應是當時的吳語，也是潮語。現在的潮語和閩語都說"驚死

---

[7] 見陳正祥《中國地理圖集》182-185頁，《唐代人口分布》及《唐代人口密度》兩圖。

儂"。"死"和"殺"此處同義。如《孟子》《盡心》云:"周于利者,凶年不能殺。"此殺字便是死的意思。

另一個用法是謙稱,如:

儂幸無負犯,何由到而知?

吏曰聊戲官,儂儂使往罷。

這位瀧吏官職比韓愈要小的多,他尊稱韓愈爲"官",一共說了十三個"官"字(現在海南閩語仍尊稱男子爲"官")。而自稱爲"儂",便應是謙稱了。這第二項資料跟第一項是互相關聯的。

唐代以來,官話去的詩人偶而也用"儂"字,顯然是受吳語的影響。如五代詩人韋莊(京兆杜陵人)《漢州》(《浣花集》)詩云:

北儂初到漢州城,郭邑樓臺觸目驚。

這"儂"字即泛稱人。

這個用法現在還見于南方吳語,而北方吳語則不多見。清朝的時候還有這個用法。這可以從清代北方吳語區詩人的作品中看出來。如駱仁挺(清武康人,在今浙江德清縣。)《西湖竹枝詞》:[8]

風雨蕭蕭愁殺儂,桃花猶發舊時客。

唐嗣昌(清仁和人,在今杭州市。)《西湖竹枝詞》:

兩峰雲雨有時合,郎不來時愁殺儂。

陸信征(清錢塘人,在今杭州市。)《西湖竹枝詞》:

禽魚也得雙雙樂,可許樓中儂自單。

8　下文所引各首竹枝詞都出自顧希佳選注的《西湖竹枝詞》。浙江文藝出版社1983年版。

大抵到了晚清的時候，北方吳語中"儂"字的這個用法漸爲"人"字所取代了。

"儂"字自稱的用法後來又變爲"儂家"。其本義應即"我家"，但是，連用久了，成了習慣，也就改爲自稱詞。唐司空圖(山西永濟人)《力疾山下吳村看杏花十九首》(《司空表聖詩集》卷五)云：

> 儂家自有麒麟閣，第一功名只賞詩。

宋蘇軾(四川眉山人)詩《次韻代留別》(《蘇軾詩集》卷九)云：

> 他年一舸鴟夷去，應記儂家舊住西。

蘇軾詩中就只有這一首用了個"儂"字。這首詩是他在杭州的時候做的，詠的又是西施的故事，所以用吳語。

宋范成大(江蘇吳縣人)《四時田園雜興六十首》(《范石湖集》卷二十七)：

> 黃塵行客汗如漿，少住儂家漱井香。

又《燈市行》(《范石湖集》卷三十《臘月村田樂府十首》)：

> 儂家亦幸荒田少，始覺城中燈市好。

元于利(江西廬山人)《西湖竹枝詞》：

> 儂家住在涌金門，青見高峰白見雲。

元末郯韶(江蘇吳興人)《西湖竹枝詞》：

> 長橋橋下彎彎月，偏向儂家照別離。

這幾個"儂家"可解爲"我家"或是自稱詞。末一例顯然只是自稱。這個說法跟官話"人家"的說法相似，如《紅樓夢》第二十六回：

> 人家睡覺，你進來做什麼？

這是林黛玉對賈寶玉說的話。又如《兒女英雄傳》第三十回：

　　<u>人家和你説正經話，你又來了。</u>

這是何金鳳對張金鳳説的。"人家"本指別人，用為自稱也是委婉的説法。通常多出自少女之口，而語帶嬌嗔，跟吳語"儂家"不盡相同。閩語"儂"字倒有這個用法。如廈門話"儂也無（在）講你啦。"這"儂"字便和上面"人家"的用法相當了。

　　吳語"儂"又轉音為"奴"。錢大昕《十駕齋養心錄》卷十九"婦人稱奴"條下云：

> 婦人自稱奴，蓋始于宋時。……蘇東坡詩："他年一舸鴟夷去，應記儂家舊姓西。"儂家猶奴家也。奴即儂之轉聲。《唐詩　紀事》載昭宗《菩薩蠻》詞："何處是英雄，迎奴歸故宮。"則天子亦以此自稱矣。

這裡所引唐昭宗《菩薩蠻》詞末句《全唐詩》作"迎儂歸故宮"。儂音轉為奴，只是一義。天子以此自稱亦不始于唐代。宋袁樞《通鑒紀事本末》卷二十六記隋煬帝事云：

> 帝自曉占候卜相，好為吳語。常夜置酒，仰視天文，謂蕭后曰："外間大有人圖儂，然儂不失為長城公，卿不失為沈后，且共樂飲耳。"

本來"儂"是謙稱詞，晚輩跟長輩説話時自當稱"儂"，天子小時也不應例外。不過，就上面兩個例子看來，可能是官話區的人仿吳語而走樣了。

　　"儂"字音轉為"奴"猶"農"字音轉為"惱"。錢大昕《十駕齋養新錄》卷十九"奧農"條下云：

> 《南史》《王敬則傳》有懊字。《一切經音義》：懊今皆作惱。同奴道反。懊，憂痛也。予謂農惱聲相近。《詩》："　遭我乎猺之間。"《漢書》猺作農。

《宋書》卷三十一《五行志二》云：

晉安帝隆安中，民忽作《懊惱歌》。

郭茂倩《樂府詩集》卷四十六有《懊儂歌》十四首。本是女子唱的歌，作"儂"是本字。由"儂"轉爲"惱"，猶"農"轉爲"惱"，亦猶"儂"轉爲"奴"，正是同樣的道理。

《世說新語》用"奴"而不用"儂"。"儂"音轉爲"奴"，應不是吳語內部的音變，而是從官話區移來吳語區的人，不明白"儂"字，而轉爲音近義亦可通的"奴"字。"奴"字也可用爲謙稱。方言詞在流傳的過程中往往如此。

錢大昕以爲婦人自稱奴始于宋代，此說不確。"儂"字轉爲"奴"是在六朝的時候。不過，現在所看到的六朝文獻記錄，"奴"字不用爲自稱，而用來稱人（詳下文）。但當時口語中當也用來自稱。現在看到的較早的文獻是敦煌曲子詞。如《望江南》：[9]

夜久更闌風漸緊，爲<u>奴</u>吹散月邊雲。

又如《虞美人》：

拂下深深紅蕊落，污<u>奴</u>衣。

這些曲子大抵是仿吳歌的作品。

"儂"原本是個地方字，主要是通行于吳語區（包括後來的閩語區）。"奴"字字義易明，通行的區域不限于吳語區，也及于官話區。這可以從兩地的文學作品中看出來。其見于吳語區作者的作品如元宇文公諒（祖籍京兆，生于浙江湖州市。）《西湖竹枝詞》：

<u>奴</u>唱吳歌郎扣舷，明朝郎去又誰憐？

明馮夢龍（江蘇長州人）《山歌》：

唉弗知<u>奴</u>處山低月上得早，唉弗知郎處山高月上得遲。（《月上》）

9　這兩首曲子見任半塘《敦煌歌詞總編》344及610頁。上海古籍出版社1987年版。

馮夢龍所記的山歌正是據的吳語。"奴"字見于官話區作家的作品如唐元稹（祖籍河南，長于鳳翔、長安。）《連昌宮詞》（《全唐詩》卷四百十九）：

> 力士傳呼覓念奴，念奴潛伴諸郎宿。

"念奴"是歌女名，而名字叫"奴"則是由自稱詞而來。

金《董解元西廂記》卷六：

> 少飲酒，省游戲，記取奴言語，必登高第。

元施耐庵（東都人）《水滸傳》二十四回：

> 那婦人道："干娘自便，相待大官人，奴卻不當。"

"儂"音轉爲"奴"，"儂家"也轉爲"奴家"。"奴家"通用的區域也不限于吳語區。如《清平山堂話本》之《快嘴李翠蓮記》云：

> 不是奴家牙齒癢，挑描刺繡能績紡。

《劉知遠諸宮調》第一：

> 昔有相師，算奴家合發奮。

高明（溫州永嘉人）《琵琶記》第六齣：

> 奴家這個庚帖，定做狀元。

《水滸傳》第二十四回：

> 那婦人應道："奴家虛度二十三歲。"

明代安徽歌謠《鳳陽花鼓》：

> 奴家沒有兒郎賣，身背花鼓走四方。

清代顏自德《霓裳續譜》之《寄生草》：

> 單圈是奴家，雙圈是你。

"儂家"和"奴家"都是女子的自謙詞。這個用法跟"儂"的謙稱用法相一致。

現在的吳語各方言,仍有些以"儂"(如松江和衢州話)和"奴"(如蘇州和吳江話)爲自稱詞,但已非謙稱了。[10]然而海南閩語中還保存謙稱的用法。

"儂"字文昌話有文白兩音。文音noŋʔ[21]白音naŋ[33]。讀白音時,可能有謙稱的意思,也可能沒有,得看說話人的語氣,但讀文音時便一定有謙稱的意思了。這文音又因重讀而由陽平變爲上聲了。現舉兩首海南民謠爲例子。如《賣酒》:[11]

> 哥你食酒莫多話,
>
> 儂只賣酒無賣花。
>
> 哥處家大開花館,
>
> 儂處家窮賣酒糜。

這首歌是由酒家女唱給輕浮酒客聽的。"儂"字讀文音還是讀白音便要看說話人的心情了。要是心情平和,則讀文音,以示禮貌。要是心情不佳,則可讀白音,而不必太客氣。又如《夢魂》:

> 儂就出去娘親問,
>
> 昨暝後門風拍開。
>
> 儂睡床上共夢講,
>
> 夢送夢魂出開門。

---

[10] 見袁家驊等的《漢語方言槪要》第88頁。北京文字改革出版社1989年版。

[11] 以下所引用兩首海南民謠又見于放人《瓊崖戀歌》,刊於《民俗周刊》第一期,中山大學1928年3月出版。

這首歌是女兒唱給母親聽的，是晚輩回答長輩詢問的話，所以，必須說文音才有禮貌。照文昌話的習慣，晚輩跟長輩說話時，必須自稱"儂"，絕不可以說"我"。說"我"是很不禮貌的。女子跟男子說話時，也以自稱"儂"為尚。有教養的女子絕不說"我"。文昌話的這個習慣正是直承六朝吳語而來的。

現在的吳語方言，也有些以"儂"為稱人詞，如常熟、昆山、寶山、浦東、上海、余姚、嵊縣、金華、松江、衢州等地方言都有這個用法。[12]這個習慣也起于六朝的時候。

"儂"用為自稱後，又轉而用來稱人。這兩個用法相因，是詞義的引申。六朝吳語，自稱說"儂"之外，也說"阿儂"如楊衒之《洛陽伽藍記》《景寧寺》云：

> 吳人之鬼，住居建康，小作冠帽，短制衣裳，自呼阿儂，語則阿旁。

自稱"阿儂"，稱人也自可說"阿儂"，如《南史》卷七十七《茹法珍傳》云：

> 何世天子無要人，但阿儂貨主惡耳。

"阿儂"又轉為"阿奴"，用法一樣，如《世說新語》《德行》記謝奕對其弟謝安說：

> 阿奴欲放去邪？

《世說新語》《容止》記王導對其次子王悅說：

> 阿奴，恨才不稱。

《南史》卷五《齊廢帝鬱林王本紀》記武帝臨崩時對鬱林王說：

> 阿奴，若憶翁，當好作！

---

[12]見同注8。

這一類例子，在六朝文獻中頗常見，多是長輩稱呼晚輩或年少者語，當即其本義。"儂"本是謙稱詞，晚輩跟長輩說話自得稱"儂"。掉轉過來，則長輩呼晚輩也可說"儂"字了。這一層關係似不見于吳語用法，但仍保留在海南閩語中。照文昌話的習慣，長輩稱呼晚輩說"儂"或"我儂"（"儂"字讀文音），更覺親切。如長輩對晚輩說：

> 儂無用驚。

> 我儂無用驚。

這"儂"和"我儂"實都是"你"，讀文音。

潮州話稱小孩子爲"儂仔"noŋ31 kia53，"奴仔"nou33 kia53，也正是六朝吳語的遺風。

"儂"字之前挈以"阿"字，可能是來自佛家語，也可能是"我"字音轉。郝懿行《爾雅義疏》《釋詁》"朕、余、躬、身也。"條下疏云：

> 我聲近阿。《木蘭詩》云："阿耶無大兒。"阿耶，猶言我父也。
> 《晉書》《潘岳傳》云："負阿母。"阿母，猶言我母也。

最初可能是用"我"字，後受佛家語影響，轉爲音近義亦可通的"阿"字。

"我儂"的本義當與"阿儂"（"阿奴"及"儂"一樣，用于自稱。如唐司空圖《力疾山下吳村看杏花十九首》（《司空表聖詩集》卷五）云：

> 王老小兒吹笛看，我儂試舞爾儂看。

宋釋文瑩《湘山野錄》記錢（唐宋臨安人）《山歌》云：

> 你輩見儂底歡喜，別墅一般滋味子，永在我儂心子。

明馮夢龍《山歌》之《破帽歌》云：

> 你儂弗要出言吐氣，我儂唱介一只曲子你聽聽。

細加比較，"我儂"和"阿儂"的用法略有不同。"我儂"多是對"你儂"來說的，"阿儂"則和"儂"用法相同。如元釋椿（蘇州人）《西湖竹枝詞》云：

放船早出里湖邊，阿儂唱歌郎踏船。

清駱仁《西湖竹枝詞》：

郎向他家尋藕去，阿儂何處更求蓮？

清潘睿隆（杭州人）《西湖竹枝詞》：

阿儂最喜看春色，借住西湖第一橋。

這幾個"阿儂"都是女子謙稱詞，與"儂"字用法無異。前二例"阿儂"和"郎"對舉，更可見其用法和"儂"是一樣的。

"我儂"最初用于自稱時，應只是單數，但後來也用來指多數。如《兒女英雄傳》第二十九回引元趙松雪贈管夫人詞云：[13]

我儂兩個，忒煞情多。

這"我儂"指兩個人，當然是多數了。現在的吳語，如金華話和永康話，仍以"我儂"稱多數，相當于官話的"我們"。但是別的吳語方言則已改用別的說法了。[14]

至於閩語，則仍用"我儂"。

海南閩語的說法最清楚，如文昌話"我們"便說"我儂"gua?21 naŋ33（"儂"字讀白音）。這應是早期閩語的說法。

廈門話說guan51，當由"我儂"gua51 naŋ24音變而來。先是"我"的韻尾爲"儂"的聲母所同化，變爲guan51 naŋ24，再省變爲guan51。這情形跟北京話"咱們"的音變也正相似：先由tsan35 men變爲tsam35 men，再省變爲

---

[13]這首詞不見於趙松雪的文集，可能是失傳了，也可能是出於小說家之杜撰。

[14]見同注8。

tsam³⁵。現在廈門話"儂"字的聲母是l，原本應該是n。guan⁵¹這個音當是在"儂"字聲母變l之前產生的。後來更省去主要元音變爲gun⁵¹。而"我儂"這說法並未消失，只是音變爲gun⁵¹ laŋ²⁴了。跟文昌話的說法近似。

潮州話"我們"說uŋ³⁵，其音變情形當與廈門話相似。最初應是"我儂"ua⁵³ naŋ⁵⁵，變爲uan⁵³ naŋ⁵⁵，再省變爲uan⁵³。後來，潮音韻尾n一律變爲ŋ，所以，uan⁵³又變爲uaŋ⁵³，再省去主要元音變成uŋ⁵³，或又省作ŋ⁵³。

福州話"我們"說"我各儂"（ŋai³¹ koʔ²³ nøyŋ⁵²，當是由"我儂"變來。

吳語"你儂"最初也應只是單數，後來則用來指多數。現在吳江、嘉興、紹興、寧波等地方言還是這樣說的。[15]

閩語也說"你儂"。

文昌話就說"你儂"duʔ²¹ naŋ³³，最爲清楚。也說"你儂家"duʔ²¹ naŋ³³ ke⁴⁴。

廈門話說lin⁵¹，則由"你儂"音變而來，與"我儂"音變情形相同。先是li⁵¹ naŋ²⁴，變爲lin⁵¹ naŋ²⁴，再省變爲lin⁵¹。而"你儂"這說法也未曾消失，只是音變爲lin⁵¹laŋ²⁴了。這也跟文昌話的說法相近似。

潮州話說niŋ⁵¹，也應是由"你儂"音變而來的。潮州話"你"字現在讀lɯ⁵³，當是白音，或是"汝"字本音。至于"你"字的本音應是ni⁵³。"你儂"應讀ni⁵³ naŋ⁵⁵，變爲nin⁵³ naŋ⁵⁵，再省變爲niŋ⁵³，最後變niŋ⁵³。跟"我儂"的音變情形相同。

福州話說"汝各儂"ny³¹ koʔ₃₁²³ noyŋ⁵²，也應是由"你儂"變來的。

"儂"字第一和第二人稱的用法是吳語和閩語所共有的，但在閩語比在吳語中普遍，而閩語中所保存的一些用法也比吳語中的古老。

吳語文獻中不見"伊儂"的用法，但有"渠儂"，如清胡乾（江蘇杭州人）《西湖竹枝詞》：

---

[15]見同注8。

長絲成匹竟難裁，傳語<u>渠儂</u>莫見猜。

"渠儂"猶"你儂"、"我儂"。吳語當還有"伊儂"的說法。現在閩語各方言，第三人稱多數是"伊儂"，很一致。而且，跟"你儂"、"我儂"的說法恰好成一系統。

文昌話于"伊儂" i⁴⁴ naŋ³³之外，也說"伊儂家"？ i⁴⁴ naŋ³³ ke⁴⁴。這當是早期閩語的說法。

廈門話說 in⁵⁵，則由"伊儂"音變而來，跟"我儂"、"你儂"音變的情形相同。先是 i⁵⁵ naŋ²⁴，變爲 in⁵⁵ naŋ²⁴，再省變爲 in⁵⁵。"伊儂"的說法也並未消失，只是音變爲 in⁵⁵ laŋ²⁴了。這跟文昌話的說法也相近似。

潮州話仍說"伊儂" i³³ naŋ²¹，跟文昌話的說法正相同。但又像廈門話那樣省變爲 in³³，情形正如"我儂"、"你儂"的音變那樣。先由 i³³ naŋ₂₁⁵⁵變爲 in³³ naŋ₂₁⁵⁵，再省變爲 in³³，最後變爲 iŋ³³。

福州話說"伊各儂" i⁴⁴ koʔ³¹ nøyŋ⁵²，也應是由"伊儂"變來的。福州話現在仍有"伊儂"的說法，不過，卻是用爲"人家"的意思。意義仍相因。

從以上所論可知"儂"本爲吳語和閩語同用的人稱代詞。跟從官話傳來的"我"並行使用。官話人稱代詞歷史悠久，流傳廣泛，各地方言都有採用。吳語和閩語系統的人稱代詞也難免受官話的影響。影響之大小，各地方言不一。大抵地理位置越偏南的閩語，其人稱代詞就保留越多較古的用法。海南閩語最偏遠，所以其人稱代詞保存較多六朝吳語的用法，比今日吳語的用法更古老。

第一屆國際訓詁學研討會論文
1997.04.19-20

試談「寄語」

瀨戶口律子
日本・大東文化大學

〈一〉

　　琉球（1879年爲沖繩縣沿用至今）和中國的密切關係始於明代。據《明史》載，朱元璋於洪武5年（公元1327）正月，派楊載到琉球國來，告以即位建元的消息。中山王察度隨即派遣他的弟弟泰期等人入朝，並進貢方物。從此以後雙方使節往來不絕，經濟貿易日益發達。兩國之間除了貿易之外，政治上也有很密切的關係。自永樂2年（公元1404）察度兒子武寧王時期接受中國的冊封，一直到清朝同治5年（公元1866）最後的國王尙泰王時期爲止，大約500年中有22回冊封。在如此關係密切的情況下，琉球國王專爲接受中國的冊封使一行，在那霸建造了「天使館」。

　　來琉球冊封使前後共有四百人左右，其中包括「冊封正使」和「冊封副使」。他們的主要任務，就是爲了在琉球舉行兩次儀禮。一是參加先王葬儀的諭祭，二是主持新王即位的冊封。除此之外則在逗留時間調查琉球的地理情況、風俗習慣等等。他們回國後往往把搜集到的材料整理出來以著述留傳於世。如以下十一種：

1. 陳侃的《使琉球錄》（明・嘉靖13年、公元1534年）
2. 郭汝霖的《使琉球錄》（明・嘉靖41年、公元1562年）
3. 蕭崇業、謝傑的《使琉球錄》（明・萬曆7年、公元1579年）
4. 夏子陽、王士禎的《使琉球錄》（明・萬曆34年、公元1606年）
5. 胡靖的《杜天使冊封琉球眞記奇觀》（明・崇禎6年、公元1633

年）

6. 張學禮的《中山紀略》（清・康熙3年、公元1664年）

7. 汪楫的《使琉球雜錄》（清・康熙22年、公元1683年）

8. 汪楫的《中山沿革志》（清・康熙23年、公元1684年）

9. 徐葆光的《中山傳信錄》（清・康熙60年、公元1721年）

10. 周煌的《琉球國志略》（清・乾隆22年、公元1757年）

11. 李鼎元《使琉球記》（清・嘉慶7年、公元1802年）

其中以1.9.10.11四種比較重要，尤其是最後一種即李鼎元的《使琉球記》，最爲重要。

〈二〉

李鼎元的《使琉球記》共有六卷，著者爲1800年5月12日尚溫王即位，以冊封副使的身份隨國正使趙文楷一起到琉球去。他在逗留琉球的半年的期間，把他看到的、聽到的事實用日記體例記錄下來編寫成書。這部書不但是研究琉球史的寶貴文獻，而且對研究東亞交通史、琉球地方誌，都有很高的價值。

這部《使琉球記》有如下的記載，值得注意。

> 二十九日（庚戌），晴。連日細訪琉球山水、風俗，「志略」略備。惟琉球寄語，尚未搜採；「徐錄」偶及之，亦挂一漏萬。因語法司官，擇有文理通暢、多知掌故者常來館中，以資採訪。是日，世孫遣楊文鳳來。長史言其文理甚通，能詩、善書；與之語，亦不能解。因以筆代舌，逐字詢其音義，並訪其方言；文鳳果能通達字義。是日，爲天帝龍王朝玉皇暴，不應。

由此可知，李鼎元他認爲先人編寫的《琉球國志略》中沒有收集琉球寄語，《中山傳信錄》中雖有收集琉球語詞匯，但是很粗糙，不夠詳細，他需要一部比較豐富的琉球詞匯手冊，爲此他到達琉球（5月12日）十幾天後，

向琉球官吏要求派遣幫他工作的人。琉球政府方面接受他的要求，推薦了楊文鳳和首里府的四公子向循師、向世德、向善榮、向長芳等。

關于收集寄語的情況有如下記載：

6月10日：邀楊文鳳、首里四公子為竟日談，得寄語百數十條。

7月12日：楊文鳳、首里四公子來，纂得寄語五百餘條。

7月27日：食後，楊文鳳送寄語二百餘條。

8月 3日：午後，向長芳以寄語百餘條來。

8月 6日：四公子以寄語四百餘條來。

8月19日：向世德以寄語二百餘條來。

8月21日：楊文鳳以寄語二百餘條來。

9月 7日：楊文鳳、四公子來，各送寄語三百餘條來。

9月15日：食後，楊文鳳偕四公子以寄語百餘條來。

10月 4日：楊文鳳、四公子各以寄語三百餘條來。

根據上述的記載，李鼎元收集了大約有三千五百至五千條詞語。

〈三〉

李鼎元《使琉球記》的寄語我為什麼肯定它指琉球話而言呢？理由如下：

1.寄語二字從來沒有用為書名的。它不是書籍的名稱。

2.李書原文：

連日細訪琉球山水、風俗，〈志略〉（指周煌《琉球國志略》）略備，惟琉球寄語，尚未搜採。徐錄（指徐葆光《中山傳信錄》）偶及之，亦挂一漏萬。

周煌《琉球國志略》不載琉球詞語，徐葆光《中山傳信錄》只有琉球語六百餘條，而李鼎元所搜集者多遠五千餘條（細數見上），超過了徐書九倍多，謂徐書之「挂一漏萬」誠非虛話。因而寄語之指琉球語，亦顯然可見。

3.從語源來看，《禮記・王制篇》說：

> 五方之民，言語不通，嗜欲不同。達其意，通其欲，東方曰「寄」，南方曰「象」，西方曰「狄」，北方曰「譯」。

可見「寄」之含義與「譯」相同，「譯語」今天都知道等於外語的漢譯，寄語的含義人們就不知道了。其實寄語即譯語也。琉球在中國之東方，李鼎元稱琉球語為寄語，主要是根據《禮記》這段文字而來。

參考書目

《那霸市史》市史編集室編，那霸市役所，1977年

《使琉球記》李鼎元著，原田禹雄譯注，言叢社，1986年

《琉球國志略》

《中山傳信錄》

《沖繩大百科事典》沖繩大百科事典刊行事務局編，1983年

《琉明・琉清交涉史の研究》宮田俊彥著，文獻出版，1996年

第一屆國際訓詁學學術研討會論文
1997.04.19-20

閩南語文章解讀
—以連雅堂譯《孟子》「齊人」為例

林慶勳

國立中山大學中文系

提要

本文以連雅堂用台灣閩南語翻譯《孟子》「齊人」一文為例，首先探討連氏用字的標準，結果得到一般台灣閩南方言文章寫作的共同習慣，不外乎「本字、訓讀字、假借字」三種。因連氏用詞典雅，整篇文章尚可用標準語勉強閱讀，不過用詞習慣有相當大的方言特色，非閩南語母語的人，不易理解之處甚多。本文從詞義角度，分析連譯的風格特色，並探討其譯文詞義表達之優劣。此外也舉連著《台灣語典》等有關詞彙，試與本文略做比較，觀察作者用詞習慣是否有明顯不同。

一、前言

一般通俗的閩南語，說「左、右」分別叫做「倒、正」，例如右手說「正手」，左腳說「倒腳」，對說閩南語的人，這兩個詞親切明白。但是就「國語」標準語來說，雖然往往可以從上下文瞭解「正手」、「倒腳」的詞義，不過畢竟是隔了一層，並非直接從詞義去獲得詞義的瞭解，若類似情況累積太多，處處是不明其義的詞彙，則文章的理解自然大打折扣。

連橫（1878-1936）字雅堂，臺灣台南人。曾經用臺灣閩南語改譯《孟子》齊人（以下簡稱連文）一章的內容，他（連橫1976b：165）在1932年3月6日「三六九小報」160號所載『雅言』有云：「孟子齊人一章，為一短篇小說，余以純粹台灣語譯之，毫無阻滯。」[1]雖然連文撰於何時不可考，但

有意於強勢「日本語」環境之下[2]，在民間推展「母語」的意圖十分明顯。

連氏對臺灣閩南語的研究，我們由《臺灣語典》、《雅言》、《臺語考釋》等書的考證，可以見到他的用心。我們從下面一段《雅言》所述內容，大約可以窺見他的理想所在：

> 夫欲提倡鄉土文學，必先整理鄉土語言。而整理之事，千頭萬緒：如何著手、如何搜羅、如何研究、如何決定？非有淹博之學問、精密之心思，副之以堅毅之氣力、與之以優游之歲月，未有不半途而廢者也。余，臺灣人也；既知其難，而不敢以為難。故自歸里以後，撰述《臺灣語典》，閉戶潛修，孜孜矻矻。為臺灣計、為臺灣前途計，余之責任不得不從事於此。此書苟成，傳之世上，不特可以保存臺灣語，而於鄉土文學亦不無少補也。（1963a：1）

當時社會習慣，一般人多誤以為臺灣閩南話「有音無字」，連氏翻譯《孟子》齊人，正是有意無意破除這種觀念的作法，他在《雅言》的另一條如此提出「有音無字」的看法：

> 臺灣文學傳自中國，而語言則多沿漳、泉。顧其中既多古義，又有古音、正音、有變音、有轉音。昧者不察，以為臺灣語有音無字，此則淺薄之見。夫所謂有音無字者，或為轉接語、或為外來語，不過百分之一、二耳。以百分之一、二而謂臺灣語有音無字，何其傎耶！（1963a：2）

究竟用臺灣閩南語來翻譯《孟子》齊人，在「文字」上是否可行？連氏的作法如何？請看下面的討論。

二、連雅堂譯《孟子》「齊人」原文

連氏用台灣閩南語譯「齊人」的內容，見於《雅堂先生集外集》164-165頁，另外也見於可能是親筆手寫書稿中[3]。今將《雅堂先生集外集》原文

先列於下，有異文再作說明：

1　齊國兮人有一兮大某、一兮細姨帶置厝內，怹查甫人出去，
2　著斟真醉、食真飽藉倒來。怹大某問看參甚人做伙斟，攏是
3　有錢人、做官人。怹大某亞細姨講：「咱查甫人出去，著斟
4　真醉、食真飽藉倒來，問看參某人做伙食斟，攏是有錢人、
5　做官人；痲恕八有大空人來，我　來見咱查甫人去佗位。」
6　透早起來，就隶怹查甫人出去，歸城內無人參怹相動問，較
7　尾行到東門外墓仔埔，遇著人在倍墓，亞伊分食春兮無夠，
8　閣走過別位，這著是　滿足兮載志。怹大某倒來，亞細姨講：
9　「查甫人是　向望一世人，今嗎即款。」參怹細姨的罵怹查
10　甫人，做伙置庭翳的哮，怹查甫人要未知影，搖搖擺擺置外
11　面入來，見著大某、細姨要的爽勢。此會載志，照君子的人
12　來看，咱人的求有錢、做官利益發達的款式，伊大某細姨那
13　眛見誚，眛做伙哮，敢真少咧。

2行，「做伙斟」，手稿本作「做伙食斟」，比較能承接前句文意。

4行，「參某人做伙」，手稿本「某人」作「甚人」，與2行相應。

5行，「痲」，手稿本作「嘛」。

5行，「大空人」，兩本都相同。《雅堂先生集外集》有註解：「空似當作官」，大約作「大官人」是對的。

6行，「參怹相動問」，手稿本「怹」作「伊」才正確，此處指的是齊人一個人。

7行，「在倍墓」，手稿本作「的倍墓」，是假借字，與「在」是訓讀字不同。

9行，「一世人」，手稿本沒有「人」字。

11行，「會」字是錯字，手稿本作「層」tsan⁵，是一個白讀的本字。

12行，「發達的款式」，「的」手稿本作「兮」，較符合全文用字體例。

又11行「照君子的人」,「的」疑當作「兮」。

12行,「伊大某細姨」,手稿本作「伊兮大某細姨」,「兮」表示所有格,全文處處皆是。

三、字詞釋義

上列連文的內容因有《孟子》原文對照,總體說不難理解,真正問題出在連文文字閱讀稍有困難,因爲連氏用台灣閩南語撰文,後人如果用漢語標準語「國語」來讀,可能理解上有某些出入,以下有必要將個別特殊字詞做一說明。

3.1本字

1行,「細姨」讀sue^2 i^5(泉州腔)或se^2 i^5(漳州腔),連橫(1976a:47)說:「妾曰細姨。細,小也。」張振興(1989:102)認爲此是本字。

1行,「厝」讀ts^hu^3(張振興1989:44)。連橫(1963a:11)以爲「厝,置也」,引身爲居。

1行,「查甫」讀tsa^7 po^7,男子的意思,「查甫人」在此指「丈夫」。連橫(1963b:63)說:「查爲這之近音;這,此也。查甫二字猶言此男子也。」(連橫1963a:7、1976a:45,說大致相同)張振興(1989:102)則寫作「大夫儂」ta^3 po^7 lan^5。

2行,「倒來」讀to^2 lai^5(張振興1989:47.52)。此處是「回來」的意思,廈門大學(1982:153)認爲應是本字。

2行,「參」讀ts^ham^1(張振興1989:55)。此處是「參加、跟」的意思。

2行,「做伙」讀$tsue^3$ he^2(張振興1989:49.50)。此處是「在一起」的意思,連橫(1963b:48)解釋說:「古之兵制,十人爲火,故曰火伴。今做伙,或做夥。」

2行,「攏」讀lon^2(張振興1989:63)。此處是「全部、都」的意思。

5行，「嘛唔八有大空人來」。『八』連橫（1963b：8）依據《說文》：「八，別也。」解做：「識也，能辨別也。」『八』讀pat^4 張振興（1989：72）也認爲是本字。用國語說『唔八』等於說『未曾』。

6行，「透早」讀t^{h}au^3 tsa^2（張振興1989：45.53）。就是「凌晨」的意思（連橫1963b：42）。

6行，「動問」讀taŋ^7 bŋ^7（張振興1989：60.62）。就是「問候、談話」。

6行，「較尾」讀ka^3 be^2\bue^2（張振興1989：45.49.50）。即「最後」的意思。

7行，「墓仔埔」讀bɔŋ^7 a^2 pɔ^1（張振興1989：46.63）。即「墓地」。

7行，「倍墓」讀pe^7\pue^7 bɔŋ^7（張振興1989：48.49.63）。就是上墓、祭墓的意思，連橫（1963b：46）解釋說「古不墓祭，以土倍之。倍與陪通」。

8行，「著是」讀tioʔ^8 si^7（張振興1989：43.70）。即「就是」的意思。

9行，「向望」讀ŋ^3 baŋ^7（張振興1989：60.62）。即「期望」的意思（連橫1963b：93）。

9行，「今嗎」讀tsim^1 ma^2（張振興1989：45.54）。本來是「今仔」tsim^1 a^2，受到「連音變化」而改讀。就是「此時」的意思，「嗎」爲助詞（連橫1963b：42、1976a：25）。

9行，「即款」讀tsit^4 k^{h}uan^2（張振興1989：60.72）。此處是指「這種情形」，廈門大學（1982：358.448）也認爲是本字。

10行，「知影」讀tsai^1 ia^2（張振興1989：52.66）。即「知道」的意思，廈門大學（1982：1006）也認爲是本字。

11行，「爽勢」讀saŋ^2 se^3（張振興1989：49.62）。就是「得意」的意思，《方言》：「爽，猛也。」有超邁之意（連橫1963b：59）。

11行，「即層」讀tsit^4 tsan^5（張振興1989：58.72）。大約等於「這一件」的意思。

12行，「款式」讀k^{h}uan^2 sik^4（張振興1989：60.73）。即「樣式」的意

思，廈門大學（1982：711）也認為是本字。

3.2訓讀字

1行，「人」讀laŋ^5，本字是白讀的「儂」字（張振興1989：62）。

5行，「㑣」讀m^7，即「未」的意思。廈門大學（1982：510）認為本字是「唔」。

7行，「在」，整個詞組是「在倍墓」，台灣閩南語無此說法，手稿本作「的倍墓」，此「的」字讀ti^7 \te^7，是一個假借字。本字是白讀的「待」字（張振興1989：43.49）。因此作「在」正是訓讀字。同時1行有「帶置」，即「住在」的意思，「置」字也是訓讀字，本字也是「待」字。

3.3假借字

1行，「帶置」讀tua^3 ti^7 \te^7，即「住在」的意思。「帶」的本字，張振興（1989：46）認為是「駐」字。可是連橫（1976a：24）卻把兩字都解作本字，他說：「住曰帶。帶，概指其地也，如曰一帶，引申為住；在曰置。《玉篇》：置，安也。如曰措置，引申為在。」

1行，「大某」指「元配」，讀 tua^7 bɔ^2。「某」是假借字，張振興（1989：102）認為「某」的本字是「母」。

2行，「斟」讀lim^1，「飲、喝」的意思。連橫（1976a：26）也解釋為本字，他說：「飲曰斟。《說文》：斟，勺也。《周語·注》：取也。引申為飲。」廈門大學（1982：487）及張振興（1989：54）認為本字是「啉」。

2行，「藉」讀tsia?^{4}，意思是「才」。張振興（1989：69）認為本字是白讀「則」字。

3行，「亞」讀ka?^{4}，即「和、同、與」的意思。廈門大學（1982：69）認為本字是「甲」字；張振興（1989：69）則認為本字是白讀的「合」字。

5行，「懷」讀be?^{4}，有「想要」的意思。廈門大學（1982：56）及張振興

（1989：70）認爲本字是「卜」。

5行，「佗位」讀to² ui⁷，即「何處」的意思。「位」是本字（張振興 1989：51），「佗」係假借字，它的本字廈門大學（1982：553）訂爲「哪」的白讀。

6行，「隶」讀te³\tue³，即「跟隨」的意思。張振興（1989：49.50）認爲本字是白讀的「帶」。

6行，「歸」讀kui¹，即「整個」的意思。廈門大學（1982：285）認爲本字是「規」。

7行，「春」讀tsʰun¹，即「剩下」的意思。廈門大學（1982：690）認爲本字是「申」字。連橫（1976a：38）也認爲：「剩餘曰伸。呼如春，遂借春字，爲吉祥語。」

8行，「載志」讀tai⁷ tsi³，即「事情」的意思。連橫（1963b：87）以爲即「戴志」。載之古音爲戴，載，即事；志，亦事的意思。從變調的觀點看，廈門大學（1982：141）認爲本字是「代志」，比較合乎事實，詳見結語說明。

10行，「庭翳」讀tia⁵ e³，指「屋外空地」的意思。「翳」在閩南方言中只有「雲翳」的意思（廈門大學1982：929），因此可以認定它是一個假借字。

10行，「哮」讀hau²，即「哭喊」的意思。廈門大學（1982：318）及張振興（1989：53）都認爲本字是「吼」。

13行，「昧」讀bueʔ⁴，即「未」的意思。本字可能是「嬒」（張振興 1989：71）。連橫（1976a：29）說：「不能曰昧。《說文》：昧，闇也。闇，愚也。愚則不能。」如此解釋似乎極牽強。

13行，「見誚」讀kian³ siau³，即「慚愧」的意思。「誚」的本字是文讀的「笑」字（廈門大學1982：68、張振興1989：54）。

3.4其他

1行，「兮」讀 e[5]，「一兮」即「一個」的意思。

2行，「甚人」。即甚麼人的縮略，讀 sia[2] laŋ[5]，人字是訓讀字。《台灣語典》（連橫1963b：19）做『啥人』，註釋說：「謂何人也。與上海語同。《上海縣志》謂：啥爲『什麼』二字之切音。」

3.5連文特點

從詞彙角度看，連文的風格特色偏重於「書面形式的口語」[4]。也就是說書面語一般是「獨白」，說話人可能不認識或看不見聽話對方；而口語交際通常以「對話」形式進行，沒有預先考慮或準備（張永言1982：98-102）。我們看連文內容，既有「小說對話」，也有「獨白」的敘述，加上連氏對「漢文」修養深厚，儘管用臺灣閩南語撰文，仍然講究用詞典雅，來源有據的古語、古詞。

這些古語、古詞，連氏在《雅言》、《臺灣語典》、《臺語考釋》，幾乎都爲它們一一找到古書出處，不過從閩南語發展過程看，閩南語與其他語言的接觸，如自古以來的古越語及其他少數民族語言，傳來臺灣以後，與平埔族語、南島語、日本語等，都有時間長短不一的接觸，其內部的變化，自然不可避免。例如上列諸多「假借字」，而連氏把它誤認爲「本字」的現象，自然也就產生了。

此外現代臺灣閩南語方言詞彙，都未經正式規範，對非「母語」閱讀者，只能從個別「詞素」獲得詞義的理解，如「向望」、「今嗎」、「即款」、「知影」等。若換成別人創作，一來沒有連氏對「漢文」的造詣；二來只對市井小民寫作，例如《人心不知足歌》：「廣甲當今兮世界，鳥爲食亡人爲財。想真做人著海海，死從何去生何來。」（佚名1990：A1081-1084）若無人解釋「廣甲」就是「講到」，可能連猜猜看都難懂其義。由此可見，連文在「書面形式的口語」上是下了一番功夫，盡量要求做到「典雅、易懂」，否則非母語的閱讀者，不知要花費多少時間才能明白全文的內容。

四、結語

　　由以上分析討論，連氏的努力與用心，我們應當給予高度的肯定。可是受到時代侷限，或者連氏對臺灣閩南語的認知，因此比較不能關照全局，對臺灣閩南語的真正面貌自然也就有意無意的疏忽了。

　　連氏似乎有一個「觀念」，認為所有的臺灣閩南語都可以在「古書」中找到來源，所以《雅言》、《臺灣語典》、《臺語考釋》等書，都朝此目標努力「考證本字」，李獻璋《福佬話詞彙・序言》批評得極有見解，他說：

> 　　這種考據，固然也有它一定範圍之用處。但細想來，得以溯源到古籍之詞彙，各地方言都存在著，單就具有特別身份之少許貴族詞彙，去稽考其始祖，並沒一定可以說明它所以形成的直接來歷。而且，任意擇出的非代表性詞語，拿它孤立的追究去，結果也必難於發現這方言的普遍性。所以除起誇示考證者個人之博識外，在學問上是解決不了許多問題的。（轉引鄭喜夫，1992：164-165）

　　其實不只臺灣閩南語如此，任何一種語言或方言，幾乎不可能獨立存在，它必定要與其他語言或方言「接觸」，這是天經地義的事，很少有例外，既然如此，就不可能字字皆有「古書」來源，當然是合理的事。

　　上列本字「代志」讀tai[7] tsi[3]，而連文作「載志」，連氏甚至從古音考證以為即「戴志」。如果我們從「連音變化－－變調」來看，「載」讀tsai[3]、「戴」讀tai[3]（張振興1989：52），都屬於「陰去」，依據臺灣閩南語變調規則，都應變讀「陰上」，如此讀法就與事實相左。廈門大學（1982：141）認為本字是「代志」，「代」讀「陽去」tai[7]，變調後正好讀「陰去」，符合演化規則。這是清清楚楚的典型例子，連氏誤將「載志」、「戴志」認為「本字」，我們利用後代變調規則，將他修正。類似這種例子實在不少，不但翻譯《孟子》齊人之中還有，前面已經論及，不再重複，甚至《雅言》、《臺灣語典》、《臺語考釋》等書處處可見，這是我們讀連氏著

作，不能不小心的地方。

　　連氏在譯《孟子》齊人中，雖然好用「本字」[5]，而那些所謂「本字」有些並非真正的「本字」。不過若能理解連氏所處的時代背景，也就是「日本語」推行如火如荼的年代，在那個環境之下，他一心一意想保存「母語」的崇高理想，我們實在不忍心過度苛責他的錯誤，相對的對他努力保存「母語」的作法，反而讓我們興起了敬仰之心。

附註

1　今單獨刊行之《雅言》（連橫1963a：20），仍留此記載。

2　臺灣總督府1920規定，州、市、街協議會以日語為會議用語，禁用臺語，並強迫各地解散「漢文」私塾。1921.1.17，蔡培火等人成立「臺灣文化協會」，反對「國語（日本語）普及運動」，展開復興漢文運動、臺語羅馬字運動。由此可知當時日本語的強勢地位。

3　此由友人影印贈送，不知來源，待查。以下為稱述方便，暫時叫做「手稿本」。

4　用張永言（1982：98-102）的觀念說，劇本和小說中的對話，就是書面形式的口語。

5　與連氏正好相反的例子是，日本人平澤平七所編《臺灣俚諺集覽》（1914），蒐羅4,300餘條臺灣俚諺，據張美玲（1997：10-11）所考：本字123、訓讀字193、假借字16。訓讀字所以高於兩者，乃是「非母語」編者不能不如此做的選擇。

引用書目

張永言，1982，《詞彙學簡論》，武漢：華中工學院。

張美玲，1997，《臺灣俚諺集覽用字系統研究》，高雄：中山大學中文系。

張振興，1989，《臺灣閩南方言記略》，台北：文史哲出版社（影印）。

連橫，1963a，《雅言》，台北：台灣銀行經濟研究室。（收入1992.3台灣
省文獻委員會影印出版《連雅堂先生全集》）

連橫，1963b，《台灣語典》，台北：台灣銀行經濟研究室。（收入1992.3
台灣省文獻委員會影印出版《連雅堂先生全集》）

連橫，1976a，《雅堂先生集外集·臺語考釋》，台中：台灣省政府。（收
入1992.3台灣省文獻委員會影印出版《連雅堂先生全集》）

連橫，1976b，《雅堂先生集外集·齊人》，台中：台灣省政府。（收入
1992.3台灣省文獻委員會影印出版《連雅堂先生全集》）

廈門大學中國語言文學研究所漢語方言研究室，1982，《普通話閩南方言詞
典》，香港：三聯書店。

鄭喜夫，1992，《連雅堂先生年譜》，台中：台灣省文獻委員會。（收入
1992.3台灣省文獻委員會影印出版《連雅堂先生全集》）

佚名編，1990，《人心不知足歌》，新竹：竹林書局。

第一屆國際訓詁學研討會論文
1997.04.19-20

"餡"、"ã"和"ham"

——聲訓與方言詞源

甘漢銓

東海大學中國文學系

一‧前言

餡是普通話裡面相當常用，也十分好懂的一個詞。包在米、麵類食品中的材料就叫做餡，舉凡包子、餃子、餛飩、湯圓、月餅……裡頭包的，都叫做餡；材料也不限一種，所以有牛肉餡、豬肉餡、豆沙餡……等等，甚至有"餡餅"之名，所指的就是裡頭包了餡兒的餅。

閩南語把這種包在米、麵類食品中的材料叫做"ã"，詞義和普通話裡面的餡完全相同。粵語則稱餡爲"ham"，詞義也完全相同。根據《台灣漢語辭典》ã即餡，字又作餤、餤、膁、鹻。[1] 又據《國台雙語辭典》餡有ham、ã文白兩讀。[2] 二書均屬詞義的解釋，而非詞源的探尋，不足以說明餡、ã、ham三者實爲一語之轉。

本文準備探討的第一個問題便是：餡、a、ham這三個音各是怎麼來的？經過怎麼樣的演變，形成今天的不同音讀？爲什麼我們認定三者不祇是同義而且是同源詞？

本文準備探討的第二個問題，則是餡、ã、ham這組同源詞的語源從何而來？從音、義的分析，可以得知"匣母‧談部"的這組同源詞，共同的語義是"包裹其中"。由"匣母‧談部""包裹其中"這個音義的結合關係向

---

[1]　許成章：《台灣漢語辭典》，（台北：自立晚報，1992）。

[2]　楊青矗：《國台雙語辭典》，（高雄：敦理，1992）。

上追溯，進一步得知其與"陷、凼"諸詞同源，而陷、凼諸詞又與"函、含"等詞相關聯。由此可知：餡、ã、ham、陷、凼、函、含諸詞同源，是一個相當龐大的同源詞族。

本文準備探討的第三個問題，是由餡、ã、ham、陷、凼、函、含這個同源詞族的存在，說明語言中的轉語和分化語兩種變化。餡、ã、ham三者是一種語義完全相同，而語音因時空變化造成不同的轉語；其字形可能任意相假，甚至出現有詞無字的現象。陷、餡則是一種語義分化的結果，形成了所謂的分化語。轉語和分化語二者，正是聲訓研究的對象。

透過兩個方言詞，利用聲訓的方法和理念，破除字形的拘限和語音的迷障，就音義進行分析，探求語源所在，其目的是在說明方言詞源的研究，有賴訓詁方法，特別是聲訓之法的靈活運用；而訓詁工作本身，亦可以擴大視野，充份利用活語言的資料，對方言詞、俚俗詞進行深入的研究探討，這也正是個人期望努力的工作方向。

二・餡、ã、ham的音與義

1. 餡字的來歷

餡是一個比較晚出的字。遲至唐宋人的筆記小說中才見此字。唐李濬《松窗雜錄》：

> 上因聯飲三銀船，盡一巨餡，徐乘馬而東去。

此餡當是餡餅之類的食物。

宋惠洪《冷齋夜話・讀傳燈錄》：

> 梵志詩曰：'城外土饅頭，餡草在城裏，一人吃一個，眞嫌沒滋味。'

《朱子全書・卷四五》：

> 心是虛底物，性是裏面鑲肚餡草，性之理包在心內。

都是用餡草來比喻內部包藏的東西，是餡的比喻用法。

金董解元《西廂記諸宮調·卷二》：

> 戒刀且把群賊來斬，送齋時做一頓饅頭餡。

明、清以下，《水滸傳》、《紅樓夢》、《兒女英雄傳》等小說中，屢見餡、餡子、餡儿餅、餡草等詞，不必具引。由餡字見於通俗文學之中，可以證明它是一個出自口語的俚俗詞。

字書裡面，則有《篇海類編·飲食類·食部》：

> 餡，餅中裹肉。戶鑑切。

《字彙·食部》

> 餡，乎鑑切，音陷。餅中肉餡也。

《正字通·食部》：

> 凡米麵食物坎其中實以雜味曰餡。

明李實《蜀語》：

> 餅中包料曰餡。或豆沙餡，或肉菜餡。

對於餡字的解釋極為清楚，它們的解釋基本上也都是一致的。[3]

2. 餡、ã、ham 的關聯

(1)北方的餡

明蘭茂《韻略易通·九緘咸·向去》收：

> 餡，餅中肉菜。

而畢拱辰的《韻略匯通》中，餡字見於先全韻向母去聲。二者聲與調

---

[3] 本節資料轉引自《漢語大字典》、《漢語大字典》，不詳註。

同，而韻部則由"緘咸"到"先全"。這當然是閉口韻消變的明確證據。保守一點說，餡字閉口韻尾的消失，當是在一四四二《韻略易通》以後的事。

但事實上閉口韻在北平音系中產生消變的時代，可能更早。因爲在周德清《中原音韻・正語作詞起例》中，就已經出現：

　　憾有漢　淡有旦　陷有限　濫有爛

等緘咸韻 -m、-n相混的現象，也可見閉口韻的消變由來已久，祇是蘭茂"在《韻略易通》裡，還遵守著《中原》和《洪武》的規模，沒敢公然取銷侵尋、緘咸、廉纖三部。"[4]

餡、陷一直是同音字，既然"陷有限"，那麼早在一三二四《中原音韻》的時代，餡的閉口韻尾，可能就已經消失了。

至於顎化聲母的產生，在《韻略易通》、《韻略匯通》乃至《五方元音》中都並未顯現。在《北平音系十三轍》裡面，收餡於"言前轍・先二十九"之下。此書固然是一九三三才由張洵如編定的民國韻書，但所謂的十三轍原來"是明清以來流行在北方地區的曲藝分韻標準。"[5] 如果根據魏建功的推測，"十三轍的時代就很顯然是一四四二以後一六四二以前的系統了。"[6] 那麼餡字顎化聲母的產生時代也不會太晚。

閉口韻尾的消失和顎化聲母的產生，都不是本文準備討論的，祇是餡的普通話讀音，應當是相當早就形成了；同時我們也必須確定這個音和《中原音韻》的聯貫性。

（2）南方的ã和ham

在南方方言裡面，演變的情形和北平音系顯然不同，特別是閩南語說話音把餡讀做ã，出現了兩個重要的變化：

4　羅常培：〈中州韻和十三轍〉，《北平音系十三轍》（台北：天一，1973），頁14。
5　何九盈：《中國現代語言學史》，（肇慶：廣東教育，1995），頁378。
6　魏建功：〈北平音系十三轍序〉，《北平音系十三轍》（台北：天一，1973），頁34。

（一） 鼻化元音的出現

（二） 舌根聲母的消失

發音時讓氣流由口腔和鼻腔同時流出，發出口音中帶有鼻音色彩的元音，就是鼻化元音，也稱口鼻兼音；其形成原因則是受到後接的鼻輔音影響，所產生的同化現象。ã這個例子中，鼻化元音的出現無疑是受到後接的鼻輔音影響所致。

再拿其他幾種南方方言來作比較，則韻尾的變化更加豐富，也更有參考價值。依據《漢字古今音表》所列，餡的方言音讀如下：[7]

吳語	贛語	客語	粵語	閩東語	閩南語
jI	han	ham	ham	ang	ham（文） a（白）

其中韻尾的變化，有雙唇鼻音、舌尖鼻音、舌根鼻音、鼻化元音、以及吳語的鼻音韻尾消失，這恐怕是次序性發展，逐步形成的現象；至少，其間的關聯是明顯易見的。相較於吳語的鼻音韻尾消失，則閩南語的鼻化可以視為一個中間現象。

張琨在〈漢語方言鼻音韻尾的消失〉一文中指出：

> 在鼻音韻尾的消失的過程中，元音會發生種種變化。鼻化作用是第一步，失去鼻化作用是第二步。平常的假設是鼻化作用先發生，然後再丟掉鼻化作用，變成純粹元音。……鼻音韻尾的消失的原因最大的可能是當漢語發展到一個新地方當地土著學習漢語時，受到他們自己的語言影響，沒有把漢語中的鼻音韻尾都清清楚楚的讀出來。……吳語方言中的鼻化作用以及鼻音韻尾的消失也許是因為漢語與非漢語接觸的結果。[8]

7　李珍華・周長楫（合編）：《漢字古今音表》，（北京：中華，1993），頁460。

8　張琨：〈漢語方言中鼻音韻尾的消失〉，《漢語方音》（台北：學生，1993），頁24。

這不但說明了鼻化元音的產生背景，也有助於我們了解餡字在閩南語中文白異讀的道理。讀書音的 -am和說話音的ã在閩南語中普遍存在著文白對應的現象，例如：擔、膽、敢、三、衫、籃等皆是，這些字在吳語裡面則普遍存在著鼻音韻尾消失的現象，而閩東語（福州話）則是普遍收舌根鼻音 -ng。這個文白異讀的分流現象，一方面證明了ham與ã的直接聯繫，一方面也說明了讀書音的書面性與保守性；而實際語音的發展變化，則在說話音裡面較忠實的呈現了出來。

鼻化元音的出現之外，還有舌根聲母消失的問題，也和文白異讀有關。因爲匣母字在閩南語中，也出現讀書音保持舌根聲母，而說話音則演變爲零聲母的情形。

舌根音或喉音，跟零聲母的差別原本較小，發生關聯變化的可能性甚高。王力在〈同源字論〉中把零聲母的"影"和舌根音的"見、溪、群、疑、曉、匣"之間的關聯變化，定爲"喉牙鄰紐"。[9] 閩南語餡的讀書音保持了匣母的舌根音，而說話音則發零聲母，也算是"喉牙鄰紐"。

餡的音讀在南北音系中變化雖大，但關鍵祇在：

（一）閉口-m尾的變化，在北方概入-n尾。在南方則或保持-m尾，如客語、粵語、閩南語文言；或變爲-n尾，如贛語；或爲-ng尾，如閩東語（福州話）；或出現鼻化現象，如閩南語白話；或根本消失，如吳語。

（二）舌根聲母h的變化，在北方因顎化而爲　。在南方則或保持h，如粵語、客語、贛語、閩南語文言；或變爲半元音j，如吳語；或變爲零聲母，如閩東語（福州話）、閩南語白話。

所有這些變化，都在相當清楚合理的範圍裡面，語義也完全相同沒有差別，而且餡、陷一直是同音字。

9　王力：〈同源字論〉，《同源字典》（台北：文史哲，1983），頁20。

三‧餡、陷同源詞族

　　從餡的音讀,確知其原屬"監咸"而與陷字同音,再就餡的詞義分析,則不管是餡餅、餡草……都必然是包裹、坎入米麵之中才叫做餡,這個詞義和陷阱的陷是直接關聯的。陷、𦥑實同一字,由陷和𦥑,可以幫助我們觀察餡的語源。

1. 陷與𦥑

《說文‧𨸏部》:

　　陷,高下也。從𨸏,從𦥑;𦥑亦聲。

段玉裁《說文解字注》:

　　高下者,高與下有懸絕之勢也。高下之形曰陷,故自高入於下亦曰陷,義之引申也。……凡深沒其中曰陷。

丁福保以爲二徐本作高下也,詞義未完,當據慧琳音義所引,改作"從高而下也。"[10] 義與段注合,可從。

　　從高而下、自高入於下、深沒其中均與動作有關,詞性則爲動詞;而亦聲的𦥑則可爲名詞,說文亦聲字,原是考察語源的重要資料。

《說文‧𦥑部》:

　　𦥑,小阱也。從人在𦥑上。

段玉裁《說文解字注》:

　　阱者陷也,𦥑謂井之小者。古者掘地爲𦥑,故從人𦥑,會意。𦥑猶坑也。

王筠《說文句讀》:

---

[10] 丁福保:《說文解字詁林‧𨸏部》,(台北:鼎文,1983),冊11,頁468。

陷者臽之累增字也。

《說文解字詁林》引李富孫《說文辨字正俗》曰：

臽為阱之小者，則陷阱字當作臽，今亦通作陷。陷者高下懸絕之義，凡深沒其中亦曰陷，是取其義而非本字也。[11]

張舜徽《說文解字約注》：

臽即陷之初文。阜部之陷乃後增體。[12]

因此可以確知陷、臽實同一詞，王筠、張舜徽都認爲陷由臽累增而成。王力則指出：「許慎以陷爲動詞，以臽爲名詞，是強生分別。」[13]那麼臽、陷的基本意義，顯然都是陷阱，如《說文繫傳》所言：「若今人作坑以陷虎也。」而所陷者亦不必一定爲虎，爲禽獸、爲人畜俱無不可。因此從人在臼上的臽當即所謂初文。沈兼士認爲，臽的字形並非人在臼上，臼象陷阱之形，非杵臼字，故有禁持蘊藏之義[14]。核諸金文，臽作臽，與沈說合。[15]其字固可以指陷阱，作名詞；亦可以作動詞，引申爲自高而下，深沒其中等相關義。字形上則累增偏旁成爲陷字。

陷俗體又做銘、埳。《莊子·外物》「已而大魚食之，牽巨鉤銘沒而下。」《經典釋文》引《字林》「猶陷字也。」《玉篇·金部》「銘，古作陷。」又《莊子·秋水》「子獨不聞夫埳井之蛙乎？」《玉篇·土部》「埳，陷也，與坎同。」《集韻·陷韻》「陷，或從土。」可見這一系列的字，基本的詞義，都從陷阱、自高而下、深沒其中這個概念發展而來。它們在形音義上面都有跡可尋，是比較容易觀察的。

---

[11] 同前註，冊6，頁581。

[12] 張舜徽：《說文解字約注》，（台北：木鐸，1984），頁1920。

[13] 王力：《同源字典》（台北：文史哲，1983），頁281。

[14] 沈兼士：〈右文說在訓詁學上之沿革及其推闡〉，《沈兼士學術論文集》（北京：中華，1986），頁151。

[15] 容庚：《金文編》（北京：中華，1985），頁509。

2. 右文的觀察

從臽得聲的字甚多，但不一定和陷阱或深沒其中有關。右文原本不是觀察同源詞最重要的條件，但仍有相當的參考價值，可以幫助我們掌握較多的例証。

沈兼士在《廣韻聲系》中，列出"臽－－閻、窞、餡－－監－－鹽、濫、覽"這個系列的諧聲字，共計一一一字。[16] 又在〈右文說在訓詁學上之沿革及其推闡〉一文中列舉由臽孳生出"啗、窞、欿、閻、陷、腍、餡、滔滔－－監－－檻、鹽、攬"這個系列。[17] 這是對陷這個同源詞族，相當重要的觀察。

啗，食也；讀與含同，亦作啖。腍，食肉不厭也，讀若陷。都是以口含物的意思，與含、啖相當，故有禁持蘊藏之義。窞，《說文‧穴部》"坎中更有坎也。"《易‧說卦》"坎，陷也。"可見窞、陷、坎同義，也都有禁持蘊藏之義。餡，憂困也。欿，欲得也。指抽象的心情欲望，是禁持蘊藏概念的引申。欿和坎也一直相通，如《楚辭‧九辯》"收恢台之孟夏兮，然欿傺而沈藏。"朱熹注："欿，陷。"洪興祖補注："欿與坎同。"滔與淹同，沒也；仍是深沒其中、禁持蘊藏概念的引申。閻是里中門也，也有禁持蘊藏之義。大體而言，沈兼士的觀察應屬可信。

餡的詞義也正是這個概念的引申，指用米麵做成的小阱，可以將肉、菜包裹深沒其中，因此名之為餡。在字形上則加一食部，形成一個區別字。

3. 右聲的觀察與語根的探尋

除掉從臽得聲的這個族群之外，還有其它音近的聲符，也存有陷入、禁持蘊藏這個概念。沈文列出：今、兼、甲、音、甘、猒、奄、弇、咸、弓、　、合等十二個音符，以及由這十二個音符所構成的矜、含、玲、頷、

---

[16] 沈兼士：《廣韻聲系》（北平：輔仁大學，1945），頁178－182。

[17] 同註14，頁145。

吟、軡、貪、衿、骹、黔、黚、念、唸、吣、諗、陰、蔭、金、唫、趇、鈙、禋、頷、捦、欽、鈐、禽、貪、盒、嗛、謙、廉、簾、歉、鑶、慊、嫌、拑、鉗、箝、呷、柙、閘、匣、暗、窨、瘖、暜、猎、黯、闇、厭、壓、壓、壓、腌、鞥、唵、罨、裺、淹、閹、掩、鞥、黝、渰、掩、婵、、鹹、瞰、箴、鍼、緘、械、感、減、覃、潭、醰、撢、嘾、曋、函、涵、菡、頷、菡、犯、氾、范、輪、翕、歙、枪、恰、袷、欱、頜、匌、闔、盦 等百餘字，認爲都有禁持蘊藏之義，稱之爲"複式音符分化式"，指出此爲複式音符分化之最繁雜者。沈兼士並且對這十二個音符和一百多字詞，做了清楚的分析，引據了豐富的文獻資料。[18]

這是對這個詞族更廣泛的觀察，事實上已經超越了狹隘的右文範圍，而以聲爲關鍵，發掘了環繞這個音義關係的眾多形體。不管這些形體是本義還是借音，它們的音讀都相同相近，而它們的概念都相似相關。

純粹從語音方面分析，這十二個音符的上古聲紐與韻部分別是：

今：見母侵部　　兼：見母談部

甲：見母葉部　　音：影母侵部

甘：見母談部　　猒：影母談部

奄：影母談部　　弇：影母侵部

咸：匣母侵部　　马：匣母侵部

臽：匣母談部　　合：匣母緝部[19]

由此可以清楚得知，這個族群是以影、見、匣爲聲，以侵、談爲韻，偶或對轉爲緝部、葉部，所形成的一個龐大的同源詞族。

---

[18] 同註14，頁141 - 142。

[19] 依據郭錫良：《漢字古音手冊》（北京：北京大學，1986）。

沈文進一步指出，應用右文可以探尋語根。他給語根下的定義是：

> 語根者，最初表示概念之音，為語言形式之基礎。換言之，語根係構
> 成語詞之要素，語詞係由語根漸次分化而成者。……故求中國之語
> 根，不能不在此等音符中求之。[20]

右文音符固然是探尋語根的重要憑藉，但語根既是"最初表示概念之
音"，那麼任何一個音符字都不會是真正的語根所在。我們恐怕無法也不必
在今、兼等十二個音符中指認何者才是真正的語根。

齊佩瑢也指出：

> 語根的探求本為一種歸納的公式，係構擬的而非確知的，換言之，探
> 求語根是以語言（音義）為主，而不以字形為主。[21]

因此我們對於這個同源詞族，祇能認為是由一個匣（影、見）母‧談
（侵）部的聲音，代表禁持蘊藏的意思，所構成的音義結合關係，一步一步
發展成的一個龐大族群。

四‧分化語、轉語與方言詞源

沈兼士認為右文不同於聲訓，因為"右文須綜合一組同聲字母，而抽繹
其具有最大公約數性之意義，以為諸字之共訓，即諸語含有一主要之共同概
念。"[22] 因此右文較汎聲訓、同聲母之字相訓更為謹嚴。他的觀點，固然
肯定了右文的謹嚴，但如果固守右文，勢必拘牽形體，而無法對詞源字義作
深入周嚴的觀察。因此他對右文的應用，主要仍是以聲為關鍵，來探討語根
字族的變化現象。

這個語根字族的變化現象，其實也就是聲訓所探討的問題。齊佩瑢指出

---

20 同註14，頁168、171。
21 齊佩瑢：《訓詁學概論》（台北：漢京，1985），頁108。
22同註14，頁82。

聲訓的目的有兩個：

　　（一）求語根及其孳乳分化語。

　　（二）求方言及古今語之音轉規律。[23]

　　他的說法其實是混淆的。因為聲訓並不能告訴我們"音轉規律"；反而是我們必須利用聲韻的知識，分析歸納出音轉的規律來；進一步應用這些規律，去觀察方言、古今語中所存在的種種變化與關聯。

　　沈兼士亦指出：

　　語言之變化約有二端：
　　（一）由語根生出分化語，
　　（二）因時間或空間的變動發生之轉語。
　　二者多依雙聲疊韻為其變化之軌跡，故訓詁之道亦應以音為樞紐，此訓詁家之所以重聲訓也。[24]

這也同樣說明了聲訓的目的，是在探求語根和說明轉語。

　　章太炎在〈文始敘例〉中說："音義相讎，謂之變易；義自音衍，謂之孳乳。"[25] 黃侃解釋道："變易者，形異而聲義俱通；孳乳者，聲通而形義小變。"[26] 龍宇純則以孳生和轉變來解釋分化語和轉語的關聯與變化。[27]

　　諸家所論雖有異同，但都觸及一個相同的語言現象，那就是在相同的根源上，因語義的分化，而孳乳出一群具有共同主要概念，而且音讀十分接近的分化語來。這些孳乳分化所形成的字詞，個別的詞義有所區別，而共同的概念則相貫通。除掉分化語之外，語言又因外在的時空變化，而產生語義內涵不變，但寫法和唸法不同的轉語。

---

[23] 同註21，頁101。

[24] 同註14，頁76。

[25] 章炳麟：《文始》（台北：中華，1980），頁2。

[26] 黃侃：〈與友人論治小學書〉，《黃侃論學雜著》（台北：中華，1969），頁164。

[27] 龍宇純：〈論聲訓〉，《清華學報》新九卷一‧二合期。

　　如果拿遺傳學來做比方，那麼分化語就猶如有性生殖。它是Ａ基因分別和Ｘ基因、Ｙ基因、Ｚ基因結合後，產生的ＡＸ、ＡＹ、ＡＺ……等不同的新詞，彼此之間既有共同的概念和相近的音讀，又有個別的差異。

　　轉語則好比是無性生殖，它像變形蟲一樣經由複製而產生新詞，因此祇是Ａ'、Ａ"、Ａ"'……的變體；形體或音讀雖變，語義內涵卻沒有不同。

　　把這個理論應用到方言詞源的考察上，那麼，餡、ã、ham以及不同方言中出現的不同音讀，都祇是變體，語義內涵是完全相同的。我們需要透過聲韻的知識，來說明其語音的變化歷程，把可能相當複雜的種種變化，理出頭緒來，才能夠清楚的辨認其為一語之轉。

　　至於臽、陷、啗、窞、欿、閻、陷、滔、餡、莟……則是分化語；彼此既有共同概念，又有各自區別。

　　局限於一個音符來看這個問題，當然是失之狹隘。正如沈兼士所論，祇要是發這個聲音，語義上確實具有這個概念的字詞，都應該包納在此系統中進行細密的考察，並通過文獻的核證。然後我們才可以把一個方言詞，擺進所屬的同源詞族裡面；一方面為這個方言詞找到語源，一方面也更充實這個同源詞族的內容，以幫助我們更了解漢語詞族的發展與變化。

　　聲訓本來就是解決某何以謂之某，幫助我們推因求原的訓詁方法。當我們接觸到："ã，餡也。" "ham，餡也。"這樣的解釋時，我們絕不以知其然為滿足，於是我們必須用轉語的理論，來說明其所以然。當我們再進一層，推求"餡何以謂之餡？"這個問題時，則必須應用分化語的理論，發掘出相關的孳乳分化語，才能夠回答這個問題。

　　方言詞的研究，除掉詞義的解釋之外，也必須注意詞源的探討。方言詞源的探討，可以有許多不同的方向與方法；聲訓應當是其中可以採行的方法之一。

第一屆國際訓詁學研討會論文
1997.04.19-20

從《古音複字》論古籍重言詞之結構

盧淑美

輔英護專

一、前言

　　所謂「重言詞」是重複兩個字的構詞形式，重言詞的使用是漢語的一大特色，在我國古代漢語中存在了大量的重言詞成份，歷來學者對《詩經》重言詞的研究，做了蠻多的努力。，然而其他古籍中，也存在了爲數頗豐的重言詞，即使在現代漢語中，依然存在此種構詞方式。

　　《古音複字》[1]是明代楊慎纂集古籍中「重言詞」成份的語料，所收的資料包羅萬象十分詳贍，如：《詩經》、《楚辭》、《史記》、《漢書》、《爾雅》、《左傳》、《昭明文選》、《說文解字》、《禮記》、《山海經》、《素問》、《尚書》、《荀子》、《莊子》、《淮南子》等，輯錄了約七百七十多條。其將重言詞中意義與單音節詞素不同者，歸納出多義性的同形詞、有音義關聯的同源詞與使用通假、異體字、古字的重言詞等類別。

　　《古音複字》依當時通行的平水韻編排，共分成五卷，大致上有音義關連的重言詞以〇別爲一類，但不是十分嚴謹。重言詞下，引文並注明出處，偶有注音、釋義或分析，在體例上並非十分地統一，加上楊慎長久貶謫於雲南，地處偏僻，參考文獻不易，故偶有誤記。對重言、疊字前人並不十分重

---

[1]　《古音複字》的版本有：1.明嘉靖間黑口本，中央圖書館藏。2.明萬曆間刊本《升庵雜刻》，傅思年圖書館藏。3.明焦竑編《升庵外集》100卷，中央圖書館藏，明萬曆間顧起元先生校，1971年學生書局出版。4.清乾隆間李調元輯刊《函海叢書》：1969年藝文印書收錄在《百部叢書集成》，1985年新文豐收錄在《叢書集成新編》。

視，《爾雅》、《廣雅》各僅輯七十多條，專書以輯重言詞者當自楊慎始，雖然錯誤較多，但開風氣之先。後來方以智作《通雅》，輯兩百多條，不過重在申明通轉，於重言並未詳加訓釋。直到清朝史夢蘭作《迭雅》，才又有專釋重言疊字之書。

二、從《詩經》、《楚辭》看重言詞的風貌

《古音複字》中，輯錄《詩經》、《楚辭》的部份最多，共計兩百多條，而《詩經》與《楚辭》中也有大量的重言詞。

（一）詩經

楊慎在《古音複字》中引《詩經》之重言詞約為一百六十條左右，在《詩經》中使用重言詞的比例十分高，大約使用了五百九十六次左右，數量十分多。

1、以構詞之形式而言

《詩經》一書之構詞形式以「BB」式為最多，約出現有五百六十多次，「ABB」式最少，僅〈齊風・盧令〉：「盧令令（是形容獵犬頸下戴著的鈴鐺，發出鈴鈴的聲音。）」（九青十蒸）與〈魯頌・泮水〉：「振振鷺（形容舞者手持鷺羽，或起或落，動作一致。）…鼓咽咽（是形容助舞的鼓聲之深長）。」數例而已。「AABB」式約使用二十四次左右，其中有些詞匯也流傳下來，成為成語。比如

①〈小雅・小旻〉：「戰戰兢兢」（十蒸）是形容戒慎恐懼的樣子。

②〈小雅・楚茨〉：「子子孫孫」是指後代子孫。

③〈大雅・雲漢〉：「兢兢業業」是形容危懼的樣子。

這些成語至今仍保留其最初的原意。「AABB」式的結構在此時並非十分的緊密，大部份是可以分訓，有的也可作「BBAA」式，例如〈小雅・楚茨〉：「濟濟蹌蹌」（七陽）又作「蹌蹌濟濟」（見於〈大雅・公劉〉）二

者意義相同，「濟濟」是說行止有禮，「蹌蹌」是說威儀恭敬的樣子。

另外「AABB」式還有其他的例子，比如〈鄘風．君子偕老〉：「委委佗佗」是形容走勢從容舒緩，雍容文雅的樣子。〈小雅・采芑〉：「嘽嘽焞焞」，「嘽嘽」是形容眾多的樣子、「焞焞」是形容盛大的樣子。〈小雅・吉日〉：「儦儦俟俟」，「儦儦」是形容趨行的樣子、「俟俟」是形容緩緩而行。〈小雅・巷伯〉：「緝緝翩翩（『緝緝』是形容說長道短，『翩翩』是形容搬弄是非來往奔走的樣子。）…捷捷幡幡（『捷捷』是形容口才鋒利能言善道的樣子，『幡幡』是形容往來飄忽，專講他人的壞話的樣子。）」〈大雅・假樂〉：穆穆皇皇」，「穆穆」是形容敬慎奮勉上進的樣子，「皇皇」是形容光明正大的樣子。〈魯頌・泮水〉：「烝烝皇皇」，烝烝與皇皇都盛大的意思。〈大雅．卷阿〉：「顒顒卬卬（『顒顒』是形容溫和的樣子，『卬卬』是形容高大的樣子。）…雝雝喈喈（是形容和諧的樣子）。」〈大雅・常武〉：「赫赫明明（是赫赫而明顯的意思）…赫赫業業是形容聲勢赫赫，兵馬雄壯的樣子。」〈大雅・雲漢〉：「赫赫炎炎」，是形容天久不雨，陽光烤熱的樣子。

2、就重言詞之作用而言

重言詞作形容詞用者，在《詩經》中使用最多，其通常置於名詞、動詞、形容詞之前或之後，多用來形容事物之性質狀態指動作或用來指明行為或變化的，而在《詩經》中也發現，為數不少的重言詞作擬聲詞用者。今舉幾個例子，加以說明如下：

（1）、將重言詞用來形容事物之性質狀態，這類的重言詞在《詩經》中出現的比例極高。例如：〈周南・葛覃〉：「維葉萋萋」（八齊），萋萋是形容葉子茂盛的樣子。〈小雅・谷風〉：「習習谷風」，是形容和舒的東風。〈小雅・巧言〉：「悠悠昊天（是形容昊天廣遠的樣子）…奕奕寢廟（形容高大的宗廟）…秩秩大猷（是形容條理分明的大方案）。」〈鄭風・子衿〉：「悠悠我思」，悠悠是形容思念深長的樣子。〈召南・小星〉：

「蕭蕭宵征」，是形容急速的夜間行役。〈邶風・柏舟〉：「耿耿不寐」，是形容惶懼不安地睡不著。〈衛風・伯兮〉：「杲杲出日」，杲杲是形容明亮的樣子。〈王風・黍離〉：「彼黍離離（是形容那正在盛長的黍子）…行邁靡靡（是形容無精打采地遲緩行走）…悠悠蒼天（是形容高遠的蒼天）。」

也有將重言詞用來指明動作、行為或變化，例如：〈召南・草蟲〉：「趯趯阜螽」，趯趯是形容跳躍的樣子。〈鄘風・鶉之奔奔〉：「鶉之奔奔，鵲之彊彊。」「奔奔」、「彊彊」是用來說明喜鵲鵪鶉匹配不亂，飛則相隨的樣子。〈齊風・敝笱〉：「其魚唯唯」，唯唯是形容魚行相隨，成群結隊而游，毫無限制。〈小雅・車舝〉：「四牡騑騑」，是形容馬行不停的樣子。〈小雅・巧言〉：「躍躍毚兔」，形容蹦蹦跳跳的兔子。

（2）、作擬聲用的重言詞在《詩經》中為數極多，使用次數約有七十次之多，可說是《詩經》的一大特色。例如：〈周南．關雎〉：「關關（雌雄相和的叫聲）雎鳩」、〈周南．兔罝〉：「椓之丁丁（打擊木橛的聲音）」、〈召南．草蟲〉：「喓喓（昆蟲的叫聲）草蟲」、〈邶風．終風〉：「虺虺（雷將發而未震之聲）其雷」、〈衛風．碩人〉：「北流活活（水的流聲），施罛濊濊（魚網入水的聲音），鱣鮪發發（魚入網後掙扎求出，其尾急速拍動的聲音）。」、〈王風．大車〉：「大車檻檻（車行的聲音）…大車啍啍（車行的聲音）」、〈鄭風．有女同車〉：「佩玉將將（玉聲）」〈鄭風・風雨〉：「風雨瀟瀟（暴風雨聲），雞鳴膠膠（雞鳴的聲音）。」〈齊風・雞鳴〉：「蟲飛薨薨（昆蟲飛鳴聲）」、〈齊風・盧令〉：「盧令令（犬頸之鈴聲）」、〈齊風．載驅〉：「載驅薄薄（迫促疾驅的車聲）」、〈秦風．黃鳥〉：「交交（鳥之鳴聲）黃鳥」、〈豳風．七月〉：「鑿冰沖沖（鑿冰之聲）」、〈予維音嘵嘵（恐懼告愬的聲音）〈小雅．鹿鳴〉：「呦呦（鹿鳴聲）鹿鳴」、〈小雅．伐木〉：「鳥鳴嚶嚶（鳥之和鳴聲）…伐木許許（眾人合力伐木之聲）…坎坎（擊鼓之聲）鼓我」、〈小雅．出車〉：「倉庚喈喈（黃鸝和諧的聲音）」、〈小雅采芑〉：「八

鸞瑲瑲（響亮的鈴聲）…伐鼓淵淵（鼓聲）。」、〈小雅·車攻〉：「蕭蕭
（馬鳴聲）馬鳴」、〈小雅·鴻雁〉：「肅肅（疾遽之羽聲）其羽」、〈小
雅．斯干〉：「其泣喤喤（哭聲洪大）」、〈小雅小弁〉：「鳴蜩嘒嘒（蟬
鳴聲）」、〈小雅·鼓鐘〉：「鼓鐘欽欽（鐘聲）」、〈小雅．青蠅〉：
「營營（輕蠅往來飛聲）青蠅」、〈大雅·綿〉：「捄之陾陾（盛土之
聲），度之薨薨（投土之聲），築之登登（搗土之聲），削屢馮馮（削牆之
聲）」、〈大雅·靈臺〉：「鼉鼓逢逢（鼓之響聲）」、〈大雅·生民〉：
「釋之叟叟（洗米之聲）」、〈大雅卷阿〉：「翽翽（羽聲）其羽」、
〈大雅·烝民〉：「八鸞鏘鏘（鈴之鳴聲）…八鸞喈喈（和鳴聲）。」、
〈周頌·載見〉：「和鈴央央（和聲）」、〈周頌·良耜〉：「穫之挃挃
（割禾聲）、〈商頌·那〉：「奏鼓簡簡（和而大之鼓聲）」、〈商頌·烈
祖〉：「八鸞鶬鶬（鈴聲和鳴）」。

（二）楚辭

　　楊慎在《古音複字》中引《楚辭》之重言詞約為五十條左右，這裡之
《楚辭》以王逸《楚辭章句》為範圍。[2] 在《楚辭》中使用重言詞的比例，
雖比不上《詩經》之多，但《楚辭》中使用重言詞的次數約為三百六十一
次，也為數不少。

1、以構詞之形式而言

　　《楚辭》一書之構詞形式以「ABB」式及「BB」式為多，「AABB」
式非常少見。在《楚辭》一書中以「ABB」式的構詞形式出現者約有一百七
十八次之多，其將重言詞置於單音節之動詞、名詞、形容詞之後，多用來形
容事物之性質狀態，作形容詞用，也有部分用來指出動作、行為或變化，作

---

[2]　以王逸《楚辭章句》中所收之〈離騷〉、〈九歌〉、〈天問〉、〈九章〉、〈遠
　　遊〉、〈卜居〉、〈漁父〉，宋玉〈九辯〉、〈招魂〉，景差〈大招〉，賈誼〈惜
　　誓〉，懷南小山〈招隱〉，東方朔〈七諫〉，嚴忌〈哀時命〉，王褒〈九懷〉及劉向
　　〈九歎〉與王逸〈九思〉〉為《楚辭》之範圍。」

動詞用。此種「ABB」式的構詞形式，多出現於句首，[3]「ABB」式的構詞形式，可說是《楚辭》構詞的一大特色。今將《古音複字》中引用《楚辭》的幾個例子，加以說明如下：

①〈九歌〉：「雲容容兮而在下。」（一東二冬）「容容」放在名詞「雲」之後是形容雲出貌。

②〈九章．悲回風〉：「氾潏潏其前後兮。」（九屑）「潏潏」放在動詞「氾」之後，是形容氾濫的水流洶湧的樣子。

③〈九章．悲回風〉：「紛容容之無經兮。」（一東二冬）「容容」是變動的樣子，放在形容詞「紛」之後，一起來形容水勢紛亂而無定法。

④劉向〈九歎〉：「心蛩蛩而懷顧兮，魂眷眷而獨逝。」（一東二冬）「蛩蛩」放在名詞「心」之後，是形容內心憂愁的樣子。「眷眷」放在名詞「魂」之後，有眷戀不捨之意。

⑤〈哀郢〉：「忠湛湛而願見兮。」（二十八感）「湛湛」是形容忠誠淳厚的樣子。

⑥劉向〈九歎〉：「心鞏鞏而不夷。」（二十三梗）「鞏鞏」是指內心被拘束的情形。

⑦宋玉〈九辯〉：「時亹亹而過中。」（五尾）「亹亹」是行貌，指時間之往前進的樣子。

⑧嚴忌〈哀時命〉：「魂眐眐以寄獨兮。」（八庚）用「眐眐」來說明魂魄獨行的樣子。

⑨劉向〈九歎〉：「裳襜襜而含風兮，衣納納而掩露。」（十五合）用「襜襜」來說明衣裳在風中飄動的樣子，用「納納」來說明衣裳被露水沾溼的樣子。

---

[3] 「ABB」式置於句末者僅見於並列式的三例：〈九歌．山鬼〉：「石磊磊兮葛蔓蔓…雷填填兮雨冥冥…風颯颯兮木蕭蕭。」

⑩〈離騷〉：「皇剡剡其揚靈兮。」（二十八感）「剡剡」是形容閃閃
　　發光的樣子。
而在《楚辭》中使用「BB」式者約有一百八十一次，其將重言詞以單獨形
式呈現，其位置多出現於句末，間或出現於句中或句首。出現於句末的重言
詞，是用來形容前面事物之性質狀態，中間多以「之」、「而」、「以」或
「兮」字來連接，但也有中間沒有使用任何連接詞者。例如：

① 淮南小山〈招隱士〉：「春草生兮萋萋。」（八齊）「萋萋」用來形
　　容前面的春草生長得非常茂盛的樣子。
② 劉向〈九歎〉：「白露紛以塗塗。」（六魚、七虞）「塗塗」是用來
　　形容濃密的白露。
③ 宋玉〈九辯〉：「屬飛廉之衙衙。」（六魚七虞）「衙衙」是行貌用
　　來說明飛廉的行動。
④ 宋玉〈九辯〉：「左朱雀之茇茇兮。」（五物）「茇茇」是形容朱雀
　　飛揚的樣子。
⑤〈湘君〉：「石瀨兮淺淺。」（一先）「淺淺」是形容石灘上水流迅
　　急的樣子。
⑥〈遠遊〉：「駕八龍之婉婉兮。」（十三阮）「婉婉」是形容龍飛形
　　的樣子。
⑦〈懷沙〉：「草木莽莽。」（二十二養）「莽莽」是形容草木茂盛的
　　樣子。
⑧〈九章・抽思〉：「心恒傷之憺憺。」（二十八感）「憺憺」是指內
　　心激動不寧。
⑨〈漁父〉：「安能以身之察察，而受物之汶汶者乎？」（八黠）「察
　　察」是形容潔白的樣子，「汶汶」是形容沾汙的樣子。
⑩ 宋玉〈九辯〉：「乘騏驥之瀏瀏兮。」（二十六宥）「瀏瀏」是形容
　　順行無阻的樣子。
至於《楚辭》中以「AABB」形式出現者極少，楊慎在《古音複字》中

引〈卜居〉：「吾寧悃悃款款，朴以忠乎？」（十四旱）「悃悃款款」是指極為誠實的樣子。在〈天問〉中另有一例：「明明闇闇，惟時何為？」「明明闇闇」在此指純陰純陽一晦一明。

2、就重言詞之作用而言

將重言詞用來形容事物之性質狀態，或將重言詞用來指動作、行為或變化的，這類的重言詞在《楚辭》中出現的比例極高。也有將重言詞用來擬聲，作擬聲的重言詞在《楚辭》中使用的數量較少，楊慎在《古音複字》中舉了四個擬聲重言詞的例子，說明如下：

① 闐闐一是擬鼓聲，宋玉〈九辯〉：「屬雷師之闐闐兮。」（六魚七虞）

②颯颯一是擬風聲。③蕭蕭一擬風木搖動聲或落葉聲。〈九歌．山鬼〉：「風颯颯兮木蕭蕭。」（二蕭三爻）（十一尤）

④呴呴是擬鳴聲，王逸〈九思〉：「孤雛驚兮鳴呴呴。」（一屋二沃）

其他擬聲詞的例子在《楚辭》中亦不多僅十餘例，見於〈九歌．大司命〉：「乘龍兮轔轔（車聲）。」、宋玉〈九辯〉：「雁廱廱（雁鳴聲）而南游兮。…猛犬狺狺（犬爭吠聲）而迎吠兮。」、〈九歌．山鬼〉：「雷填填（雷聲）兮雨冥冥，猿啾啾（猿叫聲）兮又夜鳴。」〈九章．悲回風〉：「曾歔欷之嗟嗟（悲歎聲）兮…憚涌湍之磕磕（水石相擊聲）兮…聽波聲之洶洶（波濤聲）。」王褒〈九懷〉：「聞雷兮闐闐（雷聲）。」、劉向〈九歎〉：「聲嗷嗷（呼聲）以寂寥兮。…秋風瀏以蕭蕭（風聲）。」淮南小山〈招隱士〉：「蟪蛄鳴兮啾啾（鳴聲）。」〈離騷〉：「鳴玉鸞之啾啾（鈴聲）。」等。

三、以通時觀而言，著重於重言詞詞義之類型

（一）使用本義訓解之重言詞

　　單音節詞素重複之後，[4] 其詞義取其本字，而重言詞的意義有加強的意味或保留原義。今舉《詩經》中幾個例子說明如下：

1、〈小雅・蓼莪〉：「哀哀父母」，「哀哀」是形容十分地哀傷，此重言詞是作本義訓者。

2、〈周南・卷耳〉：「采采卷耳」，「采采」是指採了又採，連續不斷地採的樣子。

3、〈邶風・燕燕〉：「燕燕于飛」，「燕燕」言雙燕。

4、〈鄭風・子衿〉：「青青子衿」，「青青」是表示青色。

5、〈魏風・十畝之間〉：「十畝之間兮，桑者閑閑兮。」「閑閑」是表示那種悠閒自得的生活。

6、〈秦風・小戎〉：「厭厭良人」，「厭厭」是足足夠夠的意思。

7、〈小雅・采薇〉：「行道遲遲」，「遲遲」是行容慢慢的樣子。

8、〈小雅・南有嘉魚〉：「烝然罩罩」，「罩罩」是指捕魚之動作，罩而又罩，然後得之。

9、〈大雅・鳧鷖〉：「旨酒欣欣」，「欣欣」是指快樂的樣子。

10、〈周頌・臣工〉：「嗟嗟臣工」，「嗟嗟」是重歎之詞。

（二）重言詞中音義關連的同源詞

　　非單純之單音節詞素重疊，有其同源詞如：《詩經・小雅・都人士》：「狐裘黃黃。」黃黃非指顏色，其同源詞是「煌煌」表鮮艷、漂亮。這些寫法不同，但意義相同，保留聲符而改變意符的同源詞，是值得注意的。例如：

1、①「麏麏」②「瀌瀌」③「儦儦」④「鑣鑣」（二蕭三爻四豪）等重言詞之聲符相同，故意義上都有表現盛大、美盛的涵義，但基於所描寫的對象不同，所以意符改變。例如：

　　①《詩經・鄭風・清人》：「駟介麃麃，二矛重喬。」麃麃，是描寫軍

隊，形容勇武的樣子。

②《詩經．小雅．角弓》：「雨雪瀌瀌。」瀌瀌，是描寫天候，形容雪下得很大的樣子。

③《詩經．齊風．載驅》：「行人儦儦。」儦儦，是描寫行人眾多的樣子。④《詩經．衛風．碩人》：「朱幩鑣鑣。」鑣鑣，是描寫馬車，形容裝飾美盛的樣子。

2、①「皇皇」②「煌煌」③「喤喤」④「鍠鍠」（七陽）等重言詞之聲符相同，而意義上有顯著、光明、洪大的意思，基於所描寫的對象不同，而意符也有所改變。例如：

①《詩經．大雅．假樂》：「穆穆皇皇。」皇皇是光明正大的樣子。

《詩經．魯頌．泮水》：「烝烝皇皇。」《國語．越語》：「天道皇皇，日月以爲常。」皇皇是盛大的樣子。

②《詩經．陳風．冬門之楊》：「明星煌煌。」煌煌是形容明亮的樣子。

③《詩經．小雅．斯干》：「其泣喤喤。」喤喤是形容小孩子哭聲洪大。

④《詩經．周頌．執競》：「鐘鼓鍠鍠。」鍠鍠是形容鐘聲洪大。

3、①「肺肺」②「旆旆」（九泰）

①《詩經．陳風．東門之楊》：「東門之楊，其葉肺肺。」肺肺是形容葉子非常茂盛的樣子。

②《詩經．小雅．出車》：「彼旟旐斯，胡不旆旆。」旆旆是形容旗子飛揚的樣子。

③《詩經．大雅．生民》：「荏菽旆旆」旆旆是形容大豆生長茂盛的樣子。

4、①「偕偕」②「湝湝」③「喈喈」（九佳）

①《詩經．小雅．北山》：「偕偕士子。」偕偕是形容士子強壯的樣子。

②《詩經．小雅．鼓鐘》：「淮水湝湝。」湝湝是形容流水蕩蕩。

③《詩經．周南．葛覃》：「其鳴喈喈。」形容黃鳥鳴聲和諧，《詩經．鄭風．風雨》：「雞鳴喈喈」是形容雞鳴聲和諧，《詩經．大雅．卷阿》：「雝雝喈喈。」鳳凰鳴聲和諧。

5、①萋萋②淒淒③悽悽（八齊）

①《詩經．周南．葛覃》：「維葉萋萋。」形容葉子茂盛的樣子，懷南小山〈招隱士〉：「春草生兮萋萋。」形容草茂盛的樣子。

②《詩經．鄭風．風雨》：「風雨淒淒。」，《詩經．小雅．四月》：「秋日淒淒。」淒淒是形容風或雨寒涼的樣子。

③《爾雅．釋訓》：「哀哀悽悽懷報德也。」淒淒是形容悲涼的樣子。

（三）重言詞使用異體字、通假字、古字等，故與原單音節詞素意義不同。

楊慎在《古音複字》中，從古書的注解中，去纂集這些非使用本字的重言詞。

1、（八庚）○營營、營營，嚶嚶，翯翯。

①《詩經·小雅·青蠅》：「營營青蠅。」營營是形容亂人聽聞的往來飛聲。《說文》：「營作營。」

②《思玄賦》：「鳴玉鸞之翯翯。」李注：翯，古嚶字。

2、（七陽）○蹌蹌、瑲瑲、鏘鏘、鶬鶬。

①《詩經大雅烝民》：「八鸞鏘鏘。」《詩經小雅采芑》：「八鸞瑲瑲。」《詩經商頌烈祖》：「八鸞鶬鶬。」「鏘」作「瑲」又作「鶬」，意指鸞鈴響聲之和鳴。

②《詩經．小雅．楚茨》：「濟濟蹌蹌。」《禮記．曲禮》：「士蹌蹌。」蹌蹌是指言行舉止有禮的樣子，《經典釋文》：「蹌又作鶬。」

3、（八庚）○「嫙嫙」、「悷悷」、「莐莐」

①《詩經・周頌・閔予小子》：「嬛嬛在疚。」嬛嬛是孤苦無所依恃
也，嬛同煢。《後漢書・和殤記》：「煢煢在疚。」

②《詩經・小雅・正月》：「憂心惸惸。」惸惸是憂思的樣子，《釋
文》惸本或作煢。

4、（七陽）○皇皇、煌煌、遑遑、徨徨、鍠鍠、喤喤

①《詩經．小雅．皇皇者華》：「皇皇者華。」皇皇猶煌煌，形容燦爛
奪目的花朵。《詩經大雅大明》：「檀車煌煌。」煌作皇。

②《孟子．滕文公下》：「則皇皇如也。」《禮記．檀弓下第四》：
「皇皇焉如有求而弗得。」「皇」通作「遑」，遽也、迫也。

③〈相如賦〉：「徒徊徊以徨徨。」徨作皇。

④《詩經．周頌．執競》：「鐘鼓鍠鍠。」鍠，毛本作「喤」。

5、（一東二冬）○融融、彤彤，和樂也。

《左傳．魯隱公》：「大隧之中，其樂也融融。」《後漢書．張衡
傳》：「展洩洩以彤彤。」注彤與融同。

6、（一東二冬）○邛邛、蛩蛩，懷憂的樣子。

劉向〈九歎〉：「志蛩蛩而懷顧兮。」邛邛作蛩蛩。

7、（八齊）○棲棲、栖栖，棲棲同栖栖，遑遑忙忙的樣子。

《詩經．小雅．六月》：「六月棲棲。」

8、（十一真）○悛悛、恂恂，誠謹的樣子。

《史記李將軍傳贊》：「悛悛如鄙人。」《漢書》作恂恂。

9、（七陽）○滂滂、汸汸，是形容水多的樣子，楊慎曰：「滂與汸通。」

《荀子・富國》：「汸汸如河海。」楊注：汸讀為滂。

10、（八庚）○央央、英英，是鮮明的樣子。楊慎曰：「央古與英通。」

《詩經・小雅・六月》：「白旆央央。」

（四）同形詞的問題

有些詞一形多音義，詞形一樣但內在涵義不同，是一詞多義。楊慎在

《古音複字》中搜羅了一些重言的同形詞，同一個字形可用來表示多種不同的詞，有時還具有多種不同的讀音。藉著前人的訓詁注解，來進行判斷鑑別。例如：

1、（一東二冬）「容容」有六處不同用法之引文：

　　①《楚辭．九歌．山鬼》：「雲容容兮而在下。」容容是形容雲出貌。

　　②《楚辭．九章．悲回風》：「紛容容之無經兮。」容容是形容紛亂的樣子。

　　③《楚辭．九辯》：「屬屯騎之容容。」容容是形容群馬分布列前後也。

　　④《史記淮陰侯列傳》：「百姓罷極，怨望容容無所倚。」容容是指隨眾上下也。

　　⑤《漢書．禮樂志．郊祀歌》：「神之行旌容容騎沓沓般縱縱。」容容是飛揚之貌。

　　⑥《後漢書．左雄傳》：「白璧不可為，容容多後福。」容容是和同之意。

2、（十灰）「磑磑」

　　①《漢書．禮樂志．郊祀歌》：「美芳磑磑即即。」磑磑是崇積也。

　　②《後漢書張衡傳》：「行積冰之磑磑兮。」磑磑是形容霜雪潔白的樣子，蓋古字磑與皚通。

3、（十灰）「回回」

　　①《文選．張衡．思玄賦》：「焱回回其揚靈。」回回是形容光明的樣子。

　　②《文選．束廣微補亡詩》：「漫漫方輿，回回洪覆。」回回是形容大的樣子。

4、（十一真）「畇畇」

　　①《詩經．小雅．信南山》：「畇畇原隰」畇畇是開墾耕地。

　　②《文選．左思魏都賦》：「原隰畇畇，墳衍斥斥。」畇畇是平坦的樣

子。

5、（十一真）「齗齗」

　　①《史記．魯世家》：「洙泗之間，，齗齗如也。」齗齗是爭訟、辯爭
　　　的樣子。

　　②《漢書．劉光傳》：「朝臣齗齗，不可光祿勳，何邪？」齗齗是嫉怒
　　　的樣子。

　　③《文選．王延壽魯靈光殿賦》：「玄熊蚴以齗齗。」齗齗是形容齒出
　　　貌。

6、（一先）「僊僊」

　　①《莊子．在宥》：「僊僊乎歸矣！」僊僊是坐起的樣子。

　　②《詩經．小雅．賓之初筵》：「屢舞僊僊。」僊僊是舞貌。

7、（八庚九青十蒸）「青青」

　　①《詩經・衛風・淇奧》：「綠竹青青」、《莊子外物》：「青青之
　　　麥，生於陵陂。」青青是茂盛的樣子，一作菁菁。楊慎說：「青讀作
　　　菁，蓋字書作青而音與義作菁也。」

　　②《詩經・鄭風・子衿》：「青青子衿…青青子佩。」、《古詩十九
　　　首》：「青青河畔草」青青是說青色。

8、（九青十蒸）「冥冥」

　　①《詩經・小雅・無將大車》：「維塵冥冥。」冥冥是形容掩蔽人目，
　　　無所見也。

　　②《荀子・勸學》：「無冥冥之志者，無昭昭之明。」冥冥是形容專默
　　　精誠。

　　③《法言・問明》：「鴻飛冥冥。」冥冥是指遠空。

　　④《烈女傳》：「不爲昭昭變節，不爲冥冥墮行」冥冥是指人之不知
　　　也。

　　⑤《莊子・在宥》：「至道之精，窈窈冥冥。」冥冥形容玄遠也。

　　⑥《莊子・知北遊》：「昭昭生於冥冥。」冥冥是指看不見者。

9、（九青十蒸）「亭亭」

　　①《太公兵法》：「高山盤石，其上亭亭。」、《文選・張衡西京
　　　賦》：「狀亭亭以苕苕。」亭亭是形容高聳的樣子。

　　②曹丕〈雜詩〉：「西北有浮雲，亭亭如車蓋。」亭亭是形容遠貌。

　　③《史記封禪書》：「黃帝封泰山禪亭亭。」亭亭是山名，泰山的別
　　　峰，在山東省泰安縣南。

10、（九青十蒸）「泠泠」

　　①《文選・陸機招隱詩》：「山溜何泠泠。」泠泠是形容水聲。

　　②《文選・潘岳・寡婦賦》：「霤泠泠以夜下兮。」是形容霤聲。

　　③《文選・陸機文賦》：「音泠泠而盈耳。」泠泠是形容音韻清也。

四、結語

　　綜上所言，我們可以發現重言詞詞義之根源，一種是取兩個相同單音節
詞素的重疊中，單音節詞素的意義。另一種是由於其使用古字、異體字、通
假字，而造成重言詞的意義與其單節詞素的意義不同。至於從詞性來看，主
要可以分成擬聲的重言詞和形容的重言詞兩大類，尤其在《詩經》中，擬聲
的重言詞是其一大特色。至於重言詞的重疊式以單純性的「BB」式最多，
《詩經》中也有許多「AABB」式，《楚辭》中以「ABB」式為其特色。楊
慎的《古音複字》雖無法稱得上有系統結構嚴密之作，然而識見卓越，首將
古籍重言詞輯錄了七百多條、而加以整理，在詞彙學史上，亦有開拓之功
也。

【重要參考書目】

洪興祖：《楚辭補注》，漢京文化事業公司

朱熹：《詩集傳》，台灣中華書局

周法高：《中國古代語法—構詞篇》，台聯國風出版社，1972年

史存直：《漢語詞匯史綱要》，華東師範大學，1989年

王力：《漢語詞彙史》，北京商務印書館，1993年

趙克勤：《古代漢語詞匯》，北京商務印書館，1994年

周荐：《漢語詞匯研究史綱》，語文出版社，1995年

符淮青：《漢語詞匯學史》，安徽教育出版社，1996年

第一屆國際訓詁學研討會論文
1997.04.19-20

《國語辭典簡編本》的字詞頻統計實例析述

曾榮汾
中央警察大學資訊系

綱要

一、前言

　　民國八十三年教育部國語會計劃進行《國語辭典》簡編本的編輯工作，為使本部辭典能忠實反映現代語言使用情況，於是進行字詞頻的統計工作。因為樣本皆從一般階層所接觸之常用文獻取樣，所以也希望藉由此次統計的語料來分析社會綜合語言用字屬性分配情形，而且統計所得字數可與教育部七十一年公布的《國民常用標準字體表》所收的常用字作一比較。基此前提，本字頻統計有四個目的：

　　　　1建立簡編本編輯之收詞基礎

　　　　2統計常用字數及其出現頻次

　　　　3求得常用字彙的基本屬性統計資料

　　　　4比對本字彙與國民常用字表收字情形之同異

為取得這三方面的資料，本統計中曾進行如下之統計：

1一般人士經常接觸讀物用字的字數與出現頻次的統計。

2一般人士經常接觸讀物用字的詞數與出現頻次的統計。

3本字彙的部首出現頻次的統計。

4本字彙的筆畫出現頻次的統計。

5本字彙的音節使用頻次的統計。

6本字彙的聲號使用頻次的統計。

7本字彙的韻號使用頻次的統計。

8本字彙的調號使用頻次的統計。

9本字彙的聲、韻出現頻次比對情形的統計。

10本字彙的聲母符號發聲部位與方法出現情形的統計。

11本字彙的韻母符號發音部位與呼別出現情形的統計。

12本字彙構詞率的統計

13本字彙與《常用國字標準字體表》共有、未共有字的統計。

凡此統計所得各項資料，雖都只是作客觀性呈現，但卻可提供給相關研究領域一個重要參考指標。

二、本字頻統計的樣本

（一）分類抽樣

配合簡編編輯目標，依「政經」、「科學」、「醫學」、「文學」、「兒童文學」、「綜合」、「教科書」及「其他」等八大類，隨機抽樣選取八十一年度及八十二年度發行的報刊雜誌、八十二年度暢銷排行榜書籍部分內容及國三小國語課本、國中國文課本全文為主要統計資料。

（二）文獻列目

詳細的資料書目，按「報紙」、「雜誌」、「書籍」三部分舉列如下：

報紙部分

經濟日報　八十二年四月、八月

國語日報　八十一年十二月、八十二年一月、七月

中國時報　八十二年六月、十月

聯合報　　八十二年三月、十月

民生報　　八十二年八月、十一月

兒童日報　八十一年、八十二年

雜誌部分

卓越雜誌　　八十二年四月、六月、七月、九月、十一月、十二月

錢雜誌　　　八十二年二月、四月、五月、八月、十一月、十二月

天下雜誌　　八十二年一月、三月、五月、七月、十月、十一月

遠見雜誌　　八十二年一月、二月、五月、九月、十月、十二月

牛頓雜誌　　八十二年二月、四月、七月、九月、十一月、十二月

哥白尼雜誌　八十二年一月、三月、四月、六月、十一月

大眾醫學雜誌　八十二年六月、八月、九月、十一月、十二月

皇冠雜誌　　八十二年一月、三月、六月、八月、十一月、十二月

讀者文摘　　八十二年三月、六月、八月、九月、十一月、十二月

聯合文學　　八十二年二月、四月、六月、九月、十二月

新新聞週刊　八十二年三月

新觀念雜誌　八十二年五月、六月、九月、十月、十一月、十二月

黛雜誌　　　八十二年四月、八月、九月、十二月

汽車百科　　八十二年七月、十月、十一月、十二月

世界地理雜誌　八十二年一月、二月、八月、九月、十一月、十二月

廣告雜誌　　八十二年一月、三月、四月、六月、八月、十一月

影響雜誌　　八十二年二月、三月、五月、八月、十月、十二月

歷史雜誌　　八十二年一月、四月、七月、九月、十一月、十二月

書籍部分

前世今生：布萊恩‧魏斯著，譚智華譯，民81年出版

兒童疾病的症狀與看護手冊：Dr. Miriam Stoppard 著，周健安譯，
　　　笛藤出版圖書有限公司，民82年出版

大醫院小醫生：侯文詠著，皇冠雜誌社，民81年出版

煩惱平息：林清玄著，書評書目社，民81出版

歡喜自在：林清玄著，書評書目社，民81出版

一個女人的成熟：薇薇夫人著，遠流出版事業股份有限公司，民82年
　　　出版

左心房漩渦：王鼎鈞著，爾雅出版社有限公司，民77出版

從你美麗的流域：張曉風，爾雅出版社有限公司，民77出版

三更有夢書當枕：琦君著，爾雅出版社有限公司，民64出版

記憶像鐵軌一樣長：余光中著，洪範書店有限公司，民76出版

葉珊散文集：楊牧著，洪範書店有限公司，民66出版

城南舊事：林海音著，爾雅出版社有限公司，民49出版

文華集：讀者文摘遠東有限公司

動人的故事：顏炳耀主編，華園出版有限公司，民77年出版

節日的故事：顏炳耀主編，華園出版有限公司，民77年出版

童詩的滋味：林淑英、林淑卿著，華一書局，民81年出版

童詩朵朵開：林淑英、林淑卿著，華一書局，民81年出版

海豚少年：倫‧箴忍口著，林立譯，富春文化事業股份有限公司，民79
　　　年出版

盒裡的岩石：徐正平著，水牛圖書出版事業有限公司，民73年出版

春華秋實：曾信雄著，水牛圖書出版事業有限公司，民73年出版

女性英語會話：前田依子著，楊文慧譯，笛藤出版圖書有限公司，民82年
　　　出版

華語情景會話：陳如、王天慧編著，書林出版有限公司，民82年出版
國小國語課本改編本一～十二冊：國立編譯館主編，民82年出版
國中國文改編本一～六冊：國立編譯館主編，民81年出版

（三）樣本字詞數

總計上項樣本：字數共1982882字

詞數共 530452詞

三　本字頻統計的方法與步驟

1 本字頻以頻次分配及百分比爲主要統計法，並作同類資料各項數據的交叉分析。分述如下：

頻次分配及百分比統計法：

即指就樣本求其出現的單字數、出現頻次，並依頻次高低排序，累積頻次與百分比。各單項條件（如「部首」、「音號」）的統計，則先建立各單項的基本資料庫，再進行字數與頻次的統計。

同類資料各項數據交叉分析法：

同類資料是指教育部國民常用字，同以常用爲準的的資料。以本統計所得結果與國民常用字作比對，可以觀察這套研訂於七〇年代的常用字，在環境更迭中，與十餘年後常用字收字情形的差異。

所得的各項結果皆以統計圖表呈現。

3 本字頻統計步驟如下：

將各類文本結合，累計字頻。

鮨詞頻依分詞原則，從文本中加以選錄，而後累計頻次。

鄹字頻統計語料字數約二百萬字，其中約一百二十二萬字由詞頻轉換而來，約七十七萬字據所輸入全文進行統計。語料中若爲異體字，一律視爲正體字，不另計算頻次。

薔將字頻統計所得單字，填注音讀、部首、筆畫等各屬性資料。

夾填注各單字所出現的頻次與百分比。

爽將各單字依出現頻次高低序排序，求得累積頻次與百分比。

刌建立分音及不分音的字頻總表各一。

肆利用文獻，建立各種屬性條件的基本資料庫。

叠利用字頻總表作部首、筆畫、音節、聲號、韻號、調號出現頻次的
統計，並將結果填注字頻總表。

宰將字頻總表與《國民常用字表》作收字同異的比較。

大略的工作流程如下：

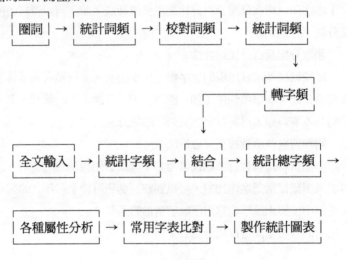

四　統計結果

本統計結果分以十八表及七圖呈現，列述如下：

表 1：本字彙之字頻總表

　　圖 1：累積字數與累積頻次百分比之關係

表 2：本字彙表之詞頻總表

五、綜合析述

本字頻統計主要目的雖只是就資料呈現統計結果，但是這些結果反映一些基本訊息，相當值得注意，以下謹就所得表、圖資料，作一概括說明：

1 出現頻次最高的字群

本統計所根據的樣本總字數數爲1982882字，經統計後的單字數5731字，出現頻次最高之字爲「的」，共計出現32739次，佔總百分比 1.651。出現頻次最高的前四十個字依序爲：

1.的、2.不、3.一、4.我、5.是、6.人、7.有、8.了、9.大、10.國、11.來、12.生、13.在、14.子、15.們、16.中、17.上、18.他、19.時、20.小、21.地、22.出、23.以、24.學、25.可、26.自、27.這、28.會、29.成、30.家、31.到、32.為、33.天、34.心、35.年、36.然、37.要、38.得、39.說、40.過

四十個字的累積頻次爲413697次，累積百分比爲20.863。四十個字僅占總字數0.697%，但累積頻次占總頻次20% 以上，因此將這四十個字視爲今日一般人最常用的字應無不可。

2 出現頻次最高的詞群

本統計所根據的樣本總詞數爲530452詞，經統計後的詞目數爲 64327詞，出現頻次最高之詞爲「我們」，共計出現2613次，佔總百分比0.4925。出現頻次最高的前四十個詞依序爲：

1-10	我們	臺灣	可以	自己	他們	沒有	因為	可能	如果 問題
11-20	因此	生活	什麼	工作	孩子	美國	廣告	經濟	社會 活動
21-30	開始	大陸	世界	日本	國小	但是	發展	時間	市場 朋友
31-40	公司	電影	兒童	中國	小朋友	由於	所以	知道	現在 許多

這四十個詞占總詞數0.01%，總頻次卻占7.564%， 將之視爲最常用的詞應無不可。今天印象中很常用的「電腦」一詞，在這個統計中排名第一百零六，但在筆者七十八年所進行的統計中，排名第二，可見不同的樣本選擇，詞的統計結果會有不同。

3 累積頻次與累積百分比之關係

5731字的累積頻次與累積百分比關係簡列如下表：

字　序	累積頻次	累積百分比
0001	32739	1.65
0012	205394	10.35
0038	401518	20.24
0077	597631	30.13
0133	796021	40.14
0213	993486	50.10
0326	1189896	60.00
0493	1388464	70.02
0754	1586861	80.02
1244	1784677	90.00
5731	1982882	100.00

由以上兩表可知，在1982882 字的樣本中所累積的頻次累積至 90%時，字數為1127字。換言之，若僅就數據而言，只要識得一千餘字，應該識得抽樣文獻百分之九十的用字。而由累積百分比90% 至100%的字數，共計4487字，佔總字數78.12%，累積頻次為198205。字數佔總字數百分之七十餘，累積頻次只佔總百分比10%，可見這百分之十字數的分布情形值得再深究。茲將90%至100%的資料再細列之如下：

字 序	累積頻次	累積百分比
1244	1784677	90.0028
1325	1804469	91.0011
1417	1824398	92.0072
1523	1844192	93.0020
1645	1864039	94.0037
1788	1883742	95.0012
1963	1903633	96.0032
2189	1923424	97.0007
2511	1943263	98.0017
3047	1963060	99.0009
4046	1977941	99.75
5731	1982882	100.00

由上表可知，累積百分比至99.75%時，字數一為4046字，距百分之百雖僅0.25%，但所差距的字數皆超過一千字，由99.75%至100%這一部分的字出現頻次顯然偏低。參見附圖一。

4 字頻統計中二一四部首分布情形

二一四部首仍是目前最通行的部首系統，若透過字頻的觀察，可以了解部首的實際運用情形。在本次字頻調查中，使用頻次最高的部首如下表：

部	首	累積頻次	累積百分比
人	02	131390	6.6262
口	03	204588	10.3177
一	01	273650	13.8006
水	04	342308	17.2631
木	04	397193	20.0310
心	04	451392	22.7643
艸	07	502587	25.3461
手	04	552515	27.8641
言	07	599359	30.2265
日	04	646125	32.5850
土	03	685360	34.5637
糸	06	723948	36.5098
白	05	760317	38.3439
䖝	03	794165	40.0509
刀	02	824597	41.5856
戈	04	854820	43.1098
艸	06	883911	44.5769
火	04	912677	46.0276
女	03	941369	47.4746
大	03	969002	48.8682
口	03	994119	50.1349

一共二十一個部首，部首數只佔全部部首9.81%，累積頻次卻佔總頻次50%。從文字學理來看，這幾個部首的構字能力當是最強。在部首筆畫的分配上，

這十八個部首除「言」、「糸」兩部外，都在五畫以下（「辵部」與「艸部」實際運用才四畫）。這些數據在部首教學或研究上當具一定的意義。

5 字頻統計中筆畫分布情形

文字書寫在國字教學上是一大課題，有些字極常用，須在低年級教，但筆畫數卻多，因此國語課本生字表分成「習寫字」與「非習寫字」。非習寫字都是常用但是筆畫數較多的字。因此對文字筆畫數分布情形適當的了解，有助於教學的合理化。若從此次統計結果來看，，從一畫至三十二畫中，出現頻次最高的是八畫，一共出現188453次，佔總頻次 13.28%。

前十號的排序如下：

筆畫	累積頻次	累積百分比
08	213236	10.7540
11	382750	19.3029
09	544226	27.4464
06	702917	35.4494
10	845949	42.6627
05	984094	49.6296
12	1121491	56.5588
07	1251829	63.1320
04	1377318	69.4606
13	1502743	75.7860

單是這十個筆畫，累積頻次的百分比即已達到75.78%，也可說這十個筆畫是日常國用字中最常用的筆畫。當然若能進一步去觀察這十個筆畫中字的出現頻率高低，或從頻次較高的字來觀察筆畫的使用，對國字學習階段的安排當具有指引作用。參見附圖二。

6 字頻中合併四調的音節出現情形

　　音節是指聲、韻、調結合的一個字音，爲了觀察去掉調號的音節使用情形，本統計將一、二、三、四及輕聲合併後的音節加以統計，藉以了解使用單音號、雙音號及三音號的音節分布情形。結果大概如下：

　　　　㊀單音號：計20個音節，佔總音節數　　4.98%
　　　　　　　　　　出現頻次佔總頻次12.31%
　　　　㊁雙音號：計220個音節，佔總音節數　　54.86%
　　　　　　　　　　出現頻次佔總頻次47.60%
　　　　㊂三音號：計161個音節，佔總音節數　　40.16%
　　　　　　　　　　出現頻次佔總頻次40.09%

　　在單音號音節中，出現頻次最高者是「ㄕ」（67520），雙音號中最高者是「ㄅㄜ」（39965），三音號中最高者是「ㄍㄨㄛ」（20048）。三者中最常用的音節爲「ㄅㄜ」。

7 字頻中音號使用情形

　　音號指聲號、韻號、調號。本統計所得前十個聲號使用情形如下：

	聲號	累積頻次	累積百分比
1	○	283339	14.289
2	ㄕ	436975	22.037
3	ㄅ	590234	29.766
4	ㄐ	726939	36.660
5	ㄒ	853653	43.051
6	ㄓ	967234	48.779
7	ㄌ	1073247	54.125
8	ㄆ	1167950	58.901
9	ㄍ	1261127	63.600
10	ㄏ	1349696	68.067

其中以代表零聲母「○」的使用最爲頻繁。參見附圖三。表中使用韻號的情形，前十號如下：

	韻號	累積頻次	累積百分比
1	ㄧ	177052	8.9290
2	ㄨ	321340	16.206
3	Ⓚ	463170	23.358
4	ㄜ	594948	30.004
5	ㄧㄢ	685117	34.552
6	ㄨㄛ	766006	38.631
7	ㄧㄥ	846046	42.668
8	ㄞ	922249	46.511
9	ㄢ	997821	50.322
10	ㄚ	1068775	53.900

其中以「ㄧ」韻使用最頻繁，代表空韻的「Ⓚ」排列第三。參見附圖四及附圖五。附圖四的代號爲：

1	ㄧ	6	ㄨㄛ	11	ㄨㄥ	16	ㄨㄟ
2	ㄨ	7	ㄧㄥ	12	ㄣ	17	ㄧㄣ
3	Ⓚ	8	ㄞ	13	ㄠ	18	ㄧㄡ
4	ㄜ	9	ㄢ	14	ㄥ	19	ㄧㄠ
5	ㄧㄢ	10	ㄚ	15	ㄤ	20	ㄩ

21	ㄡ	26	ㄧㄚ	31	ㄨㄚ	36	ㄩㄣ
22	ㄧㄝ	27	ㄩㄢ	32	ㄦ	37	ㄧㄞ
23	ㄧㄤ	28	ㄨㄣ	33	ㄛ	38	ㄧㄛ
24	ㄨㄢ	29	ㄨㄤ	34	ㄨㄞ	39	ㄝ
25	ㄟ	30	ㄩㄝ	35	ㄩㄥ		

表中使用調號的情形如下：

	調號	累積頻次	累積百分比
1	、	684998	34.546
2	╱	1113257	56.144
3	─	1540158	77.673
4	∨	1897620	95.700
5	·	1982882	100.00

其中以代表四聲的「、」調號使用最頻繁。

8 字頻中所顯現的聲、韻母發音情形出現頻次

語音學上說明一個聲母，須從發聲部位與方法去解釋，透過字頻統計，可以了解在實際語言運用中，聲母的發音部位、方法出現的多寡，這對語言的教學、語言學史的研究非常重要。從統計結果可以得知，依發聲部位，出現頻次高低情形如下：

舌　尖：383614	22.57%
舌尖後：381629	22.45%
舌面前：334099	19.65
舌　根：224261	13.23
雙　脣：197287	11.60%
舌尖前：124000	7.29%
脣　齒：　54653	3.21%

依發聲方法，頻次高低如下：

擦　聲：503821	29.36%
塞　聲：490383	28.85%
塞擦聲：479129	28.19%
鼻　聲：120197	7.07%
邊　聲：106013	6.23%

韻母使用情形的了解與聲母同等重要。若要說明一個韻母,在國音學上可從單韻母、複韻母、聲隨韻母、結合韻母、捲舌韻與呼別來說明。統計結果如下:

結合韻母:777523次 39.21%

單韻母 :720394次 36.33%

聲隨韻母:260081次 13.12%

複韻母 :214207次 10.80%

捲舌韻 : 10677次 0.54%

若依呼別來看,則頻次高低如下:

開口呼 : 838735次 42.30%

齊齒呼 : 595149次 30.01%

合口呼 : 446343次 22.51%

撮口呼 : 102626次 5.18%

類似的數據不但可以作爲語言教材編纂的參考,若結合古代韻書的切語資料更是說明語音流變的重要憑證。

9 字頻中所顯現的聲母、韻母結合情形

國音中的聲母與韻母結合情形,從語音學理論上來看,絕大部分都可以拼合成音,如ㄅ、ㄆ、ㄇ、ㄈ四聲母與「ㄧㄞ」韻,以國際音標表示,則:

ㄅㄧㄞ-p i a i

ㄆㄧㄞ-p h i a i

ㄇㄧㄞ-m i a i

ㄈㄧㄞ-f i a i

讀來也許拗口,但的確可以成音。因此國音中某些音不被使用,當從是否具表義作用去觀察較爲準確。如上述的「ㄅㄧㄞ」、「ㄆㄧㄞ」、「ㄇㄧㄞ」、「ㄈㄧㄞ」四音於國語中皆無義,所以國音中自然不存在。如果能單從實際運用的語料中去作客觀的了解,所呈現的結果必能提供國音學論證時

有力的證據。統計中所呈現所得的結果見附表，凡是表中數據爲「0」者皆代表在樣本中無此音的存在。如ㄅ、ㄆ、ㄇ、ㄈ、ㄉ、ㄊ、ㄍ、ㄎ、ㄏ、ㄓ、ㄖ、ㄗ、ㄘ、ㄙ等聲母與「ㄩ」韻都沒有結合的現象。從此表更可以看出聲、韻結合的頻次高低，可藉以了解哪些聲、韻在國音中的結合能力較強，以聲母而言，排名前五個爲「○、ㄕ、ㄉ、ㄐ、ㄒ」，韻母則爲「ㄧ、ㄨ、Ⓚ、ㄜ、ㄧㄢ」，其中零聲母與空韻的出現率都很高，是個值得探討的問題。

10字頻與構詞率的比對

樣本中單字出現頻率高的字並不代表該字作爲構詞詞素的功能也強，字頻與構詞率的相較關係，在本統計所顯現的關係如下（舉頻率最高的十個字爲例）：

（一）以詞頭爲準：

詞	頭		詞	尾	字	頻
頻 序	字	次數	頻 序	次數	頻 序	出現頻次
1	大	725	133	88	9	12416
2	中	488	85	115	16	8751
3	一	444	441	36	3	22524
4	小	373	53	145	20	8061
5	高	332	259	57	72	4363
6	自	322	836	18	26	7199
7	國	315	25	198	10	10660
8	新	308	375	43	98	3638
9	電	268	391	41	89	3830
10	不	260	1603	7	2	24362

（二）以詞尾為準：

詞 尾			詞 頭		字 頻	
頻 序	字	次數	頻 序	次數	頻 序	出現頻次
1	人	705	16	214	6	17638
2	會	533	226	56	28	7044
3	子	529	539	32	14	9708
4	車	352	94	96	49	5268
5	性	349	102	93	127	3135
6	者	306	4151	0	157	2722
7	法	287	65	116	86	3962
8	心	284	26	176	34	6762
9	學	283	81	104	24	7306
10	地	280	37	151	21	7580

（三）以總構詞率為準：

構 詞 頻 次					字 頻	
序 號	字	出現頻次	累積頻次	累積百分比	序號	出現頻次
1	人	919	919	0.7145	6	17638
2	大	813	1732	1.3466	9	12416
3	中	603	2335	1.8154	16	8751
4	會	589	2924	2.2733	28	7044
5	子	561	3485	2.7095	14	9708
6	小	518	4003	3.1122	20	8061
7	國	513	4516	3.5110	10	10660
8	一	480	4996	3.8842	3	22524
9	心	460	5456	4.2418	34	6762
10	車	448	5904	4.5901	49	5268

　　構詞率高低的了解，對於辭典編輯選字或語文教學階梯標準的建立，深具參考價值。參見附圖六。

11本字彙表與《常用國字標準字體表》比對

　　《常用國字標準字體表》共計4808字，此套字表因編於民國六、七〇年代，訴求對象亦爲一般民眾，在環境變遷的因素影響下，常用字與本字頻統計存有參差自屬當然。從統計中可得如下資料：

　　㈠二套資料共有字計4634字，佔字頻表80.85%，佔常用字96.38%。
　　㈡字頻表收而常用字未收字，計1097字。
　　㈢常用字收，字頻未收字，計174字，佔常用字3.62%。

第一種資料，可以藉知兩套資料收字達八成以上相同，而且幾佔常用字近九成，這個事實說明當年研訂常用字時堪稱謹嚴。且從第二種資料來看，其中常用字表未收字，大部分屬於字頻表三千號以後，都是頻次較低的字。看來常用字的適用標準仍相當穩定，並未隨環境改變而有太大的出入。

　　參見附圖七。

六　結語

　　字頻統計法是個觀察語言內部結構的研究法，所能產生的研究效益也是廣泛的。從語言本身的問題來看，統計所的結果，可利用字頻與詞頻作各種語言屬性的分析，從辭典編輯的角度來看，這些分析的結論正是選詞的依據。本文所舉實例，雖嫌粗略，但已可藉此得到某一時空的語言結構的初步了解。無論形音的分析都可以獲得基本現象的認識，這也是深入研究的基礎。

　　例如編一部辭典，無論形音義都當兼顧，因此可由此統計進一步結合詞義的條件，再作觀察。更例如，若能對某一地區的語言作長期統計，也可藉此得到該地區社會活動的觀測線索，將語言與社會活動聯繫起來，擴大了語

言學的研究層面。基於此種理由，本文既藉此實例說明字頻統計法的實用價值，更盼能呼籲語言學界能成立語料整理中心，在一定目標下作長期、持續的累聚資料與統計，然則，每個階段所能獲得的成果，都是語言學研究重要的參考。

　　資訊界所說的資料庫管理觀念，本就是將資料在特定觀念指引下加以整理，藉以提供各種角度的運用。語言資料的管理觀念亦乎如此。本文以一個字頻統計實例來說明，不但語料的整理是重要，而且語料的觀察與運用可以充滿實驗性質，這也許就是科際整合帶來的好處。因此誠盼拙文能拋磚引玉，不但讓字頻統計法能廣爲語言研究者接受，並因而開發出語言實驗學的領域。

附圖

圖1：本字彙累積字數與累積頻次百分比之關係

圖2：本字彙表的筆畫數分配

圖3：本字彙表聲號使用頻次圖

圖4：本字彙表韻號使用頻次圖

圖5：本字彙表三十七音號使用頻次圖

圖6：本字彙表構詞率使用頻次圖

圖7：本字彙表收錄的字與《常用國字標準字體表》共同出現的字數及其百分比

參考資料

1.國小學童常用字彙調查研究　　　　國立編譯館

2.國語辭典簡編本字詞頻統計報告　　教育部國語會

3.字頻統計法及學術利用　　曾榮汾　警學叢刊25卷2期

4.字頻統計法的實例--國小常用字彙統計析述　曾榮汾　警學叢刊27卷3期

5.字頻統計法在統一漢字環境的利用　　曾榮汾　第三屆國際漢字會議論文

6.常用語詞頻率調查報告　曾榮汾　辭典學研究室

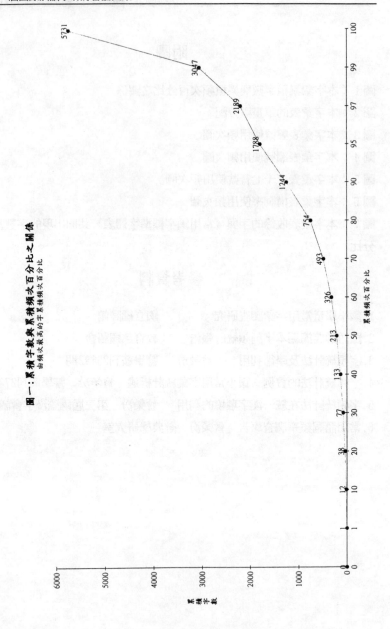

圖一：累積字數與累積頻次百分比之關係
由頻次最高的字累積頻次百分比

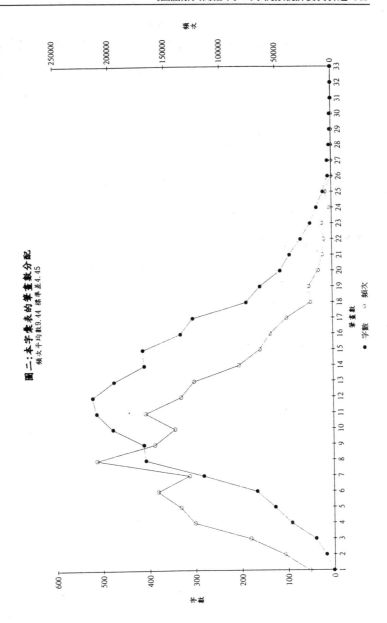

圖二：本字彙表的筆畫數分配

頻次平均數 9.44 標準差 4.45

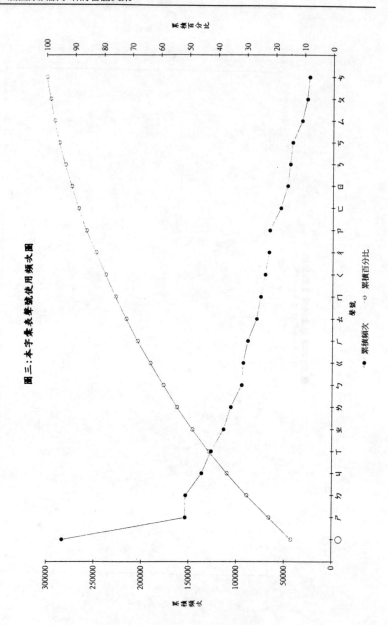

圖三：本字集表奉奉號使用頻次圖

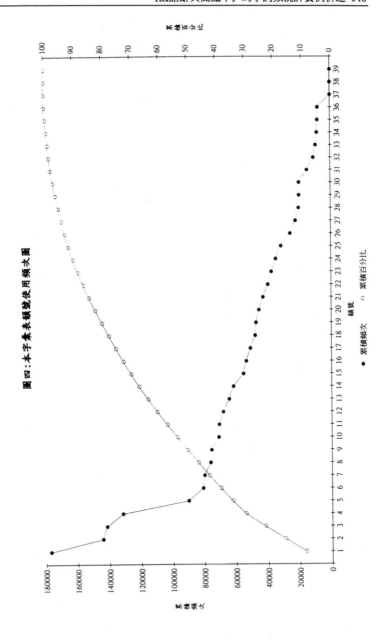

圖四:本字集表積號使用頻大圖

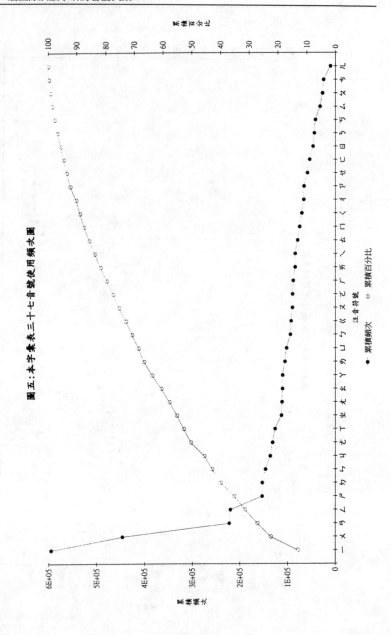

圖五：本字彙表三十七音號使用頻次圖

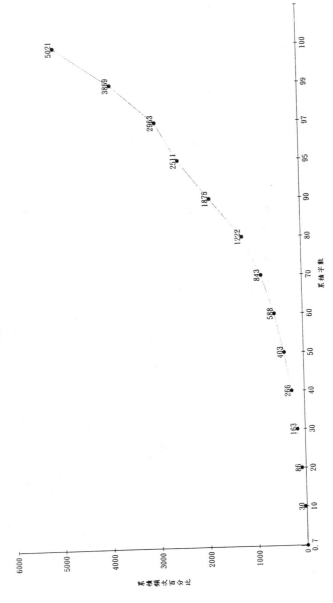

圖六：本字表表構詞率使用頻次圖
由頻次最高的字累積頻次百分比

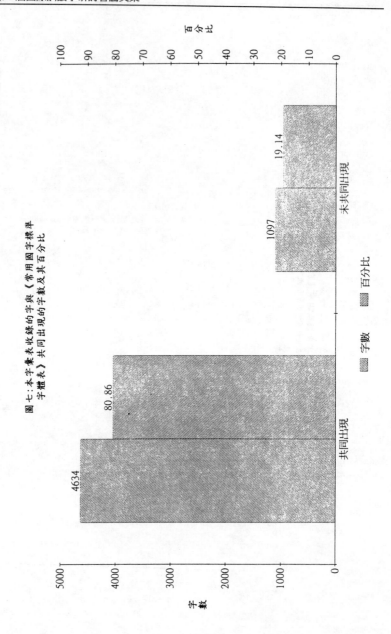

圖七：本字彙表收錄的字與《常用國字標準字體表》共同出現的字數及其百分比